高等教育财税系列精品规划教材

中 国 税 制

王 敏 袁 娇 编著

中国财经出版传媒集团

经济科学出版社
Economic Science Press

图书在版编目（CIP）数据

中国税制/王敏，袁娇编著 . -- 北京：经济科学
出版社，2023. 7
ISBN 978 - 7 - 5218 - 2839 - 9

Ⅰ. ①中… Ⅱ. ①王…②袁… Ⅲ. ①税收制度 - 中
国 Ⅳ. ①F812. 422

中国版本图书馆 CIP 数据核字（2021）第 180527 号

责任编辑：于 源 陈 晨
责任校对：杨 海
责任印制：范 艳

中 国 税 制

王 敏 袁 娇 编著

经济科学出版社出版、发行 新华书店经销
社址：北京市海淀区阜成路甲 28 号 邮编：100142
总编部电话：010 - 88191217 发行部电话：010 - 88191522
网址：www. esp. com. cn
电子邮箱：esp@ esp. com. cn
天猫网店：经济科学出版社旗舰店
网址：http：//jjkxcbs. tmall. com
北京季蜂印刷有限公司印装
787 × 1092 16 开 32. 75 印张 610000 字
2023 年 7 月第 1 版 2023 年 7 月第 1 次印刷
ISBN 978 - 7 - 5218 - 2839 - 9 定价：98. 00 元
（图书出现印装问题，本社负责调换。电话：010 - 88191545）
（版权所有 侵权必究 打击盗版 举报热线：010 - 88191661
QQ：2242791300 营销中心电话：010 - 88191537
电子邮箱：dbts@ esp. com. cn）

前　言

　　"世界上唯有税收和死亡是不可避免的（In this world, nothing is certain except death and taxes）"（Ben Franklin, 1789）。由此可见，税收的重要性不言而喻。众所周知，财政是国家治理的基础和重要支柱，税收则是财政的基石。随着经济社会的发展，税收在国家治理中的基础性、支柱性和保障性作用越来越凸显，直接表现为税收制度对于整个经济社会运行、治理与发展的深刻影响。党的十八大以来，我国持续加快财税体制改革步伐，不断深化税收制度改革，一大批具有重要作用的改革举措相继推出，如全面实施"营改增"、资源税改革、国税地税征管体制改革、减税降费等，对我国深入推动市场经济、不断健全宏观调控体系具有重大意义。当前，我国进入新发展阶段，贯彻落实新发展理念，构建新发展格局，税收制度的转型是必然要求，中国税制及改革也日益成为全社会高度关注的焦点与热点问题。加之，当今世界正处于百年未有之大变局，我国仍处于战略机遇期，税制改革如何"推动形成全面开放新格局"也成为重要议题。因此，了解掌握中国税制、熟练运用税制知识，既成为各类经济主体谋求更好更快发展的必要条件，也成为所有相关人员必备的基础知识与基本技能。

　　本书在体系安排上遵循"过去——现在——未来"的逻辑主线，开篇以税收基本理论和中国税制演变历程为逻辑起点，中篇以现行五大类实体税制为核心部分，末篇以程序税制和改革前瞻为逻辑终点，本书具体内容为：第 1 章介绍税收和税制基本理论；第 2 章介绍中国现行税制体系及其演变历程；第 3 章至第 7 章分别介绍了我国的货物与劳务税制、所得税制、资源税制、财产税制、行为与目的税制；第 8 章介绍了我国税收征收管理；第 9 章探讨了我国税制改革前沿问题；最后是实践案例与习题。本书力求将税制基础理论知识与我国税制发展实践紧密结合，吸收中国税制研究最新成果，反映中国税制改革前沿动向，系统刻画中国税制全貌与发展变化过程，形成了以下特点：第一，在内容设计上，强调理论联系实际，努力为学生搭建学习《税收学》与《税法》的桥梁，既阐述了税收基础理论与制度，又详尽介绍了我国现行税制的构成要素及各税款的计算与缴纳，还紧跟税制改革变化，满足学生学习最新税收制度的需求；第二，在体例安排上有一定创新，一是每章开篇以思政案例引入，致力于推动"思政育人"与专业教育的有机融合；二是以生动丰富的案例分析各税种的计算和征收管理实践操作，旨在提高学生的兴趣与解决问题的能力；三是课后参考资料丰富，不仅设有知识扩展专栏、实践案例与习题、推荐阅读文献，还附有即时更新的网上资源供读者巩固已学知识、拓宽知识面。

"中国税制"课程是高等学校税收学、财政学专业的核心课程，也是会计学、工商管理、财务管理等其他经管类专业学生的基础课程。主要供税收学和财政学专业、报考和攻读税务硕士专业学位（MT）以及攻读财税方向公共管理硕士专业学位（MPA）的学生使用；也可供经济学类、公共管理类、工商管理类以及法学类各专业学生在相关课程的学习中参考使用；此外，本书还适合财税工作者和对税收问题感兴趣的读者阅读。

本书由云南财经大学王敏教授、袁娇副教授主持编写，负责提纲设计和最后定稿，并与黄丽君副教授、方铸副教授共同完成了校稿工作。各章编者具体为：第 1 章：王敏、袁娇、夏凡、徐晓晖；第 2 章：王敏、袁娇、夏凡；第 3 章：李敏丽、唐羽丰；第 4 章：董琦、周紫宇；第 5 章：王成展、邵丽丽；第 6 章：李蕤顺、谭晓婷；第 7 章：董洋、谭晓婷；第 8 章：方铸、彭敏娇、刘雅娴；第 9 章：黄丽君、白帆、潘钒。

本书在编写过程中，参阅、借鉴了诸多优秀教材和税制研究方面的最新成果，在此向这些作者表示衷心感谢！同时，财税界不少专家、学者也为本书的编写提出了很多宝贵的意见，特向他们表示深深的谢意！此外，还要感谢经济科学出版社领导、编辑老师及其他工作人员为本教材的出版发行付出的辛勤劳动。

尽管编者以非常谨慎和负责的态度，对本书编写投入了诸多时间和精力，以期为大家提供一本令人满意的教材。但由于我国目前的税制内容浩繁、结构复杂，且处于不断的改革和完善过程中，加之编者水平有限，书中可能存在疏漏与不足之处，敬请各位读者批评指正。对本书提出修改意见的读者，请发送电子邮件至 ZZ2026@ ynufe. edu. cn。另外本书配有课件，可提供给将本书作为教材的老师使用。需要课件的老师，请关注"财智睿读"获取。

编　者
2023 年 3 月

财智睿读

目　录

税收与税制基本理论

实践案例
与习题

虽然税收的存在已有数千年之久，但围绕税收相关理论问题的探讨却从未间断，至今尚未形成统一的认识。然而，无论古今中外，总有一些基本的税收理论问题是相同的，属于超越时空的普遍性问题：第一，税收的本质问题；第二，征税的原则问题；第三，征税的正当性问题；第四，税收的职能定位及税制构成问题。对此，本章主要围绕税收与税制基本理论展开，旨在回答上述基本问题。

思政案例

税收"取之于民，用之于民"

税收已日益深入社会经济、生活的方方面面，成为国家解决好民生问题的一大热点话题。税收是国家参与国民收入分配最主要、最规范的形式，也是财政收入最主要的来源，近年来我国的税收收入占财政收入的80%以上。《关于2022年中央和地方预算执行情况与2023年中央和地方预算草案的报告》数据显示，2022年全国一般公共预算26万亿元支出中，比例较高的集中在民生领域，分别是教育支出占15.1%，社会保障和就业支出占14.1%，卫生健康支出占8.7%，农林水支出占8.6%，一般公共服务支出占8.1%，城乡社区支出占7.4%。①

国家运用税收筹集财政收入，通过预算安排财政支出，为社会提供公共产品和公共服务，为发展我国的科学、技术、教育、文化、卫生、环境保护和社会保障等各项事业奠定了坚实的经济基础，为维护社会稳定和提高人民生活质量提供了强有力的物质保障，真正体现了"取之于民，用之于民"的本质。

---

① 透视2022年国家账本：7成支出用于民生，教育占比15.1% ［EB/OL］.（2023 - 3 - 6）［2023 - 3 - 10］. https：//baijiahao. baidu. com/s？ id =1759612966669099883&wfr = spider&for = pc.

【案例解析】从各国政府的税收实践来看，税收具有"返还"的性质，即最终要通过国家财政预算分配，提供社会公共产品和服务等方式用于纳税人。按照国家税收法律规定，纳税人履行纳税义务，及时足额缴纳各项税款，这是纳税人享有国家提供公共产品和公共服务的前提和基础。国家通过税收筹集财政收入，并通过预算安排将之用于财政支出，促进经济社会发展，满足了人民群众日益增长的物质文化等方面的需求。

【思考讨论】结合税收的本质与特征，谈谈你对税收"取之于民，用之于民"的理解。

1.1 税收的基本概念

1.1.1 税收的含义及特征

1.1.1.1 税收的含义

税收是国家为满足社会公共需要（包括公共产品和公共服务）并实现其特定职能，凭借政治权力，依法向涉税主体无偿取得财政收入、参与国民收入再分配的一种工具。这一概念包含以下几层含义：

1. 税收的地位：财政收入的主要形式

公共产品一般必须由国家通过财政支出的形式来提供，因此，税收首先体现为国家为提供公共产品而取得的一种财政收入形式。马克思曾就税收与国家之间的重要关系作过一系列形象而精辟的阐述，他指出："国家存在的经济体现就是捐税。"[①] "赋税是政府机器的经济基础，而不是其他任何东西。"[②] 国家为了维持其正常活动，行使其政治、经济等职能，需要耗费大量的物质资料，因此必须采取一定的方式来取得财政收入。从古到今，国家取得财政收入的形式多种多样，但使用时间最长、运用范围最广、积累财政资金最为有效的，就是税收这种财政收入形式。

---

① 马克思恩格斯选集：第 1 卷 ［M］. 北京：人民出版社，1972：181.
② 马克思恩格斯选集：第 1 卷 ［M］. 北京：人民出版社，1972：22.

2. 征税的目的：满足社会公共需要

国家是一个以履行公共职能为基础的公共权力机构，履行公共职能，管理国家公共事务构成国家存在的客观基础。国家在履行社会公共职能、满足社会公共需要的过程中，必然要有相应的财力、物力消耗。而国家征税就是保证这种财力、物力需要的基本来源。即国家征税的目的是满足国家提供公共产品的财政需要。相应地，非公共产品需要的财政支出一般不宜采取税收来提供。

3. 征税的主体：国家

在人类社会以国家形态存在的情况下，税收总是与国家紧密地联系在一起的，它随着国家的产生而产生，并随着国家的消亡而消亡。因此，所谓税收总是指国家税收，是国家为了履行其向社会提供公共产品的职能的需要而存在。相应地，行使征税权的主体必然是国家，即征税办法由国家制定，征税活动由国家组织进行，税收收入由国家支配管理。由于政府是国家的具体形式和现实体现，因此，征税权具体由代表国家的政府行使。

4. 征税的依据：政治权力

一般来说，社会产品分配必须依托于一定的权力。马克思曾经指出："在我们面前有两种权力：一种是财产权力，也就是所有者权力；另一种是政治权力，即国家的权力。"[①] 在国家不直接从事社会经营活动，不直接占有社会产品的条件下，国家对不直接占有的社会产品以征税的方式转变为国家所有，这实际上是对所有权的一种侵犯，如果没有国家的政治权力为依托，征税是难以实现的。因此，税收课征所凭借的只能是国家的政治权力，这具体表现在两个方面：第一，在税收分配关系中，国家始终占据主导地位。各项税收法规、政策的制定、执行、修改都由国家主导进行。第二，现代社会中，国家通过法律形式征收税收，法律的强制性保证税收活动的正常进行，同时维护、调节税收分配活动各主体之间的分配关系。

5. 税收的本质：参与国民收入再分配

社会再生产是生产、分配、交换、消费的统一体。其中，分配是将社会在一定时期内新创造出来的产品或价值分为不同的份额，并决定各个份额归谁占有的一个重要环节。从国家征税的过程来看，税收就是把一部分社会产品和国民收入强制地、无偿地从纳税人所有转变为国家所有的分配过程。这样，不同阶级、阶层和不同阶级部门占有和支配社会产品的比例和份额都会发生变化。所以说，政府取得税收收入实际上是一部分社会产品的所有权或支配权发生转

---

① 马克思恩格斯全集：第4卷［M］. 北京：人民出版社，1958：330.

移，是对社会产品既得利益的一种再分配。

专栏 1 – 1

税收与政府公债、政府收费等的区别

虽然在直观上，税收、政府公债、政府收费、国有企业利润上缴、公有财产收入、罚没收入、捐赠收入以及货币的财政发行等财政收入形式都表现为财富由私人经济活动主体向政府的转移，但不同的财政收入形式之间还是存在或大或小的区别的。税收的形式特征，是将税收与其他财政收入形式区分开来的主要判断标准。

政府公债是政府以债务人的身份，以信用为基础取得财政收入的一种形式。政府发行公债只是将本来属于企业和居民支配的资金使用权在一定时期内让渡给政府，债务到期后政府必须连本带息一并归还给企业或居民。可见，政府公债具有直接有偿性的特点，这与税收形式上的无偿性和本质上的整体有偿性形成鲜明对照。一般来说，政府公债是根据需要间断发行而取得的一种收入，不具有固定性的特征。而税收则不同，只要发生应税行为，纳税人不论是否愿意，都必须及时、足额地缴纳税金，否则就要受到相应的处罚。

政府收费是各级政府部门在一定范围内提供某些特定的服务或规制某些经济行为，而向相关经济主体收取的一种费用。政府收费具有直接有偿性，政府收费的缴款人可以从政府的行为或提供的服务中直接获得收益。而在税收活动中，征纳双方之间是不存在对等的利益报偿关系的。政府收费的直接有偿性有别于税收形式上的无偿性和本质上的整体有偿性，这是区分税收和政府收费的重要标志。从某种程度上说，政府收费是非强制性的，因为经济行为主体可以通过他们的行为自主地决定是否缴纳政府收费，但税收却是强制的。政府收费无论是确立还是废止以及收费标准的调整等，基本上无须经过立法机关以法律的形式批准，从而具有较大的灵活性，这就使得政府收费缺乏完备的固定性。

税收的形式特征也可将税收与其他财政收入形式区分开来。税收形式上的无偿性和本质上的整体有偿性，可将税收与罚没收入、特许权收入等收入形式区分开来。税收的固定性使税收与货币的财政发行、摊派和罚没收入等区分开来，货币的财政发行、摊派和罚没收入等都不是具有固定性的财政收入形式。税收的强制性使税收与捐赠收入等区分开来。与税收相比，捐赠收入取决于捐赠者的意愿，它是自愿的。

资料来源：王玮. 税收学原理［M］. 北京：清华大学出版社，2016：18 – 19。

1.1.1.2 税收的基本特征

税收作为财政收入的一种形式，具有区别于其他财政收入形式的特点。税收的特征通常被概括为强制性、无偿性和固定性，只有同时具备这三方面特征

的财政收入才是税收；反之，则不属于税收范畴。

1. 税收的强制性

税收的强制性，是指政府凭借政治权力，以法律形式来确定政府作为征税人和社会成员作为纳税人之间的权利和义务关系。这种权利义务关系表现在：首先，政府作为征税人具有向社会成员征税的权利，同时承担向社会成员有效提供公共产品的义务；而社会成员作为纳税人具有分享政府所提供的公共产品利益的权利，并同时承担向政府纳税的义务。其次，政府征税是凭借政治权力强制执行的，而不是凭借财产权协议解决的。最后，税收征纳双方关系以法律形式来确定，对双方当事人都具有法律上的约束力。换言之，税收的强制性是指对于纳税人来说，税收是一种非自愿的，或称为强制的缴纳形式，在国家税法规定的范围内，任何单位和个人都必须依法纳税，否则就要受到法律的制裁。公民和企业单位在发生纳税行为时，除依法履行纳税义务外，别无其他选择。

2. 税收的无偿性

税收的无偿性，是指就政府与具体纳税人而言，权利和义务关系是不对等的。从形式来看，国家征税以后对具体纳税人既不需要直接偿还，也不需要付出任何直接形式的报酬，纳税人从政府支出中所获利益通常与其支付的税款不完全成一一对应的比例关系。无偿性是税收区别于国债等其他财政收入形式的关键特征。

3. 税收的固定性

税收的固定性，也常被称为"规范性"或"确定性"，是指政府通过法律形式，按事先确定的范围和标准征税。首先，税收的固定性表现在对什么征税、征多少税、由谁缴税必须是事先明确的，而不能任意确定；其次，税收的标准必须是统一的；最后，税收征纳关系以法律为依据，是相对稳定的。税收的固定性特征既是税收补偿公共产品价值的内在要求，也为政府提供公共产品创造了条件。

1.1.2　税收的产生与发展

税收既是一个经济范畴，也是一个历史范畴，它是人类社会出现私有制以后，随着国家的产生而产生的。税收伴随国家起源而起源，国家不从事物质资料生产，为了执行其社会职能提供物质基础，凭借政治权力参与社会剩余产品分配，这就是税收。

1.1.2.1 税收的产生

原始社会末期，社会生产力发展到一定水平，社会经济发展到一定阶段，人们的劳动产品除维持生存以外有了剩余。社会生产力的发展推动了社会大分工，出现了不从事生产，只从事产品交换的商人，出现了以交换为目的的商品生产，推动了私有制的产生，使原始社会生产资料公有制逐步解体。当社会有了剩余产品和私有财产以后，特殊分配从一般分配中分离出来，这就为税收的产生提供了可能。在原始社会末期，人类在同自然界斗争中，为了提高农业生产力水平而进行大规模的治水工程，为了保卫自身的生命财产安全，为了争夺生存环境等，需要由社会成员提供劳役和贡献实物。虽然所提供的劳役和实物是无偿的，但它还不具备税收的特征。

国家是阶级矛盾不可调和的产物，是为统治阶级利益服务的工具。国家是从人类社会中分化出来的管理机构，是社会的代表，在执行社会管理职能时，国家自身也要耗费一定的物质生活资料，这是国家实现其职能的需要。国家对它统治的社会成员，强制地、无偿地取得它所需要的物质资料，这种强制地、无偿地占有就是征税。因此，税收就随着国家产生而产生了。

概括地说，税收的产生取决于两个相互影响的前提条件：一是经济条件，即私有制的产生和存在；二是社会条件，即国家的产生和存在。历史上，私有制先于国家形成，但对税收而言，须同时存在这两个前提条件才产生了税收。可以说，税收是私有财产制度和国家政权相结合的产物。国家税收随着社会经济的发展而发展，随着各个社会政治经济情况的改变而发生变化，税收经历了一个从简单到复杂，从低级到高级的演变过程；税收形态也经历了一个从实物征收到货币征收的发展过程。

专栏 1－2

最早的税收制度

据考证，世界上已知的最早的税收制度，是古埃及在公元前 3 000 年至公元前 2 800 年间创立的。古埃及的最高统治者是法老，他代表奴隶主阶级掌握全国的政治、军事和司法等权力，除占有奴隶的劳动产品外，还强迫平民交纳谷物、蔬菜、皮革和酒等物品，法老每两年到全国各地巡视一次，向平民收取税收，这是人类社会有历史记载以来最早征收的实物税。

根据《史记》的记载，中国的税收产生于夏代，即"自虞、夏时，贡赋备矣"。中国早期的税收与夏、商、周时期的田赋制度紧密联系在一起。"井田制"最早出现于商朝，在"井田制"下，土地由国王所有，但国王并不直接经营土地，而是将大部分土地赐给诸侯作为他们的俸禄，诸侯们要从这些"公田"的收获物中拿出一部分，以"贡"的形式缴纳给国王作为财政收入。到了商代，"贡"法演变为"助"法，"助"也是一种与"井田制"联系在一起的力役课税制度，助耕公田上的收获物要上缴其中的一部分，成为国王的租税收入。到了周代，土地课征制度由"助"法演变为"彻"法，开始打破井田内"公"和"私"的界限，将全部的公田分给平民耕种，收获农产品后，彻取一定的数额交给王室。国家以"贡""助""彻"等形式取得土地收获物，在一定意义上说已经具有了税收的某些特征，但其中也包含租的成分。"贡""助""彻"虽然可以说是中国税收的雏形，但由于它们具有租税不分的性质，所以还不是纯粹意义上的税收。到了春秋时代，生产力得到进一步的提高，私田迅速扩张，作为奴隶制经济基础的井田制开始瓦解。公元前594年，鲁宣公宣布实行"初税亩"，不论公田和私田，一律按田亩课征田赋。"初税亩"首次承认了土地私有制的合法性，表明中国的税收已基本脱离租税不分的雏形阶段，从而初步确立了完全意义上的税收制度。

资料来源：王玮. 税收学原理［M］. 北京：清华大学出版社，2016：2-3.

1.1.2.2 税收的发展

税收法制程度的发展变化，体现在行使征税权的程序演变方面，以此为标准，税收的发展大体可以分为以下四个时期：

1. 自由纳贡时期

在奴隶社会，国家的赋税主要来自诸侯、藩属自由贡献的物品和劳力。在欧洲，古拉丁语中的"donum"和英语中的"benevolence"都曾用来表示税收，它们的本意就是"自愿献纳"。中国夏代的"贡"，其字面意思就是将产品献给国王或君主。从税收的法制观点看，这种以国家征税权和纳贡者自由纳贡相结合的方式所取得的税收，只是一种没有统一标准的自愿捐赠，还不是严格意义的税收，只是税收的雏形阶段。

2. 承诺纳税时期

随着国家的发展、君权的扩大，财政开支和王室费用都随之增加。单靠自由纳贡已难以维持，于是封建君主就开始设法增加新税，特别是遇到战争时，他们更需要开征临时税以应急需。但是，由于当时领地经济仍处主导地位，对王权形成了一定的限制，课征新税或开征临时税，需要得到由封建贵族、教士及上层市民组成的民会组织的承诺。承诺时期的税收在某种程度上已经具有税收的一些性质，但还不是很完备的征税方式。

3. 专制课征时期

随着社会经济的逐步发展，封建国家实行了中央集权制度和常备军制度。君权扩张和政费膨胀，使得国君开始实行专制课征。一方面笼络贵族和教士，给予他们免税特权，以减少统治阶级内部的阻力；另一方面则废除往日的民会承诺制度，不受约束地任意增加税收。税收的专制色彩日益增强。进入专制课征时期，是税收从不成熟形态走向成熟形态的标志。

4. 立宪课税时期

取消专制君主的课税特权曾是资产阶级革命的重要内容之一。资产阶级夺取政权以后，废除了封建专制制度和教会的神权统治，实行资产民主制和选举制，逐渐建立起了现代资本主义国家。在这一国家体制下，不论是君主立宪，还是议会共和，都是通过制定宪法和法律，实现对国家的治理。此时，国家的征税行为，也就必须以相应法律的存在为基础。任何税法的制定、修订和废除都必须经过立法程序，经由议会决定，君主、国家元首或行政首脑则无法擅自决定。在这一制度下，税收的普遍原则得到广泛的承认，人人都有纳税义务，公众有了必须依照法定标准评定课征的观念。

税收的确立方式从专制课征过渡到立宪课税，意味着税收步入最高发展阶段。在这一时期，任何一个阶级或阶层都不再享有豁免税收的特权，征税普遍性原则得到广泛实行；税收法定原则也使得社会成员的经济行为具有了确定性和可预测性，从而为近代社会经济的快速发展提供了基础性的条件；在经济发达国家，税收法定主义的确立还成为其民主政治的重要基石之一，并帮助建立起了有效防止税收负担过重的机制。

1.1.3 税收的原则

税收原则是税收在执行职能中处理所涉及的诸如税收总量、税负分配、税收经济影响及税收立法技术等各种问题的准则。在不同的国家、不同的历史发展时期、不同的社会经济条件下，税收的原则是不同的，其发展演变既能够反映经济理论和财政思想的演变过程，更能够反映出各个历史阶段的时代要求。

1.1.3.1 *西方税收原则的发展*

西方税收原则的发展已有几百年历史，且在发展过程中经历了各种不同经济学派的激烈争论，对西方税收理论发展、税收制度的发展及税收政策的制定等都有着重要的指导意义，对我国税收理论的形成与发展也有参考和借鉴的意义。其中，最具有代表性的当属英国资产阶级古典政治经济学的创始人威廉·

配第（William Petty）、英国古典经济学派的代表人物亚当·斯密（Adam Smith）、德国新历史学派代表阿道夫·瓦格纳（Adolf Wagner）以及现代财政学之父马斯格雷夫（Musgrave）所提出的税收原则。

1. 威廉·配第的税收原则

威廉·配第是英国资产阶级古典经济学的创始人，马克思曾称他为"政治经济学之父，在某种程度上也可以说是统计学的创始人"[①]，是"最有天才和最有创见的经济研究家"[②]，其财税思想奠定了古典学派财税理论的基本框架。

配第财税思想的重大贡献之一，是在资本主义财税发展史上第一次提出了"公平、便利、节省"的资产阶级税收原则。所谓公平，是指纳税人的能力不同，税收负担也就应当不同而且要适当；所谓便利，是指征税的手续、程序、方法要简便，符合纳税人的习俗和具备的条件；所谓节省，是指征税过程中的耗费尽可能地减少，也就是要尽量节约征收费用。

2. 亚当·斯密的税收原则

亚当·斯密既是英国资产阶级古典经济学派的主要代表，也是现代资产阶级政治学的奠基人。斯密从他的经济自由主义思想和国家观出发，从"利益赋税说"的角度出发，从课税不应影响财富生产和分配的"自然秩序"的观点出发，在威廉·配第的税收原则思想基础之上，具体、明确、系统地提出了平等、确实、便利和最少征收费用四大税收原则。

平等原则，指个人为了支持政府，应该按照各自的能力向国家缴纳税收。确实原则，指课税必须明确规定，不可含混不清，征税者不可肆意征收。便利原则，指征纳手续应当从简，征纳的时间、地点、方法等，应尽量使国民感到方便。最少征收费用，指在征税过程中国家的收入额与纳税人所缴纳的税额之间的差额越小越好，亦即将税务部门征税时所花费的费用减少到最低程度。

3. 阿道夫·瓦格纳的税收原则

继斯密之后，英、法、德等国的经济学家如西斯蒙第（Sismondi）、穆勒（Mill）、萨伊（Say）、赫尔德（Held）、诺曼（Neumann）等又提出了许多课税原则，试图从不同角度对斯密的课税原则予以补充。但相比之下，发展得最为完备的当属德国19世纪新历史学派的代表阿道夫·瓦格纳的税收原则。瓦格纳将税收原则归纳为"四项九端原则"，即四类九项原则。

（1）财政政策原则，即国家征税的主要目的是组织公共收入，满足支出

---

① 马克思恩格斯全集：第23卷［M］. 北京：人民出版社，1972：302.
② 马克思恩格斯选集：第3卷［M］. 北京：人民出版社，1972：273.

需要，所以收入的来源必须既充分又有弹性。为此，瓦格纳又提出了收入充分和收入弹性两个具体原则。

（2）国民经济原则，即政府征税不应该阻碍国民经济的发展，避免危及税源，税收征收应该尽可能地有助于资本的形成和发展。因此，他又具体提出了税源选择原则和税种选择原则。

（3）社会公正原则，即税收负担应普遍和平等地分配给社会各阶层，要通过政府征税矫正社会财富分配不均的情况，从而缓和阶级矛盾，达到运用税收政策实现社会改革的目的。此原则又细分为普遍原则和平等原则。

（4）税务行政原则，即税法的制定和执行应当便于纳税人履行纳税义务。这一原则体现着对税务行政管理方面的要求，是对亚当·斯密关于税收的确实、便利和最少征收费用三项原则的继承和发展。

4. 马斯格雷夫的税收原则

马斯格雷夫是当代美国著名的经济学家，在财政税收理论方面作出了很大贡献，他对亚当·斯密以来所有经济学家提出的税收原则进行了总结，并提出了自己的税收原则主张。

第一，财政原则，即"政府征税应保证取得足够的财政收入"。第二，公平原则，"税收负担的分配应当公平，每个人都应承担合理的份额"。第三，效率原则，即税收的选择应尽量不干预有效的市场决策，将税收的"超额负担"减少到最低程度。第四，政策原则，"当税收政策用于实现刺激投资等其他目标时，应尽量避免对税收公平的干扰"。第五，稳定原则，"税制结构应当有利于财政政策的运用，以便达到社会稳定与经济增长的目标"。第六，明确原则，税收制度应明确，既无行政争议且便于纳税人理解。第七，省费原则，"税收的征收管理费用，应在考虑其他政策目标的基础上尽可能地节省"。

马斯格雷夫认为，这些原则可作为评定税收结构质量的主要标准。但上述各项目标未必能够完全保持一致。当它们之间存在矛盾时，应做出权衡、选择和调整。

5. 现代西方税收原则

20世纪30年代以后，西方国家普遍爆发经济危机，社会矛盾激化，国家加强了对经济的干预和调节。凯恩斯学派的经济学说和福利经济学派的学说对政府宏观政策产生了很大影响，当代西方学者在前人提出的税收原则基础上，着重研究的是税收对经济和社会的影响问题，他们将过去的税收原则加以综合，提出当代关于税收的三大原则：公平原则、效率原则和稳定原则。

（1）公平原则。税收公平原则是西方国家设计税收制度最基本的准则，包括横向公平和纵向公平。横向公平是指凡有相同纳税能力的人应缴纳相同的税收，纵向公平是指纳税能力不相同的人应缴纳数量不同的税收。

关于如何实现税负公平，西方学者有不同的观点，概括起来主要有三个标准：一是按纳税人从政府提供服务所享受的利益多少为标准，受益多的多纳税，受益少的少纳税，即"受益标准"；二是按纳税人的纳税能力来分配税负，能力大者多纳税，能力小者少纳税，无能力者不纳税，即"能力标准"；三是按纳税人取得收入的机会的大小来分摊税收负担，即"机会标准"。

（2）效率原则。税收效率原则指政府课税必须使社会所承受的非税款负担为最小，即以最少的税收成本换取较多的税收收入。征税给社会带来的非税款负担具体可以分为两类：一类是税收的超额负担，另一类是征税过程中本身承担的负担，亦称征纳费用。税收的效率也因此分为经济效率和行政效率两个方面。

税收的经济效率指税收对经济资源配置以及经济机制运行的消极影响越小越好。税收要促进社会生产力的发展，不影响或很少影响国民经济的正常运行。超额负担越少，税收的经济效率越高；反之，税收的经济效率越低。税收的行政效率是指以较少的征管费用和执行费用换取较多的税收收入。征管费用和执行费用越小，税收的行政效率越高；反之，税收的行政效率越低。

（3）稳定原则。稳定原则是指在经济发展的波动过程中，运用税收的经济杠杆作用，引导经济趋于稳定。具体来说，税收可以通过"内在稳定器"作用和"相机抉择"作用两个方面来达到经济稳定。

"内在稳定器"作用，是指税收制度本身所具有的内在稳定机制。它不需要政府随时做出判断和采取措施，就能起到自行稳定经济的效果。主要是税收随经济的增长、衰退而自动增减，从而减轻经济周期的波动。

"相机抉择"作用，是指政府根据经济运行的不同状况，相应采取灵活多变的税收措施，以消除经济波动，谋求既无失业又无通货膨胀的稳定增长。总体来看，当经济不景气时，应实行减税政策，以鼓励投资，稳定就业水平；当经济过度繁荣时，则应提高税率，防止过度投资，爆发危机。

1.1.3.2 我国历史上的治税原则

我国历史上的治税原则论也颇为丰富。归纳起来，大致包括四个方面的内容：一是对于税收公平的认识；二是关于取之有度的思想；三是强调增本养源的原则；四是税收征收管理方面的论述。

1. 税收公平的原则

税收公平既有利于缓和阶级矛盾，又有利于调动生产者的积极性，促进生产发展。我国历史上对税收公平这一问题的阐释较多，但各思想家强调的角度不同。

第一种观点认为，按负担能力征税才算均平合理。如海瑞认为，按负税能力征税，做到"贫者轻，富者重，田多者重，田少者轻，然后为均平也"。(《海瑞集》)

第二种观点认为，征税不分贵贱强弱，一律平等对待算均平合理。如苏绰说："夫平均者，不舍豪强而征贫弱，不纵奸巧而困愚拙，此之谓均也。"(《周书·苏绰传》)

第三种观点认为，征税既要坚持"横向均平"，又要坚持"纵向均平"，即能力相同的人纳相同的税，能力不同的人纳不同的税。如杨炎、王安石、张居正等在税制改革中，一方面取消或减少士族纳税上的优免特权，另一方面按财产或土地的多少征税，都在一定的程度上体现了公平的原则。

2. 取之有度的原则

我国古代经济思想家对经济和税收的关系已有一定的认识，明白经济是税收收入增长的"本"。所以大多主张"取之有度""薄赋敛"的政策。

"取之有度"是《管子》中财政收入的核心。《管子·权修》中载："取于民有度，用之有止，国虽小必安；取于民无度，用之不止，国虽大必危。"如果"厚藉敛于百姓，则万民怨"（《管子·宙合》），因此他主张轻税，"省刑法，薄赋敛，则民富矣"。(《管子·小匡》)

汉高祖刘邦之孙——淮南王刘安及其门客集体编纂的《淮南子》中也体现了类似的赋税原则，他们继承了汉初"轻徭薄赋"的思想，反对"殚天下之财而赡一人之欲"（《淮南子·兵略训》）。在《淮南子》的作者们看来，理想的赋税政策应是："人主租敛于民也，必先计岁收，量民积聚，知饥馑有余不足之数，然后取车舆衣食，供养其欲。"（《淮南子·主术训》）。即考虑纳税人收入水平，允许纳税人享有一部分剩余产品，不竭泽而渔。

清代的魏源对"取之有度""薄赋敛"作了形象化的说明，使之更加通俗易懂。他认为赋敛重，则"使人不暇顾廉耻，则国必衰；使人不敢顾家业，则国必亡。善赋民者夕譬植柳乎，薪其枝叶而培其本根。不善赋民者，譬则剪韭乎！日剪一畦，不罄不止"。（《默觚·治篇》）。魏源形象地论述了赋税不可侵及税本的原理，指出赋税只能像种柳树一样，薪其枝叶，培养根本，而不能像剪韭菜一样，一直剪到根部。

3. 增源养本的原则

我国古代最先直接探讨税收与经济关系的是荀况，他认为，生产是财富的本源，税收是财富的末流，国家应"节其流，开其源"，就可达到"上下俱富"（《荀子·富国》）。司马光也强调要"养其本而徐取之"，让农工商各业生产得到发展，人民富足有余之后再增税"彼有余而我取之，虽多不病矣。"（《论财利疏》）。明代的顾炎武对涵养税源的认识更加明确，他指出："必有生财之方而后赋税可得而收也。"（《日知录》卷十二），强调了"有生财之方"是赋税的基础，即要求培养税源才能增加国家税收收入。宋代的王安石同样也认识到了这一点，他指出："因天下之力，以生天下之财，取天下之财，以供天下之费。"（《王安石全集》卷三九）他同时又指出，国家仅靠"俭约"是不能致富的。"其于理财大抵无法，故虽俭约而民不富，虽忧勤而国不强。"（《王安石全集》卷四一），他提出国家财政税收不丰裕，根源在于没有很好地生财，因此主张"富其家者资之国，富其国者资之天下，欲富天下则资之天地。"（《王安石全集》卷七五）

4. 税收征管方面的原则

（1）便利的原则，即强调定税应尽量给征纳双方以便利。《史记·夏本纪》载，夏禹时就注意定税要方便纳税人，"禹乃行相地宜所有以贡，及山川之便利"。因地制宜，贡纳当地土特产，同"舍其所有，征其所无"相比，给纳税人带来了便利。

（2）适时的原则，即强调征税所规定的时间和时限要适当。古代赋税高度依赖于农业，农业生产的季节性很强，在农忙季节征赋税必然耽误农业生产，所以很多思想家强调征税要适时。孔子提出"使民以时"，荀况提出"无夺农时"，《管子》还认识到，纳税的时限规定应适当，时限越短，纳税人所受的损失越大。

（3）明确的原则，即强调让纳税人对征税的有关规定有明确的了解。苏绰认为，贯彻明确的原则，对征纳双方都有利。因为生产财富有一个过程，纳税人预先知道有关规定，"先时而备"，就能做到"至时而输"，避免滞纳，官府也就能顺利完成征税任务。

（4）效益的原则，即强调征税中尽量减少耗费，以减少纳税人的损失或增加赋税收入。商鞅主张通过"官少税简"减轻农民的税负。他认为："官属少，则征不烦，民不劳，则农日多。……业不败。"（《商君书·垦令》）

1.1.3.3 我国市场经济条件下的税收原则

确立社会主义市场经济条件下的税收原则，是当前深化税制改革、建立符合社会主义市场经济要求的税收制度的关键。总结我国税制改革的经验、借鉴西方税制理论的研究成果，我国社会主义市场经济条件下的税收原则应包括四个方面：财政原则、公平原则、效率原则和法治原则。

1. 财政原则

财政原则要求税收制度首先要保证国家取得足额稳定的财政收入，确保国家实现其职能的物质需要。税收的财政收入原则包括两方面的内容：第一，普遍纳税，即凡有纳税能力的单位和个人，都应当依法纳税；对条件大体相同者，应承担相同的纳税义务。第二，收入适度、合理。确立税收制度要充分考虑社会经济状况，取之过度则会影响社会生产力的发展。坚持该原则要注意三点：一是要在确定国家职能和社会经济发展水平的基础上，确定税收占国民收入的比重；二是结合现行税制，按照确定的比重调整设计税种、确定课税对象和税率；三是要考虑税收收入能随着经济的发展而相应增长。

2. 公平原则

公平原则包括以下三个层次的内容：第一层次是税收负担公平。纳税人的税收负担应当与其纳税能力相符。一方面，能力相同的人应负担相同的税收；另一方面，能力不同的人应该负担不同的税收。这是税收本身具有的公平性。第二层次是国家通过建立合理的税收制度，创造机会平等的经济环境。第三层次是税收的社会公平。国家通过建立合理的课税机制，对劳动者及其贡献予以承认、尊重和鼓励，对劳动能力低下者则通过其他方式予以补助；同时，对因地位、权利和生产资料占有形成的特殊利益给予一定程度的节制。社会公平强调权利与义务的统一，使社会成员处于平等地位。

3. 效率原则

效率原则是指以最小的耗费实现最大的收入。效率原则一方面要求提高税收的经济效率，使税收对市场微观活动的效率损害达到最小化，即征税所产生的额外负担最小；另一方面要求提高税收的行政效率，即税收的征管费用和执行费用最小化。由于其中的税务机关征管费用占很大比重，所以提高征税效率，关键在于强化税收的征收管理、节省征税费用。

4. 法治原则

法治原则，就是国家税收制度的建立和税收政策的运用，应以法律为依据，依法治税。法治原则的内容包括税收的程序规范和征收内容明确两个方面。前者要求税收程序（包括税收的立法程序、执法程序和司法程序）法定，后者要求征税内容法定。税收的法治原则，是与税收法学中的"税收法定主义"相一致的。市场经济是法治经济，我国要发展社会主义市场经济，就需要依法治国，更需要依法治税。因此，在我国建立和完善符合社会主义市场经济发展要求的税制过程中，提倡和强调法治原则就显得更为重要和迫切。

1.1.4 税收的职能

税收职能是指税收内在的、固有的职责和功能，它是由税收的本质决定的。税收是国家为了向社会提供公共产品，凭借其政治权力，按照法律规定，参与国民收入再分配的一种形式。税收形式特征是税收本质的外在体现，税收职能则是税收本质的内在要求，由税收的内在功能和国家执行公共事务的需要所决定，税收主要具有以下职能：

1.1.4.1 财政收入职能

组织财政收入是税收最基本的职能。税收作为一种国民收入分配形式，能够将一部分社会资源从私人部门手中转移到政府手中，从而形成政府的财政收入。在现实生活中，为满足社会公共需要，就要由政府执行公共事务职能；政府为顺利履行其公共事务职能，就要掌握一定的社会资源。

税收的强制性、无偿性和确定性的形式特征，决定了它在取得财政收入方面具有及时、可靠和均衡等特征，这就使得税收成为政府取得财政收入的首选形式。在现代社会，税收的收入职能日益突出并不断得以强化，使得税收成为"政府机器的经济基础"。"税收国家"（tax state）[①] 的称谓，就是在这样一种背景下出现的。

1.1.4.2 经济调节职能

从税收调节经济运行的职能来看，作为以国家为主体的分配，税收在参与社会产品分配的过程中，在减少社会成员及经济组织可支配收入的同时，也影响了社会成员及经济组织的经济利益，这种由税收分配所引起的利益调整，促使社会成员和经济组织改变和调整其经济行为和经济活动，以致影响整个社会的经济运行。

在国家调控经济的诸多手段中，税收调节的领域相对比较广泛，调节方式也更加灵活。因为税收涉及国民经济的各个领域和再生产的各个环节，能够在不同时期、不同地区和不同经济主体之间区别对待，通过一征一免，多征少征，充分发挥其物质利益激励作用。而且，由于税收具有强制无偿征收的刚

---

① 据考证，"税收国家"一词最早见于德国著名经济学家熊彼特（Schumpeter，1918）所著的《税收国家的危机》（*Die krise des Steuerstaats*）。熊彼特认为，财税与现代国家有着密不可分的关系，以至于可以把现代国家称为"税收国家"。后来，"税收国家"概念被日本知名税法学者北野弘久用来指税收构成政府财政收入最主要来源的国家，从而被广泛接受和使用。可见，"税收国家"概念是从收入层面对国家进行的定位。

性，也使得税收的调节力度更加强劲。

1.1.4.3 收入分配职能

税收作为一种社会再分配的手段，通过调整社会经济活动中各个利益主体的经济利益，影响并改变利益主体的收入，进而可以调整社会成员在社会收入分配上的格局。

其基本原理在于：税收是在社会成员收入初次分配已经确定的前提下，对社会成员所取得的收入所进行的再分配。通过税收再分配，必将打破课税前社会成员的原有收入分配格局，形成新的收入分配和财富占有格局。显然，税收的这种调节社会收入分配的职能，是税收本身所固有的。特别是在累进税制下，通过合理的税收负担政策，此职能可以得到更加充分的体现。

1.1.4.4 税收治理职能

税收既具政治属性又有经济属性，税收制度既是政治制度又是经济制度，税收过程连接着政府过程和市场过程。因此，税收能够起到连接实施宏观经济政策和服务微观经济运行这两头的关键作用。进入新时代，税收从经济领域上升到国家治理层面，在现代国家治理体系中发挥着基础性、支柱性和保障性作用，成为现代国家政府、市场与社会"三维"治理结构体系中的基本内容和重要力量，并作用于经济、政治、文化、社会、生态文明等多个领域的各种活动。因此，我们也可以从政府治理、市场治理和社会治理三个维度理解税收治理的职能作用。

1. 税收在政府治理方面的作用

在政府多种治理机制及治理工具中，税收居于基础性地位。一方面，税制结构优化、税收负担减轻、税收征管加强等对提高经济效率、改善社会公平具有不可替代的作用。近年来，随着税务领域"放管服"改革深化，税务部门通过减少审批、精细服务、增加透明度等促进纳税服务进一步提质增效，纳税人满意度不断提升，从而提高了政府治理绩效。另一方面，税收法定原则逐步落实不仅推进了民主法治、突出了对纳税人财产权利的保护，还有助于凝聚和提升人民对税收的认同和遵从度，增强政府的公信力，化解潜在的社会矛盾，提高政府治理效能。

2. 税收在市场治理方面的作用

一般认为，国家宏观调控是为了解决"市场失灵"问题。因此，在现代市场经济条件下，税收作为国家宏观调控的重要手段，在市场治理方面的作用集中体现在两个方面：其一，弥补市场失灵，公共产品的非竞争性和非排他性导致其供给不可能完全通过市场机制实现，而需要政府通过征税提供，以税收支撑的政府规制和公共服务提供等对于解决外部性问题也有巨大的作用。其二，矫正市场缺陷，通过具有"自动稳定器"的累进税制来缩小收入分配差距，通过相机抉择的税收政策工具，来促进就业、稳定物价、平衡内外经济、稳定经济增长等。

3. 税收在社会治理方面的作用

在社会治理方面，税收在构建和谐社会、保证社会稳定等方面发挥着举足轻重的作用。首先，国家治理的一个重要目标就是增进人民福祉，而就业、医疗、养老、教育、住房等民生问题的解决有赖于国家财政的投入，税收是财政收入的主要来源，其对于改善民生的重要性不言而喻。其次，税收是政府参与国民收入再分配的重要工具，能够起到调节收入分配、缩小贫富差距的作用，对于保障社会稳定意义重大。最后，社会问题需要社会组织协同治理，而税收行为伴随着经济活动的全过程，涉及国家、地区、企业和个人方方面面的利益，税收协同共治对于社会问题的解决至关重要。

1.1.5　政府课税的理论依据

西方学者对税收依据的探讨约始于 17 世纪，此后在西方税收理论数百年的发展过程中，出现了形形色色的理论和学说，归纳起来可以分为需要分担论、劳务报酬论和经济调节论三大类。

1.1.5.1　需要分担论

这类学说认为，国家为了实现其职能，需要经费开支，就要向人民征税，而人民作为国家的一分子，有分担公共需要的义务。属于这类学说的有公需说、义务说、牺牲说、掠夺说等。

1. 公需说

公需说也称为"公共福利说"，其起源于 17 世纪德国的官房学派，主要代表人物为法国的波丹和德国的克洛克。公需说认为国家征税是为了增加公共福利所需的财政资金，自然应由人民负担。克洛克曾指出："租税倘非出于公共福利需要者，即不得征收，如果征收则不能认为是正当的租税。"[①]

2. 义务说

义务说起源于 19 世纪欧洲国家主义盛行时期，其产生是深受黑格尔的国

---

① 转引自小川乡太郎. 租税总论 [M]. 陆孟武，译. 北京：商务印书馆，1934：57.

家主义思潮影响的结果。义务说不同意交换说的观点，认为税收是人民对国家的应尽义务。国家是人类组织的最高形式，个人依存于国家，国家为了实现其职能，必须强制课征税收，人民纳税是应尽的义务，任何人不得例外。例如法国的劳吾曾说："租税是根据一般市民的义务，按一定标准向市民征收的公课。"[①] 因此，对于纳税人来说，税收就是强制的义务。

3. 牺牲说

牺牲说产生于19世纪，最早由法国庸俗资产阶级经济学家萨伊提出，他认为"租税是一种牺牲，其目的在于保存社会与社会组织。"[②] 古典自由主义经济学家穆勒依据纳税人的能力赋税理论，进一步发展了萨伊的牺牲说，提出均等牺牲观点。英国著名财政学家巴斯泰布尔进一步阐释了穆勒的均等牺牲说，提出均等牺牲原则不过是均等能力原则的另一种表现；均等能力意味着负担牺牲的能力均等；社会的最大福利是使全体纳税人负担最少的牺牲[③]。

4. 掠夺说

掠夺说把税收视为一个阶级掠夺其他阶级的手段，认为税收分配是在特定社会条件下，在国家中占有统治地位的阶级，凭借国家的政治权力，支配其他阶级的一种方式，其倡导者是意大利的洛里亚。掠夺说虽然深刻揭露了剥削阶级占统治地位的国家的税收实质，但未能说明建立在公有制基础上的社会主义税收的分配属性。

1.1.5.2 劳务报酬论

这类学说认为国家为人民提供利益，人民向国家纳税作为交换和报偿。属于这类学说的有交换说、保险说。

1. 交换说

交换说认为国家的职能和活动是为所辖居民个人的利益提供服务，居民纳税是对这种服务所需费用的补偿，即用税收换取利益。交换说的根本观点是把税收视同商品或劳务的交换关系，因此交换的双方价值必须相等，故又可称为"均等说"或"等价交换说"。交换说萌芽于17世纪，其主要代表人物是重商主义学者霍布斯，他认为"人民为公共事业缴纳税款，无非是为了换取和平而付出的代价。分享这一和平的福利部门，必须以货币或劳动之一的形式，为

---

① 尹文敬. 财政学 [M]. 北京：商务印书馆，1935：229.
② 萨伊. 政治经济学概论：财富的生产、分配和消费 [M]. 陈福生，陈振骅，译. 北京：商务印书馆，1982：509.
③ 郭庆旺，鲁昕，赵志耕. 公共经济学大辞典 [M]. 北京：经济科学出版社，1999：356.

公共福利做出自己的贡献。"①

2. 保险说

保险说作为交换说的一个分支，认为国家保护了人民生命财产的安全，人民理应向国家支付报酬，国家犹如保险公司，人民纳税如同投保人向保险公司交纳保险费一样。正如该学派的代表人物，法国的梯埃尔所说："国民各依其在社会所受的利益为比例而纳税，与被保险人向保险公司各依其风险分摊比例所交纳的保险费相类同。"②

1.1.5.3　经济调节论

这类学说认为，国家课税不仅为取得必要的财政收入，而且可以对社会经济发挥调节作用。属于这类学说的有社会政策说、经济调节说等。

1. 社会政策说

社会政策说也称"社会关系说"，产生于19世纪末，其主要代表人物为德国的瓦格纳和美国的汉森、塞利格曼等。该学说认为，现代社会的社会财富和所得的分配极不公平，而这种不公平是造成社会动荡的根本原因，而税收应是矫正社会财富与所得分配不公的手段，是实现社会政策目标的有力工具。

2. 经济调节说

经济调节说也称"市场失灵说""经济杠杆说"，是资本主义发展到垄断阶段的产物。20世纪30年代，以凯恩斯为代表的经济学家提出经济调节说，认为由于市场失灵，不能实现资源的优化配置，所以需要社会政策来进行矫正，因此国家征税除了筹集公共需要的财政资金外，更重要的是全面运用税收政策调整资源配置，实现资源的有效利用。

1.2　税收制度基本理论

1.2.1　税收制度

1.2.1.1　税收制度的概念

税收制度简称税制，是国家以法律形式确定的各种课税制度的总和，主要

---

① 霍布斯. 利维坦［M］. 黎思复，黎廷弼，译. 北京：商务印书馆，1985：22.
② 转引自小川乡太郎. 租税总论［M］. 陆孟武，译. 北京：商务印书馆，1934：64.

包括国家的税收法律体系和税收管理体制等。它既是国家向纳税人征税的法律依据和税收工作的规程，又是纳税人履行纳税义务的法定准则。税收制度作为国家财政经济制度的重要组成部分，体现了国家处理税收分配关系的规范性。

税收制度有广义和狭义之分。狭义的税收制度是指税收法律制度，即国家设置的某一税种的课征制度，主要包括税法、税收暂行条例及其实施细则、税收征收管理法及其实施细则等，是用于明确或调整国家与纳税人之间税收征纳关系的制度规定。广义的税收制度除上述内容外，还包括与税收分配活动有关的用于调整各级政府之间税收关系的制度规定，以及调整税务机构内部关系的制度规定，如划分中央政府与地方政府之间税收管理权限的税收管理体制，税务机构的设置、分工及税务人员职责与权限的制度规定，税收会计、统计制度规定等。本书所研究的税收制度是指狭义的税收制度。

1.2.1.2 税法与税收制度

税收制度体系是指国家在进行税制设计、设置时，根据本国的具体情况，将不同功能的税种进行组合配置，形成主体税种明确、辅助税种各具特色，作用和功能互补的税收体系。

税收制度体系的核心是税法，税法是税收制度的法律表现形式，是国家制定的用以调整国家与纳税人之间在征纳税方面的权利及义务关系的法律规范的总称。税收法律、法规和规章的制定机关不同，法律级次不同，因此法律效力也不同，我国税法一般分为以下几个层次：

1. 全国人民代表大会及其常务委员会制定的税收法律

根据我国宪法的规定，我国税收法律的立法权由全国人民代表大会（以下简称"全国人大"）及其常务委员会行使，其他任何机关都没有制定税收法律的权力。在国家税收中，凡是基本的、全局性的问题，例如，国家税收的性质，税收法律关系中征纳双方权利与义务的确定，税种的设置，税目、税率的确定等，都需要由全国人大及其常委会以税收法律的形式制定实施，并且在全国范围内，无论对国内纳税人，还是涉外纳税人都普遍适用。除宪法外，在税法体系中，税收法律具有最高的法律效力，是其他机关制定税收法规、规章的法律依据，其他各级机关制定的税收法规、规章，都不得与宪法和税收法律相抵触。

在现行税法中，如《中华人民共和国企业所得税法》《中华人民共和国个人所得税法》《中华人民共和国环境保护税法》《中华人民共和国税收征收管理法》（以下简称《税收征管法》）等都是税收法律。

2. 全国人民代表大会及其常务委员会授权立法

授权立法是指全国人大及其常委会根据需要授权国务院制定某些具有法律效力的暂行规定或条例。国务院经授权立法所制定的规定或条例等属于准法律，具有国家法律的性质和地位，其法律效力高于行政法规，在立法程序上还需报全国人大常委会备案，例如，《中华人民共和国增值税暂行条例》等。税收暂行条例的制定和公布施行，既为全国人大及其常委会的立法工作提供了有益的经验和条件，也为在条件成熟时将这些条例上升为法律做好了准备。

3. 国务院制定的税收行政法规

国务院作为国家最高权力机关的执行机关，是最高国家行政机关，拥有广泛的行政立法权。行政法规作为一种法律形式，在我国法律形式中处于低于宪法、法律，高于地方法规、部门规章的地位，在全国普遍适用。行政法规的立法目的在于保证宪法和法律的实施，行政法规不得与宪法、法律相抵触，否则无效。国务院发布的《中华人民共和国企业所得税法实施条例》《中华人民共和国税收征收管理法实施细则》等都属于税收行政法规。

4. 地方人民代表大会及其常务委员会制定的税收地方性法规

根据《中华人民共和国立法法》的规定，省、自治区、直辖市的人民代表大会及其常务委员会以及省、自治区的人民政府所在地的市，经济特区所在地的市和经国务院批准的较大的市的人民代表大会及其常务委员会有制定地方性法规的权力。由于我国在税收立法上坚持"统一税法"的原则，因此地方权力机关制定税收地方法规不是无限制的，而是要严格按照税收法律的授权行事。目前，除了海南省、民族自治地区按照全国人民代表大会授权立法规定，在遵循宪法法律和行政法规的原则基础上，可以制定有关税收的地方性法规外，其他省市一般都无权自定税收地方性法规。

5. 国务院税务主管部门制定的税收部门规章

我国宪法规定，有权制定税收部门规章的税务主管机关是财政部、国家税务总局及海关总署。税务主管机关制定规章的范围包括：对有关税收法律、法规的具体解释，税收征收管理的具体规定、办法等。税收部门规章在全国范围内具有普遍适用效力，但不得与税收法律、行政法规相抵触，如财政部颁发的《中华人民共和国增值税暂行条例实施细则》。

6. 地方政府制定的税收地方规章

《中华人民共和国地方各级人民代表大会和地方各级人民政府组织法》规定，省、自治区、直辖市以及省、自治区、直辖市的人民政府所在地的市和国务院批准的较大的市的人民政府，可以根据法律和国务院的行政法规制定规章。按照"统一税法"的原则，上述地方政府制定税收规章，都必须在税收法律、法规明确授权的前提下进行，并且不得与税收法律、行政法规相抵触。没有税收法律、法规的授权，地方政府无权制定税收规章，凡越权自定的税收规章没有法律效力。目前我国的税收地方规章主要包括房产税等地方性税种的实施细则。

1.2.2 税制要素

税制要素是税收制度的实体部分，是最基本的税收术语和税法必须规定的内容，包括实体要素和程序要素。一国税收制度不仅要解决对什么征税、对谁征税、征多少税的基本问题，还要规定征纳的程序、征管的方法以及纳税人违反税法规定应受何种处罚。虽然各国税制的具体规定有所差异，各税种涉及的内容与范围不同，但税收制度都是由一些共同的要素构成的。其中，征税对象、纳税人、税率这三个要素直接反映了税收分配关系，是税制构成的基本要素，纳税环节、纳税期限、纳税地点、减税免税和违章处理则是税制构成的其他要素。

1.2.2.1 纳税人

纳税人（tax payer）又称"纳税义务人""纳税主体"，是指税法规定的直接负有纳税义务的单位和个人，是明确对谁征税的税制要素。

从法律角度划分，纳税人可分为自然人、法人和非法人组织。法人是指依法成立并能独立地行使法定权利和承担法律义务的社会组织，包括企业法人、事业法人、行政法人和社会团体法人等。自然人是指依法享有民事权利并承担民事义务的个人，包括中国公民、外籍人员和个体工商户等。无论是法人还是自然人，只要在规定的范围内，都可能成为纳税人。非法人组织则是指不具有法人资格，但是能够依法以自己的名义从事民事活动的组织，包括个人独资企业、合伙企业、不具有法人资格的专业服务机构等。

在实际的税收征纳过程中，还有两个与纳税人紧密联系的概念：负税人和扣缴义务人。

1. 负税人

负税人（tax bearer）是指最终负担税款的单位和个人。负税人与纳税人的区别在于，纳税人是由国家税法规定的，直接向税务机关缴纳税款的单位和个人，负税人则是在社会经济活动中形成的，税款的最终承担者或实际负担者。

在实际生活中，税收的纳税人与负税人可能一致，如企业所得税、个人所得税等；税收的纳税人和负税人也可能不一致，如增值税、消费税等。纳税人和负税人的不一致是由税负转嫁引起的，在税负无法转嫁的条件下，纳税人即为负税人；在税负能够转嫁的情况下，纳税人不等于负税人。

2. 扣缴义务人

扣缴义务人（withholding agent）分为代扣代缴义务人和代收代缴义务人。

代扣代缴义务人是指虽不承担纳税义务，但依照有关规定，在向纳税人支付收入、结算货款、收取费用时有义务代扣代缴其应纳税款的单位和个人，如支付个人稿酬的单位代扣代缴个人所得税，支付境外企业股息红利的单位代扣代缴企业所得税等。

代收代缴义务人是指虽不承担纳税义务，但依照有关规定，在向纳税人收取商品或劳务收入时有义务代收代缴其应纳税款的单位和个人，如委托加工应税消费品的单位代收代缴消费税，办理交强险的保险机构代收代缴车船税等。

1.2.2.2　征税对象

征税对象（taxation object）又称"课税对象""征税客体"，指税法规定对什么征税，是征纳税双方权利义务共同指向的客体或标的物。征税对象是一种税区别于另一种税的主要标志，它体现着不同税种的界限，决定着不同税种名称的由来。如消费税的征税对象为列举的应税消费品，增值税的征税对象为商品或劳务的增值额，房产税的征税对象为房屋等。

征税对象随着社会生产力的变化而变化。自然经济中，土地和人丁是主要的征税对象。商品经济中商品的流转额、企业利润和个人所得成为主要的征税对象。在可以作为征税对象的客体比较广泛的情况下，选择征税对象一般应遵循有利于保证财政收入、有利于调节经济和适当简化的原则。

与征税对象有关的概念包括税目、计税依据和征税范围。

1. 税目

税目（tax item）是指税法中对征税对象分类规定的具体的征税项目，反映具体的征税范围，是对课税对象质的界定，体现征税的广度。

确定税目通常采用两种方法：一种是列举法，即按照每种商品的经营项目或收入项目分别设置税目，必要时还可以在税目之下划分出若干个子目。列举法适用于税源大、界限清楚的征税对象，如现行消费税。另一种是概括法，即按商品大类或行业设置税目，适用于课税对象品种繁多、界限不易划分清楚的征税对象，如现行资源税。

2. 计税依据

计税依据又称税基（tax base），是据以计算征税对象应纳税款的直接数量依据，它是征税对象在量上的具体化。

计税依据按照计量单位的性质划分，有两种基本形式：一是价值形式，即以征税对象的价值量为计税依据，如应纳税所得额、销售收入等，以价值形式作为税基又称为从价计征。二是实物形式，即以征税对象的实物量作为计税依据，如数量、重量、容积等，以实物形式作为税基又称为从量计征。此外，在征税对象的实际价格无法确定时，税务机关还可以使用组成计税价格对征税对象从价计征。

3. 征税范围

与课税对象相关的另一个概念为征税范围（tax scope）。征税范围一般是指课税对象的范围，即课税对象的具体内容，或课征税收的具体界限。因此，凡列入征税范围的都应征税，反之，则不征税。例如：我国现行个人所得税以个人所得为课税对象，而税法规定列入征税范围的为税法明确列举的九项个人所得，如工资、薪金所得等，未明确列举的个人所得则一般不属于征税范围。

1.2.2.3 税率

税率（tax rate）是应纳税额与征税对象之间的比例，是计算税额的尺度，体现了征税的深度。税率的设计，直接反映了国家有关经济政策，直接关系着国家财政收入的多少和纳税人税收负担的轻重。因此，税率设置是税收制度设计的中心环节。在实践中，税率主要有三种形式：比例税率、累进税率和定额税率。

1. 比例税率

比例税率（proportional rate）是对同一征税对象不分数额大小，规定相同征收比例的税率。比例税率的优点在于计算简单，易于征管，有利于保证财政收入，且对于同一征税对象不同纳税人的税收负担相同，有利于鼓励纳税人公平竞争，符合税收效率原则。其缺点主要表现在：对高收入者和低收入者均按同一比例征收，税收负担与纳税人的负担能力不相适应。因此，比例税率的收入调节功能有限，也难以体现税收的公平原则。我国现行增值税、城市维护建设税和企业所得税等采用的就是比例税率。比例税率在具体适用中又可分为单一比例税率、差别比例税率以及幅度比例税率。

（1）单一比例税率，即一个税种只规定一个比例税率，无论纳税人的纳税能力强弱、受益程度大小，征税对象的多少，均适用无差别的同一比例税率。

（2）差别比例税率，即对不同的纳税人或征税对象，设计不同的税率档次，依据适用范围的不同可将其进一步划分为产品差别比例税率、行业差别比例税率和地区差别比例税率三种类型。

（3）幅度比例税率，即在税法规定的统一比例幅度内，由各地区根据本地具体情况确定具体的适用税率。

2. 累进税率

累进税率（progressive rate）是指按征税对象数额的大小，划分若干等级，不同等级适用不同的税率级次，随着数额的增加，征收比例也随之提高的税率。累进税率体现了量能负担的原则，能根据纳税人负担能力的变化，更灵活地调节收入，体现了税负的公平原则，因此所得税一般采用累进税率。其缺点是计算比较复杂，税收征管的难度较大。累进税率根据累进方式的不同在实际运用中又可分为全额累进税率、超额累进税率和超率累进税率三种。

（1）全额累进税率是指把征税对象按数额的大小划分成若干等级，每一等级的适用税率依次提高，当征税对象的数量超过某一等级时，则对征税对象全额都按高一等级税率计税的税率制度。其优点是计算相对简单，缺点是在两个级距的临界点附近税负悬殊。

（2）超额累进税率是指当征税对象的数量超过某一等级时，仅就其超过部分按高一等级税率计税的税率制度。与全额累进税率相比，超额累进税率的累进过程比较平缓，可以更加有效地调节纳税人的收入，正确处理税收负担的纵向公平问题，因此一般在所得课税中使用。目前，我国个人所得税中的综合所得、经营所得采用超额累进税率。但是在累进级次较多的情况下，分级计算然后相加的方法比较繁琐。

为了解决超额累进税率按原理计税在技术上的复杂性，实际工作中通常采用经过简化的速算法。速算法的原理是基于全额累进计算的方法，将超额累进计算转化为全额累进计算。对于同样的征税对象数额，按全额累进方法计算出的税额比超额累进方法计算出的税额大，即有重复计算的部分，这个多征的常数即为"速算扣除数"。用公式表示为：

速算扣除数＝按全额累进方法计算的税额－按超额累进方法计算的税额

移项得到速算法计算税额公式：

按超额累进方法计算的税额＝按全额累进方法计算的税额－速算扣除数

（3）超率累进税率是指以征税对象数额的相对率划分若干级距，并分别规定相应的差别税率，相对率每超过一个级距的，对超过的部分按高一级的税率计算征收的一种累进税率。目前我国税收体系中采用这种税率的有土地增值税。

3. 定额税率

定额税率（fixed rate）也称"固定税率"，是指对每一单位的征税对象直接规定一个固定税额的税率。它是税率的一种特殊形式，一般适用于从量计征的税种，其优点在于计算简便。从量计征的方法能使优质优价的产品税负轻，劣质劣价的产品税负重，有利于鼓励企业提高产品质量和改进包装；且税额不受价格变化影响，收入稳定，但也因此使其在调节收入和使用范围上有局限性。

定额税率在具体运用上又可分为以下几种：

（1）地区差别定额税率，即为了照顾不同地区的自然资源生产水平和盈利水平的差别，根据各地区经济发展的不同情况对各地区分别制定不同的税额。

（2）幅度定额税率，即税法只规定一个税额幅度，由各地根据本地区的实际情况，在税法规定的幅度内确定一个执行税额，如城镇土地使用税。

（3）分类分级定额税率，即把征税对象划分为若干个类别和等级，对各类各级规定高低不同的税额，等级高的税额高，等级低的税额低，具有累进税的性质，如车船税。

1.2.2.4　纳税环节

纳税环节（taxable level）是指税收制度中规定的征税对象从生产到消费流转过程中应当缴纳税款的环节。征税对象在整个社会经济运行中是不断流转运动的，商品有生产、流通、消费的过程，所得有创造、分配、收受的过程等。在这些过程中，哪些环节纳税，哪些环节不纳税，税法必须做出明确的规定。按照纳税环节的多少，可以将税收征收制度分为一次课税制和多次课税制。一次课税制是指同一种税在其征税对象运动过程中只在一个环节征税的课税制度，如我国现行的资源税。多次课税制是指同一种税在其征税对象运动过程中选择两个以上甚至所有环节都征税的课税制度。

纳税环节关系到税制结构和税种的布局，关系到税款能否及时足额缴入国库，关系到税收收入在地区间的平衡，同时也关系到企业的经济核算和是否便利纳税人缴纳税款等问题。因此，选择和确定纳税环节，必须和价格制度、企业财产核算制度相适应，与纯收入在各个环节的分布状况相适应。总而言之，选择和确定纳税环节，必须有利于税源控制和税款的集中缴纳，必须符合纳税人的纳税规律，便于税务机关征税和纳税人缴税。

1.2.2.5　纳税期限

纳税期限（tax payment deadline），是指税法规定的纳税人发生纳税义务后缴纳税款的期限，它是税收的固定性、强制性在时间上的体现。从原则上讲，纳税义务的发生时间和税款的缴纳时间是一致的。但是，由于纳税人取得应税收入或者发生纳税义务具有重复性、连续性，不可能每一次取得应税收入或者发生应税义务就立即缴纳一次税款。为了简化纳税手续，便于纳税人经营管理，同时有利于税款及时纳入国库，有必要根据各种税的不同特点以及纳税人的具体情况分别规定不同的纳税期限。

（1）按期纳税，指根据纳税义务的发生时间，通过确定纳税间隔期，实行按日纳税。纳税间隔期分为 1 日、3 日、5 日、10 日、15 日、1 个月或者 1 个季度。纳税人的具体纳税期，由主管税务机关根据纳税人的生产经营情况和应纳税额的大小分别核定。

（2）按次纳税，指以纳税行为的发生次数，确定纳税期限。如车辆购置税、耕地占用税等采取按次纳税的办法。

（3）按年计征、分期预缴，指按规定的期限预缴税款，年度结束后，汇算清缴、多退少补。如企业所得税、房产税等。

1.2.2.6 减税免税

减税免税（tax reliefs），是国家为了实现某种特定的社会、经济或政治目标，而制定的对某些纳税人和征税对象采取减少征税或者免于征税的特殊规定。具体而言，减税是对应纳税额少征一部分，免税是对应纳税额全部予以免征。实施减税免税意味着国家通过税收优惠，把本来可以收取的一部分税款无偿地转让给了某一部分人，这实际上是一种间接的政府支出。因此，西方学者把政府实施税收优惠而放弃的税收收入称为"税收支出"或"税式支出"（tax expenditure）。从形式上看减免税主要包括税基式减免、税率式减免、税额式减免。

1. 税基式减免

税基式减免是指通过直接缩小计税依据的方式来实现的减税免税，具体包括起征点、免征额、项目扣除以及跨期结转等。

起征点，是税法规定的征税对象开始征税的税额起点，即征税对象数额未到达起征点的不征税，达到或超过起征点的则就其全部数额征税。免征额，是税法规定的征税对象的全部数额中免于征税的数额，即不论课税对象数额大小，免征额部分始终不征税，仅对超过免征额的部分征税。项目扣除，是指征税对象总额中先扣除某些项目的金额后，以其余额为计税依据计算应纳税额。跨期结转，是指将某些成本费用或损失向后或向前结转，抵消其一部分收益，以减少税基实现减免税。例如，企业所得税中的亏损弥补规定。

2. 税率式减免

税率式减免是指通过直接降低税率的方式实行的减税免税，具体包括重新确定税率、选用其他税率、零税率。税率式减免实际上就是制定一种低于正常水平的税率，其特点是不改变税基，而通过降低应纳税额与征税对象的比例来减轻税收负担，实施起来比较简单有效。但由于税率确定和变更的程序一般比较严格，因此，这种减免税方式难以作为经常性的灵活措施来加以实施，一般只适用于需要给予长期鼓励或照顾的情形。比如企业所得税中，对于国家重点扶持的高新技术企业和经认定的技术先进型服务企业，可以适用15%的企业所得税税率。

3. 税额式减免

税额式减免是指通过直接减少应纳税额的方式实现的减税免税，具体包括全部免征、减半征收、核定减征率征收以及另定减征额等。比如企业所得税中，企业可按购置并实际使用规定的环境保护、节能节水、安全生产等专用设备的投资额的10%抵免应纳税额。

1.2.2.7　纳税地点

纳税地点（tax payment place），是指根据各个税种缴纳对象的纳税环节和有利于对税款的源泉控制而制定的纳税人（包括代征、代扣、代缴义务人）的具体纳税地点。合理规定纳税人申报纳税的地点，既有利于税务机关实施税源管理防止税收流失，又便于纳税人缴纳税款。

1.2.2.8　违章处理

违章处理（violation handling），是指税务机关对纳税人违反税收制度行为采取的惩罚性措施，它是税收强制性在税收制度中的具体体现。

纳税人的违章行为通常包括违反日常税收管理的行为（如未按规定办理税务登记、纳税申报、设置保管账簿及有关凭证等），直接妨害税款征收的行为（如欠税、逃避缴纳税款、抗税、骗税等）以及违反发票管理规定的行为（如未按规定印制发票或防伪专用票等）。

违章处理的方式主要有加收滞纳金、处以罚款、通知银行扣款、吊销税务登记证、会同工商行政管理部门吊销营业执照、移送司法机关追究刑事责任等。

1.2.3　税制分类与税制结构

税制分类是指按照一定的标准将税收体系中性质相同或相近的税种归为一类，以同其他税种加以区别。税制分类的方法多种多样，依据的标准不同，研究的角度不同，分类的结果自然也不同，按照不同的税制分类会形成不同的税制结构。

　　税制结构是指一个国家对税收体系中各类税种的总体安排，是一国政府根据本国的社会经济条件和税收政策目标的要求，合理地进行税种的设置、税源的选择、税率的安排，从而可以形成主次分明、相互配合、协调一致的税收体系[①]。

　　由于不同国家的国情不同，因而与之适应的税制结构也千差万别，但从总体来看，处于相同或类似经济发展水平的国家在税制选择上存在一定的共性，从而客观上就产生了不同类型的税制结构[②]。

1.2.3.1　按税种特点分类形成的税制结构

　　按税种特点分类，就是以征税对象为标准对组成税收制度的各个税种进行的分类。这是一种最基本也最常见的税制分类方法，以征税对象为标准，税种可以分为货物和劳务税（以下简称"货劳税"）类[③]、所得税类、财产税类、行为税类和资源税类等几大类。

　　其中，货劳税是以销售商品或提供劳务而取得销售收入额或营业收入额为征税对象的税收总称，在我国也被习惯称为流转税；所得税是以所得额为征税对象的税收总称，包括企业所得税、个人所得税和社会保障税；财产税是以法人或个人所拥有的财产价值为征税对象的税收总称；行为税是以特定行为为征税对象的税收总称；资源税是以资源的绝对收益和级差收益为征税对象的税收总称。

　　从现代世界各国的税制结构来看，按税种特点分类形成的税制结构主要有三大模式，即以货劳税为主体的税制结构、以所得税为主体的税制结构及货劳税和所得税并重的双主体税制结构。

1. 以货劳税为主体的税制结构

　　以货劳税为主体的税制结构，是指在整个税制体系中，通过增值税、消费税、关税等货劳税所筹集的税收收入在税收收入总额中所占比重最大，并对经济生活起主要调节作用。一方面，货劳税多采用统一税率，计算简单，稽征容易；征税范围广，税源充裕稳定，且不受成本变动的影响，收入及时可靠，与发展中国家税源相对匮乏的经济发展状况相适应。因此，绝大多数发展中国家和少数发达国家都实行以货劳税为主体的税制结构。另一方面，正是由于货劳税计税依据和税率制度的特点，使其在收入上缺乏弹性，在税负上具有累退性，不

①　宋凤轩. 财政与税收［M］. 北京：人民邮电出版社，2011：117－120.
②　孙健夫. 财政学［M］. 北京：人民邮电出版社，2011：159－165.
③　货物和劳务税（goods and services tax，GST）又称商品劳务税，在我国也被习惯称为流转税（turnover tax）。

利于贯彻税收的公平原则，难以发挥税收稳定经济和公平收入分配的作用。

2. 以所得税为主体的税制结构

以所得税为主体的税制结构，是指在整个税制体系中，通过所得税所筹集的税收收入在税收收入总额中所占比重最大，对社会经济的调节主要通过所得税来实现，同时辅之以其他税类。实行这一类税制结构的国家又多以个人所得税或社会保障税为主体税种，公司所得税一般不占主体地位。

所得税以纳税人扣除成本费用后的纯收入额为征税对象，并且采用累进税率，能较为充分地体现量能负担的纵向公平原则。同时，累进征收的所得税收入能准确反映国民收入的增减变化，通过相机抉择税收政策的运用，能灵活调节纳税人的实际收入，对社会总需求和总供给产生迅速而强有力的调节作用，促进经济稳定和协调发展。并且随着经济的发展，所得税的税源日益增长，以所得税为主体的税制结构在筹集财政收入方面是充裕可靠的。因此，这一税制结构成为绝大多数发达国家和少数发展中国家的选择。

但是，以所得税为主体的税制结构也有其局限性。首先，多档次、高边际税率的所得税，会挫伤劳动者的劳动积极性和投资者的投资热情，不利于经济效率的提高；其次，过多过滥的税收优惠也会产生税收的政策歧视，从而对市场经济效率产生损害；最后，所得税的计算和稽征相对复杂，要求较高的税收征管水平。

3. 货劳税和所得税并重的双主体税制结构

货劳税和所得税并重的双主体税制结构，是指在整个税制体系中，通过货劳税和所得税所筹集的税收收入占税收收入总额的比重相近，并且在调节经济方面共同起着主导作用。选择货劳税和所得税并重的双主体税制结构，两类主体税种可以相辅相成，发挥综合优势，既可确保财政收入的稳定可靠，又能使税收的刚性与弹性相结合，充分发挥税收的宏观调控作用。这一税制结构虽然是一种现实的税制结构模式，但从发展角度分析，只是一种转换时期的过渡模式，最终将发展为以货劳税为主体的税制结构或以所得税为主体的税制结构。

专栏 1-3

各国现行税制结构比较分析

为了便于比较，参照世界银行 2019 年发布的国别收入分类标准，以人均国民总收入（gross national income，GNI）为门槛划分低收入国家、中等偏低收入国家、中等偏高收入国家和高收入国家四种国家类型，以分析不同收入水平的国家税制结构的特点（见表 1-1）。

表 1－1		世界各国税制结构比较				单位：%
国家		所得、利润和资本利得税	社会保障缴款	工薪税	财产税	商品劳务税	其他税种
低收入国家	乌干达（2018）	34.27	0.00	0.00	0.00	65.50	0.23
	刚果民主共和国（2018）	44.43	0.00	1.59	0.18	44.21	3.48
	卢旺达（2018）	40.33	5.95	0.00	0.09	53.63	0.00
	马里（2018）	23.50	11.93	0.90	1.98	59.86	1.83
	马达加斯加（2018）	22.24	5.30	0.00	0.78	71.28	0.41
	平均比重	**32.95**	**4.64**	**0.50**	**0.61**	**58.90**	**1.19**
中等偏低收入国家	玻利维亚（2019）	16.27	25.08	0.00	0.75	48.99	8.91
	塞内加尔（2018）	28.40	7.06	0.33	2.46	60.72	1.02
	蒙古国（2018）	26.85	20.15	0.00	2.16	50.84	0.00
	埃及（2018）	43.82	7.94	0.00	0.64	47.61	0.00
	菲律宾（2018）	40.19	0.00	0.00	0.66	52.98	6.17
	肯尼亚（2018）	44.15	3.23	0.00	0.87	51.74	0.01
	平均比重	**33.28**	**10.58**	**0.06**	**1.27**	**52.15**	**2.69**
中等偏高收入国家	中国（2018）	35.06	0.00	0.00	8.44	56.50	0.00
	阿根廷（2019）	17.95	19.95	0.00	9.14	52.22	0.73
	巴西（2019）	22.40	25.71	1.77	4.61	42.84	2.68
	泰国（2018）	34.12	5.67	0.00	2.75	56.73	0.73
	土耳其（2019）	24.22	31.37	0.00	4.18	38.98	1.24
	哥伦比亚（2019）	32.30	9.51	1.72	9.08	42.94	4.44
	墨西哥（2019）	45.00	14.66	0.00	0.00	39.24	1.09
	马来西亚（2018）	68.59	2.18	0.00	0.00	25.86	3.37
	南非（2018）	51.98	1.35	1.22	5.78	39.67	－0.00
	平均比重	**36.85**	**12.27**	**0.52**	**4.89**	**43.89**	**1.59**
高收入国家	澳大利亚（2018）	60.21	0.00	4.82	9.52	25.45	0.00
	加拿大（2019）	49.12	14.01	2.24	11.57	22.95	0.11
	德国（2019）	32.60	37.86	0.00	2.81	26.71	0.00
	新加坡（2018）	46.55	0.00	0.00	13.98	29.45	10.01
	韩国（2019）	33.21	26.73	0.30	11.40	25.82	2.53
	意大利（2019）	31.41	31.23	0.00	5.77	28.41	3.19
	美国（2019）	45.37	24.93	0.04	12.09	17.56	0.00
	法国（2019）	26.06	32.93	3.96	8.84	27.02	1.18
	日本（2019）	54.25	0.00	0.00	4.94	40.81	0.00
	英国（2019）	35.14	19.50	0.37	12.39	32.58	0.00
	平均比重	**41.39**	**18.72**	**1.17**	**9.33**	**27.68**	**1.70**

资料来源：笔者根据经济合作与发展组织（OECD）网站相关数据整理所得。

低收入国家（人均 GNI 低于 1025 美元，如乌干达、刚果（金）等）现行的税制是以货劳税为主、所得税和其他税种为辅的税制结构，货劳税占税收收入的平均比重高达 58.90％。不仅如此，此类国家辅助税种的建设相对滞后，集中体现在与货劳税相比，所得税占比过低，且少有国家开征社会保障税，其他税种所占比重更是微乎其微。由于低收入国家需要大量资金进行大规模经济建设，因此确保稳定的财政收入自然成为此类国家税收政策的首要目标。

大多数中等偏低收入国家（人均 GNI 在 1 026～3 995 美元之间，如蒙古国、埃及等）现行税制虽然仍是以货劳税为主的税制结构，但与低收入国家相比，货劳税平均占比由 58.90％下降至 52.15％，所得税和其他税种在税收收入中所占比重明显提高。此类国家在保证税收入目标的前提下，开始初步形成多环节、多层次、多税种的税制体系以调节经济运行，促进经济增长。

大多数中等偏高收入国家（人均 GNI 在 3 996～12 375 美元之间，如中国、巴西等）现行税制基本是以所得税为主体、货劳税和其他税种为辅的税制结构。且随着规范的社会保障制度的建立，中等偏高收入国家普遍开征了社会保障税，部分国家（如巴西、土耳其）的社会保障缴款甚至在税收收入中占有相当高的比重。另外，货劳税平均占比较前两种类型的国家明显下降，同时为了给微观主体创造平等竞争的经济环境，开征了许多具有特定目的的其他税种以提高其在税收收入中的比重。这类国家在确保政府收入稳定增长的前提下，更多地将注意力集中到运用税收杠杆促进效率的提高及资源的合理配置方面，并且在一定程度上兼顾了公平。

绝大多数高收入国家（人均 GNI 高于 12 375 美元，如美国、英国等）现行税制虽然仍是以所得税为主的税制结构，但是所得税所占比重较中等偏高收入国家有了显著的提高，社会保障缴款也成为税收收入的主要来源之一。这类国家在实现收入增长及效率提高目标的前提下，政府逐渐将政策的侧重点转向公平，以缓解收入过分悬殊，实现收入分配的公平。

1.2.3.2 按税负能否转嫁分类形成的税制结构

按税负能否转嫁分类，税收可以分为直接税和间接税。直接税是指税收负担无法转嫁，由纳税人直接负担的一类税收，如所得税和财产税；间接税则是指税收负担可以由纳税人转嫁给他人，纳税人只需履行缴纳义务，而无须真正承担税负的一类税收，如货劳税。

划分直接税和间接税的意义主要在于帮助分析税收负担及税负运动。一般来说，由于直接税无法转嫁，税负透明，容易让纳税人产生较为强烈的税负感，因此直接税的课征阻力较大，不易征收；而间接税易于转嫁给他人，尤其是在采用价内税的情况下，隐含在商品或劳务价格中的税负可以轻易转嫁给最终消费者，实际的负税人不易察觉此类税收负担，因此间接税的课征阻力较小，易于征收。

按照直接税和间接税在税收制度中的不同地位和作用，税制结构可分为以直接税为主体的税制结构和以间接税为主体的税制结构。

1. 以直接税为主体的税制结构

以直接税为主体的税制结构，是指在整个税制体系中以直接税为主体，直接税收入的比重占到 2/3 以上，直接税在筹集财政收入、调节经济等方面的作用都远大于间接税。这种税制结构模式主要表现为普遍征收所得税和财产税，政府对社会经济的调节主要是通过调节所得税或财产税来实现，同时辅之以增值税和消费税等间接税，从而弥补直接税功能的缺陷，实现税收的整体目标。目前，多数发达国家采用此类税制结构。

2. 以间接税为主体的税制结构

以间接税为主体的税制结构，是指在整个税制体系中以间接税为主体，间接税收入的比重占到 2/3 以上，筹集财政收入、对经济的调节也主要依靠间接税实现。这种税制结构模式主要表现为普遍征收增值税、消费税和关税等货劳税，政府对社会经济的调节主要是通过调节这些商品税来实现，同时辅之以所得税和财产税等直接税，从而弥补间接税功能的缺陷，实现税收的整体目标。目前，多数发展中国家采用此类税制结构。

一般认为，税制结构的演进经历了由以简单、原始的直接税为主体的税制结构到以间接税为主体的税制结构；再由以间接税为主体的税制结构发展为以现代直接税为主体的税制结构[①]。在税收产生后的一段时期里，由于商品货币经济不发达，自给自足的自然经济占主导地位，为了保证国家财政收入的稳定取得，按人口课征的人头税、按土地面积课征的土地税等简单直接税一直是古代和中世纪各个国家的主要税收来源，形成以简单直接税为主的税制结构。当时虽然也有对商品的征税，但其收入很少，在税制中不占重要地位。

随着社会生产力的发展，资本主义生产关系逐步确立，商品货币经济迅速发展。这一方面为商品课税创造了条件，另一方面商品课税既可以转嫁税收负担，又有利于增加财政收入，而且进口关税也可以对本国工商业的发展起到保护作用。这样，各国普遍开征各种类型的间接税逐步取代原来简单、原始的直接税，形成了以间接税为主体的税制结构。

但随着资本主义经济的发展，广泛开征间接税的弊端也逐渐显露出来，在一定程度上保护了自给自足经济的发展，抑制了资本主义工商业的发展；商品课税的多次课征，造成商品价格上涨，抑制了自由竞争，阻碍了商品流通和交

---

① 高培勇. 西方税收理论与政策 [M]. 北京：中国财政经济出版社，1993：84.

换的进一步发展，限制了商品市场的进一步拓展；特别是保护关税制度，限制了对外贸易的发展和市场的进一步扩大。正如马克思所指出的："城市实行了间接税制度，可是久而久之，由于现代分工，由于大工业生产，由于国内贸易直接依赖于对外贸易和世界市场，间接税制度就同社会消费发生了双重的冲突。在国境上，这种制度体现为保护关税政策，它破坏或阻碍同其他国家进行自由交换。在国内，这种制度就像国库干涉生产一样，破坏各种商品价值的对比关系，损害自由竞争和交换。鉴于上述两种原因，调整间接税制度就愈来愈有必要了。"[①]

与此同时，资本主义经济的发展带来了人们收入的不断增加，为征收所得税创造了条件。1799 年英国首先开征所得税，其后经过多次反复和曲折的发展过程，最后在各国建立起了以所得税这一现代直接税为主体的税制结构。例如，英国的关税和消费税占财政收入的比重 1825 年曾高达 77%，此后便逐渐下降，直至 1922 年下降至 35% 左右；而所得税在财政收入中所占比重 1843 年仅为 10%，1870 年占 14%，1922 年则大幅提升至 45%[②]。

自 20 世纪 80 年代以来，由于遭遇严重的经济危机，西方国家普遍陷入通货膨胀严重，就业增长缓慢，经济发展趋于停滞的状态。为了实现经济的复苏，西方国家进行了大规模的税制改革，重新调整了税收对经济的干预政策，调整了税收政策的公平与效率关系，开始重新重视商品课税的作用，削减个人所得税税率，税制结构上开始"重返间接税"，重新转向了所得税与商品税并重的税制结构。

1.2.3.3 按税收管理权限分类形成的税制结构

这里的税收管理权限是指在国家税收中，各级政府对税收的征收管理权和税收收入的支配权。以征税和税款支配的权限为标准，可将税收划分为中央税、地方税和中央地方共享税。凡属由中央政府征收，其收入归中央政府支配的税种，为中央税；凡属由地方政府征收，其收入归地方政府支配的税种，为地方税；凡属由中央或地方政府征收，其收入归中央和地方政府按比例分享的税种，为中央地方共享税。

按照这种标准进行的分类，反映了中央政府和地方政府在税收征收管理和税收收入使用权限上的关系，以及由此而确立的税收管理体制。

---

① 马克思恩格斯全集：第 8 卷 [M]. 北京：人民出版社，1961：543.
② 朱志钢. 我国税制结构：影响因素分析与优化路径选择 [M]. 北京：中国税务出版社，2014：76.

中央税和地方税结构是指税权及税收收入在各级政府之间的划分和构成状况①。中央政府和地方政府之间的税收划分主要有以下三种形式：一是划分税额，即先由税务机构统一征税，然后再将税收收入按一定比例在中央和地方政府之间进行划分，如法国；二是划分税源，即不同级别的政府对同一税基（或课税对象）课以不同的税率，分别征收，如美国；三是划分税种，即依据税种的不同，将税收划分为中央税、地方税和中央地方共享税，如德国、日本。

从各国的实践看，中央税与地方税的划分，一般来讲应遵循以下几条原则②：

1. 具有较强的稳定经济运行和调节收入分配功能的税种应划归中央政府

由于调控经济运行、促进经济稳定以及调节收入分配主要是中央政府的职责，所以，与稳定经济运行相关的税种和与调节收入分配相关的税种应划归中央政府。如所得税，在实行累进税率的条件下，具有较强的稳定经济运行的功能和调节收入分配的功能，在各国的实践中通常将企业所得税和个人所得税划归中央政府。为了使地方政府有重要的税种满足其收入需要，通常的做法是地方政府在中央政府企业所得税税基上征收地方企业所得税。

2. 税基具有较强流动性的税种划归中央政府，税基流动性较弱的税种划归地方政府

如果将税基流动性较强的税种划归地方，会由于各地征税的不同而引起税基的流动，而这种由课税引起的流动并不一定符合资源优化配置的要求。这样实际上造成了税收对经济效率的扭曲，形成生产要素的不当流动，同时，税基的流动性也易引起地方政府间不必要的税收竞争。

3. 体现受益原则的税种应划归地方政府，受益程度较弱的税种划归中央政府

地方税应具有较强的受益性，使当地的纳税人能够明显感受到其纳税带来的好处；反之，则会促使生产要素的外逃，造成税收对经济的扭曲。

4. 根据征管效率原则划分中央税和地方税

一个税种是划归中央政府还是划归地方政府，还要看这一税种更适合或更便于哪一级政府进行征收管理。例如，对于房产税、土地税等税种，地方政府易于掌握税源和进行监控，作为地方税可降低税收成本。通常从便于征管的角度看，对于税基狭窄、税源分散且具有固定性的税种应划归地方政府，而税基广

① 黄桦主编. 税收学 [M]. 北京：中国人民大学出版社，2011：195.
② 岳树民. 中国税制优化的理论分析 [M]. 北京：中国人民大学出版社，2003：114-115.

泛、具有较强流动性的税种划归中央政府，便于税源统一调查归并，效率更高。

5. 中央税与地方税的划分应使中央和地方都具有稳定的收入来源

这一原则可以从两个方面看：一是税收划分应确保各级政府都有各自的主体税种，使其成为各级政府稳定的收入来源。一般情况下，由于中央政府负有给地方政府财政支援的责任和调控宏观经济运行的责任，应将具有较宽税基、较强收入功能的税种划归中央政府，以使中央政府能够取得整个税收收入的绝大部分；而地方税多为税基狭窄、收入较少的税种，但地方政府也应有相对固定的能够取得较多收入的税种，以保证地方政府的公共支出能力。二是中央与地方税种或税源的划分应具有稳定性。中央政府不能随意地将地方税或地方税收入划归中央，从中央与地方存在的税收博弈关系看，中央政府的这一做法会使地方政府减少税收努力程度，从而保护自身的利益，这不利于税收政策目标的实现。

专栏 1 – 4

其他税权划分原则

美国财政学家塞利格曼（Seligman）认为中央收入与地方收入划分应坚持以下原则：一是效率原则，以征税效率作为划分收入的标准；二是适应性原则，以税基作为划分收入的标准，税基广的税种划归中央政府，税基窄的税种划归地方政府；三是恰当原则，以税收负担是否公平作为划分中央和地方税收的标准，如所得税由全体居民负担是比较公平和恰当的，因此应由中央政府征收。

美国经济学家马斯格雷夫（Musgrave）根据税收的公平权力与资源有效利用的准则，提出了中央与地方税种划分标准：一是中央尤其是基层政府所依托的税源应固定在其管辖的范围内；二是个人累进税应由能最有效地课征全部税源的那一级政府征收；三是用于保障社会再分配的累进税应主要由中央控制；四是用于社会稳定政策的税收由中央控制，基层的税费应该是大致不变的；五是地区间分布极不均衡的税源应由中央来课征；六是各级政府都可以课征收益税和使用费。

我国学者王雍君、张志华提出税权划分的一般原则：一是财权、税权与事权相一致，政策目标与政策手段之间大致平衡；二是课税权划归中央的若干原则，即与宏观经济密切相关的税种、与公平收入分配相关的税种、与资源流动密切相关的税种、辖区内税基分布不均衡的税种以及导致税负流出的税种宜于划归中央；三是课税权划归地方的原则。地方政府要完成其职能，必须有相应的财力保证，因此必须将适当比重的税种划归地方政府。

资料来源：（1）张春宇. 从税权角度谈优化中央与地方政府间税收关系［J］. 税务研究，2017（3）：106 –109.（2）王雍君，张志华. 政府间财政关系经济学［M］. 北京：中国经济出版社，1998：151 –161.

1.2.3.4 以税收和价格的关系为标准，税收可分为价内税和价外税

价内税是指税款包括在商品或劳务价格中的税种，如我国现行的消费税。其优点是税金包含在商品价格内，容易为人们所接受；税金随商品价格的实现而实现，有利于及时组织财政收入；而且计税简便、征收费用较低。但价内税容易造成商品价格与价值背离，干扰价格信号，从而导致价格失真。价内税的转嫁具有隐蔽性。

价外税是指税款不包含在商品或劳务价格中的税种，如我国现行增值税。价外税的计税价格为不含税价格，价外税的转嫁较为明显。

在实际运用中，价内税和价外税经常要对含税价格与不含税价格进行互相换算。下列公式值得参考：

$$含税价格 = 不含税价格 \div (1 - 按含税价设计的税率)$$
$$= 不含税价格 \times (1 + 按不含税价设计的税率);$$
$$不含税价格 = 含税价格 \div (1 + 按不含税价设计的税率)$$

1.2.4 税制结构的影响因素

世界各国的税制结构或多或少地具有差异性，税制结构设置的合理与否要与一国的具体国情结合起来，由于经济社会是不断进步的，每个国家的国情也处在不断变动之中，因而就不可能存在一成不变的最优的税制结构[①]。尽管每个国家的税制结构都有它具体的形成和发展原因，但从总体上看仍然可以归纳为以下几方面因素：

1.2.4.1 经济发展水平

经济发展水平决定了一个国家国民经济的生产结构和分配结构，不仅直接制约着一国税收收入的绝对规模和相对规模，而且制约着一国税制中主体税种的选择、配置和协调以及税目、税率的确定，并最终对一国税制结构的选择起决定性的作用。

反映经济发展水平差异的重要指标是人均国民收入水平。在人均收入水平较高的经济发达国家，企业和个人的所得在国民收入中占有相当大的比例，个人所得税、社会保障税和财产税等直接税的税源充裕稳定。此外，发达国家人

---

① 王乔，席卫群. 比较税制［M］. 上海：复旦大学出版社，2009：1 - 3.

口集中于城市且大部分在公司企业工作，既有利于采用源泉扣缴的方式课征所得税，也便于对个人收入状况进行核查，从而为实行以直接税为主体的税制结构模式创造了条件。相反，在人均收入水平较低的发展中国家，国民收入向企业与个人分配的比例比较小，直接税的税源不足，税收只能更多地来自货劳税，且生产力水平低下导致经济的商品化、货币化程度较低，存在大量自给自足、分散经营的实物经济，所得不完全表现为货币所得，所得税很难做到普遍征收和量能负担，因而大多数发展中国家选择税基广、可以较好地保证政府财政收入稳定性的货劳税作为主体税种。

1.2.4.2 税收政策目标

政府在进行税制结构设计时，往往必须在公平与效率这两个既对立又统一的政策目标之间进行权衡与取舍。不同国家对税收政策目标的侧重有所不同，这种侧重会影响到税制结构的选择。相对来讲，货劳税有利于提高经济效率，而所得税则有利于调节收入差距，实现公平分配。

对于经济发达的国家而言，发展经济的任务基本已经完成，但贫富悬殊、分配不公等问题仍然十分突出。为了缓解社会矛盾、保持社会稳定，大多数发达国家以缩小贫富差距、促进收入公平作为税收政策目标，往往通过采用具有"自动稳定器"作用的累进税率的个人所得税和广泛征收的社会保障税来实现收入再分配。与经济发达国家不同的是，发展中国家面临着迅速发展经济的任务，因此其税收政策往往更侧重于促进经济增长的效率目标，以货劳税为主体税种的税制结构，可以避免征收所得税对储蓄和投资造成的负面效应，有利于实现经济效率目标，这也是发展中国家采用以货劳税为主体的税制结构的重要原因之一。

1.2.4.3 税收征管水平

税收的征收管理水平也是制约一个国家税制结构选择的重要因素。不同的税种对税收征管水平的要求也不同，相较而言，货劳税对税收征管水平的要求比所得税低许多。

实践证明，经济发达国家税收法律体系健全，税收征管体制完善，现代化的税收征管手段完备，税务人员素质较高，税制的执行刚度强，对偷逃税的处罚严厉，税收征管水平高于发展中国家，与所得税的有效征管要求高度吻合。因此，发达国家易于建成以所得税为主体的税制结构模式。相反，发展中国家的税收征管水平较低，税收征管手段和技术较为落后，且这些国家难以控制的农业人口和城市非正式就业人口比重较大，客观上导致征收企业所得税和个人所得税的难度都很大。因此，发展中国家更多地选择以货劳税作为取得财政收入的主要渠道。

 第2章

中国现行税制体系及其演变历程

实践案例
与习题

　　我国的税收制度经历了几次大的变革，随着我国经济体制改革和对外开放的逐步深化，税收的地位和作用越来越重要。从"利改税"到1994年的全面税制改革，再到近年的税种改革，我国的税收制度逐渐走向成熟，但与较为完善成熟的现代税制相比，仍存有一定的差距。新时期，如何构建现代税制体系，以发挥税收在国家治理中的基础性、支柱性和保障性作用，已成为当前一项重要研究课题。因此，对中国现行税制体系及演变历程进行系统梳理和解构显得尤为必要。

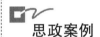

思政案例

税制改革无止境 发展不停步

　　2021年是中国共产党成立100周年，也是"十四五"开局之年。伴随着党的诞生、成长和发展，我国税收事业经历了从无到有、税收制度逐步建立和完善、税收收入规模不断增加、税制结构逐渐优化、税负更加公平合理、税收调控作用持续加强的过程，为我国社会主义现代化建设提供了有力支撑。"十四五"时期是我国开启全面建设社会主义现代化的新征程、向第二个百年奋斗目标前进的第一个五年，"十四五"规划对这一时期经济社会发展的重点任务作出全面部署，并提出加快建立现代财政制度和完善现代税收制度等目标。为此，"十四五"时期财税工作需要发挥更重要、更有效的作用，加快改革步伐。

　　【案例解析】 税制改革对于调节收入分配、促进经济社会发展、培育内生动力、保护生态环境等具有十分重要的意义。"十四五"时期，将着力培育地方主体税种，合理配置地方税权；健全以所得税和财产税为主体的直接税体系，逐步提高其占税收收入比重。同时，继续推进个人所得税改革，让人民群众有更多获得感。在深化税收征管改革方面，建立以"合成"为核心要义的智慧税务，创造更优的税收营商环境。

【**思考讨论**】结合"十四五"时期财税改革的主要内容,谈谈"十四五"时期税制改革的挑战与对策。

2.1 中国现行税制体系*

我国现行税制体系是以流转税和所得税并重,其他税类为辅助税种的复合税制体系,这一税制体系不仅有利于配合国家的财政经济政策,使我国税收多层次、多环节地发挥作用;而且有利于推动税收治理能力与治理体系的现代化,实现税收收入的平稳快速增长。具体而言,我国现行税制体系由18个税种组成,根据征税对象的不同,可进一步将18个税种划分为五大税类(见图2-1)。

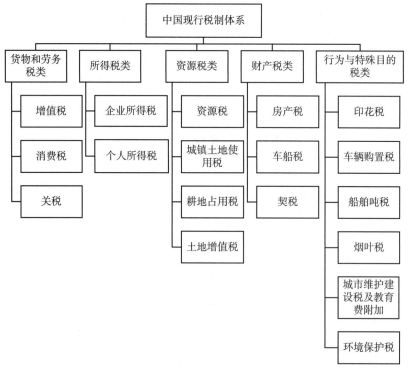

图2-1 中国现行税制体系

---

* 本节数据为笔者根据国家统计局发布的历年国家数据整理计算所得。

（1）货物和劳务税类：货物和劳务税是以销售商品或提供劳务而取得销售收入额或营业收入额为征税对象的税收总称，在我国现行税制中主要包括增值税、消费税和关税。货劳税是目前我国税收收入最主要的来源，对于保证国家财政收入稳定具有重要的作用。

（2）所得税类：所得税是以所得额为征税对象的税收总称，在我国现行税制中主要包括企业所得税和个人所得税。所得税是国家税收收入的重要来源和宏观经济调控的重要工具。

（3）资源税类：资源税是以资源的绝对收益和级差收益为征税对象的税收总称，在我国现行税制中主要包括资源税、城镇土地使用税、耕地占用税和土地增值税。

（4）财产税类：财产税是以法人或个人所拥有的财产价值为征税对象的税收总称，在我国现行税制中主要包括房产税、车船税和契税。

（5）行为与特殊目的税类：行为目的税是以纳税人的某种特定行为为课税对象或者为实现国家特定政策目的课征的税收总称，在我国现行税制中主要包括印花税、车辆购置税、船舶吨税和烟叶税等。

2.1.1　税制结构变化情况及趋势

1994 年，我国按照建立社会主义市场经济体制的改革目标，贯彻"统一税政、公平税负、简化税制、合理分权，理顺分配关系，保证财政收入"的指导思想，对原有的税制进行了全面的、结构性的改革，初步建立了适应市场经济要求的、以货劳税类和所得税类为主体、资源税类和财产税类辅助配合、多税种、多层次、多环节调节的复合税制体系。

表 2－1 展示了 1994～2020 年我国各类税收占税收总收入比重的变化。从具体的税收收入构成情况来看，中国的税制结构变化呈现出如下特点。

表 2－1　　　　　　　　　　1994～2020 年中国税制结构变化

年份	各项税收（亿元）	货物和劳务税		所得税		其他税收	
		税收收入（亿元）	比重（％）	税收收入（亿元）	比重（％）	税收收入（亿元）	比重（％）
1994	5 126.88	3 738.44	72.92	708.49	13.82	679.95	13.26
1995	6 038.04	4 301.2	71.24	878.44	14.55	858.4	14.22
1996	6 909.82	4 937.45	71.46	968.48	14.02	1 003.89	14.53

年份	各项税收（亿元）	货物和劳务税		所得税		其他税收	
		税收收入（亿元）	比重（%）	税收收入（亿元）	比重（%）	税收收入（亿元）	比重（%）
1997	8 234.04	5 606.38	68.09	963.18	11.70	1 664.48	20.21
1998	9 262.80	6 331.51	68.35	925.54	9.99	2 005.75	21.65
1999	10 682.58	6 933.32	64.90	1 225.07	11.47	2 524.19	23.63
2000	12 581.51	8 030.72	63.83	1 659.27	13.19	2 891.52	22.98
2001	15 301.38	9 191.73	60.07	3 626.13	23.70	2 483.52	16.23
2002	17 636.45	10 379.31	58.85	4 294.57	24.35	2 962.57	16.80
2003	20 017.31	12 186.38	60.88	4 337.54	21.67	3 493.39	17.45
2004	24 165.68	15 145.58	62.67	5 694.39	23.56	3 325.71	13.76
2005	28 778.54	17 724.55	61.59	7 438.83	25.85	3 615.16	12.56
2006	34 804.35	20 940.99	60.17	9 493.31	27.28	4 370.05	12.56
2007	45 621.97	25 691.8	56.31	11 964.83	26.23	7 965.34	17.46
2008	54 223.79	29 961.55	55.26	14 897.94	27.47	9 364.3	17.27
2009	59 521.59	33 740.23	56.69	15 486.19	26.02	10 295.17	17.30
2010	73 210.79	40 350.77	55.12	17 680.81	24.15	15 179.21	20.73
2011	89 738.39	47 440.96	52.87	22 823.75	25.43	19 473.68	21.70
2012	100 614.28	52 822.66	52.50	25 474.81	25.32	22 316.81	22.18
2013	110 530.70	56 905.08	51.48	28 958.73	26.20	24 666.89	22.32
2014	119 175.31	60 387.62	50.67	32 018.8	26.87	26 768.89	22.46
2015	124 922.20	63 525.31	50.85	35 751.14	28.62	25 645.75	20.53
2016	130 360.73	65 034.99	49.89	38 940.34	29.87	26 385.4	20.24
2017	144 369.87	69 601.12	48.21	44 083.66	30.54	30 685.09	21.25
2018	156 402.86	75 010.31	47.96	49 195.68	31.45	32 196.87	20.59
2019	158 000.46	77 800.93	49.24	47 692.3	30.18	32 507.23	20.57
2020	154 310.06	71 383.34	46.26	47 992.38	31.10	34 934.34	22.64

资料来源：根据国家统计局 1994~2020 年相关数据整理计算所得。

2.1.1.1 流转税比重逐步下降

1994 年分税制改革确立了我国以货劳税和所得税并重的双主体税制结构框架，虽然在实际运行中我国税制仍然体现出发展中国家税制结构的基本特征，即以货劳税为实际主体，长期以来我国货劳税收入占比接近 2/3，但近年来货劳税比重呈逐步下降的趋势。根据国家统计局发布的数据，1994～2020年，我国货劳税比重由 72.92% 逐渐下降至 46.26%，其中，增值税比重由45.02% 下降至 36.80%，但与其他税种相比，货劳税作为我国税收收入主要来源的地位仍然没有改变。

2.1.1.2　所得税比重大幅增长

随着企业经济效益和个人收入水平的不断提升，我国所得税收入增长强劲，对税收增长的贡献率逐年上升。2020 年，所得税实现收入 44 083.66 亿元，占税收总收入比重由 1994 年的 13.82% 提升至 29.87%。其中，内外资企业所得税收入 36 424.21 亿元，占税收总收入比重高达 23.60%，已成为我国仅次于增值税的第二大税种。

1994～2020 年中国货物与劳务税、所得税收入占比如图 2-2 所示。

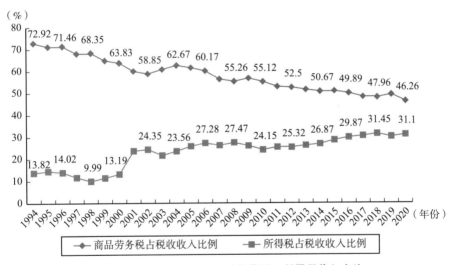

图 2-2　1994～2020 年中国货劳税、所得税收入占比

资料来源：根据国家统计局 1994～2020 年相关数据整理计算所得。

2.1.1.3　其他税种总体占份额较小

自 1994 年以来，除货劳税和所得税以外的其他税种收入占比虽然呈现持续增长的态势，但总体上的增幅不大，在税收总收入中所占的份额仍比较小，近年来基本维持在 20% 左右。虽然占比不大，但其他税种也是我国税制体系中不可或缺的一部分。

2.1.2 主要税种收入情况

2.1.2.1 国内增值税

1994 年我国实施分税制改革后,增值税一直是我国的第一大税种。如图 2 - 3 所示,从收入的绝对规模来看,1994～2020 年我国增值税收入逐年大幅上升,从 1994 年的 2 308.34 亿元上升至 2020 年的 56 791.04 亿元,年均增长 14.40%;从其占税收总收入的比重看,增值税占税收总收入的比重在波动中呈现出明显的下降趋势。

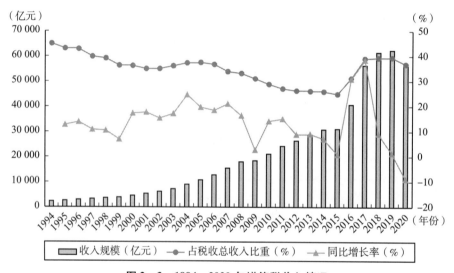

图 2 - 3　1994～2020 年增值税收入情况

资料来源:根据国家统计局 1994～2020 年相关数据整理计算所得。

如图 2 - 3 所示,1994～2005 年增值税占比经历了先下降后上升的过程,由其最高值 45.02% 降低至 2001 年的 35.01%,随后缓慢提高至 37.50%。2006～2015 年我国增值税收入绝对数虽然保持了持续增长的态势,但增长速度逐渐放缓,增值税占比在波动中下降,2015 年下降至其最低值 27.90%。2016 年 5 月 1 日,在全国范围内全面推开"营改增"试点后,原营业税纳税人改为缴纳增值税,故 2016 年、2017 年我国国内增值税收入数额及占比大幅提升。2017～2019 年我国进行了三次增值税税率改革,主要内容包括简并增值税税率档次及下调增值税税率,故国内增值税收入增长不高,占比稳中略升。2020 年,受到新冠疫情的影响,各地区和各行业都经历了长时间的停工停产，作为增值税主要收入来源的第二、第三产业遭受巨大冲击，此外，为应对疫情冲击，我国出台了一系列针对增值税的税收优惠政策，多方面的原因使2020年我国增值税收入出现了负增长。

2.1.2.2　国内消费税

我国消费税收入占税收总收入比重不高，且高度集中在卷烟、成品油、小汽车与酒四大类消费品上。如图2-4所示，从收入的绝对规模来看，我国消费税由1994年开征之初的487.40亿元，2002年突破千亿元，2015年突破万亿元，绝对规模呈逐年增加的趋势；从其占税收总收入的比重来看，消费税收入占税收总收入比重经历了逐渐下降，再逐步上升的过程。

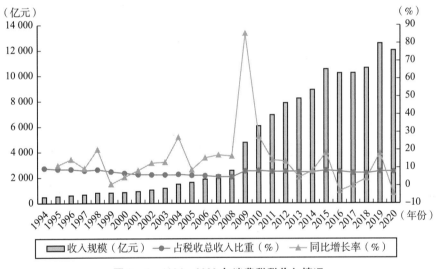

图2-4　1994～2020年消费税税收收入情况

资料来源：根据国家统计局1994～2020年相关数据整理计算所得。

1994年消费税占税收总收入比重为9.51%，为其历史最高值，其后随着国家经济的发展，消费税组织财政收入的功能逐渐弱化，且部分消费品被调整出消费税征税范围，占比持续下降至2008年的4.74%。2009年，随着国家对成品油征收消费税税率的提升，消费税收入大幅提升，消费税占比也快速提升，当年消费税同比增长达85.39%。此后，我国消费税收入长期保持平稳增长趋势，占税收总收入比重基本稳定在7%～8%左右。2016年，受卷烟、成品油产销量下滑影响，国内消费税收入同比下降3.08%。2020年，受新冠疫情影响，经济下行，叠加减税降费，消费税收入绝对数和占比都略有下降。与第一大税种增值税的占比接近40%相比，消费税的收入比重不算太高，相对于消费税的财政收入功能，政府更看重其对经济的调控功能。

2.1.2.3　企业所得税

企业所得税是我国仅次于增值税的第二大税种，多年来一直呈现迅猛增长态势。如图 2 - 5 所示，从收入的绝对规模来看，我国企业所得税收入由 1994 年的 708.49 亿元飙升至 2019 年的 37 303.77 亿元；从其占税收总收入的比重来看，我国企业所得税占比呈现平稳增长态势，由 1994 年的 13.82% 稳步提高至 2019 年的 23.61%，近年来维持在 20% 以上。

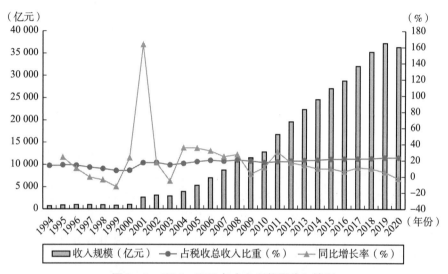

图 2 - 5　1994~2020 年企业所得税收入情况

资料来源：根据国家统计局 1994~2020 年相关数据整理计算所得。

2001 年以前企业所得税只包括国有及集体企业所得税，从 2001 年起，除国有和集体企业之外的其他所有制企业所得税也纳入了企业所得税范围，因此 2001 年企业所得税收入由于统计口径的变化与以前年份不可比。从 2003 年开始，我国企业所得税收入进入高速增长阶段，2005 年收入达到 5 343.92 亿元，2008 年首次突破万亿元大关，达到 11 175.63 亿元。2008 年，我国内、外资企业所得税合并，企业所得税税率也由 33% 下调至 25%，政策效应凸显，企业所得税的增速开始放缓，2009 年企业所得税收入同比仅增长 3.23%。此后，两税合并政策逐步进入正轨，企业所得税收入增长率呈现出波动态势。近年来，企业所得税贡献的税收收入及其在税收总额中的占比一直是稳中向前。

2.1.2.4　个人所得税

从 1994 年开始，我国政府对个人所得税的调整相当频繁，个人所得税改革的成效也十分显著。如图 2-6 所示，从收入的绝对规模来看，个人所得税从 1999 年的 413.66 亿元增长至 2020 年的 11 568.26 亿元，同期其他税收收入的增速远不能与个人所得税的增速相比；从其占税收总收入的比重来看，个人所得税收入占比一直呈上升趋势，1999 年个人所得税占比仅 3.87%，2018 年提升至其历史最高值 8.87%。

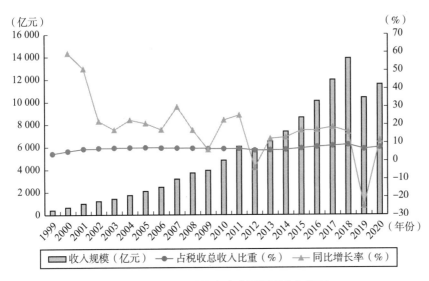

图 2-6　1999~2020 年个人所得税收入情况

资料来源：根据国家统计局 1999~2020 年相关数据整理计算所得。

2001~2011 年我国个人所得税收入绝对规模虽然持续增长，但其占税收总收入比重基本稳定在 6.5%~7.5% 之间。2011 年 9 月，我国个人所得税免征额上调至 3 500 元，同时对税率进行了适当调整，调整以后工薪收入阶层纳税面由改革前的 28% 下降到 7.7%[1]，2012 年我国个人所得税收入同比减少了 3.86%。2015~2018 年，个人所得税收入占税收总收入比重逐年提高。2019 年我国开始了新一轮个人所得税改革，基本减除费用标准的提高和专项附加扣除项目的设立使得个人所得税收入下降，占比降低至 6.57%。2020 年受疫情冲击和大规模减税影响，全国税收收入同比下降 2.34%，但个人所得税收入

---

[1]　谢雪琳. 回应民意：个税 3 500 元起征 [N]. 第一财经日报，2011-7-1（A01）.

达到了 11 568.17 亿元，实现逆势同比增长 11.36%，其原因在于居民收入随经济复苏恢复性增长以及股权转让等财产性收入增加。近年来，随着中国经济持续增长，个人所得税税源日趋丰富，未来个人所得税收入在整个税制体系中的地位将持续上升。

2.2 中国税制改革的演变历程

改革开放以来，为适应市场经济体制改革的需要，我国进行了一系列税制改革探索。40 多年来，税收日益成为宏观调控的重要政策工具，对我国经济发展起到至关重要的作用。特别是党的十八届三中全会以来，税制改革被提升至全新的高度，新一轮税制改革随之开启。总体来看，我国税制已适应中国特色社会主义市场经济的要求，并逐步向匹配国家治理体系和国家治理能力现代化的方向转变。

2.2.1 税制改革的酝酿：建立适应有计划的商品经济的税制体系（1978～1993 年）

1978 年党的十一届三中全会召开后，我国社会主义建设进入崭新的历史时期，税制建设亦如此。随着经济不断发展及改革的逐步深化，我国税制改革也在不断前行，并取得一系列重大成果。

这一时期，我国税收制度逐渐恢复，税制改革开始起步。随着经济体制从计划经济转向有计划的商品经济，原有计划经济下的税制已不能适应经济形势的新变化，急需变革。此外，新中国成立以来形成的"统收统支、自负盈亏"的国营企业利润分配制度，也不利于企业积极性的充分调动及企业活力的发挥。为适应改革开放初期国有企业改革、引进外资及与国外开展经济技术合作的需求，1979 年我国开始进行以涉外税制和"利改税"为先导的税制改革，并于 1982 年初步形成一套大体适用的涉外税制。

在涉外税制建立的同时，为改变传统国营企业利润分配体制，以"简政放权、减税让利"为核心的财税体制改革，成为城市经济体制改革的切入点和突破口。[①] 我国分别于 1978 年、1979 年先后试行企业基金制度、利润留成

---

① 郭庆旺. 中国分税制：问题与改革［M］. 北京：中国人民大学出版社，2014：3.

制和盈亏包干的办法。1980 年开始实行"分灶吃饭"的财政包干体制改革，并在一些国营企业进行"利改税"试点。在试点取得初步成效的基础上，于 1983 年、1984 年先后进行两步"利改税"改革，此次改革从理论和实践上突破了国营企业只能向国家上缴利润，而不能缴纳所得税的禁区。这是国家与企业分配关系改革的一个历史性转折，真正意义上实现了政企分离，充分调动了企业的积极性。① 在之后的执行过程中，又于 1987 年改为"税利承包制"。但经过多年实践，承包制的弊病逐渐暴露出来。例如，当企业盈利增加时超额利润留归自己，而当企业发生亏损时则往往挤占国家税收，形成了实际上"包盈不包亏"的局面。鉴于此，之后的税制改革遂向"利税分流"过渡。

　　总体来看，我国对税制改革进行积极探索，初步建成了一套适应有计划的商品经济要求的"内外有别、城乡不同，以货物和劳务税、所得税为主体，财产税和其他税收相配合"的新税制体系。② 这套"多税种、多环节征收"复合税制的建立，突破了长期以来"封闭型"税制的约束，转向"开放型"税制；突破了传统"统收统支"的财力分配关系，重新确立了国家与企业的分配关系；突破了以往片面强调简化税制的改革路径，注重多环节、多层次和多维度地发挥税收的经济杠杆作用，复合税制趋于逐步完善。这些突破使我国税制建设开始进入健康发展的新轨道，为下一步的税制改革奠定了坚实基础。③

2.2.2　税制改革的兴起：建立适应社会主义市场经济的税制体系（1994～2000 年）

　　20 世纪 80 年代末 90 年代初，"分灶吃饭"财政体制弊端逐渐凸显，中央与地方财政分配关系严重失衡，中央财政陷入困境，④ 全国财政收入占国内生产总值（GDP）的比重和中央财政收入占全国财政收入的比重迅速下降（见图 2-7），1993 年中央财政收入占全国财政收入的比重降至 22.02%。为扭转这一局面，急需对原有税制体系进行革新。

①　马海涛. 改革开放后税制改革和财政监督的重大转折 [J]. 财政监督，2008 (3): 36.
②　刘佐. 艰苦的历程辉煌的成就——改革开放 30 年来中国税制改革的简要回顾 [J]. 中国流通经济，2008 (9): 12-15.
③　史耀斌. 东方风来满眼春——中国税制改革 30 年回眸 [J]. 财务与会计，2008 (24): 19-21.
④　以 1992 年为例，全国财政收入为 3 500 亿元，中央收入为 1 000 亿元，地方收入为 2 500 亿元；而中央财政支出为 2 000 亿元，中央财政赤字达 1 000 亿元。

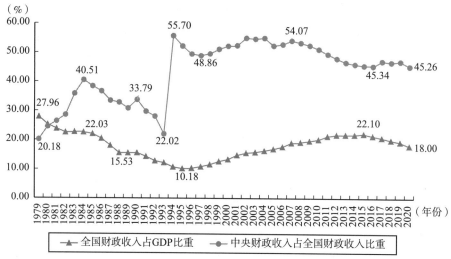

图 2 - 7　1979 ~ 2020 年全国财政收入占 GDP 的比重、
中央财政收入占全国财政收入的比重变化趋势

资料来源：根据国家统计局 1979 ~ 2020 年相关数据计算所得。

　　1992 年邓小平南方谈话及党的十四大召开，标志着我国改革开放和现代化建设事业进入一个新的历史发展阶段，税制建设全面展开。党的十四大确立了建立社会主义市场经济体制的总目标，经济体制的全面转型必然要求一套全新的税制与之相配套，要求摒弃计划经济色彩，这就决定了这一时期的税制改革必须进行全方位的革故鼎新，而非在原有基础上的修修补补。[①] 因此，此时税制改革的方向和目标，是要逐步建立起一套富有中国特色、适应社会主义市场经济要求的新型复合税制体系。

　　1994 年，我国开始进行以"分税制"为代表的革新性税制改革。此次改革涵盖面较广，全面改革了流转税，即实行以增值税为主体，消费税、营业税为补充，内外统一的货物和劳务税制；统一内资企业所得税及内外个人所得税，调整归并地方税；[②] 将一些特殊的调节税列入开征范围，如证券交易税和遗产税（至今尚未立法开征）。至此，我国税制共设 25 个税种。分税制改革开创了我国税制发展史上的新纪元，实现了"行政性分权"向"经济性分权"的过渡。此次税制改革旨在建立符合社会主义市场经济要求的税制体系，理顺国家与企业、中央与地方分配关系，结束"税收万能"意识下税种丛生的税制改革，以及"大干快上"理念下"画地为牢"的"诸侯经济"局面，打破长期以

---

　　① 新时期的税制改革为什么要分步实施？［EB/OL］.（2004 - 5 - 9）［2020 - 4 - 22］. http://www.zgtax.net/details/139201.html.
　　② 例如，扩大资源税征收范围，开征土地增值税，取消盐税、奖金税、集市交易税等若干税种，并将屠宰税、筵席税的管理权下放到省级地方政府。

来"条块分割"的行政隶属关系，废除财政承包制，为规范中央与地方分配关系开拓了新路径，扭转了两个比重持续下降的趋势。更为重要的是，极大地激发了地方政府发展经济的积极性，并推动了社会主义市场经济制度的建立和发展。

1994 年的分税制改革是新中国成立以来规模最大、范围最广、内容最为深刻的一次革新性税制改革。经 1994 年税制改革及之后几年的逐步完善，至20 世纪末，我国已初步建立适应社会主义市场经济体制需要的税制框架，强化了税收的聚财和宏观调控功能，并为下一步税制改革奠定了坚实基础。此次税制改革建立了以流转税（增值税、营业税和消费税）和所得税（企业所得税和个人所得税）为主的"双主体"税制体系，1994 年流转税和所得税收入占总税收收入的 86.74%，此后该比重一直维持在 70% 以上，2006 年达到87.44% 的峰值，2020 年为 77.36%（见图 2 - 8）。此外，还通过分设中央、地方两套税务机构，建立与分税制财政管理体制相配套的税收征管体系。分税制的实行以及国税、地税的分设，是我国税制改革进程中的一个重要转折点，标志着我国税制建设进入一个崭新的发展阶段。[①] 迄今为止，我国的税收制度仍未能跳出 1994 年分税制所保留下来的"双主体"税制框架。

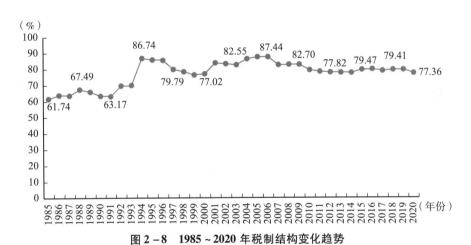

图 2 - 8　1985 ~ 2020 年税制结构变化趋势

资料来源：根据国家统计局 1985 ~ 2020 年相关数据计算所得。

2.2.3　税制改革的深化：逐步完善对外开放的税制体系（2001 ~ 2012 年）

自 2001 年 12 月 11 日开始，中国正式加入世界贸易组织（WTO），标志着

---

① 刘佐. 2014 年中国税制概览［M］. 北京：经济科学出版社，2014：10.

中国的对外开放进入一个崭新的发展阶段。随着社会主义市场经济体制改革的持续深化和逐步完善，建立一套与之相适应的税制体系，成为这一时期税制改革的方向。

党的十六届三中全会至十八届三中全会期间是我国税制改革的全面深化期。在这一时期，按照"简税制、宽税基、低税率、严征管"的原则，稳妥分步推进税制改革，即采取渐进式改革路径，主要对税收制度进行结构性调整。税制改革涉及关税、所得税、货物和劳务税、财产税和农业税。具体改革措施如下：

关税改革方面。加入WTO后，我国承诺降低进口关税，削减贸易壁垒，我国关税政策逐步由入世前的"半封闭式"保护转为"开放式"保护。就关税减让而言，我国承诺将工业产品的平均关税降至2004年的8.9%；农业产品的平均税率降至15%，取消对大麦、大豆、油菜籽、花生油、葵花籽油、玉米油和棉花籽油的进口关税配额体制；并于2005年取消信息技术产品的关税。就非关税壁垒而言，承诺于2005年取消进口许可证要求及招标要求，且在2005年前逐步取消所有进口配额。入世后，中国逐步兑现降税承诺，有序施行减税措施，截至2005年，我国关税总水平由入世时的15.3%降至9.9%，2009年已降至9.8%，并取消大多数非关税措施。

所得税改革方面。加入WTO后，为实现公平税负，让内外资企业在同一起跑线上公平竞争，我国于2008年1月1日统一了内外资企业所得税。新企业所得税法体现了"四统一"：一是内外资企业统一实行新的《中华人民共和国企业所得税法》；二是统一适用25%的新企业所得税税率；三是统一实行"产业优惠为主，区域优惠为辅"的新型税收优惠政策；四是进一步统一和规范税前扣除办法和标准。此外，2005~2011年，我国先后4次修订个人所得税制，即将工资薪金所得税的费用扣除额（或免征额）由1980年的800元上调至2006年的1 600元，2008年上调至2 000元，2011年上调至3 500元，并将累进税率级次由9档减至7档，并于2008年取消储蓄存款利息所得税，2010年对个人转让上市公司限售股取得的所得征收个人所得税。

货物和劳务税改革方面。2009年增值税转型（由"生产型"改为"消费型"），并就成品油税费改革调整消费税，且自2009年5月1日起，卷烟在批发环节加征5%的从价税。2012年实行增值税"扩围"，即开始"营改增"试点。

财产税改革方面。2009年城镇土地使用税和耕地占用税实行内外统一征收，并取消城市房地产税，改为由中外纳税人统一缴纳房产税。2011年修改实施资源税暂行条例，公布船舶吨税暂行条例，并于2012年起施行。2008年取消了筵席税和固定资产方向调节税。

农业税改革方面。2005 年取消牧业税，2006 年取消农业税和屠宰税，对征收农业特产农业税的烟叶产品改征烟叶税。农业税的取消标志着在我国延续了数千年历史的"皇粮国税"的终结。

历经多年的渐进性改革，我国税收制度进一步简化，实现了内外、城乡统一，税负更显公平，且税收收入实现持续大幅增长，有力地支持了改革开放和各项事业的发展。

2.2.4　税制改革的新征程：建立现代税制体系（2013 年至今）

经过改革开放 40 多年的探索与革新，我国税制改革取得重大突破，初步建立符合社会主义市场经济要求的多税种、多环节、多层次的复合税制体系。党的十八届三中全会确立了"全面深化改革"的中心议题，首次提出"市场在资源配置中的决定性作用"，标志着我国经济体制改革进入从市场的"基础性"作用转为"决定性"作用的新时代。在此关键节点，税制改革也处在新的历史起点上，以前所未有的广泛性、深刻性进入发展的新阶段。

自 2013 年以来，我国开启新一轮税制改革，[①] 其目标是逐步建立与国家治理体系和治理能力现代化相匹配的现代税收制度。这一时期税制改革涉及诸多方面。

2.2.4.1　提升税收治理能力：国地税合并加强征管

党的十八届三中全会通过的《中共中央关于全面深化改革若干重大问题的决定》（以下简称《决定》），开启了全面深化改革、完善和发展中国特色社会主义制度，推进国家治理体系和治理能力现代化的新的历史时期，同时将财政上升到国家治理的基础和重要支柱的高度。此外，党的十九大报告从全局和战略高度，提出"加快建立现代财政制度"的总体要求，明确指出要"深化税收制度改革，健全地方税体系"。

作为全面深化改革的"先行军"，税制改革逐步向纵深迈进，这就需要税收征管体制改革的支撑。2015 年 10 月，中央全面深化改革领导小组第 17 次会议审议通过的《深化国税、地税征管体制改革方案》，拉开了我国税收征管体制改革的序幕。该方案直指现行税收征管体制的"痛点"，从"厘清征管职责

---

① 吴毓壮. 2013 – 2017 年我国税制改革回顾［J］. 中国财政，2017（21）：26 – 28.

划分"等六个方面进行完善，明确提出 2020 年建成与国家治理体系和治理能力现代化相匹配的现代税收征管体制，以实现征管体制的"质变"。该方案成为 1994 年以来规模最大的税收征管改革，在我国税收史上具有里程碑式的意义。

就历史维度而言，我国税收征管变革总趋势是由"国地税双方分治"转向"国地税合并共治"。1994 年分税制改革开启了"国地税分设"的进程，省级和省级以下的国家税务局、地方税务局相继挂牌分设。历经 24 年分设后，以国家治理体系和治理能力现代化为导向，以推进党和国家机构职能优化协同高效为着力点，中共中央于 2018 年 3 月印发了《深化党和国家机构改革方案》，该方案提出改革国税地税征管体制，省级和省级以下国税地税机构实行合并，具体承担所辖区域内的各项税收、非税收入征管等职责。国地税合并后，实行以国家税务总局为主与省（自治区、直辖市）政府双重领导的管理体制。2021 年 3 月，中共中央办公厅、国务院办公厅印发《关于进一步深化税收征管改革的意见》，推动税收征管的第三次大变革，其特征可概括为"合成"，推进执法、服务、监管系统优化，推进业务流程、制度规范、信息技术、数据要素、岗责体系的融合升级。

近年来，我国税务部门不断创新税收征管手段，很多领域走在世界前列，税收信息化改革取得标志性成果。比如，金税三期工程全面完成，实现了全国征管平台、应用软件、业务标准等方面的统一。此后，电子税务局等"互联网＋税务"创新层出不穷，大数据、云计算、人工智能等前沿技术为税收征管服务提档升级。截至目前，全国范围内已对 197 个税费事项实现了网上办理，其中 182 个可以全程网上办理；企业纳税人有 90% 以上的业务量可以通过网上办理，其中纳税申报业务网上办理率达 99% 以上。① 同时，税务部门依托税收大数据开展差异化管理，加强与各部门的协同监管，持续推进税收违法"黑名单"制度，严格落实惩戒措施推动守信纳税人数量不断增加，目前已累计公布"黑名单"案件 9 万余件，相关信息全部推送至参与联合惩戒部门依法使用。②

"十三五"时期，税务部门坚持以人民为中心，连续开展"便民办税春风行动"，一年一个主题，纳税服务水平持续提升，"放管服"改革不断深化。"放管服"改革中，税务总局先后两批取消了 26 种涉税文书报表，三批共取

---

① "十三五"深化税制改革推动经济高质量发展 ［EB/OL］. (2020－10－15)［2020－11－14］. http：//www. chinatax. gov. cn/chinatax/n810219/n810780/c5157422/content. html.

② 税务部门创新探索信用修复工作 2020 年 232 户企业经信用修复撤出"黑名单"［EB/OL］. (2020－10－20)［2021－2－13］. http：//www. chinatax. gov. cn/chinatax/n810219/n810780/c5160756/content. html.

消 60 项税务证明事项，对符合规定的增值税纳税人年申报增值税次数由 12 次简并为 4 次；进一步清理纳税人向税务机关报送资料事项，通过持续推进"备案改备查"，已实现 95% 以上优惠事项"免备案"。同时，大力推行无纸化退税申报，将正常退税业务的平均办理时间压缩 20%，目前实现 8 个工作日以内办结。直指纳税人办税中的"痛点""难点""堵点"，强弱项、补短板、促提升、重有感（即认同感、公平感、畅通感、便捷感、获得感），全力为纳税人办税提速减负，有效提升了纳税人的满意度、遵从度和获得感，高质量推进新时代税收现代化。①

2.2.4.2　优化税制结构：减税降费不断深入

税制改革是一项复杂的系统工程，涉及各相关方利益的再分配、再调整。1994 年分税制改革的一个重要目标是"通过税制改革，逐步提高税收收入占国民生产总值的比重"。② 与之不同的是，党的十八届三中全会以来新一轮税制改革的主要着眼点在于"优化税制结构"，③ 改革的方向是逐步建立适应新时代、新特征的现代税收制度。这一时期的税制改革主要是打好各税种间的"组合拳"，以实现税制结构的优化。

第一，全面推行并深化"营改增"，减并税率，减轻市场主体税负。2016 年 5 月 1 日"营改增"全面推行，标志着新中国成立以来实行了 66 年的营业税正式退出历史舞台，也标志着我国深化税制和征管改革新时代的开启。"营改增"是助力结构性改革，尤其是供给侧结构性改革的重要内容，是党的十八届三中全会以来的重大减税举措。2017 年国务院持续推出六大减税举措，其中之一即是"继续推进营改增，简化增值税税率结构"。即从 2017 年 7 月 1 日起，将增值税税率由四档减至 17%、11% 和 6% 三档，取消 13% 这一档税率；将农产品、天然气等增值税税率从 13% 降至 11%。同时，对农产品深加工企业购入农产品维持原扣除力度不变，避免因进项抵扣减少而增加税负。④ 2017 年 11 月 19 日，国务院作出《关于废止〈中华人民共和国营业税暂行条例〉和修改〈中华人民共和国增值税暂行条例〉的决定》，营业税改征增值税改革全面完成。通过实施营改增、下调增值税税率、阶段性减免社保缴费等措

---

①　持续推进办税缴费便利化——税务部门"十三五"深化"放管服"改革 ［EB/OL］. (2020 – 10 –20) ［2020 – 11 – 19］. http：// www. chinatax. gov. cn/chinatax/n810219/n810780/c5157572/content. html.

②　国务院批转国家税务总局工商税制改革实施方案的通知 ［EB/OL］. (1993 – 12 – 11) ［2020 –12 – 21］. http：// www. chinaacc. com/new/63/159/183/2006/1/gu70019191311116002399 – 0. htm.

③　高培勇. 由适应市场经济体制到匹配国家治理体系——关于新一轮财税体制改革基本取向的讨论 ［J］. 财贸经济，2014，35 (3)：5 – 20.

④　林远. 国务院推六大减税措施 今年将再减轻税负 3800 多亿元 ［EB/OL］. (2017 – 4 – 20)［2021 – 2 – 7］. http：// finance. people. com. cn/n1/2017/0420/c1004 – 29223132. html.

施，近年来持续大规模减税降费，"十三五"时期新增减税降费累计达 7.6 万亿元。①

2018 年 3 月 21 日国务院常务会议做出"深化增值税改革，进一步减轻市场主体税负"的战略部署，推出三项举措并于 2018 年 5 月 1 日起执行：一是下调增值税税率至 16%、10%、6% 三档，该项措施预计全年可减税 2 400 亿元。二是统一小规模纳税人标准，将小规模纳税人的年销售额标准上调至 500 万元。此外，为减轻小微企业负担，在一定期限内还允许一般纳税人转为小规模纳税人。三是进一步扩大留抵退税范围。目前，"营改增"试点平稳落地且取得多重积极效果，实现了税制的平稳转换，行业税负只减不增。从税务总局"减税成绩单"看，"十三五"期间，全国新增减税降费规模累计超过 7.6 万亿元，累计办理出口退税 7.07 万亿元，新办涉税市场主体 5 745 万户，较"十二五"时期增长 83%，为稳住就业和经济基本盘作出了积极贡献。② 2020 年，受新冠疫情影响，我国陆续推出一系列支持疫情防控和助力复工复产的税费优惠政策，7 批 28 项税费优惠政策连续有力、精准施策，全年新增减税降费超过 2.5 万亿元，为 399 万户纳税人办理延期缴纳税款 292 亿元。如此大力度的减税降费有力地支撑了"六稳""六保"，帮助受疫情影响较大的困难行业、中小微企业和个体工商户等各类市场主体渡过难关，解决就业，促进消费，恢复经济。③

第二，积极稳步推进所得税改革。就企业所得税改革而言，2017 年国务院推出以下减税措施：扩大享受企业所得税优惠的小型微利企业范围，提高科技型中小企业研发费用税前加计扣除比例，试点地区创投企业投资种子期、初创期科技型企业可享受特定优惠政策，扩大商业健康保险个人所得税税前扣除优惠范围，将 2016 年底到期的部分税收优惠政策延长至 2019 年底。2017 年仅支持大众创业、万众创新的减税就超过 5 000 亿元。④

2018 年税收政策红利持续释放，2018 年 4 月 25 日，国务院决定再推出 7 项减税措施⑤，以支持创业创新以及小微企业的发展。例如，将小微企业年应

---

① 十二项税收事件入选《全面建成小康社会大事记》[EB/OL]. (2021-7-30) [2021-7-30]. http：//www.chinatax.gov.cn/chinatax/n810219/n810780/c5167267/content.html.
② 麻辣财经：2020 税务成绩单出炉 新增减税降费逾 2.5 万亿元 [EB/OL]. (2021-1-11) [2021-1-12]. http：//www.chinatax.gov.cn/chinatax/n810219/n810780/c5160637/content.html.
③ 【数说税收大账本】五年超 7.6 万亿元减税唱主角、降费接棒登场 [EB/OL]. (2021-1-12) [2021-1-12]. http：//www.chinatax.gov.cn/chinatax/n810219/n810780/c5160694/content.html.
④ 税务总局：营改增累计减税近 2 万亿 今年将继续释放税收政策红利 [EB/OL]. (2018-1-18) [2020-10-11]. http：//finance.people.com.cn/n1/2018/0118/c1004-29772937.html.
⑤ 李克强主持召开国务院常务会议决定再推出 7 项减税措施 支持创业创新和小微企业发展等 [EB/OL]. (2018-4-25) [2020-10-11]. http：//www.gov.cn/premier/2018-04/25/content_5285843.htm.

纳税所得额上限由 2017 年的 50 万元提高至 100 万元；将享受当年一次性税前扣除优惠的企业新购进研发仪器、设备单位价值上限由 100 万元提高至 500 万元；将高新技术企业和科技型中小企业亏损结转年限由 5 年延长至 10 年；取消企业委托境外研发费用不得加计扣除限制；统一将高新技术企业的限额与一般企业的职工教育经费税前扣除限额从 2.5% 提高至 8%；对纳税人设立的资金账簿按实收资本和资本公积合计金额征收的印花税减半，对按件征收的其他账簿免征印花税（2018 年 5 月 1 日起）；扩大创投企业等投资抵免应纳税所得额优惠的范围。

2018 年，《中华人民共和国个人所得税法》及其实施条例修订发布，万众瞩目的综合与分类相结合的个人所得税改革拉开帷幕。从 2018 年 10 月 1 日起，提高工资薪金所得"起征点"[①] 并适用新税率表；从 2019 年 1 月 1 日起，新增六项专项附加扣除；2020 年 3 月 1 日至 6 月 30 日，上亿自然人纳税人办理了个人所得税综合所得年度汇算。个人所得税改革分三步平稳落地，标志着综合与分类相结合的个人所得税制基本建立，有效发挥了调节收入分配、促进社会公平正义的重要作用。[②]

第三，消费税改革加快调整。党的十八届三中全会明确"调整消费税征收范围、环节、税率，把高能耗、高污染产品及部分高档消费品纳入征收范围"。为合理引导消费，自 2014 年 12 月 1 日起，取消对汽车轮胎、酒精征收消费税；自 2015 年 2 月 1 日起，对电池、涂料征收 4% 的消费税；自 2015 年 5 月 10 日起，将卷烟批发环节消费税的从价税税率由 5% 提高至 11%，并按 250 元/箱加征从量税；自 2016 年 10 月 1 日起，取消对普通美容、修饰类化妆品征收消费税，将"化妆品"税目更名为"高档化妆品"，税率调整为 15%。2019 年，国务院印发《关于〈实施更大规模减税降费后调整中央与地方收入划分改革推进方案〉的通知》，明确后移消费税征收环节并稳步下划地方。这次消费税改革措施意义重大：一是将征税的环节由生产转向批发或零售，更为体现消费税的特点。在消费环节征收，能够引导政府主体关注于消费市场的扶持，优化营商环境，促进产业升级；二是将消费税逐步下划地方，补充地方税收收入来源，有助于健全地方税收体系；三是健全消费税制度，为消费税落实税收法定做准备。[③]

---

① 实则为"免征额"。

② 高质量推进税收现代化 护航中国经济行稳致远——从近年全国税务工作会议看"十三五"税收服务经济社会发展［EB/OL］.（2021 - 1 - 7）［2021 - 1 - 7］. http：//www. chinatax. gov. cn/chinatax/n810219/n810724/c5160582/content. html.

③ 我国明确调整中央与地方收入划分改革三大举措 财税改革攻坚"最难啃的骨头"［EB/OL］.（2019 - 10 - 11）［2020 - 11 - 11］. http：//www. chinatax. gov. cn/chinatax/n810219/n810780/c5137876/content. html.

此外，地方税体系改革逐渐推进。2016 年我国启动了新一轮资源税改革，自 2016 年 7 月 1 日起资源税从价计征改革全面推进，水资源税改革试点成功并有序扩围①，且酝酿近 10 年的环境税于 2018 年 1 月 1 日顺利开征。

2.2.4.3 推进税收法治：全面落实税收法定原则

改革开放以来，我国税收法治建设成绩斐然，初步建立了具有中国特色的税收法律框架，税收工作的重心逐步转向"法治导向型"。党的十八届四中全会通过的《中共中央关于全面推进依法治国若干重大问题的决定》（以下简称《决定》），将制定和完善"财政税收"法律作为"加强重点领域立法"的一项任务，明确提出"落实税收法定原则"，这标志着"税收法定原则"首次写入党的重要纲领性文件。2015 年 3 月 15 日，"税收法定原则"正式载入《中华人民共和国立法法》，税收立法驶入"快车道"。党的十九大报告中提出要"深化税收制度改革，健全地方税体系"，其中深化税收制度改革的目标是形成税法统一、税负公平、调节有度的税收制度体系，就需要提升税收立法层级和完善税收法律制度框架。党的十八届三中全会将"落实税收法定原则"作为财税改革的目标之一。

近年来，我国税收立法明显加快，"十三五"期间全国人大先后制定了《中华人民共和国环境保护税法》《中华人民共和国资源税法》等 8 部税法。2021 年 6 月 10 日，十三届全国人大常委会第二十九次会议通过了《中华人民共和国印花税法》，至此，我国现行 18 个税种中已有 12 个税种制定了相关法律，税制改革多方面的成效逐渐凸显出来。完善税收基本制度，增值税改革分十步顺利实施，具有中国特色的现代增值税制度基本建立；个人所得税改革分三步平稳落地，历时 25 年的综合与分类相结合的个人所得税制度成功建立；以环保税、资源税、耕地占用税"多税共治"及以系统性税收优惠政策"多策组合"的绿色税收体系框架构建形成。②

未来还应从以下几方面进一步落实税收法定原则：其一，继续推进税收立法，加快制定《消费税法》《增值税法》等，稳妥推进税收基本法的制定以及房地产税立法，健全税法体系。其二，根据经济社会发展变化，积极审慎地修改税收法律和税收行政法规。在税制改革中，有关税率调整、重要税收优惠等事项，全国人大已经制定法律的税种，以修改法律的方式实行改革，特殊情况

---

① 河北省开征水资源税试点，通过水资源费改税，将地表水和地下水纳入征税范围，实行从量定额计征。
② 从几个关键词看税收有力服务经济社会发展大局［EB/OL］.（2021 – 11 – 18）［2021 – 11 – 18］. http://www.chinatax.gov.cn/chinatax/n810219/n810744/c101706/c101710/c5158800/content.html.

下也可采取修改税收行政法规的方式推行改革；对全国人大尚未制定税收法律的税种，以修改税收行政法规的方式实现改革，避免以部门规章的方式调整税收基本要素。其三，在税收法律法规制定时，增强税法的科学性、合理性、可操作性，以缩减税务机关征管中自由裁量的空间，以税收征管法定消减因地区间税收征管力度差异造成的税制的非统一、不公平。①

2.2.5　我国税制改革的特征

改革开放以来，我国税收制度与时俱进，取得举世瞩目的成就，积累了宝贵的经验。为适应从计划经济体制到社会主义市场经济体制转轨的发展需要，每一次改革都有其独特的宏观经济背景并呈现出不同的时代特征。

2.2.5.1　政府主导下由内外需求倒逼税制改革

回顾我国税制变迁历程，呈现"供给主导型"和"需求倒逼型"并存的特点。就改革主体而言，无论是改革初、中期的萌芽与兴起阶段，还是改革后期的深化阶段，均具有浓烈的政府主导色彩，即政府作为改革主体贯穿于税制改革的全过程。作为经济体制改革和政治体制改革的交汇点，税制改革往往是历次重大经济体制改革与社会变革的"先手棋"和"突破口"。政府通过税制改革及相关配套措施，统筹兼顾、正确处理各方利益关系。例如，为理顺国家与企业的分配关系，实施两步"利改税"；为解决中央财政困境，理顺中央与地方分配关系，进行"分税制"改革；为改革国地税征管体制，进行"国地税合并"，历次税制改革都是由我国特定时期的国情所决定的。实践证明，政府的"供给主导型"改革是我国税制改革取得显著成就的重要保证。

就改革的动力而言，我国税制变迁始终是由经济体制转轨的内在需求和改革开放的外在要求共同倒逼推动的。因此，我国税制改革既包含前瞻性的主动性改革，也包含受制于税制环境变化的被动性改革。改革开放以来，我国税制进行过多次重大变革，从改革开放初期的"利改税"和工商税制改革到涉外税制与国内税制"双轨"并行，再从"统一税制"到"现代税制"迈进，实现了由"封闭型"到"开放型"的转变。与我国市场经济体制转轨道路相一致，我国税制改革同样走的是波浪式前进、阶梯式上升的道路，由最初的"被动适应阶段"，过渡到中期"破旧立新的阶段"，再转至目前的"现代税制

---

① 李建军，冯黎明，尧艳. 论完善现代税收制度［J］. 税务研究，2021（6）：39－44.

的建立与完善阶段"。

实践证明，我国税制改革与经济体制改革间存在交互影响。经济体制改革推动税制改革，税制改革反过来又推动经济改革的纵深发展，促进政治体制和社会管理体制改革。[①] 例如，"营改增"试点及其全面推开、资源税全面改革、环保税开征等，均是根据现实需要相机抉择地推进税制改革，这也是我国税制改革行之有效的成功经验。

在全球经济形势错综复杂的背景下，为与国家治理现代化相匹配，我国开启了新一轮的税制改革：税制改革、税收立法、减税降费"三位一体"协同推进，以缓解国内税制改革进程缓慢以及欧美国家大幅减税的双重压力。例如，深化增值税改革（减档降税、统一小规模纳税人标准）；改革国地税征管体制（国地税合并）；全面落实税收法定原则；扩大小微企业优惠范围等。此外，跨境电商等新兴商业模式的不断涌现，给各国税收征管模式带来了空前的挑战，寻求国际税收协调与合作无疑成为世界各国普遍的做法之一。我国还积极探索"互联网＋税务""区块链＋税务""人工智能＋税务"等新兴征管模式，积极完善"金税四期"和"智慧税务"的建设。总体看，市场经济转轨与对外开放需求共同推动我国税收制度由"封闭型"向"开放型"转变，由"传统税制"向"现代税制"迈进。

2.2.5.2 "渐进式"改革过程中实现税制革新

20世纪八九十年代，为配合经济体制转轨，我国税制改革主要采取革新式变迁模式，逐步建立起一套具有中国特色、适应有计划商品经济的新税制体系。自21世纪以来，随着社会主义市场经济体制的不断完善，税制改革的目标是逐步建立一套适应社会主义市场经济的税制体系。这一时期是税制改革的全面深化期，税制的完善与调整是在保持宏观税负基本稳定的前提下逐步推进的，呈渐进式变迁模式。

40多年来，税制改革之路并不平坦，税制领域每一项改革的出台，往往都与新一轮利益再分配和调整紧密相连，且涉及甚广，这在经济转轨的时代大背景下更为凸显，由此决定了税制改革很难一步到位和一帆风顺。税制改革从酝酿到实施，再到逐步完善，无不需要缜密的筹划、繁复的论证，甚至是必要的试错。例如，改革开放以前，税制改革片面强调简化税制；改革开放初期，意识到片面简化税制造成的不利影响，遂对税制进行恢复与重建。从决策角度而言，由于税制无法"停车检修"，我国一些不合理的传统税制不可能采取激

---

① 郭庆旺. 论市场经济条件下的税制改革 [J]. 财贸经济, 1993 (10)：43-46.

进式改革而一夜取消，税收制度作为我国市场经济体制下资源配置的枢纽，成为渐进式改革中"解锁"传统税制在宏观层面的突破口。[①]

事实上，国情决定了我国税制改革总体上只能采取"渐进式"改革路径，以兼顾和协调各方利益关系，降低改革阻力与成本。税制改革初期，我国通过"放权让利"逐步化解原有财税体制的矛盾和弊端，并沿此路径进一步深化改革。1994 年的分税制改革总体上依然采取"存量不动、增量调整"的"渐进式"改革路径，形成了较为浓重的过渡色彩，但"渐进"中内含"革故鼎新"。例如，国地税分设的开启及中央与地方税权的重新划分。经过 1994 年大规模税制改革与调整，至 2003 年已初步建立符合社会主义市场经济体制要求的税收制度，但仍需逐步完善。此后，税制改革的重心则是适应逐步完善的社会主义市场经济体制要求，对税制进行结构式、渐进式的调整，而非进行根本性、激进式的变革。但值得注意的是，在经历 24 年的国税、地税分离，国地税于 2018 年重新合并，这意味着国地税征管体制的又一次重大革新。此外，"营改增"也是结构性减税进程中的一大革新点。当前，应对数字经济的挑战，我国税制也需进一步改革与完善。

实践证明，结合我国国情，走"渐进式"改革路径，同时在渐进中审时度势，以争取可能的突变与革新，是税制改革取得成功的重要策略保证。未来税制改革仍需继续把握好"渐进"与"革新"的关系，渐进中有革新，革新中也要处理好各方关系，争取平滑过渡，以保证税制现代化的顺利推进。

2.2.5.3　制度模仿中形成突破性的改革路径

改革开放以前，我国深受苏联计划经济体制及财税制度的影响，建立了一套适应计划经济体制的税收制度。改革开放以后，我国借鉴成熟市场经济国家的税制，逐步建立了一套适应市场经济体制的税收制度，其中增值税的引入及1994 年的分税制均是制度模仿的典型例证。实际上，为使我国税制与国际惯例接轨，我国现行大多数税种，如企业所得税、个人所得税、消费税等都是在模仿发达国家相关制度基础上发展完善的。值得注意的是，增值税的转型与扩围，以及"综合与分类相结合"的个人所得税制度，均是受发达国家成熟税制的影响。

此外，我国税制演化路径还深受中国传统文化、意识形态等因素影响，长

[①] 贾康，刘薇. 构建现代治理基础——中国财税体制改革 40 年［M］. 广东：广东经济出版社，2017：13.

期以来形成三方博弈（政府、征税代理人、纳税人）的"路径依赖"。[①] 此后税制虽几经变革，但走的均是一条片面追求税制简化的改革路径，不适当地合并税种，使税收无法发挥调节经济杠杆的作用。改革开放后，财税体制成为我国经济市场化改革亟须打破的关键环节。党的十一届三中全会至十四大召开时期，我国不断探索财税改革路径，财税改革与经济发展形成良性互动局面。这一时期，税制改革紧扣经济体制改革的节奏，配合财政体制改革措施，围绕国家与企业、中央与地方分配关系等进行一系列改革探索，诸如，"利改税""税利分流""分税制"改革等，[②] 这些改革体现了形成和突破路径依赖的交替。

税制改革不仅涉及国家、企业、个人间税收利益的分配，还涉及国际税收利益的分配，错综复杂的利益交织，决定了税制改革与完善是一个艰苦而漫长的历史过程。地域辽阔、情况迥异的现实，决定了我国税制改革必须从实际出发，坚持顶层设计与基层探索相结合，大胆实践，不断探索。纵观我国诸多重大改革事项，大多采取"先试点、后推广"的改革路径，税制改革也不例外。这种谨慎的改革路径可尽量避免出现重大波折、失误甚至不可挽回的颠覆性错误，以实现税制改革正面效应的最大化。

2.2.6 中国税制改革的未来发展趋向

目前，我国税制改革取得重大进展，现代税收制度雏形已基本建立。但与较为完善成熟的现代税制相比，仍存在一定差距。迄今为止，仍存在加快房地产税立法并适时推进改革未能贯彻落实、逐步提高直接税比重始终没有迈出实质性步伐、地方税种陈旧老化现象严重等问题。当前，我国税制改革已进入深水区和攻坚期，今后税制改革应服务于新时代"国家治理体系与治理能力现代化"的全局，以及经济高质量发展下税制改革支撑全面改革的现实需要。建立完善的现代税收制度，还需从以下几方面加以谋划：

2.2.6.1 强化税务管控：打造"智慧型税收"，深化国际税收合作

长期以来，国地税分设所形成的传统税收征管体制，在国地税合并之初，可能难以迅速适应各税种统管需要，甚至在较长一段时期内，税收征管体制都

---

① 张斌. 税制变迁研究 [M]. 北京：中国社会科学出版社，2014：208.
② 刘克崮，贾康. 中国财税改革三十年：亲历与回顾 [M]. 北京：经济科学出版社，2008：3.

将面临前所未有的挑战与变革。例如，在宏观层面，要解决如何按照"瘦身"与"健身"相结合的原则，优化各层级税务组织体系和征管职责，如何完善结构布局和力量配置，如何构建优化高效统一的税收征管体系等问题；在微观层面，国地税工作人员要互学业务，以便迅速适应合并后各税种统管的需要，共同提升各税种统管的业务水平。

随着经济全球化的深入发展，新经济、新业态等对传统国际税收规则和各国税收管理形成挑战，落后的征管手段是导致一些国家税基严重侵蚀的重要原因，而"智慧型税收"建设则成为各国提高税收征管能力的有效途径。鉴于现实税收征管约束，未来急需借助"互联网＋税务"平台，以及基于大数据和人工智能的"区块链＋税务管控"等新兴征管手段，打破税务数据孤岛、信息沟壑等难题。此外，还要更加重视国际税收合作，重构国际税收规则。近年来，国际税收改革、税收征管能力建设成为历届二十国集团（G20）峰会公报的重要内容。2018年2月14日至16日，首届税收合作平台（PCT）全球会议在联合国总部召开，会议主题包括"税收征管能力发展"和"税务合作"两方面。PCT的建立标志着四大国际组织（IMF、OECD、UN、WB）在税收征管能力建设领域进一步深化务实合作。[①] 随着全球金融账户涉税信息自动交换（CRS）、税基侵蚀与利润转移（BEPS）项目及联合国税务委员会的积极参与，尤其是2020年1月31日，OECD/G20 BEPS包容性框架下"双支柱"方案的发布，标志着一个前所未有的国际税务合作时代正在开启。这些举措为发展中国家参与国际税收政策讨论提供了新机会，同时也为充分实现国际税务合作效益提供了新机遇。

税收征管能力建设是发展中国家完善税收制度的重点。发展中国家针对税收发展情况开展多样化的税收征管能力建设计划，可以借助国际税收合作平台，依靠更加先进和完善的工具开展税收征管活动。[②] 尽管如此，由于发展中国家的税收征管能力限制，目前依然面临诸多挑战。随着"一带一路"建设的不断推进，我国与相关国家经济联系日益密切，跨国公司日益增多，加之各国税收制度和负担水平存在显著差异，利用法律漏洞逃漏税收时常发生。各国税务部门愈加注重加强国际税务合作与管理，积极参与建立国际税收合作平台（PCT）建设。鉴于此，我国应同各国际组织、各国税务部门共同营造合作共赢的国际税收环境，加快与重点国家税收协定的谈判和修订，积极支持"走

---

① 第一届税收合作平台全球大会在联合国总部召开［EB/OL］.（2018－2－15）［2018－2－15］. http：//world. people. com. cn/n1/2018/0215/c1002－29824900. html.

② 例如，印度为消除税基的侵蚀，努力使国内税法与经合组织的基础侵蚀和利润转移行动计划相一致，包括在印度的所得税条约网络中实施多边投资协定。此外，2018年2月28日，OECD和巴西启动了一个联合项目——跨境税收规则差异审查项目。

出去"和"引进来",以促进全球经济的可持续发展。

2.2.6.2　完善税制结构：所得税改革的深化与地方税体系的构建

近年来,个税改革的焦点集中于征收方式和免征额两方面。就征收方式而言,目前已将原有的"分类计征模式"改为"分类与综合相结合的计征模式"。就免征额而言,自 2011 年上调至 3 500 元起,7 年未经调整。但由于经济发展带来的收入提高及正常的通胀因素,上述免征额明显偏低。2018 年 8 月 31 日,《全国人民代表大会常务委员会关于修改〈中华人民共和国个人所得税法〉的决定》已由中华人民共和国第十三届全国人民代表大会常务委员会第五次会议通过,自 2019 年 1 月 1 日起施行。本次个人所得税改革将免征额由 3 500 元上调至 5 000 元,并将工资、薪金所得、劳务报酬所得、稿酬所得、特许权使用费所得四项统称为综合所得,按照综合所得税税率纳税,此外,增加六项专项附加扣除项目。就个税免征额调整而言,需经多番严密论证,考虑通胀等因素影响,今后应尝试建立个税免征额动态调整机制,以适应经济发展需要。

就所得税税率水平而言,目前我国个人所得税最高边际税率达 45%,企业所得税税率为 25%。与美国新税改政策实施后相比,我国个税最高税率比美国高 10 个百分点,企业税率比美国高 5 个百分点。在全球减税浪潮背景下,为使个税与当前物价水平相适应,并适应供给侧结构性改革对企业降成本的要求,提议将个税税率从 3% ~ 45% 降至 3% ~ 30%,同时将企业所得税税率降至 15% ~ 20%,以提升企业的全球竞争力。[①]

此外,应加快地方税体系的构建。理顺央地财政关系,这是财税改革中"最难啃的硬骨头",是推进国家治理体系和治理能力现代化的重要内容。"营改增"后,我国地方主体税种被削弱,鉴于此,地方政府应结合当地实际,因地制宜培育地方主体税种,涵养重点税源,如完善资源税、加快推进房地产税改革等。总体来看,地方税体系的构建与完善意味着我国央地关系改革的全速推进。

2.2.6.3　强化税收法治：税收立法的持续推进

"有税必有法,无法不成税。"税收与国计民生密切相关,依法治税是全

---

① 商联提案建议国地税合并 个税起征点提到 7 000 元 [EB/OL]. (2018 - 3 - 2) [2020 - 10 - 11]. http：//news. 163. com/18/0302/18/DBTN7VLM0001875N. html.

面推进依法治国的重要内容。2021 年 6 月 10 日，十三届全国人大常委会第二十九次会议表决通过了《中华人民共和国印花税法》（以下简称《印花税法》）。随着《印花税法》制定出台，我国现行 18 个税种中已有 12 个税种制定了法律，分别是《中华人民共和国企业所得税法》（以下简称《企业所得税法》）、《中华人民共和国个人所得税法》（以下简称《个人所得税法》）、《中华人民共和国车船税法》（以下简称《车船税法》）、《中华人民共和国环境保护税法》（以下简称《环境保护税法》）、《中华人民共和国烟叶税法》（以下简称《烟叶税法》）、《中华人民共和国船舶吨税法》（以下简称《船舶吨税法》）、《中华人民共和国耕地占用税法》（以下简称《耕地占用税法》）、《中华人民共和国车辆购置税法》（以下简称《车辆购置税法》）、《中华人民共和国资源税法》（以下简称《资源税法》）、《中华人民共和国契税法》（以下简称《契税法》）、《中华人民共和国城市维护建设税法》（以下简称《城市维护建设税法》）以及《印花税法》。由此看出，我国税收法制定在加快落实，税收立法再进一程。

展望未来，我国税制改革要以习近平新时代中国特色社会主义思想为指引，把握好社会主要矛盾的转化，充分发挥税收在解决发展不平衡不充分问题，以及更好地满足人民日益增长的美好生活需要方面的作用，[①] 持续提升税收治理能力，实现税收治理现代化。

---

① 张斌. 把握社会主要矛盾转化深化税收制度改革 [J]. 税务研究，2018（2）：12 - 18.

第3章

货物和劳务税制

实践案例
与习题

　　货物和劳务税或称流转税（以下简称"货劳税"），是在生产、流通和服务领域中以货物和劳务为征税对象的一类税收。伴随着商品经济的发展，货劳税因其具有税源广、易征管、与商品价格存在紧密联系等特点，成为大多数国家税收收入的主要来源。目前我国的货劳税包括增值税、消费税和关税，其中增值税是我国目前税收制度中的"第一大税"。

思政案例

增值税减免助力小微企业发展

　　为了贯彻落实党中央、国务院决策部署，进一步支持小微企业发展，税务机关对小微企业实行普惠性税收减免；为了推动新冠疫情后企业更好地复工复业，政府针对部分企业的税负给予了一定程度的减免，并对纳税申报期限进行了延长；在脱贫攻坚工作、文化教育事业发展以及支持特殊人群就业等工作中，税收优惠起到了重要支撑作用。其中，政府以增值税减免为首要抓手制定了一系列惠企纾困的优惠政策，例如小微企业可申请退还增值税期末留抵退税、纳税人提供疫情防控重点保障物资运输收入免征增值税、对从事个体经营的自主就业退役士兵按每户每年 20 000 元依次扣减其当年实际应缴纳的增值税、城市维护建设税、教育费附加、地方教育附加和个人所得税。

　　【案例解析】 以增值税为主的货劳税，是我国税收收入的主要来源。增值税的税基广泛、普遍征收，故与广大生产经营者息息相关，特别是规模较小的企业。因此，增值税的减免力度和落实情况决定了减税降费的成果展现。

　　【思考讨论】 请结合相关税收政策，从流转税的特点以及作用等方面分析增值税、消费税以及关税对我国社会经济的发展产生了哪些影响。

3.1 增 值 税

3.1.1 增值税概述

增值税是目前我国的第一大税种，从 1994 年 1 月 1 日在全国范围正式施行至今，不仅是我国税收收入的主要贡献者，更是促进经济发展方式转变的关键税种。现行增值税的基本规范主要构成有：国务院于 2017 年 11 月 19 日第二次修订并重新公布的《中华人民共和国增值税暂行条例》（以下简称《增值税暂行条例》），财政部、国家税务总局发布的《关于全面推开营业税改征增值税试点的通知》（以下简称《营改增通知》）及根据 2011 年 10 月 28 日中华人民共和国财政部令第 65 号进行第二次修改并重新公布的《中华人民共和国增值税暂行条例实施细则》（以下简称《增值税暂行条例实施细则》）。

3.1.1.1 增值税的基本概念

增值税（value added tax）是以商品在流转过程中实现的增值额为计税依据而征收的一种货劳税，即以销售或进口货物、提供加工、修理修配劳务（以下简称"劳务"）、销售服务、转让无形资产和不动产的增值额为征税对象而征税。准确掌握增值税及其计税原理，首要环节就是理解什么是增值额。

从生产者或者经营者角度，增值额就是投入和产出的差额，简单理解就是买和卖的差价。以一般产品为例（见图 3 - 1），从生产到消费通常经过原材料采集、零部件加工、产成品完工、批发和零售等环节，原材料生产环节的进价为 0 元，以 50 元的价格销售给下一环节进行生产，那么此环节增值额为 50 - 0 = 50（元）；接下来，零部件生产商以成交价 50 元购进原材料，初步生产后售价 200 元出售，该环节的增值额就是销售的价格扣除购进原材料的价格，即增值额为 200 - 50 = 150（元）；同理，以后的产成品生产环节以及批发、零售环节的增值额就为纳税人的产出售价和投入购进价之间的差额。当然，这里的投入的购进价不仅是指产品原材料的投入，还包括与产品直接相关的燃料、动力等制造费用、间接相关的支付给员工的薪酬福利、机器设备、土地和建筑物折旧等。

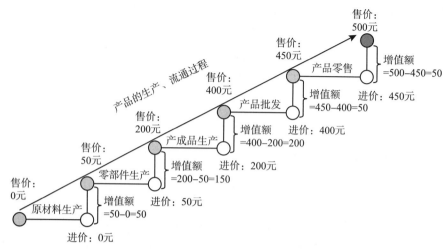

图 3 – 1 某产品生产、流通过程与增值额的关系

值得注意的是，某一环节产品售价等于本环节及之前环节的增值额相加总额，那么某一产品对其最终售价直接征税的税负其实等于对各个环节的增值额征税的税负总和。

准确把握上述增值额是理解增值税计税原理及特点的关键。当然，理论上增值额相当于该货物价值扣除在生产经营过程中消耗的生产资料的转移价值以后的余额部分，但是在实际运用时，为了确保税收收入，必须通过有关法律规定对增值额予以确定。由于各国税法规定的扣除项目不同，计税增值额同理论增值额的内容可能存在差异。如外购固定资产，大多数国家规定购进固定资产的价值不论是否已经消耗，均允许一次性扣除，这样就相应缩小了增值额；少部分国家（如印度尼西亚）规定购进固定资产的价值均不允许扣除，这样就相应地扩大了增值额。[1] 各国增值税中的增值额是由各国的增值税法规定的，因此，可以说增值税是以法定增值额为计税依据征收的一种税。

3.1.1.2　增值税历史沿革

增值税诞生的时间并不久远。1954 年，由时任法国税务总局局长助理——莫里斯·洛雷制定并实施了增值税制度，随后在 160 多个国家实行。[2] 增值税在我国的历程起始于 1979 年，此时仅在部分城市试行生产型增值税。

1984 年，《中华人民共和国增值税条例（草案）》正式颁布并于当年 10 月

---

① 吴利群. 中国税制［M］. 北京：高等教育出版社，2016：33.
② 蔡昌，李梦娟. 增值税在中国：改革历程与展望［J］. 中国财政，2016（18）：50 – 52.

1 日试行，标志着我国正式确定施行增值税制度，此时增值税的征税范围限于规定的部分货物，与产品税、营业税形成共存格局。

1993 年底，《中华人民共和国增值税暂行条例》正式出台，并自 1994 年 1 月 1 日开始施行，从此在生产和流通领域全面实施生产型增值税。同时废止《中华人民共和国增值税条例（草案）》《中华人民共和国产品税条例（草案）》，这标志着产品税退出我国税制舞台，增值税和营业税并行。

从 2004 年起，国务院开始增值税转型改革，即把生产型增值税转型为消费型增值税。同时，为了支持东北地区老工业基地的发展，选择东北地区率先开展试点改革，对东北地区实行固定资产进项税额一次性全额扣除；随后，2007 年 7 月 1 日对中部地区实行固定资产进项税额一次性全额扣除；2008 年 7 月 1 日，对汶川受地震灾害严重的地区实行固定资产进项税额一次性全额扣除；2008 年 11 月 5 日国务院第 34 次常务会议修订通过《中华人民共和国增值税暂行条例》，并于 2009 年 1 月 1 日起施行，标志着我国完成增值税由生产型向消费型的转型。

2011 年底国家决定在上海试点营业税改征增值税（以下简称"营改增"）工作，选择于 2012 年 1 月 1 日在上海市开展交通运输业和部分现代服务业的营业税改征增值税试点工作，并以扩大试点范围和行业范围的方式在全国逐步推进"营改增"。2016 年 3 月 23 日，经国务院批准，财政部和国家税务总局发布了《营改增通知》，标志着"营改增"试点在全国范围内全面推开。2017 年 11 月 19 日国务院发布了《关于废止〈中华人民共和国营业税暂行条例〉和修改〈中华人民共和国增值税暂行条例〉的决定》，标志着增值税实现全行业覆盖，营业税正式退出我国税制体系。

3.1.1.3　增值税的类型

实行增值税的具体过程中，各个国家基本都规定准予扣除原材料、辅助材料、零部件、燃料动力、低值易耗品、外购劳务中已纳税款部分，但对于外购的固定资产的处理方式则存在差异，由此形成了生产型增值税、收入型增值税和消费型增值税。

1. 生产型增值税

生产型增值税以纳税人的销售收入（或劳务收入）减去用于生产、经营的外购原材料、燃料、动力等物质资料价值后的余额作为法定的增值额，而对购入的固定资产及其折旧均不予扣除。既不允许扣除购入固定资产的价值，也不考虑生产经营过程中固定资产磨损的那部分转移价值（即折旧）。由于这个法定增值额等于工资、租金、利息、利润和折旧之和，其内容从整个社会来说相当于国民生产总值，所以称为生产型增值税。

2. 收入型增值税

收入型增值税除允许扣除外购物质资料的价值以外，对于购置用于生产、经营用的固定资产，允许将已提折旧的价值予以扣除。即对于购入的固定资产的价值，可以按照磨损程度相应地进行扣除。这个法定增值额就整个社会来说，相当于国民收入，所以称为收入型增值税。

3. 消费型增值税

消费型增值税允许将购置物质资料的价值和用于生产、经营的固定资产价值中所含的税款，在购置当期全额一次性扣除。虽然固定资产在原生产经营单位作为商品于出售时都已征税，但当该固定资产由购买方购进使用时，其已纳税金在购置当期准予全额扣除。因此，就整个社会而言，这部分商品实际上没有征税，所以这种类型增值税的课税对象不包括生产资料部分，仅限于当期生产销售的所有消费品，故称为消费型增值税。

由于上述三种类型增值税的计税依据存在差异，因此不同类型增值税的收入效应和激励效应是不同的。如果从财政收入的角度看，生产型增值税的收入效应最大，因为生产型增值税的计税依据较大，在同样的税率条件下，带来的增值税税额较多。如果从激励投资的角度看，消费型增值税的效应最大。因为消费型增值税在征收增值税时，允许将外购的固定资产已纳税额一次性给予扣除，可以消除重复征税带来的各种弊端，将增值税对投资的不利影响减少到最低限度，有利于加速设备更新、推动技术进步。与此同时，消费型增值税与其他两种类型的增值税相比，在计算征收方面更简便，因为消费型增值税凭发票扣税，既有利于纳税人操作，又可以实现纳税人的交叉审计，还便于税务机关的征收管理，被公认为是当前国际上最先进、最能体现增值税制度优越性的一种增值税类型。目前大多数国家均选择实行消费型增值税，仅少部分国家（如印度尼西亚）选择生产型增值税。

在 2009 年之前，我国的增值税实行生产型增值税，即购买固定资产时已经缴纳的增值税税额不允许抵扣，这就导致企业购进机器设备的税负比较重，而增值税转型改革的全面落实，不仅避免了对购置机器设备的重复征税，更极大地释放了制造业等行业的固定资产投资需求，促进了企业技术进步，有力地推动了产业升级。

3.1.1.4　增值税的特点

1. 普遍征收

从增值税的征税范围看，向从事商品生产经营和提供劳务的单位和个人，在商品增值的各个生产流通的环节普遍课征增值税。增值税的征税对象是货物生产、流通过程中或提供劳务、服务时实现的增值额，就是人们在生产劳动中新创造的价值额，因此增值税的税源遍布于社会经济活动的各个部门、领域、环节。2016 年 5 月 1 日在全国推开"营改增"试点后，增值税实现了全领域覆盖，对社会经济的各个部门、行业和企业实现全面课征。

2. 实行税款抵扣制度

税款抵扣制度，即以进项税额抵扣销项税额，在计算应纳税款时，要扣除商品、服务在以前生产环节已缴纳的税款，以避免重复征税。从世界各国实践来看，计税方法基本有发票法和账簿法，大部分国家实行发票法，即凭购货发票进行抵扣。在交易中，销售方开具扣税凭证，采购方取得扣税凭证，并凭借扣税凭证上注明的税款进行抵扣。[①]

3. 实行比例税率

从实行增值税制度的国家来看，普遍实行比例税制，以贯彻征收简便易行的原则。由于增值税对不同行业、不同企业、不同产品来说性质是一样的，原则上对增值额应采用单一比例税率。但为了调节社会经济运行也会对某些行业或产品实行不同的比例税率，因而引入增值税的国家一般都规定基本税率和优惠税率或称低税率。

4. 实行价外税制度

在计税时，作为计税依据的销售额不包含增值税税额，这样有利于形成均衡的生产价格，并有利于税负转嫁的实现。这是增值税区别于以全部流转额为计税依据的销售税的一个特征。

5. 保持税收中性

政府在运用税收工具配置资源的过程中，应谨遵效率和公平两大基本原则。其中，资源配置效率作为效率原则内容之一，要求尽可能保持税收对市场机制运行影响的"中性"。[②] 税收中性要求尽可能减少征税对资源配置的影响，而增值税的征税机制是环环课征、道道抵扣，这决定了增值税具备良好的税收中性的特点，具体表现为：第一，对产业分工的影响是"中性"的，无论商品流转有多

---

① 张文春，陈奎. 增值税的国际比较与思考 [J]. 财经问题研究，2000 (3)：28 – 34.
② 刘溶沧，马珺. 税收中性：一个理论经济学的分析 [J]. 经济学动态，1998 (12)：12 – 14.

71

少环节、用何种方式生产，只要销售商品或提供的服务最终销售价格相同，所带来的总增值税额都是相同的，不会带来重复课征的问题；第二，对市场主体（生产者和消费者）所做决策的影响是"中性"的，因为增值税对所有商品和服务的价格影响是一致的，因此不会扭曲市场主体的生产行为和消费行为。[①]

6. 增值税的累退性

税收的累退性是指税收的税率随收入上升而下降，一般用来衡量税收的收入分配效应。增值税的累退性主要体现在高、低收入者的税负无差异方面。增值税对商品、服务进行征收，按人们的消费支出多少征税，而非按收入的高低课征，收入中用于消费支出的比例，通常随收入水平的上升而下降（即边际消费倾向递减），所以增值税的平均税率（即增值税税负对收入的比率）与收入水平之间呈现负相关关系，即收入越高，平均税率越低，因此低收入人群的平均税率反而越高。[②]

7. 税收负担由商品最终消费者承担

虽然增值税是向商品、服务的销售方征收，但销售方在交易时又通过价格将增值税额转嫁给购买者，由此增值税税负随商品、服务流转到最终销售环节，由最终消费者承担。

3.1.2 征税范围

根据 2017 年新修订的《增值税暂行条例》和《增值税暂行条例实施细则》以及《营改增通知》，增值税的范围已经基本实现全覆盖，即包含了生产、流通和服务领域。本书将现行增值税的征税范围分为一般规定和特殊规定。

3.1.2.1 征税范围的一般规定

全面"营改增"后，增值税的征税范围包括：①销售或者进口货物；②销售加工、修理修配劳务（以下简称"劳务"）；③销售服务；④销售无形资产；⑤销售不动产。

1. 销售或者进口的货物

销售是指有偿转让货物所有权的行为。进口是指直接从境外进口货物的行为，同时包括将货物从境内保税工厂、保税仓库、保税区运往境内其他地区的

---

① 梁季. 我国增值税税率简并：与市场资源配置机制的对接、改革设想与路径分析 [J]. 财政研究，2014，379（9）：8 – 14.

② 岳希明，张斌，徐静. 中国税制的收入分配效应测度 [J]. 中国社会科学，2014，222（6）：96 – 117，208.

行为。货物是指有形动产，包括电力、热力、气体在内。

2. 销售劳务

销售劳务是指有偿提供劳务。劳务是指纳税人提供的加工、修理修配劳务。加工是指受托加工货物，即委托方提供原料及主要材料，受托方按照委托方的要求制造货物并收取加工费的业务；修理修配是指受托对损伤和丧失功能的货物进行修复，使其恢复原状和功能的业务。单位或者个体工商户聘用的员工为本单位或者雇主提供劳务不包括在内。

3. 销售服务

服务的范围包括：（1）交通运输服务；（2）邮政服务；（3）电信服务；（4）建筑服务；（5）金融服务；（6）现代服务；（7）生活服务，如表3-1所示。

表3-1 　　　　　　　　　　　增值税销售服务的征税范围

项目	具体内容	税率（%）
（1）交通运输服务，指利用运输工具将货物或者旅客送达目的地，使其空间位置得到转移的业务活动		
①陆路运输服务	包括铁路运输、公路运输、缆车运输、索道运输及地铁运输、城市轻轨运输等	9
②水路运输服务	远洋运输的程租、期租业务，属于水路运输服务[a]	9
③航空运输服务	航空运输的湿租业务，属于航空运输服务	9
④管道运输	通过管道输送气体、液体、固体物质的运输服务	9
⑤其他	无运输工具承运业务、运输工具舱位承包业务、运输工具舱位互换业务	9
（2）邮政服务，指中国邮政集团有限公司及其所属邮政企业提供邮件寄递、邮政汇兑和机要通信等邮政基本服务的业务活动		
①邮政普遍服务	包括函件、包裹等邮件寄递，以及邮票发行、报刊发行和邮政汇兑等业务活动	9
②邮政特殊服务	包括义务兵平常信函、机要通信、盲人读物和革命烈士遗物的寄递等业务活动	9
③其他邮政服务	包括邮册等邮品销售、邮政代理等业务活动	9
（3）电信服务，指利用有线、无线的电磁系统或者光电系统等各种通信网络资源，提供语音通话服务，传送、发射、接收或者应用图像、短信等电子数据和信息的业务活动		
①基础电信服务	固网、移动网、互联网等	9
②增值电信服务	利用固网、移动网、互联网等提供服务；卫星电视信号落地转接服务	6
（4）建筑服务，指各类建筑物、构筑物及其附属设施的建造、修缮、装饰，线路、管道、设备、设施等的安装以及其他工程作业的业务活动		
①工程服务	新建、改建各种建筑物、构筑物的工程作业	9

项目	具体内容	税率（%）
②安装服务	包括固话、有线电视、宽带、水、电、燃气、暖气等经营者向用户收取的安装费、初装费、开户费、扩容费以及类似收费	9
③修缮服务	对建筑物进行修补、加固、养护、改善	9
④装饰服务	包括物业服务企业为业主提供的装修服务	9
⑤其他建筑服务	如钻井（打井）、拆除建筑物、平整土地、园林绿化；纳税人将建筑施工设备出租给他人使用并配备操作人员等	9
（5）金融服务，指经营金融保险的业务活动。其具体包括贷款服务、直接收费金融服务、保险服务和金融商品转让		
①贷款服务	各种占用、拆借资金取得的收入，包括金融商品持有期间（含到期）利息（保本收益、报酬、资金占用费、补偿金等）收入、信用卡透支利息收入、买入返售金融商品利息收入、融资融券收取的利息收入、融资性售后回租[b]、罚息、票据贴现、转贷等业务取得的利息	6
	以货币资金投资收取的固定利润或者保底利润，按照贷款服务缴纳增值税	
②直接收费金融服务	包括提供信用卡、基金管理、金融交易场所管理、资金结算、资金清算等	6
③保险服务	包括人身保险服务和财产保险服务	6
④金融商品转让	包括转让外汇、有价证券、非货物期货和其他金融商品所有权的业务活动；其他金融商品转让包括基金、信托、理财产品等各类资产管理产品和各种金融衍生品的转让	6
	纳税人购入基金、信托、理财产品等各类资产管理产品持有至到期，不属于金融商品转让；而未到期转让，以差额按照6%纳税	
（6）现代服务，指围绕制造业、文化产业、现代物流产业等提供技术性、知识性服务的业务活动		
①研发和技术服务	包括研发服务、合同能源管理服务、工程勘察勘探服务、专业技术服务（如气象服务等）	6
②信息技术服务	包括软件服务、电路设计及测试服务、信息系统服务、业务流程管理服务	6
③文化创意服务	包括设计服务、知识产权服务、广告服务和会议展览 ※注意：宾馆、旅馆、旅社、度假村和其他经营性住宿场所提供会议场地及配套服务的活动，按照"会议展览服务"缴纳增值税。	6
④物流辅助服务	包括航空服务、港口码头服务、货运客运场站服务、打捞救助服务、装卸搬运服务、仓储服务、收派服务	6
⑤租赁服务	形式上：包括融资租赁[c]和经营性租赁[d]；范围上：包括动产、不动产	9 或 13
	经营性租赁[e]中包含： 远洋运输的光租[f]业务、航空运输的干租业务[f]； 将不动产或飞机、车辆等动产的广告位出租给其他单位或个人用于发布广告； 车辆停放服务、道路通行服务（包括过路费、过桥费、过闸费等）	

项目	具体内容	税率（%）
⑥鉴证咨询服务	包括认证服务、鉴证服务和咨询服务，如技术咨询、会计税务法律鉴证、工程监理、资产评估、环境评估、房地产土地评估、建筑图纸审核、医疗事故鉴定等	6
⑦广播影视服务	包括广播影视节目（作品）的制作服务、发行服务、播映（含放映）服务	6
⑧商务辅助服务	包括企业管理服务、经纪代理服务、人力资源服务（如劳务派遣）、安全保护服务（例如武装守护押运服务）。如金融代理、知识产权代理、货物运输代理、代理报关、法律代理、房地产中介、婚姻中介、代理记账、翻译、拍卖、拍卖行受托拍卖取得的手续费或佣金收入等	6
⑨其他	如：纳税人为客户办理退票而向客户收取的退票费、手续费等收入；纳税人对安装运行后的电梯提供的维护保养服务	6
（7）生活服务，指为满足城乡居民日常生活需求而提供的各类服务活动		
①文化体育服务	文艺表演、提供游览场所等，例如，通过在游览场所经营索道、摆渡车、电瓶车、游船等取得的收入	6
②教育医疗服务	教育服务，是指提供学历教育服务、非学历教育服务、教育辅助服务的业务活动	6
③旅游娱乐服务	旅游：指根据旅游者的要求，提供交通、游览、住宿、餐饮、购物、文娱、商务等服务	6
④餐饮住宿服务	纳税人现场制作食品并直接销售给消费者，按照"餐饮服务"缴纳增值税	6
⑤居民日常服务	包括市容市政管理、家政、婚庆、养老、殡葬、护理、美容美发、按摩、桑拿、沐浴、洗染、摄影扩印等服务	6
⑥其他	如纳税人提供植物养护服务	6

注：a. 程租、期租、湿租业务是指提供运输工具及操作人员的服务，属于交通运输，按9%缴纳增值税；有别于只出租运输工具的光租和干租，属于现代服务"租赁"，按照13%税率缴纳增值税。

b. 融资性售后回租是指承租方以融资为目的，将资产出售给从事融资性售后回租业务的企业后，从事融资性售后回租业务的企业将该资产再出售给承租方使用的业务活动。区别于融资租赁（属于现代服务业）。

c. 融资租赁服务是指具有融资性质和所有权转移特点的租赁活动，即出租人根据承租人所要求的规格、型号、性能等条件购入有形动产或者不动产租赁给承租人，合同期内租赁物的所有权属于出租人，承租人只拥有使用权。在合同期满付清租金后，承租人有权按照残值购入租赁物，以拥有其所有权。不论出租人是否将租赁物销售给承租人，均属于融资租赁。

d. 经营租赁服务是指在约定时间内将有形动产或者不动产转让他人使用且租赁物所有权不变更的业务活动。

e. 光租业务是指运输企业将船舶在约定的时间内出租给他人使用，不配备操作人员，不承担运输过程中发生的各项费用，只收取固定租赁费的业务活动。

f. 干租业务是指航空运输企业将飞机在约定的时间内出租给他人使用，不配备机组人员，不承担运输过程中发生的各项费用，只收取固定租赁费的业务活动。

4. 销售无形资产

销售无形资产是指无形资产的所有权转让、使用权转让。无形资产是指不具有实物形态，但能带来经济利益的资产，包括技术、商标、著作权、自然资源使用权①和其他权益性无形资产②。

5. 销售不动产

销售不动产是指不动产的所有权转让。不动产是指不能移动或者移动后将严重损害其经济价值的有体物，包括建筑物、构筑物等。建筑物包括住宅、商业营业用房、办公楼等可供居住、工作或者进行其他活动的建造物；构筑物，包括道路、桥梁、隧道、水坝等建造物。

转让建筑物有限产权或者永久使用权的，转让在建的建筑物或者构筑物所有权的，以及在转让建筑物或者构筑物时一并转让其所占土地的使用权的，按照"销售不动产"缴纳增值税。

【例3-1】下列增值税应税服务项目中，应按照"租赁服务"计征增值税的是（　　）。

A. 飞机干租　　　　　　　　B. 宾馆的住宿服务

C. 船舶期租　　　　　　　　D. 融资性售后回租

【解析】

正确答案A。选项B，宾馆的住宿服务按照"生活服务"计征增值税；选项C，船舶期租按照"交通运输服务"计征增值税；选项D，融资性售后回租按照"贷款服务"计征增值税。

专栏 3-1

应税行为的界定

1. 应税行为的界定条件

根据《营业税改征增值税试点实施办法》，应税行为是指在中华人民共和国境内（以下简称"境内"）销售服务、无形资产或者不动产。应税行为一般应同时具备四个条件：

（1）应税行为是发生在中华人民共和国境内。

（2）应税行为是属于《销售服务、无形资产、不动产注释》范围内的业务活动。

---

① 自然资源使用权包括土地使用权、海域使用权、探矿权、采矿权、取水权和其他自然资源使用权。

② 其他权益性无形资产：基础设施资产经营权、公共事业特许权、配额、经营权（包括特许经营权、连锁经营权、其他经营权）、经销权、分销权、代理权、会员权、席位权、网络游戏虚拟道具、域名、名称权、肖像权、冠名权、转会费等。

（3）应税服务是为他人提供的。

（4）应税行为是有偿的。

2．应税行为与非经营性活动

根据上述四个条件，应税行为是为他人提供的、有偿的活动，也就是经营性活动。以下非经营活动不属于增值税征税范围，不缴纳增值税：

（1）行政单位收取的同时满足规定条件的政府性基金或者行政事业性收费。

（2）单位或者个体工商户聘用的员工为本单位或者雇主提供取得工资的服务。

（3）单位或者个体工商户为聘用的员工提供服务。

（4）财政部和国家税务总局规定的其他情形。

3．境内的界定

（1）不动产：所销售或者租赁的不动产在境内。

（2）自然资源使用权：所销售自然资源使用权的自然资源在境内。

（3）除上述情况以外：服务（租赁不动产除外）或者无形资产（自然资源使用权除外）的销售方或者购买方在境内。

（4）财政部和国家税务总局规定的其他情形。

资料来源：《财政部　国家税务总局关于全面推开营业税改征增值税试点的通知》（财税〔2016〕36号）中的附件1《营业税改征增值税试点实施办法》

3.1.2.2　征税范围的特殊规定

增值税的征税范围除了上述一般规定以外，还对经济实务中某些特殊项目或行为是否属于增值税的征税范围，作出了具体界定。

1．征税范围的特殊项目

（1）不予征收增值税的特殊项目。

①满足条件的罚没收入：执法部门和单位查处的属于一般商业部门经营的商品，具备拍卖条件的，其拍卖收入作为罚没收入上缴财政，不予征税。

②财政补贴收入（区分不同情况）：与其销售货物、劳务、服务、无形资产、不动产的收入或者数量直接挂钩的财政补贴收入，应按规定计算缴纳增值税；其他情形的财政补贴收入，不属于增值税应税收入，不征收增值税。

③融资性售后回租业务中，承租方出售资产的行为。

④药品生产企业销售自产创新药的销售额，为向购买方收取的全部价款和价外费用，其提供给患者后续免费使用的相同创新药不按视同销售。

⑤根据国家指令无偿提供的铁路运输服务、航空运输服务，属于以公益活动为目的的服务。

⑥存款利息。

⑦被保险人获得的保险赔付。

⑧房地产主管部门或者其指定机构、公积金管理中心、开发企业以及物业管理单位代收的住宅专项维修资金。

⑨纳税人在资产重组过程中，通过合并、分立、出售、置换等方式，将全部或者部分实物资产以及与其相关联的债权、负债和劳动力一并转让给其他单位和个人。

（2）征收增值税的特殊项目属于以下情形的罚没物品，应照章征收增值税。

①国家指定销售单位将罚没物品纳入正常销售渠道销售的，应照章征收增值税。

执法部门和单位查处的罚没物品经同意公开拍卖，由经营单位购入拍卖物品再销售的，应照章征收增值税。

②财政补贴收入，与其销售货物、劳务、服务、无形资产、不动产的收入或者数量直接挂钩的，应按规定计算缴纳增值税。

③航空运输企业已售票但未提供航空运输服务取得的逾期票证收入，按照航空运输服务征收增值税。

2. 征税范围的特殊行为

（1）视同销售。

单位或者个体工商户的下列行为，视同发生应税销售行为：

①将货物交付其他单位或者个人代销。

②销售代销货物。

③设有两个以上机构并实行统一核算的纳税人，将货物从一个机构移送至其他机构用于销售①，但相关机构设在同一县（市）的除外。

④将自产或者委托加工的货物用于非应税项目。

⑤将自产、委托加工的货物用于集体福利或者个人消费。

⑥将自产、委托加工或者购进的货物作为投资，提供给其他单位或者个体工商户。

⑦将自产、委托加工或者购进的货物分配给股东或者投资者。

⑧将自产、委托加工或者购进的货物无偿赠送给其他单位或者个人。

⑨单位或者个体工商户向其他单位或者个人无偿销售应税服务、无偿转让

---

① 用于销售是指受货机构发生两项情形之一的经营行为：一是向购货方开具发票；二是向购货方收取货款。受货机构的货物移送行为有上述两项情形之一的，应当向所在地税务机关缴纳增值税；未发生上述两项情形的，则应由总机构统一缴纳增值税。如果受货机构只就部分货物向购买方开具发票或收取货款，则应当区分不同情况计算并分别向总机构所在地或分支机构所在地缴纳税款。

无形资产或者不动产，但用于公益事业或者以社会公众为对象的除外。

⑩财政部和国家税务总局规定的其他情形。

上述 10 种情况应该确定为视同发生应税销售行为，均要征收增值税。其确定的目的主要有三个：一是保证增值税税款抵扣制度的实施，不致因发生上述行为而造成各相关环节税款抵扣链条的中断，如前两种情况就是这种原因。如果不将之视同发生应税销售行为，就会出现销售代销货物方仅有销项税额而无进项税额，收到货物的其他单位或者个人代销方仅有进项税额而无销项税额的情况，从而出现增值税抵扣链条不完整。二是避免因发生上述行为而造成应税销售行为之间税收负担不平衡的矛盾，防止以上述行为逃避纳税的现象。三是体现增值税计算的配比原则，即购进货物、劳务、服务、无形资产、不动产已经在购进环节实施了进项税额抵扣，这些购进货物、劳务、服务、无形资产、不动产应该产生相应的销售额，同时产生相应的销项税额，否则就会产生不配比情况。如上述第④至第⑨项中的几种情况就属于此种原因。

【例 3－2】某空调生产商，销售自产的空调，并提供两年的免费维修服务。售后一年发生返厂维修，维修过程更换了部分零件，零件可单独对外销售，售价为 500 元。请问该维修服务是否属于增值税应税项目？如果过了保修期，返厂维修时收取了 500 元更换零件的价款，如何纳税？

【解析】

产品在保修期内出现问题，进行免费维修消耗的材料或免费更换的配件，属于增值税应税项目，根据《增值税暂行条例实施细则》第四条关于视同销售的规定，保修期内免费保修业务作为销售合同的一部分，有关收入实际已经在销售时获得，该公司已就销售额缴纳了税款，免费保修时无须再缴纳增值税，维修领用零件也不需视同销售缴纳增值税。

（2）混合销售。

混合销售行为是指一项销售行为既涉及货物又涉及服务。判断混合销售行为成立的标准有两点：一是其销售行为必须是一项；二是该项行为必须既涉及货物销售又涉及应税行为。如果一项销售行为只涉及销售服务，不涉及货物，这种行为就不是混合销售行为；如果涉及销售服务和涉及货物的行为，不存在于一项销售行为之中，那么这种行为也不是混合销售行为。

从事货物的生产、批发或者零售的单位和个体工商户的混合销售，按照销售货物缴纳增值税；其他单位和个体工商户的混合销售，按照销售服务缴纳增值税。

上述从事货物的生产、批发或者零售的单位和个体工商户，包括以从事货物的生产、批发或者零售为主，并兼营销售服务的单位和个体工商户在内。

【例 3 - 3】 下列经营行为中，属于增值税混合销售行为的是（　　　　）。

A. 商场销售相机及储存卡

B. 商场销售办公设备并提供送货服务

C. 疗养中心提供住宿并举办健康讲座

D. 健身房提供健身场所并销售减肥药

【解析】

正确答案 B。一项销售行为如果既涉及货物又涉及服务，为混合销售。选项 B，销售货物的同时，提供运输服务，因此属于混合销售行为。

（3）兼营货物与劳务服务。

兼营是指纳税人同时兼有销售货物、劳务、服务、无形资产、不动产等应税销售行为，并且这些行为不是发生在同一销售行为中，彼此之间没有直接的关联关系，相互独立，甚至适用不同税率。

涉及兼营行为的，应分别核算适用不同税率或者征收率的销售额；未分别核算销售额的，从高适用税率。

以上混合销售和兼营行为区分要点总结，如表 3 - 2 所示。

表 3 - 2   混合销售和兼营行为的区分要点

	混合销售	兼营
含义	一项销售行为如果既涉及货物又涉及服务	纳税人同时兼有销售货物、劳务、服务、无形资产、不动产等应税销售行为（各自独立）
税务处理	依主业选择增值税税率： 从事货物的生产、批发或者零售的单位和个体工商户的混合销售，按照销售货物缴纳增值税；其他单位和个体工商户的混合销售，按照销售服务缴纳增值税	依会计核算选择增值税税率： 分别核算适用不同税率或者征收率的销售额
案例	建筑施工企业包工包料承包工程	企业既销售自产家电，又有运输资质的车队负责运输

【例 3 - 4】 某空调生产企业既销售自产非民用制冷空调，同时提供安装服务。属于混合销售还是兼营行为？

【解析】

属于兼营行为。根据《国家税务总局关于进一步明确营改增有关征管问题的公告》以及《国家税务总局关于明确中外合作办学等若干增值税征管问题的公告》第六条规定，纳税人销售活动板房、机器设备、钢结构件等自产货物的同时提供建筑、安装服务，不属于混合销售，应分别核算货物和建筑服务的销售额，分别适用不同的税率或者征收率。

3.1.3　纳税人

3.1.3.1　增值税纳税义务人的基本概念

根据《增值税暂行条例》的规定，在中华人民共和国境内销售货物或者加工、修理修配劳务（以下简称"劳务"），销售服务、无形资产、不动产以及进口货物的单位和个人，为增值税的纳税人。具体包括以下几类：

1. 单位

纳税人是指企业、行政单位、事业单位、军事单位、社会团体及其他单位。

2. 个人

纳税人是指个体工商户和其他个人。

3. 扣缴义务人

中华人民共和国境外（以下简称"境外"）的单位或者个人在境内销售劳务，在境内未设有经营机构的，以其境内代理人为扣缴义务人；在境内没有代理人的，以购买方为扣缴义务人。

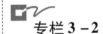

专栏 3 - 2

承包、承租、挂靠方式经营的纳税人

单位以承包、承租、挂靠方式经营的，承包人、承租人、挂靠人（以下统称"承包人"）以发包人、出租人、被挂靠人（以下统称"发包人"）名义对外经营并由发包人承担相关法律责任的，以该发包人为纳税人。否则，以承包人为纳税人。

采用承包、承租、挂靠经营方式的，区分以下两种情况界定纳税人：

同时满足以下两个条件的，以发包人为纳税人：一是以发包人名义对外经营；二是由发包人承担相关法律责任。

不同时满足上述两个条件的，以承包人为纳税人。

纳税人应当按照国家统一的会计制度进行增值税会计核算。

资管产品的纳税人

资管产品运营过程中发生的增值税应税销售行为，以资管产品管理人为增值税纳税人。

资料来源：笔者根据《中华人民共和国营业税暂行条例实施细则》《财政部 国家税务总局关于资管产品增值税政策有关问题的补充通知》相关内容整理所得。

3.1.3.2 一般纳税人和小规模纳税人的认定

增值税实行凭增值税专用发票（不限于增值税专用发票）抵扣税款的制度，客观上要求纳税人具备健全的会计核算制度和能力。在实际经济生活中我国增值税纳税人众多，会计核算水平参差不齐，大量的小企业和个人还不具备使用专用发票抵扣税款的条件，为了简化增值税的计算和征收，减少税收征管漏洞，税法按一定的划分标准将增值税纳税人分为一般纳税人和小规模纳税人，分别采取不同的登记管理办法。

1. 划分标准

（1）年应税销售额标准：增值税纳税人年应税销售额超过财政部、国家税务总局规定的小规模纳税人标准（简称规定标准）的，除另有规定外，应当向其机构所在地主管税务机关办理一般纳税人登记。

年应税销售额标准是指纳税人在连续不超过 12 个月或四个季度的经营期内累计应征增值税销售额，包括：纳税申报销售额、稽查查补销售额、纳税评估调整销售额。偶然发生的销售无形资产、转让不动产的销售额，不计入应税行为年应税销售额。销售服务、无形资产或者不动产有扣除项目的纳税人，其应税行为年应税销售额按未扣除之前的销售额计算。

目前经过调整后，增值税小规模纳税人具体认定标准为年应征增值税销售额 500 万元以下及 500 万元。[①]

（2）会计核算水平：年应税销售额未超过规定标准的纳税人，会计核算健全，能够提供准确税务资料的，可以向主管税务机关办理一般纳税人登记。会计核算健全是指能够按照国家统一的会计制度规定设置账簿，根据合法、有效凭证进行核算。纳税人应当向其机构所在地主管税务机关办理一般纳税人登记手续。

2. 不得办理一般纳税人登记的情况

（1）根据政策规定，选择按照小规模纳税人纳税的（应当向主管税务机关提交书面说明）。

（2）年应税销售额超过规定标准的其他个人。

表 3-3 总结了一般纳税人和小规模纳税的划分标准。

---

① 详细规定参见《财政部 税务总局关于统一增值税小规模纳税人标准的通知》（财税〔2018〕33 号）、《国家税务总局关于统一小规模纳税人标准等若干增值税问题的公告》（国家税务总局公告2018 年第 18 号）。

表 3 – 3　　　　　　　　　　一般纳税人和小规模纳税人的划分标准

要求	一般纳税人	小规模纳税人
标准 1：年应税销售额标准	年应征增值税销售额在规定标准以上	年应征增值税销售额在规定标准及以下
	现行的规定标准：500 万元	
标准 2：会计核算水平	会计核算健全，能够提供准确税务资料	会计核算不健全，不能按规定报送有关税务资料
满足条件	满足两个标准之一即可	同时满足两个标准
其他规定	无论年应税销售额是否超过规定标准，其他个人不得办理一般纳税人登记	其他个人属于小规模纳税人

3. 转登记

纳税人登记为一般纳税人后，不得转为小规模纳税人，国家税务总局另有规定的除外。

专栏 3 – 3

一般纳税人可以转为小规模纳税人的特殊情况

　　根据《国家税务总局关于明确二手车经销等若干增值税征管问题的公告》，登记为增值税一般纳税人的单位和个人，转登记日前连续 12 个月或连续 4 个季度累计销售额未超过 500 万元的一般纳税人，在 2020 年 12 月 31 日前，可选择转登记为小规模纳税人。

　　资料来源：《财政部 税务总局关于统一增值税小规模纳税人标准的通知》（财税〔2018〕33 号）、《国家税务总局关于统一小规模纳税人标准等若干增值税问题的公告》（国家税务总局公告 2018 年第 18 号）。

3. 1. 4　税率与征收率

　　我国增值税采用比例税率。为了发挥增值税的中性作用及降低征收管理的难度，原则上增值税的税率应该对不同行业、不同企业实行单一税率，称为基本税率。实践中，为照顾一些特殊行业或产品也增设了一档低税率，以及对出口产品实行零税率；同时由于增值税扩围，为了保证"营改增"的行业整体税负只减不增，依旧保留原来税率水平。除此以外，针对小规模纳税人和"营改增"过渡时期的项目，采用征收率进行征收。

3.1.4.1 增值税税率

增值税税率，仅适用于一般纳税人。目前增值税的税率分别为13%、9%、6%和零税率。每种税率适用的应税销售行为的具体情况如表3–4所示。

表3–4 增值税税率

税率（%）	适用征税范围
13	①纳税人销售或进口货物（除指定货物外）； ②提供应税劳务； ③提供有形动产租赁服务
9	①提供交通运输服务、邮政服务、基础电信服务、建筑服务； ②不动产租赁服务、销售不动产、转让土地使用权； ③销售或进口指定货物
6	增值电信服务、金融服务、提供现代服务（租赁除外）、生活服务、销售无形资产（转让土地使用权除外）
零税率	纳税人出口货物；列举的跨境销售服务、无形资产

表3–4中，需要特别说明的是：

（1）销售或进口指定货物的具体范围（适用9%）。

①粮食等农产品、食用植物油、食用盐；

②自来水、暖气、冷气、热水、煤气、石油液化气、天然气、二甲醚、沼气、居民；

③使用煤炭制品；

④图书、报纸、杂志、音像制品、电子出版物；

⑤饲料、化肥、农药、农机、农膜；

⑥国务院规定的其他货物的税率界定。

（2）零税率。零税率是免税的一种特殊形式，但并不简单等同于免税。免税是指某环节的纳税人免交该环节的征税对象的增值税；而某一应税货物或劳务实行零税率，意味着从生产、流通到最终零售的各个环节的增值税都免于征收。

①出口货物零税率。纳税人出口货物，税率为零；但国务院另有规定的除外。

②适用跨境销售服务、无形资产零税率：国际运输服务，包括：在境内载运旅客或者货物出境；在境外载运旅客或者货物入境；在境外载运旅客或者货物；航天运输服务；向境外单位提供的完全在境外消费的下列服务：研发服务、合同能源管理服务、设计服务、广播影视节目（作品）的制作和发行服

务、软件服务、电路设计及测试服务、信息系统服务、业务流程管理服务、离岸服务外包业务①、转让技术；财政部和国家税务总局规定的其他服务。

（3）境内单位和个人发生的与我国香港、澳门、台湾有关的应税行为，除另有规定外，参照上述规定执行。

3.1.4.2　征收率

增值税征收率是指对特定的货物或特定的纳税人发生应税销售行为在某一生产流通环节应纳税额与销售额的比率。

增值税征收率适用于两种情况：一是小规模纳税人，二是一般纳税人发生应税销售行为按规定可以选择简易计税方法计税的。

1. 一般规定

纳税人选择简易计税方法发生的应税销售行为均适用3%的征收率，但表3-5的情况适用5%的征收率。

表3-5　　　　　　　选择简易计税方法并适用5%的征收率的规定

分类	纳税人类型	具体规定
与不动产相关	小规模纳税人	小规模纳税人销售自建或者取得的不动产
		小规模纳税人出租（经营租赁）其取得的不动产（不含个人出租住房）
		房地产开发企业中的小规模纳税人，销售自行开发的房地产项目
		其他个人出租（经营租赁）其取得的不动产（不含住房）
		其他个人销售其取得（不含自建）的不动产（不含其购买的住房）
	一般纳税人	一般纳税人选择简易计税方法计税的不动产经营租赁
		一般纳税人选择简易计税方法计税的不动产销售
		一般纳税人2016年4月30日前签订的不动产融资租赁合同，或以2016年4月30日前取得的不动产提供的融资租赁服务，选择适用简易计税方法的
		房地产开发企业中的一般纳税人购入未完工的房地产老项目（2016年4月30日之前的建筑工程项目）继续开发后，以自己名义立项销售的不动产，属于房地产老项目，可以选择适用简易计税方法按照5%的征收率计算缴纳增值税
	一般纳税人和小规模纳税人	纳税人转让2016年4月30日前取得的土地使用权，选择适用简易计税方法的

---

① 离岸服务外包业务，包括信息技术外包服务（ITO）、技术性业务流程外包服务（BPO）、技术性知识流程外包服务（KPO），其所涉及的具体业务活动，按照《销售服务、无形资产、不动产注释》相对应的业务活动执行。

续表

分类	纳税人类型	具体规定
非不动产	一般纳税人	一般纳税人收取试点前开工的一级公路、二级公路、桥、闸通行费，选择适用简易计税方法的
	一般纳税人和小规模纳税人	一般纳税人提供人力资源外包服务，选择适用简易计税方法的
		一般纳税人和小规模纳税人提供劳务派遣服务选择差额纳税的

2. 征收率的特殊规定

（1）适用3%征收率的某些一般纳税人和小规模纳税人可以减按2%计征增值税：

①一般纳税人销售自己使用过的属于《增值税暂行条例》第十条规定不得抵扣且未抵扣进项税额的固定资产，按照简易办法依照3%征收率减按2%征收增值税；适用该条例的纳税人可以选择放弃减税，按照简易办法依照3%征收率缴纳增值税，并可以开具增值税专用发票。

②小规模纳税人（除其他个人外①）销售自己使用过的固定资产②，减按2%的征收率征收增值税。

③纳税人销售旧货③，按照简易办法依照3%征收率减按2%征收增值税。

上述纳税人销售自己使用过的固定资产、物品和旧货适用按照简易办法依照3%征收率减按2%征收增值税的，按下列公式确定销售额和应纳税额：

$$应纳税额 = 含税销售额 \div (1 + 3\%) \times 2\%$$

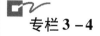

专栏 3 - 4

二手车经销业务减按 0.5% 征收增值税

对从事二手车经销业务的纳税人销售其收购的二手车，自 2020 年 5 月 1 日至 2023 年 12 月 31 日减按 0.5% 征收率征收增值税：

$$应纳增值税 = 含税销售额 \div (1 + 0.5\%) \times 0.5\%$$

纳税人应当开具二手车销售统一发票。购买方索取增值税专用发票的，应当再开具征收率为 0.5% 的增值税专用发票。

资料来源：笔者根据《国家税务总局关于明确二手车经销等若干增值税征管问题的公告》（国家税务总局公告 2020 年第 9 号）相关内容整理所得。

---

① 税收优惠中，其他个人销售自己使用过的物品免税。
② 自己使用过的固定资产是指纳税人根据财务会计制度已经计提折旧的固定资产。
③ 旧货是指进入二次流通的具有部分使用价值的货物（含旧汽车、旧摩托车和旧游艇），但不包括自己使用过的物品。

（2）提供物业管理服务的纳税人，向服务接受方收取的自来水水费，以扣除其对外支付的自来水水费后的余额为销售额，按照简易计税方法依照3%的征收率计算缴纳增值税。

（3）小规模纳税人提供劳务派遣服务，既可以取得的全部价款和价外费用作为销售额，按照简易计税方法依照3%的征收率计算缴纳增值税；也可以选择差额纳税，以取得的全部价款和价外费用，扣除代用工单位支付给劳务派遣员工的工资、福利和为其办理社会保险及住房公积金后的余额作为销售额，按照简易计税方法依照5%的征收率计算缴纳增值税。选择差额纳税的纳税人，向用工单位收取用于支付给劳务派遣员工工资、福利和为其办理社会保险及住房公积金的费用，不得开具增值税专用发票，可以开具普通发票。

（4）非企业性单位中的一般纳税人提供的研发和技术服务、信息技术服务、鉴证咨询服务，以及销售技术、著作权等无形资产，可以选择简易计税方法按照3%的征收率计算缴纳增值税。非企业性单位中的一般纳税人提供"技术转让、技术开发和与之相关的技术咨询、技术服务"，可以参照上述规定，选择简易计税方法按照3%的征收率计算缴纳增值税。

（5）一般纳税人提供教育辅助服务，可以选择简易计税方法按照3%的征收率计算缴纳增值税。

（6）增值税一般纳税人生产销售和批发、零售抗癌药品，可选择按照简易办法依照3%的征收率计算缴纳增值税。

（7）增值税一般纳税人生产销售和批发、零售罕见病药品，可选择按照简易办法依照3%的征收率计算缴纳增值税。

【例3-5】某集团公司为增值税一般纳税人，在2021年8月发生如下业务，确定适用的税率或者征收率：

（1）转让位于市区的一处仓库，取得含税金额1 040万元，该仓库2010年购入，购置价200万元，简易方法计征增值税。

（2）向小规模纳税人销售一台使用过的设备，当年采购该设备时按规定未抵扣进项税额，取得含税金额10.3万元，开具增值税普通发票。

（3）向小规模纳税人销售一批农产品。

【解析】

（1）转让不动产简易计税征收率5%。

（2）按3%征收率减按2%计征增值税。

（3）低税率货物税率9%。

3.1.5　计税方法和应纳税额的计算

3.1.5.1　一般计税方法与应纳税额计算

一般纳税人发生应税销售行为适用一般计税方法。我国的一般计税方法采用扣税法，也被称为间接计算法，即从当期销项税额中扣除当期进项税额。其计算公式分支结构如图 3-2 所示：

$$当期应纳税额 = 当期销项税额 - 当期进项税额$$
$$= 当期销项税额 \times 适用税率 - 当期进项税额$$

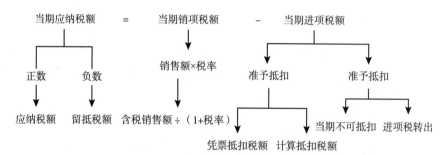

图 3-2　应纳税额的计算公式分支结构

上述公式中的销项税额和进项税额，都是不含增值税的。如果一般纳税人发生应税销售行为，采用销项额和销项税额合并定价（含税的销售额），也就是价税合计的方式销售应税项目的，在计算应纳增值税过程中需要按照如下公式计算销售额，这个过程也被称为价税分离：

$$销售额 = 含税销售额 \div (1 + 税率)$$

根据当期应纳税额的计算公式可以知道，当期应纳税额是当期销项税额与当期进项税额的差额，当期应纳税额的多少取决于销项税额和进项税额。

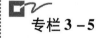

专栏 3-5

含税收入的主要情况

根据下列情况判断销售额是否包含增值税：

（1）根据题目表述，题目指名某部分收入是否含税。

（2）价外费用，如价外向购买方的手续费、补贴、基金、集资费、返还利润、奖励费、收取违约金、滞纳金、延期付款利息、赔偿金、代收款项、代垫款项、包装费、优质费以及其他各种性质的价外收费等，视为含税收入。

（3）根据行业，零售、餐饮等最终消费领域的销售额一般均为价税合计。

资料来源：笔者根据中国注册会计师协会．税法［M］．北京：中国财政经济出版社，2023 相关内容整理所得。

1. 销项税额的计算

销项税额是指纳税人在发生增值税应税行为时，按照销售额和适用税率计算并向购买方收取的增值税税额，其计算公式为：

$$销项税额 = 销售额 \times 适用税率$$

从销项税额的定义和公式中我们可以知道，它是由购买方在购买货物、劳务、服务、无形资产、不动产时，一并向销售方支付的税额。对于属于一般纳税人的销售方来说，在没有抵扣其进项税额前，销售方收取的销项税额还不是其应纳增值税税额。销项税额的计算取决于销售额和适用税率两个因素。在适用税率既定的前提下，销项税额的大小主要取决于销售额的大小。

根据《增值税暂行条例》和实际的运用，本书区分四种不同销售方式下的销售额，其适用情况如表 3 - 6 所示。

表 3 - 6　　　　　　　　增值税销售额确定的四种方式

销售额的类别	适用情况
一般销售方式的销售额	除下述以外的一般销售行为
特殊销售方式的销售额	折扣方式销售、采取以旧换新方式销售、采取还本销售方式销售、采取以物易物方式销售、包装物押金是否计入销售额、贷款服务的销售额、直接收费金融服务的销售额
按差额确定销售额	金融商品转让销售额、经纪代理服务的销售额、融资租赁和融资性售后回租业务的销售额、其他应税服务差额计税等
视同销售的销售额	视同销售行为

1）一般销售方式下的销售额。

销售额是指纳税人发生应税销售行为时向购买方收取的全部价款和价外费用，但是不包括向购买方收取的销项税额。这是因为增值税是价外税，其税基中不包含增值税。

凡是随同应税销售行为向购买方收取的价外费用，无论其会计制度如何核算，均应并入销售额计算应纳税额。对增值税一般纳税人（包括纳税人自己或代其他部门）向购买方收取的价外费用和逾期包装物押金，应视为含增值税（以下简称"含税收入"），在征税时应换算成不含税收入，再并入销售额。

销售额应以人民币计算。纳税人以人民币以外的货币结算销售额的，应当折合成人民币计算。折合率可以选择销售额发生的当天或者当月 1 日的人民币汇率中间价。纳税人应当事先确定采用何种折合率，确定后 1 年内不得变更。

专栏 3 - 6

价 外 费 用

价外费用是指价外收取的各种性质的收费，例如违约金、滞纳金、赔偿金、延期付款利息、包装费、包装物租金、运输费、装卸费等。但下列项目不包括在内：

(1) 受托加工应征消费税的消费品所代收代缴的消费税。

(2) 符合以下条件的代垫运输费用：承运部门的运输费用发票开具给购买方的，且纳税人将该项发票转交给购买方的。

(3) 同时符合条件的代为收取的政府性基金或者行政事业性收费：由国务院或者财政部批准设立的政府性基金，由国务院或省级人民政府及其财政、价格主管部门批准设立的行政事业性收费；同时，收取时开具省级以上财政部门印制的财政票据；并且所收款项全额上缴财政。

(4) 以委托方名义开具发票代委托方收取的款项。

(5) 销售货物的同时代办保险等而向购买方收取的保险费，以及向购买方收取的代购买方缴纳的车辆购置税、车辆牌照费。

以上 5 项之所以允许不计入价外费用，是因为在满足上述相关条件后可以确认销售方在其中仅仅是作为代理人代为收取的费用，该费用并未形成销售方的收入。

资料来源：笔者根据《增值税暂行条例实施细则》整理所得。

【例 3 - 6】某牛奶厂商销售一批鲜奶，取得不含税价款 500 元，另收取包装材料及运费 30 元。当期销售额是多少？

【解析】

另收取的包装材料费用和运输费用属于价外费用，应确认销售额，并进行价税分离。销售额 = $500 + 30 \div (1 + 9\%) = 527.52$（元）。

2）特殊销售方式下的销售额。

在销售活动中，为了达到促销目的，纳税人有多种销售方式选择。不同销售方式下，销售者取得的销售额会有所不同，而如何确定不同销售方式下的销售额，既是纳税人关心的重点，也是税法必须给予明确的。增值税的法律法规对以下几种销售方式分别作出了规定。

（1）折扣销售。

折扣销售是指销货方在销售货物或应税劳务时，因购货方购货数量较大等原因，而给予购货方的价格优惠。由于折扣是在实现销售时同时发生的，因此，税法规定，如果销售额和折扣额在同一张发票上分别注明的，可按折扣后的余额作为销售额计算增值税，如果将折扣额另开发票，不论其在财务上如何处理，均不得从销售额中减除折扣额。

专栏 3 - 7

几种折扣的介绍

第一，销售折扣是指销货方在发生应税销售行为后，为了鼓励购货方及早支付货款而协议许诺给予购货方的一种折扣优待，销售折扣发生在应税销售行为之后，是一种融资性质的理财费用，因此，销售折扣不得从销售额中减除。企业在确定销售额时应把折扣销售与销售折扣严格区分开。

第二，销售折让是指企业因售出商品的质量不合格等原因而在售价上给予的减让。对增值税而言，销售折让其实是指纳税人发生应税销售行为后因为劳动成果质量不合格等原因在售价上给予的减让。销售折让与销售折扣相比较，虽然都是在应税销售行为销售后发生的，但因为销售折让是由于应税销售行为的品种和质量引起的销售额减少，因此，销售折让应该以折让后的货款作为销售额。

第三，折扣销售仅限于应税销售行为价格的折扣，如果销售者将自产、委托加工和购买的应税销售行为用于实物折扣的，则该实物款额不能从应税销售行为的销售额中减除，且该实物应按《增值税暂行条例实施细则》和"营改增通知""视同销售货物"中的"赠送他人"计算征收增值税。

资料来源：马海涛. 中国税制［M］. 北京：中国人民大学出版社，2021：61 - 62.

【例 3 - 7】 某设备生产企业 2020 年 12 月销售自产产品，取得不含税价款 300 万元，考虑到与购买方长期合作，给予 10% 价格优惠（开具一张发票）；由于购货方及时付款，给予 2% 的销售折扣，实收不含税价款 264.6 万元。上月销售商品本月发生退货，已向买方退款 100 万元。

计算该生产企业应缴纳的销项税额。

【解析】

销项税额 =（300 - 30）× 13% - 100 ÷（1 + 13%）× 13% = 35.1 - 11.5 = 23.6（万元）。

（2）采取以旧换新方式销售。

以旧换新是指纳税人在销售自己的货物时，有偿收回旧货物的行为。根据增值税法律法规的规定，采取以旧换新方式销售货物的，应按新货物的同期销售价格确定销售额，不得扣减旧货物的收购价格。之所以这样规定，既是因为销售货物与收购货物是两个不同的业务活动，销售额与收购额不能相互抵减，也是为了严格执行增值税的计算征收制度，防止出现销售额不实、减少纳税的现象。但是，考虑到金银首饰以旧换新业务的特殊情况，对金银首饰以旧换新业务，可以按销售方实际收取的不含增值税的全部价款征收增值税。

（3）采取还本销售方式销售。

还本销售方式是指纳税人在销售货物后，到一定期限由销售方一次或分次退还给购货方全部或部分价款。这种方式实际上是一种筹资行为，是以货物换取资金的使用价值，到期还本不付息的方法。

增值税法律制度规定，采取还本销售方式销售货物，其销售额就是货物的销售价格，不得从销售额中减除还本支出。

（4）采取以物易物方式销售。

以物易物是一种较为特殊的购销活动，是指购销双方不是以货币结算，而是以同等价款的应税销售行为相互结算，实现应税销售行为购销的一种方式。在实务中，有的纳税人以为以物易物不是购销行为，销货方收到购货方抵顶货款的货物、劳务、服务、无形资产、不动产，认为自己不是购货；购货方发出抵顶货款的应税销售行为，认为自己不是销货。这两种认识都是错误的。正确的方法应当是，以物易物双方都应作购销处理，以各自发出的应税销售行为核算销售额并计算销项税额，以各自收到的货物、劳务、服务、无形资产、不动产按规定核算购进金额并计算进项税额。应注意，在以物易物活动中，应分别开具合法的票据，如收到的货物、劳务、服务、无形资产、不动产不能取得相应的增值税专用发票或其他合法票据的，不能抵扣进项税额。

【例3-8】汽车厂商将生产的10辆小汽车用于换取生产资料，以每辆成本12万元互相开具，增值税专用发票注明金额120万元，税额15.6万元。小汽车对外售价为20万元。汽车厂商以上行为应缴纳的增值税是多少？

【解析】

应纳增值税额 = $10 \times 20 \times 13\% - 15.6 = 10.4$（万元）。

（5）包装物押金的税务处理。

包装物是指纳税人包装本单位货物的各种物品。纳税人销售货物时另收取包装物押金，目的是促使购货方及早退回包装物以便周转使用。根据增值税法律法规的规定，纳税人为销售货物而出租出借包装物收取的押金，单独记账核算的，时间在 1 年以内且又未过期的，不并入销售额征税，但对因逾期未收回包装物不再退还的押金，应按所包装货物的适用税率计算销项税额。逾期是指按合同约定实际逾期或以1年为期限，对收取 1 年以上的押金，无论是否退还均应并入销售额征税。当然，在将包装物押金并入销售额征税时，需要先将该押金换算为不含税价，再并入销售额征税。纳税人为销售货物出租出借包装物而收取的押金，无论包装物周转使用期限长短，超过 1 年（含 1 年）以上仍不退还的均并入销售额征税。但是，对销售除啤酒、黄酒外的其他酒类产品而收取的包装物押金，无论是否返还以及会计上如何核算，均应并入当期销售额征税。对销售啤酒、黄酒所收取的押金，按上述一般押金的规定处理。另外，包装物押金不应混同于包装物租金，纳税人在销售货物同时收取包装物租金的，在包装物租金收取时就应该考虑销项税额的征纳问题。

【例 3 - 9】某商场为增值税一般纳税人，6 个月前收取的某餐厅啤酒包装物押金 10 000 元，本月初到期，餐厅未返还包装物，按照销售时的约定这部分押金即收归商场所有。

【解析】

商场的销售啤酒逾期的包装物押金应缴纳增值税；

增值税的销项税额 = 10 000 ÷ 1.13 × 13% = 1 150.44 （元）。

（6）直销企业的税务处理。

直销企业应先将货物销售给直销员，直销员再将货物销售给消费者的，直销企业的销售额为其向直销员收取的全部价款和价外费用。直销员将货物销售给消费者时，应按照现行规定缴纳增值税。直销企业通过直销员向消费者销售货物，直接向消费者收取货款，直销企业的销售额为其向消费者收取的全部价款和价外费用。

（7）贷款服务的销售额。

贷款服务，以提供贷款服务取得的全部利息及利息性质的收入为销售额。

银行提供贷款服务按期计收利息的，结息日当日计收的全部利息收入，均应计入结息日所属期的销售额，按照现行规定计算缴纳增值税。

证券公司、保险公司、金融租赁公司、证券基金管理公司、证券投资基金以及其他经中国人民银行、中国银行保险监督管理委员会（以下简称"银保监会"，自 2023 年 5 月 18 日起更名为国家金融监督管理总局）、中国证券监督管理委员会（以下简称"证监会"）批准成立且经营金融保险业务的机构发放贷款后，自结息日起 90 天内发生的应收未收利息按现行规定缴纳增值税，自结息日起 90 天后发生的应收未收利息暂不缴纳增值税，待实际收到利息时按规定缴纳增值税。

自 2018 年 1 月 1 日起，资管产品管理人运营资管产品提供的贷款服务以 2018 年 1 月 1 日起产生的利息及利息性质的收入为销售额。

（8）直接收费金融服务的销售额。

直接收费金融服务以提供直接收费金融服务收取的手续费、佣金、酬金、管理费、服务费、经手费、开户费、过户费、结算费、转托管费等各类费用为销售额。

3）差额确定销售额。

随着增值税扩围，原营业税的征税范围并入了增值税，但目前仍然存在部分征税项目因难以获取抵扣凭证而无法抵扣进项税的情况，为了减轻纳税人的税收负担，对这部分的项目采用了差额征税的方法，如下列示：

（1）金融商品转让的销售额：

$$销售额 = 卖出价 - 买入价$$

转让金融商品出现的正负差，按盈亏相抵后的余额为销售额。若相抵后出现负差，可结转下一纳税期与下期转让金融商品销售额相抵，但年末时仍出现负差的，不得转入下一个会计年度。

金融商品的买入价，可以选择按照加权平均法或者移动加权平均法进行核算，选择后 36 个月内不得变更。金融商品转让不得开具增值税专用发票。

（2）经纪代理服务的销售额。

经纪代理服务，以取得的全部价款和价外费用，扣除向委托方收取并代为支付的政府性基金或者行政事业性收费后的余额作为销售额。向委托方收取的政府性基金或者行政事业性收费，不得开具增值税专用发票。

（3）融资租赁和融资性售后回租业务。

经中国人民银行、银保监会或商务部批准，从事融资租赁业务的纳税人提供下列服务，按相应办法确定销售额：

提供融资租赁服务的，按照"现代服务 – 租赁服务"（动产租赁 13%、不动产租赁 9%）缴纳增值税：

$$销售额 = 取得的全部价款和价外费用（含本金）$$
$$- 支付的借款利息（包括外汇借款和人民币借款利息）$$
$$- 发行债券利息 - 车辆购置税$$

提供融资性售后回租服务：按照"金融服务 – 贷款服务（6%）"缴纳增值税：

$$销售额 = 取得的全部价款和价外费用（不含本金）$$
$$- 对外支付的借款利息（包括外汇借款和人民币借款利息）$$
$$- 发行债券利息而代收转付的价款$$

（4）航空运输企业的销售额。

为取得的全部价款和价外费用扣除代收的机场建设费（民航发展基金）、代售其他航空运输企业客票而代收转付的价款。[①]

航空运输销售代理企业就取得的全部价款和价外费用，向购买方开具行程单，或开具增值税普通发票。

（5）一般纳税人提供客运场站服务，以其取得的全部价款和价外费用，扣除支付给承运方运费后的余额为销售额。

（6）纳税人提供旅游服务，可以选择以取得的全部价款和价外费用，扣除向旅游服务购买方收取并支付给其他单位或者个人的住宿费、餐饮费、交通费、签证费、门票费和支付给其他接团旅游企业的旅游费用后的余额为销售额。

选择上述办法计算销售额的纳税人，向旅游服务购买方收取并支付的上述费用，不得开具增值税专用发票，可以开具普通发票。

（7）房地产企业销售开发的房地产项目。

房地产开发企业中的一般纳税人销售其开发的房地产项目（选择简易计税方法的房地产老项目[②]除外），以取得的全部价款和价外费用，扣除受让土地时向政府部门支付的土地价款[③]后的余额为销售额。

（8）纳税人提供建筑服务适用简易计税方法的，以取得的全部价款和价外费用扣除支付的分包款后的余额为销售额。分包款是指支付给分包方的全部价款和价外费用。

（9）纳税人转让不动产差额扣除的有关规定。

纳税人转让不动产，按照有关规定以差额作为销售额缴纳增值税的，如因丢失等原因无法提供取得不动产时的发票，可向税务机关提供其他能证明契税计税金额的完税凭证等资料，进行差额扣除。纳税人同时保留取得不动产时的发票和其他能证明契税计税金额的完税凭证等资料的，应当凭发票进行差额扣除。

纳税人以契税计税金额进行差额扣除的，按照表 3 - 7 中的公式计算增值税应纳税额。

---

① 详细规定参见《财政部 税务总局关于租入固定资产进项税额抵扣等增值税政策的通知》（财税〔2017〕90 号）、《国家税务总局关于明确中外合作办学等若干增值税征管问题的公告》（国家税务总局公告 2018 年第 42 号）。

② 房地产老项目是指《建筑工程施工许可证》注明的合同开工日期在 2016 年 4 月 30 日前的房地产项目。

③ "向政府部门支付的土地价款"包括土地受让人向政府部门支付的征地和拆迁补偿费用、土地前期开发费用和土地出让收益等。

表 3-7　　　　　　　　　缴纳契税的时间与增值税应纳税额计算

时间点	计算方式
2016 年 4 月 30 日及以前缴纳契税的	增值税应纳税额 = [全部交易价格(含增值税) − 契税计税金额(含营业税)] ÷ (1 + 5%) × 5%
2016 年 5 月 1 日及以后缴纳契税的	增值税应纳税额 = [全部交易价格(含增值税) ÷ (1 + 5%) − 契税计税金额(不含增值税)] × 5%

纳税人按照上述第（2）至第（9）项的规定从全部价款和价外费用中扣除的价款，应当取得符合法律、行政法规和国家税务总局规定的有效凭证①，否则不得扣除。

4）视同发生应税销售行为的销售额确定。

纳税人发生应税销售行为的情形，价格明显偏低并无正当理由的，或者视同发生应税销售行为而无销售额的，由主管税务机关按照下列顺序核定销售额：

第一，按照纳税人最近时期发生同类应税销售行为的平均价格确定。

第二，按照其他纳税人最近时期发生同类应税销售行为的平均价格确定。

第三，按照组成计税价格确定。组成计税价格的公式为：

$$组成计税价格 = 成本 × (1 + 成本利润率)$$

属于应征消费税的货物，其组成计税价格中应加计消费税额。公式中的成本是指销售资产货物的为实际生产成本，销售外购货物的为实际采购成本。成本利润率由国家税务总局确定。

2. 进项税额的确定

进项税额是指纳税人购进货物、劳务、服务、无形资产、不动产所支付或者负担的增值税税额。进项税额是与销项税额相对应的另一个概念。在开具增值税专用发票的情况下，它们之间的对应关系是，销售方收取的销项税额，就是购买方支付的进项税额。增值税的核心就是用纳税人收取的销项税额抵扣其支付的进项税额，其余额为纳税人实际应缴纳的增值税税额。这样，进项税额作为可抵扣的部分，对于纳税人实际纳税多少就产生了举足轻重的作用。

（1）准予从销项税额中抵扣的进项税额。

①从销售方取得的增值税专用发票（含《机动车销售统一发票》，下同）上注明的增值税税额。

----

① 上述"有效凭证"是指：（1）支付给境内单位或者个人的款项，以发票为合法有效凭证。（2）支付给境外单位或者个人的款项，以该单位或者个人的签收单据为合法有效凭证，税务机关对签收单据有疑义的，可以要求其提供境外公证机构的确认证明。（3）缴纳的税款，以完税凭证为合法有效凭证。（4）扣除的政府性基金、行政事业性收费或者政府支付的土地价款，以省级以上（含省级）财政部门监（印）制的财政票据为合法有效凭证。（5）国家税务总局规定的其他凭证。

②从海关取得的海关进口增值税专用缴款书上注明的增值税税额。

③纳税人购进农产品，按下列规定抵扣进项税额：

纳税人购进农产品，取得一般纳税人开具的增值税专用发票或海关进口增值税专用缴款书的，以增值税专用发票或海关进口增值税专用缴款书上注明的增值税税额；除取得一般纳税人开具的增值税专用发票或海关进口增值税专用缴款书外，取得（开具）农产品销售发票或收购发票的，以农产品销售发票或收购发票上注明的农产品买价和9%的扣除率计算进项税额；从按照简易计税方法依照3%的征收率计算缴纳增值税的小规模纳税人处取得增值税专用发票的，以增值税专用发票上注明的金额和9%的扣除率计算进项税额。

纳税人购进用于生产销售或委托加工13%税率货物的农产品，按照10%的扣除率计算进项税额；购进农产品进项税额的计算公式为：

$$进项税额 = 买价 \times 扣除率$$

纳税人从批发、零售环节购进适用免征增值税政策的蔬菜、部分鲜活肉蛋而取得的普通发票，不得作为计算抵扣进项税额的凭证；

纳税人购进农产品既用于生产销售或委托受托加工13%税率货物又用于生产销售其他货物服务的，应当分别核算用于生产销售或委托受托加工13%税率货物和其他货物服务的农产品进项税额。未分别核算的，统一以增值税专用发票或海关进口增值税专用缴款书上注明的增值税额为进项税额，或以农产品收购发票或销售发票上注明的农产品买价和9%的扣除率计算进项税额。

对烟叶税纳税人按规定缴纳的烟叶税，准予并入烟叶产品的买价计算增值税的进项税额，并在计算缴纳增值税时予以抵扣。购进烟叶准予抵扣的增值税进项税额，按照收购烟叶实际支付的价款总额和烟叶税及法定扣除率计算。

计算公式为：

$$烟叶税应纳税额 = 收购烟叶实际支付的价款总额 \times 税率（20\%）$$
$$准予抵扣的进项税额 = （烟叶实际支付的价款总额 + 烟叶税应纳税额）$$
$$\times 扣除率$$

注意：进农产品抵扣进项税额的办法，不适用于《农产品增值税进项税额核定扣除试点实施办法》中购进的农产品。

【例3-10】某奶厂（一般纳税人）2020年12月从养牛场购进鲜奶准备加工成一批酸奶，取得销售发票上注明销售额50 000元；支付运费，取得小规模运输企业增值税专用发票上注明运费2 000元。计算奶厂的进项税额。

【解析】

进项税额 = 50 000 × 9% + 2 000 × 3% = 4 560（元）。由于酸奶是13%的税率，所以购进的鲜奶可以计算抵扣10%，但是10%中，9%是在购进时抵扣，另外 1% 在领用时候抵扣，所以本题应当先抵扣 9%。

专栏 3 - 8

农产品增值税进项税额核定扣除

自 2012 年 7 月 1 日起，以购进农产品为原料生产销售液体乳及乳制品、酒及酒精、植物油的增值税一般纳税人，纳入农产品增值税进项税额核定扣除试点范围，其购进农产品无论是否用于生产上述产品，增值税进项税额均按照《农产品增值税进项税额核定扣除试点实施办法》的规定抵扣。其农产品增值税进项税额核定方法包括投入产出法、成本法和参照法。

当试点纳税人购进农产品直接销售时，农产品增值税进项税额按照以下方法核定扣除：

$$
\begin{aligned}
\text{当期允许抵扣农产品增值税进项税额} &= \text{当期销售农产品数量} \div (1 - \text{损耗率}) \\
&\quad \times \text{农产品平均购买单价} \times 9\% \div (1 + 9\%)
\end{aligned}
$$

$$
\text{损耗率} = \text{损耗数量} \div \text{购进数量} \times 100\%
$$

当试点纳税人购进农产品用于生产经营且不构成货物实体时（包括包装物、辅助材料、燃料、低值易耗品等），增值税进项税额按照以下方法核定扣除：

$$
\begin{aligned}
\text{当期允许抵扣农产品增值税进项税额} &= \text{当期耗用农产品数量} \times \text{农产品平均购买单价} \\
&\quad \times \text{扣除率} \div (1 + \text{扣除率})
\end{aligned}
$$

资料来源：笔者根据《财政部 国家税务总局关于在部分行业试行农产品增值税进项税额核定扣除办法的通知》（财税〔2012〕38 号）及其附件 1《农产品增值税进项税额核定扣除试点实施办法》整理所得。

④收费公路通行费增值税抵扣规定。从 2018 年 1 月 1 日起，纳税人支付的道路、桥、闸通行费，按照以下规定抵扣进项税额：

纳税人支付的道路通行费，按照收费公路通行费增值税电子普通发票上注明的增值税税额抵扣进项税额。

纳税人支付的桥、闸通行费，暂凭取得的通行费发票上注明的收费金额按照下列公式计算可抵扣的进项税额：

$$
\text{桥、闸通行费可抵扣进项税额} = \text{桥、闸通行费发票上注明的金额} \div (1 + 5\%) \times 5\%
$$

⑤国内旅客运输服务进项税额的抵扣规定。"国内旅客运输服务"，限于与本单位签订了劳动合同的员工，以及本单位作为用工单位接受的劳务派遣员工发生的国内旅客运输服务。

　　纳税人允许抵扣的国内旅客运输服务进项税额，是指纳税人于 2019 年 4 月 1 日及以后实际发生，并取得合法有效增值税扣税凭证注明的或依据其计算的增值税税额。以增值税专用发票或增值税电子普通发票为增值税扣税凭证的，为 2019 年 4 月 1 日及以后开具的增值税专用发票或增值税电子普通发票。

　　纳税人未取得增值税专用发票的，暂按以下规定确定进项税额：

　　纳税人购进国内旅客运输服务，以取得的增值税电子普通发票上注明的税额为进项税额的，增值税电子普通发票上注明的购买方"名称""纳税人识别号"等信息，应当与实际抵扣税款的纳税人一致，否则不予抵扣；

　　取得注明旅客身份信息的航空运输电子客票行程单的，按照下列公式计算进项税额：

$$航空旅客运输进项税额 = （票价 + 燃油附加费）÷（1 + 9\%）× 9\%$$

　　取得注明旅客身份信息的铁路车票的，按照下列公式计算进项税额：

$$铁路旅客运输进项税额 = 票面金额 ÷（1 + 9\%）× 9\%$$

　　取得注明旅客身份信息的公路、水路等其他客票的，按照下列公式计算进项税额：

$$公路、水路等其他旅客运输进项税额 = 票面金额 ÷（1 + 3\%）× 3\%$$

　　⑥固定资产、无形资产、不动产改变用途。按照规定不得抵扣且未抵扣进项税额的固定资产、无形资产、不动产，发生用途改变，用于允许抵扣进项税额的应税项目，可在用途改变的次月按照下列公式计算可以抵扣的进项税额：

$$可以抵扣的进项税额 = 固定资产、无形资产、不动产净值 ÷（1 + 适用税率）× 适用税率$$

　　⑦增值税一般纳税人在资产重组过程中，将全部资产、负债和劳动力一并转让给其他增值税一般纳税人，并按程序办理注销税务登记的，其在办理注销登记前尚未抵扣的进项税额可结转至新纳税人处继续抵扣。

　　⑧纳税人租入固定资产、不动产，既用于一般计税方法计税项目，又用于简易计税方法计税项目、免征增值税项目、集体福利或者个人消费的，其进项税额准予从销项税额中全额抵扣。

　　（2）增值税加计抵减政策①。

　　自 2019 年 4 月 1 日至 2023 年 12 月 31 日，允许生产、生活性服务业纳税人按照当期可抵扣进项税额加计抵减应纳税额（以下简称"加计抵减政策"）。

---

　　① 该政策主要参见《财政部 税务总局关于明确增值税小规模纳税人减免增值税等政策的公告》（财政部 税务总局公告 2023 年第 1 号）、《财政部 税务总局关于促进服务业领域困难行业纾困发展有关增值税政策的公告》（财政部 税务总局公告 2022 年第 11 号）以及《财政部 税务总局 海关总署关于深化增值税改革有关政策的公告》（财政部、税务总局、海关总署公告 2019 年第 39 号）第七条。

生产性服务业的加计抵扣比例为5%（在2019年4月1日至2022年12月31日期间，该比例为10%，2023年1月1日至2023年12月31日调整为5%），是指提供邮政服务、电信服务、现代服务、生活服务（以下简称"四项服务"）①取得的销售额占全部销售额的比重超过50%的纳税人。

生活性服务业的加计抵扣比例为10%（在2019年10月1日至2022年12月31日期间，该比例为15%；2023年1月1日至2023年12月31日调整为10%），是指提供生活服务取得的销售额占全部销售额的比重超过50%的纳税人。

上述所称"销售额"，包括纳税申报销售额、稽查查补销售额、纳税评估调整销售额。②

专栏 3–9

加计抵减政策

根据《财政部 税务总局关于明确增值税小规模纳税人减免增值税等政策的公告》（财政部 税务总局公告2023年第1号）第三条，自2023年1月1日至2023年12月31日，增值税加计抵减比例调整为：生产性服务业纳税人按照当期可抵扣进项税额加计5%抵减应纳税额；生活性服务业纳税人按照当期可抵扣进项税额加计10%抵减应纳税额。纳税人适用加计抵减政策的其他有关事项，按照《财政部 税务总局 海关总署关于深化增值税改革有关政策的公告》《财政部 税务总局关于明确生活性服务业增值税加计抵减政策的公告》等有关规定执行。

加计抵减政策的其他有关事项的政策内容总结如下，其中涉及加计抵减比例是根据当时政策内容列示，而2023年1月1日至2023年12月31日期间执行的比例已有调整。

1. 起始期的规定

生产性服务业于2019年3月31日前设立的纳税人，自2018年4月至2019年3月期间的销售额（经营期不满12个月的，按照实际经营期的销售额）符合上述规定条件的，自2019年4月1日起适用加计抵减10%（2023年1月1日至2023年12月31日，该比例调整为5%。下同，不再赘述）政策。

2019年4月1日后设立的纳税人，自设立之日起3个月的销售额符合上述规定条件的，自登记为一般纳税人之日起适用加计抵减政策。

---

① 此四项服务具体范围参见《财政部 国家税务总局关于全面推开营业税改征增值税试点的通知》（财税〔2016〕36号）。

② 纳税申报销售额包括一般计税方法销售额，简易计税方法销售额，免税销售额，税务机关代开发票销售额，免、抵、退办法出口销售额，即征即退项目销售额。稽查查补销售额和纳税评估调整销售额计入查补或评估调整当期销售额，确定适用加计抵减政策；适用增值税差额征收政策的，以差额后的销售额确定适用加计抵减政策。

生活性服务业于 2019 年 9 月 30 日前设立的纳税人，自 2018 年 10 月至 2019 年 9 月期间的销售额（经营期不满 12 个月的，按照实际经营期的销售额）符合上述规定条件的，自 2019 年 10 月 1 日起适用加计抵减 15%（2023 年 1 月 1 日至 2023 年 12 月 31 日，该比例调整为 10%。下同，不再赘述）政策。

2019 年 10 月 1 日后设立的纳税人，自设立之日起 3 个月的销售额符合上述规定条件的，自登记为一般纳税人之日起适用加计抵减政策。

2019 年 3 月 31 日前设立，自 2018 年 4 月至 2019 年 3 月期间的销售额均为零的纳税人，以首次产生销售额当月起连续 3 个月的销售额确定适用加计抵减政策。

2019 年 4 月 1 日后设立，且自设立之日起 3 个月的销售额均为零的纳税人，以首次产生销售额当月起连续 3 个月的销售额确定适用加计抵减政策。

2. 计算

纳税人可计提但未计提的加计抵减额，可在确定适用加计抵减政策当期一并计提。

纳税人应按照当期可抵扣进项税额的 10% 或 15% 计提当期加计抵减额。

按照现行规定不得从销项税额中抵扣的进项税额，不得计提加计抵减额；已计提加计抵减额的进项税额，按规定作进项税额转出的，应在进项税额转出当期，相应调减加计抵减额。计算公式为：

$$当期计提加计抵减额 = 当期可抵扣进项税额 × 10\% 或 15\%$$

$$当期可抵减加计抵减额 = 上期末加计抵减额余额 + 当期计提加计抵减额$$
$$- 当期调减加计抵减额$$

纳税人应按照现行规定计算一般计税方法下的应纳税额（以下简称"抵减前的应纳税额"）后，区分以下情形加计抵减：

①抵减前的应纳税额等于零的，当期可抵减加计抵减额全部结转下期抵减。

②抵减前的应纳税额大于零，且大于当期可抵减加计抵减额的，当期可抵减加计抵减额全额从抵减前的应纳税额中抵减。

③抵减前的应纳税额大于零，且小于或等于当期可抵减加计抵减额的，以当期可抵减加计抵减额抵减应纳税额至零。未抵减完的当期可抵减加计抵减额，结转下期继续抵减。

④纳税人出口货物劳务、发生跨境应税行为不适用加计抵减政策，其对应的进项税额不得计提加计抵减额。如果纳税人兼营出口货物劳务、发生跨境应税行为且无法划分不得计提加计抵减额的进项税额，按照下列公式计算：

$$不得计提加计抵减额的进项税额 = 当期无法划分的全部进项税额 × \frac{当期出口货物劳务和发生跨境应税行为的销售额}{当期全部销售额}$$

纳税人应单独核算加计抵减额的计提、抵减、调减、结余等变动情况。骗取适用加计抵减政策或虚增加计抵减额的，按照《税收征管法》等有关规定处理。

加计抵减政策执行到期后，纳税人不再计提加计抵减额，结余的加计抵减额停止抵减。

资料来源：笔者根据《财政部 税务总局 海关总署关于深化增值税改革有关政策的公告》（财政部、税务总局、海关总署公告 2019 年第 39 号）、《国家税务总局关于深化增值税改革有关事项的公告》（国家税务总局公告 2019 年第 14 号）、《财政部 税务总局关于明确生活性服务业增值税加计抵减政策的公告》（财政部、税务总局公告 2019 年第 87 号）相关内容整理所得。

（3）不得抵扣的进项税。

纳税人购进货物、劳务、服务、无形资产、不动产，取得的增值税扣税凭证不符合法律、行政法规或者国务院税务主管部门有关规定的，其进项税额不得从销项税额中抵扣。增值税扣税凭证是指增值税专用发票、海关进口增值税专用缴款书、农产品收购发票和农产品销售发票、从税务机关或者境内代理人取得的解缴税款的税收缴款凭证及增值税法律法规允许抵扣的其他扣税凭证。

按照增值税法律法规的规定，下列项目的进项税额不得从销项税额中抵扣：

①用于简易计税方法计税项目、免征增值税项目、集体福利或者个人消费的购进货物、劳务、服务、无形资产和不动产。其中涉及的固定资产、无形资产、不动产，仅指专用于上述项目的固定资产、无形资产（不包括其他权益性无形资产）、不动产，发生兼用于上述不允许抵扣项目情况的，该进项税额准予全部抵扣。

纳税人的交际应酬消费属于个人消费，即交际应酬消费不属于生产经营中的生产投入和支出。

专栏 3 – 10

固定资产、无形资产、不动产兼用情况处理总结

根据相关规定，纳税人无论购入还是租入固定资产、不动产，既用于一般计税方法计税项目，又用于简易计税方法计税项目、免征增值税项目、集体福利或者个人消费的，其进项税额准予从销项税额中全额抵扣。

例如：生产厂商（一般纳税人）购入工业厂房一层，取得对方开具的增值税专用发票上注明的税额为 50 万元。该楼房的 3/4 用于研发部门使用，其余的 1/4 用于工会的集体福利项目。此项购买行为可抵扣的进项税额为 =50（万元）。

资料来源：笔者根据《财政部 税务总局关于租入固定资产进项税额抵扣等增值税政策的通知》（财税〔2017〕90 号）、《财政部 国家税务总局关于全面推开营业税改征增值税试点的通知》（财税〔2016〕36 号）相关内容整理所得。

②非正常损失[①]的购进货物，以及相关劳务和交通运输服务。

③非正常损失的在产品、产成品所耗用的购进货物（不包括固定资产）、劳务和交通运输服务。

④非正常损失的不动产，以及该不动产所耗用的购进货物、设计服务和建筑服务。

⑤非正常损失的不动产在建工程所耗用的购进货物、设计服务和建筑服务。纳税人新建、改建、扩建、修缮、装饰不动产，均属于不动产在建工程。

⑥购进的贷款服务、餐饮服务、居民日常服务和娱乐服务。

纳税人接受贷款服务向贷款方支付的与该笔贷款直接相关的投融资顾问费、手续费、咨询费等费用，其进项税额不得从销项税额中抵扣。

⑦适用一般计税方法的纳税人，兼营简易计税方法计税项目、免征增值税项目而无法划分不得抵扣的进项税额，按照下列公式计算不得抵扣的进项税额：

$$不得抵扣的进项税额 = 当期无法划分的全部进项税额 \times \left(\frac{当期简易计税方法计税项目销售额 + 免征增值税项目销售额}{当期全部销售额} \right)$$

主管税务机关可以按照上述公式依据年度数据对不得抵扣的进项税额进行清算。这是因为对于纳税人而言，进项税额转出是按月进行的，但由于年度内取得进项税额的不均衡性，有可能会造成按月计算的进项税转出与按年度计算的进项税转出产生差异，主管税务机关可在年度终了对纳税人进项税转出计算公式进行清算，可对相关差异进行调整。

⑧一般纳税人已抵扣进项税额的不动产，发生非正常损失，或者改变用途，专用于简易计税方法、免征增值税项目、集体福利或者个人消费的，按照下列公式计算不得抵扣的进项税额：

$$不得抵扣的进项税额 = 已抵扣进项税额 \times 不动产净值率$$

$$不动产净值率 = (不动产净值 \div 不动产原值) \times 100\%$$

⑨提供保险服务的纳税人以现金赔付方式承担机动车辆保险责任的，将应付给被保险人的赔偿金直接支付给车辆修理劳务提供方，不属于保险公司购进车辆修理劳务，其进项税额不得从保险公司销项税额中抵扣（纳税人提供的其他财产保险服务，比照上述规定执行）。

⑩有下列情形之一的，应当按照销售额和增值税税率计算应纳税额，不得抵扣进项税额，也不得使用增值税专用发票：一般纳税人会计核算不健全，或

[①] 非正常损失，是指因管理不善造成货物被盗、丢失、霉烂变质，以及因违反法律法规造成货物或者不动产被依法没收、销毁、拆除的情形。这些非正常损失是由纳税人自身原因造成导致征税对象实体的灭失，为保证税负公平，其损失不应由国家承担，因而纳税人无权要求抵扣进项税额。

者不能够提供准确税务资料的；应当办理一般纳税人资格登记而未办理的。

【例3-11】某连锁娱乐企业是增值税一般纳税人，2023年3月购货业务如下：

（1）进口一台应征消费税的小轿车，用于高管个人消费，关税完税价格为2万元，进口增值税0.31万元。

（2）当月申报抵扣的增值税专用发票的进项税合计40万元，其中包括：由于仓库管理员失职丢失的一批玩偶，进项税额为3万元；外购用于公司周年庆典的装饰用品，进项税额为4万元；外购用于发放给优秀员工的手机，进项税额为2万元。

要求：计算本月可加计抵减的进项税额（该企业符合增值税加计抵减条件，上期末加计抵减余额为6万元）。

【解析】

进项税额=40-3-2=35（万元）。进口小汽车用于个人消费、丢失玩偶、外购手机发给员工，进项税均不得抵扣；

当期计提加计抵减额=35×10%=3.5（万元）；

当期可抵减加计抵减额=6+3.5=9.5（万元）。

【拓展】

假定抵减前的应纳增值税为20万元，则应缴纳的增值税=20-11.25=8.75（万元）。

3. 应纳税额计算

增值税一般纳税人发生应税销售行为适用于一般计税方法的，其增值税应纳税额为当期销项税额抵扣当期进项税额后的余额。相应的计算公式如下：

当期应纳增值税税额=当期销项税额-当期进项税额

（1）计算应纳税额的时间限定。

①计算销售税额的时间确定。纳税人在什么时间计算销项税额，《增值税暂行条例》和《增值税暂行条例实施细则》及《营改增通知》都做了严格的规定，以保证准时、准确记录和核算当期销项税额。

②进项税额抵扣的时间。一般纳税人取得增值税专用发票、海关进口增值税专用缴款书、机动车销售统一发票、收费公路通行费增值税电子普通发票，应通过本省（自治区、直辖市和计划单列市）增值税发票综合服务平台对上述扣税凭证信息进行用途确认，确认后即可抵扣进项税额。

（2）销项税额不足抵扣进项税额的处理。

①结转抵扣。由于增值税实行购进扣税法，有时企业当期购进的货物、劳务、服务、无形资产、不动产很多，在计算应纳税额时会出现当期销项税额小

于当期进项税额而不足抵扣的情况。根据税法规定，当期销项税额不足抵扣进项税额的部分可以结转下期继续抵扣。

②退还期末留抵税额退税。自 2019 年 4 月 1 日起，试行增值税期末留抵税额退税制度。2019 年 4 月 1 日对符合条件的纳税人留抵税额部分退还；2019 年 6 月 1 日起对部分先进制造业留抵税额全额退还；2022 年 4 月起，扩大留抵税额全额退还范围至符合条件的小微企业（含个体工商户）、制造业等 6 个行业，并一次性退还存量留抵税额；2022 年 7 月 1 日起扩大至批发和零售业，但其他一般行业仍实行留抵税额部分退还。

对于同时符合下列条件（以下简称"符合留抵退税条件"）的纳税人，可以向主管税务机关申请退还增量留抵税额：一是自 2019 年 4 月税款所属期起，连续 6 个月（按季纳税的，连续 2 个季度）增量留抵税额均大于零，且第 6 个月增量留抵税额不低于 50 万元。二是纳税信用等级为 A 级或者 B 级。三是申请退税前 36 个月未发生骗取留抵退税、出口退税或虚开增值税专用发票情形的。四是申请退税前 36 个月未因偷税被税务机关处罚两次及以上的。五是自 2019 年 4 月 1 日起未享受即征即退、先征后返（退）政策的。

符合以上条件的，部分退还的增量留抵税额计算公式为：

当期允许退还的增量留抵税额 = 增量留抵税额 × 进项构成比例 × 60%

进项构成比例，为 2019 年 4 月至申请退税前一税款所属期内已抵扣的增值税专用发票（含税控机动车销售统一发票）、海关进口增值税专用缴款书、解缴税款完税凭证注明的增值税额占同期全部已抵扣进项税额的比重。

自 2019 年 6 月 1 日起，同时符合以下条件的部分先进制造业纳税人[①]，可以自 2019 年 7 月及以后纳税申报期向主管税务机关申请全额退还增量留抵税额：①增量留抵税额大于零；②纳税信用等级为 A 级或者 B 级；③申请退税前 36 个月未发生骗取留抵退税、出口退税或虚开增值税专用发票情形；④申请退税前 36 个月未因偷税被税务机关处罚 2 次及以上；⑤自 2019 年 4 月 1 日起未享受即征即退、先征后返（退）政策。

允许退还的增量留抵税额 = 增量留抵税额 × 进项构成比例

自 2022 年 4 月 1 日起，将先进制造业按月全额退还增值税增量留抵税额政策范围扩大至符合条件的小微企业（含个体工商户）、制造业等 6 个行业，并一次性退还存量留抵税额。2022 年 7 月 1 日起扩大至批发和零售业。上述企业需要同时符合条件②③④⑤。关于存量留抵税额，纳税人获得一次性存量

---

① 部分先进制造业纳税人是指按照《国民经济行业分类》，生产并销售非金属矿物制品、通用设备、专用设备及计算机、通信和其他电子设备销售额占全部销售额的比重超过 50% 的纳税人。

留抵退税前，当期期末留抵税额大于或等于 2019 年 3 月 31 日期末留抵税额的，存量留抵税额为 2019 年 3 月 31 日期末留抵额；当期期末留抵税额小于 2019 年 3 月 31 日期末留抵的，存量留抵税额为当期期末留抵税额。纳税人获得一次性存量留抵退税后，存量留抵税额为零。

（3）销售折让、中止或者退回涉及销项税额和进项税额的税务处理。

纳税人适用一般计税方法计税的，因销售折让、中止或者退回而退还给购买方的增值税额，应当从当期的销项税额中扣减；因销售折让、中止或者退回而收回的增值税额，应当从当期的进项税额中扣减。

开具增值税专用发票后，应税销售行为发生退回或者折让、开票有误等情形，应按国家税务总局的规定开具红字增值税专用发票。未按规定开具红字增值税专用发票的不得扣减销项税额或者销售额。

增值税一般纳税人因发生应税销售行为退回或者折让而退还给购买方的增值税税额，应从发生应税销售行为中退回或者折让当期的销项税额中扣减；因购进货物、劳务、服务、无形资产、不动产退回或者折让而收回的增值税额，应从发生应税销售行为退回或者折让当期的进项税额中扣减。

对于一些企业在发生购进货物、劳务、服务、无形资产、不动产退回或折让并收回价款和增值税额时，没有相应减少当期进项税额，造成进项税额虚增，减少纳税的现象，这是税法所不能允许的，都将被认定为是逃避缴纳税款行为，并应按逃避缴纳税款予以处罚。

（4）向供货方取得返还收入的增值税处理。

对商业企业向供货方收取的与商品销售量、销售额挂钩（如以一定比例、金额、数量计算）的各种返还收入，均应按照平销返利行为的有关规定冲减当期增值税进项税金。应冲减进项税金的计算公式调整为：

$$当期应冲减进项税金 = 当期取得的返还资金 \div (1 + 所购货物适用增值税税率)$$
$$\times 所购货物适用增值税税率$$

商业企业向供货方收取的各种返还收入，一律不得开具增值税专用发票。

3.1.5.2 简易计税方法与应纳税额的计算

1. 简易办法应纳增值税计算

纳税人发生应税销售行为适用简易计税方法的，应该按照销售额和征收率计算应纳增值税税额，并且不得抵扣进项税额。其应纳税额的计算公式为：

$$应纳税额 = 销售额（不含增值税） \times 征收率\%$$
$$= 含税销售额 \div (1 + 征收率\%) \times 征收率\%$$

小规模纳税人一律采用简易计税方法计税。

　　一般纳税人发生财政部和国家税务总局规定的特定应税销售行为，可以选择适用简易计税方法，但不得抵扣进项税。

专栏 3 – 11

一般纳税人可以选择简易计税方法的特定情况

　　一般纳税人发生的特定应税销售行为，可以选择简易计税方法，特定应税销售行为除本章 "3.1.4.2 征收率" 中涉及的以外，还主要包括以下情况：

　　（1）县级及县级以下小型水力发电单位生产的自产电力。小型水力发电单位，是指各类投资主体建设的装机容量为 5 万千瓦以下（含 5 万千瓦）的小型水力发电单位。

　　（2）自产建筑用和生产建筑材料所用的砂、土、石料。

　　（3）以自己采掘的砂、土、石料或其他矿物连续生产的砖、瓦、石灰（不含黏土实心砖、瓦）。

　　（4）自己用微生物、微生物代谢产物、动物毒素、人或动物的血液或组织制成的生物制品。

　　（5）自产的自来水。

　　（6）自来水公司销售自来水。

　　（7）自产的商品混凝土（仅限于以水泥为原料生产的水泥混凝土）。

　　（8）单采血浆站销售非临床用人体血液。

　　（9）寄售商店代销寄售物品（包括居民个人寄售的物品在内）。

　　（10）典当业销售死当物品。

　　（11）药品经营企业销售生物制品。

　　（12）公共交通运输服务，包括轮客渡、公交客运、地铁、城市轻轨、出租车、长途客运、班车。

　　班车是指按固定路线、固定时间运营并在固定站点停靠的运送旅客的陆路运输服务。

　　（13）经认定的动漫企业为开发动漫产品提供的动漫脚本编撰、形象设计、背景设计、动画设计、分镜、动画制作、摄制、描线、上色、画面合成、配音、配乐、音效合成、剪辑、字幕制作、压缩转码（面向网络动漫、手机动漫格式适配）服务，以及在境内转让动漫版权（包括动漫品牌、形象或者内容的授权及再授权）。

　　（14）电影放映服务、仓储服务、装卸搬运服务、收派服务和文化体育服务。

　　（15）以纳入 "营改增" 试点之日前取得的有形动产为标的物提供的经营租赁服务。

　　（16）在纳入 "营改增" 试点之日前签订的尚未执行完毕的有形动产租赁合同。

　　（17）以清包工方式提供的建筑服务。以清包工方式提供建筑服务，是指施工方不采购建筑工程所需的材料或只采购辅助材料，并收取人工费、管理费或者其他费用的建筑服务。

（18）为甲供工程提供的建筑服务。甲供工程是指全部或部分设备、材料、动力由工程发包方自行采购的建筑工程。

（19）销售2016年4月30日前取得的不动产。

（20）房地产开发企业销售自行开发的房地产老项目。房地产老项目是指：

①《建筑工程施工许可证》注明的合同开工日期在2016年4月30日前的建筑工程项目。

②未取得《建筑工程施工许可证》的，建筑工程承包合同注明的开工日期在2016年4月30日前的建筑工程项目。

（21）出租2016年4月30日前取得的不动产。

（22）提供非学历教育服务。

（23）一般纳税人收取试点前开工的一级公路、二级公路、桥、闸通行费。

（24）一般纳税人提供的人力资源外包服务。

（25）一般纳税人2016年4月30日前签订的不动产融资租赁合同，或以2016年4月30日前取得的不动产提供的融资租赁服务。

（26）纳税人转让2016年4月30日前取得的土地使用权。

（27）一般纳税人提供劳务派遣服务，可以选择差额纳税，以取得的全部价款和价外费用，扣除代用工单位支付劳务派遣员工的工资、福利和为其办理社会保险及住房公积金后的余额为销售额，按照简易计税方法依照5%的征收率计算缴纳增值税。

（28）一般纳税人销售自产机器设备的同时提供安装服务，应分别核算机器设备和安装服务的销售额，安装服务可以按照甲供工程选择适用简易计税方法计税。

一般纳税人销售外购机器设备的同时提供安装服务，如果已经按照兼营的有关规定，分别核算机器设备和安装服务的销售额，安装服务可以按照甲供工程选择适用简易计税方法计税。

（29）房地产开发企业中的一般纳税人以围填海方式取得土地并开发的房地产项目，围填海工程《建筑工程施工许可证》或建筑工程承包合同注明的围填海开工日期在2016年4月30日前的，属于房地产老项目，可以选择适用简易计税方法按照5%的征收率计算缴纳增值税。

资料来源：笔者根据《财政部 国家税务总局关于部分货物适用增值税低税率和简易办法征收增值税政策的通知》（财税〔2009〕9号）、《财政部 国家税务总局关于进一步明确全面推开营改增试点有关劳务派遣服务、收费公路通行费抵扣等政策的通知》（财税〔2016〕47号）、《国家税务总局关于国内旅客运输服务进项税抵扣等增值税征管问题的公告》（国家税务总局公告2019年第31号）相关内容整理所得。

一般纳税人发生财政部和国家税务总局规定的特定应税销售行为，一经选择适用简易计税方法计税，36个月内不得变更。

纳税人适用简易计税方法计税的，因销售折让、中止或者退回而退还给购买方的销售额，应当从当期销售额中扣减。扣减当期销售额后仍有余额造成多缴的税款，可以从以后的应纳税额中扣减。对小规模纳税人发生上述情况而退还销售额给购买方，依照规定将所退的款项扣减当期销售额的，如果小规模纳税人已就该项业务委托税务机关为其代开了增值税专用发票的，应按规定申请开具红字专用发票。

专栏 3 – 12

针对小规模纳税人的特殊优惠情况

（1）普惠性优惠：自2023年1月1日至2023年12月31日，对月销售额10万元及以下（季度销售额未超过30万元）的增值税小规模纳税人，免征增值税。自2023年1月1日至2023年12月31日，增值税小规模纳税人适用3%征收率的应税销售收入，减按1%征收率征收增值税；适用3%预征率的预缴增值税项目，减按1%预征率预缴增值税。

（2）针对抗击疫情：①对湖北省增值税小规模纳税人，适用3%征收率的应税销售收入，免征增值税；②除湖北省外其他地区的增值税小规模纳税人，适用3%征收率的应税销售收入，减按1%征收增值税：销售额＝含税销售额÷（1＋1%）。

资料来源：笔者根据《财政部 税务总局关于明确增值税小规模纳税人减免增值税等政策的公告》（财政部 税务总局公告2023年第1号）、《财政部 税务总局关于支持个体工商户复工复业增值税政策的公告》（财政部、税务总局公告2020年第13号）相关内容整理所得。

【例3 – 12】增值税一般纳税人可以选择简易计税的有（　　　）。

A. 提供文化体育服务　　　　　B. 装卸搬运服务

C. 公共交通运输服务　　　　　D. 税务咨询服务

【解析】

正确答案ABC。选项D没有简易计税方法的规定。

2. 简易办法税额减征

（1）3%征收率减按2%征收——纳税人（除其他个人外）销售自己使用过的、未抵扣增值税的固定资产：应纳增值税＝售价÷（1＋3%）×2%。

（2）5%征收率减按1.5%征收——个人出租住房：应纳增值税＝售价÷（1＋5%）×1.5%。

（3）3%征收率减按1%征收增值税——阶段性的，除湖北省外其他地区的增值税小规模纳税人。

（4）减按0.5%征收率征收——二手车经销企业销售旧车。

3.1.5.3 扣缴计税方法

境外单位或者个人在境内发生应税行为，在境内未设有经营机构的，以购买方为增值税扣缴义务人。财政部和国家税务总局另有规定的除外。

扣缴义务人按照下列公式计算应扣缴税额：

$$应扣缴税额 = 受方支付的价款 \div (1 + 税率) \times 税率$$

3.1.6 税收优惠

3.1.6.1 法定免税项目

（1）农业生产者销售的自产农产品。农业生产者包括从事农业生产的单位和个人。农产品是指种植业、养殖业、林业、牧业、水产业生产的各类植物、动物的初级产品。对上述单位和个人销售的外购农产品，以及单位和个人外购农产品生产、加工后销售的仍然属于规定范围的农产品，不属于免税的范围，应当按照规定的税率征收增值税。

纳税人采取"公司＋农户"经营模式从事畜禽饲养，纳税人回收再销售畜禽，属于农业生产者销售自产农产品，应根据《增值税暂行条例》的有关规定免征增值税。

人工合成牛胚胎的生产过程属于农业生产，纳税人销售自产人工合成牛胚胎应免征增值税。

（2）避孕药品和用具。

（3）古旧图书，是指向社会收购的古书和旧书。

（4）直接用于科学研究、科学试验和教学的进口仪器、设备。

（5）外国政府、国际组织无偿援助的进口物资和设备。

（6）由残疾人的组织直接进口供残疾人专用的物品。

（7）销售的自己使用过的物品。自己使用过的物品，是指其他个人自己使用过的物品。

3.1.6.2 《营改增通知》及有关部门规定的税收优惠政策

1. 免征增值税

（1）托儿所、幼儿园提供的保育和教育服务。

（2）养老机构提供的养老服务。

（3）残疾人福利机构提供的育养服务。

（4）婚姻介绍服务。

（5）殡葬服务。

（6）残疾人员本人为社会提供的服务。

（7）医疗机构①提供的医疗服务。

（8）从事学历教育②的学校提供的教育服务。③

（9）学生勤工俭学提供的服务。

（10）农业机耕、排灌、病虫害防治、植物保护、农牧保险以及相关技术培训业务，家禽、牲畜、水生动物的配种和疾病防治。

（11）纪念馆、博物馆、文化馆、文物保护单位管理机构、美术馆、展览馆、书画院、图书馆在自己的场所提供文化体育服务取得的第一道门票收入。

（12）寺院、宫观、清真寺和教堂举办的文化、宗教活动的门票收入。

（13）行政单位之外的其他单位收取的符合规定条件的政府性基金和行政事业性收费。

（14）个人转让著作权。

（15）个人销售自建自用住房。

（16）台湾航运公司、航空公司从事海峡两岸海上直航、空中直航业务在大陆取得的运输收入。

（17）纳税人提供的直接或者间接国际货物运输的代理服务。

（18）下列利息收入免征增值税：

①国家助学贷款。

②国债、地方政府债。

③人民银行对金融机构的贷款。

④住房公积金管理中心用住房公积金在指定的委托银行发放的个人住房贷款。

⑤外汇管理部门在从事国家外汇储备经营过程中，委托金融机构发放的外汇贷款。

---

① 医疗机构，是指依据国务院《医疗机构管理条例》及卫生部《医疗机构管理条例实施细则》的规定，经登记取得《医疗机构执业许可证》的机构，以及军队、武警部队各级各类医疗机构。

② 学历教育，是指受教育者经过国家教育考试或者国家规定的其他入学方式，进入国家有关部门批准的学校或者其他教育机构学习，获得国家承认的学历证书的教育形式。不包括职业培训机构等国家不承认学历的教育机构。

③ 学校以各种名义收取的赞助费、择校费等，不属于免征增值税的范围。

⑥统借统还业务中，企业集团或企业集团中的核心企业以及集团所属财务公司按不高于支付给金融机构的借款利率水平或者支付的债券票面利率水平，向企业集团或者集团内下属单位收取的利息。

⑦自 2018 年 11 月 7 日起至 2021 年 11 月 6 日止，对境外机构投资境内债券市场取得的债券利息收入暂免征收增值税。

（19）被撤销金融机构以货物、不动产、无形资产、有价证券、票据等财产清偿债务，除另有规定外，被撤销金融机构所属、附属企业，不享受被撤销金融机构增值税免税政策。

（20）保险公司开办的一年期以上人身保险产品①取得的保费收入。

（21）再保险服务。②

（22）规定的金融商品转让收入③。

（23）金融同业往来利息收入。

（24）国家商品储备管理单位及其直属企业承担商品储备任务，从中央或者地方财政取得的利息补贴收入和价差补贴收入。

（25）纳税人提供技术转让、技术开发和与之相关的技术咨询、技术服务。④

（26）同时符合条件的合同能源管理服务。⑤

（27）政府举办的从事学历教育的高等、中等和初等学校（不含下属单位），举办进修班、培训班取得的全部归该学校所有的收入。⑥

（28）家政服务企业由员工制家政服务员提供家政服务取得的收入。

（29）福利彩票、体育彩票的发行收入。

（30）军队空余房产租赁收入。

（31）企业、行政事业单位按房改成本价、标准价出售住房取得的收入。

---

① 一年期以上人身保险是指保险期间为一年期及以上返还本利的人寿保险、养老年金保险，以及保险期间为一年期及以上的健康保险。

② 详细内容参见《财政部 国家税务总局关于进一步明确全面推开营改增试点有关再保险、不动产租赁和非学历教育等政策的通知》（财税〔2016〕68 号）。

③ 详细内容参见《财政部 国家税务总局关于金融机构同业往来等增值税政策的补充通知》（财税〔2016〕70 号）及《财政部 税务总局关于资管产品增值税有关问题的通知》（财税〔2017〕56 号）、《财政部 税务总局关于全国社会保障基金有关投资业务税收政策的通知》（财税〔2018〕94 号）。

④ 与技术转让、技术开发相关的技术咨询、技术服务，是指转让方（或者受托方）根据技术转让或者开发合同的规定，为帮助受让方（或者委托方）掌握所转让（或者委托开发）的技术，而提供的技术咨询、技术服务业务，且这部分技术咨询、技术服务的价款与技术转让或者技术开发的价款应当在同一张发票上开具。

⑤ 详细内容参加《财政部 国家税务总局关于促进节能服务产业发展增值税、营业税和企业所得税政策问题的通知》（财税〔2010〕110 号）。

⑥ 此规定中，相关概念如"学历教育""从事学历教育的学校"等，详细界定内容参考《财政部 国家税务总局关于加强教育劳务营业税征收管理有关问题的通知》（财税〔2006〕3 号）。

（32）将土地使用权转让给农业生产者用于农业生产。

（33）涉及家庭财产分割①的个人无偿转让不动产、土地使用权。

（34）土地所有者出让土地使用权和土地使用者将土地使用权归还给土地所有者。

（35）县级以上地方人民政府或自然资源行政主管部门出让、转让或收回自然资源使用权（不含土地使用权）。

（36）随军家属就业、军队转业干部就业。②

（37）各党派、共青团、工会、妇联、中科协、青联、台联、侨联收取党费、团费、会费，以及政府间国际组织收取会费，属于非经营活动，不征收增值税。

（38）中国邮政集团公司及其所属邮政企业提供的邮政普遍服务、邮政特殊服务以及为金融机构代办金融保险业务取得的代理收入，免征增值税。

2. 即征即退

（1）以下情况适用于即征即退：

①增值税一般纳税人销售其自行开发生产的软件产品，按13%税率征收增值税后，对其增值税实际税负超过3%的部分实行即征即退政策。

增值税一般纳税人将进口软件产品进行本地化改造后对外销售，其销售的软件产品可享受上款规定的增值税即征即退政策。

②一般纳税人提供管道运输服务，对其增值税实际税负超过3%的部分实行增值税即征即退政策。

③经人民银行、银监会或者商务部批准从事融资租赁业务的纳税人中的一般纳税人，提供有形动产融资租赁服务和有形动产融资性售后回租服务，对其增值税实际税负超过3%的部分实行增值税即征即退政策。

④纳税人安置残疾人应享受增值税即征即退优惠政策。

⑤纳税人销售自产符合规定的综合利用产品和提供符合规定的资源综合利用劳务，可享受增值税即征即退政策。退税比例有30%、50%、70%和100%四个档次。

（2）增值税的退还。

纳税人本期已缴增值税额小于本期应退税额不足退还的，可在本年度内以前纳税期已缴增值税额扣除已退增值税额的余额中退还，仍不足退还的可结转

---

① 家庭财产分割包括：离婚财产分割；无偿赠与配偶、父母、子女、祖父母、外祖父母、孙子女、外孙子女、兄弟姐妹；无偿赠与对其承担直接抚养或者赡养义务的抚养人或者赡养人；房屋产权所有人死亡，法定继承人、遗嘱继承人或者受遗赠人依法取得房屋产权。

② 详细内容参见《"大众创业 万众创新"税费优惠政策指引》。

本年度内以后纳税期退还。

年度已缴增值税额小于或等于年度应退税额的，退税额为年度已缴增值税额；年度已缴增值税额大于年度应退税额的，退税额为年度应退税额。年度已缴增值税额不足退还的，不得结转以后年度退还。

（3）纳税人享受增值税即征即退政策，有纳税信用级别条件要求的，以纳税人申请退税税款所属期的纳税信用级别确定。申请退税税款所属期内纳税信用级别发生变化的，以变化后的纳税信用级别确定。

3.1.6.3　财政部、国家税务总局规定的其他部分征免税项目

1. 免征蔬菜流通环节增值税

对从事蔬菜批发、零售的纳税人销售的蔬菜免征①增值税。

2. 粕类产品征免增值税处理

豆粕属于征收增值税的饲料产品，除豆粕以外的其他粕类饲料产品，均免征增值税。

3. 制种行业免征增值税

制种企业②在下列生产经营模式下生产销售种子，属于农业生产者销售自产农业产品，按规定免征增值税。

4. 有机肥产品免征增值税

纳税人生产销售和批发、零售符合标准的有机肥产品免征增值税。

5. 外购化工产品生产石脑油、燃料油的增值税处理

对外购用于生产乙烯、芳烃类化工产品（以下简称"特定化工产品"）的石脑油、燃料油（以下简称"2 类油品"），且使用 2 类油品生产特定化工产品的产量占本企业用石脑油、燃料油生产各类产品总量 50%（含）以上的企业，其外购 2 类油品的价格中消费税部分对应的增值税额，予以退还。

6. 小规模纳税人的免征增值税处理

小规模纳税人发生增值税应税销售行为，合计月销售额未超过 10 万元（以 1 个季度为 1 个纳税期的，季度销售额未超过 30 万元，下同）的纳税人，免征增值税。

自 2019 年 1 月 1 日起，以 1 个季度为纳税期限的增值税小规模纳税人，

---

① 经挑选、清洗、切分、晾晒、包装、脱水、冷藏、冷冻等工序加工的蔬菜，属于蔬菜的范围。
② 详细内容参见《国家税务总局关于制种行业增值税有关问题的公告》（国家税务总局公告 2010 年第 17 号）。

因在季度中间成立或注销而导致当期实际经营期不足 1 个季度，当期销售额未超过 30 万元的，免征增值税。

小规模纳税人发生增值税应税销售行为，合计月销售额超过 1 万元，但扣除本期发生的销售不动产的销售额后未超过 10 万元的，其销售货物、劳务、服务、无形资产取得的销售额免征增值税。

适用增值税差额征税政策的小规模纳税人，以差额后的销售额确定是否可以享受上述规定的免征增值税政策。

7. 研发机构采购设备的增值税处理

研发机构已退税的国产设备，自增值税发票开具之日起 3 年内，设备所有权转移或移作他用的，研发机构须按照下列计算公式，向主管税务机关补缴已退税款：

$$应补税款 = 增值税发票上注明的金额 \times (设备折余价值 \div 设备原值)$$
$$\times 增值税适用税率$$
$$设备折余价值 = 设备原值 - 累计已提折旧^①$$

8. 原城镇公共供水用水的水费收入的增值税处理

原对城镇公共供水用水户在基本水价（自来水价格）外征收水资源费的试点省份，在水资源费改税试点期间，按照不增加城镇公共供水企业负担的原则，城镇公共供水企业缴纳的水资源税所对应的水费收入，不计征增值税，按"不征税自来水"项目开具增值税普通发票。

9. 纳税人将承包地流转给农业生产者的免征增值税处理

纳税人采取转包、出租、互换、转让、入股等方式将承包地流转给农业生产者用于农业生产，免征增值税。

10. 社团收取会费的免征增值税处理

自 2016 年 5 月 1 日起，社会团体收取的会费，免征增值税。2017 年 12 月 25 日前已征的增值税，可抵减以后月份应缴纳的增值税，或办理退税。社会团体开展经营服务性活动取得的其他收入，一律照章缴纳增值税。

11. 其他个人出租不动产的免征增值税处理

其他个人，采取一次性收取租金形式出租不动产取得的租金收入，可在对应的租赁期内平均分摊，分摊后的月租金收入未超过 10 万元的，免征增值税。

12. 北京 2022 年冬残奥会的免征增值税处理

对赞助企业及参与赞助的下属机构根据赞助协议及补充赞助协议向北京冬

---

① 设备原值和已提折旧按照《企业所得税法》的有关规定计算。

奥组委免费提供的，与北京 2022 年冬奥会、冬残奥会、测试赛有关的服务，免征增值税。

13. 创新企业境内发行存托凭证的免征增值税处理①

14. 符合条件的扶贫捐赠免征增值税处理

自 2019 年 1 月 1 日至 2022 年 12 月 31 日，对单位或者个体工商户将自产、委托加工或购买的货物通过公益性社会组织、县级及以上人民政府及其组成部门和直属机构，或直接无偿捐赠给目标脱贫地区的单位和个人，免征增值税。在政策执行期限内，目标脱贫地区实现脱贫的，可继续适用上述政策。

15. 社区养老托育家政服务收入免征增值税

自 2019 年 6 月 1 日至 2025 年 12 月 31 日为社区提供养老、托育、家政等服务的机构，提供社区养老、托育、家政服务取得的收入免征增值税。

16. 广播影视的免征增值税处理②

17. 纳税人将国有农用地出租给农业生产者用于农业生产，免征增值税

自 2018 年 11 月 30 日至 2023 年 11 月 29 日，对经国务院批准对外开放的货物期货品种保税交割业务，暂免征收增值税。

18. 海南离岛免税店销售离岛免税商品免征增值税和消费税的处理③

3.1.6.4　增值税起征点的规定

纳税人销售额未达到国务院财政、税务主管部门规定的增值税起征点的，免征增值税；达到起征点的，依照规定全额计算缴纳增值税。

增值税起征点仅适用于按照小规模纳税人纳税的个体工商户和其他个人。

增值税起征点幅度如下：

①按期纳税的，为月销售额 5 000 至 20 000 元（含本数）。

②按次纳税的，为每次（日）销售额 300 至 500 元（含本数）。

另外，对增值税月销售额 10 万元以下（含本数）的增值税小规模纳税人，免征增值税。

3.1.6.5　其他有关减免税规定

（1）纳税人兼营免税、减税项目的，应当分别核算免税、减税项目的销

---

① 详细内容参见《财政部 税务总局证监会关于创新企业境内发行存托凭证试点阶段有关税收政策的公告》（财政部、税务总局、证监会公告 2019 年第 52 号）。

② 详细内容参见《财政部 税务总局关于继续实施支持文化企业发展增值税政策的通知》（财税〔2019〕17 号）。

③ 详细内容参见《财政部 海关总署 税务总局关于海南离岛旅客免税购物政策的公告》（2020 年第 33 号）、《国家税务总局关于发布〈海南离岛免税店销售离岛免税商品免征增值税和消费税管理办法〉的公告》（国家税务总局公告 2020 年第 16 号）。

售额；未分别核算销售额的，不得免税、减税。

（2）纳税人发生应税销售行为适用免税规定的，可以放弃免税，依照《增值税暂行条例》的规定缴纳增值税。放弃免税后，36 个月内不得再申请免税。

纳税人发生应税销售行为同时适用免税和零税率规定的，纳税人可以选择适用免税或者零税率。

①生产和销售免征增值税的应税销售行为的纳税人要求放弃免税权，应当以书面形式提交放弃免税权声明，报主管税务机关备案。纳税人自提交备案资料的次月起，按照现行有关规定计算缴纳增值税。

②放弃免税权的纳税人符合一般纳税人认定条件尚未认定为增值税一般纳税人的，应当按现行规定认定为增值税一般纳税人，其发生的应税销售行为可开具增值税专用发票。

③纳税人一经放弃免税权，其生产销售的全部应税销售行为均应按照适用税率征税，不得选择某一免税项目放弃免税权，也不得根据不同的销售对象选择部分应税销售行为放弃免税权。

④纳税人在免税期内购进用于免税项目的货物、劳务、服务、无形资产、不动产所取得的增值税扣税凭证，一律不得抵扣。

（3）安置残疾人单位既符合促进残疾人就业增值税优惠政策条件，又符合其他增值税优惠政策条件的，可同时享受多项增值税优惠政策，但年度申请退还增值税总额不得超过本年度内应纳增值税总额。

（4）纳税人既享受增值税即征即退、先征后退政策，又享受免抵退税政策有关问题的处理。

①纳税人既有增值税即征即退、先征后退项目，也有出口等其他增值税应税项目的，增值税即征即退和先征后退项目不参与出口项目免抵退税计算。纳税人应分别核算增值税即征即退、先征后退项目和出口等其他增值税应税项目，分别申请享受增值税即征即退、先征后退和免抵退税政策。

②用于增值税即征即退或者先征后退项目的进项税额无法划分的，按照下列公式计算：

$$\text{无法划分进项税额中用于增值税即征即退或者先征后退项目的部分} = \text{当月无法划分的全部进项税额}$$

$$\times \frac{\text{当月增值税即征即退或者先征后退项目销售额}}{\text{当月全部销售额、营业额合计}}$$

专栏 3 – 13

与增值税相关的其他优惠项目

1. 扣减增值税的规定

纳税人享受扣减增值税的主要规定如下：

（1）适用群体。

从事个体经营的自主就业退役士兵和建档立卡贫困人口以及持《就业创业证》或《就业失业登记证》的人员。

（2）具体政策规定。

上述适用群体自办理个体工商户登记当月起，在 3 年（36 个月，下同）内按每户每年 12 000 元为限额依次扣减其当年实际应缴纳的增值税、城市维护建设税、教育费附加、地方教育附加和个人所得税。限额标准最高可上浮 20%，各省、自治区、直辖市人民政府可根据本地区实际情况在此幅度内确定具体限额标准。

纳税人年度应缴纳税款小于上述扣减限额的，以其实际缴纳的税款为限；大于上述扣减限额的，应以上述扣减限额为限。纳税人的实际经营期不足 1 年的，应当按月换算其减免税限额。换算公式为：

$$减免税限额＝年度减免税限额 \div 12 \times 实际经营月数$$

城市维护建设税、教育费附加、地方教育附加的计税依据是享受本项税收优惠政策前的增值税应纳税额。

2. 个人销售自购住房的征免增值税处理

个人将购买不足 2 年的住房对外销售的，按照 5% 的征收率全额缴纳增值税；个人将购买 2 年以上（含 2 年）的住房对外销售的，免征增值税。上述政策适用于北京市、上海市、广州市和深圳市之外的地区。

个人将购买 2 年以上（含 2 年）的非普通住房对外销售的，以销售收入减去购买住房价款后的差额按照 5% 的征收率缴纳增值税；个人将购买 2 年以上（含 2 年）的普通住房对外销售的，免征增值税。上述政策仅适用于北京市、上海市、广州市和深圳市。

3.1.7 进出口环节的增值税处理

3.1.7.1 进口环节增值税的征收

1. 进口增值税的征税范围

（1）申报进入我国海关境内的货物。

报关进口的应税货物，无论其是国外产制还是我国已出口而转销国内的货物，是进口者自行采购还是国外捐赠的货物，是进口者自用还是作为贸易或其他用途等，均应按照规定缴纳进口环节的增值税。

（2）跨境电子商务零售进口商品。

从其他国家或地区进口《跨境电子商务零售进口商品清单》范围内的以下商品：一是所有通过与海关联网的电子商务交易平台交易，能够实现交易、支付、物流电子信息"三单"比对的跨境电子商务零售进口商品；二是未通过与海关联网的电子商务交易平台交易，但快递、邮政企业能够统一提供交易、支付、物流等电子信息，并承诺承担相应法律责任进境的跨境电子商务零售进口商品。

不属于跨境电子商务零售进口的个人物品以及无法提供交易、支付、物流等电子信息的跨境电子商务零售进口商品，按现行规定执行。

2. 进口增值税的纳税人

进口货物的收货人（承受人）或办理报关手续的单位和个人，为进口货物增值税的纳税人。

对代理进口货物，以海关开具的完税凭证上的纳税人为增值税纳税人。

购买跨境电子商务零售进口商品的纳税义务人为购买的个人，而代收代缴义务人为电子商务企业、电子商务交易平台企业或物流企业。

3. 进口货物适用税率

进口环节的增税税率与本书"3.1.4 税率与征收率"内容基本相同，是13%和9%的税率，但以下两个方面适用特殊规定：

（1）进口抗癌药品，自2018年5月1日起，减按3%征收进口环节增值税；进口罕见病药品，自2019年3月1日起，减按3%征收进口环节增值税。[①]

（2）在限值以内进口的跨境电子商务零售进口商品，暂按法定应纳税额的70%征收进口环节增值税；超过单次限值、累加后超过个人年度限值的单次交易，以及完税价格超过2 000元限值的单个不可分割商品，均按照一般贸易方式全额征税。

跨境电子商务零售进口商品的单次交易限值为人民币5 000元以内，个人年度交易限值为人民币26 000元以内。

4. 进口货物增值税计算公式

纳税人进口货物，按照组成计税价格和规定的税率计算应纳税额。计算公式为：

---

① 详细内容参见《财政部 海关总署 税务总局 国家药品监督管理局关于抗癌药品增值税政策的通知》（财税〔2018〕47号）、《财政部 海关总署 税务总局 药监局关于罕见病药品增值税政策的通知》（财税〔2019〕24号）。

$$组成计税价格 = 关税完税价格 + 关税$$

或（如果属于消费税征税范围的）组成计税价格 = 关税完税价格

$$+ 关税 + 消费税$$

$$应纳进口环节增值税 = 组成计税价格 × 税率$$

纳税人在计算进口环节的应纳增值税税额时不得抵扣任何税额，即发生在我国境外的各种税金。这是因为国内外对出口货物贯彻了目的地原则或称消费地原则，即对出口货物原则上在实际消费地征收货劳税。货物在出口国并没有征收过货劳税，如果此货物在进口国的进口环节依旧不征关税、增值税等税收，则与国内同等商品相比其税负差异就会很大。因此，在进口时首先要对其征收进口关税。如果是应征消费税的商品则要征收消费税。在此基础上才形成了增值税的计税依据即组成计税价格。这与国内同类商品的税基是一致的。由于货物出口时出口国并没有征收过货劳税，因此在进口时我们计算增值税时就不用进行进项税额抵扣。

5. 进口环节增值税的管理

进口货物的增值税除另有规定外由海关代征。[①]

个人携带或者邮寄进境自用物品的增值税，连同关税一并计征。具体办法由国务院关税税则委员会会同有关部门制定。

进口货物增值税纳税义务发生时间为报关进口的当天，其纳税地点应当由进口人或其代理人向报关地海关申报纳税，其纳税期限应当自海关填发海关进口增值税专用缴款书之日起 15 日内缴纳税款。

跨境电子商务零售进口商品自海关放行之日起 30 日内退货的，可申请退税，并相应调整个人年度交易总额。跨境电子商务零售进口商品购买人（订购人）的身份信息应进行认证；未进行认证的，购买人（订购人）身份信息应与付款人一致。

3.1.7.2 出口环节增值税的征收

一国对出口货物、劳务和跨境应税行为实行退（免）税是国际贸易中通常采用并为世界各国普遍接受的，目的在于鼓励各国出口货物公平竞争的一种退还或免征间接税（目前我国主要包括增值税、消费税）的税收措施，即对出口货物、劳务和跨境应税行为已承担或应承担的增值税和消费税等间接税实行退还或者免征。由于这项制度比较公平合理，因此它已成为国际社会通行的惯例。

---

① 进口货物增值税的征收管理，依据《税收征管法》《海关法》《进出口关税条例》《进出口税则》的有关规定执行。

我国对出口货物、劳务和跨境应税行为实行退（免）增值税是指在国际贸易业务中，对我国报关出口的货物、劳务和跨境应税行为退还或免征其在国内各生产和流转环节按税法规定缴纳的增值税，即对应征收增值税的出口货物、劳务和跨境应税行为实行零税率（国务院另有规定除外）。

对增值税出口货物、劳务和跨境应税行为实行零税率，从税法上理解有两层含义：一是对本道环节生产或销售货物、劳务和跨境应税行为的增值部分免征增值税；二是对出口货物、劳务和跨境应税行为前道环节所含的进项税额进行退付。当然，由于各种货物、劳务和跨境应税行为出口政策不同，出口前涉及征免增值税的情况也有所不同，且由于出口政策是国家调控经济的手段，因此，针对货物、劳务和跨境应税行为出口的不同情况，国家在遵循"征多少、退多少""未征不退和彻底退税"基本原则的基础上，制定了不同的增值税退（免）税处理办法。本节只就该方面的主要内容进行阐述。

1. 出口货物、劳务和跨境应税行为退（免）增值税基本政策

世界各国为了鼓励本国货物出口，在遵循 WTO 基本规则的前提下，一般都会采取优惠的税收政策。有的国家采取对该货物出口前所包含的税金在出口后予以退还的政策（即出口退税）；有的国家采取对出口的货物在出口前即予以免税的政策。我国则根据国情，采取了出口退税与免税相结合的政策。目前，我国的出口货物、劳务和跨境应税行为的增值税税收政策分为以下三种形式：

（1）出口免税并退税。出口免税是指对货物、劳务和跨境应税行为在出口销售环节免征增值税，这是把货物、劳务和跨境应税行为出口环节与出口前的销售环节都同样视为一个征税环节；出口退税是指对货物、劳务和跨境应税行为在出口前实际承担的税收负担，按规定的退税率计算后予以退还。出口免税并退税也就是在《关于出口货物劳务增值税和消费税政策的通知》（以下简称《通知》）中所说的"适用增值税退（免）税政策的范围"。

（2）出口免税不退税。出口免税与上述第（1）项含义相同。出口不退税是指适用这个政策的出口货物、劳务和跨境应税行为因在前一道生产、销售环节或进口环节是免税的，因此，出口时该货物、劳务和跨境应税行为的价格中本身就不含税，也无须退税。

（3）出口不免税也不退税。出口不免税是指对国家限制或禁止出口的某些货物、劳务和跨境应税行为的出口环节视同内销环节，照常征税；出口不退税是指对这些货物、劳务和跨境应税行为出口不退还出口前其所负担的税款。

2. 出口货物、劳务和跨境应税行为增值税退（免）税政策

1）适用增值税退（免）税政策的范围。

对下列出口货物、劳务和跨境应税行为，除适用《通知》第六条（适用增值税免税政策的出口货物和劳务）和第七条（适用增值税征税政策的出口货物和劳务）规定的以外，实行免征和退还增值税政策，以下称增值税退（免）税政策：

（1）出口企业出口货物。《通知》所称出口企业，是指依法办理工商登记、税务登记、对外贸易经营者备案登记，自营或委托出口货物的单位或个体工商户，以及依法办理工商登记、税务登记但未办理对外贸易经营者备案登记，委托出口货物的生产企业，如表3-8所示。

表3-8　　　　　　　不同类型企业的登记条件规定和适用出口政策

企业类型	纳税人	具备的登记条件			出口货物的类型	适用出口政策
		工商登记	税务登记	对外贸易经营者备案登记		
出口企业	生产企业、外贸企业	√	√	√	自营或委托	免税并退税
	生产企业	√	√	×	委托	
非出口企业	非生产单位	√	√	×		免税

其中，出口货物，是指向海关报关后实际离境并销售给境外单位或个人的货物，分为自营出口货物和委托出口货物两类。生产企业，是指具有生产能力（包括加工、修理、修配能力）的单位或个体工商户。外贸企业，是指不具有生产能力的出口企业。

对于企业出口给外商的新造集装箱，交付到境内指定堆场，并取得出口货物报关单（出口退税专用），同时符合其他出口退（免）税规定的，准予按照现行规定办理出口退（免）税。

自2017年1月1日起，生产企业销售自产的海洋工程结构物，或者融资租赁企业及其设立的项目子公司、金融租赁公司及其设立的项目子公司购买并以融资租赁方式出租的国内生产企业生产的海洋工程结构物，应按规定缴纳增值税，不再适用增值税出口退税政策，但购买方或者承租方为按实物征收增值税的中外合作油（气）田开采企业的除外。

（2）满足规定条件的出口企业[①]或其他单位视同出口的货物。

①出口企业对外援助、对外承包、境外投资的出口货物。

②出口企业经海关报关进入国家批准的出口加工区、保税物流园区、保税

---

① 生产企业发生视同出口自产货物需要满足规定条件，具体规定见《出口退（免）税企业分类管理办法》（国家税务总局公告2015年第2号发布）、《国家税务总局关于加快出口退税进度有关事项的公告》（国家税务总局公告2018年第48号）。

港区、综合保税区、珠澳跨境工业区（珠海园区）、中哈霍尔果斯国际边境合作中心（中方配套区域）、保税物流中心（B型）（以下统称"特殊区域"）并销售给特殊区域内单位或境外单位、个人的货物。

③免税品经营企业销售的货物（国家规定不允许经营和限制出口的货物、卷烟和超出免税品经营企业的《企业法人营业执照》中规定经营范围的货物除外）。①

④出口企业或其他单位销售给用于国际金融组织或外国政府贷款国际招标建设项目的中标机电产品（以下简称"中标机电产品"）。上述中标机电产品，包括外国企业中标再分包给出口企业或其他单位的机电产品。

⑤出口企业或其他单位销售给国际运输企业用于国际运输工具上的货物。②

⑥出口企业或其他单位销售给特殊区域内生产企业生产耗用且不向海关报关而输入特殊区域的水（包括蒸汽）、电力、燃气（以下简称"输入特殊区域的水电气"）。

（3）出口企业对外提供加工修理修配劳务。

对外提供加工修理修配劳务，是指对进境复出口货物或从事国际运输的运输工具进行的加工修理修配。

（4）融资租赁货物出口退税③。

对融资租赁企业、金融租赁公司及其设立的项目子公司（以下统称"融资租赁出租方"），以融资租赁方式租赁给境外承租人且租赁期限在5年（含）以上，并向海关报关后实际离境的货物，试行增值税、消费税出口退税政策。

融资租赁出口货物的范围，包括飞机、飞机发动机、铁道机车、铁道客车车厢、船舶及其他货物，具体应符合《增值税暂行条例实施细则》关于"固定资产"的相关规定。

（5）境内单位和个人提供适用零税率的应税服务

境内单位和个人提供国际运输服务、航天运输服务、向境外单位提供的完全在境外消费的列举服务（如研发服务；设计服务、转让技术等）以及财政部和国家税务总局规定的其他服务。零税率服务详细规定在本章"3.1.4　税率与征收率"。

2）增值税退（免）税办法。

适用增值税退（免）税政策的出口货物、劳务和跨境应税行为，按照下

---

① 具体项目的规定参见《国家规定不允许经营和限制出口的货物》。
② 本条所述规定暂仅适用于外轮供应公司，远洋运输供应公司销售给外轮、远洋国轮的货物，国内航空供应公司生产销售给国内和国外航空公司国际航班的航空食品。
③ 有关融资租赁货物出口退税的详细内容参见《财政部 海关总署 国家税务总局关于在全国开展融资租赁货物出口退税政策试点的通知》（财税〔2014〕62号）。

列规定实行增值税"免、抵、退"税或"免、退"税办法。

（1）"免、抵、退"税办法。适用增值税一般计税方法的生产企业出口自产货物与视同自产货物、对外提供加工修理修配劳务，以及列名的生产企业出口非自产货物，免征增值税，相应的进项税额抵减应纳增值税税额（不包括适用增值税即征即退、先征后退政策的应纳增值税税额），未抵减完的部分予以退还。

跨境应税行为适用增值税零税率政策的服务和无形资产情况见本章"3.1.4 税率与征收率"的相关内容。

境内的单位和个人提供适用增值税零税率的服务或者无形资产，如果属于适用增值税一般计税方法的，生产企业实行"免、抵、退"税办法，外贸企业直接将服务或自行研发的无形资产出口，视同生产企业连同其出口货物统一实行"免、抵、退"税办法。

实行退（免）税办法的研发服务和设计服务，如果主管税务机关认定出口价格偏高的，有权按照核定的出口价格计算退（免）税，核定的出口价格低于外贸企业购进价格的，低于部分对应的进项税额不予退税，转入成本。

境内的单位和个人提供适用增值税零税率应税服务的，可以放弃适用增值税零税率，选择免税或按规定缴纳增值税。放弃适用增值税零税率后，36 个月内不得再申请适用增值税零税率。

（2）"免、退"税办法。外贸企业或其他单位出口货物、劳务，免征增值税，相应的进项税额予以退还。

适用增值税一般计税方法的外贸企业外购服务或者无形资产出口实行"免、退"税办法。

外贸企业外购研发服务和设计服务免征增值税，其对应的外购应税服务的进项税额予以退还。

3）增值税出口退税率。

（1）一般规定。除财政部和国家税务总局根据国务院决定而明确的增值税出口退税率（以下简称"退税率"）外，出口货物、服务和无形资产的退税率为其适用税率。目前，我国增值税出口退税率分为五档，即13%、10%、9%、6%和零税率。当退税率低于适用税率时，相应计算出的差额部分的税款计入出口货物劳务成本。

（2）特殊规定。外贸企业购进按简易办法征税的出口货物、从小规模纳税人购进的出口货物，其退税率分别为简易办法实际执行的征收率、小规模纳税人征收率。上述出口货物取得增值税专用发票的，退税率按照增值税专用发票上的税率和出口货物退税率孰低的原则确定。

出口企业委托加工修理修配货物,其加工修理修配费用的退税率,为出口货物的退税率。

中标机电产品、出口企业向海关报关进入特殊区域销售给特殊区域内生产企业生产耗用的列名原材料、输入特殊区域的水电气,其退税率为适用税率。如果国家调整列名原材料的退税率,列名原材料应当自调整之日起按调整后的退税率执行。

(3)适用不同退税率的货物、劳务及跨境应税行为,应分开报关、核算并申报退(免)税,未分开报关、核算或划分不清的,从低适用退税率。

4)增值税退(免)税的计税依据。

(1)出口货物和劳务的增值税退(免)税计税依据。出口货物、劳务的增值税退(免)税的计税依据,按出口货物、劳务的出口发票(外销发票)、其他普通发票或购进出口货物、劳务的增值税专用发票、海关进口增值税专用缴款书确定。

①生产企业出口货物、劳务(进料加工复出口货物除外)增值税退(免)税的计税依据,为出口货物、劳务的实际离岸价(FOB)。实际离岸价应以出口发票上的离岸价为准,但如果出口发票不能反映实际离岸价,主管税务机关有权予以核定。

②对进料加工出口货物,企业应以出口货物人民币离岸价扣除出口货物耗用的保税进口料件金额的余额为增值税退(免)税的计税依据。

③生产企业国内购进无进项税额且不计提进项税额的免税原材料加工后出口的货物的计税依据,按出口货物的离岸价(FOB)扣除出口货物所含的国内购进免税原材料的金额后确定。

④外贸企业出口货物(委托加工修理修配货物除外)增值税退(免)税的计税依据,为购进出口货物的增值税专用发票注明的金额或海关进口增值税专用缴款书注明的完税价格。

⑤外贸企业出口委托加工修理修配货物增值税退(免)税的计税依据,为加工修理修配费用增值税专用发票注明的金额。

⑥出口进项税额未计算抵扣的已使用过的设备增值税退(免)税的计税依据,按下列公式确定:

$$退（免）税计税依据 = \frac{增值税专用发票上的金额或海关进口}{增值税专用缴款书注明的完税价格}$$

$$\times \frac{已使用过的设备固定资产净值}{} \div 已使用过的设备原值$$

$$已使用过的设备固定资产净值 = 已使用过的设备原值$$
$$- 已使用过的设备已提累计折旧$$

⑦免税品经营企业销售的货物增值税退（免）税的计税依据，为购进货物的增值税专用发票注明的金额或海关进口增值税专用缴款书注明的完税价格。

⑧中标机电产品增值税退（免）税的计税依据分为两种情况：一是生产企业为销售机电产品的普通发票注明的金额；二是外贸企业为购进货物的增值税专用发票注明的金额或海关进口增值税专用缴款书注明的完税价格。

⑨输入特殊区域的水电气增值税退（免）税的计税依据，为作为购买方的特殊区域内生产企业购进水（包括蒸汽）、电力、燃气的增值税专用发票注明的金额。

（2）跨境（零税率）应税行为的退（免）税计税依据。跨境应税行为的计税依据按照《适用增值税零税率应税服务退（免）税管理办法》执行。

①实行"免、抵、退"税办法的退（免）税计税依据。以铁路运输方式载运旅客的，为按照铁路合作组织清算规则清算后的实际运输收入；以铁路运输方式载运货物的，为按照铁路运输进款清算办法，对"发站"或"到站（局）"名称包含"境"字的货票上注明的运输费用以及直接相关的国际联运杂费清算后的实际运输收入；以航空运输方式载运货物或旅客的，如果国际运输或港、澳、台地区运输各航段由多个承运人承运的，为中国航空结算有限责任公司清算后的实际收入，如果国际运输或港、澳、台地区运输各航段由一个承运人承运的，为提供航空运输服务取得的收入。

其他实行"免、抵、退"税办法的增值税零税率应税行为，为提供增值税零税率应税行为取得的收入。

②实行"免、退"税办法的退（免）税计税依据，以购进应税服务的增值税专用发票或解缴税款的中华人民共和国税收缴款凭证上注明的金额为计税依据。

实行退（免）税办法的服务和无形资产，如果主管税务机关认定出口价格偏高的，有权按照核定的出口价格计算退（免）税，核定的出口价格低于外贸企业购进价格的，低于部分对应的进项税额不予退税，转入成本。

5）增值税"免、抵、退"税和"免、退"税的计算。

（1）生产企业出口货物、劳务、服务和无形资产的增值税"免、抵、退"税计算。

①当期应纳税额的计算公式为：

$$当期应纳税额 = 当期销项税额 - （当期进项税额 - 当期不得免征和抵扣税额）$$

$$当期不得免征和抵扣税额 = 当期出口货物离岸价 \times 外汇人民币折合率$$
$$\times (出口货物适用税率 - 出口货物退税率)$$
$$- 当期不得免征和抵扣税额抵减额$$

$$\begin{matrix} 当期不得免征和抵扣 \\ 税额抵减额 \end{matrix} = 当期免税购进原材料价格$$
$$\times (出口货物适用税率 - 出口货物退税率)$$

出口货物离岸价（FOB）以出口发票计算的离岸价为准。实际离岸价应以出口发票上的离岸价为准，但如果出口发票不能反映实际离岸价，主管税务机关有权予以核定。

②当期"免、抵、退"税额的计算公式为：

$$当期"免、抵、退"税额 = 当期出口货物离岸价 \times 外汇人民币折合率$$
$$\times 出口货物退税率$$
$$- 当期"免、抵、退"税额抵减额$$

$$当期"免、抵、退"税额抵减额 = 当期免税购进原材料价格$$
$$\times 出口货物退税率$$

其中，当期免税购进原材料价格包括当期国内购进的无进项税额且不计提进项税额的免税原材料的价格和当期进料加工保税进口料件的价格，其中当期进料加工保税进口料件的价格为进料加工出口货物耗用的保税进口料件金额，其计算公式为：

$$\begin{matrix} 进料加工出口货物耗用的 \\ 保税进口料件金额 \end{matrix} = \begin{matrix} 进料加工出口货物 \\ 人民币离岸价 \end{matrix} \times 计划分配率$$

$$计划分配率 = 计划进口总值 \div 计划出口总值 \times 100\%$$

计算不得免征和抵扣税额时，应按当期全部出口货物的销售额扣除当期全部进料加工出口货物耗用的保税进口料件金额后的余额乘以征退税率之差计算。

进料加工出口货物收齐有关凭证申报"免、抵、退"税时，以收齐凭证的进料加工出口货物人民币离岸价扣除其耗用的保税进口料件金额后的余额计算免抵退税额。

【例3-13】某企业主要业务是进料加工，2020年1月，进口料件到岸价格折合人民币300万元，海关保税放行。当月将部分完工产品出口，FOB价折合人民币400万元。该企业计划分配率为60%，该企业征税率13%，退税率6%。

【解析】

方法一：

耗用免税购进原材料价格 = 400 × 60% = 240（万元）

当期不得免征和抵扣税额抵减额 $= 240 \times (13\% - 6\%) = 16.8$（万元）

"免、抵、退"税不得免征和抵扣税额 $= 400 \times (13\% - 6\%) - 16.8 = 11.2$（万元）

方法二：

"免、抵、退"税不得免征和抵扣税额 $= (400 - 240) \times (13\% - 6\%) = 11.2$（万元）。

③当期应退税额和免抵税额的计算（具体计算过程见表3-9）。

表3-9　　　　　　　　　当期应退税额和免抵税额的计算

情况	计算过程
当期期末留抵税额 ≤ 当期"免、抵、退"税额	当期应退税额 = 当期期末留抵扣税额 当期免抵税额 = 当期"免、抵、退"税额 - 当期应退税额
当期期末留抵税额 > 当期"免、抵、退"税额	当期应退税额 = 当期"免、抵、退"税额 当期免抵税额 = 0 当期期末留抵税额为当期增值税纳税申报表中"期末留抵税额"

（2）外贸企业出口货物、劳务和应税行为的增值税免、退税的计算。按照以下公式计算退税：

①外贸企业出口委托加工修理修配货物以外的货物：

增值税应退税额 = 增值税退（免）税计税依据 × 出口货物退税率

②外贸企业出口委托加工修理修配货物：

出口委托加工修理修配货物的增值税应退税额 = 委托加工修理修配的增值税退（免）税计税依据 × 出口货物退税率

③外贸企业兼营的零税率应税行为增值税免退税的计算：

外贸企业兼营的零税率应税服务应退税额 = 外贸企业兼营的零税率应税行为免退税计税依据 × 零税率应税行为增值税退税率

（3）融资租赁出口货物退税的计算。融资租赁出租方将融资租赁出口货物租赁给境外承租方、将融资租赁海洋工程结构物租赁给海上石油天然气开采企业，向融资租赁出租方退还其购进租赁货物所含增值税。其计算公式为：

增值税应退税额 = 购进融资租赁货物的增值税专用发票注明的金额或海关（进口增值税）专用缴款书注明的完税价格 × 融资租赁货物适用的增值税退税率

融资租赁出口货物适用的增值税退税率，按照统一的出口货物适用退税率执行。从增值税一般纳税人购进的按简易办法征税的融资租赁货物和从小规模纳税人购进的融资租赁货物，其适用的增值税退税率，按照购进货物适用的征收率和退税率孰低的原则确定。

（4）适用于多个项目的情况。出口企业既有适用增值税"免、抵、退"项目，也有增值税即征即退、先征后退项目的，增值税即征即退和先征后退项目不参与出口项目"免、抵、退"税计算。出口企业应分别核算增值税免抵退项目和增值税即征即退、先征后退项目，并分别申请享受增值税即征即退、先征后退和"免、抵、退"税政策。

用于增值税即征即退或者先征后退项目的进项税额无法划分的，按照下列公式计算：

$$\begin{aligned}\text{无法划分进项税额} \atop \text{中用于增值税} &= \text{当月无法划分的全部进项税额}\\ &\times \text{当月增值税即征即退或者先征后退项目销售额}\\ &\div \text{当月全部销售额、营业额合计}\end{aligned}$$

（5）实行"免、抵、退"税办法的零税率应税行为提供者如同时有货物、劳务（劳务指对外加工修理修配劳务，下同）出口且未分别计算的，可一并计算"免、抵、退"税额。税务机关在审批时，按照出口货物、劳务、零税率应税行为"免、抵、退"税额比例划分出口货物劳务、零税率应税行为的退税额和免抵税额。

3. 出口货物、劳务和跨境应税行为增值税免税政策

对符合下列条件的出口货物、劳务和跨境应税行为，除适用《通知》第七条（适用增值税征税政策的出口货物和劳务）规定外，按下列规定实行免征增值税（以下简称"增值税免税"）政策。

1）适用增值税免税政策的范围。

适用增值税免税政策的出口货物、劳务和应税行为包括：

（1）出口企业或其他单位出口规定的货物：

①增值税小规模纳税人出口的货物。

②避孕药品和用具，古旧图书。

③软件产品。

④含黄金、铂金成分的货物，钻石及其饰品。

⑤国家计划内出口的卷烟。

⑥非出口企业委托出口的货物。

⑦非列名生产企业出口的非视同自产货物。

⑧农业生产者自产农产品（农产品的具体范围按照《农业产品征税范围注释》的规定执行）。

⑨油画、花生果仁、黑大豆等财政部和国家税务总局规定的出口免税的货物。

⑩外贸企业取得普通发票、废旧物资收购凭证、农产品收购发票、政府非税收入票据的货物。

⑪来料加工复出口的货物。

⑫特殊区域内的企业出口的特殊区域内的货物。

⑬以人民币现金作为结算方式的边境地区出口企业从所在省（自治区）的边境口岸出口到接壤国家的一般贸易和边境小额贸易出口货物。

⑭以旅游购物贸易方式报关出口的货物。

（2）出口企业或其他单位视同出口的下列货物和劳务：

①国家批准设立的免税店销售的免税货物［包括进口免税货物和已实现退（免）税的货物］。

②特殊区域内的企业为境外的单位或个人提供加工修理修配劳务。

③同一特殊区域、不同特殊区域内的企业之间销售特殊区域内的货物。

（3）出口企业或其他单位未按规定申报或未补齐增值税退（免）税凭证的出口货物和劳务：

①未在国家税务总局规定的期限内申报增值税退（免）税的出口货物和劳务。

②未在规定期限内申报开具《代理出口货物证明》的出口货物和劳务。

③已申报增值税退（免）税，却未在国家税务总局规定的期限内向税务机关补齐增值税退（免）税凭证的出口货物和劳务。

对于适用增值税免税政策的出口货物和劳务，出口企业或其他单位可以依照现行增值税有关规定放弃免税，并依照《通知》第七条（适用增值税征税政策的出口货物和劳务）的规定缴纳增值税。

（4）境内的单位和个人销售的下列跨境应税行为免征增值税，但财政部和国家税务总局规定适用增值税零税率的除外：

①工程项目在境外的建筑服务。工程总承包方和工程分包方为施工地点在境外的工程项目提供的建筑服务，均属于工程项目在境外的建筑服务。

②工程项目在境外的工程监理服务。

③工程、矿产资源在境外的工程勘查勘探服务。

④会议展览地点在境外的会议展览服务。

⑤存储地点在境外的仓储服务。

⑥标的物在境外使用的有形动产租赁服务。

⑦在境外提供的广播影视节目（作品）的播映服务。①

① 详细内容参见《营业税改征增值税跨境应税行为增值税免税管理办法（试行）》。

⑧在境外提供的文化体育服务、教育医疗服务、旅游服务。

⑨为出口货物提供的邮政服务、收派服务、保险服务。

⑩向境外单位提供的完全在境外消费的电信服务。

⑪纳税人向境外单位或者个人提供的电信服务，通过境外电信单位结算费用的，服务接受方为境外电信单位，属于完全在境外消费的电信服务。

⑫向境外单位销售的完全在境外消费的知识产权服务。服务实际接受方为境内单位或者个人的知识产权服务，不属于完全在境外消费的知识产权服务。

⑬向境外单位销售的完全在境外消费的物流辅助服务（仓储服务、收派服务除外）。

⑭境外单位从事国际运输和港澳台运输业务经停我国机场、码头、车站、领空、内河、海域时，纳税人向其提供的航空地面服务、港口码头服务、货运客运站场服务、打捞救助服务、装卸搬运服务，属于完全在境外消费的物流辅助服务。

⑮向境外单位销售的完全在境外消费的鉴证咨询服务。

⑯向境外单位销售的完全在境外消费的专业技术服务。

⑰向境外单位销售的完全在境外消费的商务辅助服务。

⑱向境外单位销售的广告投放地在境外的广告服务。广告投放地在境外的广告服务，是指为在境外发布的广告提供的广告服务。

⑲向境外单位销售的完全在境外消费的无形资产（技术除外）。

2）进项税额的处理和计算。

（1）适用增值税免税政策的出口货物和劳务，其进项税额不得抵扣和退税，应当转入成本。

（2）出口卷烟不得抵扣的进项税额。

（3）除出口卷烟外，适用增值税免税政策的其他出口货物、劳务和应税行为的计算，按照增值税免税政策的统一规定执行。其中如果涉及销售额，除来料加工复出口货物为其加工费收入外，其他均为出口离岸价或销售额。

（4）纳税人发生跨境应税行为时，纳税人以承运人身份与托运人签订运输服务合同，收取运费并承担承运人责任，然后委托实际承运人完成全部或部分运输服务时，自行采购并交给实际承运人使用的成品油和支付的道路、桥、闸通行费，同时符合下列条件的，其进项税额准予从销项税额中抵扣：一是成品油和道路、桥、闸通行费，应用于纳税人委托实际承运人完成的运输服务；二是取得的增值税扣税凭证符合现行规定。

4. 出口货物、劳务和跨境应税行为增值税征税政策

下列出口货物和劳务，不适用增值税退（免）税和免税政策，按下列规定及视同内销货物征税的其他规定征收增值税（以下简称"增值税征税"）。

1）适用增值税征税政策的范围。

（1）出口企业出口或视同出口财政部和国家税务总局根据国务院决定明确取消出口退（免）税的货物（不包括来料加工复出口货物、中标机电产品、列明原材料、输入特殊区域的水电气、海洋工程结构物）。

（2）出口企业或其他单位销售给特殊区域内的生活消费用品和交通运输工具。

（3）出口企业或其他单位因骗取出口退税被税务机关停止办理增值税退（免）税期间出口的货物。

（4）出口企业或其他单位提供虚假备案单证的货物。

（5）出口企业或其他单位增值税退（免）税凭证有伪造或内容不实的货物。

（6）出口企业或其他单位未在国家税务总局规定期限内申报免税核销以及经主管税务机关审核不予免税核销的出口卷烟。

（7）出口企业或其他单位具有规定情形①的出口货物和劳务。

（8）不适应跨境应税行为适用增值税零税率和免税政策规定的出口服务和无形资产。

2）应纳增值税的计算。

适用增值税征税政策的出口货物、劳务和跨境应税行为，其应纳增值税按下列办法计算：

（1）一般纳税人出口货物、劳务和跨境应税行为：

$$销项税额 = \left(\begin{array}{c} 出口货物、劳务和跨境 \\ 应税行为离岸价 \end{array} - \begin{array}{c} 出口货物耗用的进料 \\ 加工保税进口料件金额 \end{array} \right)$$
$$\div (1 + 适用税率) \times 适用税率$$

出口货物、劳务和跨境应税行为若已按征退税率之差计算不得免征和抵扣税额并已经转入成本的，相应的税额应转回进项税额。

（2）小规模纳税人出口货物、劳务和跨境应税行为。

$$应纳税额 = 出口货物、劳务和跨境应税行为离岸价 + (1 + 征收率)$$
$$\times 征收率$$

5. 外国驻华使（领）馆及其馆员在华购买货物和服务退税

外国驻华使（领）馆及其馆员（以下简称"享受退税的单位和人员"）在中华人民共和国境内购买货物和服务属于增值税退税适用范围。享受退税的单位和人员，包括外国驻华使（领）馆的外交代表（领事官员）及行政技术人员，中国公民或者在中国永久居留的人员除外。

---

① 详细内容参见《财政部 国家税务总局关于出口货物劳务增值税和消费税政策的通知》（财税〔2012〕39号）。

实行增值税退税政策的货物与服务范围，包括按规定征收增值税、属于合理自用范围内的生活办公类货物和服务（含修理修配劳务，下同）。生活办公类货物和服务，是指为满足日常生活、办公需求购买的货物和服务。工业用机器设备、金融服务以及财政部和国家税务总局规定的其他货物和服务，不属于生活办公类货物和服务。

1）下列情形不适用增值税退税政策。

（1）购买非合理自用范围内的生活办公类货物和服务。

（2）购买货物单张发票销售金额（含税价格）不足800元人民币（自来水、电、燃气、暖气、汽油、柴油除外），购买服务单张发票销售金额（含税价格）不足300元人民币。

（3）使（领）馆馆员个人购买货物和服务，除车辆和房租外，每人每年申报退税销售金额（含税价格）超过18万元人民币的部分，不适用增值税退税政策。

（4）增值税免税货物和服务。

2）退税的计算。

申报退税的应退税额，为增值税发票上注明的税额。使（领）馆及其馆员购买电力、燃气、汽油、柴油，发票上未注明税额的，增值税应退税额按不含税销售额和相关产品增值税适用税率计算，计算公式为：

$$增值税应退税额 = 发票金额（含增值税）÷（1 + 增值税适用税率）× 增值税适用税率$$

3）退税管理。

（1）申报退税期限。享受退税的单位和人员，应按季度向外交部礼宾司报送退税凭证和资料申报退税，报送时间为每年的1月、4月、7月、10月；本年度购买的货物和服务（以发票开具日期为准），最迟申报不得迟于次年1月。逾期报送的，外交部礼宾司不予受理。

（2）对享受退税的单位和人员申报的货物与服务是否属合理自用范围或者对申报凭证真实性有疑问的，税务机关应暂缓办理退税，并通过外交部礼宾司对其进行问询。

（3）税务机关如发现享受退税的单位和人员申报的退税凭证虚假或所列内容与实际交易不符的，不予退税，并通过外交部礼宾司向其通报；情况严重的，外交部礼宾司将不再受理其申报。

（4）享受退税的单位和人员购买货物和服务办理退税后，如发生退货或转让所有权、使用权等情形，须经外交部礼宾司向北京市税务局办理补税手续。如转让需外交部礼宾司核准的货物，外交部礼宾司应在确认转让货物未办理退税或已办理补税手续后，办理核准转让手续。

6. 境外旅客购物离境退税政策

离境退税政策是指境外旅客在离境口岸离境时，对其在退税商店购买的退税物品退还增值税的政策。境外旅客是指在我国境内连续居住不超过 183 天的外国人和港澳台同胞。离境口岸是指实施离境退税政策的地区正式对外开放并设有退税代理机构的口岸，包括航空口岸、水运口岸和陆地口岸。该政策的主要内容如下：

1）退税物品。

退税物品是指由境外旅客本人在退税商店购买且符合退税条件的个人物品，但不包括下列物品：

（1）《中华人民共和国禁止、限制进出境物品表》所列的禁止、限制出境物品。

（2）退税商店销售的适用增值税免税政策的物品。

（3）财政部、海关总署、国家税务总局规定的其他物品。

2）境外旅客申请退税应当同时符合的条件。

（1）同一境外旅客同一日在同一退税商店购买的退税物品金额达到 500 元人民币。

（2）退税物品尚未启用或消费。

（3）离境日距退税物品购买日不超过 90 天。

（4）所购退税物品由境外旅客本人随身携带或随行托运出境。

3）退税物品的退税率。

适用 13% 税率的境外旅客购物离境退税物品，退税率为 11%；适用 9% 税率的境外旅客购物离境退税物品，退税率为 8%。退税率的执行时间，以退税物品增值税普通发票的开具日期为准。

4）应退增值税额的计算公式为：

$$应退增值税额 = 退税物品销售发票金额（含增值税）\times 退税率$$

5）退税币种和方式。

退税币种为人民币。退税方式包括现金退税和银行转账退税两种方式：退税额未超过 10 000 元的，可自行选择退税方式；退税额超过 10 000 元的，以银行转账方式退税。

3.1.8 征收管理

3.1.8.1 纳税义务发生时间

纳税义务发生时间，是纳税人发生应税销售行为应当承担纳税义务的起始时间。

1. 应税销售行为纳税义务发生时间的一般规定

（1）纳税人发生应税销售行为，其纳税义务发生时间为收讫销售款项或者取得索取销售款项凭据的当天；先开具发票的，为开具发票的当天。

收讫销售款项，是指纳税人发生应税销售行为过程中或者完成后收到的款项。取得索取销售款项凭据的当天，是指书面合同确定的付款日期；未签订书面合同或者书面合同未确定付款日期的，为应税销售行为完成的当天或者不动产权属变更的当天。

（2）进口货物，为报关进口的当天。

（3）增值税扣缴义务发生时间为纳税人增值税纳税义务发生的当天。

2. 应税销售行为纳税义务发生时间的具体规定

上述规定了纳税义务发生时间为"收讫销售款项或者取得索取销售款项凭据的当天"，按照纳税人销售结算方式的不同，《增值税暂行条例实施细则》和《营改增通知》给出了具体的纳税义务发生时间，具体为：

（1）采取直接收款方式销售货物，不论货物是否发出，均为收到销售款或者取得索取销售款凭据的当天。

纳税人生产经营活动中采取直接收款方式销售货物，已将货物移送对方并暂估销售收入入账，但既未取得销售款或取得索取销售款凭据也未开具销售发票的，其增值税纳税义务发生时间为取得销售款或取得索取销售款凭据的当天；先开具发票的，为开具发票的当天。

（2）采取托收承付和委托银行收款方式销售货物，为发出货物并办妥托收手续的当天。

（3）采取赊销和分期收款方式销售货物，为书面合同约定的收款日期的当天，无书面合同的或者书面合同没有约定收款日期的，为货物发出的当天。

（4）采取预收货款方式销售货物，为货物发出的当天，但生产销售生产工期超过12个月的大型机械设备、船舶、飞机等货物，为收到预收款或者书面合同约定的收款日期的当天。

（5）委托其他纳税人代销货物，为收到代销单位的代销清单或者收到全部或者部分货款的当天。未收到代销清单及货款的，为发出代销货物满180天的当天。

（6）销售劳务，为提供劳务同时收讫销售款或者取得索取销售款凭据的当天。

（7）纳税人发生除将货物交付其他单位或者个人代销和销售代销货物以外的视同销售货物行为，为货物移送的当天。

（8）纳税人提供租赁服务采取预收款方式的，其纳税义务发生时间为收到预收款的当天。

【例3-14】某试点纳税人出租生产用机器设备，租金10 000元/月，一次性预收了对方一年的租金共120 000元，该纳税人则应在收到120 000元租金的当天确认纳税义务发生，并按120 000元确认收入。而不能将120 000元租金采取按月分摊确认收入的方法，也不能在该业务完成后再确认收入。

（9）纳税人从事金融商品转让的，为金融商品所有权转移的当天。

（10）纳税人发生视同销售服务、无形资产或者不动产情形的，其纳税义务发生时间为服务、无形资产转让完成的当天或者不动产权属变更的当天。

3.1.8.2　纳税期限

增值税的纳税期限分别为1日、3日、5日、10日、15日、1个月或者1个季度。纳税人的具体纳税期限，由主管税务机关根据纳税人应纳税额的大小分别核定。不能按照固定期限纳税的，可以按次纳税。

以1个季度为纳税期限的规定适用于小规模纳税人、银行、财务公司、信托投资公司、信用社，以及财政部和国家税务总局规定的其他纳税人。

纳税人以1个月或者1个季度为1个纳税期的，自期满之日起15日内申报纳税，以1日、3日、5日、10日或者15日为1个纳税期的，自期满之日起5日内预缴税款，于次月1日起15日内申报纳税并结清上个月应纳税款。

扣缴义务人解缴税款的期限，依照前两项规定执行。

纳税人进口货物，应当自海关填发进口增值税专用缴款书之日起15日内缴纳税款。

按固定期限纳税的小规模纳税人可以选择以1个月或1个季度为纳税期限，一经选择，1个会计年度内不得变更。

3.1.8.3　纳税地点

1. 固定业户应当向其机构所在地主管税务机关申报纳税

机构所在地是指纳税人的注册登记地。

（1）总机构和分支机构不在同一县（市）的，应当分别向各自所在地的主管税务机关申报纳税；经财政部和国家税务总局或者其授权的财政和税务机关批准，可以由总机构汇总向总机构所在地的主管税务机关申报纳税。

具体审批权限如下：

①总机构和分支机构不在同一省、自治区、直辖市的，经财政部和国家税务总局批准，可以由总机构汇总向总机构所在地的主管税务机关申报纳税。

②总机构和分支机构不在同一县（市），但在同一省、自治区、直辖市范围内的，经省、自治区、直辖市财政厅（局）、国家税务局审批同意，可以由总机构汇总向总机构所在地的主管税务机关申报纳税。

（2）固定业户到外县（市）销售货物或者劳务的情况

应当向其机构所在地的主管税务机关报告外出经营事项，并向其机构所在地的主管税务机关申报纳税；未报告的，应当向销售地或者劳务发生地的主管税务机关申报纳税，未向销售地或者劳务发生地的主管税务机关申报纳税的，由其机构所在地的主管税务机关补征税款。

2. 非固定业户销售货物或者劳务

应当向销售地或者劳务发生地主管税务机关申报纳税；未向销售地或者劳务发生地的主管税务机关申报纳税的，由其机构所在地或者居住地主管税务机关补征税款。

3. 进口货物

进口货物，应当向报关地海关申报纳税。

4. 扣缴义务人

扣缴义务人应当向其机构所在地或者居住地主管税务机关申报缴纳扣缴的税款。

3.1.8.4　纳税申报方法

1. 增值税一般纳税人纳税申报办法

1）申报材料。

纳税申报资料包括纳税申报表及其附列资料和纳税申报的其他资料。

（1）纳税申报表及其附列资料。增值税一般纳税人（以下简称“一般纳税人”）纳税申报表及其附列资料包括：

①《增值税纳税申报表（一般纳税人适用)》。

②《增值税纳税申报表附列资料（一)》（本期销售情况明细）。

③《增值税纳税申报表附列资料（二)》（本期进项税额明细）。

④《增值税纳税申报表附列资料（三)》（服务、不动产和无形资产扣除项目明细）。①

⑤《增值税纳税申报表附列资料（四)》（税额抵减情况表）。

---

① 一般纳税人销售服务、不动产和无形资产，在确定服务、不动产和无形资产销售额时，按照有关规定可以从取得的全部价款和价外费用中扣除价款的，需填报《增值税纳税申报表附列资料（三)》。其他情况不填写该附列资料。

⑥《增值税纳税申报表附列资料（五）》（不动产分期抵扣计算表）。

⑦《增值税减免税申报明细表》。

（2）纳税申报表及其附列资料纳税申报的其他资料。

①已开具的税控机动车销售统一发票和普通发票的存根联。

②符合抵扣条件且在本期申报抵扣的增值税专用发票（含税控机动车销售统一发票）的抵扣联。

③符合抵扣条件且在本期申报抵扣的海关进口增值税专用缴款书、购进农产品取得的普通发票的复印件。

④符合抵扣条件且在本期申报抵扣的税收完税凭证及其清单，书面合同、付款证明和境外单位的对账单或者发票。

⑤已开具的农产品收购凭证的存根联或报查联。

⑥纳税人销售服务、不动产和无形资产，在确定服务、不动产和无形资产销售额时，按照有关规定从取得的全部价款和价外费用中扣除价款的合法凭证及其清单。

⑦主管税务机关规定的其他资料。

（3）纳税申报表及其附列资料为必报资料。纳税申报其他资料的报备要求由各省、自治区、直辖市和计划单列市国家税务局确定。

2）纳税人预缴税款需填写《增值税预缴税款表》。

纳税人跨县（市）提供建筑服务、房地产开发企业预售自行开发的房地产项目、纳税人出租与机构所在地不在同一县（市）的不动产，按规定需要在项目所在地或不动产所在地主管国税机关预缴税款的，需填写《增值税预缴税款表》。

3）填制。

纳税人应当按税法规定如实填制《增值税纳税申报表（适用于增值税一般纳税人）》并办理纳税申报。

2. 增值税小规模纳税人纳税申报办法

1）申报材料。

《增值税纳税申报表（小规模纳税人适用）》《增值税纳税申报表（小规模纳税人适用）附列资料》①《增值税减免税申报明细表》《增值税预缴税款表》。

2）填制。

纳税人应当按税法规定如实填制《增值税纳税申报表（适用于增值税

---

① 小规模纳税人销售服务，在确定服务销售额时，按照有关规定可以从取得的全部价款和价外费用中扣除价款的，需填报《增值税纳税申报表（小规模纳税人适用）附列资料》。其他情况不填写该附列资料。

小规模纳税人)》并办理纳税申报。

3.1.9　增值税发票的使用及管理

3.1.9.1　增值税发票的种类及其基本介绍

增值税纳税人发生应税销售行为，应使用增值税发票管理新系统（以下简称"新系统"）分别开具增值税专用发票、增值税普通发票、增值税电子普通发票、机动车销售统一发票。详细内容如表3－10所示。

表3－10　　　　　　　　　　增值税发票的种类及其基本介绍

发票类型	基本规定
增值税专用发票	（1）联次；（2）开具；（3）红字增值税专用发票的开具
增值税普通发票	（1）将除商业零售以外的增值税一般纳税人纳入增值税防伪税控系统开具和管理，也就是说一般纳税人可以使用同一套增值税防伪税控系统开具增值税专用发票、增值税普通发票等，俗称"一机多票"。 （2）增值税普通发票的格式、字体、栏次、内容与增值税专用发票完全一致，按发票联次分为两联票和五联票两种，基本联次为两联，第一联为记账联，销货方用作记账凭证；第二联为发票联（采用防伪纸张印制），购货方用作记账凭证。此外为满足部分纳税人的需要，在基本联次后添加了三联的附加联次，即五联票，供企业选择使用。 （3）增值税普通发票（折叠票）发票代码调整为12位
增值税电子普通发票	（1）增值税电子普通发票的开票方和受票方需要纸质发票的，可以自行打印增值税电子普通发票的版式文件，其法律效力、基本用途、基本使用规定等与税务机关监制的增值税普通发票相同。 （2）增值税电子普通发票的发票代码为12位，编码规则：第1位为0，第2～5位代表省、自治区、直辖市和计划单列市，第6～7位代表年度，第8～10位代表批次，第11～12位代表票种（11代表增值税电子普通发票）。发票号码为8位，按年度、分批次编制。
机动车销售统一发票	（1）机动车销售统一发票联次。《机动车销售统一发票》为电脑六联式发票。即第一联发票联（购货单位付款凭证），第二联抵扣联（购货单位扣税凭证），第三联报税联（车购税征收单位留存），第四联注册登记联（车辆登记单位留存），第五联记账联（销货单位记账凭证），第六联存根联（销货单位留存）。 （2）机动车销售统一发票适用范围。凡从事机动车零售业务的单位和个人，从2006年8月1日起，在销售机动车（不包括销售旧机动车）收取款项时，必须开具税务机关统一印制的新版《机动车销售统一发票》，并在发票联加盖财务专用章或发票专用章，抵扣联和报税联不得加盖印章。 （3）增值税税额的计算公式为： $$增值税税额 = 价税合计 - 不含税价$$ $$不含税价 = 价税合计 \div (1 + 增值税税率或征收率)$$

3.1.9.2 增值税专用发票

1. 增值税专用发票的联次

增值税专用发票由基本联次或者基本联次附加其他联次构成，基本联次分为三联：发票联、抵扣联和记账联。发票联，作为购买方核算采购成本和增值税进项税额的记账凭证；抵扣联，作为购买方报送主管税务机关认证和留存备查的凭证；记账联，作为销售方核算销售收入和增值税销项税额的记账凭证。其他联次用途，由一般纳税人自行确定。

2. 增值税专用发票的开具范围

（1）一般纳税人发生应税销售行为，应向购买方开具增值税专用发票。

（2）商业企业一般纳税人零售的烟、酒、食品、服装、鞋帽（不包括劳保专用部分）、化妆品等消费品不得开具增值税专用发票。

（3）增值税小规模纳税人需要开具增值税专用发票的，可向主管税务机关申请代开。

（4）销售免税货物不得开具增值税专用发票，法律、法规及国家税务总局另有规定的除外。

（5）纳税人发生应税销售行为，应当向索取增值税专用发票的购买方开具增值税专用发票，并在增值税专用发票上分别注明销售额和销项税额。

属于下列情形之一的，不得开具增值税专用发票：一是应税销售行为的购买方为消费者个人的；二是发生应税销售行为适用免税规定的。

（6）增值税小规模纳税人（其他个人除外）发生增值税应税行为，需要开具增值税专用发票的，可以自愿使用增值税发票管理系统自行开具。选择自行开具增值税专用发票的小规模纳税人，税务机关不再为其代开增值税专用发票。增值税小规模纳税人应当就开具增值税专用发票的销售额计算增值税应纳税额，并在规定的纳税申报期内向主管税务机关申报缴纳。

小规模纳税人销售其取得的不动产，需要开具增值税专用发票的，应当按照有关规定向税务机关申请代开。

小规模纳税人应当就开具增值税专用发票的销售额计算增值税应纳税额，并在规定的纳税申报期内向主管税务机关申报缴纳。在填写增值税纳税申报表时，应当将当期开具增值税专用发票的销售额，按照3%和5%的征收率，分别填写在《增值税纳税申报表（小规模纳税人适用）》第2栏和第5栏"税务机关代开的增值税专用发票不含税销售额"的"本期数"相应栏次中。

（7）小规模纳税人月销售额超过10万元的，使用增值税发票管理系统开具增值税普通发票、机动车销售统一发票、增值税电子普通发票。

已经使用增值税发票管理系统的小规模纳税人，月销售额未超过10万元的，可以继续使用现有税控设备开具发票；已经自行开具增值税专用发票的，可以继续自行开具增值税专用发票，并就开具增值税专用发票的销售额计算缴纳增值税。

3. 增值税专用发票不得抵扣进项税额的规定

（1）有下列情形之一的，不得作为增值税进项税额的抵扣凭证。

经认证，有下列情形之一的，不得作为增值税进项税额的抵扣凭证，税务机关退还原件，购买方可要求销售方重新开具增值税专用发票。

①无法认证，是指增值税专用发票所列密文或者明文不能辨认，无法产生认证结果。

②纳税人识别号认证不符，是指增值税专用发票所列购买方纳税人识别号有误。

③增值税专用发票代码、号码认证不符，是指增值税专用发票所列密文解译后与明文的代码或者号码不一致。

（2）对丢失已开具增值税专用发票的发票联和抵扣联的处理。

纳税人同时丢失已开具增值税专用发票或机动车销售统一发票的发票联和抵扣联，可凭加盖销售方发票专用章的相应发票记账联复印件，作为增值税进项税额的抵扣凭证、退税凭证或记账凭证。

纳税人丢失已开具增值税专用发票或机动车销售统一发票的抵扣联，可凭相应发票的发票联复印件，作为增值税进项税额的抵扣凭证或退税凭证；纳税人丢失已开具增值税专用发票或机动车销售统一发票的发票联，可凭相应发票的抵扣联复印件，作为记账凭证。

4. 增值税专用发票的开具

（1）一般纳税人发生应税销售行为可汇总开具增值税专用发票。汇总开具增值税专用发票的，同时使用防伪税控系统开具《销售货物或者提供应税劳务清单》，并加盖财务专用章或者发票专用章。

（2）保险机构作为车船税扣缴义务人，在代收车船税并开具增值税发票时，应在增值税发票备注栏中注明代收车船税税款信息。具体包括保险单号、税款所属期（详细至月）、代收车船税金额、滞纳金金额、金额合计等。该增值税发票可作为纳税人缴纳车船税及滞纳金的会计核算原始凭证。

除上述规定外，"营改增"的相关文件还结合实际情况对增值税专用发票的开具作出了额外规定，如专栏3－14所示。

专栏 3 – 14

"营改增"中增值税专用发票开具的额外规定

（1）自2016年5月1日起，纳入新系统推行范围的试点纳税人及新办增值税纳税人，应使用新系统根据《商品和服务税收分类与编码（试行）》选择相应的编码开具增值税发票。

（2）按照现行政策规定适用差额征税办法缴纳增值税，且不得全额开具增值税发票的（财政部、国家税务总局另有规定的除外），纳税人自行开具或者税务机关代开增值税发票时，通过新系统中差额征税开票功能，录入含税销售额（或含税评估额）和扣除额，系统自动计算税额和不含税金额，备注栏自动打印"差额征税"字样，发票开具不应与其他应税行为混开。

（3）提供建筑服务，纳税人自行开具或者税务机关代开增值税发票时，应在发票的备注栏注明建筑服务发生地县（市、区）名称及项目名称。

（4）销售不动产，纳税人自行开具或者税务机关代开增值税发票时，应在发票"货物或应税劳务、服务名称"栏填写不动产名称及房屋产权证书号码（无房屋产权证书的可不填写），"单位"栏填写面积单位，备注栏注明不动产的详细地址。

（5）出租不动产，纳税人自行开具或者税务机关代开增值税发票时，应在备注栏注明不动产的详细地址。

（6）个人出租住房适用优惠政策减按1.5%征收，纳税人自行开具或者税务机关代开增值税发票时，通过新系统中征收率减按1.5%征收开票功能，录入含税销售额，系统自动计算税额和不含税金额，发票开具不应与其他应税行为混开。

（7）税务机关代开增值税发票时，"销售方开户行及账号"栏填写税收完税凭证字轨号码或系统税票号码（免税代开增值税普通发票可不填写）。

（8）税务机关为跨县（市、区）提供不动产经营租赁服务、建筑服务的小规模纳税人（不包括其他个人），代开增值税发票时，在发票备注栏中自动打印"YD"字样。

资料来源：笔者根据《国家税务总局关于全面推开营业税改征增值税试点有关税收征收管理事项的公告》（国家税务总局公告2016年第23号）相关内容整理所得。

5. 开具增值税专用发票后发生退货或开票有误的处理

（1）增值税一般纳税人开具增值税专用发票后，发生销货退回、开票有误、应税服务中止等情形但不符合发票作废条件，或者因销货部分退回及发生销售折让，需要开具红字增值税专用发票的，按规定方法处理。

①购买方取得增值税专用发票已用于申报抵扣的，购买方可在增值税发票管理新系统中填开并上传《开具红字增值税专用发票信息表》（以下简称《信息表》），在填开《信息表》时不填写相对应的蓝字增值税专用发票信息，应

暂依《信息表》所列增值税税额从当期进项税额中转出，待取得销售方开具的红字增值税专用发票后，与《信息表》一并作为记账凭证。

②购买方取得增值税专用发票未用于申报抵扣，但发票联或抵扣联无法退回的，购买方填开《信息表》时应填写相对应的蓝字增值税专用发票信息。

③销售方开具增值税专用发票尚未交付购买方，以及购买方未用于申报抵扣并将发票联及抵扣联退回的，销售方可在新系统中填开并上传《信息表》。销售方填开《信息表》时应填写相对应的蓝字增值税专用发票信息。

（2）税务机关为小规模纳税人代开增值税专用发票，需要开具红字增值税专用发票的，按照一般纳税人开具红字增值税专用发票的方法处理。

（3）纳税人需要开具红字增值税普通发票的，可以在所对应的蓝字发票金额范围内开具多份红字发票。红字机动车销售统一发票需与原蓝字机动车销售统一发票一一对应。

3.1.9.3　"营改增"后纳税人发票的使用

（1）增值税一般纳税人发生应税销售行为，使用增值税发票管理新系统开具增值税专用发票、增值税普通发票、机动车销售统一发票、增值税电子普通发票。

（2）增值税小规模纳税人月销售额超过10万元的，使用增值税发票管理系统开具增值税普通发票、机动车销售统一发票、增值税电子普通发票。

已经使用增值税发票管理系统的小规模纳税人，月销售额未超过10万元的，可以继续使用现有税控设备开具发票；已经自行开具增值税专用发票的，可以继续自行开具增值税专用发票，并就开具增值税专用发票的销售额计算缴纳增值税。

自2019年1月1日起，小规模纳税人月销售额未超过10万元的，当期因开具增值税专用发票已经缴纳的税款，在增值税专用发票全部联次追回或者按规定开具红字专用发票后，可以向主管税务机关申请退还。

（3）门票、过路（过桥）费发票、定额发票、客运发票和二手车销售统一发票继续使用。

（4）采取汇总纳税的金融机构，省、自治区所辖地市以下分支机构可以使用地市级机构统一领取的增值税专用发票、增值税普通发票、增值税电子普通发票；直辖市、计划单列市所辖区县及以下分支机构可以使用直辖市、计划单列市机构统一领取的增值税专用发票、增值税普通发票、增值税电子普通发票。

（5）金融机构开展贴现、转贴现业务需要就贴现利息开具发票的，由贴现机构按照票据贴现利息全额向贴现人开具增值税普通发票，转贴现机构按照转贴现利息全额向贴现机构开具增值税普通发票。

（6）国税机关、地税机关使用新系统代开增值税专用发票和增值税普通发票。代开增值税专用发票使用六联票，代开增值税普通发票使用五联票。

3.2 消 费 税

3.2.1 消费税概述

消费税，是以消费品或消费行为的流转额为征税对象的一种税，前者向消费品经营者征收，所征税款可随价格转嫁给消费者，属于间接税的范畴。[①] 消费税在世界范围内普遍开征，但各国的制度并不相同。比如，日本、印度等国家将消费税等同于一般的销售税，征税范围几乎囊括了所有的消费品；美国仅对国内生产和消费的产品征收消费税，对进口同类产品课征其他类型的货劳税；我国则是有针对性地选择部分消费品征收，属于狭义的消费税。

3.2.1.1 消费税的概念

消费税（consumption tax）是对在中国境内从事生产、委托加工和进口应税消费品的单位和个人，以其销售额或销售数量为基础进行征收的一种货劳税。

按照不同的标准，消费税可以分为不同类型。依征收范围划分，可以分为一般消费税和特别消费税，一般消费税是指以所有或大部分消费品或消费行为作为征税对象的一类税，特别消费税是指对特定消费品或消费行为征收的一类税。依征税环节划分，还可以分为直接消费税和间接消费税，直接消费税旨在向消费者直接征收，消费者既是纳税人也是实际税负的承担者，间接消费税是向生产者或者销售者征收，税款由生产者或销售者缴纳但实际税负由消费者最终承担。我国现行的消费税是在对货物普遍征收增值税的基础上，选择少数消费品进行再调节的税种，属于特别消费税、间接消费税。

---

① 邓子基. 消费税的理论与实践 [J]. 税务研究，1997（4）：30－35.

3.2.1.2 消费税的历史沿革

我国春秋时期，管仲在齐国实行盐铁专卖引出相关税源；汉朝时期，盐铁专营已经非常普遍，同时消费税的范围也非常广泛；汉朝以后，陆续开征了茶税、竹税、烟税、生漆税、皮毛税、糖税、矿产品税等，而盐、铁、酒、茶四种商品一直是中国历朝历代皇家与国库的重要收入来源。而早在西方的古罗马时期，就出现了对特定消费品征收的税；世界上最早使用"消费税"这一名称的是 16 世纪的荷兰。①

新中国成立后，在 1950 年建立的新税制中就曾将娱乐、冷食、筵席、旅馆四个税目列入特种消费行为税的征税范围；1989 年进一步针对彩色电视机、小轿车开征了特别消费税，以缓解该货物的供求矛盾。

我国现行消费税制度是在国务院颁布并于 1994 年 1 月 1 日起实施的《中华人民共和国消费税暂行条例》基础上不断修改完善而来的，如 2006 年新设木制一次性筷子、实木地板以及高尔夫球及球具等税目，并取消了对某些生活必需品的征税，修改了小汽车的相关税率等；2014 年，取消了汽车轮胎等税目；2018 年国家税务总局会议通过了对卷烟、金银首饰相关管理方案修订、成品油征收管理修改、延长对废矿物油再生油品免征期限以及出口货物消费税以及消费税征收管理办法修改等。2019 年，财政部、国家税务总局联合发布通知，向社会公开征求关于《中华人民共和国消费税法（征求意见稿）》的意见。随着立法进程的加快，我国的消费税制度也将日臻完善。

3.2.1.3 消费税的特点

1. 征收范围具有选择性

我国的消费税属于狭义的、有选择性的货劳税。政府根据我国的消费政策和财政需要，将高能耗消费品、不可再生的资源消费品、奢侈品以及过度消费会危害人体健康的消费品列入消费税征税范围。相较于普遍征收的增值税，消费税只对规定的 15 类应税消费品征税。

2. 征税环节具有单一性

我国消费税通常是在消费品的生产、流通、消费过程中选择某一环节课征（除卷烟与超豪华小汽车外），如白酒、成品油、摩托车、游艇、高档手表等绝大多数应税消费品都只选择了在生产销售环节征收消费税。选择生产环节征

---

① 贾康，张晓云. 中国消费税的三大功能：效果评价与政策调整［J］. 当代财经，2014（4）：24－34.

税不仅可以有效解决重复征税问题，还可以在一定程度上加强对税源的控制，防止税款流失。

3. 计税方法的多样性

为了贯彻国家的消费政策，充分发挥税收对消费的调节作用，消费税采用较为灵活的计税方法，对不同应税消费品应纳税额的计算实行不同的方法，具体为：啤酒、黄酒、成品油采用从量计税方法；卷烟和白酒采用复合计税方法；除上述外，其他应税消费品采用从价计税方法。与不同计税方法相对应，在应纳税额的计算过程中也分别使用定额税率、比例税率和复合税率。

4. 税负具有转嫁性

我国的消费税采用价内税形式，将税款包含在商品的计税价格中，尽管在形式上消费税直接以应税消费品的生产经营者为纳税人，但无论在哪个环节征收，税款都会随着销售价格在产销链条上转移，而应税消费品的最终消费者便成为消费税的实际承担人。

3.2.1.4 消费税的作用

1. 筹集资金，增加财政收入

据财政部相关资料显示，我国消费税收入近年来占税收总收入的7% ~ 8%，其贡献程度在18个税种中位列第四（见表3-11）。由于生产销售环节是主要征税环节，税源集中、征管成本低，极大地便利了消费税的征管，同时也确保了财政收入。随着我国经济的不断发展，人们的生活水平不断提高，在筹集财政收入方面，消费税的地位逐步提升，成为我国财政收入的重要支柱。

表 3 - 11　　　　　　2016~2020 年我国国内消费税收入占比情况

项目	2016 年	2017 年	2018 年	2019 年	2020 年
消费税收入（亿元）	10 217	10 225	10 632	12 562	12 028
消费税占比（%）	7.84	7.08	6.80	8.00	7.80

资料来源：根据财政部网站相关数据整理计算所得。

2. 正确引导消费，贯彻国家政策

相较于其他货劳税而言，消费税具有较强的调节功能，它可以通过税负转嫁传导机制，影响消费者的支付能力和消费选择决策，从而调节消费结构，有效贯彻国家的经济政策和消费政策。如对人体身心健康有害的烟、酒消费品，对环境污染严重的涂料、电池，以及一些油类非再生资源等进行征税，可以减少上述应税消费品对社会、经济产生的不良影响。

3. 调节消费水平，缓解分配不公

消费税的征税范围中不包括人们日常消费的基本生活用品和企业正常的生产消费物品，而是对珠宝首饰、高尔夫球具、超豪华小汽车等高档消费品征税，这体现出消费税还具有调节收入分配的作用。通过对奢侈品课征高税率的消费税，间接增加高消费群体的负担，体现了"量能课税"原则，在一定程度上可以削弱贫富差距、缓解分配不公的矛盾。

3.2.2 征税范围和纳税义务人

3.2.2.1 征税范围

结合经济发展情况，我国政府对消费税征税范围的考虑主要可以总结为以下几个方面：一是过度消费会危害人类身体健康的特殊消费品，如烟、酒等应税消费品；二是属于非生活必需品的奢侈品，如高档手表、贵重首饰及珠宝玉石等应税消费品；三是高污染、高能耗的消费品，如摩托车、电池、涂料等高档消费品；四是不可替代或不可再生的资源产品，如成品油、木制一次性筷子以及实木地板等。具体来说，共包括以下 15 个税目：

1. 烟

烟包括卷烟、雪茄烟、烟丝和电子烟。其中卷烟还可按照价格分为不含增值税调拨价 70 元/标准条及以上的甲类卷烟，以及不含增值税调拨价 70 元/标准条以下的乙类卷烟。自 2022 年 11 月 1 日起电子烟纳入消费税征收范围。

2. 酒

酒包括白酒、黄酒、啤酒以及其他酒。其中包装物和包装物押金的每吨出厂价 3 000 元及以上的为甲类啤酒，每吨出厂价为 3 000 元以下的为乙类啤酒；其他酒是指除粮食白酒、黄酒、啤酒以外的糠麸白酒、其他原料白酒、土甜酒、复制酒、果木酒、汽酒、药酒等。

3. 高档化妆品

高档化妆品是指生产（或进口）环节销售不含税价在 10 元/毫升（克）或 15 元/片及以上的美容、修饰类化妆品和护肤类化妆品，但不包括舞台、戏剧、影视演员化妆用的上妆油、卸妆油、油彩。

4. 贵重首饰及珠宝玉石

本税目征收范围包括金、银、铂金、钻石、宝石等金银珠宝首饰和经过采掘、打磨、加工的各种珠宝宝石。

5. 成品油

成品油征税范围包括汽油、柴油、石脑油、溶剂油、润滑油、航空煤油、燃料油。目前税务机关对航空煤油暂缓征收消费税。

6. 游艇

为消费税征税范围内的游艇是指艇身长度在 8 ~ 90 米（含），内置发动机且主要用于休闲娱乐等非谋利活动的各类机动艇。

7. 小汽车

小汽车包括乘用车、中型商用车以及超豪华小汽车。乘用车是指不超过 9 座的汽车；中型商用车是指 10 ~ 23 座的客车；超豪华小汽车是指每辆不含税零售价为 130 万元及以上的乘用车和中型商用客车。

8. 摩托车

此处的摩托车的征税范围仅指气缸容量 250 毫升及以上的摩托车。

9. 高尔夫球及球具

高尔夫球及球具是指从事高尔夫运动所需要的各种专用装备，具体包括高尔夫球、高尔夫球杆、高尔夫包、高尔夫球杆的杆头、杆身和握把。

10. 高档手表

高档手表是指符合不含增值税零售为 1 万元及以上的各类手表。

11. 鞭炮、焰火

鞭炮是指用多层纸密裹火药并接以药引线而制成的一种爆炸品，焰火是指烟火剂，一般系包扎品，内装药剂，点燃后验货喷射，呈现各种颜色有点还变幻成各种景象。本税目不含体育上用的发令纸、鞭炮药引线。

12. 木质一次性筷子

木质筷子是指以木材为原料，经过锯断、浸泡、旋切、刨切、烘干、筛选、包装等环节加工而成的一次性使用筷子。

13. 实木地板

该税目征税范围包括以木材为原料的各类实木地板、实木指接地板、实木复合地板以及用于装饰墙壁、天棚的侧端面为榫、槽的实木装饰板。

14. 电池

电池是指将化学能、光能等直接转换为电能的一种装置，一般由电极、电解质、容器、极端，通常还有隔离层组成的基本功能单元，以及用一个或多个基本功能单元装配成的电池组。具体包括原电池、蓄电池、燃料电池、太阳能电池和其他电池，其中太阳能电池和燃料电池暂免征收消费税。

15. **涂料**

涂料是指涂于物体表面能形成具有保护、装饰或特殊性能的固态涂膜的一类液体或固体材料的总称。我国现行税法规定，对施工状态下挥发性有机物（VOC）含量低于420/升（含）的涂料免征消费税。

3.2.2.2　纳税义务人

消费税的纳税人是指在中华人民共和国境内生产、委托加工和进口应税消费品的单位和个人，以及国务院确定的销售规定应税消费品的其他单位和个人，结合应税消费品的征税环节，消费税纳税义务人具体分为以下几种：

（1）自产销售、自产自用应税消费品的单位和个人。

（2）进口应税消费品的单位和个人。

（3）委托加工应税消费品的单位和个人。

（4）从事卷烟和电子烟批发的单位和个人。

（5）零售超豪华小汽车、金银首饰、铂金首饰和钻石及钻石饰品的单位和个人。

这里所说的"单位"是指企业、行政单位、事业单位、军事单位、社会团体及其他单位，"个人"是指个体工商户及其他个人，"在中华人民共和国境内"是指生产、委托加工和进口应税消费品的起运地或者所在地在我国境内。

3.2.3　税率

1. 税率的设计

我国现行消费税税率根据国家政策、消费者承受能力以及财政需要，采用了比例税率、定额税率和复合税率三种形式：比例税率主要适用于供求矛盾突出、价格差异大、计量单位难以规范的消费品，如雪茄烟、烟丝、贵重首饰及珠宝玉石、高档化妆品、小汽车以及其他酒类消费品等；定额税率主要适用于供求平衡、价格差异不大、计量单位较为规范的应税消费品，包括啤酒、黄酒和成品油三类消费；除适用以上两种税率的应税消费品外，还有适用复合税率的卷烟、白酒。我国的消费税税率依照《消费税税目税率表》执行，由财政部与国家税务总局规定，各税目采用的具体税率如表3-12所示。

表 3-12   消费税税率表

税目	税率
1. 烟 （1）卷烟 ①生产环节 ·甲类卷烟 ·乙类卷烟 ②批发环节 （2）雪茄烟 （3）烟丝 （4）电子烟 ①生产或进口环节 ②批发环节	 56% 加 0.003 元/支 36% 加 0.003 元/支 11% 加 0.005 元/支 36% 30% 36% 11%
2. 酒 （1）白酒 （2）黄酒 （3）啤酒 ①甲类啤酒 ②乙类啤酒 （4）其他酒	 20% 加 0.5 元/500 克（毫升） 240 元/吨 250 元/吨 220 元/吨 10%
3. 高档化妆品	15%
4. 贵重首饰及珠宝玉石 （1）金银首饰、铂金首饰和钻石及钻石饰品 （2）其他贵重首饰及珠宝玉石	 5% 10%
5. 成品油 （1）汽油 （2）柴油 （3）航空煤油 （4）石脑油 （5）溶剂油 （6）润滑油 （7）燃料油	 1.52 元/升 1.2 元/升 1.2 元/升 1.52 元/升 1.52 元/升 1.52 元/升 1.2 元/升
6. 游艇	10%
7. 小汽车 （1）乘用车 ①气缸容量（排气量，下同）在 1.0 升（含 1.0 升）以下的 ②气缸容量在 1.0 升以上至 1.5 升（含 1.5 升）的 ③气缸容量在 1.5 升以上至 2.0 升（含 2.0 升）的 ④气缸容量在 2.0 升以上至 2.5 升（含 2.5 升）的 ⑤气缸容量在 2.5 升以上至 3.0 升（含 3.0 升）的 ⑥气缸容量在 3.0 升以上至 4.0 升（含 4.0 升）的 ⑦气缸容量在 4.0 升以上的 （2）中轻型商用客车 （3）超豪华小汽车（零售环节）	 1% 3% 5% 9% 12% 25% 40% 5% 10%
8. 摩托车	10%
9. 高尔夫球及球具	10%
10. 高档手表	20%
11. 鞭炮、焰火	15%

续表

税目	税率
12. 木制一次性筷子	5%
13. 实木地板	5%
14. 电池	4%
15. 涂料	4%

2. 税率的适用

纳税人生产、加工和进口应税消费品，应当按上述表格中规定的税率计算纳税，但对以下两种情况税法作出了进一步规定：

（1）纳税人兼营不同税率的应税消费品时应当分别核算其销售额与销售数量，未分别核算其销售额和销售数量，按最高税率计征；纳税人若将应税消费品与非应税消费品以及适用税率不同的应税消费品成套出售的，也应当根据成套消费品的销售金额按应税消费品的最高税率计征。

（2）进口卷烟消费税适用比例税率应当按照以下办法确定：

$$\begin{matrix} \text{每标准条进口卷烟} \\ \text{确定消费税适用} \\ \text{比例税率的价格} \end{matrix} = \left[\begin{matrix} \text{关税} \\ \text{完税价格} \end{matrix} + \text{关税} + \begin{matrix} \text{消费税} \\ \text{定额税率} \end{matrix} \div \left(1 - \begin{matrix} \text{进口} \\ \text{消费税税率} \end{matrix} \right) \right]$$

上述公式中消费税定额税率为每标准条 0.6 元，消费税税率固定为 36%。若计算得出的每标准条进口卷烟确定消费税适用比例税率的价格不低于 70 元的，适用的比例税率为 56%；若每标准条进口卷烟确定消费税适用比例税率的价格低于 70 元的，适用比例税率为 36%。

3.2.4　计税方法与应纳税额的计算

3.2.4.1　计税方法

1. 从价定率计税

以从价定率方式计税的应税消费品，按下列公式计算应纳税额：

$$应纳税额 = 应税消费品销售额 \times 适用税率$$

上述公式中的销售额为消费税纳税人销售应税消费品向购买方收获的全部价款和价外费用，其中价外费用是指价外向购买方收取的基金、集资费、返还利润、补贴、违约金、延期付款利息、手续费、包装费、优质费、代收款项、代垫款项以及其他各种性质的价外收费，但符合特定条件的代垫运费和代为收取的政府性基金或行政事业性收费不包括在销售额内。代垫运费需要同时满足以下条件：

（1）承运部门的运费发票开具给购货方。

（2）纳税人将该项发票转给购货方。

对于向购买方收取的包装物押金，若是除啤酒、黄酒以外的酒类应税消费品，在收到包装物押金时应当换算为不含增值税的税基计算缴纳增值税与消费税，除此以外的应税消费品所对应的包装物押金，在逾期未收回不再退还或是收取了一年以上时，才将包装物押金换算为不含增值税的税基计算增值税和消费税。

如果纳税人的销售额中未扣除增值税，则还应当将销售额换算为不含税销售额：

应税消费品销售额 = 应税消费品含税销售额 ÷（1 + 适用税率或征收率）

【例 3 - 15】某白酒生产企业为增值税一般纳税人，2021 年 1 月向某烟酒专卖店销售粮食白酒 20 吨，开具普通发票，取得含税收入 200 万元，另收取品牌使用费 50 万元、包装物租金 20 万元，本月甲企业向烟酒专卖店销售白酒应缴纳消费税数额为多少？

【解析】

品牌使用费和包装物租金应作增值税价税分离后并入销售额计算消费税。白酒采用复合计税的方法计算缴纳消费税。因此，本月甲企业向烟酒专卖店销售白酒应缴纳消费税 =（200 + 50 + 20）÷（1 + 13%）×20% + 20 × 2 000 × 0.5 ÷ 10 000 = 47. 79 + 2 = 49. 79（万元）。

2. 从量定额计税

以从量定额方式计税的应税消费品，按下列公式计算应纳税额：

应纳税额 = 应税消费品销售数量 × 适用税额标准

上述公式中的销售数量具体是指：

（1）销售应税消费品的，为应税消费品的销售数量。

（2）自产自用应税消费品的，为应税消费品的移送使用数量。

（3）委托加工应税消费品的，为纳税人收回的应税消费品数量。

（4）进口的应税消费品，为海关核定的应税消费品进口征税数量。

3. 复合计税

以复合税率方式计税的应税消费品，按下列公式计算应纳税额：

应纳税额 = 应税消费品销售额 × 适用税率 + 应税消费品销售数量
× 适用税额标准

复合计税方式下的应税消费品销售额以及销售数量，依照从价定率以及从量定额方式下的销售额和销售数量确定。

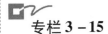

专栏 3 – 15

<h2 style="text-align:center">卷烟与白酒最低计税价格的核定</h2>

1. 卷烟

自 2012 年 1 月 1 日起，卷烟消费税最低计税价格核定范围为卷烟生产企业在生产销售环节销售所有牌号、规格的卷烟。

某牌号、规格卷烟最低计税价格＝批发环节销售价格×（1－适用批发毛利率）

$$批发环节销售价格 = \sum 该牌号规格卷烟各采集点的销售额$$
$$\div \sum 该牌号规格卷烟各采集点的销售量$$

已由国家税务总局核定计税价格的卷烟，按生产企业实际销售价格与最低计税价格孰高确定适用税率，并计算缴纳应纳税额。

2. 白酒

白酒生产企业销售给销售单位的白酒，若生产企业消费税计税价格高于销售单位对外销售价格 70%（含 70%）以上的，税务机关暂不核定消费税最低计税价格；若生产企业消费税计税价格低于销售单位对外销售价格 70% 以下的，消费税最低计税价格由税务机关根据生产规模、白酒品牌、利润水平等情况在销售单位对外销售价格 50% ~70% 范围内自行核定。其中生产规模较大，利润水平较高的企业生产的需要核定消费税最低计税价格的白酒，税务机关核价幅度原则上应选择在销售单位对外销售价格 60% ~70% 范围内。

已核定最低计税价格的白酒，销售单位对外销售价格持续上涨或下降时间达到 3 个月以上、累计上涨或下降幅度在 20%（含）以上的，税务机关重新核定最低计税价格。

已核定最低计税价格的白酒，按生产企业实际销售价格与消费税最低计税价格孰高确定税基并申报纳税。

资料来源：笔者根据《卷烟消费税计税价格信息采集和核定管理办法》（国家税务总局令第 26 号）、《国家税务总局关于加强白酒消费税征收管理的通知》（国税函〔2009〕380 号）相关内容整理所得。

3.2.4.2 应纳税额的计算

1. 生产销售环节的应纳税额计算

（1）直接对外销售应税消费品的计税方法。

若应税消费品实行从价定率计税方法的，按下列公式计算应纳税额：

应纳税额＝应税消费品含税销售额÷（1＋适用税率或征收率）

若应税消费品实行从量定额计税方法的,按下列公式计算应纳税额:

$$应纳税额 = 应税消费品销售数量 × 适用税额标准$$

若应税消费品实行复合计税方法的,按下列公式计算应纳税额:

$$应纳税额 = 应税消费品销售额 × 适用税率 + 应税消费品销售数量$$
$$× 适用税额标准$$

在对外销售的过程中,单位或个人通过设立非独立核算门市部销售自产应税消费品的,应按照门市部对外销售应税消费品的销售额或销售数量计算消费税。

（2）自产自用应税消费品的计税方法。

纳税人自产自用应税消费品,若将应税消费品用于连续生产应税消费品的,暂不缴纳消费税;若将应税消费品用于继续生产非应税消费品、在建工程、管理部门、非生产机构、提供劳务、馈赠、赞助、集资、广告、样品、职工福利、奖励等其他方面的,应当在移送使用时计算缴纳消费税。

纳税人用于换取生产资料、消费资料、投资入股、抵偿债务方面的应税消费品,按照纳税人生产的同类消费品的最高销售价格作为计税依据计算纳税;用于其他方面的应税消费品,按照纳税人生产的同类消费品销售价格的加权平均数作为计税依据计算纳税。没有同类消费品销售价格的,按照组成计税价格计算纳税:

实行从价定率计税方法的应税消费品,按下列公式计算其组成计税价格:

$$组成计税价格 = （成本 + 利润）÷ （1 - 比例税率）$$

实行复合计税方法的应税消费品,按下列公式计算其组成计税价格:

$$组成计税价格 = （成本 + 利润 + 自产自用数量 × 定额税率）÷ （1 - 比例税率）$$

上述公式中的"成本"是指应税消费品的生产成本,"利润"是指根据应税消费品的全国平均成本利润率计算的利润。

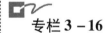

专栏 3 - 16

应税消费品的成本利润率

应税消费品全国平均成本利润率规定如下:

甲类卷烟 10%、乙类卷烟 5%、雪茄烟 5%、烟丝 5%、粮食白酒 10%、薯类白酒 5%、其他酒 5%、高档化妆品 5%、鞭炮及焰火 5%、贵重首饰及珠宝玉石 6%、电池 4%、涂料 7%、摩托车 6%、高尔夫球及球具 10%、高档手表 20%、游艇 10%、木制一次性筷子 5%、实木地板 5%、乘用车 8%、中型商用客车 5%。

资料来源:笔者根据《中华人民共和国消费税暂行条例实施细则》、《消费税若干具体问题的规定》、《国家税务总局关于明确电池、涂料消费税征收管理有关事项的公告》（国家税务总局公告 2015 年第 95 号）相关内容整理所得。

对于购进已税应税消费品用于连续生产加工下列应税消费品的纳税人，可以在计算所生产出应税消费品的应纳税额时抵扣相应的消费税，具体项目如下：

①外购已税烟丝生产的卷烟。

②外购已税高档化妆品为原料生产的高档化妆品。

③外购已税珠宝、玉石为原料生产的贵重首饰及珠宝、玉石。

④外购已税鞭炮、焰火为原料生产的鞭炮、焰火。

⑤外购已税杆头、杆身和握把为原料生产的高尔夫球杆。

⑥外购已税木制一次性筷子为原料生产的木制一次性筷子。

⑦外购已税实木地板为原料生产的实木地板。

⑧以外购已税汽油、柴油、石脑油、燃料油、润滑油为原料用于连续生产应税成品油。

⑨从葡萄酒生产企业购进、进口葡萄酒连续生产应税葡萄酒。

2. 委托加工环节的应纳税额计算

委托加工是指委托方提供原材料和主要材料，受托方代垫部分辅料并收取加工费的生产方式。委托加工的应税消费品按照受托方的同类应税消费品销售价格计算并由受托方（除个人外）代扣代缴消费税，没有同类应税消费品销售价格的，按照组成计税价格计算并由受托方（除个人外）代扣代缴消费税：

实行从价定率计税方法的应税消费品，按下列公式计算其组成计税价格：

组成计税价格 =（材料成本 + 加工费）÷（1 - 比例税率）

实行复合计税方法的应税消费品，按下列公式计算其组成计税价格：

组成计税价格 =（材料成本 + 加工费 + 委托加工数量 × 定额税率）

÷（1 - 比例税率）

上述公式中的"材料成本"是指委托方所提供材料的实际成本，"加工费"是指受托方加工应税消费品向委托方所收取的全部费用（包括代垫辅助材料的实际成本）。

纳税人应当在收回委托加工应税消费品当天计算缴纳消费税，受托方（除个人外）应当履行委托加工消费税的代扣代缴义务，未按规定履行的，税务机关应向受托方补征税款，并对受托方处以代收代缴税款50%以上3倍以下的罚款。

委托加工的应税消费品在提取货物时已由受托方代收代缴了消费税的，若委托方将收回的应税消费品以不高于受托方的计税价格出售的，不再缴纳消费税；若委托方以高于受托方的计税价格出售的，则需按照规定申报缴纳消费税，在计税时准予扣除受托方已代收代缴的消费税；若委托方将收回的应税消费品继续加工以下应税消费品，符合规定的，可以在对生产出的应税消费品征税时，按当期生产领用数量计算扣除委托加工环节已缴纳的消费税款：

①委托加工收回的已税烟丝为原料生产的卷烟。

②委托加工收回的已税高档化妆品为原料生产的高档化妆品。

③委托加工收回的已税珠宝、玉石为原料生产的贵重首饰及珠宝、玉石。

④委托加工收回的已税鞭炮、焰火为原料生产的鞭炮、焰火。

⑤委托加工收回的已税杆头、杆身和握把为原料生产的高尔夫球杆。

⑥委托加工收回的已税木制一次性筷子为原料生产的木制次性筷子。

⑦委托加工收回的已税实木地板为原料生产的实木地板。

⑧委托加工收回的已税汽油、柴油、石脑油、燃料油、润滑油为原料用于连续生产应税成品油。

3. 进口环节

纳税人进口应税消费品，在报关进口时按照组成计税价格计算缴纳消费税，并由进口人或代理人向报关地海关申报纳税：

实行从价定率计税方法的应税消费品，按下列公式计算其组成计税价格：

$$组成计税价格 = (关税完税价格 + 关税) ÷ (1 - 比例税率)$$

实行复合计税方法的应税消费品，按下列公式计算其组成计税价格：

$$组成计税价格 = (关税完税价格 + 关税 + 进口数量 × 定额税率)$$
$$÷ (1 - 比例税率)$$

4. 批发环节

在批发环节征收的应税消费品只有卷烟和电子烟。其中电子烟采用从价定率计征，税率为11%；卷烟采用复合计征，税率为11%加0.005元/支，其应纳税额为：

$$应纳税额 = 批发环节销售额 × 11\% + 批发环节销售数量(支) × 0.005$$

卷烟在批发环节计算应纳税额时不得扣除在生产销售环节已经缴纳的消费税。若卷烟批发企业的总机构与分支机构不在同一地区的，由总机构申报纳税。

5. 零售环节

(1) 对零售环节销售超豪华小汽车的单位和个人应当加征一道消费税，计算公式为：

$$零售环节应纳税额 = 不含税销售额 × 零售环节税率$$

这里的超豪华小汽车是指每辆零售价（不含增值税）在130万元及以上

的乘用车和中轻型商用客车。

国内汽车生产企业直接销售给消费者的超豪华小汽车，消费税税率应当按照生产销售环节税率与零售环节税率加总计算，即：

$$应纳税额 = 不含税销售额 \times （生产环节税率 + 零售环节税率）$$

（2）对金银首饰、铂金首饰、钻石以及钻石饰品应在零售环节征收消费税，即：

$$零售环节应纳税额 = 不含税销售额 \times 零售环节税率$$

3.2.5　出口环节的消费税处理

有出口经营权的外贸企业购进应税消费品直接出口，以及外贸企业受其他外贸企业委托代理出口应税消费品实行消费税免税并退税制度，应退还的消费税额按下列公式计算得出：

$$消费税应退税额 = 从价定率计征消费税的退税计税依据 \times 比例税率$$
$$+ 从量定额计征消费税的退税计税依据 \times 定额税率$$

需要注意的是，外贸企业只有受其他外贸企业委托时，其代理出口的应税消费品才可办理退税，若受其他企业委托（具体指一般商贸企业），则代理出口的应税消费品不予退（免）税。

有出口经营权的生产性企业自营出口或生产企业委托外贸企业代理出口自产的应税消费品，依据其实际出口数量免征消费税，但不予办理退税。免征消费税是指对生产性企业按其实际出口数量免征生产环节的消费税，因为已在生产环节免征消费税的应税消费品在出口时已不含有消费税，所以无须再办理退税。

3.2.6　消费税的征收管理

3.2.6.1　纳税义务发生时间

消费税纳税义务发生时间的确定方式与增值税类似，具体有如下几种情况：

（1）生产销售应税消费品的纳税义务发生时间，按不同的生产经营方式和货款的不同结算方式确定：

①纳税人采取赊销和分期收款方式销售应税消费品的，其纳税义务发生时间为销售合同规定的收款日期当天，书面合同没有约定收款日期或无书面合同

的，为发出应税消费品当天。

②采取预收货款结算方式的，为发出应税消费品当天。

③采取托收承付和委托银行收款方式的，为发出应税消费品并办妥托收手续当天。

④采取其他结算方式的，为收讫销售款或者取得索取销售款凭据当天。

（2）纳税人自产自用应税消费品，其纳税义务发生时间为移送使用当天。

（3）纳税人委托加工应税消费品，其纳税义务发生时间为纳税人提货当天。

（4）纳税人进口应税消费品，其纳税义务发生时间为报关进口当天。

【例3-16】纳税人采用分期收款方式销售应税消费品的，其纳税义务发生时间为（　　　）。

A. 发出应税消费品的当天

B. 发出应税消费品并办妥托收手续的当天

C. 销售合同规定的收款日期的当天

D. 收讫销售款或者取得索取销售款的凭据的当天

【解析】

纳税人采取赊销和分期收款方式销售应税消费品的，其纳税义务发生时间为销合同规定的收款日期的当天；书面合同没有约定收款日期或无书面合同的，为发出应税费品的当天。

3.2.6.2　纳税期限

消费税的纳税期限分别为1日、3日、5日、10日、15日、1个月或者1个季度。纳税人的具体纳税期限，由主管税务机关根据纳税人应纳税额的大小分别核定；不能按照固定期限纳税的，可以按次纳税。

纳税人以1个月或者一个季度为一个纳税期的，自期满之日起15日内申报纳税；以1日、3日、5日、10日或者15日为1个纳税期的，自期满之日起5日内预缴税款，并于次月1日起15日内申报纳税并结清上月应纳税款。

纳税人进口应税消费品，应当从海关填发海关进口消费税专用缴款书之日起15日内缴纳税款。

3.2.6.3　纳税地点

纳税人销售应税消费品和自用应税消费品的，除国务院另有规定外，一般应当向纳税人机构所在地或居住地的主管税务机关申报纳税。

纳税人到外县（市）销售或者委托外县（市）代销自产应税消费品的，

于应税消费品销售后向机构所在地或者居住地主管税务机关申报纳税。

纳税人的总机构和分支机构不在同一县（市），应在各自机构所在地主管税务机关申报缴纳消费税；纳税人的总机构与分支机构不在同一县（市），但在同一省（自治区、直辖市）范围内，经省（自治区、直辖市）财政厅（局）国家税务局审批同意，可以由总机构汇总向其总机构所在地的主管税务机关申报缴纳消费税。

委托加工的应税消费品，除受托方为个人外，由受托方向其机构所在地或者居住地的主管税务机关解缴税款。

进口的应税消费品，由进口人或代理人向报关地海关申报纳税。

3.3 关　　税

3.3.1 关税的概述

关税是国家取得财政收入的来源之一，也是政府在国际交往中维护自身主权的有力工具。我国目前所实行的关税制度的基本法律依据为《中华人民共和国海关法》（以下简称《海关法》），并参照了《中华人民共和国进出口关税条例》（以下简称《进出口关税条例》）、《中华人民共和国海关进出口税则》（以下简称《进出口税则》）、《中华人民共和国海关关于入境旅客行李物品和个人邮递物品征收进口税办法》等相关文件。与国内大多数税种有别，关税不适用《税收征管法》。

3.3.1.1 *关税的概念*

关税（tariff）是指一国海关对进出国境、关境的货物和物品流转额进行征收的一种货劳税。关境是指一个主权国家海关法令全面实施的境域，一般包括该国的领陆、领海、领空在内的全部国家领土。通常情况下，一个国家的关境和国境是一致的，但关税同盟、自由港、自由贸易区的出现使两者发生了分离。对于我国来说，由于香港和澳门地区回归后仍然保持自由港地位，是我国单独的关税地区，即单独关境区，因此我国的关境小于国境。

根据不同的标准，关税可以分为不同的类型。如按照征收目的划分，关税可以分为财政性关税和保护性关税，财政性关税是以取得财政收入为主要目的而征收的关税，保护性关税是以保护本国产业生存和发展为主要目的而征收的关税；按照征税商品的流向划分，关税可以分为进口税、出口税和过境税，其中进口税是以输入关境的货物和物品为征税对象，出口税是以输出关境的货物和物品为征税对象，而过境关税则是以通过关境的货物和物品为征收对象；按计税依据划分，关税还可以分为从价关税、从量关税和复合关税，其中从价关税是指以货物的价格为计征标准，从量关税即以货物的数量、重量、体积等计量单位为计税标准，而复合关税则是同时以从价、从量两种标准税率合并计征。

3.3.1.2　关税的历史沿革

我国关税可追溯到西周时期（约公元前 11 世纪至公元前 771 年），当时政府为做好防卫便在边界设立关卡，《周礼·地官》中出现了"关市之征"的记载。随后，在纷争割据的春秋战国时期，诸侯也纷纷在各自领地边界设立关卡，"关市之征"的记载逐渐多了起来。"关市之征"中的"关"指对进出关卡的物品征税，"市"是在领地内商品聚散集市上对进出集市的商品征税。"关市之征"是我国关税的雏形，我国关税的名称由此演进而来。

新中国成立后，为了更好地保障国家主权以及对旧关税制度进行改革，我国于 1951 年 5 月颁布了《中华人民共和国暂行海关法》和《进出口税则》，为我国的关税制度发展奠定了基础；1985 年 2 月，政府对关税制度进行了全面改革，发布了《进出口关税条例》并重新修订《进出口税则》；随后，国务院关税税则委员会对《进出口税则》进一步修订，并于 1992 年 1 月 1 日起实行；我国现行关税体系主要是根据 2000 年 7 月 8 日第九届全国人民代表大会常务委员会第十六次会议修改的《海关法》基础上发展而来的。

3.3.1.3　关税的特点

1. 仅以进出关境的货物和物品为征税对象

不同于因商品交换或提供劳务取得收入而课征的其他货劳税，也不同于因取得所得或拥有财产而课征的所得税或财产税，关税的征税对象仅指进出关境的货物和物品，对在我国境内流转的商品只能征收国内商品税，不征收关税。

2. 具有较强的政治属性

关税的政策性较强，是国家对外经济政策的一部分。一方面，它可以通过调节税率来削弱进口商品的竞争力，从而达到保护国内同类产业和市场的发展；另一方面，许多国家还利用各种关税条款巩固本国的对外贸易发展，实现本国与他国之间的友好贸易往来。

3. 实行复式税则

复式税则也叫多栏税则或多项税率，是指一个税目下设有两个或两个以上的税率，即对来自不同原产地国家的进口商品使用不同的税率征税。我国的关税税率种类较多，包括最惠国税率、协定税率、特惠税率、普通税率以及关税配额税率等，目前大多数国家的关税都是实行的复式税则。

4. 由海关代征

我国绝大多数税种的征收管理都是由国内税务机关来实施，而关税的征收主要由海关总署及其所属机构负责，通常关税的缴纳方式是由接受货物或物品的海关计算其应征关税并填发关税缴款书，由纳税人办理税款交付后，海关再办理结关放行手续。我国海关所征得的关税收入全部归属于中央政府所有。

3.3.1.4 关税的作用

1. 增加国家财政收入

关税在一定程度上能增加财政收入。尤其是对一些发展中国家来说，若国内商品行业不发达，境内流转税收入来源较窄，经济的发展主要依靠一些初级资源产品的出口、国内消费大部分需进口商品支撑，则关税的征收仍然是保证国家财政收入的重要渠道之一。

2. 维护国家主权

关税与我国的政治主权和经济利益有着紧密的联系。关税自主是一个国家主权独立的标志，它已逐步发展成为各国政府维护本国政治和经济发展乃至进行国际经济斗争的重要工具。我国本着平等互利以及共同发展的基本原则，与其他国家签订了许多双边贸易协定，尤其是对"一带一路"中的一些不发达国家实行了大量关税优惠政策，在维护国家主权的同时也彰显出大国风范。

3. 保护国内产业、调节对外贸易的发展

关税是国家的重要经济杠杆，一方面国家可以利用关税抬高进口商品的价格以降低其市场竞争力，减少进口商品在市场上对本国产品产生的不良影响，另一方面利用关税制度还能调节出口产品生产企业的利润水平，有意识地引导各类产品生产的数量和结构，进而促进国内外市场商品的供需平衡，稳定对外贸易的发展。

3.3.2　征税范围和纳税义务人

3.3.2.1　*征税范围*

关税的征税对象为准许进出我国国境的货物和物品。货物通常指贸易型商品，物品包括入境旅客随身携带的行李物品、个人邮递物品、各种运输工具上的服务人员携带进口的自用物品、馈赠物品以及其他方式进境的个人物品。我国现行关税制度的征税范围主要包括 21 类进口商品、107 项出口商品以及规定的相关进境物品，具体参照《中华人民共和国海关进出口税则》及《中华人民共和国海关关于入境旅客行李物品和个人邮递物品征收进口税办法》等规定。

3.3.2.2　*纳税义务人*

关税的纳税义务人包括进口货物的收货人、出口货物的发货人以及进出境物品的所有人。进出口货物的收、发货人是指依法取得对外贸易经营权，并进口或者出口货物的法人或者其他社会团体；进出境物品的所有人包括该物品的所有人和推定为所有人的人。

一般情况下，对于携带进境的物品，推定其携带人为所有人；对分离运输的行李，推定相应的进出境旅客为所有人；对以邮递方式进境的物品，推定其收件人为所有人，以邮递或其他运输方式出境的物品，推定其寄件人或托运人为所有人。

【例 3 - 17】下列各项中可能为关税纳税义务人的有（　　　）。

A. 进口货物的收货人　　　　　B. 出口货物的发货人

C. 进境物品的所有人　　　　　D. 进口货物的发货人

【解析】

进口货物的收货人、出口货物的发货人、进出境物品的所有人是关税的纳税义务人。

3.3.3　税率

我国关税的税率主要由关税税则规定。关税税则是指一国制定和公布的对进出其关境的货物征收关税的条例和税率的分类表，我国的关税税则中包括不同类别下税目的注释以及相关税率、有关进出口贸易的重要法律、法规等内容，是海关据以对进出口商品计征关税的主要依据。我国关税税率分为进口关税税率和出口关税税率。

专栏 3 - 17

《中华人民共和国进出口税则》近期调整

为满足产业发展和贸易管理需要，2021年对《进出口税则》部分税则税目、注释进行调整，调整后的税则税目数共计 8 580 个。对最惠国税率、关税配额税率的相关内容也做了一定调整。

我国对 2021 年《进出口税则》的调整文件中还提出：自 2021 年 1 月 1 日起，将进一步下调中国与新西兰、秘鲁、哥斯达黎加、瑞士、冰岛的双边贸易协定和亚太贸易协定的协定税率，并继续对与我建交并完成换文手续的最不发达国家实施特惠税率以及正式实施《中华人民共和国政府和毛里求斯共和国政府自由贸易协定》，对原产于毛里求斯的部分商品实施协定税率等。

资料来源：笔者根据《国务院关税税则委员会关于 2021 年关税调整方案的通知》（税委会〔2020〕33 号）相关内容整理所得。

1. 进口关税税率

我国采用的关税税率类型，如表 3 - 13 所示。

表 3 - 13 我国对进口货物所设定的关税税率

税率的形式	用途
最惠国税率	原产于与我国共同适用最惠国待遇条款的世界贸易组织成员的进口货物、与中国签订含有相互给予最惠国待遇条款的双边贸易协定的国家的进口货物以及原产于中国境内的进口货物适用最惠国税率
协定税率	原产于与我国签订含有关税优惠条款的区域性贸易协定的国家（地区）的进口货物适用协定税率
特惠税率	原产于与我国签订有特殊关税优惠条款的贸易协定的国家（地区）的进口货物适用特惠税率
普通税率	原产于上述国家（地区）以外的其他国家（地区）的进口货物，以及原产地不明的进口货物适用普通税率
关税配额税率	按照国家规定，对实行关税配额管理的进口货物，在关税配额内的，适用关税配额税率；关税配额外的，按不同情况分别适用于最惠国税率、协定税率、特惠税率或普通税率
暂定税率	适用最惠国税率的进口货物有暂定税率的，应当适用暂定税率；适用协定税率、特惠税率的进口货物有暂定税率的，应当从低适用税率；适用普通税率的进口货物，不适用暂定税率

对于进境物品税率，自 2019 年 4 月 9 日起，除另有规定外，我国对准予应税进口的旅客行李物品、个人邮寄物品以及其他个人自用物品，均由海关按照《中华人民共和国进境物品进口税税率表》的规定，征收进口关税、代征进口环节增值税和消费税等进口税。如：

（1）书报、刊物、教育用影视作品；食品、饮料；游戏品、节目或其他娱乐用品等物品的进口税率为 13%。

（2）烟、酒；贵重首饰及珠宝首饰；高尔夫球及球具；高档化妆品等消费税应税消费品的进口税率为 50%。

（3）运动物品、钓鱼用具；纺织品及其制成品；自行车等其他物品的进口税率为 20%。[①]

专栏 3 - 18

关于跨境电子商务零售进口税收政策的通知

为促进跨境电子商务零售进口行业的健康发展，营造公平竞争的市场环境，财政部、海关总署和国家税务总局联合发布通知，规定自 2016 年 4 月 8 日起，跨境电商零售进口不再按"物品"的行邮税规则征收，而是按"货物"征收关税、进口环节增值税和消费税。2018 年 11 月 29 日，财政部、海关总署和国家税务总局再次对跨境电子商务零售进口税收政策进行调整，其具体内容如下：

（1）跨境电子商务零售进口商品按照货物征收关税和进口环节增值税、消费税，购买跨境电子商务零售进口商品的个人作为纳税义务人，实际交易价格（包括货物零售价格、运费和保险费）作为完税价格，电子商务企业、电子商务交易平台企业或物流企业可作为代收代缴义务人。

（2）跨境电子商务零售进口税收政策适用于从其他国家或地区进口的、《跨境电子商务零售进口商品清单》范围内的以下商品：

①所有通过与海关联网的电子商务交易平台交易，能够实现交易、支付、物流电子信息"三单"比对的跨境电子商务零售进口商品。

②未通过与海关联网的电子商务交易平台交易，但快递、邮政企业能够统一提供交易、支付、物流等电子信息，并承诺承担相应法律责任进境的跨境电子商务零售进口商品。

（3）跨境电子商务零售进口商品的单次交易限值为人民币 5 000 元，个人年度交易限值为人民币 26 000 元。在限值以内进口的跨境电子商务零售进口商品，关税税率

---

① 上述旅客行李物品和个人邮递物品进口税（简称"行邮税"）的税率，是关税、增值税、消费税合并计算的税率。

暂设为0%；进口环节增值税、消费税取消免征税额，暂按法定应纳税额的70%征收。超过单次限值、累加后超过个人年度限值的单次交易，以及完税价格超过5 000元限值的单个不可分割商品，均按照一般贸易方式全额征税。

（4）跨境电子商务零售进口商品自海关放行之日起30日内退货的，可申请退税，并相应调整个人年度交易总额。

（5）跨境电子商务零售进口商品购买人（订购人）的身份信息应进行认证；未进行认证的，购买人（订购人）身份信息应与付款人一致。

（6）已经购买的电商进口商品属于消费者个人使用的最终商品，不得进入国内市场再次销售；原则上不允许网购保税进口商品在海关特殊监管区域外开展"网购保税＋线下自提"模式。

资料来源：笔者根据《财政部 海关总署 国家税务总局关于跨境电子商务零售进口税收政策的通知》（财关税〔2016〕18号）、《关于完善跨境电子商务零售进口税收政策的通知》（财关税〔2018〕49号）相关内容整理所得。

2. 出口关税税率

我国对出口货物一般免征关税，仅对少数资源性产品及易于竞相杀价、盲目进口、需要规范出口秩序的半制成品征收出口关税。我国出口关税税率不分为普通税率和优惠税率，仅为一栏税率。

3. 关税税率的选择

一般情况下，对于进出口货物的税率应当选择海关接受该货物申报进口或出口之日实施的税率，但特殊情况除外：

（1）若进口货物到达前经海关核准先行申报的，适用装载该货物的运输工具申报进境之日实施的税率。

（2）进口转关的货物，应选用指运地海关接受该货物申报之日实施的税率，若该货物运达指运地前经海关先行申报的，适用装载该货物的运输工具申报进境之日实施的税率。

（3）经海关批准实行集中申报的进出口货物，应当按每次货物进出口时海关接受该货物申报时实施的税率计算。

（4）出口转关的货物，应选用启运地海关接受该货物申报之日实施的税率。

（5）因纳税义务人违反规定需要追征税款的，应当适用该行为发生之日实施的税率；行为发生之日不能确定的，适用海关发现该行为之日实施的税率。

（6）因超过规定期限未申报而由海关变卖的进口货物，适用装载该货物的运输工具申报进境之日实施的税率。

（7）补征或退还进出口货物关税税款，按照上述规定确定适用税率。

3.3.4 计税依据与应纳税额的计算

3.3.4.1 关税计税依据的确定

关税的计税依据为进出口货物的关税完税价格或海关核定的数量，不同的计税依据应当选择相应的税率以及税额标准计算应纳税额。

1. 一般进口货物的完税价格

《海关法》规定，进出口货物的完税价格由海关以该货物的成交价格为基础审查确定，成交价格不能确定时，再由海关估定完税价格。

进口货物的成交价格应当具备真实性、确定性、完整性以及公允性等特点，它主要包括货物的价格、货物运抵我国关境内输入地点起卸前的运输费、保险费以及其他相关费用。若保险费无法确定或未实际发生的，按货物价格与运费的千分之三确定。

在确定进口货物的完税价格时，单独列明的下列费用以及税收不应当计入该进口货物的完税价格：

（1）货物进口后发生的建设、安装、装配、维修或者技术援助费用，但是保修费用除外。

（2）进口货物运抵我国境内输入地点起卸后发生的运输及其相关费用、保险费。

（3）进口关税、进口环节海关代征税及其他国内税。

（4）为在境内复制进口货物而支付的费用。

（5）境内外技术培训及境外考察费用。

（6）同时符合下列条件的利息费用：利息费用是买方为购买进口货物而融资所产生的。有书面的融资协议的；利息费用单独列明的；纳税义务人可以证明有关利率不高于在融资当时当地此类交易通常应当具有的利率水平，且没有融资安排的相同或者类似进口货物的价格与进口货物的实付、应付价格非常接近的。

若下列费用或价值若未包含在进口货物的实付价格中，则应当计入完税价格：

（1）由买方负担的除购货佣金以外的佣金和经纪费，其中"购货佣金"是指买方为购买进口货物向自己的采购代理人支付的劳务费用。

（2）由买方负担的与该货物视为一体的容器费用，以及与货物相关的包

166

装材料费用和包装劳务费用。

（3）与该货物的生产和向中华人民共和国境内销售有关的，由买方以免费或者以低于成本的方式提供并可以按适当比例分摊的料件、工具、模具、消耗材料及类似货物的价款，以及在境外开发、设计等相关服务的费用。

（4）与该货物有关并作为卖方向我国销售该货物的一项条件，应当由买方向卖方或者有关方直接或间接支付的特许权使用费。

（5）卖方直接或间接从买方对该货物进口后转售、处置或使用所得中获得的收益。

对于进口货物的成交价格不符合规定条件或者成交价格不能确定的，可依次以相同货物成交价格、类似货物成交价格、倒扣价格、计算价格及其他合理估价方法审查确定该货物的完税价格。其中，相同货物成交价格估价方法，是指海关以与进口货物同时或者大约同时向中华人民共和国境内销售的相同货物的成交价格为基础，审查确定进口货物完税价格的估价方法；类似货物成交价格估价方法，是指海关以与进口货物同时或者大约同时向中华人民共和国境内销售的类似货物的成交价格为基础，审查确定进口货物完税价格的估价方法；倒扣价格估价方法，是指海关以进口货物、相同或者类似进口货物在境内的销售价格为基础，扣除境内发生的有关费用后，审查确定进口货物完税价格的估价方法；计算价格估价方法，是指海关以为该货物的材料成本、加工费、利润、运输费及其他相关费用为基础，审查确定进口货物完税价格的估价方法。上述方法依次使用，一般不能跨顺序选择，但纳税义务人向海关提供有关资料后，可以提出申请，颠倒倒扣价格估价法和计算价格估价法的适用次序。

【例3-18】某批进口货物的海关审定货价为人民币5 000万元，支付到达我国境内输入地点起卸前的运费折合人民币30万元，境内运费5万元，购货佣金2万元，该批货物进口关税税率为10%，甲企业进口该批货物的关税计税完税价格为（　　）万元。

A. 5 160　　　　B. 5 035　　　　C. 5 030　　　　D. 5 037

【解析】

进口该批货物的关税完税价格 = 5 000 + 30 = 5 030（万元）。

2. **特殊进口货物的完税价格**

（1）运往境外修理的货物，在出境时已向海关报明并在规定期限内复运进境的，以境外修理费和料件费为基础审查确定完税价格。

（2）运往境外加工的货物，在出境时已向海关报明并在规定期限内复运进境的，以境外加工费、料件费、复运进境的运输费及相关费用、保险费为基础审查确定完税价格。

（3）租赁方式进口的货物，以租金方式对外支付，在租赁期间以海关审定的租金作为完税价格；留购的租赁货物，以海关审定的留购价格作为完税价格；承租人申请一次性交纳税款的，可以选择按照"进口货物海关估价方法"确定完税价格，或者按海关审查确定的租金总额作为完税价格。

（4）予以补税的减免税货物，在监管年限内转让或移作他用需要补税的，应当以海关审定的该货物原进口时的价格，扣除折旧部分价值作为完税价格。特定地区、特定企业或者具有特定用途的减免税进口货物，应当接受海关监管，其监管年限依次为：船舶、飞机 8 年；机动车辆 6 年；其他货物 3 年，监管年限自货物进口放行之日起计算。

（5）境内留购的进口货样、展览品和广告陈列品以海关审定的留购价格作为完税价格。

【例 3 - 19】某公司将货物运出境时已向海关报明，并在海关规定期限内复运进境。已知货物价值 150 万元，境外加工费和料件费 20 万元，复运进境的运费 1 万元、保险费 0.5 万元。关税税率 10%。该公司上述业务计算关税的计税基础（　　）万元。

A. 21.5　　　　B. 170　　　　C. 20　　　　D. 171.5

【解析】

运往境外加工的货物，出境时已向海关报明，并在海关规定期限内复运进境，以境外加工费、料件费、复运进境的运输及相关费用、保险费为基础审查确定完税价格。该公司上述业务应缴纳关税 = 20 + 1 + 0.5 = 21.5（万元）。

3. 出口货物的完税价格

出口货物的完税价格可先由海关以该货物向境外销售的成交价格为基础确定，并应包括货物运至我国境内输出地点装载前的运输及其相关费用、保险费，但其中包含的出口关税以及在货物价款中单独列明的货物运至我国境内输出地点装卸后的运输及其相关费用、保险费应当扣除。

出口货物的成交价格不能确定的，海关经了解有关情况，并与纳税义务人进行价格磋商后，依次以下列价格估定该货物的完税价格：

（1）与该货物同时或者大约同时向同一国家或者地区出口的相同货物的成交价格。

（2）与该货物同时或者大约同时向同一国家或者地区出口的类似货物的成交价格。

（3）根据境内生产相同或者类似货物的料件成本、加工费用、利润和一般费用、境内发生的运输及其相关费用、保险费计算所得的价格。

（4）以合理方法估定的价格。

3.3.4.2 应纳税额的计算

关税应纳税额的计算主要有四种方法，从价计税、从量计税、复合计税以及按滑准税税率计算。

（1）从价税应纳税额的计算。

关税税额 = 应税进出口货物数量×单位完税价格×关税税率

（2）从量税应纳税额的计算。

关税税额 = 应税进出口货物数量×单位货物税额

（3）复合税应纳税额的计算。

关税税额 = 应税进出口货物数量×单位完税价格×关税税率

+ 应税进出口货物数量×单位货物税额

（4）滑准税应纳税额的计算。

关税税额 = 应税进出口货物数量×单位完税价格×滑准税税率

【例3-20】某自营出口企业出口货物一批，成交价为160万元，其中包括境内运输费6万元，保险费4万元，出口关税税率为20%，计算该出口企业应纳关税。

【解析】

货物运至我国境内输出地点装载前的运输及其相关费用、保险费应当计入关税完税价格，所以应纳关税 = (160 + 6 + 4) × 20% = 34（万元）。

3.3.5 关税的减免

关税的减免分为法定减免、特定减免、暂时免税以及临时减免。

1. 法定减免

法定减免是指税法中明确列出的减税或免税，无须纳税人申请，海关可直接予以减免税。我国《海关法》与《进出口关税条例》中规定下列货物与物品予以减免关税：

（1）关税税额在人民币50元以下的一票货物可免征关税。

（2）无商业价值的广告品和货样可免征关税。

（3）外国政府、国际组织无偿赠送的物资可免征关税。

（4）进出境运输工具装载的途中必需的燃料、物料和饮用食品可免征关税。

（5）在海关放行前损失的货物可免征关税。

（6）在海关放行前遭受损坏的货物可以根据海关认定的受损程度减征

关税。

（7）我国缔结或者参加的国际条约规定减征、免征关税的货物、物品，按照规定予以减免关税。

（8）法律规定减征、免征关税的其他货物、物品。

2. 特定减免

特定减免也叫政策性减免，是指在法定减免之外，国家按照国际通行规则和我国实际情况，制定发布的有关进出口货物减免关税的政策。符合特定减免税的货物和物品主要包括科教用品、残疾人专用品、慈善捐赠物资以及重大技术装备等。

3. 暂时免税

下列暂时进境或出境的货物，在进境或者出境时纳税义务人向海关缴纳相当于应纳税款保证金或者提供其他担保的，可以暂不缴纳关税，并应当自进境或者出境之日起6个月内复运出境或者复运进境；需要延长复运出境或者复运进境期限的，纳税义务人应当根据海关总署的规定向海关办理延期手续：

（1）在展览会、交易会、会议及类似活动中展示或者使用的货物。

（2）文化、体育交流活动中使用的表演比赛用品。

（3）进行新闻报道或者摄制电影、电视节目使用的仪器、设备及用品。

（4）开展科研、教学、医疗活动使用的仪器、设备及用品。

（5）在上述第1项至第4项所列活动中使用的交通工具及特种车辆。

（6）货样。

（7）供安装、调试、检测设备时使用的仪器、工具。

（8）盛装货物的容器。

（9）其他用于非商业目的的货物。

4. 临时减免

临时减免是指除以上关税的减免外，由国务院根据《海关法》对某个单位、某类商品、某个项目或某批进出口货物的特殊情况，给予特别照顾，一案一批、专文下达的减免。临时减免需由纳税人在货物进出口之前向海关提出书面申请，并出具必要的证明，经有关部门审批后方可生效。

3.3.6 关税的征收管理

3.3.6.1 关税的申报与缴纳

进口货物的纳税义务人应当自运输工具申报进境之日起14日内，向货物的进境地海关申报；出口货物的纳税义务人除海关特准以外，应当在货物运抵海关监管区后、装货的24小时以前，向货物的出境地海关申报。海关根据税则归类和完税价格计算纳税人应缴纳的关税和进口环节代征税。

纳税义务人应当自海关填发税款缴款书之日起15日内，向指定银行缴纳税款。如关税缴款期限届满日遇星期六、星期日等休息日或者法定节假日，则关税缴纳期限顺延至休息日或者法定节假日之后的第1个工作日。为方便纳税义务人，经申请且海关同意，进（出）口货物的纳税义务人可以在设有海关的指运地（启运地）办理海关申报以及纳税手续。关税纳税义务人因不可抗力或者在国家税收政策调整的情形下，不能按期缴纳税款的，经依法提供税款担保后，可以延期缴纳税款，但最长不得超过6个月。

3.3.6.2　关税的强制执行

关税的强制执行措施包括征收滞纳金和强制征收。

1. 征收滞纳金

纳税人若逾期缴纳关税，除依法进行追征以外，还应当对其加收滞纳金，滞纳金金额计算公式如下：

$$关税滞纳金金额 = 滞纳关税税额 × 滞纳天数 × 0.5‰$$

该公式中的滞纳天数为自关税缴纳期限届满滞纳之日起，至纳税义务人缴纳关税之日止。

2. 强制征收

若纳税人自税款缴纳期限届满之日起三个月仍未缴纳税款，经直属海关关长或者其授权的隶属海关关长批准，海关可以采取以下强制措施：

（1）书面通知其开户银行或者其他金融机构从其存款中扣缴税款。

（2）将应税货物依法变卖，以变卖所得抵缴税款。

（3）扣留并依法变卖其价值相当于应纳税款的货物或其他财产，以变卖所得抵缴税款。

海关采取强制措施时，对纳税人、担保人未缴纳的滞纳金同时强制执行。

3.3.6.3　关税的退还、追征与补征

关税的退还是指海关将实际征收多于应当征收的税额退还给纳税人的一种行政行为。若海关发现多征税款，则应当立即退还纳税人；若纳税人发现被多征税款，可自缴纳税款之日起一年内书面申请退税，并加算银行同期活期存款利息。

关税的追征是指由于纳税人违反海关规定造成海关实际征收关税少于应当

征收的税额，责令纳税义务人补缴所差税款的一种行政行为。因纳税人违反规定而少征或者漏征的税款，海关可自缴纳税款或者货物放行之日起三年内追征，并按日加收万分之五的滞纳金。

关税的补征是指非纳税人违反海关规定原因而造成的海关实际征收关税少于应当征收的税额，责令纳税义务人补缴所差税款的一种行政行为。海关发现的，应自缴纳税款或者货物放行之日起一年内追征，不得加收滞纳金。

第4章

所得税制

实践案例
与习题

所得税是以所得额为征税对象所课征的一类税的统称，具有税源广泛、税负难以转嫁、收入弹性大、计税较复杂、稽征难度大等特点。针对不同的纳税主体，所得税的征收类型也有所不同，即一般对法人征收企业所得税（公司所得税或法人所得税），对自然人征收个人所得税。此外，一些国家（地区）也将社会保障税、资本利得税等税种划入所得税范畴。目前，我国征收的所得税包括企业所得税和个人所得税。

思政案例

税收优惠"组合拳"助力科技创新

党的十八大以来，以习近平同志为核心的党中央把科技创新摆在国家发展全局的核心位置，深入实施创新驱动发展战略，以前所未有的力度强化国家战略科技力量，推动国家创新体系整体效能显著提升。税务部门深入贯彻落实习近平总书记一系列重要讲话和重要指示批示精神，坚决执行党中央、国务院决策部署，陆续出台了一系列支持科技创新的税收优惠政策，如对高新技术企业，减按15%的税率征收企业所得税；高新技术企业和科技型中小企业亏损结转年限由5年延长至10年；在落实好科技人员股权奖励递延纳税优惠政策的同时，对因职务科技成果转化获得的现金奖励给予税收优惠等。特别地，在"十四五"的开局之年，国家更是推出了延续执行企业研发费用加计扣除75%政策，将制造业企业加计扣除比例提高到100%，对先进制造业企业按月全额退还增值税增量留抵税额等税收政策。

【案例解析】 创新是引领发展的第一动力，是推动高质量发展、建设现代化经济体系的战略支撑。上述税收政策制定和落地实施，有效地激发了市场主体创新创业的活力，有力地推动了我国科技事业向前发展。国家税务总局的数据显示，"十三五"时期

173

我国鼓励科技创新税收政策减免金额年均增长 28.5%，五年累计减税 2.54 万亿元；全国享受研发费用加计扣除政策的企业户数由 2015 年的 5.3 万户提升至 2019 年的 33.9 万户，减免税额由 726 亿元提升至 3 552 亿元，2020 年达到 3 600 亿元，年均增长 37.8%。"十四五"时期，税务部门将继续按照党中央、国务院部署，在会同有关部门进一步完善科技创新税收优惠政策体系的同时，持续改进办税缴费服务，强化税费优惠政策直达快享、应享尽享，进一步优化税收营商环境，助力推动经济社会高质量发展。

【思考讨论】

(1) 目前，我国支持科技创新的税收优惠政策有哪些（分税种、分主体)？

(2) "十四五"时期，我国应该如何更好地发挥税收职能作用，激发企业创新活力？

4.1 企业所得税

4.1.1 企业所得税概述

企业所得税是针对具有法人性质的企业或其他组织的净所得征收的一种直接税，是国家参与企业利润分配的重要手段，因其具有普遍征收、相对公平和富有弹性等特点，既能适应国家筹集财政资金的需要，又兼有经济调节的功能，经过 200 多年的发展演变，现已在世界范围内普遍实施。[①]

4.1.1.1 企业所得税的概念

企业所得税（corporate income tax）是对中国境内企业和其他取得收入的组织，就其生产经营所得和其他所得所征收的一种税。其中，企业分为居民企业和非居民企业，但不包括个人独资企业、合伙企业。

现行企业所得税的基本法律规范，是 2007 年 3 月 16 日第十届全国人民代

[①] 企业所得税在有的国家（或地区）也被称为"公司税""公司所得税""法人税""法人所得税"等。1799 年，英国为筹措对法战争经费，最早开征所得税（包括企业和个人），此后几经废止和开征。18 世纪末 19 世纪初，日本、美国、加拿大、荷兰等国先后开征了具有公司所得税性质的税收。第二次世界大战后，公司所得税为西方国家所广泛接受和运用，各国相继效仿开征。

表大会第五次会议通过的《中华人民共和国企业所得税法》[①] 和 2007 年 11 月 28 日国务院第 197 次常务会议通过的《中华人民共和国企业所得税法实施条例》，以及国务院财政、税务主管部门发布的其他相关规定。

4.1.1.2 企业所得税的历史沿革

中华人民共和国成立至今，我国企业所得税制度的发展演变大致经历了以下四个阶段：

1. 第一阶段（1949～1979 年）

1949 年，首届全国税务会议通过了统一全国税收政策的基本方案，其中包括对企业所得和个人所得的征税办法。1950 年，政务院发布了《全国税政实施要则》，其中涉及对所得征税的有工商业税（所得税部分）、存款利息所得税和薪给报酬所得税 3 种税收。此后，1958 年和 1973 年两次以简化税制为核心的税制改革，提高了各项税收收入占财政收入的比重。但在这一阶段，国营企业实行利润上缴制度，并不缴纳所得税，所得税对于国家财政收入的影响较小。

2. 第二阶段（1980～1990 年）

改革开放初期，为适应引进国外资金、技术、人才，开展对外经济技术合作的需要，企业所得税制改革工作逐步推开。1980 年 9 月和 1981 年 12 月，第五届全国人民代表大会陆续通过并发布实施了《中华人民共和国中外合资经营企业所得税法》和《中华人民共和国外国企业所得税法》两部涉外税收法律。同一时期，作为企业改革和城市改革的一项重大措施，国营企业"利改税"[②] 改革全面展开。1984 年 9 月，国务院发布了《中华人民共和国国营企业所得税条例（草案）》和《国营企业调节税征收办法》。此外，1985 年 4 月和 1988 年 6 月国务院相继发布了《中华人民共和国集体企业所得税暂行条例》和《中华人民共和国私营企业所得税暂行条例》。这一系列所得税制度的出台，重新确定了国家与企业的分配关系，同时也造成了不同类型企业的税负不公平，一定程度上阻碍了市场经济的健康发展。

3. 第三阶段（1991～2007 年）

20 世纪 90 年代，为适应建立社会主义市场经济体制的新形势，进一步扩大改革开放，按照"统一税法、简化税制、公平税负、促进竞争"的原则，

---

① 2017 年 2 月 24 日第十二届全国人民代表大会常务委员会第二十六次会议第一次修正；2018 年 12 月 29 日第十三届全国人民代表大会常务委员会第七次会议第二次修正。

② "利改税"是指将国营企业向国家上缴利润的制度改为缴纳企业所得税的制度。

我国先后完成了外资企业所得税的统一和内资企业所得税的统一。1991年4月，第七届全国人民代表大会将中外合资企业与外国企业适用的企业所得税制合并，制定了《中华人民共和国外商投资企业和外国企业所得税法》，实现了外资企业所得税法的统一。1993年11月，国务院第十二次常务会议决定将国营企业、集体企业、事业单位和私营企业适用的企业所得税制度合并为《中华人民共和国企业所得税暂行条例》，实现了内资企业所得税的统一。上述改革的完成，标志着中国的企业所得税制度向着法制化、科学化和规范化的方向迈出了重要的步伐。

4. 第四阶段（2008年至今）

为进一步完善社会主义市场经济体制，创造公平竞争的税收环境，根据党的十六届三中全会关于"统一各类企业税收制度"的精神，2007年3月16日，第十届全国人民代表大会第五次会议审议通过了《中华人民共和国企业所得税法》，并于2008年1月1日开始实行。这一"里程碑式"的事件，标志着内、外资企业从此适用统一的企业所得税法。此后，全国人民代表大会常务委员会分别于2017年2月24日和2018年12月29日对《中华人民共和国企业所得税法》进行了两次修改。

4.1.1.3 企业所得税的特点

企业所得税有着与前述货物和劳务税所不同的性质，归纳起来主要有以下四点：

1. 纳税人分为居民企业和非居民企业

现行的企业所得税参照国际惯例，将纳税人分为居民企业和非居民企业两大类，分别承担不同纳税义务。居民企业承担无限纳税义务，即其来源于中国境内外的全部所得向中国政府纳税；非居民企业承担有限纳税义务，即仅就来源于中国境内的有限所得向中国政府纳税。这也意味着在企业所得税层面，我国实行地域管辖权和居民管辖权相结合的双重管辖权标准。

2. 以净所得额为计税依据，计算较为复杂

企业所得税的计税依据是纳税人在一个纳税年度内的应税收入总额扣除各项成本、费用、税金和损失后的净所得额，它既不等于依照会计制度计算出来的利润总额，也不是企业的增值额，更非销售额或营业额。因此，企业所得税的计算与货物劳务税相比更加复杂，通常要在会计利润总额的基础上进行纳税调整。

3. 以量能负担为征税原则

企业所得税以企业的生产经营所得和其他所得为征税对象，税源大小受企业经济效益的影响，贯彻了量能负担原则，即所得多、负担能力强的多缴税，所得少、负担能力弱的少缴税，无所得、没有负担能力的不缴税。这种将税收负担和纳税人所得多少联系起来的办法，也充分体现了税收公平的基本原则。

4. 实行按年计征、分期预缴的办法

企业所得税原则上是以一个纳税年度为计算应纳税额的期限，实行按年计算、分月或分季预缴、年终汇算清缴的征收办法。特别地，企业在一个纳税年度中间开业，或者终止经营活动，使该纳税年度的实际经营期不足 12 个月的，应当以其实际经营期作为一个纳税年度，计算缴纳企业所得税。

4.1.1.4 企业所得税的作用

企业所得税作为处理国家与企业之间分配关系的重要税种，其作用主要体现在以下三个方面。

1. 促进企业改善经营管理活动，提升企业的盈利能力

由于企业所得税只对利润征税，往往采用比例税率，因此，投资能力和盈利能力较强的企业能产生较多的利润。但在适用比例税率的情况下，盈利能力越强，则税负承担能力越强，相对降低了企业的税负水平，也相对增加了企业的税后利润。并且，在征税过程中，对企业的收入、成本、费用等进行检查，对企业的经营管理活动和财务管理活动展开监督，促使企业改善经营管理活动，提高盈利能力。

2. 调节产业结构，促进经济发展

企业所得税的调节作用在于公平税负、量能负担。虽然企业所得税采用比例税率的形式，在一定程度上削弱了所得税的调控功能，但在税制设计中通过减免税、降低税率、加计扣除、加速折旧、投资抵免、减计收入等税收优惠的实施，发挥政府在对纳税人投资、产业结构调整、环境治理等方面的调控作用。例如，为了促进高新技术产业的发展，国家对需要重点扶持的高新技术企业执行 15% 的税率。

3. 为国家建设筹集财政资金

税收的首要职能就是筹集财政收入。随着我国国民收入向企业和居民分配的倾斜，以及经济社会的稳定发展和企业盈利水平的不断提高，企业所得税占全部税收收入的比重越来越高，其组织收入的作用将更加突出。目前，我国企

业所得税的收入规模仅次于增值税，是中央与地方政府收入的主要来源之一。①

4.1.2　纳税人和征税对象

4.1.2.1　纳税人

企业所得税的纳税人是在中华人民共和国境内的企业和其他取得收入的组织。《中华人民共和国企业所得税法》第一条规定，除个人独资企业、合伙企业外，② 凡在我国境内的企业和其他取得收入的组织（以下统称"企业"）均为企业所得税的纳税人。

企业所得税的纳税人分为居民企业和非居民企业，分别承担不同的纳税义务，其目的在于保障我国税收管辖权的有效行使和避免双重征税。③ 其中，居民企业承担全面纳税义务，就来源于我国境内、境外的全部所得纳税；非居民企业承担有限纳税义务，一般只就来源于我国境内的所得纳税。

1. 居民企业

居民企业，是依法在中国境内成立，或者依照外国（地区）法律成立但实际管理机构在中国境内的企业。这里的企业包括国有企业、集体企业、私营企业、联营企业、股份制企业、中外合资经营企业、中外合作经营企业、外国企业、外资企业、事业单位、社会团体、民办非企业单位和从事经营活动的其他组织。④

上述所称的实际管理机构，是指对企业的生产经营、人员、账务、财产等实施实质性全面管理和控制的机构，需要同时符合以下三个方面的条件：（1）对企业有实质性管理和控制的机构；（2）对企业实行全面的管理和控制的机构；（3）管理和控制的内容是企业的生产经营、人员、财务、财产等。

---

① 根据我国目前分税制财政体制的规定，企业所得税收入由中央与地方共享，除了中国铁路总公司、各银行总行及海洋石油企业缴纳的企业所得税归中央，其余部分中央与地方按60%：40%的比例划分。

② 个人独资企业、合伙企业排除在企业所得税纳税人之外的原因在于：企业所得税的纳税人应当是法人，而根据《中华人民共和国民法典》（以下简称《民法典》）第四章第一百零二条规定，个人独资企业、合伙企业属于非法人组织，不具有法人资格，因而不属于企业所得税的纳税人。此外，这里特指的是"依照中国法律、行政法规成立的个人独资企业和合伙企业"。

③ 税收管辖权是一国政府在税收管理方面的主权，是国家主权的重要组成部分。根据国际通行做法，我国对企业所得税纳税人的规定采用地域税收管辖权和居民税收管辖权的双重管辖权标准，用以最大限度地维护我国的税收利益。

④ 在我国境内的一些社会团体组织、事业单位在完成国家事业计划的过程中，开展多种经营和有偿服务活动，取得除财政部门各项拨款、财政部和国家价格主管部门批准的各项规费收入以外的经营收入，具有经营的特点，应当视同企业纳入征税范围。

专栏 4 –1

境外中资控股企业的实际管理机构标准

《企业所得税法》将注册地标准和实际管理机构标准作为认定居民企业的标准。其中，实际管理机构标准规定在外国（地区）注册的企业，但实际管理机构在我国境内的，也认定为居民企业，需承担全面纳税义务，从而弥补了仅通过注册地标准认定企业居民身份易于逃避税收的漏洞。《企业所得税法实施条例》则进一步地对实际管理机构的概念作了界定，即实际管理机构是指对企业的生产经营、人员、账务、财产等实施实质性全面管理和控制的机构。

尽管在法律、行政法规层面确立了实际管理机构标准的地位，但显然以上规定内容过于原则化，实践中仍然缺乏具体、可操作性的判定标准。为此，国家税务总局发布了《关于境外注册中资控股企业依据实际管理机构标准认定为居民企业有关问题的通知》（以下简称《通知》）（国税发〔2009〕82 号），明确规定了境外注册中资控股企业通过"实际管理机构"被认定为居民企业的具体标准，即必须同时符合以下四个条件：（1）企业负责实施日常生产经营管理运作的高层管理人员及其高层管理部门履行职责的场所主要位于中国境内；（2）企业的财务决策（如借款、放款、融资、财务风险管理等）和人事决策（如任命、解聘和薪酬等）由位于中国境内的机构或人员决定，或需要得到位于中国境内的机构或人员批准；（3）企业的主要财产、会计账簿、公司印章、董事会和股东会议纪要档案等位于或存放于中国境内；（4）企业 1/2 以上（含 1/2）有投票权的董事或高层管理人员经常居住于中国境内。此外，《通知》第三条强调了"对于实际管理机构的判断，应当遵循实质重于形式的原则"。

其中，境外中资企业是指由中国境内的企业或企业集团作为主要控股投资者，在境外依据外国（地区）法律注册成立的企业。

资料来源：笔者根据《国家税务总局关于境外注册中资控股企业依据实际管理机构标准认定为居民企业有关问题的通知》（国税发〔2009〕82 号）相关内容整理所得。

2. 非居民企业

非居民企业，是指依照外国（地区）法律成立且实际管理机构不在中国境内，但在中国境内设立机构、场所的，或者在中国境内未设立机构、场所，但有来源于中国境内所得的企业。特别地，在我国香港特别行政区、澳门特别行政区和台湾地区成立的企业视同非居民企业。

上述所称的机构、场所，包括：①管理机构、营业机构、办事机构；②工厂、农场、开采自然资源的场所；③提供劳务的场所；④从事建筑、安装、装配、修理、勘探等工程作业的场所；⑤其他从事生产经营活动的机构、场所。

特别地，如果非居民企业委托营业代理人在中国境内从事生产经营活动，包括委托单位或者个人经常代其签订合同，或者储存、交付货物等，该营业代理人也被视为非居民企业在中国境内设立的机构、场所。

【例4-1】A公司是依照韩国法律在韩国注册成立的企业，该公司的实际管理机构在韩国。A公司为经营便利，在青岛寻找了一位营业代理人，该营业代理人可以代表A公司接洽业务，并签订合同。A公司是否属于中国的非居民企业？

【解析】

由于A公司是依照韩国法律且在韩国注册成立的企业，该公司的实际管理机构在韩国，按照《企业所得税法》的规定，A公司不属于中国的居民企业。但是，A公司在青岛有一位营业代理人，可以代表其接洽业务，并签订合同，按照《企业所得税法》的规定，该营业代理人实际构成了A公司在中国境内设立的机构、场所。因此，A公司属于中国的非居民企业。

4.1.2.2 扣缴义务人

非居民企业在中国境内未设立机构、场所的，或者虽设立机构、场所但取得的所得与其所设机构、场所没有实际联系的，其来源于中国境内的所得应缴纳的所得税实行源泉扣缴，以支付人为扣缴义务人。此外，对非居民企业在中国境内取得工程作业和劳务所得应缴纳的所得税，税务机关可以指定工程价款或者劳务费的支付人为扣缴义务人。

4.1.2.3 征税对象

企业所得税的征税对象是指企业的生产经营所得、其他所得和清算所得。

1. 居民企业的征税对象

居民企业应以来源于中国境内外的所得作为征税对象。所得包括销售货物所得、提供劳务所得、转让财产所得、股息红利等权益性投资所得、利息所得、租金所得、特许权使用费所得、接受捐赠所得和其他所得。此外，企业清算所得也应作为征税对象。

2. 非居民企业的征税对象

非居民企业在中国境内设立机构、场所的，应当就其所设机构、场所取得的来源于中国境内的所得，以及发生在中国境外但与其所设机构、场所有实际联系的所得缴纳企业所得税。

非居民企业在中国境内未设立机构、场所的，或者虽设立机构、场所但取得的所得与其所设机构、场所没有实际联系的，应当就其来源于中国境内的所得缴纳企业所得税。需要说明的是，这种情况下征收的企业所得税被称为预提所得税，预提所得税不是一个单独的税种，而是一种税款的缴纳方式。

上述所称的实际联系，是指非居民企业在中国境内设立的机构、场所拥有据以取得所得的股权、债权，以及拥有、管理、控制据以取得所得的财产等。

3. 所得来源的确定

（1）销售货物所得，按照交易活动发生地确定。

（2）提供劳务所得，按照劳务发生地确定。

（3）转让财产所得，有以下三种情形：

①不动产转让所得按照不动产所在地确定。

②动产转让所得按照转让动产的企业或者机构、场所所在地确定。

③权益性投资资产转让所得按照被投资企业所在地确定。

（4）股息、红利等权益性投资所得，按照分配所得的企业所在地确定。

（5）利息所得、租金所得、特许权使用费所得，按照负担、支付所得的企业或者机构、场所所在地确定，或者按照负担、支付所得的个人的住所所在地确定。

（6）其他所得，由国务院财政、税务主管部门确定。

4.1.3 税率

企业所得税的税率是指对纳税人应纳税所得额征税的比率，是体现国家与企业分配关系的核心要素。税率的设计要兼顾国家、企业和职工个人三者利益，既要保证国家财政的需要，又要考虑到企业的实际情况和负担能力，还要维护税率的统一性，应适当简化、避免烦琐。

目前，我国企业所得税实行比例税率。比例税率简便易行，透明度高，不会因征税而改变企业间收入分配比例，有利于促进效率的提高。具体包括基本税率和优惠税率两类如表4-1所示。

表4-1 企业所得税税率

种类	税率	适用范围
基本税率	25%	居民企业
		在中国境内设有机构、场所且所得与机构、场所有关联的非居民企业
	20% （实际10%）	在中国境内未设立机构、场所，或者虽设立机构、场所但取得的所得与其所设机构、场所没有实际联系的居民企业
优惠税率	减按20%	符合条件的小型微利企业
	减按15%	国家重点扶持的高新技术企业；符合条件的技术先进型服务企业；设在西部地区和海南自由贸易港的鼓励类产业企业等

4.1.3.1 基本税率

（1）居民企业和在境内设有机构、场所且所得与该机构、场所有实际联系的非居民企业，适用税率为 25%。

（2）在中国境内未设立机构、场所，或者虽设立机构、场所但取得的所得与其所设机构、场所没有实际联系的非居民企业，适用税率为 20%。但在实际征税时，减按 10% 的税率征收企业所得税。

专栏 4 − 2

国际税收改革动态：全球最低企业税率

2021 年 7 月 1 日经济合作与发展组织（OECD）发布公告：全球 130 个国家和地区加入"双支柱"计划，这使得"支柱一"（解决征税权划分）和"支柱二"（关注全球最低税率）方案在战略层面达成共识。其中，"支柱二"包括同意全球企业最低税率设置为 15%，以确保对跨国公司更公平地征税，减少跨国企业避税机会。随后在 2021 年 7 月 10 日，二十国集团财政部长和央行行长第三次会议在意大利威尼斯闭幕，并发布公报称，对国际税收框架达成历史性协议。根据 OECD 测算，"双支柱"改革实施后，全球每年可增加公司所得税收入 500 亿 ~800 亿美元。其中，增收主要来源于"支柱二"的实施。

"支柱二"作为通常称为"全球最低税"或"全球防止税基侵蚀规则（GloBE）"，其充分借鉴美国 GILTI 准则，核心是通过建立一套相互关联的国际税收规则，不仅限于数字经济，确保跨国企业承担不低于一定水平的税负，以抑制跨国企业逃避税行为，影响面更加广泛。"支柱二"的征收门槛为 7.5 亿欧元的跨国公司，并且确定了征收的全球最低税率为 15%。如果一项境外分支机构或受控实体所得的有效税率低于最低税率，则该部分所得应由母公司或公司股东的居民国征税，同时如果一项关联方支付款被课征的税率不高于最低税率，则来源国可以拒绝扣除支付给关联方的支付款或征收来源税。以某低税率管辖区为例，如果全球最低税率定为 15%，那么该管辖区内的企业需要评估所有实体的平均有效税率是否高于或低于 15%，如果平均有效税率低于 15%，则需要补缴税款。

根据 OECD 的安排，"双支柱"税改计划的框架设定等技术性工作预计将在 2021 年 10 月完成，最快在 2023 年全面实施。对此，财政部部长刘昆表示，中方始终秉持多边主义精神和开放合作态度，支持就应对经济数字化税收挑战多边方案关键要素的声明达成共识，推动达成更加稳定、平衡的包括两个支柱的最终共识方案，维护好国家利益。

资料来源：德勤税务. 税务快讯：双支柱方案得到全球性支持 [R]. 德勤税务，2021：1 −4.

4.1.3.2　优惠税率

（1）符合条件的小型微利企业，减按 20% 的税率征收企业所得税。

（2）国家需要重点扶持的高新技术企业，减按 15% 的税率征收企业所得税。

（3）符合条件的技术先进型服务企业，减按 15% 的税率征收企业所得税。

（4）设在西部地区和海南自由贸易港的鼓励类产业企业，减按 15% 的税率征收企业所得税。

（5）其他税率优惠政策。

4.1.4　应纳税所得额的确定

应纳税所得额是企业所得税的计税依据。按照《企业所得税法》的规定，应纳税所得额为企业每一个纳税年度的收入总额，减除不征税收入、免税收入、各项扣除以及允许弥补的以前年度亏损后的余额。相应的计算公式为：

$$应纳税所得额 = 收入总额 - 不征税收入 - 免税收入 - 各项扣除$$
$$- 允许弥补的以前年度亏损$$

企业应纳税所得额的计算，除特殊规定（如长期工程、劳务合同等交易事项）外，以权责发生制[①]为原则。权责发生制要求，属于当期的收入和费用，不论款项是否收付，均作为当期的收入和费用；不属于当期的收入和费用，即使款项已经在当期收付，均不作为当期的收入和费用。

正确确定应纳税所得额是计算应纳税额的关键，计算时一般要将企业依据财务会计制度计算的利润总额，按照税法的规定进行必要的调整后，才能作为企业的应纳税所得额，[②] 当企业财务、会计处理办法与税收法律、行政法规的规定不一致时，应当依照税收法律、行政法规的规定计算。特别地，若企业不能提供完整、准确的收入及成本、费用凭证，不能正确计算应纳税所得额时，应由税务机关核定其应纳税所得额。具体地，确定应纳税所得额主要内容包括

[①] 权责发生制不同于以款项的实际收付为标准的收付实现制，它是指以实际收取现金的权利或支付现金的责任的发生为标志来确认当期的收入、费用及债权、债务（参见《中华人民共和国企业所得税法实施条例》立法起草小组．中华人民共和国企业所得税法实施条例释义及适用指南［M］. 北京：中国财政经济出版社，2007：63）。

[②] 应纳税所得额与会计利润是两个不同的概念，两者既有联系又有区别。应纳税所得额是一个税收概念，是按照税法的规定计算得到的纳税人在一定时期的计税所得，也就是企业所得税的计税依据。而会计利润则是按照会计准则的规定计算得到的纳税人在一定时期的账面利润，反映的是企业一定时期的财务成果。会计利润不是企业所得税的计税依据，但它是确定应纳税所得额的基础。企业按照财务会计制度的规定进行核算得出的会计利润，根据税法规定作出相应调整后才能作为应纳税所得额。

收入总额、扣除范围和标准、资产的税务处理、亏损弥补等。

4.1.4.1　收入总额

收入总额，是指企业以货币形式和非货币形式从各种来源取得的收入，包括销售货物收入，提供劳务收入，转让财产收入，股息、红利等权益性投资收益，利息收入，租金收入，特许权使用费收入，接受捐赠收入和其他收入。其中，企业取得收入的货币形式，包括现金、存款、应收账款、应收票据、准备持有至到期的债券投资以及债务的豁免等；企业取得收入的非货币形式，包括固定资产、生物资产、无形资产、股权投资、存货、不准备持有至到期的债券投资、劳务以及有关权益等。需要注意的是，企业以非货币形式取得的收入，应当按照公允价值①确定收入额。具体收入项目如下：

1. 一般收入的确认

（1）销售货物收入。

销售货物收入，是指企业销售商品、产品、原材料、包装物、低值易耗品以及其他存货取得的收入。

除企业所得税法及实施条例另有规定外，企业销售收入的确认必须遵循权责发生制原则和实质重于形式原则。② 企业销售商品同时满足下列条件的，应确认收入的实现：①商品销售合同已经签订，企业已将商品所有权相关的主要风险和报酬转移给购货方；②企业对已售出的商品既没有保留通常与所有权相联系的继续管理权，也没有实施有效控制；③收入的金额能够可靠地计量；④已发生或将发生的销售方的成本能够可靠地核算。

符合上款收入确认条件，采取下列商品销售方式的，应按以下规定确认收入实现时间：①销售商品采用托收承付方式的，在办妥托收手续时确认收入；②销售商品采取预收款方式的，在发出商品时确认收入；③销售商品需要安装和检验的，在购买方接受商品以及安装和检验完毕时确认收入。如果安装程序比较简单，可在发出商品时确认收入；销售商品采用支付手续费方式委托代销的，在收到代销清单时确认收入。

【例4-2】A公司以30万元销售一批空调给B公司，双方合同约定，A公司应当于5月10日交货，B公司应当于6月1日付款。A公司按约定于5月10日交货，但B公司因资金紧张，延迟至7月10日才实际付款。A公司应当在何时确认销售收入？

---

① 公允价值，是指按照市场价格确定的价值。
② 参见《国家税务总局关于确认企业所得税收入若干问题的通知》（国税函〔2008〕875号）。

【解析】

根据税法规定，确认收入的原则是权责发生制，而非收付实现制。A公司取得货款的权利于6月1日已经产生，因此，A公司此时就应当确认收入，而不应延迟到7月10日再确认收入。

（2）提供劳务收入。

提供劳务收入，是指企业从事建筑安装、修理修配、交通运输、仓储租赁、金融保险、邮电通信、咨询经纪、文化体育、科学研究、技术服务、教育培训、餐饮住宿、中介代理、卫生保健、社区服务、旅游、娱乐、加工以及其他劳务服务活动取得的收入。

企业在各个纳税期末，提供劳务交易的结果能够可靠估计的，应采用完工进度（完工百分比）法确认提供劳务收入。[①] 具体而言，提供劳务交易的结果能够可靠估计，是指同时满足下列条件：①收入的金额能够可靠地计量；②交易的完工进度能够可靠地确定；③交易中已发生和将发生的成本能够可靠地核算。另外，企业提供劳务完工进度的确定，可选用下列方法：①已完工作的测量；②已提供劳务占劳务总量的比例；③发生成本占总成本的比例。

（3）转让财产收入。

转让财产收入，是指企业转让固定资产、生物资产、无形资产、股权、债权等财产取得的收入。

其中，企业转让股权收入，应于转让协议生效且完成股权变更手续时确认收入的实现。转让股权收入扣除为取得该股权所发生的成本后，为股权转让所得。企业在计算股权转让所得时，不得扣除被投资企业未分配利润等股东留存收益中按该项股权所可能分配的金额。[②]

（4）股息、红利等权益性投资收益。

股息、红利等权益性投资收益，是指企业因权益性投资从被投资方取得的收入。

股息、红利等权益性投资收益，除国务院财政、税务主管部门另有规定外，按照被投资方做出利润分配决定的日期确认收入的实现。

（5）利息收入。

利息收入，是指企业将资金提供他人使用但不构成权益性投资，或者因他人占用本企业资金取得的收入，包括存款利息、贷款利息、债券利息、欠款利息等收入。

---

① 参见《国家税务总局关于确认企业所得税收入若干问题的通知》（国税函〔2008〕875号）。
② 参见《国家税务总局关于贯彻落实企业所得税法若干税收问题的通知》（国税函〔2010〕79号）。

利息收入，按照合同约定的债务人应付利息的日期确认收入的实现。

（6）租金收入。

租金收入，是指企业提供固定资产、包装物或者其他有形资产的使用权取得的收入。

租金收入，按照合同约定的承租人应付租金的日期确认收入的实现。其中，如果交易合同或协议中规定租赁期限跨年度，且租金提前一次性支付的，根据收入与费用配比原则，出租人可对上述已确认的收入，在租赁期内，分期均匀计入相关年度收入。①

（7）特许权使用费收入。

特许权使用费收入，是指企业提供专利权、非专利技术、商标权、著作权以及其他特许权的使用权取得的收入。

特许权使用费收入，按照合同约定的特许权使用人应付特许权使用费的日期确认收入的实现。

（8）接受捐赠收入。

接受捐赠收入，是指企业接受的来自其他企业、组织或者个人无偿给予的货币性资产、非货币性资产。

接受捐赠收入，按照实际收到捐赠资产的日期确认收入的实现。

（9）其他收入。

其他收入，是指企业取得的除以上收入外的其他收入，包括企业资产溢余收入、逾期未退包装物押金收入、确实无法偿付的应付款项、已作坏账损失处理后又收回的应收款项、债务重组收入、补贴收入、违约金收入、汇兑收益等。

2. 特殊收入的确认

（1）分期收入。

企业的下列生产经营业务可以分期确认收入的实现：

①以分期收款方式销售货物的，按照合同约定的收款日期确认收入的实现。

②企业受托加工制造大型机械设备、船舶、飞机，以及从事建筑、安装、装配工程业务或者提供其他劳务等，持续时间超过12个月的，按照纳税年度内完工进度或者完成的工作量确认收入的实现。

（2）产品分成收入。

采取产品分成方式取得收入的，按照企业分得产品的日期确认收入的实

---

① 参见《国家税务总局关于贯彻落实企业所得税法若干税收问题的通知》（国税函〔2010〕79号）。

现，其收入额按照产品的公允价值确定。

（3）视同销售收入。

企业发生非货币性资产交换，以及将货物、财产、劳务用于捐赠、偿债、赞助、集资、广告、样品、职工福利或者利润分配等用途的，应当视同销售货物、转让财产或者提供劳务，但国务院财政、税务主管部门另有规定的除外①。特别地，企业处置资产的所得税问题，需要分情形进行税务处理：②

一是企业发生下列情形的处置资产，除将资产转移至境外以外，由于资产所有权属在形式和实质上均不发生改变，可作为内部处置资产，不视同销售确认收入，相关资产的计税基础延续计算：①将资产用于生产、制造、加工另一产品；②改变资产形状、结构或性能；③改变资产用途（如自建商品房转为自用或经营）；④将资产在总机构及其分支机构之间转移；⑤上述两种或两种以上情形的混合；⑥其他不改变资产所有权属的用途。

二是企业将资产移送他人的下列情形，因资产所有权属已发生改变而不属于内部处置资产，应按规定视同销售确定收入：①用于市场推广或销售；②用于交际应酬；③用于职工奖励或福利；④用于股息分配；⑤用于对外捐赠；⑥其他改变资产所有权属的用途。

（4）特殊销售收入的确认。

除前述销售收入的一般性规定外，国家税务总局还针对部分特殊销售情形，制定了一系列销售收入确认规则。③ 具体包括：

第一，采用售后回购方式销售商品的，销售的商品按售价确认收入，回购的商品作为购进商品处理。有证据表明不符合销售收入确认条件的，如以销售商品方式进行融资，收到的款项应确认为负债，回购价格大于原售价的，差额应在回购期间确认为利息费用。

第二，销售商品以旧换新的，销售商品应当按照销售商品收入确认条件确认收入，回收的商品作为购进商品处理。

第三，企业为促进商品销售而在商品价格上给予的价格扣除属于商业折扣，商品销售涉及商业折扣的，应当按照扣除商业折扣后的金额确定销售商品收入金额。

第四，债权人为鼓励债务人在规定的期限内付款而向债务人提供的债务扣除属于现金折扣，销售商品涉及现金折扣的，应当按扣除现金折扣前的金额确

---

① 自2016年度起，除另有规定外，此类视同销售情形按照被移送资产的公允价值确定销售收入。参见《国家税务总局关于企业所得税有关问题的公告》（国家税务总局公告2016年第80号）。
② 参见《国家税务总局关于企业处置资产所得税处理问题的通知》（国税函〔2008〕828号）。
③ 参见《国家税务总局关于确认企业所得税收入若干问题的通知》（国税函〔2008〕875号）。

定销售商品收入金额，现金折扣在实际发生时作为财务费用扣除。

第五，企业因售出商品的质量不合格等原因而在售价上给的减让属于销售折让；企业因售出商品质量、品种不符合要求等原因而发生的退货属于销售退回。企业已经确认销售收入的售出商品发生销售折让和销售退回，应当在发生当期冲减当期销售商品收入。

第六，企业以买一赠一等方式组合销售本企业商品的，不属于捐赠，应将总的销售金额按各项商品的公允价值的比例来分摊确认各项的销售收入。

【例4－3】某企业以50万元的价格销售一批商品，由于购买方提前支付价款，该企业给予购买方2万元的现金折扣。该企业应当确认多少收入？

【解析】

根据税法规定，销售商品涉及现金折扣的，应当按扣除现金折扣前的金额确定销售商品收入金额，现金折扣在实际发生时作为财务费用扣除。因此，该企业应当确认销售收入50万元，同时确认财务费用2万元。

4.1.4.2 不征税收入

不征税收入，是指永久不纳入征税范围的收入。按照《企业所得税法》第七条及其相关规定，不征税收入的具体范围包括：

1. **财政拨款**

财政拨款，是指各级人民政府对纳入预算管理的事业单位、社会团体等组织拨付的财政资金，但国务院和国务院财政、税务主管部门另有规定的除外。

2. **依法收取并纳入财政管理的行政事业性收费、政府性基金**

行政事业性收费，是指依照法律法规等有关规定，按照国务院规定程序批准，在实施社会公共管理，以及在向公民、法人或者其他组织提供特定公共服务过程中，向特定对象收取并纳入财政管理的费用。

政府性基金，是指企业依照法律、行政法规等有关规定，代政府收取的具有专项用途的财政资金。

3. **国务院规定的其他不征税收入**

国务院规定的其他不征税收入，是指企业取得的，由国务院财政、税务主管部门规定专项用途并经国务院批准的财政性资金。例如，财政补助、补贴、贷款贴息，直接减免的增值税，即征即退、先征后退、先征后返的各种税收等，但不包括企业按规定取得的出口退税款①。

---

① 出口退税款不并入收入总额的原因在于，出口退税退的是上一个环节的进项税额，是企业购进货物已负担的部分，不是本环节实现的税收。

值得注意的是，企业的不征税收入用于支出所形成的费用，不得在计算应纳税所得额时扣除；企业的不征税收入用于支出所形成的资产，其产生的折旧、摊销不得在计算应纳税所得额时扣除。

4.1.4.3 免税收入

免税收入，是指企业应纳税所得额中免予征收企业所得税的收入。按照《企业所得税法》第二十六条及其相关规定，免税收入的具体范围包括：

1. 国债及地方政府债券利息收入

国债利息收入，是指企业持有国务院财政部门发行的国债取得的利息收入。特别地，对企业取得的 2009 年及以后年度发行的地方政府债券利息收入也属于免税收入范围。

2. 符合条件的居民企业之间的股息、红利等权益性收益

符合条件的居民企业之间的股息、红利等权益性收益①，是指居民企业直接投资于其他居民企业取得的投资收益。

3. 符合条件的非居民企业从居民企业取得的股息、红利等权益性投资收益②

在中国境内设立机构、场所的非居民企业从居民企业取得与该机构、场所有实际联系的股息、红利等权益性投资收益。需要注意的是，上一项和本项所称的投资收益均不包括连续持有居民企业公开发行并上市流通的股票不足 12 个月取得的投资收益。

4. 符合条件的非营利组织的收入

符合条件的非营利组织企业所得税免税收入的具体范围包括：③ ①接受其他单位或者个人捐赠的收入；②除《企业所得税法》第七条规定的财政拨款以外的其他政府补助收入，但不包括因政府购买服务取得的收入；③按照省级以上民政、财政部门规定收取的会费；④不征税收入和免税收入孳生的银行存款利息收入；⑤财政部、国家税务总局规定的其他收入。但是，不包括非营利组织从事营利性活动取得的收入（国务院财政、税务主管部门另有规定除外）。

---

① 该项免税的原因在于，此部分权益性投资收益在接受投资的居民企业已经依法缴纳了企业所得税，所以其投资的居民企业在取得时就不再缴纳企业所得税，以免重复征税。
② 该项免税的原因在于，此部分权益性投资收益在接受投资的居民企业已经依法缴纳了企业所得税，所以投资的非居民企业在中国境内设立机构、场所的非居民企业在取得时就不再缴纳企业所得税，以免重复征税。
③ 参见《财政部 国家税务总局关于非营利组织企业所得税免税收入问题的通知》（财税〔2009〕122 号）。

【例4-4】某市一家慈善基金会是符合税法规定条件的非营利组织，2020年共接受其他单位或者个人的捐赠300万元，捐赠收入孳生的银行存款利息收入4万元，政府无偿拨付的补助收入20万元。此外，该慈善基金会对外出租房产一套，当年取得租金收入10万元。该慈善基金会2021年取得的收入中，哪些属于企业所得税免税收入？

【解析】

非营利组织从事营利性活动取得的收入不属于符合条件的非营利组织的免税收入。因此，本例中的慈善基金会取得的租金收入10万元应该按规定申报缴纳企业所得税，其他收入由于符合的免税收入条件而免征企业所得税。

专栏4-3

不征税收入和免税收入

国家为了扶持和鼓励某些特殊的纳税人和特定的项目，或者避免因征税影响企业的正常经营，对企业取得的某些收入予以不征税或免税的特殊政策，以减轻企业的负担，促进经济的协调发展。

现行《企业所得税法》首次提出了不征税收入的概念，并规定了何为免税收入。不征税收入，从性质和根源上看不属于企业营利性活动带来的经济利益，不负有纳税义务，永久不列为征税范围；而免税收入属于政府根据经济政策目标的需要，在一定时间免予征税，而在一定时期又可能恢复征税的收入，属于税收优惠。从理论上看，国家与纳税人之间已形成税收之债，免税属于纳税义务的消灭，"对法定应纳税额不予征收"是国家单方面免除其与纳税人之间的债权债务关系。《企业所得税法》对两者进行了准确的界定，纠正了长期执法实践中对两者的混淆。

资料来源：刘剑文. 新企业所得税法：八大制度创新［J］. 涉外税务，2007（8）：28-34.

4.1.4.4 准予扣除的项目

准予在计算应纳税所得额时扣除的项目，是指企业实际发生的与取得收入有关的、合理的支出，包括成本、费用、税金、损失和其他支出（以下简称"准予扣除项目"）。所谓有关的支出，是指与取得收入直接相关的支出。所谓合理的支出，是指符合生产经营活动常规，应当计入当期损益或者有关资产成本的必要和正常的支出。确定和计算税前扣除项目，对准确计算企业所得税应纳税额十分关键。

1. 准予税前扣除的原则

企业申报的扣除项目和金额要真实、合法。所谓真实，是指能证明有关支出确实已经实际发生。所谓合法，是指符合国家税法的规定，若其他法规的规定与税收法规的规定不一致，则应以税收法规的规定为标准。除税收法规另有规定外，税前扣除一般应遵循以下原则：

（1）权责发生制原则。

权责发生制原则是指企业费用应在发生的所属期扣除，而不是在实际支付时确认扣除。

（2）配比原则。

配比原则是指企业发生的费用应当与收入配比扣除。除特殊规定外，企业发生的费用不得提前或滞后申报扣除。

（3）相关性原则。

相关性原则是指企业可扣除的费用从性质和根源上必须与取得应税收入直接相关。与取得应税收入无关的支出在税前不得扣除，如担保支出。

（4）确定性原则。

确定性原则是指企业可扣除的费用不论何时支付，其金额必须是确定的。

（5）合理性原则。

合理性原则是指符合生产经营活动常规，应当计入当期损益或者有关资产成本的必要和正常支出。

2. 准予扣除项目的范围

如前所述，《企业所得税》规定，企业实际发生的与取得收入有关的、合理的支出，包括成本、费用、税金、损失和其他支出，准予在计算应纳税所得额时扣除。具体来说：

（1）成本。

成本，是指企业在生产经营活动中发生的销售成本、销货成本、业务支出以及其他耗费，即企业销售商品（产品、材料、下脚料、废物、废旧物资等）、提供劳务、转让固定资产及无形资产（包括技术转让）的成本。

（2）费用。

费用，是指企业在生产经营活动中发生的销售费用、管理费用和财务费用，已经计入成本的有关费用除外。其中：

①销售费用，是指应由企业负担的为销售商品而发生的费用，包括广告费、运输费、装卸费、包装费、展览费、保险费、销售佣金（能直接认定的进口佣金调整商品进价成本）、代销手续费、经营性租赁费及销售部门发生的差旅费、工资、福利费等费用。

②管理费用，是指企业的行政管理部门为管理组织经营活动提供各项支援性服务而发生的费用。

③财务费用，是指企业筹集经营性资金而发生的费用，包括利息净支出、汇兑净损失、金融机构手续费以及其他非资本化支出。

（3）税金。

税金，是指企业发生的除企业所得税和允许抵扣的增值税以外的各项税金及其附加，即企业按规定缴纳的消费税、城市维护建设税、关税、资源税、土地增值税、房产税、车船税、土地使用税、印花税、教育费附加等产品销售税金及附加。

（4）损失。

损失，是指企业在生产经营活动中发生的固定资产和存货的盘亏、毁损、报废损失，转让财产损失，呆账损失，坏账损失，自然灾害等不可抗力因素造成的损失以及其他损失。

企业发生的损失，减除责任人赔偿和保险赔款后的余额，依照国务院财政、税务主管部门的规定扣除。

企业已经作为损失处理的资产，在以后纳税年度又全部收回或者部分收回时，应当计入当期收入。

（5）其他支出。

其他支出，是指除成本、费用、税金、损失外，企业在生产经营活动中发生的与生产经营活动有关的、合理的支出。

在实际操作中，计算应纳税所得额时还应注意三个方面的内容：①企业发生的支出应当区分收益性支出和资本性支出。收益性支出在发生当期直接扣除；资本性支出应当分期扣除或者计入有关资产成本，不得在发生当期直接扣除。②企业的不征税收入用于支出所形成的费用或者财产，不得扣除或者计算对应的折旧、摊销扣除。③除《企业所得税法》及其实施条例另有规定外，企业实际发生的成本、费用、税金、损失和其他支出，不得重复扣除。

3. 具体扣除项目及其标准

在计算应纳税所得额时，下列项目可按照实际发生额或规定的标准扣除：

（1）工资、薪金支出。

企业发生的合理的工资、薪金支出准予据实扣除。工资、薪金支出是指企业每一纳税年度支付给在本企业任职或者受雇的员工的所有现金或非现金形式的劳动报酬，包括基本工资、奖金、津贴、补贴、年终加薪、加班工资，以及与员工任职或者受雇有关的其他支出。

"合理工资、薪金"，是指企业按照股东大会、董事会、薪酬委员会或相关管理机构制定的工资、薪金制度规定实际发放给员工的工资薪金。税务机关在对工资、薪金合理性进行确认时，可按以下原则掌握：①企业制定了较为规范的员工工资、薪金制度；②企业所制定的工资、薪金制度符合行业及地区水平；③企业在一定时期内发放的工资、薪金是相对固定的，工资、薪金的调整是有序进行的；④企业对实际发放的工资、薪金，已依法履行了代扣代缴个人所得税义务；⑤有关工资薪金的安排，不以减少或逃避税款为目的。

（2）职工福利费、工会经费、职工教育经费。

企业发生的职工福利费、工会经费、职工教育经费按标准扣除，未超过标准的按实际数扣除，超过标准的当年只能按标准扣除，除职工教育经费外，超出标准的部分不得扣除，也不得在以后年度结转扣除。

①企业发生的职工福利费支出，不超过工资、薪金总额14%的部分准予扣除。

②企业拨缴的工会经费，不超过工资、薪金总额2%的部分准予扣除。

③除国务院财政、税务主管部门另有规定外，企业发生的职工教育经费支出，不超过工资、薪金总额8%的部分准予扣除，超过部分准予结转以后纳税年度扣除。

上述计算职工福利费、工会经费、职工教育经费的"工资、薪金总额"是指企业按照前述规定实际发放的工资、薪金总和，不包括企业的职工福利费、职工教育经费、工会经费以及养老保险费、医疗保险费、失业保险费、工伤保险费、生育保险费等社会保险费和住房公积金。国有性质的企业，其工资、薪金不得超过政府有关部门规定的限定数额；超过部分，不得计入企业工资、薪金总额，也不得在计算企业应纳税所得额时扣除。

【例4-5】甲企业2020年度的工资、薪金总额为1 000万元，职工福利费为120万元，职工教育经费60万元，企业拨付的工会经费为30万元，该企业2020年度可以税前扣除的上述经费是分别多少？

【解析】

甲企业的职工福利费扣除限额为1 000×14% =140（万元），实际发生的120万元可据实扣除；职工教育经费扣除限额为1 000×8% =80（万元），实际发生的60万元可据实扣除；工会经费扣除限额为1 000×2% =20（万元），由于实际拨付的30万元，超过限额标准10万元，因而可以税前扣除的经费为20万元。

（3）社会保险费。

①企业依照国务院有关主管部门或者省级人民政府规定的范围和标准为职

工缴纳的"五险一金",即基本养老保险费、基本医疗保险费、失业保险费、工伤保险费、生育保险费和住房公积金,准予扣除。

②企业为在本企业任职或者受雇的全体员工支付的补充养老保险费、补充医疗保险费,分别在不超过职工工资总额 5% 标准内的部分,在计算应纳税所得额时,准予扣除。超过的部分,不予扣除。

(4)利息费用。

企业在生产、经营活动中发生的利息费用,按下列规定扣除:

①非金融企业向金融企业借款的利息支出、金融企业的各项存款利息支出、拆借利息支出,企业经批准发行债券的利息支出可据实扣除。

②非金融企业向非金融企业借款的利息支出,不超过按照金融企业同期同类贷款利率计算的部分可据实扣除,超过部分不得扣除。

③企业从其关联方接受的债权性投资与权益性投资的比例超过规定标准而发生的利息支出,不得在计算应纳税所得额时扣除。具体而言,如果债权性投资与权益性投资比例不超过 2∶1(金融企业为 5∶1),且满足其他规定的具体条件,则支付给关联方的利息支出可以税前扣除,超过的部分不能扣除。[①] 该政策实质上是对关联方借款本金额度的限制。

(5)借款费用。

①企业在生产经营活动中发生的合理的不需要资本化的借款费用,准予扣除。

②企业为购置、建造固定资产、无形资产和经过 12 个月以上的建造才能达到预定可销售状态的存货发生借款的,在有关资产购置、建造期间发生的合理的借款费用,应予以资本化,作为资本性支出计入有关资产的成本;有关资产交付使用后发生的借款利息,可在发生当期扣除。

(6)汇兑损失。

企业在货币交易中,以及纳税年度终了时将人民币以外的货币性资产、负债按照期末即期人民币汇率中间价折算为人民币时产生的汇兑损失,除已经计入有关资产成本以及与向所有者进行利润分配相关的部分外,准予扣除。

(7)业务招待费。

企业发生的与生产经营活动有关的业务招待费支出,按照发生额的 60% 扣除,但最高不得超过当年销售(营业)收入的 5‰。

企业在筹建期间发生的与筹办活动有关的业务招待费支出,可按实际发生

---

① 参见《财政部 国家税务总局关于企业关联方利息支出税前扣除标准有关税收政策问题的通知》(财税〔2008〕121号)。

额的60%计入企业筹办费，并按有关规定在税前扣除。

【例4-6】Y公司2020年度的销售收入总额为2 000万元，实际发生业务招待费30万元。计算可以税前扣除的业务招待费金额。

【解析】

企业发生的业务招待费，按照发生额的60%扣除，如果60%的部分大于年销售收入的5‰，则只能扣除年销售收入5‰的金额；如果60%的部分小于年销售收入的5‰，则只能扣除业务招待费的60%。本例中，Y公司业务招待费实际发生额的60%为30×60%＝18（万元）；当年销售收入的5‰为2 000×5‰＝10（万元）。因此，2020年Y公司可以税前扣除的业务招待费全额为10万元。

（8）广告费和业务宣传费。

企业发生的符合条件的广告费和业务宣传费支出，除国务院财政、税务主管部门另有规定外，不超过当年销售（营业）收入15%的部分，准予扣除；超过部分，准予结转以后纳税年度扣除。

特别地，国家税务总局对部分行业的广告费和业务宣传费税前扣除给予了特殊规定：① 自2008年1月1日起至2025年12月31日，对化妆品制造或销售、医药制造和饮料制造（不含酒类制造）企业发生的广告费和业务宣传费支出，不超过当年销售（营业）收入30%的部分，准予扣除；超过部分，准予在以后纳税年度结转扣除。但是，烟草企业的烟草广告费和业务宣传费支出，一律不得在计算应纳税所得额时扣除。

企业在筹建期间发生的广告费和业务宣传费，可按实际发生额计入企业筹办费，并按有关规定在税前扣除。

【例4-7】某工业园内有甲、乙、丙三家制造企业，分别生产家电、化妆品和卷烟，2020年三家企业的销售收入分别为1 500万元、1 200万元和6 000万元。此外，为了增加产品销量，三家企业当年分别支出广告费和业务宣传费260万元、300万元和150万元，计算甲、乙、丙三家企业各自可以税前扣除的广告费和业务宣传费金额。

【解析】

甲企业是家电制造企业，不超过当年销售收入15%的广告费和业务宣传费准予扣除；乙企业是化妆品制造企业，不超过当年销售收入30%的广告费

① 参见《财政部 国家税务总局关于部分行业广告费和业务宣传费税前扣除政策的通知》（财税〔2009〕72号）；《财政部 国家税务总局关于广告费和业务宣传费支出税前扣除政策的通知》（财税〔2012〕48号）；《财政部 国家税务总局关于广告费和业务宣传费税前扣除政策的通知》（财税〔2017〕41号）；《财政部 税务总局关于广告费和业务宣传费支出税前扣除有关事项的公告》（财政部 税务总局公告2020年第43号）。

和业务宣传费准予扣除；丙企业是家电制造企业，广告费和业务宣传费一律不允许扣除。因此，甲企业的扣除限额为 1 500×15% = 225（万元），也就是 2020 年实际发生的 260 万元中，225 万元可以在当年扣除，超出的 35 万元则可以结转到以后年度扣除；乙企业的扣除限额为 1 200×30% = 360（万元），也就是 2020 年实际发生的 300 万元可以全部在当年扣除；丙企业 2020 年实际发生的 150 万元一律不可以扣除。

（9）环境保护专项资金。

企业依照法律、行政法规有关规定提取的用于环境保护、生态恢复等方面的专项资金，准予扣除。上述专项资金提取后改变用途的，不得扣除。

（10）保险费。

①企业参加财产保险，按照规定缴纳的保险费，准予扣除。

②除企业依照国家有关规定为特殊工种职工支付的人身安全保险费和国务院财政、税务主管部门规定可以扣除的其他商业保险费外，企业为投资者或者职工支付的商业保险费，不得扣除。

③企业职工因公出差坐交通工具发生的人身意外保险费支出，准予企业在计算应纳税所得额时扣除。①

④企业参加雇主责任险、公众责任险等责任保险，按照规定缴纳的保险费，准予在企业所得税税前扣除。②

（11）租赁费。

企业根据生产经营活动的需要租入固定资产支付的租赁费，按照以下方法扣除：

①以经营租赁方式租入固定资产发生的租赁费支出，按照租赁期限均匀扣除。经营性租赁是指所有权不转移的租赁。

②以融资租赁方式租入固定资产发生的租赁费支出，构成融资租入固定资产的部分应当提取折旧费用，分期扣除。融资租赁是指实质上转移了与一项资产所有权有关的全部风险和报酬的租赁。

（12）劳动保护费。

企业发生的合理的劳动保护支出，准予扣除。劳动保护费通常是指为企业职工配备的工作服、手套、安全保护用品、防暑降温用品等所发生的支出，即以企业发放劳保实物为前提，企业以现金形式发放的不能在税前扣除。

---

① 参见《国家税务总局关于企业所得税有关问题的公告》（国家税务总局公告 2016 年第 80 号）。
② 参见《国家税务总局关于责任保险费企业所得税税前扣除有关问题的公告》（国家税务总局公告 2018 年第 52 号）。

（13）公益性捐赠支出。

企业发生的公益性捐赠支出，在年度利润总额12%以内的部分，准予在计算纳税所得额时扣除。超过年度利润总额12%的部分，准予结转以后3年内，在计算应纳税所得额时扣除。

值得说明的是：公益性捐赠，是指企业通过公益性社会团体①或者县级（含县级）以上人民政府及其部门，用于《中华人民共和国公益事业捐赠法》规定的公益事业的捐赠。年度利润总额，是指企业依照国家统一会计制度的规定计算的年度会计利润。

【例4-8】S公司2019年度利润总额为320万元，通过公益性社会团体向贫困山区捐款50万元，直接资助贫困大学生学费10万元，请问可以税前扣除的公益性捐赠支出是多少？

【解析】

只有公益性社会团体或者县级（含县级）以上人民政府及其部门进行的公益性捐赠支出才可税前扣除，所以S公司直接资助贫困大学生的10万元学费不能税前扣除。而且，该企业捐赠支出税前扣除的限额为320×12% =38.4（万元），实际公益性捐赠支出50万元。因此，该企业2019年度可以税前扣除的公益性捐赠支出为38.4万元。

（14）有关资产的费用。

企业转让各类固定资产发生的费用，允许扣除。企业按规定计算的固定资产折旧费、无形资产和递延资产的摊销费，准予扣除。

（15）总机构分摊的费用。

非居民企业在中国境内设立的机构、场所，就其中国境外总机构发生的与该机构场所生产经营有关的费用，能够提供总机构出具的费用汇集范围、定额、分配依据和方法等证明文件并合理分摊的，准予扣除。

（16）资产损失。

企业当期发生的固定资产和流动资产盘亏、毁损净损失，由其提供清查盘存资料，经主管税务机关审核后，准予扣除；企业因存货盘亏、毁损、报废等原因不得从销项税额中抵扣的进项税额，应视同企业财产损失，准予与存货损失一起在所得税前按规定扣除。

企业发生上述资产损失，应按税法规定在实际确认或者实际发生的当年申

---

① 对于通过公益性群众团体发生的公益性捐赠支出，主管税务机关应对照财政、税务部门联合发布的名单，接受捐赠的群众团体位于名单内，则企业或个人在名单所属年度发生的公益性捐赠支出可按规定进行税前扣除；接受捐赠的群众团体不在名单内，或虽在名单内但企业或个人发生的公益性捐赠支出不属于名单所属年度的，不得扣除。

报扣除，不得提前或延后扣除。

（17）手续费及佣金支出。

企业发生的与生产经营有关的手续费及佣金支出，在规定计算限额内的，准予扣除；超过部分，不得扣除。其中，财产保险企业按当年全部保费收入扣除退保金等后余额的15%（含本数，下同）计算限额；人身保险企业按当年全部保费收入扣除退保金等后余额的10%计算限额；其他企业按与具有合法经营资格中介服务机构或个人（不含交易双方及其雇员、代理和代表人等）所签订服务协议或合同确认的收入金额的5%计算限额。

（18）其他项目。

依照有关法律、行政法规和国家有关税法规定准予扣除的其他项目，如会员费、合理的会议费、差旅费、违约金、诉讼费用等。

4.1.4.5　不得扣除的项目

不得扣除的项目，是指企业在计算应纳税所得额时不得扣除的项目。企业在计算应纳税所得额时，下列支出不得扣除：

（1）向投资者支付的股息、红利等权益性投资收益款项。

（2）企业所得税税款。

（3）税收滞纳金，是指由于纳税人违反税收法规而被税务机关处以的滞纳金。

（4）罚金、罚款和被没收财物的损失，是指纳税人违反国家有关法律、法规规定，被有关部门处以的罚款以及被司法机关处以的罚金和被没收的财物。

（5）超过规定标准的捐赠支出。

（6）赞助支出，是指企业发生的与生产经营活动无关的各种非广告性质的支出。

（7）未经核定的准备金支出，是指不符合国务院财政、税务主管部门规定的各项资产减值准备、风险准备等准备金支出。

（8）企业之间支付的管理费、企业内营业机构之间支付的租金和特许权使用费以及非银行企业内营业机构之间支付的利息。

（9）与取得收入无关的其他支出。

4.1.4.6　资产的税务处理

资产是由于资本投资而形成的财产，对于资本性支出以及无形资产受让、开办、开发费用，不允许作为成本、费用从纳税人的收入总额中一次性扣除，只能采取分次计提折旧或分次摊销的方式予以扣除。因此，资产的税务处理成了准确计算企业所得税应纳税所得额的关键因素之一。

纳入税务处理范围的资产主要包括固定资产、生物资产、无形资产、长期待摊费用、投资资产、存货等，均以历史成本为计税基础。所谓历史成本，是指企业取得该项资产时实际发生的支出。另外，企业持有各项资产期间资产增值或减值，除国务院财政、税务主管部门规定可以确认损益外，不得调整该资产的计税基础。

1. 固定资产的税务处理

固定资产，是指企业为生产产品、提供劳务、出租或者经营管理而持有的，使用时间超过 12 个月的非货币性资产，包括房屋、建筑物、机器、机械、运输工具以及其他与生产经营活动有关的设备、器具、工具等。

（1）固定资产的计税基础。

①外购的固定资产，以购买价款和支付的相关税费以及直接归属于使该资产达到预定用途而发生的其他支出为计税基础。

②自行建造的固定资产，以竣工结算前发生的支出为计税基础。

③融资租入的固定资产，以租赁合同约定的付款总额和承租人在签订租赁合同过程中发生的相关费用为计税基础；租赁合同未约定付款总额的，以该资产的公允价值和租赁合同过程中发生的相关费用为计税基础。

④盘盈的固定资产，以同类固定资产的重置完全价值为计税基础。

⑤通过捐赠、投资、非货币性资产交换、债务重组等方式取得的固定资产，以该资产的公允价值和支付的相关税费为计税基础。

⑥改建的固定资产，除已足额提取折旧的固定资产和租入的固定资产以外的其他固定资产，以改建过程发生的改建支出增加计税基础。

（2）固定资产折旧的范围。

在计算应纳税所得额时，企业按照规定计算的固定资产折旧准予扣除。下列固定资产不得计算折旧扣除：

①房屋、建筑物以外未投入使用的固定资产。

②以经营租赁方式租入的固定资产。

③以融资租赁方式租出的固定资产。

④足额提取折旧仍继续使用的固定资产。

⑤与经营活动无关的固定资产。

⑥单独估价作为固定资产入账的土地。

⑦其他不得计算折旧扣除的固定资产。

（3）固定资产折旧的计提方法。

①企业应当自固定资产投入使用月份的次月起计算折旧；停止使用的固定资产，应当自停止使用月份的次月起停止计算折旧。

②企业应当根据固定资产的性质和使用情况，合理确定固定资产的预计净残值。固定资产的预计净残值一经确定，不得变更。

③固定资产按照直线法计算的折旧，准予扣除。

（4）固定资产折旧的计提年限。

除国务院财政、税务主管部门另有规定外，固定资产计算折旧的最低年限如下：

①房屋、建筑物为20年。

②飞机、火车、轮船、机器、机械和其他生产设备为10年。

③与生产经营活动有关的器具、工具、家具等为5年。

④飞机、火车、轮船以外的运输工具为4年。

⑤电子设备为3年。

（5）矿产资源企业计提折旧方法。

从事开采石油、天然气等矿产资源的企业，在开始商业性生产前发生的费用和有关固定资产的折耗、折旧方法，由国务院财政、税务主管部门另行规定。

【例4-9】甲公司建造一栋建筑物，2021年8月20日完工，2021年9月1日投入使用，建造成本为4 000万元。该建筑物预计可使用30年，预计净残值为400万元。该公司每月应当就该建筑物从哪个月开始提取折旧？每月应分别提取多少折旧？

【解析】

固定资产按照直线法计算的折旧，准予扣除。企业应当自固定资产投入使用月份的次月起计算折旧，自停止使用月份的次月起停止计算折旧，并根据固定资产的性质和使用情况，合理确定固定资产的预计净残值。因此，在本例中甲公司应当就该建筑物自2021年10月开始计提折旧，并按照直线法计算出每月应提取的折旧额为：（4 000 - 400）÷ 30 ÷ 12 = 10（万元）。

2. 生产性生物资产的税务处理

生产性生物资产，是指为产出农产品、提供劳务或出租等目的而持有的生物资产，包括经济林、薪炭林、产畜和役畜等。[①]

---

① 生物资产，是指有生命的动物和植物。生物资产分为消耗性生物资产、生产性生物资产和公益性生物资产。除了生产性生物资产外，消耗性生物资产是指为出售而持有的或在将来可作为农产品收获的生物资产，包括生长中的农田作物、蔬菜、用材林以及存栏待售的牲畜等；公益性生物资产是指以防护、环境保护为主要目的的生物资产，包括防风固沙林、水土保持林和水源涵养林等。

（1）生产性生物资产的计税基础。

生产性生物资产按照以下方法确定计税基础：

①外购的生产性生物资产，以购买价款和支付的相关税费为计税基础。

②通过捐赠、投资、非货币性资产交换、债务重组等方式取得的生产性生物资产，以该资产的公允价值和支付的相关税费为计税基础。

（2）生产性生物资产的折旧方法和折旧年限。

生产性生物资产按照直线法计算的折旧，准予扣除。企业应当自生产性生物资产投入使用月份的次月起计算折旧；停止使用的生产性生物资产，应当自停止使用月份的次月起停止计算折旧。

企业应当根据生产性生物资产的性质和使用情况，合理确定生产性生物资产的预计净残值。生产性生物资产的预计净残值一经确定，不得变更。

生产性生物资产计算折旧的最低年限为：林木类生产性生物资产为10年；畜类生产性生物资产为3年。

3. 无形资产的税务处理

无形资产是指企业长期使用但没有实物形态的资产，包括专利权、商标权、著作权、土地使用权、非专利技术、商誉等。

（1）无形资产的计税基础。

无形资产按照以下方法确定计税基础：

①外购的无形资产，以购买价款和支付的相关税费以及直接归属于使该资产达到预定用途而发生的其他支出为计税基础。

②自行开发的无形资产，以开发过程中该资产符合资本化条件后至达到预定用途前发生的支出为计税基础。

③通过捐赠、投资、非货币性资产交换、债务重组等方式取得的无形资产，以该资产的公允价值和支付的相关税费为计税基础。

（2）无形资产摊销的范围。

在计算应纳税所得额时，企业按照规定计算的无形资产摊销费用，准予扣除。但下列无形资产不得计算摊销费用扣除：

①自行开发的支出已在计算应纳税所得额时扣除的无形资产。

②自创商誉。

③与经营活动无关的无形资产。

④其他不得计算摊销费用扣除的无形资产。

（3）无形资产的摊销方法及年限。

无形资产的摊销采取直线法计算。无形资产的摊销年限不得低于10年。作为投资或者受让的无形资产，有关法律规定或者合同约定了使用年限的，可以按照规定或者约定的使用年限分期摊销。外购商誉的支出，在企业整体转让或者清算时，准予扣除。

企业外购的软件，凡符合固定资产或无形资产确认条件的，可以按照固定资产或无形资产进行核算，其折旧或摊销年限可以适当缩短，最短可为2年（含）。

4. 长期待摊费用的税务处理

长期待摊费用是指企业发生的应在1个年度以上进行摊销的费用。在计算应纳税所得额时，企业发生的下列支出作为长期待摊费用，按照规定摊销的，准予扣除：

（1）已足额提取折旧的固定资产的改建支出。

（2）租入固定资产的改建支出。

（3）固定资产的大修理支出。

（4）其他应当作为长期待摊费用的支出。

具体来说：

固定资产的改建支出，是指改变房屋或者建筑物结构、延长使用年限等发生的支出。其中，已足额提取折旧的固定资产的改建支出，按照固定资产预计尚可使用的年限分期摊销；租入固定资产的改建支出，按照合同约定的剩余租赁期限分期摊销；改建的固定资产延长使用年限的，除已足额提取折旧的固定资产、租入固定资产的改建支出外，其他的固定资产发生改建支出，应当适当延长折旧年限。

固定资产的大修理支出，是指同时符合下列两个条件的支出：一是修理支出达到取得固定资产时计税基础的50%以上；二是修理后固定资产的使用年限延长2年以上。大修理支出应按照固定资产尚可使用的年限分期摊销。

其他应当作为长期待摊费用的支出，自支出发生月份的次月起，分期摊销，摊销年限不得低于3年。

5. 存货的税务处理

存货，是指企业在日常活动中持有以备出售的库存商品或商品、处在生产过程中的在产品、在生产过程或提供劳务过程中耗用的材料和物料等。

（1）存货的计税基础。

存货按照以下方法确定成本：

①通过支付现金方式取得的存货，以购买价款和支付的相关税费为成本。

②通过支付现金以外的方式取得的存货，以该存货的公允价值和支付的相关税费为成本。

③生产性生物资产收获的农产品，以产出或者采收过程中发生的材料费、人工费和分摊的间接费用等必要支出为成本。

（2）存货的成本计算方法。

企业使用或者销售存货的成本计算方法，可以在先进先出法、加权平均法、个别计价法中选用一种。计价方法一经选用，不得随意变更。

企业转让以上资产，在计算企业应纳税所得额时，资产的净值允许扣除。其中，资产的净值是指有关资产、财产的计税基础减除已经按照规定扣除的折旧、折耗、摊销、准备金等后的余额。

除国务院财政、税务主管部门另有规定外，企业在重组过程中，应当在交易发生时确认有关资产的转让所得或者损失，相关资产应当按照交易价格重新确定计税基础。

6. 投资资产的税务处理

投资资产，是指企业对外进行权益性投资和债权性投资而形成的资产。

（1）投资资产的成本。

投资资产按以下方法确定投资成本：

①通过支付现金方式取得的投资资产，以购买价款为成本。

②通过支付现金以外的方式取得的投资资产，以该资产的公允价值和支付的相关税费为成本。

（2）投资资产成本的扣除方法。

企业对外投资期间，投资资产的成本在计算应纳税所得额时不得扣除。企业在转让或者处置投资资产时，投资资产的成本准予扣除。

（3）投资企业撤回或减少投资的税务处理①。

投资企业从被投资企业撤回或减少投资，其取得的资产润和累计盈余公积按减少实收资本比例计算的部分，应确认为股息所得；其余部分中，相当于初始出资的部分，应确认为投资收回；相当于被投资企业累计未分配利确认为投资资产转让所得。

被投资企业发生的经营亏损，由被投资企业按规定结转弥补；投资企业不得调整降低其投资成本，也不得将其确认为投资损失。

7. 资产税务处理的其他规定

企业转让上述资产，在计算应纳税所得额时，资产的净值允许扣除。其中，资产的净值是指有关资产、财产的计税基础减除已经按照规定扣除的折旧、折耗、摊销、准备金等后的余额。

除国务院财政、税务主管部门另有规定外，企业在重组过程中，应当在交易发生时确认有关资产的转让所得或者损失，相关资产应当按照交易价格重新

---

① 参见《国家税务总局关于企业所得税若干问题的公告》（国家税务总局公告2011年第34号）。

确定计税基础。

4.1.4.7 亏损弥补

企业在某一纳税年度发生的亏损，准予向以后年度结转，用以后年度的所得弥补，但最长不得超过 5 年。而且，亏损弥补期应自亏损年度的下一个年度起不间断地计算。这里所称的亏损，是指企业依照《企业所得税法》及其实施条例的规定，将每一纳税年度的收入总额减除不征税收入、免税收入和各项扣除后小于零的数额，并不直接是企业利润表中的亏损额。

值得注意的是，企业自开始生产经营的年度，为开始计算企业损益的年度。企业从事生产经营之前进行筹办活动期间发生筹办费用支出不得计算为当期的亏损，企业可以在开始经营之日的当年一次性扣除，也可以按照税法有关长期待摊费用的处理规定处理，但一经选定，不得改变。另外，企业在汇总计算缴纳企业所得税时，其境外营业机构的亏损不得抵减境内营业机构的盈利。

特别地，自 2018 年 1 月 1 日起，具备高新技术企业或科技型中小企业资格的企业，其具备资格年度之前 5 个年度发生的尚未弥补完的亏损，准予结转以后年度弥补最长结转年限由 5 年延长至 10 年。

【例 4 - 10】甲企业 2014 ~ 2020 年应纳税所得额情况如表 4 - 2 所示，要求根据《企业所得税法》及相关规定，计算各年度的应纳税所得额。

表 4 - 2　　　　　　　2014 ~ 2020 年甲企业应纳税所得额情况

项目	2014 年	2015 年	2016 年	2017 年	2018 年	2019 年	2020 年
应纳税所得额	- 155	- 43	30	24	36	57	60

【解析】

由于甲企业 2014 年的 155 万元亏损额可以在 2015 年至 2019 年共 5 年内弥补，尚有未弥补的亏损 8 万元；2015 年的 43 万元亏损额可在 2016 年至 2020 年全部弥补；因此，2014 年至 2019 年度的应纳税所得额均为零，2019 年应纳税所得额为 17 万元。

4.1.5 应纳税额的计算

4.1.5.1 居民企业应纳税额的计算

居民企业应缴纳所得税税额等于应纳税所得额乘以适用税率，基本计算公式为：

$$应纳税额 = 应纳税所得额 \times 适用税率 - 减免税额 - 抵免税额$$

根据计算公式可以看出，应纳税额的多少，取决于应纳税所得额和适用税率两个因素。在实际过程中，应纳税所得额的计算一般有两种方法。

1. 直接计算法

在直接计算法下，企业每一纳税年度的收入总额减除不征税收入、免税收入、各项扣除以及允许弥补的以前年度亏损后的余额为应纳税所得额。计算公式与前述相同，即：

$$应纳税所得额 = 收入总额 - 不征税收入 - 免税收入 - 各项扣除$$
$$- 允许弥补的以前年度亏损$$

2. 间接计算法

在间接计算法下，是在会计利润总额的基础上加或减按照税法规定调整的项目金额后，即为应纳税所得额。现行企业所得税年度纳税申报表采取该方法。其计算公式为：

$$应纳税所得额 = 会计利润总额 \pm 纳税调整项目金额$$

纳税调整项目金额包括两方面的内容：一是企业财务会计制度规定的项目范围与税法规定的项目范围不一致，应予以调整的金额；二是企业财务会计制度规定的扣除标准与税法规定的扣除标准不一致，应予以调整的金额。

【例4-11】某工业企业为居民企业，2020年发生经营业务如下：

（1）取得产品销售收入6 000万元。

（2）发生产品销售成本4 400万元。

（3）发生销售费用360万元，管理费用480万元（其中：业务招待费120万元），财务费用260万元。

（4）发生税金及附加380万元（不含增值税）。

（5）取得营业外收入740万元，营业外支出116万元（其中：支付合同违约金20万元，支付税收滞纳金5万元）。

（6）计入成本、管理费用中包含实际发放的职工工资1 800万元，拨缴工会经费38万元，发生职工福利费支出285万元，发生职工教育经费支出126万元。此外，以前年度累计结转税前未扣除的职工教育经费为30万元。

要求：计算该企业2020年实际应缴纳的企业所得税。

【解析】

（1）会计利润总额 = 6 000 - 4 400 - 360 - 480 - 260 - 380 + 740 - 116 = 744（万元）。

（2）实际发生的业务招待费支出120万元，按实际发生业务招待费的60%

计算 $=120\times60\%=72$（万元），按销售（营业）收入的5‰计算 $=6\,000\times5‰=30$（万元），72万元 >30 万元。因此，按照规定业务招待费税前扣除限额为30万元，应调增应纳税所得额 $=120-30=90$（万元）。

（3）支付合同违约金20万元，可以税前扣除。

（4）支付税收滞纳金5万元，不得税前扣除，应调增应纳税所得额为5万元。

（5）实际发生的工会经费支出38万元，当年允许税前扣除的限额为 $1\,800\times2\%=36$（万元），应调增应纳税所得额为 $38-36=2$（万元）。

（6）职工福利费：实际发生的职工福利费支出285万元，当年允许税前扣除的限额为 $1\,800\times14\%=252$（万元），应调增应纳税所得额为 $285-252=33$（万元）。

（7）职工教育经费：实际发生的职工教育经费支出126万元，当年允许税前扣除的限额为 $1\,800\times8\%=144$（万元），当年实际发生的职工教育经费126万元可全额扣除，并可在剩余限额内扣除以前年度累计结转税前未扣除的职工教育经费 $=144-126=18$（万元），应调减应纳税所得额18万元。

（8）应纳税所得额 $=744+90+5+2+33-18=856$（万元）。

（9）2020年应缴企业所得税 $=856\times25\%=214$（万元）。

4.1.5.2 境外所得抵扣税额的计算

为避免国际双重征税，企业取得的下列所得已在境外缴纳的所得税税额，可以从其当期应纳税额中抵免，抵免限额为该项所得依照《企业所得税法》的规定计算的应纳税额；超过抵免限额的部分，可以在以后5个年度内，用每年度抵免限额抵免当年应抵税额后的余额进行抵补：

（1）居民企业来源于中国境外的应税所得。

（2）非居民企业在中国境内设立机构、场所，取得发生在中国境外但与该机构、场所有实际联系的应税所得。

上述所称已在境外缴纳的所得税税额，是指企业来源于中国境外的所得依照中国境外税收法律以及相关规定应当缴纳并已经实际缴纳的企业所得税性质的税款。

此外，居民企业从其直接或者间接控制的外国企业分得的来源于中国境外的股息、红利等权益性投资收益，外国企业在境外实际缴纳的所得税税额中属于该项所得负担的部分，可以作为该居民企业的可抵免境外所得税税额，在《企业所得税法》规定的抵免限额内抵免。这里的直接控制，是指居民企业直接持有外国企业20%以上股权；间接控制，是指居民企业以间接持股方式持有外国企业 20% 以上股权。

涉及到境外税收抵免的方法，企业可以选择按国别（地区）分别计算（即"分国（地区）不分项"），或者不按国别（地区）汇总计算（即"不分国（地区）不分项"）其来源于境外的应纳税所得，并按照税法规定的税率，分别计算其可抵免境外所得税税额和抵免限额。上述方法一经选择，5 年内不得改变。以分国（地区）不分项抵免限额为例，其计算公式为：

抵免限额 = 中国境内、境外所得按照中国税法计算的应纳税总额
　　　　　× 来源于某国（地区）的应纳税所得额
　　　　　÷ 中国境内、境外应纳税所得总额
　　　　 = 来源于某国（地区）的应纳税所得额 × 25%

当然，企业依照《企业所得税法》的规定抵免企业所得税税额时，应当提供中国境外税务机关出具的税款所属年度的有关纳税凭证。

【例 4 – 12】某企业 2020 年境内应纳税所得为 800 万元，同期从法国设立的全资境外机构取得应纳税所得额 200 万元，并在法国已实际缴纳所得税税款 64 万元。该企业对境外所得已缴纳所得税税款采取分国不分项抵扣方法。请问该企业本年度在中国实际应纳所得税税额是多少？

【解析】

该企业全年应纳税额为（800 + 200）× 25% = 250（万元），境外所得税抵免限额为 250 × [200 ÷（800 + 200）] = 50（万元），因此，该企业本年度在中国实际应纳所得税税额为 250 – 50 = 200（万元）。而对于境外所得已纳所得税税款超过扣除限额 14 万元（64 – 50）的部分不得在本年度的应纳税额中扣除，也不得列为费用支出，但可以在不超过 5 年的期限内，用以后年的税额不超过扣除限额的余额补扣。

4.1.5.3　居民企业核定征收应纳税额的计算

核定征收和查账征收都是计征税款的方式，正常情况下应当采用查账征收的方式，但在特殊情况下可以采用核定征收的方式，其最大特点就是不需要掌握纳税人全面的纳税资料，计征方式相对简化。现行《企业所得税法》及其有关法规对核定征收企业所得税的相关问题做了如下规定：

1. 核定征收企业所得税的范围

居民企业纳税人具有下列情形之一的，核定征收企业所得税：

（1）依照法律、行政法规的规定可以不设置账簿的。

（2）依照法律、行政法规的规定应当设置但未设置账簿的。

（3）擅自销毁账簿或者拒不提供纳税资料的。

（4）虽设置账簿，但账目混乱或者成本资料、收入凭证、费用凭证残缺不全，难以查账的。

（5）发生纳税义务，未按照规定的期限办理纳税申报，经税务机关责令限期申报，逾期仍不申报的。

（6）申报的计税依据明显偏低，又无正当理由的。

特殊行业、特殊类型的纳税人和一定规模以上的纳税人不适用上述办法，如免税企业、汇总纳税企业、上市公司、银行等金融机构等，这些特定纳税人由国家税务总局另行明确。

2. 核定征收的办法

税务机关应根据纳税人具体情况，对核定征收企业所得税的纳税人，核定应税所得率或者核定应纳所得税额。

（1）具有下列情形之一的，核定其应税所得率：

①能正确核算（查实）收入总额，但不能正确核算（查实）成本费用总额的。

②能正确核算（查实）成本费用总额，但不能正确核算（查实）收入总额的。

③通过合理方法，能计算和推定纳税人收入总额或成本费用总额的。

纳税人不属于以上情形的，核定其应纳所得税额。

（2）税务机关采用下列方法核定征收企业所得税：

①参照当地同类行业或者类似行业中经营规模和收入水平相近的纳税人的税负水平核定。

②按照应税收入额或成本费用支出额定率核定。

③按照耗用的原材料、燃料和动力等推算或测算核定。

④按照其他合理方法核定。

采用前款所列一种方法不足以正确核定应纳税所得额或应纳税额的，可以同时采用两种以上的方法核定。采用两种以上方法测算的应纳税额不一致时，可按测算的应纳税额从高核定。各行业应税所得率幅度如表4-3所示。

表4-3　　　　　　　企业所得税核定征收应税所得率表　　　　单位：%

行业	应税所得率
农、林、牧、渔业	3~10
制造业	5~15
批发和零售贸易业	4~15

行业	应税所得率
交通运输业	7~15
建筑业	8~20
饮食业	8~25
娱乐业	15~30
其他行业	10~30

采用应税所得率方式核定征收企业所得税的，应纳所得税额计算公式如下：

$$应纳所得税额 = 应纳税所得额 \times 适用税率$$

$$应纳税所得额 = 应税收入额① \times 应税所得率$$

或：应纳税所得额 = 成本费用支出额 ÷（1 - 应税所得率）× 应税所得率

特别地，实行应税所得率方式核定征收企业所得税的纳税人，经营多业的，无论其经营项目是否单独核算，均由税务机关根据其主营项目确定适用的应税所得率。其中，主营项目应为纳税人所有经营项目中，收入总额或者成本费用支出额或者耗用原材料、燃料和动力数量所占比重最大的项目。

此外，当纳税人的生产经营范围、主营业务发生重大变化，或者应纳税所得额或应纳税额增减变化达到20%的，应及时向税务机关申报调整已确定的应纳税额或应税所得率。

4.1.5.4 非居民企业应纳税额的计算

对于在中国境内未设立机构、场所的，或者虽设立机构、场所但取得的所得与其所设机构、场所没有实际联系的非居民企业的所得，扣缴义务人在每次向非居民企业支付或者到期应支付时，应从支付或者到期应支付的款项中扣缴企业所得税。

扣缴企业所得税应纳税额计算公式为：

$$扣缴企业所得税应纳税额 = 应纳税所得额 \times 实际征收率$$

具体来说：

（1）应纳税所得额的计算，按照以下规定为标准：

①股息、红利等权益性投资收益和利息、租金、特许权使用费所得，以收

---

① "应税收入额"等于收入总额减去不征税收入和免税收入后的余额。其中，收入总额为企业以货币形式和非货币形式从各种来源取得的收入。

入全额为应纳税所得额。

②转让财产所得，以收入全额减除财产净值后的余额为应纳税所得额。

③其他所得，参照前两项规定的方法计算应纳税所得额。

其中，财产净值是指财产的计税基础减除已经按照规定扣除的折旧、折耗、摊销、准备金等后的余额。

（2）实际征收率，是指《企业所得税法》及其实施条例等相关法律法规规定的税率或者税收协定规定的更低的税率。

具体的征收管理规定见"4.1.8 征收管理"之"源泉扣缴"。

4.1.5.5 非居民企业所得税核定征收办法

非居民企业因会计账簿不健全，资料残缺难以查账，或者其他原因不能准确计算并据实申报其应纳税所得额的，税务机关有权采取以下方法核定其应纳税所得额，并以此为依据计算缴纳企业所得税：

（1）按收入总额核定应纳税所得额：适用于能够正确核算收入或通过合理方法推定收入总额，但不能正确核算成本费用的非居民企业。计算公式如下：

$$应纳税所得额 = 收入总额 × 经税务机关核定的利润率$$

（2）按成本费用核定应纳税所得额：适用于能够正确核算成本费用，但不能正确核算收入总额的非居民企业。计算公式如下：

$$应纳税所得额 = 成本费用总额 ÷ (1 - 经税务机关核定的利润率)$$
$$× 经税务机关核定的利润率$$

（3）按经费支出推算收入核定应纳税所得额：适用于能够正确核算经费支出总额，但不能正确核算收入总额和成本费用的非居民企业。计算公式如下：

$$应纳税所得额 = 经费支出总额 ÷ (1 - 经税务机关核定的利润率)$$
$$× 经税务机关核定的利润率$$

（4）税务机关可按照一定标准确定非居民企业的利润率：

①从事承包工程作业、设计和咨询劳务的，利润率为15%～30%。

②从事管理服务的，利润率为30%～50%。

③从事其他劳务或劳务以外经营活动的，利润率不低于15%。

税务机关有根据认为非居民企业的实际利润率明显高于上述标准的，可以按照比上述标准更高的利润率核定其应纳税所得额。

4.1.6 税收优惠

税收优惠是对特定纳税人和征税对象给予减轻或免除所得税税收负担的一

种措施，是财政政策的重要手段。政府通过税收优惠引导企业从事国家鼓励发展的产业，鼓励和引导社会投资，助力实现宏观调控目标，推动经济社会高质量发展。

企业所得税的税收优惠方式包括免税、减税、加计扣除、加速折旧、减计收入、税额抵免等，同时按照优惠类型则又可划分为税额式优惠、税基式优惠、税率式优惠及其他优惠（见表4-4）。特别地，当企业同时适用不同企业所得税待遇的项目时，其优惠项目应当单独计算所得，并合理分摊期间费用；没有单独计算的，不得享受税收优惠。

表4-4   **企业所得税的税收优惠**

优惠类型	优惠方式
税额式优惠	免征优惠
	减征优惠
	税额抵免
税率式优惠	小型微利企业优惠
	高新技术企业优惠
	非居民企业优惠
税基式优惠	免税收入
	减计收入
	加计扣除
	加速折旧
	创业投资企业优惠
特殊优惠	特殊地区优惠
	根据国家经济和社会发展的需要或者由于突发事件等原因的专项优惠

4.1.6.1 免征、减征优惠

企业的下列所得，可以免征、减征企业所得税。企业如果从事国家限制和禁止发展的项目，不得享受企业所得税优惠。

1. 从事农、林、牧、渔业项目的所得

（1）企业从事下列项目的所得，免征企业所得税：

①蔬菜、谷物、薯类、油料、豆类、棉花、麻类、糖料、水果、坚果的种植。

②农作物新品种的选育。

③中药材的种植。

④林木的培育和种植。

⑤牲畜、家禽的饲养。

⑥林产品的采集。

⑦灌溉、农产品初加工、兽医、农技推广、农机作业和维修等农、林、牧、渔服务业项目。

⑧远洋捕捞。

（2）企业从事下列项目的所得，减半征收企业所得税：

①花卉、茶以及其他饮料作物和香料作物的种植。

②海水养殖、内陆养殖。

2. 从事国家重点扶持的公共基础设施项目投资经营的所得

企业从事国家重点扶持的公共基础设施项目①投资经营的所得，自项目取得第一笔生产经营收入所属纳税年度起，第 1 年至第 3 年免征企业所得税，第 4 年至第 6 年减半征收企业所得税。但是，企业承包经营、承包建设和内部自建自用本条规定的项目，不得享受本条规定的企业所得税优惠。

3. 从事符合条件的环境保护、节能节水项目的所得

环境保护、节能节水项目②的所得，自项目取得第一笔生产经营收入所属纳税年度起，第 1 年至第 3 年免征企业所得税，第 4 年至第 6 年减半征收企业所得税。

4. 符合条件的技术转让所得

符合条件的技术转让③所得免征、减征企业所得税，是指一个纳税年度内，居民企业转让技术所有权所得不超过 500 万元的部分，免征企业所得税；超过 500 万元的部分，减半征收企业所得税。

4.1.6.2 小型微利企业优惠

符合条件的小型微利企业，减按 20% 的税率征收企业所得税。

特别地，自 2021 年 1 月 1 日至 2022 年 12 月 31 日，小型微利企业年应纳税所得额不超过 100 万元的部分，减按 12.5% 计入应纳税所得额，按 20% 的税率缴纳企业所得税；年应纳税所得额超过 100 万元但不超过 300 万元的部

---

① 国家重点扶持的公共基础设施项目，是指《公共基础设施项目企业所得税优惠目录》规定的港口码头、机场、铁路、公路、电力、水利等项目。

② 符合条件的环境保护、节能节水项目，包括公共污水处理、公共垃圾处理、沼气综合开发利用、节能减排技术改造、海水淡化等。

③ 技术转让的范围，包括居民企业转让专利技术、计算机软件著作权、集成电路布图设计权、植物新品种、生物医药新品种，以及财政部和国家税务总局确定的其他技术。

分，减按 50% 计入应纳税所得额，按 20% 的税率缴纳企业所得税。[①]

上述所称的小型微利企业，是指从事国家非限制和禁止行业，且同时符合年度应纳税所得额不超过 300 万元、从业人数不超过 300 人、资产总额不超过 5 000 万元等三个条件的企业。

4.1.6.3　高新技术企业优惠

国家需要重点扶持的高新技术企业，减按 15% 的税率征收企业所得税。

上述所称的高新技术企业，是指在《国家重点支持的高新技术领域》[②]内，持续进行研究开发与技术成果转化，形成企业核心自主知识产权，并以此为基础开展经营活动，在中国境内（不包括我国香港、澳门、台湾地区）注册的居民企业。

专栏 4-4

高新技术企业的认定条件

高新技术企业税收优惠政策是加快产业结构调整、促进经济提质增效的重要推手。根据《高新技术企业认定管理办法》（国科发火 [2016] 32 号）的规定，经认定的高新技术企业可依照《企业所得税法》及其实施条例、《税收征管法》及其实施细则等有关规定，申报享受税收优惠政策。认定为高新技术企业须同时满足以下条件：

(1) 企业申请认定时须注册成立一年以上。

(2) 企业通过自主研发、受让、受赠、并购等方式，获得对其主要产品（服务）在技术上发挥核心支持作用的知识产权的所有权。

(3) 对企业主要产品（服务）发挥核心支持作用的技术属于《国家重点支持的高新技术领域》规定的范围。

(4) 企业从事研发和相关技术创新活动的科技人员占企业当年职工总数的比例不低于 10%。

(5) 企业近三个会计年度（实际经营期不满三年的按实际经营时间计算，下同）的研究开发费用总额占同期销售收入总额的比例符合如下要求：

①最近一年销售收入小于 5 000 万元（含）的企业，比例不低于 5%。

②最近一年销售收入在 5 000 万元至 2 亿元（含）的企业，比例不低于 4%。

---

① 参见《国家税务总局关于落实支持小型微利企业和个体工商户发展所得税优惠政策有关事项的公告》（国家税务总局公告 2021 年第 8 号）。
② 国家重点支持的高新技术领域包括电子信息、生物与新医药、航空航天、新材料、高技术服务、新能源与节能、资源与环境、先进制造与自动化。

③最近一年销售收入在 2 亿元以上的企业，比例不低于 3%。

其中，企业在中国境内发生的研究开发费用总额占全部研究开发费用总额的比例不低于 60%；

（6）近一年高新技术产品（服务）收入占企业同期总收入的比例不低于 60%；

（7）企业创新能力评价应达到相应要求；

（8）企业申请认定前一年内未发生重大安全、重大质量事故或严重环境违法行为。

资料来源：国家税务总局办公厅．科技部火炬中心、财政部税政司、税务总局所得税司负责人就《高新技术企业认定管理办法》有关问题答记者问 [EB/OL]．(2016 - 3 - 4) [2021 - 7 - 28]. http：//www. chinatax. gov. cn/chinatax/n810219/n810724/c2027107/content. html.

另外，自 2018 年 1 月 1 日起，当年具备高新技术企业或科技型中小企业资格的企业，其具备资格年度之前 5 个年度发生的尚未弥补完的亏损，准予结转以后年度弥补，最长结转年限由 5 年延长至 10 年。

4.1.6.4　加计扣除优惠

加计扣除优惠包括以下两项内容：

1. 研究开发费用

研究开发费用的加计扣除，是指企业为开发新技术、新产品、新工艺发生的研究开发费用，未形成无形资产计入当期损益的在按照规定据实扣除的基础上，按照研究开发费用的 50% 加计扣除；形成无形资产的，按照无形资产成本的 150% 在税前摊销。

特别地，为进一步激励企业加大研发投入，支持科技创新，财政部、税务总局又陆续出台政策，进一步提高企业研究开发费用税前加计扣除比例：①企业开展研发活动中实际发生的研发费用，未形成无形资产计入当期损益的，在 2023 年 12 月 31 日前，在按规定据实扣除的基础上，再按照实际发生额的 75% 在税前加计扣除；形成无形资产的，在上述期间按照无形资产成本的 175% 在税前摊销。②制造业企业开展研发活动中实际发生的研发费用，未形成无形资产计入当期损益的，在按规定据实扣除的基础上，自 2021 年 1 月 1 日起，再按照实际发生额的 100% 在税前加计扣除；形成无形资产的，自 2021 年 1 月 1 日起，按照无形资产成本的 200% 在税前摊销。

需要说明的是，上述研发费用加计扣除政策不适用于烟草制造业、住宿和餐饮业、批发和零售业、房地产业、租赁和商务服务业、娱乐业以及（财政部和国家税务总局规定的）其他不宜适用加计扣除的行业。

【例 4 - 13】某汽车制造企业 2021 年发生的研究开发费用为 2 000 万元，且未形成无形资产计入当期损益。此外，该企业在没有考虑加计扣除的情况下所计算的应纳税所得额为 9 500 万元。计算该公司 2021 年度的应纳税额。

【解析】

自 2021 年 1 月 1 日起，制造业企业开展研发活动中实际发生的研发费用，未形成无形资产计入当期损益的，在按规定据实扣除的基础上，再按照实际发生额的 100% 在税前加计扣除。因此，该企业 2021 年度的应纳税额为：(9 500 - 2 000×100%)×25% = 1 875（万元）

2. 企业安置残疾人员所支付的工资

企业安置残人员所支付的工资费用的加计扣除，是指企业安置残疾人员的，在按照支付给残疾职工工资据实扣除的基础上，按照支付给残疾职工工资的 100% 加计扣除。

4.1.6.5　创业投资企业优惠

创业投资企业从事国家重点扶持和鼓励的创业投资，可以按投资额的一定比例抵扣应纳税所得额。抵扣应纳税所得额是指创业投资企业采取股权投资方式投资于未上市的中小高新技术企业 2 年以上的，可以按照其投资额的 70% 在股权持有满 2 年的当年抵扣该创业投资企业的应纳税所得额；当年不足抵扣的，可以在以后纳税年度结转抵扣。

4.1.6.6　加速折旧优惠

1. 一般规定

企业的固定资产由于技术进步等原因，确需加速折旧的，可以缩短折旧年限或者采取加速折旧的方法。可采用以上折旧方法的固定资产是指：

①由于技术进步，产品更新换代较快的固定资产；

②常年处于强震动、高腐蚀状态的固定资产。

采取缩短折旧年限方法的，最低折旧年限不得低于规定折旧年限的 60%；采取加速折旧方法的，可以采取双倍余额递减法或者年数总和法。

2. 特殊规定

（1）对制造业的规定。①

对全部制造业企业 2019 年 1 月 1 日后新购进的固定资产，可由企业选择

---

① 参见《财政部 税务总局关于扩大固定资产加速折旧优惠政策适用范围的公告》（财政部、税务总局公告 2019 年第 66 号）、《财政部 国家税务总局关于进一步完善固定资产加速折旧企业所得税政策的通知》（财税〔2015〕106 号）和《财政部 国家税务总局关于完善固定资产加速折旧企业所得税政策的通知》（财税〔2014〕75 号）。

缩短折旧年限或采取加速折旧的方法。

对全部制造业小型微利企业 2015 年 1 月 1 日后新购进的研发和生产经营共用的仪器、设备，单位价值不超过 100 万元（含）的，允许在计算应纳税所得额时一次性全额扣除；单位价值超过 100 万元的，允许缩短折旧年限或采取加速折旧方法。

（2）对购进专门用于研发的仪器、设备的规定。[①]

对所有行业企业 2014 年 1 月 1 日后新购进的专门用于研发的仪器、设备，单位价值不超过 100 万元的，允许一次性计入当期成本费用在计算应纳税所得额时扣除，不再分年度计算折旧；单位价值超过 100 万元的，可缩短折旧年限或采取加速折旧的方法。

特别地，自 2018 年 1 月 1 日至 2023 年 12 月 31 日，上述规定的单位价值由 100 万元提高到 500 万元。[②]

（3）对 5 000 元以下固定资产的规定。[③]

对所有行业企业持有的单位价值不超过 5 000 元的固定资产，允许一次性计入当期成本费用在计算应纳税所得额时扣除，不再分年度计算折旧。

4.1.6.7 减计收入优惠

1. 鼓励企业综合利用资源的税收优惠

企业综合利用资源生产符合国家产业政策规定的产品所取得的收入，可以在计算应纳税所得额时减计收入。

综合利用资源指企业以《资源综合利用企业所得税优惠目录》规定的资源作为主要原材料，生产国家非限制和禁止并符合国家和行业相关标准的产品取得的收入，减按 90% 计入收入总额。

上述原材料占生产产品材料的比例不得低于《资源综合利用企业所得税优惠目录》规定的标准。

2. 其他的税收优惠

（1）自 2017 年 1 月 1 日至 2023 年 12 月 31 日，对金融机构农户小额贷款的利息收入，在计算应纳税所得额时，按 90% 计入收入总额。

---

① 参见《财政部 国家税务总局关于完善固定资产加速折旧企业所得税政策的通知》（财税〔2014〕75 号）。

② 参见《国家税务总局关于设备器具扣除有关企业所得税政策执行问题的公告》（国家税务总局公告 2018 年第 46 号）和《财政部、税务总局关于延长部分税收优惠政策执行期限的公告》（财政部、税务总局公告 2021 年第 6 号）。

③ 参见《财政部 国家税务总局关于完善固定资产加速折旧企业所得税政策的通知》（财税〔2014〕75 号）。

（2）自 2017 年 1 月 1 日至 2023 年 12 月 31 日，对保险公司为种植业、养殖业提供保险业务取得的保费收入，在计算应纳税所得额时，按 90% 计入收入总额。

（3）自 2017 年 1 月 1 日至 2023 年 12 月 31 日，对经省级金融管理部门（金融办、局等）批准成立的小额贷款公司取得的农户小额贷款利息收入，在计算应纳税所得额时，按 90% 计入收入总额。

（4）自 2019 年 6 月 1 日至 2025 年 12 月 31 日，提供社区养老、托育、家政服务取得的收入，在计算应纳税所得额时，减按 90% 计入收入总额。

4.1.6.8 税额抵免优惠

企业购置用于环境保护、节能节水、安全生产等专用设备的投资额，可以按一定比例实行税额抵免。

上述税额抵免是指企业购置并实际使用《环境保护专用设备企业所得税优惠目录》《节能节水专用设备企业所得税优惠目录》和《安全生产专用设备企业所得税优惠目录》规定的环境保护、节能节水、安全生产等专用设备的，该专用设备的投资额的 10% 可以从企业当年的应纳税额中抵免；当年不足抵免的，可以在以后 5 个纳税年度结转抵免。

【例 4-14】W 公司在 2020 年 1 月购置了一台环境保护专用设备，该设备的投资额为 500 万元，已知 2020 年度 W 公司的应纳税所得额为 1 000 万元，该公司 2020 年应当缴纳多少企业所得税？

【解析】

根据税法规定，企业购置环境保护、节能节水、安全生产等专用设备的，该专用设备投资额的 10% 可以从企业当年的应纳税额中抵免。因此，W 公司购置环境保护专用设备可以享受税额抵免的税收优惠，2020 年应纳税额为 $1\,000 \times 25\% - 500 \times 10\% = 200$（万元）。

4.1.6.9 特殊地区优惠

1. 民族自治地方税收优惠

民族自治地方的自治机关对本民族自治地方的企业应缴纳的企业所得税中属于地方分享的部分，可以决定减征或者免征。自治州、自治县决定减征或者免征的，须报省、自治区、直辖市人民政府批准。

但是，对民族自治地方内国家限制和禁止行业的企业，不得减征或者免征企业所得税。

2. 西部大开发税收优惠

自 2021 年 1 月 1 日至 2030 年 12 月 31 日，对设在西部地区①的鼓励类产业企业减按 15% 的税率征收企业所得税。

所称鼓励类产业企业是指以《西部地区鼓励类产业目录》规定的产业项目为主营业务，且其主营业务收入占企业收入总额 60% 以上的企业。

3. 海南自由贸易港税收优惠

自 2020 年 1 月 1 日至 2024 年 12 月 31 日，对注册在海南自由贸易港并实质性运营的鼓励类产业企业，减按 15% 的税率征收企业所得税。

所称鼓励类产业企业，是指以海南自由贸易港鼓励类产业目录中规定的产业项目为主营业务，且其主营业务收入占企业收入总额 60% 以上的企业。所称实质性运营，是指企业的实际管理机构设在海南自由贸易港，并对企业生产经营、人员、账务、财产等实施实质性全面管理和控制。对不符合实质性运营的企业，不得享受优惠。

4. 中国（上海）自由贸易试验区临港新片区

自 2020 年 1 月 1 日起，对临港新片区内从事集成电路、人工智能、生物医药、民用航空等关键领域核心环节相关产品（技术）业务，并开展实质性生产或研发活动的符合条件的法人企业，自设立之日起 5 年内减按 15% 的税率征收企业所得税。

4.1.6.10 非居民企业优惠

非居民企业减按 10% 的税率征收企业所得税，但下列所得可以免征企业所得税：

（1）外国政府向中国政府提供贷款取得的利息所得。

（2）国际金融组织向中国政府和居民企业提供优惠贷款取得的利息所得。

（3）经国务院批准的其他所得。

4.1.6.11 其他税收优惠

根据国民经济和社会发展的需要，或者由于突发事件等原因对企业经营活动产生重大影响的，国务院可以制定企业所得税专项优惠政策，报全国人民代

---

① 西部地区包括内蒙古自治区、广西壮族自治区、重庆市、四川省、贵州省、云南省、西藏自治区、陕西省、甘肃省、青海省、宁夏回族自治区、新疆维吾尔自治区和新疆生产建设兵团。湖南省湘西土家族苗族自治州、湖北省恩施土家族苗族自治州、吉林省延边朝鲜族自治州和江西省赣州市，可以比照西部地区的企业所得税政策执行。

表大会备案。例如，促进节能服务产业发展的优惠政策、① 促进集成电路产业和软件产业发展的优惠政策、② 鼓励证券投资基金发展的优惠政策，以及应对地震、疫情等突发事件的优惠政策等。

4.1.7 特别纳税调整

特别纳税调整，是指税务机关出于反避税目的而对纳税人特定纳税事项所做的税务调整，包括针对纳税人转让定价、资本弱化等所进行的税务调整。特别纳税调整是相对于一般纳税调整而言的。一般纳税调整是基于企业的日常经营，而特别纳税调整则是基于企业存在关联交易、违背独立交易原则③的"特别情况"。

4.1.7.1 关联方交易的界定及类型

《企业所得税法》规定，企业与关联方之间的业务往来，不符合独立交易原则而减少企业或者其关联方应纳税收入或者所得额的，税务机关有权按照合理方法调整。由于关联方交易是企业避税的主要载体之一，为了加强对关联方交易的管理，尽可能降低关联方避税的可能性，现行税法对关联交易有一个较为系统的界定。

1. 关联方的界定

关联方，是指与企业有下列关联关系之一的企业、其他组织或个人，具体包括：①在资金、经营、购销等方面存在直接或者间接的控制关系；②直接或者间接地同为第三者控制；③在利益上具有相关联的其他关系。

2. 关联交易的类型

关联交易主要包括：①有形资产使用权或者所有权的转让；②金融资产的转让；③无形资产使用权或者所有权的转让；④资金融通；⑤劳务交易。

4.1.7.2 转让定价管理

转让定价管理是指税务机关按照《企业所得税法》和《税收征管法》的

① 参见《国家税务总局 国家发展改革委关于落实节能服务企业合同能源管理项目企业所得税优惠政策有关征收管理问题的公告》（国家税务总局、国家发展改革委公告2013年第77号）。
② 参见《财政部 税务总局 发展改革委 工业和信息化部关于促进集成电路产业和软件产业高质量发展企业所得税政策的公告》（财政部、税务总局、发展改革委、工业和信息化部公告2020年第45号）。
③ 独立交易原则，是指没有关联关系的交易各方，按照公平成交价格和营业常规进行业务往来需要遵循的原则。

有关规定，对企业与其关联方之间的业务往来是否符合独立交易原则进行审核评估和调查调整等工作的总称。转让定价方法包括：

1. 可比非受控价格法

可比非受控价格法以非关联方之间进行的与关联交易相同或者类似业务活动所收取的价格作为关联交易的公平成交价格。

可比非受控价格法可以适用于所有类型的关联交易。

2. 再销售价格法

再销售价格法以关联方购进商品再销售给非关联方的价格减去可比非关联交易毛利后的金额作为关联方购进商品的公平成交价格。其计算公式为：

$$公平成交价格 = 再销售给非关联方的价格 \times (1 - 可比非关联交易毛利率)$$

$$可比非关联交易毛利率 = 可比非关联交易毛利 \div 可比非关联交易收入净额 \times 100\%$$

再销售价格法一般适用于再销售者未对商品进行改变外形、性能、结构或者更换商标等实质性增值加工的简单加工或者单纯购销业务。

3. 成本加成法

成本加成法以关联交易发生的合理成本加上可比非关联交易毛利后的金额作为关联交易的公平成交价格。其计算公式为：

$$公平成交价格 = 关联交易发生的合理成本 \times (1 + 可比非关联交易成本加成率)$$

$$可比非关联交易成本加成率 = 可比非关联交易毛利 / 可比非关联交易成本 \times 100\%$$

成本加成法一般适用于有形资产使用权或者所有权的转让、资金融通、劳务交易等关联交易。

4. 交易净利润法

交易净利润法是指按照没有关联关系的交易各方进行相同或者类似业务往来取得的净利润水平确定利润的方法。该方法是以可比非关联交易的利润指标确定关联交易的利润。利润指标包括息税前利润率、完全成本加成率、资产收益率、贝里比率等。其计算公式如下：

$$息税前利润率 = 息税前利润 \div 营业收入 \times 100\%$$

$$完全成本加成率 = 息税前利润 \div 完全成本 \times 100\%$$

$$资产收益率 = 息税前利润 \div [(年初资产总额 + 年末资产总额) \div 2] \times 100\%$$

$$贝里比率 = 毛利 \div (营业费用 + 管理费用) \times 100\%$$

交易净利润法一般适用于不拥有重大价值无形资产企业的有形资产使用权或者所有权的转让和受让、无形资产使用权受让以及劳务交易等关联交易。

5. 利润分割法

利润分割法是指根据企业与其关联方对关联交易合并利润（实际或者预计）的贡献计算各自应当分配的利润额。利润分割法主要包括一般利润分割法和剩余利润分割法。

（1）一般利润分割法通常根据关联交易各方所执行的功能、承担的风险和使用的资产，采用符合独立交易原则的利润分割方式，确定各方应当取得的合理利润。

（2）剩余利润分割法将关联交易各方的合并利润减去分配给各方的常规利润后的余额作为剩余利润，再根据各方对剩余利润的贡献程度进行分配。

利润分割法一般适用于企业及其关联方均对利润创造具有独特贡献，业务高度整合且难以单独评估各方交易结果的关联交易。

6. 其他符合独立交易原则的方法

其他符合独立交易原则的方法包括成本法、市场法和收益法等资产评估方法，以及其他能够反映利润与经济活动发生地和价值创造地相匹配原则的方法。

4.1.7.3 预约定价安排管理

预约定价安排管理是指税务机关按照《企业所得税法》和《税收征管法》的规定，对企业提出的未来年度关联交易的定价原则和计算方法进行审核评估，并与企业协商达成预约定价安排等工作的总称。

上述所称预约定价安排，是指纳税人与其关联方在关联交易发生之前，向税务机关提出申请，与税务机关按照独立交易原则进行协商达成的协议。预约定价安排是国际上通行的一种转让定价调整方法。

预约定价安排的谈签与执行通常经过预备会谈、正式申请、审核评估、磋商、签订安排和监控执行6个阶段。预约定价安排包括单边、双边和多边3种类型。

4.1.7.4 成本分摊协议管理

成本分摊协议管理是指税务机关按照《企业所得税法》的有关规定，对企业与其关联方签署的成本分摊协议是否符合独立交易原则进行审核评估和调查调整等工作的总称。

上述所称成本分摊协议，是指企业之间就其共同开发、受让无形资产，或者共同提供、接受劳务发生的成本进行分摊而签订的一种契约性协议，在该协议中的签约各方通常约定在研发或劳务活动中共摊成本、共担风险，并按照成本与预期相配比的原则合理分享收益。

有下列情形之一的，其自行分摊的成本不得税前扣除：①不具有合理商业目的和经济实质；②不符合独立交易原则；③没有遵循成本与收益配比原则；④未按有关规定备案或准备、保存和提供有关成本分摊协议的同期资料；⑤自签署成本分摊协议之日起经营期限少于20年。

4.1.7.5 受控外国企业管理

受控外国企业管理是指税务机关按照《企业所得税法》的有关规定，对受控外国企业不做利润分配或减少分配进行审核评估和调查，并对归属于中国居民企业的所得进行调整等工作的总称。

上述所称受控外国企业，是指由居民企业或者由居民企业和中国居民控制①的设立在实际税负明显低于25%税率水平的国家（地区），并非由于合理的经营需要而对利润不做分配或者减少分配的外国企业。

4.1.7.6 资本弱化管理

资本弱化管理是指税务机关按照《企业所得税法》的有关规定，对企业接受关联方债权性投资与企业接受的权益性投资的比例是否符合规定比例或独立交易原则进行审核评估和调查、调整等工作的总称。

上述所称资本弱化，是指企业通过加大借贷款（债权性融资）而减少股份资本（权益性融资）比例的方式增加税前扣除，以降低企业税负的一种行为。

企业从其关联方接受的债权性投资与权益性投资的比例超过规定标准而发生的利息支出，不得在计算应纳税所得额时扣除。其计算公式为：

$$不得扣除的利息支出 = 年度实际支付的全部关联方利息$$
$$\times (1 - 标准比例 + 关联债资比例②)$$

其中，标准比例是指：①金融企业5:1；②其他企业2:1。

4.1.7.7 一般反避税管理

一般反避税管理是指税务机关按照《企业所得税法》的有关规定，对企

---

① 控制是指在股份、资金、经营、购销等方面对该外国企业构成实质控制。其中，股份控制是指中国居民股东在纳税年度任何一天单层直接或多层间接单一持有外国企业10%以上有表决权股份，且由其共同持有该外国企业50%以上股份。实际税负明显低于25%税率水平是指实际税负明显低于25%税率水平的50%。

② 关联债资比例是指企业从其全部关联方接受的债权性投资占企业接受的权益性投资的比例，关联债权投资包括关联方以各种形式提供担保的债权性投资。

业实施其他不具有合理商业目的的安排而减少其应纳税收入或所得额进行审核评估和调查、调整等工作的总称。它是对企业实施的不具有合理商业目的但能获取税收利益的避税安排，实施特别纳税调整。其中，税收利益是指减少、免除或者推迟缴纳企业所得税应纳税税额。

避税安排具有的特征主要包括以下两点：一是以获取税收利益为唯一目的或者主要目的；二是以符合税法规定的形式，但与其经济实质不符的方式获取税收利益。

一般反避税管理主要包括立案、调查、结案及争议处理等几个方面。

专栏 4 –5

税基侵蚀和利润转移行动计划简介及中国落地实践

税基侵蚀和利润转移（BEPS）行动计划是由二十国集团（G20）领导人背书并委托经济合作与发展组织（OECD）推进的国际税改项目。该项目主要包括三个方面的内容：一是保持跨境交易相关国内法规的协调一致；二是突出强调实质经营活动并提高税收透明度；三是提高税收确定性。OECD 于 2015 年 10 月 5 日发布 BEPS 行动计划的最终报告，其中包括 15 项行动计划报告和一份解释性声明，其中，除了第 1 项行动计划——《应对数字经济的税收挑战》的解决方案就增值税问题提出建议外，其余 14 项行动计划主要涉及所得税。具体内容如表 4 –5 所示。

表 4 –5　　税基侵蚀和利润转移（BEPS）项目的 15 项行动计划

序号	行动计划	主要内容
1	第 1 项行动计划	应对数字经济的税收挑战
2	第 2 项行动计划	消除混合错配安排的影响
3	第 3 项行动计划	制定有效受控外国公司规则
4	第 4 项行动计划	对利用利息扣除和其他款项支付实现的税基侵蚀予以限制
5	第 5 项行动计划	考虑透明度和实质性因素，有效打击有害税收实践
6	第 6 项行动计划	防止税收协定优惠的不当授予
7	第 7 项行动计划	防止人为规避构成常设机构
8 ~ 10	第 8 ~ 10 项行动计划	无形资产转让定价指引
11	第 11 项行动计划	衡量和监控 BEPS
12	第 12 项行动计划	强制披露规则

续表

序号	行动计划	主要内容
13	第13项行动计划	转让定价文档和国别报告
14	第14项行动计划	使争议解决机制更有效
15	第15项行动计划	制定用于修订双边税收协定的多边协议

15项行动计划成果的完成,为国际税收领域通过多边合作应对共同挑战提供了良好范例。世界主要经济体在共同政治意愿推动下,通过密集的多边谈判与协调,在转让定价、防止协定滥用、弥合国内法漏洞、应对数字经济挑战等一系列基本税收规则和管理制度方面达成了重要共识。这些成果和一揽子措施的出台,标志着百年来国际税收体系的第一次根本性变革取得了重大成功。国际税收规则的重构,多边税收合作的开展,有利于避免因各国采取单边行动造成对跨国公司的双重征税、双重不征税以及对国际经济复苏的伤害。

在BEPS项目发展期间,我国高度重视BEPS项目成果在国内层面的转化与落实。近年来,国家税务总局出台了《一般反避税管理办法(试行)》《关于非居民企业间接转让财产企业所得税若干问题的公告》等多项强化反避税管理的规章和规范性文件,并在2017年3月颁布了《特别纳税调查调整及相互协商程序管理办法》,有力地推动了我国反避税法律制度体系更趋完善,又进一步营造了公平、公正的国际税收环境。

资料来源:国家税务总局办公厅.国家税务总局发布OECD/G20税基侵蚀和利润转移项目2015年最终报告中文版〔EB/OL〕.(2015-10-10)〔2021-8-2〕.http://www.chinatax.gov.cn/n810219/n810724/c1836574/content.html.

4.1.8 征收管理

4.1.8.1 纳税地点

(1)除税收法律、行政法规另有规定外,居民企业以企业登记注册地为纳税地点;登记注册地在境外的,以实际管理机构所在地为纳税地点。企业登记注册地是指企业依照国家有关规定登记注册的住所地。

(2)居民企业在中国境内设立不具有法人资格的营业机构的,应当汇总计算并缴纳企业所得税。企业汇总计算并缴纳企业所得税时,应当统一核算应纳税所得额,具体办法由国务院财政、税务主管部门另行制定。

(3)非居民企业在中国境内设立机构、场所的,应当就其所设机构、场所取得的来源于中国境内的所得,以及发生在中国境外但与其所设机构、场所有实际联系的所得，以机构、场所所在地为纳税地点。非居民企业在中国境内设立两个或者两个以上机构、场所的，符合国务院税务主管部门规定条件的，[①] 可以选择由其主要机构、场所汇总缴纳企业所得税。

（4）非居民企业在中国境内未设立机构、场所的，或者虽设立机构、场所但取得的所得与其所设机构、场所没有实际联系的所得，以扣缴义务人所在地为纳税地点（详见本节之"源泉扣缴"）。

（5）除国务院另有规定外，企业之间不得合并缴纳企业所得税。

4.1.8.2 纳税期限

企业所得税按年计征、分月或者分季预缴，年终汇算清缴，多退少补。

企业所得税的纳税年度，自公历 1 月 1 日起至 12 月 31 日止。企业在一个纳税年度的中间开业，或者由于合并、关闭等原因终止经营活动，使该纳税年度的实际经营期不足 12 个月的，应当以其实际经营期为一个纳税年度。企业清算时，应当以清算期间作为一个纳税年度。

除特殊情况外，自年度终了之日起 5 个月内，企业应向税务机关报送年度企业所得税纳税申报表，并汇算清缴，结清应缴应退税款。

企业在年度中间终止经营活动的，应当自实际经营终止之日起 60 日内，向税务机关办理当期企业所得税汇算清缴。

4.1.8.3 纳税申报

按月或按季预缴的，应当自月份或季度终了之日起 15 日内，向税务机关报送企业所得税纳税申报表，预缴税款。

企业在报送其所得税纳税申报时，应当按照规定附送财务会计报告和其他有关资料。

企业应当在办理注销登记前，就其清算所得向税务机关申报并依法缴纳企业所得税。

依照《企业所得税法》缴纳企业所得税，以人民币计算。所得以人民币以外货币计算的，应当折合成人民币计算并缴纳税款。

凡在纳税年度内从事生产、经营，或在纳税年度中间终止经营活动的纳税人，无论是否在减税、免税期间，也无论盈利或亏损，均应依法进行企业所得税汇算清缴。

---

① 参见《国家税务总局 财政部 中国人民银行关于非居民企业机构场所汇总缴纳企业所得税有关问题的公告》（国家税务总局公告 2019 年第 12 号）。

4.1.8.4　源泉扣缴

源泉扣缴，是指按照有关法律法规或者合同约定，对非居民企业直接负有支付相关款项义务的单位和个人，依照《企业所得税法》相关规定对其应缴纳的企业所得税进行扣缴管理的一种征收方法。[①] 实行源泉扣缴有利于保护税源、防止偷漏税，维护国家税收利益，同时也便于非居民企业依法纳税。

1. 源泉扣缴的范围

对非居民企业取得的来源于中国境内的股息、红利等权益性投资所得，利息、租金、特许权使用费所得，财产转让所得和其他所得，实行源泉扣缴企业所得税管理。

2. 扣缴义务人

（1）对非居民企业在中国境内未设立机构、场所的，或者虽设立机构、场所但取得的所得与其所设机构、场所没有实际联系的所得应缴纳的企业所得税，实行源泉扣缴，以支付人为扣缴义务人。税款由扣缴义务人在每次支付或者到期应支付时，从支付或者到期应支付的款项中扣缴。

上述所称支付人，是指依照有关法律规定或者合同约定对非居民企业直接负有支付相关款项义务的单位或者个人；所称支付，包括现金支付、汇拨支付、转账支付和权益兑价支付等货币支付和非货币支付。所称到期应支付的款项，是指支付人按照权责发生制原则应当计入相关成本、费用的应付款项。

（2）对非居民企业在中国境内取得工程作业和劳务所得应缴纳的所得税，税务机关可以指定工程价款或者劳务费的支付人为扣缴义务人。

3. 扣缴方法

（1）扣缴义务人在扣缴税款时，按前述非居民企业的企业所得税计算方法计算税款。

（2）应当扣缴的所得税，扣缴义务人未依法扣缴或者无法履行扣缴义务的，由企业在所得发生地缴纳。企业未依法缴纳的，税务机关可以从该企业在中国境内其他收入项目的支付人应付的款项中，追缴该企业的应纳税款。

（3）税务机关在追缴该企业应纳税款时，应当将追缴理由、追缴数额、缴纳期限和缴纳方式等告知该企业。

（4）扣缴义务人每次代扣的税款，应当自代扣之日起7日内缴入国库，并向所在地的税务机关报送扣缴企业所得税报告表。

[①] 对此类所得征税是国际上通行的做法，统称预提税或预提所得税。预提所得税不是一个独立的税种，而是企业所得税的重要组成部分，它是企业所得税源泉扣缴的方式。

4.1.8.5　纳税申报表的填制

企业所得税纳税申报表的填制是企业所得税纳税申报的核心内容，企业进行所得税纳税申报时，必须正确填制并及时报送企业所得税纳税申报表，还应附送同期财务会计报告等资料。企业所得税纳税申报表的填制一般是以财务会计信息为基础，但这些信息往往要按税法规定进行纳税调整或重新组织，以符合企业所得税报表的要求——及时、正确地提供税务信息。

企业所得税纳税申报表分 A 类申报表和 B 类申报表，分别适用于查账征收的纳税人和核定征收的纳税人。在预缴企业所得税时，应按规定填制《企业所得税月（季）预缴纳税申报表》；年终进行企业所得税汇算清缴时，应按规定填制《企业所得税年度纳税申报表》及有关附表。此外，负有扣缴义务人应按规定填制《扣缴企业所得税报告表》。鉴于企业所得税纳税申报的表格较多、填写复杂，本书以《企业所得税年度纳税申报表（A 表）》为例予以介绍。其他表格的填报办法可至国家税务总局网站（http：//www.chinatax.gov.cn/）查询。

《企业所得税年度纳税申报表（A 类）》适用于查账征收企业，由 37 张表单组成，包括基础信息表、主表、一级明细表、二级明细表和三级明细表，其中必填表 2 张，选填表 35 张。具体地，全套申报表由反映纳税人整体情况（2张）、会计核算（6 张）、纳税调整（13 张）、弥补亏损（1 张）、税收优惠（9张）、境外税收（4 张）、汇总纳税（2 张）等明细情况的表单组成。限于篇幅，此部分仅列示主表（见表 4 - 6），完整的纳税申报表同样可至国家税务总局网站查询。

表 4 - 6　A100000 中华人民共和国企业所得税年度纳税申报表（A 类）

行次	类别	项目	金额
1	利润总额计算	一、营业收入（填写 A101010 \ 101020 \ 103000）	
2		减：营业成本（填写 A102010 \ 102020 \ 103000）	
3		减：税金及附加	
4		减：销售费用（填写 A104000）	
5		减：管理费用（填写 A104000）	
6		减：财务费用（填写 A104000）	
7		减：资产减值损失	
8		加：公允价值变动收益	

行次	类别	项目	金额
9	利润总额计算	加：投资收益	
10		二、营业利润（1－2－3－4－5－6－7+8+9）	
11		加：营业外收入（填写A101010\101020\103000）	
12		减：营业外支出（填写A102010\102020\103000）	
13		三、利润总额（10+11－12）	
14	应纳税所得额计算	减：境外所得（填写A108010）	
15		加：纳税调整增加额（填写A105000）	
16		减：纳税调整减少额（填写A105000）	
17		减：免税、减计收入及加计扣除（填写A107010）	
18		加：境外应税所得抵减境内亏损（填写A108000）	
19		四、纳税调整后所得（13－14+15－16－17+18）	
20		减：所得减免（填写A107020）	
21		减：弥补以前年度亏损（填写A106000）	
22		减：抵扣应纳税所得额（填写A107030）	
23		五、应纳税所得额（19－20－21－22）	
24	应纳税额计算	税率（25%）	
25		六、应纳所得税额（23×24）	
26		减：减免所得税额（填写A107040）	
27		减：抵免所得税额（填写A107050）	
28		七、应纳税额（25－26－27）	
29		加：境外所得应纳所得税额（填写A108000）	
30		减：境外所得抵免所得税额（填写A108000）	
31		八、实际应纳所得税额（28+29－30）	
32		减：本年累计实际已缴纳的所得税额	
33		九、本年应补（退）所得税额（31－32）	
34		其中：总机构分摊本年应补（退）所得税额（填写A109000）	
35		财政集中分配本年应补（退）所得税额（填写A109000）	
36		总机构主体生产经营部门分摊本年应补（退）所得税额（填写A109000）	

企业所得税的年度纳税申报以主表为核心，主表的结构是以企业所得税的间接法原理为基础设计的。填制时，以利润表为起点，将财务会计利润按税法规定调整为应纳税所得额，进而计算应纳所得税额，具体包括利润总额计算、应纳税所得额计算、应纳税额计算三部分。主表数据大部分从附表中生成，个别数据从财务报表中取得。纳税申报表的每张附表既独立体现现行企业所得税政策，又与主表密切关联。

通过申报表的填报，可以揭示企业税收管理、财务管理中存在的问题，正确处理所得税会计与财务会计的关系。正确填报申报表，不仅为了履行纳税义务，还可以将经营活动中容易忽视的涉税细节问题，以表格的形式展现出来，可以有效规划企业涉税事项，防范企业税务风险。

【例4-15】根据［例4-11］中的资料，又假设该工业企业2020年已按照规定预缴了企业所得税100万元。请对该工业企业2020年度企业所得税进行汇算清缴，并完成表A100000、表A105000的填报。

【解析】

根据题意，企业所得税汇算清缴纳税申报表的填报如表4-7、表4-8所示。

表4-7　　A100000 中华人民共和国企业所得税年度纳税申报表（A类）　单位：万元

行次	类别	项目	金额
1	利润总额计算	一、营业收入（填写A101010\101020\103000）	6 000
2		减：营业成本（填写A102010\102020\103000）	4 400
3		减：税金及附加	380
4		减：销售费用（填写A104000）	360
5		减：管理费用（填写A104000）	480
6		减：财务费用（填写A104000）	260
7		减：资产减值损失	0
8		加：公允价值变动收益	0
9		加：投资收益	0
10		二、营业利润（1-2-3-4-5-6-7+8+9）	120
11		加：营业外收入（填写A101010\101020\103000）	740
12		减：营业外支出（填写A102010\102020\103000）	116
13		三、利润总额（10+11-12）	744

续表

行次	类别	项目	金额
14	应纳税所得额计算	减：境外所得（填写A108010）	0
15		加：纳税调整增加额（填写A105000）	112
16		减：纳税调整减少额（填写A105000）	0
17		减：免税、减计收入及加计扣除（填写A107010）	0
18		加：境外应税所得抵减境内亏损（填写A108000）	0
19		四、纳税调整后所得（13 − 14 + 15 − 16 − 17 + 18）	856
20		减：所得减免（填写A107020）	0
21		减：弥补以前年度亏损（填写A106000）	0
22		减：抵扣应纳税所得额（填写A107030）	0
23		五、应纳税所得额（19 − 20 − 21 − 22）	856
24	应纳税额计算	税率（25%）	25%
25		六、应纳所得税额（23 × 24）	214
26		减：减免所得税额（填写A107040）	0
27		减：抵免所得税额（填写A107050）	0
28		七、应纳税额（25 − 26 − 27）	214
29		加：境外所得应纳所得税额（填写A108000）	0
30		减：境外所得抵免所得税额（填写A108000）	0
31		八、实际应纳所得税额（28 + 29 − 30）	214
32		减：本年累计实际已缴纳的所得税额	100
33		九、本年应补（退）所得税额（31 − 32）	114
34		其中：总机构分摊本年应补（退）所得税额（填写A109000）	0
35		财政集中分配本年应补（退）所得税额（填写A109000）	0
36		总机构主体生产经营部门分摊本年应补（退）所得税额（填写A109000）	0

表 4 − 8   **A105000 纳税调整项目明细表（节录）**   单位：万元

行次	项目	账载金额	税收金额	调增金额	调减金额
		1	2	3	4
1	一、收入类调整项目（2 + 3 + … + 8 + 10 + 11）	*	*	0	0
	……				
12	二、扣除类调整项目（13 + 14 + … + 24 + 26 + 27 + 28 + 29 + 30）	*	*	112	0

续表

行次	项目	账载金额	税收金额	调增金额	调减金额
		1	2	3	4
	……				
14	（二）职工薪酬（填写 A105050）	2 249	2 232	17	0
15	（三）业务招待费支出	120	30	90	*
	……		*		*
20	（八）税收滞纳金、加收利息	5	*	5	*
	……				
31	三、资产类调整项目（32＋33＋34＋35）	*	*	0	0
	……				
36	四、特殊事项调整项目（37＋38＋…＋43）	*	*	0	0
	……				
44	五、特别纳税调整应税所得	*	*	0	0
45	六、其他	*	*	0	0
46	合计（1＋12＋31＋36＋44＋45）	*	*	112	0

4.2 个人所得税

4.2.1 个人所得税概述

个人所得税作为我国所得税制度中的另一个税种，不仅是国家筹集财政收入的重要工具，还是调节收入分配的重要手段，对保障和改善民生、实现社会公平正义具有重要意义。目前，个人所得税已在世界范围内普遍征收，尤其是在发达国家的税制结构中占据着重要地位[1]。

---

[1]　发达国家个人所得税占税收收入比重较高，调节收入差距的作用更为突出，例如，2019 年经济合作与发展组织（OECD）国家个人所得税收入平均占比为 24%，其中，美国（40.8%）、英国（27.2%）、挪威（25.3%）、比利时（27%）、芬兰（28.8%）、瑞典（29%）、丹麦（54.4%），而我国仅为 4.77%（国际口径）。参见：朱青. 论"新发展格局"下的财税改革［J］. 财贸经济，2021，42（5）：31－42。

4.2.1.1 个人所得税的概念

个人所得税（individual income tax）是以个人取得的各项应税所得为征税对象所征收的一种税，它体现了国家与个人之间的分配关系。其中，个人包括个体工商户、个人独资企业、合伙企业中的个人投资者、承租承包经营者个人。

现行个人所得税的基本法律规范，是 2018 年 8 月 31 日第十三届全国人民代表大会常务委员会第五次会议修正的《中华人民共和国个人所得税法》和 2018 年 12 月 18 日国务院令第 707 号第四次修订的《个人所得税法实施条例》。

4.2.1.2 个人所得税的历史沿革

中华人民共和国成立至今，我国个人所得税的发展演变大致经历了以下四个阶段：

1. 第一阶段（1950～1979 年）

新中国成立至改革开放前，我国并未实际征收个人所得税。1950 年政务院颁布的《全国税政实施要则》，明确规定对个人所得征收薪给报酬所得税和存款利息所得税。其中，薪给报酬所得税针对工资收入征收，但由于当时生产力发展水平低且实行低工资制度，实际上并没有开征；而存款利息所得税虽于1950 年开征，但在 1959 年取消。

2. 第二阶段（1980～1993 年）

党的十一届三中全会后，由于在华工作的外籍个人日益增多，为维护我国的税收权益，第五届全国人民代表大会第三次会议于 1980 年 9 月正式颁布了《中华人民共和国个人所得税法》（以下简称《个人所得税法》）[①]。此后，为了有效调节社会成员收入水平差距，国务院分别于 1986 年 1 月和 1986 年 9 月颁布了《中华人民共和国城乡个体工商业户所得税暂行条例》和《中华人民共和国个人收入调节税暂行条例》，前者适用于个体工商户，后者适用于中国公民。至此，我国个人所得税制度形成了"三税并存"的局面，虽然对缓解社会分配不公、增加财政收入发挥了积极作用，但也逐渐暴露出税收征收不规范和执行中税负不公平等问题。

---

① 该法的纳税人包括中国公民和在中国境内的外籍人员，并规定每月或每次的免征额为 800 元。但由于当时中国正处改革开放初期，国内居民主要收入为工资收入且普遍低于免征额，因此，该法主要适用于向外籍人员来源于中国境内的所得征收，而绝大多数国内居民并不在征税范围之内。而且，自 1987 年 1 月 1 日起《个人所得税法》只适用于在中国取得收入的外籍人员。

3. 第三阶段（1994～2017 年）

我国社会主义市场经济体制改革的目标确定后，为了统一、规范和完善对个人所得的课税制度，第八届全国人民代表大会常务委员会在对上述三部针对个人所得课税的法律、法规进行修改、合并的基础上，于 1993 年 10 月 31 日通过了修正后的《个人所得税法》（第一次修正），并废止了《中华人民共和国城乡个体工商业户所得税暂行条例》和《中华人民共和国个人收入调节税暂行条例》，自 1994 年 1 月 1 日起实行。此后，根据我国国民经济和社会发展情况，全国人民代表大会常务委员会又先后对《个人所得税法》进行了 5 次修正[①]。

4. 第四阶段（2018 年至今）

2018 年 8 月 31 日，第十三届全国人民代表大会常务委员会第五次会议通过了《关于修改〈中华人民共和国个人所得税法〉的决定》，此次修正是《个人所得税法》的第七次修正，标志着我国从此开始实施综合与分类相结合的个人所得税制度，成为了现行个人所得税制度的基础。

4.2.1.3 个人所得税的特点

如前所述，《个人所得税法》的第七次修改标志着我国个人所得税实现了从分类税制向综合与分类相结合税制的重大转变，经过此次改革后，现行个人所得税制呈现出以下特点：

1. **综合与分类相结合的个人所得税制**

个人所得税制大致可分为三种类型：综合税制、分类税制、综合与分类相结合的税制（混合税制）[②]。这三种税制各有所长，各国根据本国具体情况选择和运用。目前，我国采用综合与分类相结合的税制模式，其中，针对工资薪金所得、劳务报酬所得、稿酬所得、特许权使用费所得实行综合征收，针对利息、股息、红利所得、财产租赁所得、财产转让所得、偶然所得等仍实行分类征收。这种制度设计既可以促进社会分配公平，又可以从源泉上控制税款，保证国家收入。

2. **超额累进税率与比例税率并用**

我国现行的个人所得税制度中，各类所得根据其不同性质和特点分别适用

---

① 分别是：1999 年 8 月 30 日第二次修正、2005 年 10 月 27 日第三次修正、2007 年 6 月 29 日第四次修正、2007 年 12 月 29 日第五次修正、2011 年 6 月 30 日第六次修正。

② 分类税制是将个人各种来源不同、性质各异的所得进行分类，分别扣除不同的费用，按不同的税率课税。综合税制是以年为纳税的时间单位，要求纳税人就其全年全部所得，在减除了法定的生计扣除额和扣除费用后，适用超额累进税率或比例税率征税。综合与分类相结合的所得税制模式兼有综合所得税制与分类所得税制的特征。目前，国际上大多数国家都采用综合税制或综合与分类相结合的个人所得税制。

超额累进税率和比例税率。其中，综合所得适用七级超额累进税率，经营所得适用五级超额累进税率，其余各项所得适用比例税率。超额累进税率可以合理调节收入分配，实行量能负担，体现了税收公平原则；比例税率计算简便，实行等比负担，体现了税收效率原则。

3. 费用扣除方式多样

我国现行的个人所得税制度按综合与分类相结合的税制要求，就不同应税所得采用不同费用扣除方式，具体包括定额扣除、定率扣除、定额与定率相结合扣除以及据实扣除。如综合所得的费用扣除采用定额扣除，综合所得中的劳务报酬、稿酬和特许权使用费所得的费用扣除采用定率扣除，财产租赁所得采用定额与定率相结合的扣除，而经营所得的费用扣除则根据生产经营中实际发生的、与生产经营有关的合理支出允许据实扣除。

4. 源泉扣缴和自行申报两种方式并用

在申报方式上，现行的个人所得税制度分别实行由支付单位或个人源泉扣缴和纳税人自行申报两种方式相结合的模式。具体而言，扣缴义务人（即支付所得的单位或个人）可以在支付环节扣缴个人所得税的，应进行预扣预缴或代扣代缴；对于没有扣缴义务人或不便于扣缴税款的，以及取得综合所得需要办理汇算清缴的，由纳税人自行申报纳税和年终汇算清缴。

4.2.1.4 个人所得税的作用

个人所得税作为国家参与个人收入分配的主要形式，其作用主要体现在以下三个方面：

1. 调节收入分配，促进社会公平

随着我国改革开放的发展和社会主义市场经济体制的建立，国民收入分配格局呈现出一定程度的失衡，因此需要对个人收入进行适当的税收调节。个人所得税的征收，是在保证居民基本生活不受影响的前提下，通过对高收入者征收较高的税额，对中、低收入者征收较低的税额或不征收税额，以此缓解社会分配不公的矛盾，缩小贫富差距，促进社会公平。

2. 扩大聚财渠道，增加财政收入

个人所得税是市场经济发展的产物，个人所得税收入是随着一国经济的市场化、工业化、城市化程度和人均 GDP 水平提高而不断增长的。从经济发展角度看，个人所得税不失为一个收入弹性和增长潜力较大的税种，是国家财政收入的一个重要来源。随着我国经济的进一步发展，居民的收入水平还将逐步提高，个人所得税税源将不断扩大，个人所得税收入占国家税收总额的比重将

逐渐增加，最终可能发展成为具有活力的一个主体税种。

3. 增强纳税意识，树立义务观念

通过建立个人所得税源泉扣缴和自行申报制度，强化个人所得税的征收管理和对违反税法行为的处罚等措施，可以逐步培养、普及全民依法履行纳税义务的观念，有利于提高全体人民的公民意识和法治意识，为社会主义市场经济的发展创造良好的社会环境。

4.2.2　纳税人和征税对象

4.2.2.1　纳税人

个人所得税的纳税人，可以泛指取得所得的自然人，包括中国公民、个体工商户、个人独资企业投资者、合伙企业投资者，以及在中国境内[①]有所得的外籍个人（含无国籍人员）和香港、澳门、台湾同胞。

1. 居民个人与非居民个人的判断标准

在中国境内有住所，或者无住所而一个纳税年度内在中国境内居住累计满183天的个人为居民个人。而在中国境内无住所又不居住，或者无住所而一个纳税年度内在中国境内居住累计不满183天的个人为非居民个人。

为了最大限度保护我国税收主权，有效行使税收管辖权，我国对个人所得税居民个人和非居民个人的划分采用了国际上常用的住所标准和居住时间标准，只要个人满足其中一个标准就可以判定其为居民个人。

（1）住所标准。

住所，是指居民长期生活和活动的主要场所。我国《个人所得税法》中的住所是指因户籍、家庭、经济利益关系而在中国境内习惯性居住。

上述所称的习惯性居住，是判定纳税人是居民个人还是非居民个人的一个法律意义的标准，并不是指实际的居住地或者在某个特定时期内的居住地。例如，个人因学习、工作、探亲、旅游等而在中国境外居住的，当其在境外居住的原因消除之后，则必须回到中国境内居住。那么，即使该纳税人在一个纳税年度内，甚至连续几个纳税年度内，都未曾在中国境内居住过1天，仍应将其判定为在中国习惯性居住，自然将其判断为我国个人所得税的居民个人。

（2）居住时间标准。

居住时间，是指个人在一国境内实际居住的天数。在实际生活中，有时个

---

① 现行《个人所得税法》中"中国境内"的概念，目前还不包括中国香港、澳门和台湾地区。

人在一国境内并无住所，又没有经常性居住地，但是却在该国内停留的时间较长，并从该国取得了收入，则应对其行使税收管辖权，甚至视为该国的居民征税。

我国的居住时间标准是指在一个纳税年度（公历 1 月 1 日起至 12 月 31 日）内，在中国境内居住累计满 183 天。在计算居住天数时，无住所个人一个纳税年度内在中国境内累计居住天数，按照个人在中国境内累计停留的天数计算。根据税法规定，在中国境内停留的当天不足 24 小时的，不计入中国境内居住天数。

2. 居民个人与非居民个人的纳税义务

（1）居民个人的纳税义务。

居民个人承担无限纳税义务，即从中国境内和境外取得的所得，应按照税法规定计算缴纳个人所得税。

特别地，在中国境内无住所的个人，在中国境内居住累计满 183 天的年度连续不满六年的，经向主管税务机关备案，其来源于中国境外且由境外单位或者个人支付的所得，免予缴纳个人所得税；在中国境内居住累计满 183 天的任一年度中有一次离境超过 30 天的，其在中国境内居住累计满 183 天的年度的连续年限重新起算。

（2）非居民个人的纳税义务。

非居民个人承担有限纳税义务，即从中国境内取得的所得，应按照税法规定计算缴纳个人所得税。

特别地，在中国境内无住所的个人，在一个纳税年度内在中国境内居住累计不超过 90 天的，其来源于中国境内的所得，由境外雇主支付并且不由该雇主在中国境内的机构、场所负担的部分，免予缴纳个人所得税。

【例 4 - 16】王女士为澳门居民，在深圳工作，每周一早上来深圳上班，周五晚上回澳门。王女士是否为居民个人？

【解析】

根据税法规定，"中国境内"并不包括港澳台地区。由于王女士周六和周日在澳门，周一和周五当天停留都不足 24 小时，不计入境内居住天数，因此每周可计入境内居住的天数仅为 3 天。按照全年 52 周计算，王女士一个纳税年度内在境内居住天数为 156 天，不构成居民个人。

3. 所得来源地

判断所得税来源地是确定对该项所得是否应该征收个人所得税的重要依据。由于非居民个人承担有限纳税义务，因此判断所得税的来源地是判断非居民个人是否缴纳个人所得税的关键。根据《个人所得税法实施条例》的规定，除国务院财政、税务主管部门另有规定外，下列所得，不论支付地点是否在中国境内，均为来源于中国境内的所得：

（1）因任职、受雇、履约等在中国境内提供劳务取得的所得。

（2）将财产出租给承租人在中国境内使用而取得的所得。

（3）许可各种特许权在中国境内使用而取得的所得。

（4）转让中国境内的不动产等财产或者在中国境内转让其他财产取得的所得。

（5）从中国境内企业、事业单位、其他组织以及居民个人取得的利息、股息、红利所得。

专栏 4-6

关于个人所得税所得来源地的规定

1. 关于工资薪金所得来源地的规定

个人取得归属于中国境内（以下简称"境内"）工作期间的工资薪金所得为来源于境内的工资薪金所得。境内工作期间按照个人在境内工作天数计算，包括其在境内的实际工作日以及境内工作期间在境内、境外享受的公休假、个人休假、接受培训的天数。在境内、境外单位同时担任职务或者仅在境外单位任职的个人，在境内停留的当天不足24小时的，按照半天计算境内工作天数。

无住所个人在境内、境外单位同时担任职务或者仅在境外单位任职，且当期同时在境内、境外工作的，按照工资薪金所属境内、境外工作天数占当期公历天数的比例计算确定来源于境内、境外工资薪金所得的收入额。境外工作天数按照当期公历天数减去当期境内工作天数计算。

2. 关于数月奖金以及股权激励所得来源地的规定

无住所个人取得的数月奖金或者股权激励所得按照本条第（一）项规定确定所得来源地的，无住所个人在境内履职或者执行职务时收到的数月奖金或者股权激励所得，归属于境外工作期间的部分，为来源于境外的工资薪金所得；无住所个人停止在境内履约或者执行职务离境后收到的数月奖金或者股权激励所得，对属于境内工作期间的部分，为来源于境内的工资薪金所得。具体计算方法为：数月奖金或者股权激励乘以数月奖金或者股权激励所属工作期间境内工作天数与所属工作期间公历天数之比。

无住所个人一个月内取得的境内外数月奖金或者股权激励包含归属于不同期间的多笔所得的，应当先分别按照本公告规定计算不同归属期间来源于境内的所得，然后再加总计算当月来源于境内的数月奖金或者股权激励收入额。

本公告所称数月奖金是指一次取得归属于数月的奖金、年终加薪、分红等工资薪金所得，不包括每月固定发放的奖金及一次性发放的数月工资。本公告所称股权激励包括股票期权、股权期权、限制性股票、股票增值权、股权奖励以及其他因认购股票等有价证券而从雇主取得的折扣或者补贴。

3. 关于董事、监事及高层管理人员取得报酬所得来源地的规定

对于担任境内居民企业的董事、监事及高层管理职务的个人（以下统称"高管人员"），无论是否在境内履行职务，取得由境内居民企业支付或者负担的董事费、监事费、工资薪金或者其他类似报酬（以下统称"高管人员报酬"，包含数月奖金和股权激励），属于来源于境内的所得。

本公告所称高层管理职务包括企业正、副（总）经理、各职能总师、总监及其他类似公司管理层的职务。

4. 关于稿酬所得来源地的规定

由境内企业、事业单位、其他组织支付或者负担的稿酬所得，为来源于境内的所得。

资料来源：笔者根据《财政部 税务总局关于非居民个人和无住所居民个人有关个人所得税政策的公告》相关内容整理所得。

【例 4－17】某外籍个人 Jone 受某外国公司委派于 2020 年 8 月赴中国担任其驻华代表处首席代表，截至 2020 年 12 月 31 日未离开中国。Jone 因在中国任职而取得的由境外总公司发放的工资收入是否属于来源于中国境内所得？

【解析】

根据税法规定，因任职、受雇、履约等在中国境内提供劳务取得的所得，不论支付地点是否在中国境内，均为来源于中国境内的所得。因此，Jone 因在中国任职而取得的由境外总公司发放的工资收入属于来源于中国境内所得。

4.2.2.2　征税对象

个人所得税的征税对象是个人取得的应税所得，体现了具体的征税范围，《个人所得税法》列举的应缴纳个人所得税的所得包括以下九项：

1. 工资、薪金所得

工资、薪金所得，是指个人因任职或者受雇而取得的工资、薪金、奖金、年终加薪、劳动分红、津贴、补贴以及与任职或者受雇有关的其他所得。纳税人与支付单位之间建立任职受雇关系是工资、薪金所得产生的基础。

根据我国目前个人收入的构成情况，税法规定对于一些不属于工资、薪金性质的补贴、津贴或者不属于纳税人本人工资薪金所得项目的收入，不予征税。这些项目包括：①独生子女补贴；②执行公务员工资制度未纳入基本工资总额的补贴、津贴差额和家属成员的副食品补贴；③托儿补助费；④差旅费津

贴、误餐补助①；⑤外国来华留学生领取的生活津贴费、奖学金；⑥军队干部取得的列举项目津贴、补贴。

出租汽车经营单位对出租车驾驶员采取单车承包或承租方式运营，出租车驾驶员从事客货营运取得的收入，按工资、薪金所得征税。个人在公司（包括关联公司）任职、受雇，同时兼任董事、监事的，应将董事费、监事费与个人工资收入合并，统一按工资、薪金所得项目缴纳个人所得税。

2. 劳务报酬所得

劳务报酬所得，是指个人从事劳务取得的所得，包括从事设计、装潢、安装、制图、化验、测试、医疗、法律、会计、咨询、讲学、翻译、审稿、书画、雕刻、影视、录音、录像、演出、表演、广告、展览、技术服务、介绍服务、经纪服务、代办服务以及其他劳务。个人从事兼职、独立非雇佣劳务活动取得的所得属于劳务报酬所得。

个人担任董事、监事，且不在公司任职、受雇的情形，属于劳务报酬性质，按劳务报酬所得征税。

3. 稿酬所得

稿酬所得，是指个人因其作品以图书、报刊形式出版、发表而取得的所得。稿酬所得的重点在于是否出版、发表。

受雇于报纸、期刊等单位的编辑等专业工作人员，在本单位的报纸、期刊上发表的作品所取得的所得，应视为工资、薪金所得。

4. 特许权使用费所得

特许权使用费所得，是指个人提供专利权、商标权、著作权、非专利技术以及其他特许权的使用权取得的所得。

作者将自己的文字作品原件或者复印件公开拍卖的所得，按特许权使用费所得征收个人所得税。

5. 经营所得

经营所得包括以下四个方面：

（1）个体工商户（业主为个人所得税的纳税人）从事生产经营活动取得的所得；个人独资企业投资人、合伙企业的个人合伙人来源于境内注册的个人独资企业、合伙企业生产经营所得；

（2）个人依法从事办学、医疗、咨询以及其他有偿服务活动取得的所得；

---

① 其中，误餐补助是指按照财政部门规定，个人因公在城区、郊区工作，不能在工作单位或返回就餐，确实需要在外就餐的，根据实际误餐顿数，按规定的标准领取的误餐费。一些单位以误餐补助名义发给职工的补助、津贴不包括在内。

（3）个人对企业、事业单位承包经营、承租经营以及转包、转租取得的所得；

（4）个人从事其他生产经营活动取得的所得。

出租车驾驶员取得的收入按"经营所得"项目计征个人所得税的包括：①从事个体出租车运营的出租车驾驶员取得的收入；②出租车属个人所有，但挂靠出租车经营单位或企事业单位，驾驶员向挂靠单位缴纳管理费的，或出租车经营单位将出租车转移给驾驶员的，出租车驾驶员从事客货运营取得的收入。

6. 利息、股息、红利所得

利息、股息、红利所得，是指个人拥有债权、股权而取得的利息、股息、红利所得。

个人取得国债利息、国家发行的金融债券利息、储蓄存款利息免征个人所得税；外籍个人从外商投资企业取得的股息、红利所得免征个人所得税。

除个人独资企业、合伙企业以外的企业，不论是用企业财产为个人投资者或其家庭成员、关联人员支付与企业生产经营活动无关的消费性质支出，还是用企业财产为个人投资者提供借款，并且纳税年度终了仍未归还，这两种情况均视为个人投资者的红利所得，按利息、股息、红利所得计算缴纳税款。

7. 财产租赁所得

财产租赁所得，是指个人出租不动产、机器设备、车船以及其他财产取得的所得。

个人取得的财产转租收入按财产租赁计算缴纳税款。

8. 财产转让所得

财产转让所得，是指个人转让有价证券、股权、合伙企业中的财产份额、不动产、机器设备、车船以及其他财产取得的所得。

转让境内上市公司股票取得的所得免征个人所得税。个人拍卖他人的作品手稿按财产转让所得项目计算缴纳个人所得税。

9. 偶然所得

偶然所得，是指个人得奖、中奖、中彩以及其他偶然性质的所得。

个人为单位或他人提供担保获得的收入按偶然所得项目计算缴纳税款。个人取得的企业向个人支付的不竞争款项所得按偶然所得项目计算缴纳税款。

4.2.3 税率

个人所得税区分不同个人所得项目，规定了超额累进税率和比例税率两种形式。具体适用税率情况如下：

4.2.3.1 居民个人综合所得适用税率

居民个人取得的综合所得按年度合并计算个人所得税，适用七级超额累进税率，税率为3%~45%（见表4-9）。综合所得包括：工资、薪金所得，劳务报酬所得，稿酬所得和特许权使用费所得。

表4-9　　　　　　　　　个人所得税税率表（1）

级数	全年应纳税所得额	税率（%）	速算扣除数（元）
1	不超过36 000元的部分	3	0
2	超过36 000元至144 000元的部分	10	2 520
3	超过144 000元至300 000元的部分	20	16 920
4	超过300 000元至420 000元的部分	25	31 920
5	超过420 000元至660 000元的部分	30	52 920
6	超过660 000元至960 000元的部分	35	85 920
7	超过960 000元的部分	45	181 920

注：此表也被称为综合所得税率表。表中所称的全年应纳税所得额，是指居民个人取得综合所得以每一纳税年度收入额减除费用60 000元以及专项扣除、专项附加扣除和依法确定的其他扣除后的余额（详见"4.2.4应纳税所得额的确定"）。

此外，以下四种特殊情形也适用个人所得税税率表（1）：①符合条件的股权激励；②解除劳动关系取得的一次性补偿收入超过当地上年职工年平均工资3倍数额的部分；③提前退休取得的一次性补贴收入；④个人因出境定居而一次性领取的年金个人账户资金，或个人死亡后，其指定的受益人或法定继承人一次性领取的年金个人账户余额。

4.2.3.2 非居民个人四项所得适用税率

非居民个人取得工资、薪金所得，劳务报酬所得，稿酬所得和特许权使用费所得①按月或者按次计算个人所得税②，适用七级超额累进税率，税率为

---

① 即非居民个人取得工资、薪金所得，劳务报酬所得，稿酬所得和特许权使用费所得，共四项所得。

② 非居民个人取得工资、薪金所得，劳务报酬所得，稿酬所得和特许权使用费所得，依照个人所得税税率表（1）（见表4-9）按月换算后（见表4-10）计算应纳税额。参见《中华人民共和国个人所得税法》第三条第一款。

3% ～45%（见表 4 - 10）。

此外，以下四种特殊情形也适用个人所得税税率表（2）：①居民个人单独计算的全年一次性奖金；②居民个人按月和按季领取及非特殊原因一次性领取的企业年金和职业年金；③居民个人按月和按季领取及非特殊原因一次性领取的企业年金和职业年金；④单位低价向职工售房。

表 4 - 10   个人所得税税率表（2）

级数	月应纳税所得额	税率（%）	速算扣除数（元）
1	不超过 3 000 元的部分	3	0
2	超过 3 000 元至 12 000 元的部分	10	210
3	超过 12 000 元至 25 000 元的部分	20	1 410
4	超过 25 000 元至 35 000 元的部分	25	2 660
5	超过 35 000 元至 55 000 元的部分	30	4 410
6	超过 55 000 元至 80 000 元的部分	35	7 160
7	超过 80 000 元的部分	45	15 160

注：相较于综合所得税率表（见表 4 - 9），本表也被称为月度税率表。表中所称的全年应纳税所得额，如果是非居民个人的工资、薪金所得，则为每月收入额减除费用 5 000 元后的余额；如果是非居民个人的劳务报酬所得、稿酬所得和特许权使用费所得，则为每次收入减除 20% 费用后的余额（详见"4.2.4 应纳税所得额的确定"）。

4.2.3.3 经营所得适用税率

经营所得按年度计算个人所得税，适用五级超额累进税率，税率为 5% ～35%（见表 4 - 11）。经营所得包括：个体工商户的生产、经营所得，对企事业单位的承包、承租经营所得，个人独资企业和合伙企业的生产经营所得。

表 4 - 11   个人所得税税率表（3）

级数	全年应纳税所得额	税率（%）	速算扣除数（元）
1	不超过 30 000 元的部分	5	0
2	超过 30 000 元至 90 000 元的部分	10	1 500
3	超过 90 000 元至 300 000 元的部分	20	10 500
4	超过 300 000 元至 500 000 元的部分	30	40 500
5	超过 500 000 元的部分	35	65 500

注：本表也被称为经营所得税率表。表中所称的全年应纳税所得额，是指纳税人以每一纳税年度的收入总额减除成本、费用以及损失后的余额（详见"4.2.4 应纳税所得额的确定"）。

4.2.3.4 其他所得适用税率

利息、股息、红利所得，财产租赁所得，财产转让所得和偶然所得，不区分居民个人和非居民个人，均适用比例税率，税率为20%。

特别地，国家为了减轻住房租金的压力，个人按市场价格出租住房取得的所得减按10%的税率征收个人所得税。

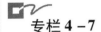

专栏 4-7

个人所得税的预扣预缴适用税率

我国实行的是个人所得税全员全额预扣预缴申报制，因此对不同的所得规定适用不同的预缴税率。

1. 居民个人取得工资、薪金所得适用的预缴税率

居民个人在取得工资、薪金所得时，由支付所得的单位或者个人在支付时预先扣除税款，并代为缴纳税款。居民个人取得的工资、薪金所得在累计预扣法下计算预缴税款，适用上述个人所得税税率表（1）。

2. 居民个人取得劳务报酬所得适用的预缴税率

居民个人在取得劳务报酬所得时，由支付所得的单位或者个人在支付时预先扣除税款，并代为缴纳税款。居民个人取得劳务报酬所得计算预缴税款适用20%~40%的三级超额累进预扣率（见表4-12）。

表 4-12　　　　　　　居民个人劳务报酬所得预扣率表

级数	累计预扣预缴应纳税所得额	预扣率（%）	速算扣除数（元）
1	不超过 20 000 元	20	0
2	超过 20 000 元至 50 000 元的部分	30	2 000
3	超过 50 000 元的部分	40	7 000

3. 居民个人取得稿酬所得和特许权使用费所得适用的预缴税率

居民个人在取得稿酬所得和特许权使用费所得时，由支付所得的单位和个人在支付时预先扣除税款，并代为缴纳税款。居民个人取得稿酬所得和特许权使用费所得计算预缴税款适用20%的预扣率。

资料来源：笔者根据《个人所得税扣缴申报管理办法（试行）》内容整理所得。

4.2.4 应纳税所得额的确定

个人所得税的计税依据为应纳税所得额，是指个人取得的各项收入减除税法规定的扣除项目或者扣除金额后的余额。

我国个人所得税的计征方式分为按年计征、按月计征和按次计征三种形式：居民个人的综合所得和经营所得按年计征；非居民个人的工资、薪金所得按月计征；利息、股息、红利所得，财产租赁所得，偶然所得和非居民个人取得的劳务报酬所得，稿酬所得，特许权使用费所得等按次计征[①]。

4.2.4.1 居民个人综合所得应纳税所得额的确定

居民个人取得综合所得（工资、薪金所得，劳务报酬所得，稿酬所得，特许权使用费所得），以每年收入额减去费用扣除（标准费用扣除6万元、专项扣除、专项附加扣除以及依法确定的其他扣除）后的余额，为应纳税所得额。

劳务报酬所得、特许权使用费所得的费用扣除率为20%，即按原所得的80%计入综合所得。稿酬所得的费用扣除率为20%，并减按70%计入综合所得，即按原所得的56%计入综合所得。

1. 专项扣除

专项扣除包括居民个人按照国家规定的范围和标准缴纳的基本养老保险、基本医疗保险、失业保险等社会保险费和住房公积金等。

2. 专项附加扣除

2018年12月，国务院发布了《关于印发个人所得税专项附加扣除暂行办法的通知》，对个人所得税的专项附加扣除进行了具体的规定。本次专项附加扣除的规定兼顾公平与效率，为中低收入居民减负，是国家个人所得税制度的一大进步。专项附加扣除包括子女教育、继续教育、大病医疗、住房贷款利息、住房租金、赡养老人这六项费用或支出。

（1）子女教育。

子女教育费用的扣除是指纳税人的子女接受学前教育（年满3周岁至小学

---

① 《个人所得税法实施条例》对如何清楚地区分"次"进行了明确规定，具体为：①劳务报酬所得、稿酬所得、特许权使用费所得，属于一次性收入的，以取得该项收入为一次；属于同一项目连续性收入的，以一个月内取得的收入为一次；②财产租赁所得，以一个月内取得的收入为一次；③利息、股息、红利所得，以支付利息、股息、红利时取得的收入为一次；④偶然所得，以每次取得该项收入为一次。

入学前教育)、义务教育、高等教育的相关支出，可以按照每个子女每月 1 000 元的标准定额扣除。父母可以选择各扣除 50%，也可以约定由一方扣除 100%。如果一对父母有多个符合条件的子女，则均能够享受子女教育的专项附加扣除。

【例 4 - 18】丈夫老周和妻子小刘的家庭有一儿一女，大儿子正在读初中，小女儿还在读小学，则家庭每月享受的子女教育专项附加扣除为 2 000 元。夫妻两人对此扣除的方式有哪些?

【解析】

根据税法规定，夫妻两人对此扣除的方式有四种:①全部由丈夫老周扣除;②全部由妻子小刘扣除;③丈夫老周和妻子小刘分别每月扣除一半 (1 000 元);④丈夫老周或妻子小刘每月扣除 1 500 元，另外一人每月扣除 500 元。

(2) 继续教育。

继续教育费用的扣除包含两方面的内容，一是纳税人本人的学历 (学位) 继续教育支出的扣除，二是职业资格继续教育支出的扣除。纳税人本人的学历 (学位) 继续教育的扣除标准为每月 400 元，同一学历 (学位) 继续教育的扣除期限不能超过 48 个月 (4 年)。在接受本科以下的学历 (学位) 继续教育时，可以选择由本人扣除还是由父母扣除，其他情况均只能由本人扣除。纳税人职业资格继续教育支出的扣除标准为取得相关证书的当年，按照 3 600 元定额扣除。

(3) 大病医疗。

大病医疗费用的扣除范围是指与基本医保相关的医药费用支出，扣除医保报销后个人负担 (指医保目录范围内的自付部分) 累计超过 15 000 元并小于 80 000 元的部分。大病医疗的扣除只能在支出当年汇算清缴时进行扣除，纳税人发生的医药费用支出可以选择由本人或者其配偶扣除;未成年子女发生的医药费用支出可以选择由其父母一方扣除。

(4) 住房贷款利息。

住房贷款利息支出的扣除范围是指纳税人本人或配偶单独或共同使用商业银行或住房公积金为本人或其配偶购买境内住房，发生的首套住房贷款利息支出，在实际发生年度，按照每月 1 000 元的标准定额扣除，扣除期限最长不得超过 240 个月。纳税人只能选择一次首套住房贷款的利息扣除。扣除方式可选择由夫妻一方扣除，且 1 个纳税年度内不得变更。婚前分别购房发生的首套住房贷款利息支出，婚后可选择其中一套由购买方按扣除标准的 100% 扣除，也可选择对各自购买的住房分别按扣除标准的 50% 扣除，具体扣除方式在一个纳税年度内不能变更。

（5）住房租金。

住房租金支出的扣除是指纳税人在主要工作城市没有自有住房而发生的住房租金支付的扣除。租房地点在直辖市、省会（首府）城市、计划单列市以及国务院确定的其他城市，扣除标准为每月1 500元。租房地点在除一类城市外，市辖区户籍人口超过100万人的城市，扣除标准为每月1 000元。租房地点在除一类城市外，市辖区户籍人口不超过100万人的城市，扣除标准为每月800元。住房租金的扣除与住房贷款的扣除不能同时享受，夫妻双方主要工作城市相同的，只能由一方扣除。

（6）赡养老人。

赡养老人支出的扣除是指赡养年满60周岁的父母以及子女均已去世的年满60周岁的祖父母、外祖父母的支出扣除。纳税人为独生子女的，由本人扣除，扣除标准为每月2 000元；纳税人为非独生子女的，与其兄弟姐妹分摊每月2 000元且每人不超过每月1 000元，分摊方式包括平均分摊、被赡养人指定分摊或者赡养人约定分摊，具体分摊方式和额度在1个纳税年度内不得变更。

【例4-19】张明为独生子，父母离异，如今父母均已满60周岁，父亲新组建的家庭当中有另一个孩子，母亲新组建的家庭当中没有其他孩子，张明是母亲唯一的法定赡养人，赡养老人专项附加扣除的额度是多少？

【解析】

根据税法规定，纳税人为独生子女的，由本人扣除，扣除标准为每月2 000元。因此张明赡养老人专项附加扣除的额度为2 000元。

3. 依法确定的其他扣除

依法确定的其他扣除，包括个人缴付符合国家规定的企业年金、职业年金，个人购买符合国家规定的商业健康保险、税收递延商业养老保险的支出，以及国务院规定可以扣除的其他项目。

（1）年金的扣除。

企业和事业单位根据国家有关政策规定的办法和标准，为在本单位任职或者受雇的全体职工缴付的企业年金或职业年金单位缴费部分，在记入个人账户时，个人暂不缴纳个人所得税。个人根据国家有关政策规定缴付的年金个人缴费部分，在不超过本人缴费工资计税基数的4%标准内的部分，暂从个人当期的应纳税所得额中扣除。超过上述规定的标准缴付的年金单位缴费和个人缴费部分，应并入个人当期的工资、薪金所得，依法计征个人所得税。

企业年金个人缴费工资计税基数为本人上一年度月平均工资。月平均工资按国家统计局规定列入工资总额统计的项目计算。月平均工资超过职工工作地所在设区城市上一年度职工月平均工资 300% 以上的部分，不计入个人缴费工资计税基数。

需要注意的是，年金基金投资运营收益分配计入个人账户时，个人暂不缴纳个人所得税。个人达到国家规定的退休年龄，在本通知实施之后按月领取的年金，全额按照"工资、薪金所得"项目适用的税率，计征个人所得税；在本通知实施之后按年或按季领取的年金，平均分摊计入各月，每月领取额全额按照"工资、薪金所得"项目适用的税率，计征个人所得税。对个人因出境定居而一次性领取的年金个人账户资金，或个人死亡后，其指定的受益人或法定继承人一次性领取的年金个人账户余额，允许领取人将一次性领取的年金个人账户资金或余额按 12 个月分摊到各月，就其每月分摊额，计算缴纳个人所得税。对个人除上述特殊原因外一次性领取年金个人账户资金或余额的，则不允许采取分摊的方法，而是就其一次性领取的总额，单独作为一个月的工资薪金所得计算缴纳个人所得税。

（2）商业健康保险产品支出的扣除。

自 2017 年 7 月 1 日起，商业健康保险个人所得税试点政策推广到全国范围实施。对个人购买符合规定的商业健康保险产品的支出，允许在当年（月）计算应纳税所得额时予以税前扣除，扣除限额为 2 400 元/年（200 元/月）。单位统一为员工购买符合规定的商业健康保险产品的支出，应分别计入员工个人工资薪金，视同个人购买，按上述限额予以扣除。

4.2.4.2 非居民个人四项所得应纳税所得额的确定

非居民个人从中国境内取得的工资、薪金所得按月减除费用 5 000 元后为应纳税所得额，劳务所得、特许权使用费所得减除 20% 的费用后为应纳税所得额，稿酬所得减除 20% 的费用后减按 70% 计入应纳税所得额按月或按次计算缴纳税款。非居民个人的这四项所得分项计算，不进行汇算清缴。

4.2.4.3 经营所得应纳税所得额确定

纳税人的经营所得应纳税所得额是指每一纳税年度的收入总额，减除成本、费用、税金、损失、其他支出以及允许弥补的以前年度亏损后的余额。个人从事生产、经营活动，未提供完整、准确的纳税资料，不能正确计算应纳税所得额的，由主管税务机关核定应纳税所得额或者应纳税额。因此，纳税人经营所得的征管有查账征收和核定征收两个方式。

1. 查账征收

取得经营所得的个人，没有综合所得的，计算其每一纳税年度的应纳税所得额时，应当减除费用 60 000 元、专项扣除、专项附加扣除以及依法确定的其他扣除。专项附加扣除在办理汇算清缴时减除。经营所得的应纳税所得额的计算公式：

$$应纳税所得额 = 该年度经营收入总额 - 成本、费用及损失 - 60\ 000\ 元$$
$$- 专项扣除 - 专项附加扣除 - 依法确定的其他扣除$$

在查账征收方式下，个人所得税中经营所得的计算办法与企业所得税是一致的。特别地，个体工商户生产经营活动中应当分别核算生产经营费用和个人、家庭费用。对混用难以分清的费用，其 40% 视为生产经营有关费用准予扣除。个人独资企业和合伙企业，对于生产经营和个人、家庭生活混用难以分清的费用，一律不允许扣除。个体工商户、个人独资企业和合伙企业拨缴的工会经费、发生的职工福利费、职工教育经费支出分别在工资薪金总额 2%、14%、2.5% 的标准内据实扣除。

在计算经营所得的应纳税所得额时，下列支出不得扣除：个人所得税税款；税收滞纳金；罚金、罚款和被没收财物的损失；不符合扣除规定的捐赠支出；赞助支出；用于个人和家庭的支出；与取得生产经营收入无关的其他支出；国家税务总局规定不准扣除的支出。

2. 核定征收

核定征收的方式包括定额征收、核定应税所得率征收以及其他合理的征收方式。实行核定应税所得率征收方式的，应纳税所得额的计算公式：

$$应纳税所得额 = 收入总额 \times 应税所得率$$
$$= 成本、费用支出额 \div (1 - 应税所得率) \times 应税所得率$$

对于上述公式中的应税所得率，国家针对不同行业作出了不同的规定。

4.2.4.4 利息、股息、红利所得应纳税所得额的确定

利息、股息、红利所得以每次收入额为应纳税所得额。

个人从公开发行和转让市场取得的上市公司股票，持股期限在 1 个月以内（含 1 个月）的，其股息红利所得全额计入应纳税所得额；持股期限在 1 个月以上至 1 年（含 1 年）的，暂减按 50% 计入应纳税所得额。

个人独资企业和合伙企业对外投资分回的利息或者股息、红利，不并入企业的收入，而应单独作为投资者个人取得的利息、股息、红利所得，按"利息、股息、红利所得"应税项目计算缴纳个人所得税。

4.2.4.5 财产租赁所得应纳税所得额的确定

财产租赁所得一般以个人每次取得的收入，定额或定率减除规定费用后的

余额为应纳税所得额。财产租赁所得以 1 个月内取得的收入为一次。每次收入不超过 4 000 元，定额减除费用 800 元；每次收入在 4 000 元以上，定率减除 20% 的费用。在确定财产租赁的应纳税所得额时，纳税人在出租财产过程中缴纳的税金和附加，可持完税（缴款）凭证，从其财产租赁收入中扣除。纳税人凭借有效、准确的凭证，为该出租财产实际支付的修缮费用允许扣除。允许扣除的修缮费用，以每次 800 元为限。一次扣除不完的，准予在下一次继续扣除，直到扣完为止。

【例 4 - 20】 小李和小王分别有一间闲置商铺，2021 年 8 月分别将其对外出租，租金分别为 6 000 元和 4 000 元。小李在出租前一月，对商铺进行了简易装修，共支出了 2 000 元（已取得相关凭证），请分别确认小李和小王 8 月财产租赁所得的应纳税所得额。

【解析】

根据税法规定，小李 8 月允许减除的费用为 6 000 × 20% = 1 200（元），允许减除的修缮费用为 800 元，因此，小李 8 月财产租赁所得的应纳税所得额为 6 000 - 1 200 - 800 = 4 000（元）；由于小王月租金收入不超过 4 000 元，允许减除的费用为 800 元，无修缮支出，因此，小王 8 月财产租赁所得的应纳税所得额为 4 000 - 800 = 3 200（元）。

4.2.4.6 财产转让所得应纳税所得额的确定

个人转让财产取得的收入减除财产原值和相关税费的余额为应纳税所得额。

关于个人转让上市公司限售股所得征收个人所得税的规定，如果纳税人未能提供完整、真实的限售股原值凭证的，不能准确计算限售股原值的，主管税务机关一律按限售股转让收入的 15% 核定限售股原值及合理税费。

个人转让自用达 5 年以上，并且是唯一的家庭生活用房取得的所得，免征个人所得税。

4.2.4.7 偶然所得应纳税所得额的确定

纳税人以每次收入额为应纳税所得额。

个人取得单张有奖发票奖金所得不超过 800 元的，暂免征收个人所得税；个人取得单张有奖发票奖金所得超过 800 元的，应全额按照《个人所得税法》规定的"偶然所得"项目来征收个人所得税。关于个人取得体育彩票中奖所得的规定，凡一次中奖收入不超过 1 万元的，暂免征收个人所得税；超过 1 万元的，应按税法规定全额征收个人所得税。

4.2.5　应纳税额的计算

现行个人所得税实行综合与分类相结合的课征制度，各项所得应纳税额的计算方法不尽相同，对应上述应纳税所得额的确定，下面分别予以介绍：

4.2.5.1　居民个人综合所得应纳税额的计算

1. 居民个人综合所得的预扣预缴税额的计算

居民个人在取得工资、薪金所得、劳务报酬所得、稿酬所得、特许权使用费所得时需要进行源泉扣缴，因此需要计算预扣预缴时的税额。

（1）居民个人工资、薪金所得的预扣预缴税额计算。

对于居民个人工资、薪金所得进行的预扣预缴，目的在于使其在年度汇算清缴时实际缴纳的税款与预扣预缴的税款相接近，因此我国使用了累计预扣法。累计预扣法是指扣缴义务人向居民个人支付工资、薪金所得时，应当按照累计预扣法计算预扣税款。居民个人取得的工资、薪金所得在累计预扣法下计算预缴税款适用上述个人所得税税率表（1）。

累计预扣法，是指扣缴义务人在一个纳税年度内预扣预缴税款时，以纳税人在本单位截至当前月份工资、薪金所得累计收入减除累计免税收入、累计减除费用、累计专项扣除、累计专项附加扣除和累计依法确定的其他扣除后的余额为累计预扣预缴应纳税所得额。

具体计算公式如下：

本期应预扣预缴税额 =（累计预扣预缴应纳税所得额 × 预扣率 − 速算扣除数）
− 累计减免税额 − 累计已预扣预缴税额

累计预扣预缴应纳税所得额 = 累计收入 − 累计免税收入 − 累计减除费用
− 累计专项扣除 − 累计专项附加扣除
− 累计依法确定的其他扣除

本期应预扣预缴税额为负值时，暂不退税，在纳税年度终了后本期应预扣预缴税额仍为负值时，由纳税人办理综合所得年度汇算清缴，税款多退少补。

【例 4 − 21】居民个人小赵为某单位职工，2021 年 1 月和 2 月取得月工资均为 10 000 元，单位按规定标准为其代扣代缴"三险一金"1 500 元，从 1 月起享受住房租金专项附加扣除 1 500 元，无其他减免收入及减免税额等情况。请计算 1 月和 2 月应预扣预缴税额。

【解析】

根据税法规定，小赵 1 月应预扣预缴税额为（10 000 − 5 000 − 1 500 −

1 500）×3% ＝60（元），小赵 2 月应预扣预缴税额为（10 000×2－5 000×2－
1 500×2－1 500×2）×3%－60＝60（元）。

专栏 4－8

关于优化部分纳税人个人所得税预扣预缴方法

　　个人所得税制改革后，为尽可能使大多数纳税人在预扣预缴环节就精准预缴税款、提前享受改革红利，参考国际通行做法，对居民个人工资薪金所得采取累计预扣法来预扣预缴个人所得税。考虑到新税制实施已有一个完整的纳税周期，纳税人也有了执行新税制后的全年收入纳税数据，对该部分工作稳定且年收入低于 6 万元的群体，在享受原税改红利基础上，可对其税款预扣预缴方法进行优化，进一步减轻其办税负担。

　　对上一完整纳税年度内每月均在同一单位预扣预缴工资、薪金所得个人所得税且全年工资、薪金收入不超过 6 万元的居民个人，扣缴义务人在预扣预缴本年度工资、薪金所得个人所得税时，累计减除费用自 1 月份起直接按照全年 6 万元计算扣除。即，在纳税人累计收入不超过 6 万元的月份，暂不预扣预缴个人所得税；在其累计收入超过 6 万元的当月及年内后续月份，再预扣预缴个人所得税。享受暂不预扣预缴个人所得税，具体来说需同时满足三个条件：①上一纳税年度 1～12 月均在同一单位任职且预扣预缴申报了工资薪金所得个人所得税；②上一纳税年度 1～12 月的累计工资薪金收入（包括全年一次性奖金等各类工资薪金所得，且不扣减任何费用及免税收入）不超过 6 万元；③本纳税年度自 1 月起，仍在该单位任职受雇并取得工资薪金所得。

　　按照累计预扣法预扣预缴劳务报酬所得个人所得税的居民个人，如保险营销员和证券经纪人，享受暂不预扣预缴个人所得税，同样需同时满足以下三个条件：①上一纳税年度 1～12 月均在同一单位取酬且按照累计预扣法预扣预缴申报了劳务报酬所得个人所得税；②上一纳税年度 1～12 月的累计劳务报酬（不扣减任何费用及免税收入）不超过 6 万元；③本纳税年度自 1 月起，仍在该单位取得按照累计预扣法预扣预缴税款的劳务报酬所得。

　　资料来源：笔者根据《国家税务总局关于进一步简便优化部分纳税人个人所得税预扣预缴方法的公告》相关内容整理所得。

　　（2）居民个人劳务报酬所得的预扣预缴税额计算。

　　居民个人取得劳务报酬所得以收入减除费用后的余额为预扣预缴应纳税所得额计算预扣预缴税额。取得劳务报酬每次收入不超过 4 000 元的，减除费用为 800 元；每次收入 4 000 元以上的，减除费用按收入的 20% 计算。劳务报酬所得适用的预扣预缴税率为三级超额累进税率表。劳务报酬所得预扣预缴税额的计算公式如下：

$$预扣预缴税额 = 预扣预缴应纳税所得额 × 预扣率 - 速算扣除数$$

（3）居民个人稿酬所得、特许权使用费所得的预扣预缴税额计算。

居民个人取得特许权使用费所得以收入减除费用后的余额为预扣预缴应纳税所得额计算预扣预缴税额。居民个人取得稿酬所得以收入减除费用后的余额的70%为预扣预缴应纳税所得额计算预扣预缴税额。取得稿酬所得、特许权使用费所得每次收入不超过4 000元的，减除费用为800元；每次收入4 000元以上的，减除费用按收入的20%计算。稿酬所得、特许权使用费所得适用的预扣预缴税率为20%。稿酬所得、特许权使用费所得预扣预缴税额的计算公式如下：

$$预扣预缴税额 = 预扣预缴应纳税所得额 × 20\%$$

2. 居民个人综合所得年度汇算清缴税额计算

居民个人取得综合所得（工资、薪金所得，劳务报酬所得，稿酬所得，特许权使用费所得），以每年收入额减去费用扣除（标准费用扣除6万元、专项扣除、专项附加扣除以及依法确定的其他扣除）后的余额，按照个人所得税税率表（1）计算综合所得应纳税额。居民个人年度综合所得应纳税额计算：

$$\begin{aligned}应纳税额 &= 全年应纳税所得额 × 适用税率 - 速算扣除数\\ &= (全年收入额 - 60\,000元 - 专项扣除 - 能享受的专项附加扣除\\ &\quad - 能享受的其他扣除) × 适用税率 - 速算扣除数\end{aligned}$$

【例4-22】 假定居民个人小张2020年扣除"三险一金"后共取得工资收入15万元，且小张享受首套住房贷款利息支出的专项附加扣除。计算其当年应纳个人所得税税额。

【解析】

根据税法规定，小张全年应纳税所得额为150 000 - 60 000 - 12 000 = 78 000（元），适用个人所得税税率表（1），计算应纳税额为78 000 × 10% - 2 520 = 5 280（元）。

4.2.5.2 非居民个人四项所得应纳税所得额的计算

非居民个人取得工资、薪金所得，劳务报酬所得，稿酬所得和特许权使用费所得适用上述个人所得税税率表（2）。非居民个人取得工资、薪金所得，劳务报酬所得，稿酬所得和特许权使用费所得应纳税额的计算，如表4-13所示。

表4-13 非居民个人应纳税额的计算

所得项目	计算公式
工资、薪金所得应纳税额	（每月收入额－5 000元）×适用税率－速算扣除数
劳务报酬所得或特许权使用费所得应纳税额	（每次收入额－20%×每次收入额）×适用税率－速算扣除数
稿酬所得应纳税额	（每次收入额－20%×每次收入额）×70%×适用税率－速算扣除数

4.2.5.3 经营所得应纳税额的计算

纳税人的经营所得，以每一纳税年度的收入总额，减除成本、费用、税金、损失、其他支出以及允许弥补的以前年度亏损后的余额，按照个人所得税税率表（3）计算经营所得应纳税额。经营所得应纳税额计算公式：

应纳税额＝全年应纳税所得额×适用税率－速算扣除数

＝（全年收入总额－成本、费用以及损失等）

×适用税率－速算扣除数

纳税人的经营所得实行核定应税所得率征收方式的，同样适用个人所得税税率表（3）。经营所得应纳税额计算公式：

应纳税额＝应纳税所得额×适用税率－速算扣除数

应纳税所得额＝收入总额×应税所得率

＝成本、费用支出额÷（1－应税所得率）×应税所得率

【例4-23】 小新超市为个体工商户，账证健全，2019年12月取得经营收入为320 000元，准许扣除的当月成本、费用（不含业主工资）及相关税金共计250 600元。1~11月累计应纳税所得额88 400元（未扣除业主费用减除标准），1~11月累计已预缴个人所得税10 200元。除经营所得外，业主本人没有其他收入，且2019年全年均享受赡养老人一项专项附加扣除。不考虑专项扣除和符合税收法律、法规和文件规定的其他扣除，请计算该个体工商户2020年度汇算清缴时应申请的个人所得税退税额。

【解析】

根据税法规定，该个体工商户全年应纳税所得额为88 400＋320 000－250 600－60 000－24 000＝73 800（元），适用上文个人所得税税率表（3）计算全年应缴纳个人所得税为73 800×10%－1 500＝5 880（元）。该个体工商户已预缴个人所得税10 200元，因此2020年度应申请的个人所得税退税额为10 200－5 880＝4 320（元）。

4.2.5.4 利息、股息、红利所得应纳税额的计算

利息、股息、红利所得以每次收入额为应纳税所得额，按照法定税率计算利息、股息、红利所得应纳税额。利息、股息、红利所得应纳税额计算：

$$应纳税额 = 应纳税所得额 \times 适用税率 = 每次收入额 \times 20\%$$

4.2.5.5 财产租赁所得应纳税额的计算

财产租赁所得一般以个人每次取得的收入，定额或定率减除规定费用后的余额，按照法定税率计算财产租赁所得应纳税额。个人按市场价格出租的居民住房取得的所得，暂减按10%的税率征收个人所得税。财产租赁所得应纳税额计算：

（1）每次（月）收入不超过4 000元。

$$应纳税额 = [每次收入额 - 准予扣除项目 - 修缮费用(800元为限) - 800] \times 20\%$$

（2）每次（月）收入超过4 000元。

$$应纳税额 = [每次收入额 - 准予扣除项目 - 修缮费用(800元为限)]$$
$$\times (1 - 20\%) \times 20\%$$

4.2.5.6 财产转让所得应纳税额的计算

个人转让财产取得的收入减除财产原值和相关税费的余额为应纳税所得额，按照法定税率计算财产转让所得应纳税额。关于个人取得拍卖收入征收个人所得税的规定，纳税人如不能提供合法、完整、准确的财产原值凭证，不能正确计算财产原值的，按转让收入额的3%征收率计算缴纳个人所得税。拍卖品为经文物部门认定是海外回流文物的，按转让收入额的2%征收率计算缴纳个人所得税。财产转让所得应纳税额计算：

$$应纳税额 = 应纳税所得额 \times 适用税率$$
$$= (收入总额 - 财产原值 - 合理费用) \times 20\%$$

4.2.5.7 偶然所得应纳税额的计算

纳税人以每次收入额为应纳税所得额，按照法定税率计算偶然所得应纳税额。偶然所得应纳税额计算：

$$应纳税额 = 应纳税所得额 \times 适用税率 = 每次收入额 \times 20\%$$

4.2.5.8 应纳税额计算的特殊规定

1. 扣除捐赠款的计税方法

个人所得税法规定，个人将其所得对教育、扶贫、济困等公益慈善事业进

行捐赠，捐赠额未超过纳税人申报的应纳税所得额 30% 的部分，可以从其应纳税所得额中扣除；国务院规定对公益慈善事业捐赠实行全额税前扣除的，从其规定。

个人将其所得对教育、扶贫、济困等公益慈善事业进行捐赠，是指个人将其所得通过中国境内的公益性社会组织、国家机关向教育、扶贫、济困等公益慈善事业的捐赠；捐赠扣除限额的计算公式：

$$捐赠扣除限额 = 扣除捐赠额之前的应纳税所得额 \times 30\%$$

如果实际捐赠额小于捐赠扣除限额，按实际捐赠额扣除；如果实际捐赠额大于捐赠扣除限额时，只能按捐赠扣除限额扣除。

如果是从综合所得或经营所得中进行公益性捐赠，按下列公式计算应纳税额：

$$应纳税额 = (应纳税所得额 - 允许扣除的捐赠额) \times 适用税率 - 速算扣除数$$

如果是从除经营所得之外的其他所得中进行公益性捐赠，按下列公式计算应纳税额：

$$应纳税额 = (应纳税所得额 - 允许扣除的捐赠额) \times 适用税率 - 速算扣除数$$

2. 境外所得已纳税款的抵免

《个人所得税法》规定，居民个人从中国境外取得的所得，可以从其应纳税额中抵免已在境外缴纳的个人所得税税额，但抵免额不得超过该纳税人境外所得依照本法规定计算的应纳税额。居民个人从中国境内和境外取得的综合所得、经营所得，应当分别合并计算应纳税额；从中国境内和境外取得的其他所得，应当分别单独计算应纳税额。

实际已在境外缴纳的个人所得税税额，是指居民个人来源于中国境外的所得，依照该所得来源国家（地区）的法律应当缴纳并且实际已经缴纳的所得税税额。居民个人来源于一国（地区）的综合所得、经营所得以及其他分类所得项目的应纳税额为其抵免限额①。

居民个人在中国境外一个国家（地区）实际已经缴纳的个人所得税税额，低于依照上述规定计算出的来源于该国家（地区）所得的抵免限额的，应以实际缴纳税额作为抵免额进行抵免；超过来源于该国家（地区）所得的抵免限额的，应在限额内进行抵免，超过部分可以在以后五个纳税年度内结转抵免。居民个人申请抵免已在境外缴纳的个人所得税税额，应当提供境外税务机关出具的税款所属年度的有关纳税凭证。

① 抵免限额的具体计算见《关于境外所得有关个人所得税政策的公告》（财政部 税务总局公告 2020 年第 3 号）。

【例 4 - 24】李先生和张先生各自取得一张有奖发票。其中，李先生获得奖金 800 元，张先生获得奖金 900 元。李先生和张先生分别缴纳多少个人所得税？

【解析】

根据税法规定，李先生可以直接兑取 800 元奖金，不需要缴纳个人所得税；张先生在兑取奖金时，兑付单位应代扣代缴个人所得税为 900 × 20% = 180（元），因此张先生实际取得奖金 720 元。

4.2.6 税收优惠

4.2.6.1 免税项目

下列各项个人所得，免征个人所得税：

（1）省级人民政府、国务院部委和中国人民解放军军以上单位，以及外国组织、国际组织颁发的科学、教育、技术、文化、卫生、体育、环境保护等方面的奖金。

（2）国债和国家发行的金融债券利息。

（3）按照国家统一规定发给的补贴、津贴。

（4）福利费、抚恤金、救济金。

（5）保险赔款。

（6）军人的转业费、复员费、退役金。

（7）按照国家统一规定发给干部、职工的安家费、退职费、基本养老金或者退休费、离休费、离休生活补助费。

（8）依照有关法律规定应予免税的各国驻华使馆、领事馆的外交代表、领事官员和其他人员的所得。

（9）中国政府参加的国际公约、签订的协议中规定免税的所得。

（10）国务院规定的其他免税所得。

4.2.6.2 减征项目

有下列情形之一的，可以减征个人所得税，具体幅度和期限由省、自治区、直辖市人民政府规定，并报同级人民代表大会常务委员会备案：

（1）残疾、孤老人员和烈属的所得。

（2）因自然灾害遭受重大损失的。

国务院可以规定其他减税情形，报全国人民代表大会常务委员会备案。

4.2.6.3　其他减免税项目

个人所得税作为体现国家政策的重要税收工具，为加强国际合作、支持社会福利和照顾某些特殊人群，财政部、国家税务总局还出台了若干其他减免税的规定，如对外籍个人所得、财产转让所得、特殊利息所得等免税或暂免个人所得税优惠①。

4.2.7　征收管理

4.2.7.1　纳税识别号

自然人纳税人识别号，是自然人纳税人办理各类涉税事项的唯一代码标识。

有中国公民身份号码的，以其中国公民身份号码作为纳税人识别号；没有中国公民身份号码的，由税务机关赋予其纳税人识别号。

4.2.7.2　纳税调整

有下列情形之一的，税务机关有权按照合理方法进行纳税调整：

（1）个人与其关联方之间的业务往来不符合独立交易原则而减少本人或者其关联方应纳税额，且无正当理由。

（2）居民个人控制的，或者居民个人和居民企业共同控制的设立在实际税负明显偏低的国家（地区）的企业，无合理经营需要，对应当归属于居民个人的利润不作分配或者减少分配。

（3）个人实施其他不具有合理商业目的的安排而获取不当税收利益。

4.2.7.3　纳税申报

我国现行个人所得税的纳税申报方式包括扣缴义务人申报和纳税人自行纳税申报两种。

1. 全员全额扣缴申报

（1）扣缴义务人和代扣预扣税款范围。

扣缴义务人是指向个人支付所得的单位或者个人。税法规定，个人所得税以所得人为纳税人，以支付所得的单位或者个人为扣缴义务人。

---

① 具体内容可至国家税务总局网站（http：//www.chinatax.gov.cn/）进行查询。

扣缴义务人应当按照国家规定办理全员全额扣缴申报。全员全额扣缴申报是指扣缴义务人在代扣税款的次月 15 日内,将税款缴入国库,并向主管税务机关报送其支付所得的所有个人的有关信息、支付所得数额、扣除事项和数额、扣缴税款的具体数额和总额以及其他相关涉税信息资料(即《个人所得税扣缴申报表》)。

实行个人所得税全员全额扣缴申报的应税所得包括:工资、薪金所得;劳务报酬所得;稿酬所得;特许权使用费所得;利息、股息、红利所得;财产租赁所得;财产转让所得;偶然所得;经国务院财政部门确定征税的其他所得。

对扣缴义务人按照规定扣缴的税款,按年付给 2% 的手续费。不包括税务机关、司法机关等查补或者责令补扣的税款。

(2)扣缴义务人的信息报告规定。

支付工资、薪金所得的扣缴义务人应当于年度终了后 2 个月内,向纳税人提供其个人所得和已扣缴税款等信息。纳税人年度中间需要提供上述信息的,扣缴义务人应当提供。纳税人取得除工资、薪金所得以外的其他所得,扣缴义务人应当在扣缴税款后,及时向纳税人提供其个人所得和已扣缴税款等信息。扣缴义务人应当按照纳税人提供的信息计算税款、办理扣缴申报,不得擅自更改纳税人提供的信息。扣缴义务人发现纳税人提供的信息与实际情况不符的,可以要求纳税人修改。纳税人拒绝修改的,扣缴义务人应当报告税务机关,税务机关应当及时处理。纳税人发现扣缴义务人提供或者扣缴申报的个人信息、支付所得、扣缴税款等信息与实际情况不符的,有权要求扣缴义务人修改。扣缴义务人拒绝修改的,纳税人应当报告税务机关,税务机关应当及时处理。

2. 纳税人自行申报

(1)自行申报纳税的个人。

有下列情形之一的纳税人应当依法办理纳税申报:①取得综合所得需要办理汇算清缴;②取得应税所得没有扣缴义务人;③取得应税所得,扣缴义务人未扣缴税款;④取得境外所得;⑤因移居境外注销中国户籍;⑥非居民个人在中国境内从两处以上取得工资、薪金所得;⑦国务院规定的其他情形。

(2)取得综合所得需要办理汇算清缴的纳税申报。

取得综合所得需要办理汇算清缴的情形包括:①从两处以上取得综合所得,且综合所得年收入额减除专项扣除后的余额超过 6 万元;②取得劳务报酬所得、稿酬所得、特许权使用费所得中一项或者多项所得,且综合所得年收入额减除专项扣除的余额超过 6 万元;③纳税年度内预缴税额低于应纳税额;④纳税人申请退税。

需要办理汇算清缴的纳税人,应当在取得所得的次年 3 月 1 日至 6 月 30

日内，向任职、受雇单位所在地主管税务机关办理纳税申报，并报送《个人所得税年度自行纳税申报表》。纳税人有两处以上任职、受雇单位的，选择向其中一处任职、受雇单位所在地主管税务机关办理纳税申报；纳税人没有任职、受雇单位的，向户籍所在地或经常居住地主管税务机关办理纳税申报。

（3）取得经营所得的纳税申报。

纳税人取得经营所得，按年计算个人所得税，由纳税人在月度或季度终了后15日内，向经营管理所在地主管税务机关办理预缴纳税申报，并报送《个人所得税经营所得纳税申报表（A表）》。在取得所得的次年3月31日前，向经营管理所在地主管税务机关办理汇算清缴，并报送《个人所得税经营所得纳税申报表（B表）》；从两处以上取得经营所得的，选择向其中一处经营管理所在地主管税务机关办理年度汇总申报，并报送《个人所得税经营所得纳税申报表（C表）》。

（4）扣缴义务人未扣缴税款的纳税申报。

居民个人取得综合所得的，按照《中华人民共和国个人所得税法》及其实施条例、《中华人民共和国税收征收管理法》及其实施细则等法律法规的规定办理。

非居民个人取得工资、薪金所得，劳务报酬所得，稿酬所得，特许权使用费所得的，应当在取得所得的次年6月30日前，向扣缴义务人所在地主管税务机关办理纳税申报，并报送《个人所得税自行纳税申报表（A表）》。有两个以上扣缴义务人均未扣缴税款的，选择向其中一处扣缴义务人所在地主管税务机关办理纳税申报。非居民个人在次年6月30日前离境（临时离境除外）的，应当在离境前办理纳税申报。

纳税人取得利息、股息、红利所得，财产租赁所得，财产转让所得和偶然所得的，应当在取得所得的次年6月30日前，按相关规定向主管税务机关办理纳税申报，并报送《个人所得税自行纳税申报表（A表）》。

（5）取得境外所得的纳税申报。

居民个人从中国境外取得所得的，应当在取得所得的次年3月1日至6月30日内，向中国境内任职、受雇单位所在地主管税务机关办理纳税申报；在中国境内没有任职、受雇单位的，向户籍所在地或中国境内经常居住地主管税务机关办理纳税申报；户籍所在地与中国境内经常居住地不一致的，选择其中一地主管税务机关办理纳税申报；在中国境内没有户籍的，向中国境内经常居住地主管税务机关办理纳税申报。

（6）因移居境外注销中国国籍的纳税申报。

纳税人在注销户籍年度取得综合所得的，应当在注销户籍前，办理当年综合所得的汇算清缴，并报送《个人所得税年度自行纳税申报表》。尚未办理上一年度综合所得汇算清缴的，应当在办理注销户籍纳税申报时一并办理。

纳税人在注销户籍年度取得经营所得的，应当在注销户籍前，办理当年经营所得的汇算清缴，并报送《个人所得税经营所得纳税申报表（B表）》。从两处以上取得经营所得的，还应当一并报送《个人所得税经营所得纳税申报表（C表）》。尚未办理上一年度经营所得汇算清缴的，应当在办理注销户籍纳税申报时一并办理。

纳税人在注销户籍当年取得利息、股息、红利所得，财产租赁所得，财产转让所得和偶然所得的，应当在注销户籍前，申报当年上述所得的完税情况，并报送《个人所得税自行纳税申报表（A表）》。

纳税人有未缴或者少缴税款的，应当在注销户籍前，结清欠缴或未缴的税款。纳税人存在分期缴税且未缴纳完毕的，应当在注销户籍前，结清尚未缴纳的税款。

纳税人办理注销户籍纳税申报时，需要办理专项附加扣除、依法确定的其他扣除的，应当向税务机关报送《个人所得税专项附加扣除信息表》《商业健康保险税前扣除情况明细表》《个人税收递延型商业养老保险税前扣除情况明细表》等。

（7）非居民个人在中国境内从两处以上取得工资、薪金所得的纳税申报。

非居民个人在中国境内从两处以上取得工资、薪金所得的，应当在取得所得的次月15日内，向其中一处任职、受雇单位所在地主管税务机关办理纳税申报，并报送《个人所得税自行纳税申报表（A表）》。

3. 退税

纳税人申请退税，应当提供其在中国境内开设的银行账户，并在汇算清缴地就地办理税款退库。纳税人申请退税时提供的汇算清缴信息有错误的，税务机关应当告知其更正；纳税人更正的，税务机关应当及时办理退税。扣缴义务人未将扣缴的税款解缴入库的，不影响纳税人按照规定申请退税，税务机关应当凭纳税人提供的有关资料办理退税。纳税人办理汇算清缴退税或者扣缴义务人为纳税人办理汇算清缴退税的，税务机关审核后，按照国库管理的有关规定办理退税。

第5章
资源税制

实践案例
与习题

资源税制是对以资源的绝对收益和级差收益为征税对象的一类税收制度的总称。资源税制中的税种分为一般资源税和特别资源税，一般资源税是对自然资源产品的开采权和使用权进行普遍征收，体现国家对自然资源的天然所有和垄断权；特别资源税通常以级差地租理论为依据，对占有和适用优等资源的单位和个人征收，将由优等资源带来的级差收益收归国有，从而平衡优等资源和劣等资源给纳税人带来的竞争差异，为资源税纳税人创造公平竞争的机会。目前，我国开征的资源税类税种主要有资源税、城镇土地使用税、耕地占用税、土地增值税。

思政案例

资源税立法，为绿水青山拉起"保护网"

2019年8月26日，第十三届全国人大常委会第十二次会议表决通过了《中华人民共和国资源税法》，自2020年9月1日起施行。绿水青山就是金山银山，《中华人民共和国资源税法》正式实施，在保持现行税制框架和税负水平总体不变的基础上，增强了资源税在促进资源节约集约利用、加强生态环境保护方面的功能，为绿水青山拉起了一张牢固的"保护网"。此次资源税立法的一大亮点是规范细化了税目，从法律上确立了从价计征为主、从量计征为辅的资源税征税方式，所列164个税目覆盖了目前已发现的所有矿种和盐，其中的158个实行从价计征。

【案例解析】资源税法是贯彻习近平生态文明思想、落实税收法定原则、完善地方税体系的重要举措，是绿色税制建设的重要组成部分。相比资源税暂行条例，资源税法吸收了近年来税收征管与服务上的有效做法，践行了以纳税人为中心的服务理念，体现了深化"放管服"改革的要求。

【思考讨论】资源税是如何推动资源集约开发利用和绿色发展的？

5.1 资　源　税

5.1.1　资源税概述

资源税（resource tax）是以各种应税自然资源为课税对象，为了调节资源级差收入并体现国有资源有偿使用的理念而征收的一种税。资源税能够调整资源开采中的级差收益，消除因矿产资源自然禀赋、地质条件差异而形成的超额利润，体现市场条件下公平竞争的有效手段。

5.1.1.1　资源税的概念

资源税是对在我国境内开采应税矿产品和生产盐的单位和个人，就其应税销售额或销售数量征收的一种税。

5.1.1.2　资源税的历史沿革

1984 年，为了逐步建立和健全我国的资源税体系，我国开始征收资源税。鉴于当时的一些客观原因，资源税税目只有煤炭、石油和天然气三种，后来又扩大到对铁矿石征税。

1993 年 12 月 25 日，国务院重新修订颁布了《中华人民共和国资源税暂行条例》，财政部同年还发布了资源税实施细则，自 1994 年 1 月 1 日起执行。2011 年 9 月 30 日，国务院公布了《国务院关于修改〈中华人民共和国资源税暂行条例〉的决定》，2011 年 10 月 28 日，财政部公布了修改后的《中华人民共和国资源税暂行条例实施细则》，两个文件都于 2011 年 11 月 1 日起施行。修订后的"条例"扩大了资源税的征收范围。

2016 年 5 月 10 日，财政部、国家税务总局联合对外发文《关于全面推进资源税改革的通知》（以下简称《通知》），《通知》宣布，自 2016 年 7 月 1 日起，我国全面推进资源税改革，根据《通知》要求，我国将开展水资源税改革试点工作，并率先在河北试点，采取水资源费改税方式，将地表水和地下水纳入征税范围，实行从量定额计征，对高耗水行业、超计划用水以及在地下水超采地区取用地下水，适当提高税额标准，正常生产生活用水维持原有负担水平不变。在总结试点经验基础上，财政部、国家税务总局将选择其他地区逐步扩大试点范围，条件成熟后在全国推开。

　2018 年 12 月 23 日，资源税法草案首次提请十三届全国人大常委会第七次会议审议，这意味着资源税暂行条例将上升为法律。2019 年 8 月 26 日第十三届全国人民代表大会常务委员会第十二次会议通过了《中华人民共和国资源税法》，并于 2020 年 9 月 1 日开始施行，同时原来的《资源税暂行条例》废止。

5.1.1.3　资源税的特点

（1）征税范围较窄。自然资源是生产资料或生活资料的天然来源，它包括的范围很广，如矿产资源、土地资源、水资源、动植物资源等。目前我国资源税的征税范围较窄，仅选择了部分级差收入差异较大、资源较为普遍、易于征收管理的矿产品和盐列为征税范围。

（2）实行差别征收。我国现行资源税实行从量定额征收，一方面，税收收入不受产品价格、成本和利润变化的影响，能够稳定财政收入；另一方面，有利于促进资源开采企业降低成本，提高经济效率。同时，资源税按照"资源条件好、收入多的多征，资源条件差、收入少的少征"的原则，根据矿产资源等级分别确定不同的税额，以有效地调节资源级差收入。

（3）实行源泉课征。无论采掘或生产单位是否属于独立核算，资源税均规定在采掘或生产地源泉控制征收，该规定既照顾了采掘地的利益，又避免了税款的流失。

专栏 5 - 1

资源税法通过：与改革同步　与未来同路

2019 年 8 月 26 日，第十三届全国人大常委会第十二次会议表决通过了《中华人民共和国资源税法》，自 2020 年 9 月 1 日起施行。资源税法的实施给税收征管服务带来了以下三个新的变化：

一是资源税法简并了征收期限。新税法规定由纳税人选择按月或按季申报缴纳，并将申报期限由 10 日内改为 15 日内，与其他税种保持一致，这将明显降低纳税人的申报频次，切实减轻办税负担。

二是规范了税目税率，有利于简化纳税申报。新税法以正列举的方式统一规范了税目，分类确定了税率，为简化纳税申报提供了制度基础。

三是强化了部门协同，有利于维护纳税人权益。新税法明确规定，税务机关与自然资源等相关部门应当建立工作配合机制。良好的部门协作，有利于减少征纳争议，维护纳税人合法权益。

资料来源：［解读］资源税法通过：与改革同步　与未来同路［EB/OL］. (2019 - 8 - 26) ［2020 - 10 - 21］. http：//www. npc. gov. cn/npc/c30834/201908/0317b2c a99734905a0f32fe25433e9b7. shtml

5.1.2 纳税人、税目和税率

5.1.2.1 **纳税人**

在中华人民共和国领域和中华人民共和国管辖的其他海域开发应税资源的单位和个人，为资源税的纳税人[1]。

5.1.2.2 **税目**

资源税的税目包括能源矿产、金属矿产、非金属矿产、水气矿产和盐五大类，在 5 个税目下面又设有若干子目。目前所列的税目有 164 个，涵盖了所有已经发现的矿种和盐，如表 5 - 1 所示。

表 5 - 1　　　　　　　　　　　　资源税税目、税率表

税目			征税对象	税率
能源矿产	原油		原矿	6%
	天然气、页岩气、天然气水合物		原矿	6%
	煤		原矿或者选矿	2%～10%
	煤成（层）气		原矿	1%～2%
	铀、钍		原矿	4%
	油页岩、油砂、天然沥青、石煤		原矿或者选矿	1%～4%
	地热		原矿	1%～20% 或每平方米 1～30 元
金属矿产	黑色金属	铁、锰、铬、钒、钛	原矿或者选矿	1%～9%
	有色金属	铜、铅、锌、锡、镍、锑、镁、钴、铋、汞	原矿或者选矿	2%～10%
		铝土矿	原矿或者选矿	2%～9%
		钨	选矿	6.5%
		钼	选矿	8%
		金、银	原矿或者选矿	2%～6%
		铂、钯、钌、锇、铱、铑	原矿或者选矿	5%～10%
		轻稀土	选矿	7%～12%
		中重稀土	选矿	20%
		铍、锂、锆、锶、铷、铯、铌、钽、锗、镓、铟、铊、铪、铼、镉、硒、碲	原矿或者选矿	2%～10%

---

[1]　参见《中华人民共和国资源税税法》第一条。

续表

税目			征税对象	税率
非金属矿产	矿物类	高岭土	原矿或者选矿	1%~6%
		石灰岩	原矿或者选矿	1%~6%或者每吨（或者每立方米）1~10元
		磷	原矿或者选矿	3%~8%
		石墨	原矿或者选矿	3%~12%
		萤石、硫铁矿、自然硫	原矿或者选矿	1%~8%
		天然石英砂、脉石英、粉石英、水晶、工业用金刚石、冰洲石、蓝晶石、硅线石（砂线石）、长石、滑石、刚玉、菱镁矿、颜料矿物、天然碱、芒硝、钠硝石、明矾石、砷、硼、碘、溴、膨润土、硅藻土、陶瓷土、耐火黏土、铁矾土、凹凸棒石黏土、海泡石黏土、伊利石黏土、累托石黏土	原矿或者选矿	1%~12%
		叶蜡石、硅灰石、透辉石、珍珠岩、云母、沸石、重晶石、毒重石、方解石、蛭石、透闪石、工业用电气石、白垩、石棉、蓝石棉、红柱石、石榴子石、石膏	原矿或者选矿	2%~12%
		其他黏土（铸型用黏土、砖瓦用黏土、陶粒用黏土、水泥配料用红土、水泥配料用黄土、水泥配料用泥岩、保温材料用黏土）	原矿或者选矿	1%~5%或者每吨（或者每立方米）0.1~5元
	岩石类	大理岩、花岗岩、白云岩、石英岩、砂岩、辉绿岩、安山岩、闪长岩、板岩、玄武岩、片麻岩、角闪岩、页岩、浮石、凝灰岩、黑曜岩、霞石正长岩、蛇纹岩、麦饭石、泥灰岩、含钾岩石、含钾砂页岩、天然油石、橄榄岩、松脂岩、粗面岩、辉石岩、正长岩、火山灰、火山渣、泥炭	原矿或者选矿	1%~10%
		砂石	原矿或者选矿	1%~5%或者每吨（或者每立方米）0.1~5元
	宝玉石类	宝石、玉石、宝石级金刚石、玛瑙、黄玉、碧玺	原矿或者选矿	4%~20%
水气矿产		二氧化碳气、硫化氢气、氦气、氡气	原矿	2%~5%
		矿泉水	原矿	1%~20%或者每立方米1~30元
盐		钠盐、钾盐、镁盐、锂盐	选矿	3%~15%
		天然卤水	原矿	3%~15%或者每吨（或者每立方米）1~10元
		海盐		2%~5%

5.1.2.3 税率

（1）资源税税率的基本规定：资源税的税率有比例税率和定额税率两种。具体而言，其按不同的资源品目分别实行固定税率和幅度税率。其中，部分应税资源的税率形式适用幅度比例税率或幅度定额税率，如表5-2所示。

表5-2　　　　　　　　资源税税率的基本规定

税率规定		应税资源举例	备注
固定税率	固定比例税率	原油、天然气、钨、钼、中重稀土	—
幅度税率	幅度比例税率	黑色金属类矿产、金、银、宝玉石类非金属矿产	具体的适用税率由省级人民政府提出，同级人大常委会决定，并报全国人民代表大会常务委员会和国务院备案
	幅度比例或幅度定额税率	地热、石灰岩、其他黏土、砂石、矿泉水、天然卤水	

（2）资源税税率的其他规定：从高适用税率的两类情况，如表5-3所示。

表5-3　　　　　　　　从高适用税率的两类情况

纳税人行为	按适用税率纳税的要求	从高适用税率的情况
开采或者生产不同税目应税产品	应当分别核算不同税目应税产品的销售额或者销售数量	未分别核算或者不能准确提供不同税目应税产品的销售额或者销售数量的
开采或者生产同一税目下适用不同税率应税产品	应当分别核算不同税率应税产品的销售额或者销售数量	未分别核算或者不能准确提供不同税率应税产品的销售额或者销售数量的

5.1.3　计税依据和应纳税额的计算

5.1.3.1 计税依据

资源税的计税依据为应税产品的销售额或销售数量。

（1）从价定率征收的计税依据—销售额。实行从价定率征收资源税的销售额，包括纳税人销售应税产品向购买方收取的全部价款，不包括增值税税额和符合条件的运杂费用。

纳税人申报的应税产品销售额明显偏低且无正当理由的，或者有自用应税产品行为而无销售额的，主管税务机关可以按下列方法和顺序确定其应税产品销售额：

①按纳税人最近时期同类产品的平均销售价格确定；

②按其他纳税人最近时期同类产品的平均销售价格确定；

③按后续加工非应税产品销售价格，减去后续加工环节的成本利润后确定；

④按应税产品组成计税价格确定：

$$组成计税价格=成本×（1+成本利润率）÷（1-资源税税率）$$

（2）从量定额征收的计税依据——销售数量。从量定额征收的计税依据为应税产品的销售数量，包括纳税人开采或者生产应税产品的实际销售数量和自用于应当缴纳资源税情形的应税产品数量。

5.1.3.2　应纳税额的计算

资源税应纳税额的计算按照从价计征或者从量计征的办法。实行从价计征的，应纳税额按照应税资源产品的销售额乘以具体适用税率计算。实行从量计征的，应纳税额按照应税产品的销售数量乘以具体适用的单位税额计算。

（1）从价定率应纳税额的计算，公式如下：

$$应纳税额=计税销售额×适用税率$$

（2）从量定额应纳税额的计算，公式如下：

$$应纳税额=课税数量×适用的单位税额$$

【例5-1】某砂石厂2020年12月开采砂石5 000立方米，对外销售4 000立方米，当地砂石资源税税率为3元/立方米，则该厂当月应纳资源税多少万元？

【解析】

资源税的课税数量是销售量而不是开采量，该厂应纳资源税=4 000×3÷10 000=1.2（万元）。

5.1.4　税收优惠

资源税税收优惠可以分为以下三个层次：（1）资源税法明确的法定减免，见表5-4；（2）国务院规定的政策减免；（3）省、自治区、直辖市规定的特殊减免。

5.1.4.1　资源税法明确的法定减免

表5-4　　　　　　　　　　　资源税法明确的法定减免

免征资源税	（1）开采原油及在油田范围内运输原油过程中用于加热的原油、天然气； （2）煤炭开采企业因安全生产需要抽采的煤成（层）气

续表

减征 资源税	(1) 从低丰度油气田开采的原油、天然气，减征 20% 资源税； (2) 高含硫天然气、三次采油和从深水油气田开采的原油、天然气，减征 30% 资源税； (3) 稠油、高凝油减征 40% 资源税； (4) 从衰竭期矿山开采的矿产品，减征 30% 资源税

5.1.4.2 国务院规定的政策减免

根据国民经济和社会发展需要，国务院对有利于促进资源节约集约利用、保护环境等情形可以规定免征或者减征资源税，报全国人民代表大会常务委员会备案。

5.1.4.3 省、自治区、直辖市规定的特殊减免

有下列情形之一的，省、自治区、直辖市可以决定免征或者减征资源税：①纳税人开采或者生产应税产品过程中，因意外事故或者自然灾害等原因遭受重大损失；②纳税人开采共伴生矿、低品位矿、尾矿。前款规定的免征或者减征资源税的具体办法，由省、自治区、直辖市人民政府提出，报同级人民代表大会常务委员会决定，并报全国人民代表大会常务委员会和国务院备案。

5.1.5 征收管理

资源税由税务机关依照《中华人民共和国资源税法》和《中华人民共和国税收征收管理法》的规定征收管理，如表 5-5 所示。

表 5-5 资源税征收管理的具体规定

征收管理	具体规定
征管机构	①纳税人应当向应税产品开采地或者生产地的税务机关申报缴纳资源税； ②海上开采的原油和天然气资源税由海洋石油税务管理机构征收管理
纳税义务 发生时间	①纳税人销售应税产品，纳税义务发生时间为收讫销售款或者取得索取销售款凭据的当日； ②纳税人自用应税产品，纳税义务发生时间为移送应税产品的当日
纳税期限	①资源税按月或者按季申报缴纳； ②不能按固定期限计算缴纳的，可以按次申报缴纳，纳税人按月或者按季申报缴纳的，应当自月度或者季度终了之日起 15 日内，向税务机关办理纳税申报并缴纳税款； ③按次申报缴纳的，应当自纳税义务发生之日起 15 日内，向税务机关办理纳税申报并缴纳税款
纳税地点	纳税人应当在矿产品的开采地或者海盐的生产地缴纳资源税

专栏 5 - 2

水资源税改革试点实施办法

为全面贯彻落实党的十九大精神，推进资源全面节约和循环利用，推动形成绿色发展方式和生活方式，财政部、国家税务总局、水利部于 2017 年 11 月 24 日发布了《扩大水资源税改革试点实施办法》（以下简称《试点实施办法》），自 2017 年 12 月 1 日起，北京、天津、山西、内蒙古、河南、山东、四川、陕西、宁夏 9 个省份纳入水资源税改革试点，由征收水资源费改为征收水资源税。具体规定如下：

（1）纳税人：除规定情形外，水资源税的纳税人为直接取用地表水、地下水的单位和个人，包括直接从江、河、湖泊（含水库）和地下取用水资源的单位和个人。

（2）征税范围：包括地表水和地下水。地表水是陆地表面上动态水和静态水的总称，包括江、河、湖泊（含水库）等水资源。

（3）税率：除中央直属和跨省（区、市）水力发电取用水外，由试点省份省（区、市）人民政府统筹考虑本地区水资源状况、经济社会发展水平和水资源节约保护要求，在《试点实施办法》所附《试点省份水资源税最低平均税额表》规定的最低平均税额基础上，分类确定具体适用税额。为发挥水资源税调控作用，按不同取用水性质实行差别税额：①地下水税额要高于地表水；②超采区地下水税额要高于非超采区，严重超采地区的地下水税额要大幅高于非超采地区；③对超计划或超定额用水加征 1~3 倍，对特种行业从高征税，对超过规定限额的农业生产取用水、农村生活集中式饮水工程取用水从低征税。

（4）计税依据和应纳税额的计算：

水资源税实行从量计征。对一般取用水按照实际取用水量征税，对采矿和工程建设疏干排水按照排水量征税；对水力发电和火力发电贯流式（不含循环式）冷却取用水按照实际发电量征税，如表 5 -6 所示。

表 5 -6　　　　　　　　水资源税的计税依据、计算公式

取水用途	计税依据	计算公式
一般取用水	实际取用水量	应纳税额 = 实际取用水量 × 适用税额
疏干排水	实际取用水量（按照排水量确定）	
水力发电和火力发电贯流式（不含循环式）冷却取用水	实际发电量	应纳税额 = 实际发电量 × 适用税额

（5）税收优惠：下列情形，予以免征或者减征水资源税。①规定限额内的农业生

产取用水，免征水资源税；②取用污水处理再生水，免征水资源税；③除接入城镇公共供水管网以外，军队、武警部队通过其他方式取用水的，免征水资源税；④抽水蓄能发电取用水，免征水资源税；⑤采油排水经分离净化后在封闭管道回注的，免征水资源税；⑥财政部、国家税务总局规定的其他免征或者减征水资源税情形。

资料来源：财政部 税务总局 水利部关于印发《扩大水资源税改革试点实施办法》的通知［EB/OL］.（2017－11－24）［2021－1－20］. http：//www. chinatax. gov. cn/chinatax/n810341/n810765/n2511651/201710/c3289405/content. html.

5.2 城镇土地使用税

5.2.1 城镇土地使用税概述

城镇土地使用税（urban land use tax）是一种针对国有土地资源课税的资源税，采用地区差别税率，可以在一定程度上调节土地级差收入，同时，城镇土地使用税还兼有一定的行为与目的税的特征，可以促进土地的合理使用，调节土地级差收入，也有利于筹集地方财政资金。

5.2.1.1 城镇土地使用税的概念

城镇土地使用税是指国家在城市、县城、建制镇、工矿区范围内，对使用土地的单位和个人，以其实际占用的土地面积为计税依据，按照规定的税额计算征收的一种税[①]。

5.2.1.2 城镇土地使用税的历史沿革

1988 年 9 月 27 日，国务院发布了《城镇土地使用税暂行条例》，在全国范围内开征城镇土地使用税，依土地所在地的市政状况及繁荣程度制定差别定额税率，并按照使用土地的面积征税。2006 年 12 月，国务院公布了修订后的《中华人民共和国城镇土地使用税暂行条例》，从 2007 年 1 月 1 日起施行。修订后的条例将纳税人范围扩大到外商投资企业和外国企业，并调整税额标准。2011 年 1 月 8 日根据《国务院关于废止和修改部分行政法规的决定》再次修

---

① 参见《中华人民共和国城镇土地使用税暂行条例》第一条。

订，2013 年 12 月 7 日根据《国务院关于修改部分行政法规的决定》第三次修订。截至 2021 年 7 月，城镇土地使用税的立法尚未进入征求意见程序。

5.2.1.3　城镇土地使用税的特点

（1）城镇土地使用税兼具资源税和行为与目的税的特点。除具有资源税的基本特征，可以调节土地级差收入外，城镇土地使用税还是一种对占用或使用城镇土地的行为课征的税种。

（2）征税对象是国有土地。我国现行的城镇土地使用税仅在城市、县城、建制镇、工矿区范围内的土地征税，即是法律意义上的"国有土地"，在通俗意义上即"城镇土地"。

（3）采用地区差别定额税率。城镇土地使用税采用地区差别定额税率，根据城市规模、市政建设状况和经济繁荣程度确定税率。

5.2.2　纳税人、征税范围和税率

5.2.2.1　纳税人

在城市、县城、建制镇、工矿区范围内使用土地的单位和个人。所称单位，包括国有企业、集体企业、私营企业、股份制企业、外商投资企业、外国企业以及其他企业和事业单位、社会团体、国家机关、军队以及其他单位；所称个人，包括个体工商户以及其他个人。具体的情况如下：

（1）拥有土地使用权的单位和个人为纳税义务人。

（2）拥有土地使用权的单位和个人不在土地所在地的，其土地的实际使用人或代管人为纳税义务人。

（3）土地使用权未确定或权属纠纷未解决的，其实际使用人为纳税义务人。

（4）土地使用权共有的，共有各方都是纳税义务人，由共有各方分别纳税。分别纳税的纳税额的确定是按照共有单位的占用面积的比例划分。例如，一块土地的使用权被两个单位共有，甲占用面积的 40%，乙占用面积的 60%，计算出应纳税额为 10 万元，甲、乙分别按 4 万元、6 万元负担城镇土地使用税。

（5）在城镇土地使用税征税范围内，承租集体所有建设用地的，由直接从集体经济组织承租土地的单位和个人缴纳城镇土地使用税。

5.2.2.2　征税范围

城镇土地使用税的征税范围包括在城市、县城、建制镇和工矿区内的国家

所有和集体所有的土地。对建立在城市、县城、建制镇和工矿区以外的工矿企业则不需要缴纳城镇土地使用税。

5.2.2.3　税率

城镇土地使用税实行地区差别定额税率。按照大、中、小城市①和县城、建制镇、工矿区分别规定每平方米的年应纳税额，税率如下：

（1）大城市 1.5 元至 30 元。

（2）中等城市 1.1 元至 24 元。

（3）小城市 0.9 元至 18 元。

（4）县城、建制镇、工矿区 0.6 元至 12 元。

省、自治区、直辖市人民政府，应当在以上规定的税额幅度内，根据市政建设状况、经济繁荣程度等条件，确定所辖地区的适用税额幅度。市、县人民政府应当根据实际情况，将本地区土地划分为若干等级，在省、自治区、直辖市人民政府确定的税额幅度内，制定相应的适用税额标准，报省、自治区、直辖市人民政府批准执行。

经省、自治区、直辖市人民政府批准，经济落后地区土地使用税的适用税额标准可以适当降低，但降低额不得超过以上规定最低税额的 30%。经济发达地区土地使用税的适用税额标准可以适当提高，但须报经财政部批准。

专栏 5 – 3

城镇土地使用税的征税对象是什么？

1. 国有土地和集体所有土地

新中国成立后，我国废除了土地私有制，经过社会主义改造和农业合作化，建立了两种所有制形式并存的社会主义土地公有制——国家所有和集体所有。我国《土地管理法》第 9 条规定：“城市市区的土地属于国家所有。农村和城市郊区的土地，除法律规定属于国家所有的以外，属于集体所有。”我国土地所有权由此分为两种：国家土地所有权及集体土地所有权。在我国，个人、企业和单位都不能成为土地所有权的主体。无论是在土地一级交易市场还是土地二级交易市场，被交易的对象都是土地的使用权。城镇土地使用税的征税对象就是划分为国有土地的部分。

---

　　① 大、中、小城市的划分标准由国务院颁布的《城市规划条例》规定。

2. 征税范围中城市、县城、建制镇和工矿区的确认标准

根据《关于土地使用税若干具体问题的解释和暂行规定》国税地字〔1988〕第 15 号的相关规定征税范围中城市、县城、建制镇和工矿区的确认标准如下:

(1) 城市是指经国务院批准设立的市。

(2) 县城是指县人民政府所在地。

(3) 建制镇是指经省、自治区、直辖市人民政府批准设立的建制镇。

(4) 工矿区是指工商业比较发达,人口比较集中,符合国务院规定的建制镇标准,但尚未设立建制镇的大中型工矿企业所在地,工矿区须经省、自治区、直辖市人民政府批准。

资料来源:国家税务总局关于印发《关于土地使用税若干具体问题的解释和暂行规定》的通知〔EB/OL〕.〔2020-7-7〕. http://www.chinatax.gov.cn/chinatax/n368/c1368/content.html.

5.2.3 计税依据和应纳税额的计算

5.2.3.1 计税依据

城镇土地使用税以纳税人实际占用的土地(以下简称"应税土地")面积为计税依据。

(1) 由省、自治区、直辖市人民政府确定的单位组织测量土地面积的,以测量的面积为准。

(2) 尚未组织测量,但纳税人持有政府部门核发的土地使用证书的,以证书确认的土地面积为准。

(3) 尚未核发土地使用证书的,应由纳税人申报土地面积,据以纳税,等到核发土地使用证书以后再做调整。尽管税务机关按照规定以纳税人实际占用的土地面积为计税依据,向纳税人征收城镇土地使用税,但是税务机关不能核定纳税人实际占用的土地面积。

(4) 对在城镇土地使用税征税范围内单独建造的地下建筑用地,按规定征收城镇土地使用税。其中,已取得地下土地使用权证的,按土地使用权证确认的土地面积计算应征税款;未取得地下土地使用权证或地下土地使用权证上未标明土地面积的,按地下建筑垂直投影面积计算应征税款。对上述地下建筑用地暂按应征税款的 50% 征收城镇土地使用税。

5.2.3.2 应纳税额的计算

应纳税额＝应税土地面积×适用税额

5.2.4　税收优惠

城镇土地使用税的税收优惠分为法定免征城镇土地使用税的优惠和省、自治区、直辖市税务局确定减免城镇土地使用税的优惠。

5.2.4.1　法定免征城镇土地使用税

（1）国家机关、人民团体、军队自用的土地。

（2）由国家财政部门拨付事业经费的单位自用的土地。

（3）宗教寺庙、公园、名胜古迹自用的土地。

（4）市政街道、广场、绿化地带等公共用地。

（5）直接用于农、林、牧、渔业的生产用地。

（6）经批准开山填海整治的土地和改造的废弃土地，从使用的月份起免征城镇土地使用税5年至10年。

（7）对非营利性医疗机构、疾病控制机构和妇幼保健机构等卫生机构和非营利性科研机构自用的土地，免征城镇土地使用税。

（8）对国家拨付事业经费和企业办的各类学校、托儿所、幼儿园自用的房产、土地，免征城镇土地使用税。

（9）免税单位无偿使用纳税单位的土地（如公安、海关等单位使用铁路、民航等单位的土地），免征城镇土地使用税。纳税单位无偿使用免税单位的土地，纳税单位应照章缴纳城镇土地使用税。纳税单位与免税单位共同使用、共有使用权的土地上的多层建筑，对纳税单位可按其占用的建筑面积占建筑总面积的比例计征城镇土地使用税。例如一共是15层的大厦，一单位租用5层，一单位租用10层，则并不是只占有一层的单位交税。

（10）对行使国家行政管理职能的中国人民银行总行（含国家外汇管理局）所属分支机构自用的土地，免征城镇土地使用税。

（11）自2019年1月1日至2021年12月31日，对农产品批发市场、农贸市场（包括自有和承租，下同）专门用于经营农产品的房产、土地，暂免征收房产税和城镇土地使用税。对同时经营其他产品的农产品批发市场和农贸市场使用的房产、土地，按其他产品与农产品交易场地面积的比例确定征免房产税和城镇土地使用税。

（12）截至2022年12月31日，对物流企业自有的（包括自用和出租）大宗商品仓储设施用地和物流企业承租用于大宗商品仓储设施的土地，减按所属土地等级适用税额标准的50%计征城镇土地使用税。但生活和办公区以及其他非直接用于大宗商品仓储的土地不适用该优惠政策。

274

（13）在商品住房等开发项目中配套建造安置住房的，依据政府部门出具的相关材料、房屋征收（拆迁）补偿协议或棚户区改造合同（协议），按改造安置住房建筑面积占总建筑面积的比例免征城镇土地使用税。

以上优惠中举行宗教仪式用地和宗教人员生活用地免税，供公共参观游览用地和管理单位的办公用地免税，但附设的影剧院、茶社、饮食部、照相馆等经营用地不免税。直接用于种植、养殖、饲养的专业用地免税，但农副产品加工场地和生活办公用地不免税。

5.2.4.2　省、自治区、直辖市税务局确定减免城镇土地使用税的优惠

（1）个人所有的居住房屋及院落用地。
（2）房产管理部门在房租调整改革前经租的居民住房用地。
（3）免税单位职工家属的宿舍用地。
（4）集体和个人办的各类学校、医院、托儿所和幼儿园用地。

【例5－2】某企业2019年度拥有位于市郊的一宗地块，其地上面积为10 000平方米，单独建造的地下建筑占地面积为4 000平方米（已取得地下土地使用权证）。该市规定的城镇土地使用税税率为2元/平方米。计算该企业2019年度就此地块应缴纳的城镇土地使用税。

【解析】
该企业2019年度就此地块应缴纳的城镇土地使用税 = 10 000 × 2 + 4 000 × 2 × 50% = 24 000（元）

5.2.5　征收管理

5.2.5.1　纳税期限

城镇土地使用税按年计算，分期缴纳。缴纳期限由省、自治区、直辖市人民政府确定。

5.2.5.2　纳税义务发生时间

城镇土地使用税的纳税义务发生时间如表5－7所示。

表5－7　　　　　　城镇土地使用税的纳税义务发生时间

具体情形	纳税义务发生时间
购置新建商品房	房屋交付使用之次月起

续表

具体情形	纳税义务发生时间
购置存量房	办理房屋权属转移、变更登记手续，房地产权属登记机关签发房屋权属证书之次月起
出租、出借房产	交付出租、出借房产之次月起
以出让或转让方式有偿取得土地使用权的	应由受让方从合同约定交付土地时间之次月起缴纳城镇土地使用税；合同未约定交付土地时间的，由受让方从合同签订之次月起缴纳城镇土地使用税
新征用的耕地	批准征用之日起满一年时
新征用的非耕地	批准征用次月起
纳税人因土地的权利状态发生变化而依法终止城镇土地使用税纳税义务的	其应纳税款的计算应截止到土地的权利状态发生变化的当月末（与房产税相同）

5.2.5.3 纳税地点

城镇土地使用税的属地性强，城镇土地使用税的纳税地点为土地所在地，由土地所在地的税务机关负责征收。

5.3 耕地占用税

5.3.1 耕地占用税概述

耕地占用税（farmland occupation tax）是国家为了合理利用土地资源，加强土地管理，保护耕地，我国采用定额税率，并将税率标准与人均占有耕地的数量和经济发展程度联系起来征收的一种对特定土地资源占用课税的资源税，其税收收入按规定用于建立发展农业专项基金，主要用于开展宜耕土地开发和改良现有耕地之用。

5.3.1.1 耕地占用税的概念

耕地占用税是在全国范围内，对占用耕地建设建筑物、构筑物或者从事非农业建设的单位和个人，按照实际占用的耕地面积和规定税率一次性征收的税种。[1]

---

[1] 参见《中华人民共和国耕地占用税法》第一条。

5.3.1.2 耕地占用税的历史沿革

1987年4月1日国务院发布《耕地占用税暂行条例》，以保护耕地、促进合理利用土地资源。随着经济环境不断变化，《耕地占用税暂行条例》已经相对不适应经济调节需要，其保护耕地，合理配置耕地资源的作用逐渐减弱，财政部、税务总局拟订了《中华人民共和国耕地占用税暂行条例（修订草案）》报国务院审批，于2007年12月1日，国务院公布了修订后的《中华人民共和国耕地占用税暂行条例》（以下简称《条例》），自2008年1月1日起施行。此次《条例》修改主要有以下四个方面：一是提高了税额标准。同时，为重点保护基本农田，该《条例》规定，占用基本农田的，适用税额还应当在上述适用税额的基础上再提高50%。二是统一内、外资企业耕地占用税的纳税规定。三是从严规定了减免税项目。四是加强了征收管理，明确了耕地占用税的征收管理适用《税收征管法》。直到2018年，随着我国全面依法治国的进程的推进，《中华人民共和国耕地占用税暂行条例》的相关规定基本平移，2018年12月29日第十三届全国人民代表大会常务委员会第七次会议通过《中华人民共和国耕地占用税法》，自2019年9月1日起施行。

5.3.1.3 耕地占用税的特点

（1）具有资源税与行为与目的税的特质。耕地占用税的征税对象和征税环节可以一定程度上约束纳税人占用耕地的行为、促进土地资源的合理运用。

（2）采用地区差别税率。我国地域辽阔、各地区之间耕地数量和质量差别较大、人口数量差别同样较大，人均占有耕地面积相差悬殊，因此，耕地占用税采用地区差别税率，即根据不同地区的具体情况，分别制定差别税率。

（3）在占用耕地环节一次性课征。耕地占用税在纳税人获准占用耕地的环节征收。除对获准占用耕地后超过两年未使用者须加征耕地占用税外，此后不再征收耕地占用税。

（4）税收收入专收专用。耕地占用税专用于耕地开发与改良，具有"取之于地、用之于地"的补偿性特点。

5.3.2 纳税人、征税范围和税率

5.3.2.1 纳税人

在境内占用耕地建设建筑物、构筑物或者从事非农业建设的单位和个人，为耕地占用税的纳税人。

5.3.2.2 征税范围

耕地占用税的征税范围包括纳税人占用耕地建设建筑物、构筑物或者从事非农业建设的国家所有和集体所有的耕地。

（1）耕地的范围。

①耕地：用于种植农作物的土地。

②农用地：包括园地、林地、草地、农田水利用地、养殖水面、渔业水域滩涂以及其他农用地。

（2）耕地的占用。

①占用耕地建设建筑物、构筑物或者从事非农业建设。

②因挖损、采矿塌陷、压占、污染等损毁耕地属于税法所称的非农业建设，应依照税法规定缴纳耕地占用税。

5.3.2.3 税率

耕地占用税实行四级地区差别幅度定额税率，人均耕地面积越少的地区，单位税额越高（见表5-8）。

表5-8　　　　　各省、自治区、直辖市耕地占用税税率　　　　单位：元/平方米

地区（县、自治县、不设区的市、市辖区）人均耕地指标	税率
人均耕地≤1亩	10～50
1亩＜人均耕地≤2亩	8～40
2亩＜人均耕地≤3亩	6～30
人均耕地＞3亩	5～25

各地区耕地占用税的适用税额，由省、自治区、直辖市人民政府根据人均耕地面积和经济发展等情况，在规定的税额幅度内提出，报同级人民代表大会常务委员会决定，并报全国人民代表大会常务委员会和国务院备案。

专栏5-4

耕地占用税的特殊规定

（1）地方政府耕地占用税的税额确定范围。各地区耕地占用税的适用税额，由省、自治区、直辖市人民政府根据人均耕地面积和经济发展等情况，在规定的税额幅度内提出，但是各省、自治区、直辖市耕地占用税适用税额的平均水平，不得低于《耕地

占用税法》所附《各省、自治区、直辖市耕地占用税平均税额表》规定的平均税额(见表5－9)。

表5－9　　　　　　各省、自治区、直辖市耕地占用税平均税额　　　　单位：元

地区	每平方米平均税额
上海	45
北京	40
天津	35
江苏、浙江、福建、广东	30
辽宁、湖北、湖南	25
河北、安徽、江西、山东、河南、重庆、四川	22.5
广西、海南、贵州、云南、陕西	20
山西、吉林、黑龙江	17.5
内蒙古、西藏、甘肃、青海、宁夏、新疆	12.5

(2) 特殊的征税对象和处理。耕地占用税的主要课税对象是用于非农业用途的耕地，非农业用途在《耕地占用税法》中做出了明确规定，且其课征的主要目的是合理利用土地资源保护耕地，我国税法规定以下特殊情况的耕地占用的单独规定：占用耕地建设农田水利设施的，不缴纳耕地占用税。占用农用地建设直接为农业生产服务的生产设施的，不缴纳耕地占用税。临时占用耕地，应当依照规定缴纳耕地占用税。纳税人在批准临时占用耕地的期限内恢复所占用耕地原状的，全额退还已经缴纳的耕地占用税。

(3) 耕地占用税适用税额加征、提高的规定。耕地占用税具有因地制宜的特征，也具有一定的约束纳税人占用耕地行为的作用，那么根据实际情况，出于对基本农田的保护和人均耕地低于0.5亩的地区的资源调节，税法对于这两类特殊的征税对象有加征适用税额、提高适用税额的规定(见表5－10)。

表5－10　　　　　　耕地占用税适用税额的加征、提高规定

占用耕地的种类		适用税额的加征、提高
耕地	基本农田	占用《基本农田保护条例》划定的基本农田保护区范围内的耕地，按照适用税额加按150%征收
	基本农田以外的耕地	在人均耕地低于0.5亩的地区，省、自治区、直辖市可以根据当地经济发展情况，适当提高耕地占用税的适用税额，但提高的部分不得超过税法规定适用税额的50%
农用地		

资料来源：中华人民共和国耕地占用税法［EB/OL］. (2018－12－29)［2020－7－8］. http：//www. chinatax. gov. cn/chinatax/n810341/n810755/c3987131/content. html.

5.3.3 计税依据和应纳税额的计算

5.3.3.1 计税依据

耕地占用税以纳税人实际占用的属于耕地占用税征税范围的土地（简称"应税土地"）面积为计税依据。

5.3.3.2 应纳税额的计算

$$应纳税额 = 应税土地面积 \times 适用税额$$

5.3.4 税收优惠

5.3.4.1 免征耕地占用税

（1）军事设施占用耕地。

（2）学校、幼儿园、社会福利机构、医疗机构占用耕地。

（3）农村烈士遗属、因公牺牲军人遗属、残疾军人以及符合农村最低生活保障条件的农村居民，在规定用地标准以内新建自用住宅，免征耕地占用税。

5.3.4.2 减征耕地占用税

（1）铁路线路、公路线路、飞机场跑道、停机坪、港口、航道、水利工程占用耕地，减按每平方米 2 元的税额征收耕地占用税。

（2）农村居民在规定用地标准以内占用耕地新建自用住宅，按照当地适用税额减半征收耕地占用税；其中农村居民经批准搬迁，新建自用住宅占用耕地不超过原宅基地面积的部分，免征耕地占用税。

（3）依照规定，免征或者减征耕地占用税后，纳税人改变原占地用途，不再属于免征或者减征耕地占用税情形的，应当自改变用途之日起 30 日内按照当地适用税额补缴耕地占用税。

【例5-3】因土地规模化耕种需要，农村居民李某经批准搬迁，搬迁前住宅占用耕地 220 平方米，搬迁后新建自用住宅占用耕地 260 平方米，当地耕地占用税税额每平方米 10 元，请计算李某应缴纳耕地占用税。

【解析】

李某应缴纳耕地占用税 = （260 - 220）× 10 × 50% = 200（元）。农村居民在规定用地标准以内占用耕地新建自用住宅，按照当地适用税额减半征收耕地占用税；其中农村居民经批准搬迁，新建自用住宅占用耕地不超过原宅基地面积的部分，免征耕地占用税。

5.3.5　征收管理

5.3.5.1　耕地占用税由地方税务机关负责征收

土地管理部门在通知单位或者个人办理占用耕地手续时，应当同时通知耕地所在地同级税务机关。耕地占用税的主管税务机关是耕地所在地的主管税务机关。

5.3.5.2　纳税义务发生时间

耕地占用税的纳税义务发生时间为纳税人收到自然资源主管部门办理占用耕地手续的书面通知的当日。纳税人应当自纳税义务发生之日起30日内申报缴纳耕地占用税。

未经批准占用耕地的，耕地占用税纳税义务发生时间为自然资源主管部门认定的纳税人实际占用耕地的当日。

因挖损、采矿塌陷、压占、污染等损毁耕地的纳税义务发生时间为自然资源、农业农村等相关部门认定损毁耕地的当日。

纳税人因建设项目施工或者地质勘查临时占用耕地，应当依照规定缴纳耕地占用税。纳税人在批准临时占用耕地期满之日起一年内依法复垦，恢复种植条件的，全额退还已经缴纳的耕地占用税。

纳税人改变原占地用途，需要补缴耕地占用税的，其纳税义务发生时间为改变用途当日，具体为：经批准改变用途的，纳税义务发生时间为纳税人收到批准文件的当日；未经批准改变用途的，纳税义务发生时间为自然资源主管部门认定纳税人改变原占地用途的当日。

5.4　土地增值税

5.4.1　土地增值税概述

土地增值税（land appreciation tax）是各国普遍征收的一种财产税，就其课税对象而言，它属于财产增值税；就其课税环节而言，它属于动态财产税。征收土地增值税能进一步增强国家对房地产开发商和房地产交易市场的调控，既有利于国家抑制炒买炒卖土地获取暴利的行为，也有利于增加国家财政收入为经济建设积累资金。

5.4.1.1 土地增值税的概念

土地增值税是对有偿转让国有土地使用权及地上建筑物和其他附着物产权，取得增值收入的单位和个人征收的一种税。

5.4.1.2 土地增值税的历史沿革

1993 年，我国实行房改后，大量商品房进入市场。为规范土地、房地产市场交易秩序，国务院颁布了《中华人民共和国土地增值税暂行条例》。1995年，财政部出台《中华人民共和国土地增值税暂行条例实施细则》，对 1993年的增值税暂行条例执行过程中的细节进行了详细规定。1996 年以后，中国宏观经济增速减慢。为有效启动房地产市场，1999 年，财政部、国税总局下发通知，对居民个人拥有的普通住宅，在其转让时暂免征收土地增值税。1999年底，财政部、国税总局又下发土地增值税优惠政策延期的通知，将已经于1998 年底到期的相关房地产转让中免除土地增值税的优惠政策延长至 2000 年底。2001 年、2002 年，宏观经济形势重新开始高涨。国税总局再次下发通知，要求认真做好土地增值税征收管理工作，并批驳了土地增值税要停征的说法，各地要进一步完善土地增值税的预征办法。为了贯彻落实税收法定原则，2019年 7 月，财政部会同国家税务总局发布了《中华人民共和国土地增值税（征求意见稿）》，广泛凝聚社会共识，推进民主立法，向社会公开征求意见。

5.4.1.3 土地增值税的特点

（1）以转让房地产的增值额为计税依据。土地增值税的增值额是以征税对象的全部销售收入额扣除与其相关的成本、费用、税金及其他项目金额后的余额，与增值税的增值额有所不同。

（2）征税范围比较广。凡在我国境内转让房地产并取得收入的单位和个人，除税法规定免税的以外，均应依照土地增值税条例规定缴纳土地增值税。换言之，凡发生应税行为的单位和个人，无论其经济性质，也不分内、外资企业或中、外籍人员；无论专营还是兼营房地产业务，均有缴纳土地增值税的义务。

（3）实行超率累进税率。土地增值税的税率是以转让房地产增值率的高低为依据来确认，按照累进原则设计，实行分级计税。增值率高的，税率高，多纳税；增值率低的，税率低，少纳税。

（4）实行按次征收。土地增值税在房地产发生转让的环节，实行按次征收，每发生一次转让行为，就应根据每次取得的增值额征一次税。

专栏 5-5

土地增值税立法的基本思路

2019 年 7 月 16 日，财政部公布《中华人民共和国土地增值税法（征求意见稿）》，与原有的《中华人民共和国土地增值税暂行条例》相比，本次的土地增值税法征求意见稿主要有以下变化：集体房地产纳入征税范围；税收优惠政策调整，增加地方政府对普通住宅、集体房地产享受减免税的权限；明确纳税义务发生时间和申报纳税期限，清算环节由应清算与可清算合并为应清算；征收管理模式变为后续管理。

而土地增值税与房地产企业开发成本密切相关，并且在一定程度上土地增值税立法也影响到房地产企业的经营管理和房价的走势，因此市场对土地增值税立法及其影响高度关注。从目前来看，土地增值税立法的基本思路是保持宏观税负的基本稳定。不过，本次土地增值税立法的一个特点，就是在税收优惠政策上进行重大调整，将部分税收优惠政策的决定权下放到地方。可以说，土地增值税立法中部分优惠政策由地方政府决定的改革取向，一方面，赋予了地方政府一定的税收立法权，有利于调动地方的积极性，发挥中央和地方政府两个积极性；另一方面，有助于夯实地方政府在房地产调控中的主体责任，推动地方政府结合本地区经济社会发展实际和房地产价格变化做出及时的调控，用市场化的手段推动"一城一策、因城施策"的调控措施落到实处。

资料来源：土地增值税立法优惠政策调整切实夯实地方主体责任 [EB/OL]. (2019 - 7 - 30) [2020 - 10 - 17]. http：//www. ctax. org. cn/mtbd/201907/t20190730_1089154. shtml.

5.4.2 纳税人、征税范围和税率

5.4.2.1 纳税人

土地增值税的纳税人为转让国有土地使用权、地上建筑物及其附着物并取得收入的单位和个人。

5.4.2.2 征税范围

（1）基本征税范围。

土地增值税的征税范围为有偿转让国有土地使用权、地上建筑物和其他附

着物。国有土地是指按国家法律规定属于国家所有的土地。地上建筑物是指建于土地上的一切建筑物，包括地上、地下的各种附属设施。而附着物是指附着在土地之上不能移动，一经移动即遭损坏的物品。

（2）特殊征税范围的若干具体规定。

①以房地产进行投资联营。以房地产进行投资联营一方以土地作价入股进行投资或者作为联营条件，免征收土地增值税。其中如果投资联营的企业从事房地产开发，或者房地产开发企业以其建造的商品房进行投资联营的就不能暂免征税。

②房地产开发企业将开发的房产转为自用或者用于出租等商业用途，如果产权没有发生转移，不征收土地增值税。

③房地产的互换，由于发生了房产转移，因此属于土地增值税的征税范围。但是对于个人之间互换自有居住用房的行为，经过当地税务机关审核，可以免征土地增值税。

④合作建房，对于一方出地，另一方出资金，双方合作建房，建成后按比例分房自用的，暂免征收土地增值税；但建成后转让的，应征收土地增值税。

⑤房地产的出租，指房产所有者或土地使用者，将房产或土地使用权租赁给承租人使用由承租人向出租人支付租金的行为。房地产企业虽然取得了收入，但没有发生房产产权、土地使用权的转让，因此，不属于土地增值税的征税范围。

⑥房地产的抵押，指房产所有者或土地使用者作为债务人或第三人向债权人提供不动产作为清偿债务的担保而不转移权属的法律行为。这种情况下房产的产权、土地使用权在抵押期间并没有发生权属的变更，因此对房地产的抵押，在抵押期间不征收土地增值税。

⑦企业兼并转让房地产，在企业兼并中，对被兼并企业将房地产转让到兼并企业中的，免征收土地增值税。

⑧房地产的代建行为，是指房地产开发公司代客户进行房地产的开发，开发完成后向客户收取代建收入的行为。对于房地产开发公司而言，虽然取得了收入，但没有发生房地产权属的转移，其收入属于劳务收入性质，故不在土地增值税征税范围。

⑨房地产的重新评估，按照财政部门的规定，国有企业在清产核资时对房地产进行重新评估而产生的评估增值，因其既没有发生房地产权属的转移，房产产权、土地使用权人也未取得收入，所以不属于土地增值税征税范围。

⑩土地使用者处置土地使用权，土地使用者转让、抵押或置换土地，无论其是否取得了该土地的使用权属证书，无论其在转让、抵押或置换土地过程中是否与对方当事人办理了土地使用权属证书变更登记手续，只要土地使用者享

有占用、使用收益或处分该土地的权利，具有合同等证据表明其实质转让、抵押或置换了土地并取得了相应的经济利益，土地使用者及其对方当事人就应当依照税法规定缴纳营业税、土地增值税和契税等。

5.4.2.3 税率

土地增值税采用四级超率累进税率，是我国唯一一个采用超率累进税率的税种，如表5-11所示。

表5-11　　　　　　　　　　　土地增值税的税率表

级数	增值额与扣除项目金额的比率	税率（%）	速算扣除系数（元）
1	不超过50%的部分	30	0
2	超过50%至100%的部分	40	5
3	超过100%至200%的部分	50	15
4	超过200%的部分	60	35

5.4.3　应税收入与扣除项目

5.4.3.1 应税收入

纳税人转让房地产取得的应税收入，应包括转让房地产的全部价款及有关的经济收益。从收入的形式来看，包括货币收入、实物收入和其他收入。

5.4.3.2 扣除项目

（1）新房的扣除项目（见表5-12）。

表5-12　　　　　　　　　　　新房的扣除项目

取得土地使用权所支付的金额（地价款及费用）	①纳税人为取得土地使用权所支付的地价款； 以协议、招标、拍卖等出让方式取得土地：土地出让金 以行政划拨方式取得土地：按规定补交的土地出让金 以转让方式取得土地：实际支付的地价款 ②纳税人在取得土地使用权时按国家统一规定缴纳的有关费用，包含登记、过户手续费以及契税
房地产开发成本	①土地征用及拆迁补偿费； ②前期工程费； ③建筑安装工程费； ④基础设施费； ⑤公共配套设施费； ⑥开发间接费用

房地产开发费用	①不能按项目计算分摊利息，或不能提供金融机构贷款证明的，或全用自有资金，没有利息支出的： 开发费用＝（地价款及费用＋开发成本）×10% 以内 ②能按项目计算分摊利息，并能提供金融机构贷款证明的： 开发费用＝利息＋（地价款及费用＋开发成本）×5% 以内 其中，利息应注意： ①不能超过按商业银行同类同期银行贷款利率计算的金额；②不包括超过规定上浮幅度的部分、超期利息、加罚利息
与转让房地产有关的税金	房地产企业：城建税、教育费附加、地方教育附加。 其他企业：城建税、教育费附加、地方教育附加、印花税
其他扣除项目	其他扣除项目＝（地价款及费用＋开发成本）×20%

（2）存量房扣除项目。存量房扣除项目的计算方法依次选用评估法、发票法、核定法，如表 5-13 所示。

表 5-13 　　　　　　　　　　　　　**存量房的扣除项目**

方法	可扣除项目
评估法	①取得土地使用权所支付的金额，未支付地价款或不能提供已支付地价款凭据的，不允许扣除 ②房屋及建筑物的评估价格＝重置成本价×成新度折扣率 ③转让有关的税金：城建税、教育费附加、地方教育附加、印花税 ④评估费
发票法	①购房发票价每年加计5% 扣除金额＝发票价×（1＋5%×年数） 购房发票至售房发票日，每满12个月计一年；超过一年，未满12个月但超过6个月的，可以视同为一年 ②转让有关的税金：城市维护建设税、教育费附加、地方教育附加、印花税、契税
核定法	对于转让存量房及建筑物，既没有评估价格，又不能提供购房发票的，由税务机关核定征收

5.4.4　应纳税额的计算

5.4.4.1　增值额的确定

（1）通过转让收入（不含增值税）减除扣除项目求得。即土地增值额＝转让收入－扣除项目金额。

（2）评估价格的使用。纳税人有下列情形之一的，按照房地产评估价格计算征收。

①隐瞒、虚报房地产成交价格的。

②提供扣除项目金额不实的。

③转让房地产的成交价格低于房地产评估价格，又无正当理由的。

5.4.4.2 应纳税额的计算方法

（1）计算收入总额。

（2）计算扣除项目金额。

（3）用收入总额减除扣除项目金额计算增值额。

$$增值额 = 收入总额 - 扣除项目金额$$

（4）计算增值额与扣除项目金额之间的比例，以确定适用税率的档次和对应的速算扣除系数。

$$增值率 = 增值额 \div 扣除项目$$

（5）计算应纳税额。

$$应纳税额 = 增值额 \times 税率 - 扣除项目金额 \times 速算扣除系数$$

【例5-4】某房地产开发企业在2020年建造的商品房达到土地增值税清算标准，销售该地块建造的开发产品收入为32 000万元，已知该企业取得该土地的土地使用权所支付的金额为9 000万元，开发成本合计6 500万元，该项目不能按项目计算分摊利息，已知当地不能按项目计算分摊利息，或不能提供金融机构贷款证明的，或全用自有资金，没有利息支出的开发费用扣除标准为10%，与房地产转让的有关税金共计250万元，求企业应纳的土地增值税。

【解析】

第一步：收入总额32 000万元。

第二步：本企业为房地产开发企业。扣除项目金额 = 取得土地时支付的土地使用权所支付的金额 + 开发成本 + 开发费用 + 与转让房地产有关的税金 + 其他扣除项目 = 9 000 + 6500 + （9 000 + 6 500）× 10% + 250 + （9 000 + 6 500）× 20% = 20 400（万元）。

第三步：增值额 = 收入总额 - 扣除项目金额 = 32 000 - 20 400 = 11 600（万元）。

第四步：增值率 = 增值额 ÷ 扣除项目 × 100% = 11 600/20 400 × 100% = 56.86%，故增值率为56.86%，适用40%税率，5%速算扣除系数。

第五步：应纳税额 = 增值额 × 税率 - 扣除项目金额 × 速算扣除系数 = 11 600 × 40% - 20 400 × 5% = 3 620（万元）。

5.4.5 房地产开发企业土地增值税清算

5.4.5.1 清算单位

（1）土地增值税以国家有关部门审批的房地产开发项目为单位进行清算，对于分期开发的项目，以分期项目为单位进行清算。

（2）开发项目中同时包含普通住宅和非普通住宅的，应分别计算增值额。

5.4.5.2 清算条件

房地产开发企业土地增值税的清算条件包括：主管税务机关可要求纳税人进行土地增值税清算的四种情形，以及纳税人应进行土地增值税清算的三种情形，如表5-14所示。

表5-14　　　　　　　　房地产开发企业土地增值税清算

纳税人应进行土地增值税清算	①房地产开发项目全部竣工、完成销售； ②整体转让未竣工决算房地产开发项目； ③直接转让土地使用权
主管税务机关可要求纳税人进行土地增值税清算	①已竣工验收的房地产开发项目，已转让的房地产建筑面积占整个项目可售建筑面积的比例在85%以上，或该比例虽未超85%，但剩余的可售建筑面积已经出租或自用； ②取得销售（预售）许可证满3年仍未销售完毕； ③纳税人申请注销税务登记但未办理土地增值税清算手续； ④省税务机关规定的其他情况

5.4.5.3 非直接销售和自用房地产的收入确定

（1）房地产开发企业将开发产品用于职工福利、奖励、对外投资、分红、偿债、换取非货币性资产等，发生所有权转移时应视同销售房地产。收入按下列方法和顺序确认：

①按本企业在同一地区、同一年度销售的同类房地产的平均价格确定。

②由主管税务机关参照当地当年、同类房地产的市场价格或评估价值确定。

（2）房地产企业用建造的该项目房地产安置回迁户的，安置用房视同销售处理。

（3）房地产开发企业将开发的部分房地产转为企业自用或用于出租等商业用途时，产权未发生转移的情况下，不征收土地增值税，在税款清算时不列收入，不扣除相应的成本和费用。

5.4.5.4 土地增值税的扣除项目

（1）可据实扣除的项目。

①房地产开发企业开发建造的与清算项目配套的居委会和派出所用房、会所、停车场（库）、物业管理场所、变电站、热力站、水厂、文体场馆、学校、幼儿园、托儿所、医院、邮电通信等公共设施：建成后产权属于全体业主所有的，其成本、费用可以扣除；建成后无偿移交给政府、公用事业单位用于非营利性社会公共事业的，其成本、费用可以扣除；建成后有偿转让的，应计算收入，并准予扣除成本、费用。

②房地产开发企业销售已装修的房屋，其装修费用可以计入房地产开发成本。

③房地产开发企业在工程竣工验收后，根据合同约定，扣留建筑安装施工企业一定比例的工程款，作为开发项目的质量保证金，在计算土地增值税时，建筑安装施工企业就质量保证金对房地产开发企业开具发票的，按发票所载金额予以扣除。

（2）可核定扣除项目。

前期工程费、建筑安装工程费、基础设施费、开发间接费用的凭证或资料不符合清算要求或不实的。

（3）不可扣除的项目。

①除另有规定外，扣除取得土地使用权所支付的金额、房地产开发成本、费用及与转让房地产有关税金，须提供合法有效凭证；不能提供合法有效凭证的，不予扣除。

②房地产开发企业的预提费用，除另有规定外，不得扣除。

③竣工验收后，建筑安装施工企业就质量保证金对房地产开发企业未开具发票的，扣留的质保金不得计算扣除。

④房地产开发企业逾期开发缴纳的土地闲置费不得扣除。

5.4.5.5 核定征收的情形

房地产开发企业有下列情形之一的，税务机关可以参照与其开发规模和收入水平相近的当地企业的土地增值税税负情况，按不低于预征率的征收率核定征收土地增值税：

（1）依照法律、行政法规的规定应当设置但未设置账簿的。

（2）擅自销毁账簿或者拒不提供纳税资料的。

（3）虽设置账簿，但账目混乱或者成本资料、收入凭证、费用凭证残缺不全，难以确定转让收入或扣除项目金额的。

（4）符合土地增值税清算条件，未按照规定的期限办理清算手续，经税务机关责令限期清算，逾期仍不清算的。

（5）申报的计税依据明显偏低，又无正当理由的。

5.4.6 税收优惠

有下列情形之一的，免征土地增值税：

（1）建造普通标准住宅出售，增值额未超过扣除项目金额20%的，免征土地增值税。

（2）因国家建设需要依法征用、收回的房地产，免征土地增值税。

（3）因城市实施规划、国家建设的需要而搬迁，由纳税人自行转让原房地产的，免征土地增值税。

（4）对企事业单位、社会团体以及其他组织转让旧房作为公租房房源，且增值额未超过扣除项目金额20%的，免征土地增值税。

5.4.7 征收管理

5.4.7.1 纳税地点

土地增值税的纳税人应向房地产所在地主管税务机关办理纳税申报。纳税人转让的房地产坐落在两个或两个以上地区的，应按房地产所在地分别申报纳税。

5.4.7.2 纳税申报

土地增值税的纳税人应在转让房地产合同签订后的7日内，到房地产所在地主管税务机关办理纳税申报，并向税务机关提交房屋及建筑物产权、土地使用权证书，土地转让、房产买卖合同，房地产评估报告及其他与转让房地产有关的资料。

第6章
财产税制

实践案例
与习题

　　财产税制是对法人或自然人在某一时点占有或可支配财产课征的一类税收制度的统称。所谓财产，是指法人或自然人在某一时点所占有及可支配的经济资源，如房屋、土地、物资、有价证券等。作为古老的税种，财产税曾经是奴隶社会和封建社会时期国家财政收入的最主要来源。进入资本主义社会以后，其主体税种的地位逐步让位于流转税和所得税类。

思政案例

买房因贪图延迟缴纳契税 产权丧失追悔莫及！

　　2019年3月，自然人张某从某商业市场开发商A公司处购买商业用房3套。张某与A公司已签订了商品房销售合同，但未办理过户。张某考虑到办理产权需要缴纳不少契税，因此决定不如等等再办理，当地规定契税的纳税义务发生时间是以办理权属登记为准，延迟办理产权不会产生滞纳金。2020年12月，A公司因债务纠纷被债权人B公司申请对其部分开发产品进行拍卖抵债，其中就包括张某已购买的这3套房产，而张某却浑然不知。2021年2月，法院裁定A公司以相关房产抵偿所欠B公司债务，B公司凭法院裁定书到税务部门申报缴纳契税，并到不动产登记部门办理产权过户。

　　资料来源：余帆．买房子贪图延迟缴纳契税 产权丧失追悔莫及！[EB/OL]．(2016-8-23) [2022-12-7]. https://www.shui5.cn/article/83/106862.html.

　　【案例思考】谈谈你对该案例中契税缴纳与房屋产权关系的理解。

　　【思考讨论】此案例中，B公司缴纳契税后可办理产权登记。张某虽然先签订购房合同，但依据《物权法》第九条规定"不动产物权的设立、变更、转让和消灭，经依法登记，发生效力；未经登记，不发生效力，但法律另有规定的除外"，张某因贪图不想缴纳契税，所以没有办理登记，不能取得产权。不过值得一提的是，依据《物权法》第十五条的规定，当事人之间订立有关设立、变更、转让和消灭不动产物权的合同，除法律另有规定或者合同另有约定外，自合同成立时生效；未办理物权登记的，不影响合同效力，故张某虽然不能取得产权，但其与 A 公司签订的合同效力并不受影响，张某可以依法请求解除合同、返还已付购房款及利息、赔偿损失，维护自身的合法权益。

6.1 房　产　税

6.1.1 房产税概述

房产税是一种典型的财产税，其课税历史悠久。世界上许多国家都开征了房产税。比如，欧洲国家曾征收过的"窗户税""灶税""烟囱税"等，这类房产税大多都是以房屋的某种外部标志作为征税的标准。

6.1.1.1 房产税的概念

房产税属于房地产税保有环节的税种，以房产为征税对象，按照房产的计税余值或者租金收入，向房产所有人或者经营人征收的一种税收。

6.1.1.2 房产税的历史沿革

1. 房产税萌芽（周朝至汉朝）

在中国，房产税最早可以追溯到周代。从周代到汉朝，房产税与其他财产合并征收，属于萌芽阶段。周代《礼记·王制》中"廛，市物邸舍，税其舍而不税物"的记载，是中国历史上有关经营性房产征税的记录。

2. 房产税开始作为独立税种（唐朝中期至五代时期）

唐德宗建中元年（公元 780 年），朝廷在全国开征"间架税"，该税单独以房屋为征税对象，标志着房产税开始作为独立税种，虽然其从施行到结束不满一年，但却是房产税在我国真正的起源。五代后梁，被唐朝废弃的屋税成为当时朝代的新宠，主要是对城市居民的房屋征收。

3. 房产税成为常态化的税种（宋朝至清初时期）

宋朝至清初，房产税成为常态化的税种。两宋时期继承了五代后周的屋税，两宋时期的屋税就是今天的房产税。元朝，房产税又换了名字，叫"房地租钱"，根据宅基地的大小来征收。清朝初期，地方杂税大兴，当时出现的

"市廛输钞""计檩输税"都属于对房屋征税，后来经过康熙、雍正和乾隆三朝整顿，这些地方性房产税才逐渐被废除。

4. 近代房产税的萌芽和发展（1901～1949 年）

在清末和民国时期，近代房产税进入萌芽时期。鸦片战争之后，在西方列强霸占的一些大城市内，曾经以提供捕房经费为由，强行开征房捐，这是近代房产税的真正源头。后来出现的"市政总捐""特捐""警捐""店铺捐"等都是"房捐"，只是名称不一样。为统一房捐征收，中华民国政府于 1941 年 5 月公布《房捐征收通则》，同年将其命名为"土地改良物税"。

5. 新中国时期房产税的建立与发展（1949 年至今）

新中国成立以后，政务院于 1950 年 1 月公布的《全国税政实施要则》中规定在全国统一征收房产税和地产税。1951 年 8 月政务院颁布的《中华人民共和国城市房地产税暂行条例》规定，将房产税与地产税合并为房地产税。1973 年工商税制改革时，把对企业征收的城市房地产税并入工商税后，城市房地产税只对有房产的个人、中外合资、合作企业和房产管理部门继续征收。1984 年 10 月，国务院在对国有企业实行第二步利改税和工商税制改革时，我国又恢复征收房产税，但鉴于我国城市的土地所有权属于国家，使用者是没有土地的所有权的，因此将城市房地产税分为房产税和城镇土地使用税两个税种，并于 1986 年 9 月 15 日颁布《房产税暂行条例》，于同年 10 月 1 日起正式实施。2008 年 12 月 31 日，国务院第 546 号令废止了 1951 年 8 月政务院公布的《城市房地产税暂行条例》。自 2009 年 1 月 1 日起，外商投资企业、外国企业和组织以及外籍个人（包括港澳台资企业和组织以及华侨、港澳台同胞，以下统称"外资企业及外籍个人"），依照《中华人民共和国房产税暂行条例》缴纳房产税。2010 年 12 月，国务院第 136 次常务会议同意在部分城市进行对个人住房征收房产税改革试点。2011 年 1 月 28 日，上海、重庆宣布开始试点房产税工作。[①]

6.1.1.3 房产税的职能

1. 筹集地方财政收入

房产税属于地方税种，是地方政府筹集财政收入的重要税种。作为财产税，它的主要功能在于为地方政府提供公共财政收入，并把税收收入与当地公共服务有效地对应起来，提高公共财政支出的效率。

---

① 刘飞扬. 中国房产税的历史演进趋势与改革启示［J］. 地方财政研究，2020（3）：106－112.

2. 促进社会财富分配公平

从税负公平的角度看,纳税人占有房地产的多少以及总价值的高低,在一定程度上反映纳税人拥有的财富水平和税收负担能力。

3. 调节财富分配

作为财产税的一种,房产税可以起到调节财产分配的作用,但随着居民拥有财产的多元化,房产税的收入调节作用正在逐步降低。

6.1.2 纳税人、征税范围和税率

6.1.2.1 纳税人

在征税范围内的房屋产权所有人为房产税的纳税人。房产税的纳税义务人包括:产权所有人、经营管理单位、集体单位和个人、承典人、房产代管人或者使用人。产权所有人简称"产权人"、"业主"或"房东"。具体而言:

(1)产权属国家所有的,由经营管理单位为纳税人。

(2)产权属于集体和个人所有的,由集体单位和个人为纳税人。

(3)产权出典的,由承典人为纳税人;房屋出租的,若经营性质为经营性租赁,则由出租人为纳税人,若经营性质为融资性租赁,则由承租人纳税。

(4)若纳税单位和个人无租使用房管部门、免税单位、纳税单位的房产,则使用人为纳税人。

(5)若纳税单位和个人使用房管部门、免税单位、纳税单位的房产,双方签订的租赁合同约定免收租金期限的,免租期内由产权所有人缴纳房产税。

6.1.2.2 征税范围

房产税的征税范围限于城市、县城、建制镇和工矿区范围内的经营性房屋,不包括农村。房屋是指有屋面和围护结构(有墙或有两边),能够遮风避雨,可供人们在其中生活、学习、工作、娱乐、居住或储藏物资的场所。房地产开发企业建造的商品房,在出售前,不征收房产税。但对出售前房地产开发企业已使用或出租、出借的商品房应按规定征收房产税。

6.1.2.3 税率

我国房产税采用的是比例税率。主要分为两种,一种是从价计征,另一种是从租计征。从价计征按照房产原值一次减除10%~30%后的余值计征,税率为1.2%。从租计征按照房产出租的租金收入来计征,税率为12%,但个人

出租住房（出租后不论是否用于居住），以及企事业单位等向个人、规模化租赁企业出租住房，按4%的税率征收房产税。

6.1.3 计税依据和应纳税额的计算

6.1.3.1 计税依据

我国房产税的计税依据是房产的计税余值或房产的租金收入。计征方式如表6-1所示。

表6-1 房产税的计税方式

计税方式	计税依据	计税公式
从价计征	房产余值	应纳税额＝应税房产原值×（1－减除比例）×1.2%
从租计征	租金收入	应纳税额＝不含增值税的租金收入×12%（或4%）

1. 从价计征

房产税从价计征是指对于经营自用的房产，以房产余值为计税依据。房产余值是房产原值一次减除10%～30%的损耗价值后的余值，具体减除幅度由省、自治区、直辖市人民政府决定。

（1）房产原值是指房产税的纳税人按照会计制度规定，在账簿"固定资产"科目中记载的房屋原价。纳税人未按会计制度记载原值的，在计征房产税时，应按规定调整房产原值，房产原值明显不合理的，应重新评估，没有房产原值的，应由房屋所在地的税务机关参考同类房屋的价值核定。

（2）房产原值应包括与房屋不可分割的各种附属设备或一般不单独计算价值的配套设施，如暖气、卫生、照明、煤气、水管、下水道等。

（3）纳税人对原有房屋进行改建、扩建的，要相应增加房屋的原值。

（4）凡在房产税征收范围内的具备房屋功能的地下建筑，如房屋的地下室、地下停车场、商场的地下部分等，应将地下部分与地上房屋视为一个整体，依照地上房屋建筑有关规定征收房产税。

（5）对居民住宅区内业主共有的经营性房产，由实际经营的代管人或者使用人缴纳房产税，其中自营的，依照房产原值减除10%～30%后的余值计征，出租的，依照租金收入计征。

（6）房屋附属设备和配套设施的计税规定：

凡以房屋为载体，不可随意移动的附属设备和配套设施，如给排水、采暖、消防、中央空调、电气及智能化楼宇设备等，无论在会计核算中是否单独记账与核算，都应计入房产原值，计征房产税。

对于更换房屋附属设备和配套设施的，在将其价值计入房产原值时，可扣减原来相应设备和设施的价值。对于更换房屋易损坏、需要经常更换的零配件，不改变房屋的原值。

2. 从租计征

对于出租的房屋，以不含增值税的租金收入为计税依据。

（1）房屋的租金收入，是房屋产权所有人出租房屋使用权所取得的报酬，包括货币收入和实物收入。对以劳务或其他形式作为报酬抵付房租收入的，应根据当地同类房屋的租金水平，确定租金标准，依率计征。

（2）如果纳税人对个人出租房屋的租金收入申报不实或申报数与同一地段同类房屋的租金收入相比明显不合理的，税务部门可以按照《税收征管法》的有关规定，采取科学合理的方法核定其应纳税款。具体办法由各省级税务机关结合当地实际情况制定。

此外，还应注意以下两个问题：

第一，对投资联营的房产，应区分具体情况确定房产税的计税依据。对于以房产投资联营，投资者参与投资利润分红、共担风险的，以房产原值作为计税依据；对于以房产投资，收取固定收入、不承担联营风险的，实际上是以联营名义取得房产租金，应根据暂行条例的有关规定由出租方按租金收入计缴房产税。

第二，对融资租赁的房屋，由于租赁费包括购进房屋的价款、手续费、借款利息等，与一般房屋出租的"租金"内涵不同，且租赁期满后，当承租方偿还最后一笔租赁费时，房屋产权要转移到承租方，这实际上是一种变相的分期付款购买固定资产的形式，所以在计征房产税时应以房产余值计算征收。至于租赁期内房产税的纳税人，由当地税务机关根据实际情况确定。

6.1.3.2 应纳税额的计算

房产税的两种应纳税额的计算方法，一是从价计征的计算方法；二是从租计征的计算方法。若企业房产既有自用又有出租的，应按房产余值和租金收入分别计算缴纳房产税。

1. 从价计征

地上（含与地上房屋相连的地下建筑）：

$$应纳税额 = 房产原值 \times (1 - 扣除比例) \times 1.2\%$$

独立地下建筑：

$$应纳税额 = 房屋原价 \times 折扣比例 \times (1 - 扣除比例) \times 1.2\%$$

【例 6 – 1】2020 年初，甲企业拥有一处独立的地下建筑物，该地下建筑物是商业用途房产，原价 120 万元。计算 2020 年该企业的地下建筑物应缴纳多少房产税？（该企业所在省人民政府规定房产税按照房产原值减除 30% 后的余额计算缴纳，该企业所在省确定商业用途地下建筑以原价的 75% 作为应税房产原值）

【解析】

应缴纳房产税 = 120 × 75% × (1 – 30%) × 1.2% × 10 000 = 7 560（元）

2. 从租计征

$$应纳税额 = 租金收入 \times 12\%（或 4\%）$$

【例 6 – 2】2020 年初，李某将一套原值为 100 万元的住房，于当年 4 月 20 日按照市场价格出租，租期一年，每月租金 4 000 元。请计算李某当年应缴纳多少房产税？（已知当地省政府规定计算房产余值的减除比例为 30%）

【解析】

李某当年应缴纳房产税 = 4 000 × 4% × 8 = 1 280（元）

6.1.4　税收优惠

由于房产税属于地方税，因此会给予地方一定的减免权限。房产税的减免项目主要有以下几项。

（1）国家机关、人民团体、军队自用的房产免征房产税。但上述免税单位的出租房产以及非自身业务使用的生产、营业用房，不属于免税范围。"自用房产"是指这些单位本身的办公用房和公务用房。对于其附属的工厂、商店、招待所等营业场所，应照章征税。

（2）由国家财政部门拨付事业经费的单位，如学校、医疗卫生单位、托儿所、幼儿园、敬老院、文化、体育、艺术这些实行全额或差额预算管理的事业单位所有的，本身业务范围内使用的房产免征房产税。

（3）宗教寺庙、公园、名胜古迹自用的房产免征房产税。但宗教寺庙、公园、名胜古迹中附设的营业单位，如影剧院、饮食部、茶社、照相馆等所使用的房产及出租的房产，不属于免税范围，应照章纳税。

（4）个人所有非营业用的房产免征房产税。对个人拥有的营业用房或出租的房产，不属于免税范围，应照章纳税。

（5）对行使国家行政管理职能的中国人民银行总行（含国家外汇管理局）

所属分支机构自用的房产，免征房产税。

（6）经财政部批准免税的其他房产：

①对非营利性医疗机构、疾病控制机构和妇幼保健机构等卫生机构自用的房产，免征房产税（城镇土地使用税也免征）。

②对按政府规定价格出租的公有住房和廉租住房，暂免征收房产税。

③经营公租房的租金收入，免征房产税。公共租赁住房经营管理单位应单独核算公共租赁住房租金收入，未单独核算的，不得享受免征房产税优惠政策。

6.1.5　征收管理

6.1.5.1　纳税义务发生的时间

（1）纳税人将原有房产用于生产经营，从生产经营之月起缴纳房产税。

（2）纳税人自行新建房屋用于生产经营，自建成之次月起缴纳房产税。

（3）纳税人委托施工企业建设的房屋，从办理验收手续之次月起缴纳房产税。

（4）纳税人购置新建商品房，自房屋交付使用之次月起缴纳房产税（城镇土地使用税规定与其相同）。

（5）纳税人购置存量房，自办理房屋权属转移、变更登记手续，房地产权属登记机关签发房屋权属证书之次月起缴纳房产税（城镇土地使用税规定与其相同）。

（6）纳税人出租、出借房产，自交付出租、出借房产之次月起缴纳房产税（城镇土地使用税规定与其相同）。

（7）房地产开发企业自用、出租、出借本企业建造的商品房，自房屋使用或交付之次月起缴纳房产税。

（8）纳税人因房产的实物或权利状态发生变化而依法终止房产税纳税义务的，其应纳税款的计算应截止到房产的实物或权利状态发生变化的当月末。

6.1.5.2　纳税期限

房产税实行按年计算、分期缴纳的征收方法，具体纳税期限由省、自治区、直辖市人民政府确定。

6.1.5.3　纳税地点

房产税在房产所在地缴纳，房产不在同一地方的纳税人应按房产的坐落地点分别向房产所在地的税务机关纳税。

专栏 6 – 1

上海、重庆房产税改革

为遏制部分城市房价过快上涨，2010 年 12 月，国务院召开常务会议，同意在部分城市进行对个人住房征收房产税改革试点，具体征收办法由试点省份人民政府制定。随后，上海市和重庆市颁布了房产税改革试点方案。

1. 上海市房产税试点

上海市人民政府印发的《上海市开展对部分个人住房征收房产税试点的暂行办法》规定，从 2011 年 1 月 28 日起，对上海居民家庭新购第二套及以上住房和非上海居民家庭的新购住房征收房产税，税率因房价高低分别暂定为 0.6% 和 0.4%。即对居民家庭新购且属于第二套及以上住房的，合并计算的家庭全部住房面积人均不超过 60 平方米（含 60 平米）的，其新购的住房暂免征收房产税；人均超过 60 平方米的，对属新购住房超出部分的面积，按规定计算征收房产税。同时，实行差别比例税率，即一般适用税率暂定为 0.6%，但对应税住房每平方米市场交易价格低于上年度新建商品住房平均销售价格两倍（含两倍）的，税率可暂减为 0.4%。试点过程中应税住房计税依据，为参照应税住房的房地产市场价格确定的评估值。试点初期，暂以应税住房的市场交易价格，作为房产税的计税依据，房产税暂按应税住房市场交易价格的 70% 计算缴纳。①

2. 重庆市房产税试点

重庆市从 2011 年 1 月 28 日开始向个人房产征收房产税。重庆市在主城九区内进行房产税改革试点，首批纳入征收对象的住房包括：个人拥有的独栋商品住宅和个人新购的高档住房。高档住房是指建筑面积交易单价达到上两年主城九区新建商品住房成交建筑面积均价 2 倍（含 2 倍）以上的住房；在重庆市同时无户籍、无企业、无工作的个人新购的第二套（含第二套）以上的普通住房。独栋商品住宅和高档住房建筑面积交易单价，在上两年主城九区新建商品住房成交建筑面积均价 3 倍以下的住房，税率为 0.5%；3 倍（含 3 倍）至 4 倍的，税率为 1%；4 倍（含 4 倍）以上的税率为 1.2%；在重庆市同时无户籍、无企业、无工作的个人新购第二套（含第二套）以上的普通住房，税率为 0.5%。应税住房的计税价值为房产交易价。条件成熟时，以房产评估值作为计税依据。扣除免税面积以家庭为单位，一个家庭只能对一套应税住房扣除免税面积。纳税人在试点前拥有的独栋商品住宅，免税面积为 180 平方米；新购的独

---

① 《上海市开展对部分个人住房征收房产税试点的暂行办法》，上海市政府网站，2011 年 1 月 28 日。

栋商品住宅、高档住房，免税面积为 100 平方米。在重庆市同时无户籍、无企业、无工作的个人的应税住房均不扣除免税面积。①

3. 重庆、上海房产税改革政策对比

重庆、上海房产税改革政策对比，如表 6 -2 所示。

表 6 -2 重庆、上海房产税改革政策对比

项目	重庆	上海
功能定位	调节收入分配 引导个人合理住房消费	完善房产税制度，调节收入分配，正确引导住房消费
征税对象	个人独栋住房、个人新购住房以及非本市居民第二套以上住房	本市个人新购第二套以上住房及本市居民新购住房
计税依据	房产交易价格，条件成熟时以房产评估价值为计税依据 独栋和高档住房面积以交易单价为依据	参照房产市场价格的评估价暂按交易价格的70%
税率	单价<3 倍，为 0.5% 3 倍≤单价<4 倍，为 1% 4 倍≤单价，为 1.2% 非本市居民新购二套及以上，为 0.5%	适用税率暂定为 0.6%，应税住房每平方米市场交易价格低于本市上年度新建商品住房平均销售价格≤2 倍，税率暂减为 0.4%
税收优惠	新购独栋商品住宅、高档住房面积小于 100 平方米，原有独栋住宅面积小于 180 平方米	居民人均住房面积小于 60 平方米部分
税收用途	公共租赁房的建设和维护	保障性住房建设等方面的支出

4. 上海和重庆改革试点评析

试点改革对促进房地产业市场的健康发展起了一定的作用，但还存在一些问题：一是对房产税改革目标定位不明确，没有反映房产税的财产税基本属性；二是以房屋成交价格作为房产税的计税依据，虽然与试点前以房产余值为计税依据相比有所进步，但仍存在税负不公问题，也使试点的房产税有交易课税之嫌；三是试点的房产税征收范围仅涉及新购商品房和少量存量房（重庆对独栋别墅和高档商品房征税），仍然过窄；四是税率过低，级次过少。尽管上海、重庆试点均设置分档税率，但上海只有两个档次，分别为 0.6% 和 0.4%，重庆也只有 0.5%、1% 和 1.2% 三档税率。这样少的税率级次没有覆盖全部住宅，划分不科学，很难实现税收的纵向公平。

资料来源：王力，郝昭成，杨志强，王春雷，苑新丽. 关于房地产税改革的研究 [J]. 国际税收，2014（4）：18 -22.

---

① 《重庆市人民政府关于进行对部分个人住房征收房产税改革试点的暂行办法》《重庆市个人住房房产税征收管理实施细则》。

6.2 车 船 税

6.2.1 车船税概述

车船税是以车船为征税对象，向车辆、船舶（以下简称"车船"）的所有人或者管理人征收的一种税。此处所称车船是指依法应当在车船管理部门登记的车船。车船税属于地方税，因此在遵照《中华人民共和国车船税法》等规定的基础上，车船税征收标准还应该根据各地税务局制定的具体管理办法予以确定。

6.2.1.1 车船税的概念

车船税（vehicle and vessel use tax）是对在中华人民共和国境内应税的车辆、船舶的所有人或者管理人征收的一种税。车船税具有涉及面广、税源流动性强、纳税人多为自然人的特点。

6.2.1.2 车船税的历史沿革

我国对车船征税的历史悠久。明清时，曾对内河商船征收船钞。新中国成立前，不少城市对车船征收牌照税。新中国成立后，中央人民政府政务院于1951年颁布了《车船使用牌照税暂行条例》，对车船征收车船使用牌照税。1986年9月国务院在实施工商税制改革时发布了《中华人民共和国车船使用税暂行条例》。根据有关规定，该条例不适用于外商投资企业和外国企业及外籍个人。因此，对外商投资企业和外国企业及外籍个人仍征收车船使用牌照税。

以上两个税种自开征以来，在组织地方财政收入，调节和促进经济发展方面发挥了积极作用。但内外两个税种，不符合简化税制的要求，也与WTO有关国民待遇的规则不相符合的内容，而且这两个税种的征免税规定不够合理，税源控管手段不足，税额标准与我国社会经济发展水平和当前物价水平相比已明显偏低。因此，根据我国目前车船拥有、使用和管理现状及发展趋势，本着简化税制、公平税负、拓宽税基、方便税收征管的原则，国务院将《车船使用牌照税暂行条例》和《中华人民共和国车船使用税暂行条例》进行了合并修订，新发布了《中华人民共和国车船税暂行条例》，并对各类企业、行政事业单位和个人统一征收车船税。

6.2.1.3　车船税的特点

车船税兼有财产税和行为税的性质，具有单项财产税的特点，并且税源分散、涉及面广、流动性强。目前我国车船税实行分类、分级（项）定额税率，车船税的纳税人多为个人，征管难度较大。

6.2.1.4　车船税的立法原则

1. 税收公平原则

车船税作为以车船为征税对象的地方税，有利于筹集地方财政资金、支持交通运输事业发展，是我国调节财富分配，体现社会公平的重要税种之一。

2. 引导消费者理性消费

我国车船税以乘用车按排气量为计税依据划分了 7 档税额，这种累进税制在引导绿色消费、加强对车船使用的管理等方面起到了积极作用，有利于促进车船的合理配置。

6.2.2　纳税人、征税范围和税率

6.2.2.1　纳税人

中华人民共和国境内《车船税法》规定车辆、船舶的所有人或者管理人，为车船税的纳税人，应当依照《车船税法》缴纳车船税。

所称管理人是指对车船具有管理权或者使用权，不具有所有权的单位和个人。从事机动车第三者责任，强制保险业务的保险机构，为机动车车船税的扣缴义务人，应当在收取保险费时依法代收车船税，并出具代收税款凭证。

6.2.2.2　征税范围

车船税的征税范围是指在中华人民共和国境内属于《车船税法》所附《车船税税目税额表》规定的车辆、船舶。具体是指：

（1）依法应当在车船登记管理部门登记的机动车辆和船舶；

（2）依法不需要在车船登记管理部门登记的，在单位内部场所行使或者作业的机动车辆和船舶。

6.2.2.3 税率

车辆的具体适用税额，由省、自治区、直辖市人民政府依照《车船税税目税额表》规定的税额幅度和国务院的规定确定；船舶的具体适用税额，由国务院在《车船税税目税额表》规定的税额幅度内确定，如表6-3所示。

表6-3   **车船税税目、税额表**

税目		计税单位	年基准税额（元）	备注
乘用车		每辆	60~5 400（按排气量分档）	核定载客人数≤9人
商用车	客车（包括电车）	每辆	480~1 440	核定载客人数>9人
商用车	货车	整备质量每吨	16~120	包括半挂牵引车、三轮汽车、低速载货汽车、客货两用汽车。提示：半挂牵引车，是指装备有特殊装置，用于牵引半挂车的商用车
其他车辆	专用作业车	整备质量每吨	16~120	不包括拖拉机
其他车辆	轮式专业机械车	整备质量每吨	16~120	不包括拖拉机
其他车辆	挂车	整备质量每吨	按照货车税额的50%计算	是指其设计的核技术特性是由汽车或者拖拉机牵引才能正常使用的一种无动力的道路车辆挂车，按照货车税额的50%计算
摩托车		每辆	36~180	—
船舶	机动船舶	净吨位每吨	3~6	拖船和非机动驳船分别按机动船舶税额的50%计算（与船舶吨税计算一致）
船舶	游艇	艇身长度每米	600~2 000	—

6.2.3 计税依据和应纳税额的计算

6.2.3.1 计税依据

1. 一般规定

（1）机动船舶，以净吨位每吨为计税单位。

（2）游艇，以艇身长度每米为计税单位。游艇艇身长度是指游艇的总长。

303

（3）《车船税法》及其实施条例所涉及的排气量、整备质量、核定载客人数、净吨位、千瓦、艇身长度和发动机功率，以车船登记管理部门核发的车船登记证书或者行驶证所在数据为准。

（4）依法不需要办理登记的车船和依法应当登记而未办理登记，或者不能提供车船登记证书，行驶证的车船，以车船出厂后，合格证明或者进口车凭证标注的技术参数数据为准；不能提供车船出厂合格证明或者进口凭证的，由主管税务机关参照国家相关标准核定，没有国家相关标准的参照同类车船核定。

车船税一般规定计税依据，如表6-4所示。

表6-4　　　　　　　　　　　　车船税一般规定计税依据

征税对象	计税依据
乘用车、客车、摩托车	辆数
货车、专用作业车、轮式专用机械车	整备质量吨位数
机动船舶	净吨位数
游艇	艇身长度米数

2. 特殊规定

（1）拖船按照发动机功率每1千瓦折合净吨位0.67吨计算征收车船税。

（2）挂车、拖船和非机动驳船分别按对应税额的50%计算。

6.2.3.2　应纳税额的计算

车船税应纳税额有关政策，如表6-5所示。

表6-5　　　　　　　　　　　　车船税应纳税额有关政策

车船情况	应纳税额	有关时间规定
购置的新车船	应纳税额＝年应纳税额÷12×应纳税月份数 应纳税月份数＝12－纳税义务发生时间（取月份）+1	购置当年的应纳税额自纳税义务发生的当月起按月计算。 【提示】车船税按年申报，分月计算，一次性缴纳。纳税年度为公历1月1日至12月31日

　　　　（1）在一个纳税年度内，已完税的车船被盗抢、报废、灭失的，纳税人

可以凭有关管理机关出具的证明和完税证明，向纳税所在地的主管税务机关申请退还自被盗抢、报废、灭失月份起至该纳税年度终了期间的税款。

（2）已办理退税的被盗抢车船，失而复得的，纳税人应当从公安机关出具相关证明的当月起计算缴纳车船税。

（3）已经缴纳车船税的车船在同一纳税年度内办理转让过户的，不另纳税，也不退税。

（4）已经缴纳车船税的车船，因质量原因，车船被退回生产企业或者经销商的，纳税人可以向纳税所在地的主管税务机关申请退还自退货月份起至该纳税年度终了期间的税款。退货月份以退货发票所载日期的当月为准。

【例6-3】某运输企业2017年年初拥有小轿车五辆，2017年3月外购货车12辆（整备质量为10吨/辆）并于当年办理登记手续。假设货车年税额为整备质量每吨50元，小轿车年税额为年辆500元。该运输企业2017年应缴纳车船税多少元？

【解析】

该运输企业2017年应缴纳车船税 = 5 × 500 + 12 × 10 × 50 ÷ 12 × 10 = 7 500（元）。

6.2.4 税收优惠

6.2.4.1 法定减免

以下项目可法定减免。

（1）捕捞、养殖渔船。

（2）军队、武装警察部队专用的车船。

（3）警用车船。

（4）依照法律规定应当予以免税的外国驻华使领馆、国际组织驻华代表机构及其有关人员的车船。

（5）节能汽车（包括乘用车、商用车），减半征收（减半征收车船税的节能乘用车和节能商用车应符合相应标准）。

（6）新能源车船。

①免征的新能源汽车包括纯电动商用车、插电式（含增程式）混合动力汽车、燃料电池商用车。免征车船税的新能源车船应符合相应标准。

②不征税的新能源汽车包括纯电动乘用车和燃料电池乘用车。

（7）公共交通车船、农村居民拥有并主要在农村地区使用的摩托车、三轮汽车和低速载货汽车定期减征或者免征车船税（由省、自治区、直辖市人民政府根据当地实际情况确定）。

（8）国家综合性消防救援车辆由部队号牌改挂应急救援专用号牌的，一次性免征改挂当年车船税。

6.2.4.2 特定减免

经批准临时入境的外国车船和香港特别行政区、澳门特别行政区、台湾地区的车船，不征收车船税。

【例 6－4】2020 年年初某渔业公司拥有捕捞渔船 5 艘，每艘净吨位 190吨，其他渔业船舶 5 艘，每艘净吨位 400 吨。2020 年 9 月 10 日购置游艇 2 艘，每艘长 22 米；购置养殖渔船 1 艘，净吨位 2 000 吨。相关新购船舶当月均得到车船登记管理部门核发的登记证书。机动船舶车船税计税标准为净吨位 200 吨以下（含 200 吨）的，每吨 3 元；净吨位 201 吨至 2 000 吨的，每吨 4 元；艇身长度超过 18 米但不超过 30 米的游艇，每米 1 300 元。2020 年该渔业公司应缴纳车船税多少元？

【解析】

捕捞、养殖渔船免税；购置的新车船，购置当年的应纳税额自纳税义务发生的当月起按月计算。该渔业公司 2020 年应缴纳车船税 = 5 × 400 × 4 + 2 × 1 300 × 22 × 4 ÷ 12 = 27 066.67（元）。

6.2.5 税收征管

6.2.5.1 纳税期限

车船税纳税义务发生时间为取得车船所有权或者管理权的当月，即购买车船的发票或者其他证明文件所载日期的当月。对于在国内购买的机动车，购买日期以《机动车销售统一发票》所载日期为准；对于进口机动车，购买日期以海关关税专用缴款书所在日期为准，对于购买的船舶，以购买船舶的发票或者其他证明文件所在日期的当月为准。

6.2.5.2 纳税地点

（1）车船税的纳税地点为车船的登记地或者车船税扣缴义务人所在地。

（2）依法不需要办理登记的车船，车船税的纳税地点为车船的所有人或者管理人所在地。

6.2.5.3　申报缴纳

车船税按年申报，分月计算，一次性缴纳。纳税年度为公历1月1日至12月31日。车船税按年申报缴纳，具体申报纳税期限由省、自治区、直辖市人民政府规定。

6.3　契　　税

6.3.1　契税概述

在中华人民共和国境内转移土地、房屋权属，承受的单位和个人为契税的纳税人，应当依照《中华人民共和国契税法》规定缴纳契税。《中华人民共和国契税法》由中华人民共和国第十三届全国人民代表大会常务委员会第二十一次会议于2020年8月11日通过，自2021年9月1日起施行。1997年7月7日国务院发布的《中华人民共和国契税暂行条例》同时废止。

6.3.1.1　契税的概念

契税（deed tax）是以所有权发生转移的不动产为征税对象，向产权承受人征收的一种财产税。

6.3.1.2　契税的历史沿革

中国契税起源于东晋时期的"估税"，至今已有1600多年的历史。当时规定，凡买卖田宅、奴婢、牛马，立有契据者，每一万钱交易额官府征收四百钱，即税率为4%，其中卖方缴纳3%，买方缴纳1%。北宋开宝二年（公元969年），开始征收印契钱（性质上是税，只是名称为钱）。这时候的契钱不再由买卖双方分摊，而是由买方缴纳了，并规定缴纳期限为两个月。从此，开始以保障产权为由征收契税。以后历代封建王朝对土地、房屋的买卖、典当等产权变动都征收契税，但税率和征收范围不完全相同。到清朝末年，土地、房屋的买卖契税税率提高到9%，典当契税税率提高到6%。

民国时期（1914年）颁布契税条例。规定税率为：买契9%，典契6%。1934年国民政府第二次全国财政会议上，通过了《契税办法四项》，要求各省整理契税，规定买契6%，典契3%为税率高限，附加税以不超过正税的一半为原则。至此，契税税率在全国统一起来。新中国成立后，政务院于 1950 年发布《契税暂行条例》，规定对土地、房屋的买卖、典当、赠与和交换征收契税。从 1990 年开始，全国契税征管工作全面恢复。恢复征收后，契税收入连年大幅度增加，从 1990 年的 1.34 亿元增加到 1997 年的 36 亿元，成为地方税收中最具增长潜力的税种。1997 年 7 月 7 日，发布了《中华人民共和国契税暂行条例》，并于同年 10 月 1 日起开始实施。2020 年 8 月 11 日，中华人民共和国第十三届全国人民代表大会常务委员会第二十一次会议通过《中华人民共和国契税法》，于 2021 年 9 月 1 日起施行，1997 年 7 月 7 日国务院发布的《中华人民共和国契税暂行条例》同时废止。

6.3.1.3　契税的特点

1. 契税属于财产转移税

通过征收契税，征收机关便以政府名义发给契证，用来作为合法的产权转移凭证，政府即承担保证产权的责任。因此，契税拥有规费性质，征收契税的宗旨是为了保障不动产所有人的合法权益，这是契税不同于其他税收的主要特点。

2. 契税的纳税人是产权承受人

当发生房屋买卖、典当、赠与或交换等财产转移行为时，按所转移财产的变动的价值，对产权承受人征一次性契税。我国契税目前实行比例税率，即在房屋产权发生转移变动行为时，对纳税人依一定比例的税率可征。

6.3.1.4　契税的立法原则

（1）契税作为地方税有利于广辟财源，增加地方财政收入；

（2）契税作为财产转移税，具有转移凭据保护合法产权，避免产权纠纷的作用；

（3）契税有利于调解财富分配，体现社会公平。

6.3.2　纳税人、征税范围和税率

6.3.2.1　纳税人

契税的纳税人为在中国境内转移土地、房屋权属，承受的单位和个人。

6.3.2.2　征税范围

1. 国有土地使用权出让——一级市场

（1）出让方：不缴纳土地增值税。

（2）承受方：缴纳契税。

2. 土地使用权转让——二级市场

二级市场包括出售、赠与、互换（土地使用权的转让不包括土地承包经营权和土地经营权的转移）。

（1）转让方：缴纳土地增值税。

（2）承受方：缴纳契税。

3. 房屋买卖

（1）转让方：缴纳土地增值税。

（2）承受方：缴纳契税。

（3）以房产抵债或实物交换房屋：应由产权承受人按房屋现值缴纳契税；以实物（金银首饰等价物品）交换房屋，应视同以货币购买房屋。

（4）以房产作投资、入股：按入股房产现值（国有企事业房产须经国有资产管理部门评估核价）缴纳契税。

（5）以自有房产作股投入本人独资经营的企业：不缴纳契税。

（6）买房拆料或翻建新房：按买价缴纳契税。

4. 房屋赠与

（1）法定继承：免征契税；非法定继承：属于赠与行为，征收契税。

（2）以获奖方式取得房屋产权，实质上是接受赠与行为，也应缴纳契税。

5. 房屋互换

土地、房屋权属是否变更，是判断契税征与不征的关键。

6.3.2.3　税率

1. 比例税率

契税实行3%到5%的幅度比例税率。具体适用税率由各省、自治区、直辖市人民政府在3%到5%的幅度内提出，报同级人民代表大会常务委员会决定并报全国人民代表大会常务委员会和国务院备案。

2. 差别税率

省、自治区、直辖市可以依照规定对不同主体不同地区不同类型的住房的权属转移确定差别税率。

6.3.3　计税依据和应纳税额的计算

1. 计税依据

（1）国有土地使用权出让、土地使用权出售、房屋买卖，为成交价格。

（2）土地使用权赠与、房屋赠与，由征收机关参照土地使用权出售、房屋买卖的市场价格核定。

（3）土地使用权交换、房屋交换，为所交换的土地使用权、房屋的价格的差额。

（4）以划拨方式取得土地使用权，经批准转让房地产，由房地产转让者补交契税，计税依据为补交的土地使用权出让费用或者土地收益。

（5）对于个人无偿赠与不动产行为（法定继承除外），应对受赠人全额征收契税。

契税计税依据及应纳税额有关规定，如表 6 - 6 所示。

表 6 - 6　　　　契税计税依据及应纳税额有关规定

征税对象	纳税人		计税依据（不含增值税）	应纳税额
土地使用权出售	买方		成交价格	应纳税额 = 计税依据 × 税率
房屋买卖				
土地使用权及房屋赠与	受赠方（法定继承免税）		参照市场价格核定	
土地使用权及房屋互换	支付差价的一方		差价	
国有土地使用权出让	买方	以协议方式出让的	成交价格，包括土地出让金、土地补偿费、安置补助费、地上附着物和青苗补偿费、拆迁补偿费、市政建设配套费等承受者应支付的货币、实物、无形资产及其他经济利益	应纳税额 = 计税依据 × 税率
		先以划拨方式取得土地使用权，后经批准改为出让方式取得该土地使用权的	补缴契税的依据为应补缴的土地出让金和其他出让费用	

2. 应纳税额的计算

$$应纳税额 = 计税依据 × 税率$$

【例 6 - 5】某公司 2020 年 1 月以 1 200 万元（不含增值税）购入一幢旧写

字楼作为办公用房，该写字楼原值 2 000 万元，已计提折旧 800 万元。当地适用契税税率 3%，该公司购入写字楼应缴纳契税多少万元？

【解析】

应缴纳契税税额 = 1 200 × 3% = 36（万元）。

6.3.4 税收优惠

6.3.4.1 法定免税

以下项目可法定免税。

（1）国家机关、事业单位、社会团体、军事单位承受土地、房屋权属用于办公、教学、医疗、科研和军事设施。

（2）非营利性的学校、医疗机构、社会福利机构承受土地、房屋权属用于办公、教学、医疗、科研、养老、救助。

（3）承受荒山、荒地、荒滩土地使用权用于农、林、牧、渔业生产。

（4）婚姻关系存续期间夫妻之间变更土地、房屋权属。

（5）法定继承人通过继承承受土地、房屋权属。

（6）依照法律规定应当予以免税的外国驻华使馆、领事馆和国际组织驻华代表机构承受土地、房屋权属。

（7）根据国民经济和社会发展的需要，国务院对居民住房需求保障、企业改制重组、灾后重建等情形可以规定免征或者减征契税，报全国人大常委会备案。

6.3.4.2 省、自治区、直辖市可以决定对下列情形免征或者减征契税

（1）因土地、房屋被县级以上人民政府征收、征用，重新承受土地、房屋权属；

（2）因不可抗力灭失住房，重新承受住房权属。

上述免征或者减征契税的具体办法，由省、自治区、直辖市人民政府提出，报同级人大常委会决定，并报全国人大常委会和国务院备案。

6.3.4.3 个人购买住房的契税相关规定

个人购买住房的契税相关规定，如表 6-7 所示。

表 6-7　　　　　　　　个人购买住房的契税相关规定　　　　　　单位：%

住房类型		契税税率优惠	实施范围
个人购买家庭唯一住房	面积≤90 平方米	1	全国范围
	面积＞90 平方米	1.5	
个人购买家庭第二套改善性住房	面积≤90 平方米	1	除北上广深以外的城市
	面积＞90 平方米	2	

6.3.5　税收征管

6.3.5.1　纳税义务发生时间

纳税人签订土地、房屋权属转移合同的当天，或者纳税人取得其他具有土地、房屋权属转移合同性质凭证的当日。

6.3.5.2　纳税期限

纳税人应当在依法办理土地、房屋权属登记手续前申报缴纳契税。

6.3.5.3　纳税地点

向土地、房屋所在地的征收机关缴纳。

第7章

行为与目的税制

实践案例
与习题

　　行为与目的税是指对纳税人的某种特定行为征税或者为实现国家特定政策目的进行征税。本章中，印花税、车辆购置税、船舶吨税、烟叶税、城市维护建设税和环境保护税等都属于此类税。

思政案例

烟叶税立法提速我国税收法定

　　税收取之于民，用之于民，应以法律的形式来规范。2017 年 12 月 27 日，十二届全国人大常委会第三十一次会议表决通过了《中华人民共和国烟叶税法》。这是继《环境保护税法》之后，我国立法的又一个税种，表明了我国落实税收法定原则步伐加快。烟叶税法共计十条，总体上是按照"税负平移"原则，由烟叶税暂行条例平移上升为法律，保持了现行税制框架，税率保持 20％不变。财政部条法司副司长周劲松说，在起草和审议的过程中不仅请立法部门、专家等提前介入，进行了前期指导，还公开征求意见，这些方式为今后的立法，特别是税收立法树立了很好的样本。

　　【案例解析】党的十八届三中全会决定提出要落实税收法定原则，在《贯彻落实税收法定原则的实施意见》中明确了贯彻落实税收法定的路线图。烟叶税作为税收条例修改上升为法律的其中一个税种，它的立法提高了烟叶税的法律层级，有利于发挥烟叶税组织财政收入、调节分配结构的功能，既稳定了烟叶税负水平，也兼顾了烟农收益、烟草产业发展等多种因素，有利于促进地方特色农业和烟草行业持续健康发展，助推老少边穷地区依托烟叶产业实现乡村振兴。

　　【思考讨论】结合烟叶税立法案例，谈谈你对税收法定原则的理解。

7.1　印　花　税

7.1.1　印花税概述

印花税在中国现行税制中是一个辅助税种，属于中央与地方共享税。作为特色税种，它具有辅助公证、监督社会诚信、完善财税体制等功能。

7.1.1.1　概念

印花税是对经济活动和经济交往中书立、领受、使用的应税经济凭证所征收的一种税。印花税具有以下特点：

（1）兼有凭证税和行为税性质。

（2）征税范围广泛。

（3）税率低、税负轻。

（4）由纳税人自行完成纳税义务。

印花税与其他税种的根本区别是：除证券交易的印花税外，一般情况下双向征收。

7.1.1.2　历史沿革

印花税于 1624 年始创于荷兰，目前，世界上已有一百多个国家和地区开征了印花税。

1909 年，印花税首次在中国开征，是中国首个仿西洋税制且试行的税种。中国印花税在税制结构中的地位变化大致经历四个阶段。

第一阶段是 1950～1958 年，印花税由盛而衰。1950 年初，中国税制设 14 个税种，印花税是相对重要的税种之一，开征了 30 个税目，征收面较广。但是好景不长，此后税目多次被缩减，至 1950 年 6 月缩减至 25 个，1952 年 12 月 31 日缩减至 16 个（当时的税种也被缩减，设 11 种税），1956 年 1 月 1 日缩减至 9 个。这种情况下，印花税的地位和作用被大大削弱。到了 1958 年，印花税被并入工商统一税中不再单独征收，税种也被取消。

第二阶段是 1988～1989 年，印花税重获新生。1988 年国务院颁布《中华人民共和国印花税暂行条例》，自 10 月 1 日起施行，当时中国税制中有 30 个税种, ① 印花税作为其中拾遗补缺的税种,开征了 13 个税目,征收面较窄。

第三阶段是 1990～1993 年,政府将深、沪证券市场的"股权转让书据"纳入印花税(证券交易印花税),使印花税总收入与调控作用增大,印花税的地位和作用逐渐增强。

第四阶段是 1994 年至今,印花税持续发挥作用。2021 年 6 月 10 日第十三届全国人民代表大会常务委员会第二十九次会议通过《中华人民共和国印花税法》,自 2022 年 7 月 1 日起施行。同时,1988 年 8 月 6 日国务院发布的《中华人民共和国印花税暂行条例》废止。

7.1.2 纳税人、征税范围和税率

7.1.2.1 纳税人

印花税的纳税人为在中华人民共和国境内书立应税凭证、进行证券交易的单位和个人,在中华人民共和国境外书立在境内使用的应税凭证的单位和个人,也应当依法缴纳印花税。纳税人为境外单位或者个人,在境内有代理人的,以其境内代理人为扣缴义务人;在境内没有代理人的,由纳税人自行申报缴纳印花税,具体办法由国务院税务主管部门规定。

证券登记结算机构为证券交易印花税的扣缴义务人,应当向其机构所在地的主管税务机关申报解缴税款以及银行结算的利息。

对于上述单位和个人,按照书立、使用和领受应税凭据的不同,纳税人可分为以下六种。

1. 立合同人

立合同人是指各类合同的当事人,即对凭证有直接权利与义务关系的单位和个人,但不包括合同的担保人、证人、鉴定人。

2. 立据人

立据人是指订立产权转移书据的单位和个人。

3. 立账簿人

立账簿人是指设立并使用营业账簿的单位和个人。

4. 领受人

领受人是指领取或接受并持有权利、许可证照的单位和个人。

---

① 江定洲. 税法教程［M］. 南昌：江西人民出版社,1989：50.

5. 使用人

使用人是指在国外书立、领受，但在国内使用应税凭证的单位和个人。

6. 各类电子应税凭证的签订人

印花税与其他税种的根本区别为除了证券交易的印花税外，一般情况下双向征收，即应税凭证凡由两方或两方以上当事人共同书立的，其当事人各方均为印花税的纳税人。

7.1.2.2 征税范围

《中华人民共和国印花税法》下的《印花税税目税率表》明确规定了印花税的税目，其征税范围如表 7 -1 所示。

表 7 -1　　　　　　　　　　印花税税目表

税目		范围	备注
合同类	合同不仅包括具有正规格式的合同，还包括具有合同效力的协议、契约、合约、单据、确认书等	购销合同	包括供应、预购、采购、购销结合及协作、调剂、补偿、贸易等合同。此外，还包括出版单位与发行单位订立的图书、报纸、期刊和音像制品的应税凭证，如订购单。发电厂与电网之间、电网与电网之间签订的购售电合同也要征收印花税，但电网与用户之间签订的供用电合同不征收印花税
		加工承揽合同	包括加工、定做、修缮、印刷、广告测绘、测试等合同
		财产保险合同	包括财产、责任、保证、信用保险合同，以及作为合同使用的单据。具体分为企业财产保险、机动车辆保险、货物运输保险、家庭财产保险和农牧业保险五大类。其中"家庭财产两全保险"属于家庭财产保险性质。人寿保险合同不征收印花税
		借款合同	包括银行及其他金融组织和借款人所签订的借款合同以及只填开借据并作为合同使用、取得银行借款的借据。银行及其他金融机构经营的融资租赁业务中涉及到的融资租赁合同也属于借款合同。但银行同业拆借所签订的合同以及非金融企业之间签订的借贷合同不征收印花税
		技术合同	技术合同包括技术开发合同、技术转让合同、技术咨询合同、技术服务合同以及作为合同使用的单据。技术转让合同包括专利申请权转让和非专利技术转让，而技术咨询合同是对有关项目的分析、论证、预测和调查订立的技术合同，不包括一般的法律、会计、审计等方面的咨询合同
		建筑安装工程承包合同	包括建筑、安装工程承包合同。承包合同又分为总承包合同、分包合同和转包合同
		建设工程勘察设计合同	包括勘察、设计合同

续表

税目		范围	备注
合同类	合同不仅包括具有正规格式的合同，还包括具有合同效力的协议、契约、合约、单据、确认书等	财产租赁合同	不仅包括租赁房屋、船舶、飞机、机动车辆、机械、器具、设备等合同，还包括企业、个人出租门店、柜台等签订的合同
		货物运输合同	包括民用航空运输、铁路运输、海上运输、内河运输、公路运输和联运合同，以及作为合同使用的单据
		仓储保管合同	包括仓储、保管合同，以及作为合同使用的仓单、栈单等
书据类	具体包括财产所有权和版权、商标专用权、专利权、专有技术使用权等转移书据和专利实施许可合同、土地使用权出让合同、土地使用权转让合同、商品房销售合同等合同		个人无偿赠送不动产所签订的"个人无偿赠与不动产登记表"，按照"产权转移书据"缴纳印花税
账簿类	包括记载资金的账簿和其他账簿。记载资金的账簿是指反映企业资本金数额增减变化的账簿		银行系统的内部备查账簿，属于非营业账簿，不征收印花税。车间、门市部、仓库设置的不属于会计核算范围或虽属于会计核算范围，但不记载金额的登记簿、统计簿、台账等，不征印花税
证照类	包括房屋产权证、工商营业执照、商标注册证、专利证、土地使用证（四证一照）		

7.1.2.3 税率

印花税税率的设计贯彻了"税负从轻"的原则，有比例税率和定额税率两种形式。

1. 比例税率

比例税率适用于各类经济合同及具有合同性质的凭证、记载资金的账簿、产权转移书据等。这些凭证一般都载有金额，可按比例计算应纳税额。这既能保证财政收入，又能体现合理负担原则。比例税率分为四个档次，分别为 0.05‰、0.3‰、0.5‰、1‰。

（1）适用 0.05‰税率的为"借款合同"。

（2）适用 0.3‰税率的为"购销合同""建筑安装工程承包合同""技术合同"。

（3）2018 年 5 月 1 日以后适用 0.5‰税率的为"加工承揽合同""建设工程勘察设计合同""货物运输合同""产权转移书据""营业账簿"中记载资金的账簿。

（4）适用 1‰税率的为"财产租赁合同""仓储保管合同""财产保险

合同"。

2. 定额税率

权利、许可证照和营业账簿中的其他账簿适用定额税率，税额均为每件5元。这些凭证没有金额记载或无法计算金额，或者虽记载有金额但不宜作为计税依据，采用定额税率既便于纳税人缴纳税款，也便于税务机关征管。印花税税目、税率如表7-2所示。

表 7-2   印花税税目、税率

税目		税率	备注
合同（指书面合同）	借款合同	借款金额的0.5‰	指银行业金融机构、经国务院银行业监督管理机构批准设立的其他金融机构与借款人（不包括同业拆借）签订的借款合同
	融资租赁合同	租金的0.5‰	——
	买卖合同	价款的3‰	指动产买卖合同（不包括个人书立的动产买卖合同）
	承揽合同	报酬的3‰	——
	建设工程合同	价款的3‰	——
	运输合同	运输费用的3‰	指货运合同和多式联运合同（不包括管道运输合同）
	技术合同	价款、报酬或者使用费的3‰	不包括专利权、专有技术使用权转让书据
	租赁合同	租金的1‰	——
	保管合同	保管费的1‰	——
	仓储合同	仓储费的1‰	——
	财产保险合同	保险费的1‰	不包括再保险合同
产权转移书据	土地使用权出让书据	价款的5‰	转让包括买卖（出售）、继承、赠与、互换、分割
	土地使用权、房屋等建筑物和构筑物所有权转让书据（不包括土地承包经营权和土地经营权转移）	价款的5‰	
	股权转让书据（不包括应缴纳证券交易的印花税）	价款的5‰	
	商标专用权、著作权、专利权、专有技术使用权转让书据	价款的3‰	
营业账簿		实收资本（股本）、资本公积合计金额的2.5‰	——
证券交易		成交金额的1‰	——

7.1.3　计税依据和应纳税额的计算

7.1.3.1　计税依据

1. 一般规定

一般大部分应税凭证以其所载的不含增值税的金额为计税依据。具体包括：

（1）购销合同的计税依据为合同所列的不含增值税的购销金额，以物易物合同则是以购销合计金额为计税依据。

（2）加工承揽合同的计税依据为加工或承揽合同的收入额。由受托方提供原材料，凡在合同中分别记载加工费金额与原材料金额的，加工费金额按"加工承揽合同"计税，原材料金额按"购销合同"计税，两项税额相加数，即为合同应贴印花；若合同中未分别记载，则应就全部金额依照"加工承揽合同"计税贴花。由委托方提供主要材料或原料，受托方只提供辅助材料，无论加工费和辅助材料金额是否分别记载，均以辅助材料与加工费的合计数，依照"加工承揽合同"计税贴花，对委托方提供的主要材料或原料金额不计税贴花。

（3）建设工程勘察设计合同的计税依据为收取的费用。

（4）建筑安装工程承包合同的计税依据为承包金额，不得剔除任何费用。

（5）财产租赁合同的计税依据为租赁金额（即租金收入），不包括租赁货物本身的金额。

（6）货物运输合同的计税依据一般为运输费用，但不包括所运货物的金额、装卸费和保险费等。而联运业务根据情况分为全程运费、分程运费和免税。具体情况如表7-3所示。

表7-3　　　　　　　　　联运业务纳税人、计税依据

合同类型	纳税人		计税依据
国内联运合同	起运地统一结算	参与结算的双方	全程运费
	分程结算	托运方和各承运人	托运方：全程运费 承运人：分程运费
国际联运合同	托运方、承运人		托运方：全程运费 国内承运人：本程运费 国外承运人：免税

（7）仓储保管合同的计税依据为收取的仓储保管的费用（即保管费收入），不包括所储存和保管标的物本身的金额。

（8）借款合同的计税依据为借款金额（即借款本金）。

（9）财产保险合同的计税依据为支付（收取）的保险费金额，不包括所保财产的金额。

（10）技术合同的计税依据为合同所载的价款、报酬或使用费。

（11）应税产权转移书据的计税依据，为产权转移书据所列的金额，不包括列明的增值税税款。

（12）应税营业账簿的计税依据，为账簿记载的实收资本（股本）、资本公积合计金额，但其他账簿的计税依据为应税凭证件数，即账簿的本数。

（13）权利、许可证照的计税依据为应税凭证的件数。

2. 特殊规定

（1）应税合同、产权转移书据未列明金额的，印花税的计税依据按照实际结算的金额确定。计税依据按照前款规定仍不能确定的，按照书立合同、产权转移书据时的市场价格确定；依法应当执行政府定价或者政府指导价的，按照国家有关规定确定。

（2）证券交易无转让价格的，按照办理过户登记手续时该证券前一个交易日收盘价计算确定计税依据；无收盘价的，按照证券面值计算确定计税依据。

（3）印花税的应纳税额按照计税依据乘适用税率计算。

（4）同一应税凭证载有两个以上税目事项并分别列明金额的，按照各自适用的税目税率分别计算应纳税额；未分别列明金额的，从高适用税率。

（5）同一应税凭证由两方以上当事人书立的，按照各自涉及的金额分别计算应纳税额。

（6）已缴纳印花税的营业账簿，以后年度记载的实收资本（股本）、资本公积合计金额比已缴纳印花税的实收资本（股本）、资本公积合计金额增加的，按照增加部分计算应纳税额。

7.1.3.2 应纳税额的计算

应纳税额 = 应税凭证计税金额（或应税凭证件数）× 适用税率

【例 7 - 1】 甲公司与银行签订借款合同 1 份，记载借款金额 50 万元，当年支付利息 1 万元，该公司应缴纳多少印花税?

【解析】

签订借款合同应缴纳的印花税 = 500 000 × 0.05% = 25（元）

7.1.4　税收优惠

依据《中华人民共和国印花税法》规定，下列凭证免征印花税：

（1）已缴纳印花税凭证的副本或者抄本但以副本或者抄本视同正本使用的，则应另贴印花；

（2）依照法律规定应当予以免税的外国驻华使馆、领事馆和国际组织驻华代表机构为获得馆舍书立的应税凭证；

（3）中国人民解放军、中国人民武装警察部队书立的应税凭证；

（4）农民、家庭农场、农民专业合作社、农村集体经济组织、村民委员会购买农业生产资料或者销售农产品书立的买卖合同和农业保险合同；

（5）无息或者贴息借款合同、国际金融组织向中国提供优惠贷款书立的借款合同；

（6）财产所有权人将财产赠与政府、学校、社会福利机构、慈善组织书立的产权转移书据；

（7）非营利性医疗卫生机构采购药品或者卫生材料书立的买卖合同；

（8）个人与电子商务经营者订立的电子订单。

根据国民经济和社会发展的需要，国务院对居民住房需求保障、企业改制重组、破产、支持小型微型企业发展等情形可以规定减征或者免征印花税，报全国人民代表大会常务委员会备案。

7.1.5　征收管理

7.1.5.1　纳税义务发生的时间

印花税的纳税义务发生时间为纳税人书立应税凭证或者完成证券交易的当日。证券交易印花税扣缴义务发生时间为证券交易完成的当日。

7.1.5.2　纳税期限

印花税按季、按年或者按次计征。实行按季、按年计征的，纳税人应当自季度、年度终了之日起15日内申报缴纳税款；实行按次计征的，纳税人应当自纳税义务发生之日起15日内申报缴纳税款。

证券交易印花税按周解缴。证券交易印花税扣缴义务人应当自每周终了之日起 5 日内申报解缴税款以及银行结算的利息。

7.1.5.3　纳税地点

纳税人为单位的，应当向其机构所在地的主管税务机关申报缴纳印花税；纳税人为个人的，应当向应税凭证书立地或者纳税人居住地的主管税务机关申报缴纳印花税。

不动产产权发生转移的，纳税人应当向不动产所在地的主管税务机关申报缴纳印花税。

7.2　车辆购置税

7.2.1　车辆购置税概述

在中华人民共和国境内购置应税车辆的单位和个人，应当依法缴纳车辆购置税。车辆购置税只以购置的特定车辆为课税对象，而不对所有的财产或消费行为征税。此外，车辆购置税属于中央税，实行一次性课税制，即实行一车一申报制度。具有征税范围较窄、征税环节单一的特点。

7.2.1.1　概念

车辆购置税是指对在中华人民共和国境内购置汽车、有轨电车、汽车挂车、排气量超过 150 毫升的摩托车（以下统称"应税车辆"）的单位和个人征收的一种税。

7.2.1.2　历史沿革

1985 年，国务院为了加快公路建设，扭转交通运输紧张的状况，决定设置车辆购置附加费，作为公路建设专用资金的来源，并于同年 4 月 2 日发布《车辆购置附加费征收办法》，并于当年 5 月 1 日起实施。1985～2000 年的 15 年时间，全国累计征收的车辆购置税为解决我国公路建设资金严重不足问题发挥了十分重要的作用。

2000 年 10 月 22 日，国务院颁布《中华人民共和国车辆购置税暂行条例》，规定从 2001 年 1 月 1 日起开征车辆购置税，从此，车辆购置附加费由车辆购置税所取代。车辆购置税是通过"费改税"平移而来，它既是我国税收体系中新设立的税种，又是我国"费改税"改革的突破口。

2018 年 12 月 29 日，第十三届全国人民代表大会常务委员会第七次会议通过了《中华人民共和国车辆购置税法》，并自 2019 年 7 月 1 日起施行。2000 年 10 月 22 日国务院公布的《中华人民共和国车辆购置税暂行条例》同时废止。

7.2.2 纳税人、征税范围和税率

7.2.2.1 纳税人

在中华人民共和国境内购置①汽车、有轨电车、汽车挂车、排气量超过 150 毫升的摩托车（以下统称"应税车辆"）的单位和个人，为车辆购置税的纳税人，应当依照法律规定缴纳车辆购置税。

7.2.2.2 征税范围

我国车辆购置税的征税范围包括汽车、有轨电车、汽车挂车、排气量超过 150 毫升的摩托车。地铁、轻轨等城市轨道交通车辆，装载机、平地机、挖掘机、推土机等轮式专用机械车，以及起重机（吊车）、叉车、电动摩托车，不属于应税车辆。

7.2.2.3 税率

车辆购置税的税率为 10%。

7.2.3 计税依据和应纳税额的计算

7.2.3.1 计税依据

车辆购置税的应纳税额按照应税车辆的计税价格乘以税率计算。根据不同情况，应税车辆的计税价格，按照下列规定确定：

（1）纳税人购买自用应税车辆的计税价格，为纳税人实际支付给销售者

---

① 购置，是指以购买、进口、自产、受赠、获奖或者其他方式取得并自用应税车辆的行为。

的全部价款，不包括增值税税款。存在多条发票电子信息或没有发票电子信息的，按照实际支付给销售方的全部价款（不含增值税）申报纳税。

（2）纳税人进口自用应税车辆的计税价格，为关税完税价格加上关税和消费税。

$$组成计税价格 = 关税完税价格 + 关税 + 消费税$$

（3）纳税人自产自用应税车辆的计税价格，按照纳税人生产的同类应税车辆的销售价格确定，不包括增值税税款；没有同类应税车辆销售价格的，按照组成计税价格确定。

$$组成计税价格 = 成本 \times (1 + 成本利润率) + 消费税$$

$$组成计税价格 = (成本 + 利润) \div (1 - 消费税比例税率)$$

（4）纳税人以受赠、获奖或者其他方式取得自用应税车辆的计税价格，按照购置应税车辆时相关凭证载明的价格确定，不包括增值税税款。无法提供相关凭证的，参照同类应税车辆市场平均交易价格确定其计税价格。

纳税人申报的应税车辆计税价格明显偏低，又无正当理由的，由税务机关依照《中华人民共和国税收征收管理法》的规定核定其应纳税额。

纳税人以外汇结算应税车辆价款的，按照申报纳税之日的人民币汇率中间价折合成人民币计算缴纳税款。

免税、减税车辆因转让、改变用途等原因不再属于免税、减税范围的，纳税人应当在办理车辆转移登记或者变更登记前缴纳车辆购置税。计税价格以免税、减税车辆初次办理纳税申报时确定的计税价格为基准，每满一年扣减10%。应纳税额不得为负数。

$$应纳税额 = 初次办理纳税申报时确定的计税价格$$
$$\times (1 - 使用年限 \times 10\%) \times 10\% - 已纳税额$$

纳税人将已征车辆购置税的车辆退回车辆生产企业或者销售企业的，可以向主管税务机关申请退还车辆购置税。退税额以已缴税款为基准，自缴纳税款之日至申请退税之日，每满一年扣减10%。

7.2.3.2 应纳税额的计算

车辆购置税实行从价定率的办法计算应纳税额。应纳税额的计算公式为：

$$应纳税额 = 计税价格 \times 税率$$

【例7-2】2020年9月，吴某从某汽车销售公司（增值税一般纳税人）购买轿车一辆供自己使用，支付价款50 000元（含增值税），支付的各项价款均由汽车销售公司开具发票。吴某2020年9月应纳多少车辆购置税？

【解析】

吴某应纳车辆购置税 = 50 000 ÷ (1 + 13%) × 10% = 4 424.78 (元)

7.2.4 税收优惠

(1) 依照法律规定应当予以免税的外国驻华使馆、领事馆和国际组织驻华机构及其有关人员自用的车辆。

(2) 中国人民解放军和中国人民武装警察部队列入装备订货计划的车辆。

(3) 悬挂应急救援专用号牌的国家综合性消防救援车辆。

(4) 设有固定装置的非运输专用作业车辆。

(5) 城市公交企业购置的公共汽电车辆。

(6) 自 2021 年 1 月 1 日至 2022 年 12 月 31 日,购置新能源汽车免征车辆购置税。免征车辆购置税的新能源汽车是指纯电动汽车、插电式混合动力(含增程式)汽车、燃料电池汽车。

(7) 回国服务的在外留学人员用现汇购买 1 辆个人自用国产小汽车和长期来华定居专家进口 1 辆自用小汽车免征车辆购置税。

(8) 防汛部门和森林消防部门用于指挥、检查、调度、报汛(警)、联络的由指定厂家生产的设有固定装置的指定型号的车辆免征车辆购置税。

(9) 自 2018 年 7 月 1 日至 2021 年 6 月 30 日,对购置挂车减半征收车辆购置税。

(10) 中国妇女发展基金会"母亲健康快车"项目的流动医疗车免征车辆购置税。

(11) 北京 2022 年冬奥会和冬残奥会组织委员会新购置车辆免征车辆购置税。

(12) 原公安现役部队和原武警黄金、森林、水电部队改制后换发地方机动车牌证的车辆(公安消防、武警森林部队执行灭火救援任务的车辆除外),一次性免征车辆购置税。

根据国民经济和社会发展的需要,国务院可以规定减征或者其他免征车辆购置税的情形,报全国人民代表大会常务委员会备案。

7.2.5 征收管理

车辆购置税由税务机关负责征收。纳税人应当在向公安机关交通管理部门办理车辆注册登记前，缴纳车辆购置税。公安机关交通管理部门办理车辆注册登记，应当根据税务机关提供的应税车辆完税或者免税电子信息对纳税人申请登记的车辆信息进行核对，核对无误后依法办理车辆注册登记。税务机关和公安、商务、海关、工业和信息化等部门应当建立应税车辆信息共享和工作配合机制，及时交换应税车辆和纳税信息资料。

7.2.5.1 纳税义务发生的时间

车辆购置税的纳税义务发生时间为纳税人购置应税车辆的当日。纳税人应当自纳税义务发生之日起六十日内申报缴纳车辆购置税。《车辆购置税法》第十二条所称纳税义务发生时间，按照下列情形确定：

（1）购买自用应税车辆的为购买之日，即车辆相关价格凭证的开具日期。

（2）进口自用应税车辆的为进口之日，即《海关进口增值税专用缴款书》或者其他有效凭证的开具日期。

（3）自产、受赠、获奖或者以其他方式取得并自用应税车辆的为取得之日，即合同、法律文书或者其他有效凭证的生效或者开具日期。

7.2.5.2 纳税地点

购置应税车辆的纳税人，应当到下列地点申报纳税：

（1）需要办理车辆登记的，向车辆登记地的主管税务机关申报纳税。

（2）不需要办理车辆登记的，单位纳税人向其机构所在地的主管税务机关申报纳税，个人纳税人向其户籍所在地或者经常居住地的主管税务机关申报纳税。

7.2.5.3 纳税申报

纳税人办理纳税申报时应当如实填报《车辆购置税纳税申报表》，同时提供车辆合格证明和车辆相关价格凭证。纳税人在办理车辆购置税免税、减税时，除提供《车辆购置税纳税申报表》、车辆合格证明和车辆相关价格凭证外，还应当根据不同的免税、减税情形，分别提供相关资料的原件、复印件。

纳税人2019年6月30日（含）前购置属于《中华人民共和国车辆购置税暂行条例》规定的应税车辆，在2019年7月1日前未申报纳税的，应当按照规定的申报纳税期限申报纳税。

7.3 船舶吨税

7.3.1 船舶吨税概述

船舶吨税也称"吨税"，主要是对进出口中国港口的国际航行船舶以船舶的净吨位为计税依据的税种，实行从量定额征收，对不同的船舶分别适用普通税率或优惠税率，所征收的款项主要用于港口建设维护及海上干线公用航标的维护建设。

7.3.1.1 概念

船舶吨税是海关对中华人民共和国境外港口进入境内港口的船舶征收的一种税。

7.3.1.2 历史沿革

船舶吨税是一个非常古老的税种，在我国历史上最早可以追溯到唐朝市舶司对过往商船征收的"舶脚""下碇税"等，在西方世界，吨税的历史也可以追溯到古罗马时期。新中国成立以后，1952 年 9 月 29 日中国海关总署发布《中华人民共和国海关船舶吨税暂行办法》。2017 年 12 月 27 日第十二届全国人民代表大会常务委员会第三十一次会议通过《中华人民共和国船舶吨税法》，自 2018 年 7 月 1 日起施行。2011 年 12 月 5 日国务院公布的《中华人民共和国船舶吨税暂行条例》同时废止。

7.3.2 纳税人、征税范围和税率

7.3.2.1 纳税人

对自中国境外港口进入中国境内港口的船舶征收船舶吨税，以应税船舶负责人为纳税人。

7.3.2.2 征税范围

自中华人民共和国境外港口进入境内港口的船舶（以下简称"应税船舶"），应当依法缴纳船舶吨税（以下简称"吨税"）。

7.3.2.3 税率

吨税的税目、税率依照《船舶吨税法》所附的《吨税税目税率表》执行。船舶吨税采用复式税率，设置优惠税率和普通税率。优惠税率适用于中国国籍的应税船舶、船籍国（地区）与中国签订含有相互给予船舶税费最惠国待遇条款的条约或者协定的应税船舶。普通税率适用于上述应税船舶以外的其他应税船舶。船舶吨税税目、税率如表7–4所示。

表7–4　　　　　　　　　　　　船舶吨税税目、税率

税目 （按船舶净吨位划分）	税率（元/净吨位）						备注
	普通税率 （按执照期限划分）			优惠税率 （按执照期限划分）			
	1 年	90 日	30 日	1 年	90 日	30 日	
不超过 2 000 净吨	12.6	4.2	2.1	9.0	3.0	1.5	1. 拖船按照发动机功率每千瓦折合净吨位 0.6 吨； 2. 无法提供净吨位证明文件的游艇，按照发动机功率每千瓦折合净吨位 0.05 吨； 3. 拖船和非机动驳船分别按相同净吨位船舶税率的 50% 计征税款
2 000 净吨至 10 000 净吨	24.0	8.0	4.0	17.4	5.8	2.9	
10 000 净吨至 50 000 净吨	27.6	9.2	4.6	19.8	6.6	3.3	
超过 50 000 净吨	31.8	10.6	5.3	22.8	7.6	3.8	

注：拖船，是指专门用于拖（推）动运输船舶的专业作业船舶。非机动驳船，是指在船舶登记机关登记为驳船的非机动船舶。

7.3.3 计税依据和应纳税额的计算

7.3.3.1 计税依据

船舶吨税以船舶净吨位为计税依据。船舶净吨位是指船舶上所有封闭场所的内部空间扣除船舶正常航行必不可少的非营业空间后剩余的客舱和货舱等营业空间，按2.83立方米为1净吨位所计算出来的容积吨位。

海关在计征船舶吨税时，以吨为计税单位，应税船舶净吨位尾数不足0.5

吨的不计税，达到或超过 0.5 吨的按 1 吨计税。

7.3.3.2 应纳税额的计算

船舶吨税按照船舶净吨位和吨税执照期限征收。净吨位是指由船籍国（地区）政府签发或者授权签发的船舶吨位证明书上标明的净吨位。吨税执照期限，是指按照公历年、日计算的期间。船舶吨税的应纳税额按照船舶净吨位乘以适用税率计算。

$$应纳税额 = 船舶净吨位 \times 定额税率(元)$$

应税船舶在进入港口办理入境手续时，应当向海关申报纳税领取吨税执照，或者交验吨税执照（或者申请核验吨税执照电子信息）。应税船舶在离开港口办理出境手续时，应当交验吨税执照（或者申请核验吨税执照电子信息）。

应税船舶负责人申领吨税执照时，应当向海关提供下列文件：

（1）船舶国籍证书或者海事部门签发的船舶国籍证书收存证明。

（2）船舶吨位证明。

应税船舶在吨税执照期限内，因税目税率调整或者船籍改变而导致适用税率变化的，吨税执照继续有效。吨税执照在期满前毁损或者遗失的，应当向原发照海关书面申请核发吨税执照副本，不再补税。

应税船舶因不可抗力在未设立海关地点停泊的，船舶负责人应当立即向附近海关报告，并在不可抗力原因消除后，依法规定向海关申报纳税。

船舶吨税以人民币为计算本位币，以外汇结算的，应按照纳税义务发生之日中国人民币银行市场汇率中间价折合人民币计算缴纳。

7.3.4 税收优惠

7.3.4.1 免征优惠

下列船舶免征吨税：

（1）应纳税额在人民币 50 元以下的船舶。

（2）自境外以购买、受赠、继承等方式取得船舶所有权的初次进口到港的空载船舶。

（3）吨税执照期满后 24 小时内不上下客货的船舶。

（4）非机动船舶（不包括非机动驳船）。

（5）捕捞、养殖渔船。

（6）避难、防疫隔离、修理、改造、终止运营或者拆解，并不上下客货的船舶。

（7）军队、武装警察部队专用或者征用的船舶。

（8）警用船舶。

（9）依照法律规定应当予以免税的外国驻华使领馆、国际组织驻华代表机构及其有关人员的船舶。

（10）国务院规定的其他船舶。

前款第十项免税规定，由国务院报全国人民代表大会常务委员会备案。

7.3.4.2　延期优惠

在吨税执照期限内，应税船舶发生下列情形之一的，海关按照实际发生的天数批注延长吨税执照期限：

（1）避难、防疫隔离、修理、改造，并不上下客货。

（2）军队、武装警察部队征用。

符合延期优惠规定的船舶，应当提供海事部门、渔业船舶管理部门等部门、机构出具的具有法律效力的证明文件或者使用关系证明文件，申明延长吨税执照期限的依据和理由。

7.3.5　征收管理

吨税由海关负责征收。海关征收吨税应当制发缴款凭证。

吨税的纳税义务发生时间为应税船舶进入港口的当天。应税船舶在吨税执照期满后尚未离开港口的，应当申领新的吨税执照，自上一次执照期满的次日起续缴吨税。应税船舶负责人应当自海关填发吨税缴款凭证之日起十五日内缴清税款。未按期缴清税款的，自滞纳税款之日起至缴清税款之日止，按日加收滞纳税款万分之五的税款滞纳金。

应税船舶到达港口前，经海关核准先行申报并办结出入境手续的，应税船舶负责人应当向海关提供与其依法履行吨税缴纳义务相适应的担保；应税船舶到达港口后，依照《中华人民共和国船舶吨税法》规定向海关申报纳税。

下列财产、权利可以用于担保：

（1）人民币、可自由兑换货币。

（2）汇票、本票、支票、债券、存单。

（3）银行、非银行金融机构的保函。

（4）海关依法认可的其他财产、权利。

海关发现少征或者漏征税款的，应当自应税船舶应当缴纳税款之日起一年内，补征税款。但因应税船舶违反规定造成少征或者漏征税款的，海关可以自应当缴纳税款之日起3年内追征税款，并自应当缴纳税款之日起按日加征少征或者漏征税款5‰的税款滞纳金。

海关发现多征税款的，应当在24小时内通知应税船舶办理退还手续，并加算银行同期活期存款利息。

应税船舶发现多缴税款的，可以自缴纳税款之日起3年内以书面形式要求海关退还多缴的税款并加算银行同期活期存款利息；海关应当自受理退税申请之日起30日内查实并通知应税船舶办理退还手续。

应税船舶有下列行为之一的，由海关责令限期改正，处2 000元以上30 000元以下的罚款；不缴或者少缴应纳税款的，处不缴或者少缴税款50%以上5倍以下的罚款，但罚款不得低于2 000元：

（1）未按照规定申报纳税、领取吨税执照。

（2）未按照规定交验吨税执照（或者申请核验吨税执照电子信息）以及提供其他证明文件。

吨税税款、税款滞纳金、罚款以人民币计算。

7.4　烟　叶　税

7.4.1　烟叶税概述

烟叶税是在烟叶收购环节对收购者征收的一种工商税，其是整个烟草税制首个环节的税种。通过征收烟叶税，有利于国家对烟草制品实行有效调控，既有效保证了地方财政收入，又控制了烟草产业盲目发展。

7.4.1.1　概念

烟叶税是指在中华人民共和国境内，以收购烟叶的单位收购烟叶实际支付的价款总额为计税依据的一种税。

7.4.1.2　历史沿革

中国古代对烟草征税始于明朝末年。鸦片战争后，随着烟草的大量种植和商品化，逐步加重了对烟草税的征收。随着中华人民共和国的成立和发展，烟叶税也随之逐渐成熟。新中国成立初期，我国确定对烟草公司收购的烟叶征税，1958 年我国颁布实施了《中华人民共和国农业税条例》（以下简称《农业税条例》），烟叶属于工商税制体系中农林特产税中的一种，其中对烟叶征收 50% 的税。后来，因面临烟叶生产不足的情况，为了调动烟农和当地政府的积极性，提高烟叶的产量，从 1966 年起，烟叶特产农业税的税率调低至 40%，同时计税依据也发生了相应的变化，即按当年的实际收购价格计税。从 1984 年起，烟叶隶属于当时的工商税制体系，税率下调为 38%。到 1994 年，进行税制改革，同年 1 月 30 日发布《国务院关于农业特产收入征收农业税的规定》，将原农林特产农业税与原产品税和工商统一税种的农林牧水产品税目合并，改为统一征收农业特产农业税，烟叶特产农业税的税率得到进一步下调，为 31%，并规定对烟叶在收购环节征收，进一步控制了烟叶的发展，让地方政府减轻了对烟叶的重视程度。到 1998 年，烟叶特产农业税的税率继续降低至 20%，以控制烟叶的生产。

2005 年 12 月 29 日，第十届全国人大常委会第十九次会议决定，自 2006 年 1 月 1 日起《农业税条例》废止，同年 4 月 28 日，国务院公布了《中华人民共和国烟叶税暂行条例》，并自公布之日起施行，自此，烟叶税得以开征，也成为一个独立的税种，取代了原烟叶特产农业税。2017 年 9 月 28 日十二届全国人大常委会第二十九次会议审议了《中华人民共和国烟叶税法（草案）》，同年 12 月 27 日第十二届全国人民代表大会常务委员会第三十一次会议通过了《中华人民共和国烟叶税法》，自 2018 年 7 月 1 日起施行。

7.4.2 纳税人、征税范围和税率

7.4.2.1 纳税人

在中华人民共和国境内，依照《中华人民共和国烟草专卖法》的规定，收购烟叶的单位为烟叶税的纳税人。

7.4.2.2 征税范围

烟叶税的征税范围包括烤烟叶、晾晒烟叶。

7.4.2.3 税率

烟叶税实行比例税率，其税率为 20%。

7.4.3 计税依据和应纳税额的计算

7.4.3.1 计税依据

烟叶税的计税依据为纳税人收购烟叶实际支付的价款总额。

7.4.3.2 应纳税额的计算

烟叶税的应纳税额按照纳税人收购烟叶实际支付的价款总额乘以税率计算。

$$应纳税额 = 实际支付价款 \times 税率$$

纳税人收购烟叶实际支付的价款总额包括纳税人支付给烟叶生产销售单位和个人的烟叶收购价款和价外补贴。其中，价外补贴统一按烟叶收购价款的10%计算。

$$实际支付价款 = 收购价款 + 价外补贴 = 收购价款 \times (1 + 10\%)$$

【例7-3】云南省某烟草公司2021年5月6日到邻县收购烟草支付价款88万元，另向烟农支付了10%价外补贴，烟草公司5月收购烟叶应缴纳烟叶税多少万元？

【解析】

烟草公司5月收购烟叶应纳税额 $= 88 \times (1 + 10\%) \times 20\% = 19.36$（万元）

7.4.4 征收管理

烟叶税的征收管理，依照《中华人民共和国税收征收管理法》和《中华人民共和国烟叶税法》的有关规定执行。

7.4.4.1 纳税义务发生的时间

烟叶税的纳税义务发生时间为纳税人收购烟叶的当日[①]。

7.4.4.2 纳税地点

纳税人应当向烟叶收购地的主管税务机关申报缴纳烟叶税。

7.4.4.3 纳税期限

烟叶税按月计征，纳税人应当于纳税义务发生月终了之日起15日内申报

---

① 收购烟叶的当日，是指纳税人向烟叶销售者付讫收购烟叶款项或者开具收购烟叶凭据的当日。

并缴纳税款①。

7.5 城市维护建设税及教育费附加

7.5.1 城市维护建设税

7.5.1.1 城市维护建设税概述

城市维护建设税是对从事工商经营，缴纳增值税、消费税的单位和个人征收的一种附加税，是国家为加强城市的维护建设而征收的一种税。②

1. 概念

城市维护建设税是指对在中华人民共和国境内缴纳增值税、消费税的单位和个人征收的一种附加税。

2. 历史沿革

1985 年 2 月 8 日，国务院颁布《中华人民共和国城市维护建设税暂行条例》，并于 1985 年 1 月 1 日在全国范围内施行。而在 1979 年以前，当时的工商税附加、城市公用事业附加和国家下拨城市维护费组成我国用于城市维护建设的资金。2020 年 8 月 11 日，第十三届全国人大常委会第二十一次会议表决通过《中华人民共和国城市维护建设税法》，自 2021 年 9 月 1 日起施行，此次立法进一步加强税制建设和落实税收法定，有利于提升税收遵从度，强化税收治理效能。

3. 特点

（1）属于附加税。城市维护建设税以纳税人依法实际缴纳的增值税、消费税税额为计税依据，没有特定的课税对象。

（2）税款用途有特定的目的。城市维护建设税所征税款专款专用，具有特定的目的，用来保障城市公用事业和公共设施的维护和建设。

---

① 按照《民法典》第十章，第 201 条：按照年、月、日计算期间的，开始的当日不计入，自下一日开始计算。

② 根据国家统计局数据，近十年来，城市维护建设税在国家税收收入中的占比保持在 3% 左右，2011～2019 年，占比分别为 3.10%、3.11%、3.09%、3.06%、3.11%、3.09%、3.02%、3.09% 和 3.05%。

（3）实行差别比例税率。城市维护建设税根据城镇规模不同，设计不同比例税率，较好地适应了不同规模城市建设的资金需要。

（4）征税范围较广。根据其计税依据，一般而言，缴纳增值税、消费税的纳税人就要缴纳城市维护建设税。

7.5.1.2 纳税人、征税范围和税率

1. 纳税人

在中华人民共和国境内缴纳增值税、消费税的单位和个人，为城市维护建设税的纳税人。

城市维护建设税的扣缴义务人为负有增值税、消费税扣缴义务的单位和个人，在扣缴增值税、消费税的同时扣缴城市维护建设税。

城市维护建设税的代扣代缴、代收代缴，一律比照增值税、消费税的有关规定办理。增值税、消费税的代扣代缴、代收代缴义务人同时也是城市维护建设税的代扣代缴、代收代缴义务人。

2. 征税范围

城市维护建设税的征收范围较广，具体包括市区、县城、建制镇，以及税法规定的其他地区。①

3. 税率

（1）纳税人所在地在市区的，税率为7%。

（2）纳税人所在地在县城、镇的，税率为5%。

（3）纳税人所在地不在市区、县城或者镇的，税率为1%。

城市维护建设税税率，如表7-5所示。

表7-5　　　　　　　城市维护建设税税率　　　　　单位：%

纳税人所在地	税率
市区	7
县城、镇	5
不在市区、县城或者镇	1

注：所称纳税人所在地，是指纳税人住所地或者与纳税人生产经营活动相关的其他地点，具体地点由省、自治区、直辖市确定。

———————

① 对进口货物或者境外单位和个人向境内销售劳务、服务、无形资产缴纳的增值税、消费税税额，不征收城市维护建设税。

7.5.1.3 计税依据和应纳税额的计算

1. 计税依据

城市维护建设税以纳税人依法实际缴纳的增值税、消费税税额为计税依据。同时其计税依据应当按照规定扣除期末留抵退税退还的增值税税额。此外，城市维护建设税的计税依据还应考虑以下情况：

（1）纳税人违反增值税、消费税有关税法规定而加收的滞纳金和罚款，是税务机关对纳税人违法行为的经济制裁，不作为城市维护建设税的计税依据；但纳税人在被查补增值税、消费税并被处以罚款时，应同时对其偷漏的城市维护建设税进行补税、征收滞纳金、并处罚款。

（2）城市维护建设税以增值税、消费税税额为计税依据并同时征收，如果要免征或者减征增值税、消费税，也就要同时免征或者减征城市维护建设税。但对出口产品退还增值税、消费税的，不退还已缴纳的城市维护建设税。

（3）城市维护建设税计税依据的具体确定办法，由国务院依据《中华人民共和国城市维护建设税法》、有关税收法律和行政法规规定，报全国人民代表大会常务委员会备案。

2. 应纳税额的计算

城市维护建设税的应纳税额按照计税依据乘以具体适用税率计算。

$$应纳税额 = 纳税人实际缴纳的增值税、消费税税额 \times 适用税率$$

【例7-4】位于某市区的一家企业，2021年4月实际缴纳增值税60 000元、消费税20 000元。计算该企业应纳的城市维护建设税税额。

【解析】

该企业应纳的城市维护建设税 = (60 000 + 20 000) × 7% = 5 600（元）

7.5.1.4 税收优惠

根据国民经济和社会发展的需要，国务院对重大公共基础设施建设、特殊产业和群体以及重大突发事件应对等情形可以规定减征或者免征城市维护建设税，报全国人民代表大会常务委员会备案。

7.5.1.5 征收管理

1. 纳税义务发生的时间

城市维护建设税的纳税义务发生时间与增值税、消费税的纳税义务发生时间一致，分别与增值税、消费税同时缴纳。

2. 纳税地点

城市维护建设税以纳税人实际缴纳的增值税、消费税税额为计税依据，分别与增值税、消费税同时缴纳。所以，一般而言，纳税人缴纳增值税、消费税的地点就是该纳税人缴纳城市维护建设税的地点。

3. 纳税期限

由于城市维护建设税是由纳税人在缴纳增值税、消费税时同时缴纳的，所以其纳税期限分别与增值税、消费税的纳税期限一致。根据增值税法和消费税法的规定，增值税、消费税的纳税期限分别为 1 日、3 日、5 日、10 日、15 日或者1 个月。增值税、消费税的纳税人的具体纳税期限，由主管税务机关根据纳税人应纳税额大小分别核定；不能按照固定期限纳税的，可以按次纳税。

7.5.2　教育费附加和地方教育附加

7.5.2.1　教育费附加和地方教育附加概述

教育费附加和地方教育附加是对缴纳增值税、消费税的单位和个人，就其实际缴纳的税额为计算依据征收的一种附加费。其是为加快地方教育事业、扩大地方教育经费的资金而征收的一项专用基金。是以单位和个人缴纳的增值税、消费税税额为计税依据的一种附加费，具有税的性质。

7.5.2.2　缴款人、征收范围和征收比率

1. 缴款人

凡缴纳消费税、增值税的单位和个人，除按照《国务院关于筹措农村学校办学经费的通知》的规定，缴纳农村教育事业费附加的单位外，都应当缴纳教育费附加。

2. 征收范围

教育费附加和地方教育附加对缴纳增值税、消费税的单位和个人征收。

3. 征收比率

现行教育费附加征收比率为 3%，地方教育附加征收比率从 2010 年起统一为 2%。

7.5.2.3　计征依据和计算

1. 计征依据

以实际缴纳的增值税、消费税税款为计征依据，分别与增值税、消费税同

时缴纳。

2. 计算

教育费附加和地方教育附加的计算公式为：

$$\text{应纳教育费附加或} \atop \text{地方教育附加} = {\text{实际缴纳的增值税、} \atop \text{消费税税额}} \times {\text{征收比率} \atop (2\% \text{或} 3\%)}$$

【例 7 - 5】某企业 2021 年 3 月实际缴纳增值税 20 000 元，缴纳消费税 10 000 元。计算该企业应缴纳的教育费附加和地方教育附加。

【解析】

$$\text{该企业应纳教育费附加和地方教育附加} = (20\ 000 + 10\ 000) \times (3\% + 2\%)$$
$$= 1\ 500\ （元）$$

7.5.2.4 减免规定

（1）对海关进口的产品征收的增值税、消费税，不征收教育费附加。

（2）对由于减免增值税、消费税而发生退税的，可同时退还已征收的教育费附加。但对出口产品退还增值税、消费税的，不退还已征的教育费附加。

（3）对国家重大水利工程建设基金免征教育费附加。

（4）自 2016 年 2 月 1 日起，按月纳税的月销售额或营业额不超过 10 万元（按季度纳税的季度销售额或营业额不超过 30 万元）的缴纳义务人，免征教育费附加、地方教育附加。

7.6 环境保护税

7.6.1 环境保护税概述

环境保护税是对在我国领域及管辖的其他海域直接向环境排放应税污染物的企业事业单位和其他生产经营者征收的一种税。征收环保税的目的在于保护和改善环境，减少污染物排放，推进生态文明建设。此外，环境保护税的征收既可以促使企业改变自身的生产方式，实现由粗放型向集约型转变，也可以促使消费者的消费方式由传统型向绿色型转变，能够强化企业治污减排的责任，提高纳税人的环保意识，推动社会的可持续发展，推进国家治理体系和治理能力现代化。

7.6.1.1 概念

环境保护税是指对在中华人民共和国领域和中华人民共和国管辖的其他海域，直接向环境排放应税污染物的企业事业单位和其他生产经营者产生大气污染物、水污染物、固体废物和噪声的行为征收税款的一种税。

7.6.1.2 历史沿革

1978 年 12 月 31 日，中共中央批转了国务院环境保护领导小组的《环境保护工作汇报要点》，第一次正式提出实施排污收费制度，在次年 9 月颁布的《中华人民共和国环境保护法（试行）》中，得以明确规定。1982 年 2 月 5 日，国务院批准并发布了《征收排污费暂行办法》，并于当年 7 月 1 日在全国范围内施行，标志着排污收费制度在中国正式建立。至 2002 年期间，我国分别对工业燃煤二氧化硫、污水征收排污费，以控制日益严重的酸雨和污染物。2002 年 1 月 30 日，国务院第 54 次常务会议通过了《排污费征收使用管理条例》，自 2003 年 7 月 1 日起施行，调整了我国排污费征收标准。

2016 年 8 月 29 日，《中华人民共和国环境保护税法（草案）》首次提请全国人民代表大会常务委员会审议，该草案提出在我国开征环境保护税。同年 12 月 25 日，第十二届全国人民代表大会常务委员会第二十五次会议表决通过了《中华人民共和国环境保护税法》，自 2018 年 1 月 1 日起施行，排污费正式退出历史舞台。2017 年国务院印发《关于环境保护税收入归属问题的通知》，明确环境保护税为地方收入，以促进各地保护和改善环境、增加环境保护投入。

7.6.1.3 环境保护税的特点

（1）属于调节型税种。环境保护税的首要作用是为了减少污染物排放，而非增加财政收入，属于特定行为税。

（2）属于综合型环境税。环境保护税的征税范围广，包括大气污染物、水污染物、固体废物和噪声四大类，与对单一污染物征收的税种不同，属于综合型环境税。

（3）属于直接排放税。环境保护税的纳税人指在中华人民共和国领域和中华人民共和国管辖的其他海域，直接向环境排放应税污染物的企业事业单位和其他生产经营者。

7.6.2　纳税人、征税范围和税率

7.6.2.1　纳税人

在中华人民共和国领域和中华人民共和国管辖的其他海域，直接向环境排放应税污染物的企业事业单位和其他生产经营者为环境保护税的纳税人。

依法设立的城乡污水集中处理、生活垃圾集中处理场所超过国家和地方规定的排放标准向环境排放应税污染物的，应当缴纳环境保护税。企业事业单位和其他生产经营者贮存或者处置固体废物不符合国家和地方环境保护标准的，应当缴纳环境保护税。

有下列情形之一的，不属于直接向环境排放污染物，不缴纳相应的环境保护税：

（1）企业事业单位和其他生产经营者向依法设立的污水集中处理、生活垃圾集中处理场所排放应税污染物的。

（2）企业事业单位和其他生产经营者在符合国家和地方环境保护标准的设施、场所贮存或者处置固体废物的。

7.6.2.2　征税范围

环境保护税的征税范围包括《中华人民共和国环境保护税法》中所称的应税污染物，是指《中华人民共和国环境保护税法》所附《环境保护税税目税额表》《应税污染物和当量值表》规定的大气污染物、水污染物、固体废物和噪声，具体税目如表7-6所示。

表7-6　　　　　　　　　　　　　　环境保护税税目

类型	具体税目
大气污染物（共计44项）	大气污染物包括二氧化硫、氮氧化物、一氧化碳、氯气、氯化氢、氟化物、氰化氢、硫酸雾、铬酸雾、汞及其化合物、一般性粉尘、石棉尘、玻璃棉尘、碳黑尘、铅及其化合物、镉及其化合物、铍及其化合物、镍及其化合物、锡及其化合物、烟尘、苯、甲苯、二甲苯、苯并（a）芘、甲醛、乙醛、丙烯醛、甲醇、酚类、沥青烟、苯胺类、氯苯类、硝基苯、丙烯腈、氯乙烯、光气、硫化氢、氨、三甲胺、甲硫醇、甲硫醚、二甲二硫、苯乙烯、二硫化碳*

类型	具体税目
水污染物 （共计61项）	水污染物分为两类： 第一类水污染物包括总汞、总镉、总铬、六价铬、总砷、总铅、总镍、苯并（a）芘、总铍、总银 第二类水污染物包括悬浮物（SS）、生化需氧量（BOD5）、化学需氧量（COD-cr）、总有机碳（TOC）、石油类、动植物油、挥发酚、总氰化物、硫化物、氨氮、氟化物、甲醛、苯胺类、硝基苯类、阴离子表面活性剂（LAS）、总铜、总锌、总锰、彩色显影剂（CD-2）、总磷、单质磷（以P计）、有机磷农药（以P计）、乐果、甲基对硫磷、马拉硫磷、对硫磷、五氯酚及五氯酚钠（以五氯酚计）、三氯甲烷、可吸附有机卤化物（AOX）（以CI计）、四氯化碳、三氯乙烯、四氯乙烯、苯、甲苯、乙苯、邻-二甲苯、对-二甲苯、间-二甲苯、氯苯、邻二氯苯、对二氯苯、对硝基氯苯、2，4-二硝基氯苯、苯酚、间-甲酚、2，4-二氯酚、2，4，6-三氯酚、邻苯二甲酸二丁酯、邻苯二甲酸二辛酯、丙烯腈、总硒
固体废物	固体废物包括煤矸石、尾矿、危险废物、冶炼渣、粉煤灰、炉渣、其他固体废物（含半固态、液态废物）
噪声	应税噪声污染目前只包括工业噪声

注：*环境保护税的征税范围不包括温室气体二氧化碳。

7.6.2.3 税率

环境保护税采用定额税率，其中，对应税大气污染物和水污染物规定了幅度定额税率，具体适用税额的确定和调整由省、自治区、直辖市人民政府统筹考虑本地区环境承载能力、污染物排放现状和经济社会生态发展目标要求，在规定的税额幅度内提出，报同级人民代表大会常务委员会决定，并报全国人民代表大会常务委员会和国务院备案。环境保护税税目、税额具体如表7-7所示。

表7-7 环境保护税税目、税额表

税目		计税单位	税额	备注
大气污染物		每污染当量	1.2~12元	
水污染物		每污染当量	1.4~14元	
固体废物	煤矸石	每吨	5元	
	尾矿	每吨	15元	
	危险废物	每吨	1 000元	
	冶炼渣、粉煤灰、炉渣、其他固体废物（含半固态、液态废物）	每吨	25元	

续表

税目		计税单位	税额	备注
噪声	工业噪声	超标 1~3 分贝	每月 350 元	1. 一个单位边界上有多处噪声超标，根据最高一处超标声级计算应纳税额；当沿边界长度超过 100 米有两处以上噪声超标，按照两个单位计算应纳税额。 2. 一个单位有不同地点作业场所的，应当分别计算应纳税额，合并计征。 3. 昼、夜均超标的环境噪声，昼、夜分别计算应纳税额，累计计征。 4. 声源 1 个月内超标不足 15 天的，减半计算应纳税额。 5. 夜间频繁突发和夜间偶然突发厂界超标噪声，按等效声级和峰值噪声两种指标中超标分贝值高的一项计算应纳税额
		超标 4~6 分贝	每月 700 元	
		超标 7~9 分贝	每月 1 400 元	
		超标 10~12 分贝	每月 2 800 元	
		超标 13~15 分贝	每月 5 600 元	
		超标 16 分贝以上	每月 11 200 元	

注：污染当量，是指根据污染物或者污染排放活动对环境的有害程度以及处理的技术经济性，衡量不同污染物对环境污染的综合性指标或者计量单位。同一介质相同污染当量的不同污染物，其污染程度基本相当。

7.6.3　计税依据和应纳税额的计算

7.6.3.1　计税依据

应税污染物的计税依据，按照下列方法确定：

（1）应税大气污染物按照污染物排放量折合的污染当量数确定。

（2）应税水污染物按照污染物排放量折合的污染当量数确定。

（3）应税固体废物按照固体废物的排放量确定。

（4）应税噪声按照超过国家规定标准的分贝数确定。

【例 7-6】下列应税污染物中，按照污染物排放量折合的污染当量数作为环境保护税计税依据的有（　　　）。

A. 噪声　　　　　　　　　　B. 大气污染物

C. 固体废物　　　　　　　　D. 水污染物

【解析】BD

7.6.3.2　应税大气污染物、水污染物、固体废物的排放量和噪声分贝数的确定方法

应税大气污染物、水污染物、固体废物的排放量和噪声的分贝数，按照下

列方法和顺序计算：

（1）纳税人安装使用符合国家规定和监测规范的污染物自动监测设备的，按照污染物自动监测数据计算。

（2）纳税人未安装使用污染物自动监测设备的，按照监测机构出具的符合国家有关规定和监测规范的监测数据计算。

（3）因排放污染物种类多等原因不具备监测条件的，按照国务院环境保护主管部门规定的排污系数①、物料衡算②方法计算。

（4）不能按照上述第（1）项至第（2）项规定的方法计算的，按照省、自治区、直辖市人民政府环境保护主管部门规定的抽样测算的方法核定计算。

7.6.3.3 应纳税额的计算

环境保护税应纳税额按照下列方法计算：

（1）应税大气污染物的应纳税额为污染当量数乘以具体适用税额。

（2）应税水污染物的应纳税额为污染当量数乘以具体适用税额。

（3）应税固体废物的应纳税额为固体废物排放量乘以具体适用税额，其排放量为当期应税固体废物的产生量减去当期应税固体废物的贮存量、处置量、综合利用量的余额。

（4）应税噪声的应纳税额为超过国家规定标准的分贝数对应的具体适用税额。

$$污染当量数 = 排放量 \div 污染当量值$$
$$应纳税额 = 污染当量数 \times 适用税额$$

7.6.4 税收优惠

7.6.4.1 存在下列情形，暂予免征环境保护税

（1）农业生产（不包括规模化养殖）排放应税污染物的。

（2）机动车、铁路机车、非道路移动机械、船舶和航空器等流动污染源排放应税污染物的。

（3）依法设立的城乡污水集中处理、生活垃圾集中处理场所排放相应应

---

① 排污系数，是指在正常技术经济和管理条件下，生产单位产品所应排放的污染物量的统计平均值。

② 物料衡算，是指根据物质质量守恒原理对生产过程中使用的原料、生产的产品和产生的废物等进行测算的一种方法。

税污染物，不超过国家和地方规定的排放标准的。

（4）纳税人综合利用的固体废物，符合国家和地方环境保护标准的。

（5）国务院批准免税的其他情形。

7.6.4.2 存在下列情形，给予环境保护税减征

纳税人排放应税大气污染物或者水污染物的浓度值低于国家和地方规定的污染物排放标准30%的，减按75%征收环境保护税。纳税人排放应税大气污染物或者水污染物的浓度值低于国家和地方规定的污染物排放标准50%的，减按50%征收环境保护税。

7.6.5 征收管理

环境保护税采用"企业申报、税务征收、环保协同、信息共享"的征管方式。纳税人应当依法如实办理纳税申报，对申报的真实性和完整性承担责任；由税务机关依照《中华人民共和国税收征收管理法》和《中华人民共和国环境保护税法》的有关规定征收管理。环境保护主管部门依照《中华人民共和国环境保护税法》和有关环境保护法律法规的规定负责对污染物的监测管理。县级以上地方人民政府应当建立税务机关、环境保护主管部门和其他相关单位分工协作工作机制，加强环境保护税征收管理，保障税款及时足额入库；环境保护主管部门和税务机关应当建立涉税信息共享平台和工作配合机制，定期交换有关纳税信息资料。

7.6.5.1 纳税义务发生的时间

环境保护税纳税义务发生时间为纳税人排放应税污染物的当日。环境保护税按月计算，按季申报缴纳。不能按固定期限计算缴纳的，可以按次申报缴纳。

7.6.5.2 纳税地点

纳税人应当向应税污染物排放地的税务机关申报缴纳环境保护税。应税污染物排放地，是指应税大气污染物、水污染物排放口所在地；应税固体废物产生地；应税噪声产生地。

纳税人跨区域排放应税污染物，税务机关对税收征收管辖有争议的，由争议各方按照有利于征收管理的原则协商解决。

纳税人从事海洋工程向中华人民共和国管辖海域排放应税大气污染物、水

污染物或者固体废物，申报缴纳环境保护税的具体办法，由国务院税务主管部门会同国务院海洋主管部门规定。

7.6.5.3 纳税期限

纳税人按季申报缴纳的，应当自季度终了之日起 15 日内，向税务机关办理纳税申报并缴纳税款。纳税人按次申报缴纳的，应当自纳税义务发生之日起 15 日内，向税务机关办理纳税申报并缴纳税款。

纳税人应当依法如实办理纳税申报，对申报的真实性和完整性承担责任。

纳税人申报缴纳时，应当向税务机关报送所排放应税污染物的种类、数量，大气污染物、水污染物的浓度值，以及税务机关根据实际需要要求纳税人报送的其他纳税资料。

第 8 章

税收征收管理

实践案例
与习题

税收征收管理（以下简称"税收征管"）是整个税务管理活动的中心环节；是实现税收征收目标，贯彻国家政策，指导、监督纳税人正确履行纳税义务，发挥税收支柱性作用的重要工作。"十四五"时期，我国更加重视税收征管的体系化建设，积极推动税收征管的"合作""合并"至"合成"，大大提升了我国的税收治理效能。

思政案例

加快信息化步伐，提升税收征管效能

党的十八大以来，为持续推进"放管服"改革和优化税收营商环境，税务部门持续加快税收征管信息化步伐，提升税收征管效能。不断优化以数据治理为重心的税收信息化征管体系，基本实现了经验管理向大数据管理的转变，初步构建了以推行纳税人自主申报纳税、提供优质便捷办税服务为前提，以分类分级管理为基础，以税收风险管理为导向，以现代信息技术为依托的节约、高效的现代税收征管方式。2021 年 3 月，中办、国办印发《关于进一步深化税收征管改革的意见》（以下简称《意见》），提出了今后一段时期我国税收征管改革的时间表和路线图，为进一步推进我国税收征管现代化，尤其是为推进"十四五"期间的征管改革，勾画出一幅清晰的蓝图，大大增强了税收在国家治理中的基础性、支柱性、保障性作用。

【案例分析】中国共产党成立一百年来，税收始终是党奋斗历程的重要组成部分。百年来，加强和改进税收征管，始终是税收工作的重要主题。中国税收征管体制历经改革发展，不断迈向现代化，为税收职能的发挥提供了有力保障，为中国革命和建设事业作出了积极贡献。

【案例思考】结合《意见》相关内容，谈谈你对下一步我国税收征管改革的认识。

8.1　税收征收管理概述

8.1.1　税收征管的基本内涵

8.1.1.1　税收征管的概念

税收征管是指国家及其税务机关依据税法、税收征管法等法律法规指导纳税人正确履行纳税义务，并对征税和纳税过程进行组织、管理、监督、检查等一系列工作的总称。税收征管与税收分配活动一起产生和发展，存在于税收分配活动全过程。

8.1.1.2　税收征管的原则

1. 依法征管的原则

税收征管工作是贯彻执行国家税收法律、法规的过程，征税主体的征税权和纳税主体的纳税义务的确定都必须以相关法律规定为依据。征税权的行使必须限定在法律规定的范围内，因此，税务机关必须依照税法规定的标准和程序进行征税，不得在征管过程中随意改变或靠主观判断行事，违者将依法承担相应责任。

2. 有利于经济发展的原则

税收作为财政收入的一种形式，不仅要考虑组织财政收入目标的实现，更要考虑税收征管活动对经济发展的影响，且应站在整体经济的高度全面考虑，不能脱离开经济而就税收论税收。因此，从税收政策的制定到税收政策的执行，都应考虑可能对经济产生的影响，充分评估税收的经济效应。

3. 质量和效率相统一的原则

在税收征管工作中，还必须遵循征管质量与征管效率相统一的原则。征管质量追求的是贯彻税法、应收尽收；征管效率讲求的是以最小的税收成本取得最大的税收收入。两者是一对矛盾统一体，税收征管工作就是要在两者之间找到一个平衡点，两者都不可偏废，争取在保证税收征管质量的基础上尽量提高税收征管效率。

4. 尊重纳税人权利的原则

国家为了满足社会管理的需要，通过税法的形式将税收征收权力配置给了国家税务机关，同时为了加强对税收行政权力的约束，防止行政权力的无限制膨胀，也赋予了纳税人一定的权利，如知情权、复议权等。但为了保证税收征收目的的实现，税务机关的征税权力与纳税人所享有的权利并不对等，征税权力享有较为优越的条件，如对税款的强制执行权、税款保全权、优先权等，但这并不能否定纳税人权利的重要性。因此，在税收执法中，要充分尊重纳税人的权利，文明执法，优质服务，保护纳税人权益。

8.1.1.3 税收征管的作用

税收征管的作用就是保证税收职能得以实现[①]。具体来说，包括以下三个方面。

1. 保证税收财政职能得以实现

税收是财政收入的主要来源，在国家筹集资金方面起到了重要的作用。而税收征管过程实际上就是严格执行税法、确保财政收入的过程，从而有利于保证财政职能的实现。虽然税收收入的多少主要取决于一个国家一定时期内的经济状况，以及科学合理的税法、税收政策和税收制度。但是，良好的国民经济状况和科学合理的税法、税收政策和税收制度并不等于一定会增加财政收入，因为可能有的纳税人依法纳税观念淡薄，往往从自身利益出发，采取各种手段偷逃税款，造成财政收入的减少。因此，要完成税收组织收入任务，必须加强税收征管，保证国家行使职能的资金需要。

2. 保证税收调节职能得以实现

税收具有调节经济的作用，是国家进行宏观调控的重要工具。它通过设置税种、选择课税对象、设置高低不同的税率以及减免税等手段，调节产品结构、产业结构、分配结构和消费结构，调节生产并指导消费。但是，税收调节经济的职能和调节作用并不是自然而然地发生作用的，它除了要受宏观经济状况的制约外，还受税收管理者的影响。因此，通过税收征管可使征收机关了解纳税人对税法、税收政策和税收制度的履行情况，了解国民经济的发展状况，了解税制是否符合客观经济情况，从而把税收信息及时地反馈给国家决策机关，以调整税收政策、修订税法、改革税制，使税收分配与国民经济的运行相吻合，更好地发挥税收的调节职能和调节经济的作用。

---

① 范立新. 中国税务大词典 ［M］. 北京：中国税务出版社，2011：221 – 222.

3. 保证税收监督职能得以实现

征税的过程实际上也是税务机关实施管理、监督的过程。征收税款必须要了解纳税人的生产经营情况、财务分配状况、个人收入状况以及遵守、执行税收法规的情况，对违反税法的行为给予经济和法律制裁或行政处罚，以制止违法行为的发生。要实现税收的监督职能，发挥税收的监督作用，就要通过税务登记、账簿与凭证的管理、纳税申报、税款征收、纳税检查以及税收计划、税收会计、税收统计等管理活动，对税收分配过程实施有效的监督。

专栏 8－1

税收征管模式及其历史演进

税收征管模式是在一定的政治、经济、技术、文化等背景下，税务机关采取的相对固定的工作格局，是税收征管组织机构、征管人员、征管流程、征管形式、征管方法和征管技术等要素的一种规范性组合。科学、先进的税收征管模式，是提高税收征管工作质量和效率的重要保证。

具体的税收征管模式与每个时期的政治、经济和社会息息相关，是伴随着大环境的变动，经历不断发展的过程。从新中国成立初期到 20 世纪 80 年代中期，我国的税收征管实行的是"一员进厂、各税统管，集征、管、查于一身"的模式，这种模式适应了当时简化的税收制度。1988 年，在吉林、湖北、河北等地开始试点，探索建立了"征管、检查"两分离和"征收、管理、检查"三分离的征管模式，标志着税收征管逐步从"人治"转向"法治"。1994 年后逐步确立了"以申报纳税和优化服务为基础，以计算机网络为依托，集中征收，重点稽查"的税收征管模式，2004 年在此基础上增加了"强化管理"4 个字。

资料来源：国家税务总局．姚嘉民：加快信息化步伐 提升税务执法水平［EB/OL］．［2021－08－16］．http：//www. chinatax. gov. cn/chinatax/n810219/n810744/c101763/c101790/c5167912/content. html.

8.1.2　税收征收管理范围划分

目前，中国的税收征收管理工作分别由财政部、国家税务总局和海关总署负责①。

---

① 刘佐．中国税制概览［M］．北京：经济科学出版社，2021：430－443.

8.1.2.1 财政部税收征收管理范围划分

财政部是中国国务院的组成部门，其主要职责中与税收直接相关的内容包括：拟订财税发展战略、规划政策和改革方案，并组织实施；分析预测宏观经济形势，参与制定宏观经济政策，提出运用财税政策实施宏观调控和综合平衡社会财力的建议；拟定中央与地方、国家与企业的分配政策；完善鼓励公益事业发展的财税政策；负责组织起草税收法律、行政法规草案及其实施细则和税收政策调整方案；参加涉外税收谈判，签订涉外税收协议、协定草案，提出关税和进口税收政策，组织制定免税行业政策和有关管理制度；拟订关税谈判方案，参加有关关税谈判，提出征收特别关税的建议，承担国务院关税税则委员会的具体工作。

8.1.2.2 国家税务总局税收征收管理范围划分

国家税务总局是中国国务院主管税收工作的部级直属机构，其主要职责是：

（1）拟定税收法律法规草案，制定实施细则，提出税收政策建议，与财政部共同上报和下发，制订贯彻落实的措施。负责解释税收法律、法规执行过程中的征收管理和一般性税政问题，事后向财政部备案。

（2）组织实施税收、社会保险费和其他规定的非税政府收入的征收管理。

（3）参与研究宏观经济政策、中央与地方的税权划分，提出完善分税制的建议。研究税负总水平，提出运用税收手段进行宏观调控的建议。

（4）组织实施税收征收管理体制改革，起草税收征收管理法律、法规草案，制定实施细则，制定和监督执行税收业务、征收管理的规章制度，监督、检查税收法律、法规和政策的贯彻执行。

（5）规划和组织实施纳税服务体系建设，制定纳税服务管理制度，规范纳税服务行为，制定和监督执行纳税人权益保障制度，保护纳税人的合法权益，履行提供便捷、优质、高效纳税服务的义务，组织实施税法宣传，拟订注册税务师管理政策并监督实施。

（6）组织实施纳税人分类管理和专业化服务、大企业的纳税服务和税源管理。

（7）编报税收收入中长期规划和年度计划，开展税源调查，加强税收收入的分析和预测，组织办理税收减免等具体事项。

（8）制定税收管理信息化制度，拟订税收管理信息化建设中长期规划，组织实施金税工程建设。

（9）开展税收领域的国际交流和合作，参加国家（地区）间税收关系谈判，签订和执行有关的协议、协定。

（10）办理进出口货物的增值税、消费税征收和退税业务。

（11）以国家税务总局为主、与各省、自治区、直辖市党委和政府对全国税务系统实行双重领导。

（12）承办中共中央、国务院交办的其他事项。

国家税务总局局长、副局长均由国务院任命，另有总经济师、总会计师和总审计师各1名。局内设置18个司级部门，每个部门下设若干个处级单位（见图8－1）。

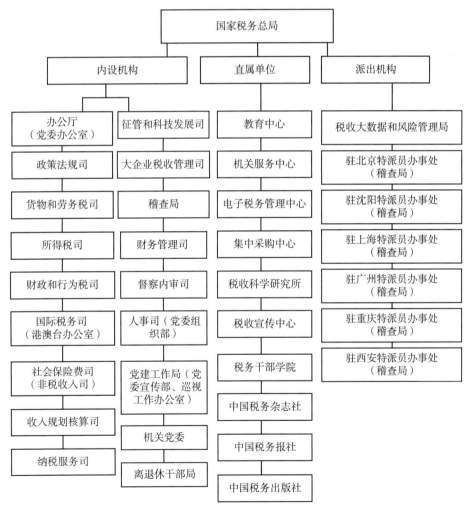

图 8 － 1　国家税务总局组织机构

资料来源：刘佐. 中国税制概览［M］. 北京：经济科学出版社，2021：449.

8.1.2.3　海关总署税收征收管理范围划分

海关总署是中国国务院主管全国海关工作的部级直属机构，署长、副署长均由国务院任命，其主要职责是负责进出口关税和其他税费征收管理。拟定征管制度，制定进出口商品分类目录，并组织实施和解释。牵头开展多双边原产地规则对外谈判，拟订进出口商品原产地规则，并依法负责签证管理等组织实施工作。依法执行反倾销和反补贴措施、保障措施和其他关税措施。

海关系统实行垂直管理体制。海关总署下设广东分署，天津、上海特派员办事处，42 个直属海关，742 个隶属海关、办事处，并在中国驻欧盟使团和中国驻俄罗斯、美国大使馆等机构派驻海关机构。

8.1.3　税收征管的法律依据

税收征管的法律依据主要是《中华人民共和国税收征收管理法》（以下简称《税收征管法》）及《中华人民共和国税收征收管理法实施细则》（以下简称《税收征管法实施细则》）[①]。

8.1.3.1　《税收征管法》的概念及其适用范围

1. 《税收征管法》的概念

《税收征管法》指调整税收征收与管理过程中所发生的社会关系的法律规范的总称。《税收征管法》属于税收程序法，它是以规定税收实体法中所确定的权利义务的履行程序为主要内容的法律规范，是税法的有机组成部分。《税收征管法》不仅是纳税人全面履行纳税义务必须遵守的法律准则，还是税务机关履行征税职责的法律依据[②]。《税收征管法》是中华人民共和国成立后的第一部税收程序法，也是我国税收征管的基本法。

2. 《税收征管法》的适用范围

凡依法由税务机关征收的各种税收的征收管理，均适用《税收征管法》。就现行有效税种而言，增值税、消费税、企业所得税、个人所得税、资源税、城镇土地使用税、土地增值税、车船税、车辆购置税、房产税、印花税、城市维护建设税、环境保护税等税种的征收管理适用《税收征管法》。

---

① 除《税收征管法》以外，我国与税收征管相关的法律法规还有《中华人民共和国发票管理办法》《税务登记管理办法》《中华人民共和国发票管理办法实施细则》《税务行政复议规则》等，本书主要介绍《税收征管法》。

② 财政部会计资格评价中心. 经济法基础［M］. 北京：经济科学出版社，2020：291.

由海关负责征收的关税以及海关代征的进口环节的增值税、消费税，依照法律、行政法规的有关规定执行。

我国同外国缔结的有关税收的条约、协定同《税收征管法》有不同规定的，依照条约、协定的规定办理。

8.1.3.2　《税收征管法》的修订历程

《税收征管法》于1992年9月4日经第七届全国人民代表大会常务委员会第二十七次会议通过，自1993年1月1日正式施行以来，分别于1995年、2001年、2013年和2015年进行了修订。1995年第1次修订《税收征管法》，因为1994年分税制改革后，省级以下税务机关分立为国家税务局和地方税务局，在对发票印制的管理上发生了矛盾，所以这次修订只明确了发票印制的管理机关。2001年对《税收征管法》的修订是一次大修，不仅增加了32条法律条文，还修改了原来的法条90余处。这一次修订顺应已经发生巨大转变的政治经济形势、财税管理体制及人民权利意识，着重增加和修订了保护纳税人合法权益的条文，明确了纳税人的合法权利及法律主体地位，平衡了纳税人和税务机关之间的关系。随着信息时代的到来，企业的经营模式愈加复杂，纳税人权利意识进一步增强，传统的税收征收方式难以适应高度信息化的社会方式。为了简化纳税人税务登记流程，2013年《税收征管法》进行了第3次修订，要求税务机关于收到纳税人税务登记申报的当天办理税务登记并送达登记证件。2015年，为了进一步提高纳税人税务办理效率，《税收征管法》的第4次修订直接免除了纳税人在依法办理减税免税时先向税务机关申请、由税务机关审批的步骤。总的来说，《税收征管法》自诞生起至每次修订，都以优化税收征管制度、保障纳税人合法权益、平衡纳税人与税务机关关系为出发点，都促进了我国税收法律体系向更加成熟迈进。

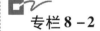

专栏 8 - 2

聚焦2015年新一轮《税收征管法》的修订

伴随中共十八届三中、四中全会提出的财税治理与依法治理理念的双向结合，以及中国近年来面临的经济下行压力，亟须一场深化财税体制革命。在中国经济发展的现实背景下，继2013年6月首次向社会公开征求意见之后，2015年伊始，国务院法制办就《税收征收管理法修订草案（征求意见稿）》再次公开征求意见。不同于2013年的小修小补，2015年的修订也真正体现了"全面修订""深化改革"的总体要求。

1. 修订的主要内容

首先，单从条目上看，从现行法律的六章、94 条大幅扩充到十一章、139 条，增加 46 条，修改 63 条，删除 2 条（第 11、第 29 条），未修改的只有 29 条。

其次，从章节结构上，将税务管理章节中第一节税务登记、第三节纳税申报单列一章，弃用税务管理和税款征收章节名称，增加凭证管理、信息披露、争议处理章节，维持现有的总则、税务检查、法律责任、附则等章节名称不变。

最后，从修订内容来看，主要包括五个方面：一是，增加对自然人纳税人的税收征管规定；二是，完善纳税人权益保护体系；三是，进一步规范税收征管行为；四是，实现与相关法律的衔接；五是，健全税务争议解决机制等。

2. 修订的主要特点

从理念方面来看，税收征管理念从"税收管理"转型为"税收治理"。主要表现在：第一，修订草案将"规范税收征收和缴纳行为"置于"加强税收征收管理"之前；第二，增加规定"推进税收治理现代化"；第三，加入"依据宪法制定本法"的立法依据规定。

从技术层面来看，税收征管技术从"人工纸质"迈进到"信息化技术"。进入 21 世纪以来，随着互联网在世界范围内的普及，经济发展呈现出信息化趋势，信息化科技也为税收征管带来了机遇和挑战。2015 年的修订对这一信息化趋势也积极作出了回应，在税收征管方面进行了一次信息化技术革命。无论是设置信息披露（第四章）专章，还是在其他征管措施规定中与信息化进行衔接，都反映了我国实现税收治理现代化中的信息化要求。

资料来源：黎江虹，黄家强．中国税收征管法修订新动向：理念跃迁、制度创新与技术革命［J］．广西大学学报（哲学社会科学版），2016，38（1）：118－124．

8.2 税收征收管理制度

8.2.1 税务管理制度

税务管理是指税务机关为了贯彻执行国家税收法律制度，加强税收工作，协调征税关系而对纳税人和扣缴义务人实施的基础性管理制度和管理行为。税务管理是税收征管的重要内容，是税款征收的前提和基础，主要包括税务登记管理，账簿、凭证管理，发票管理和纳税申报管理四个部分的内容。

8.2.1.1 税务登记制度

税务登记是税务机关对纳税人的生产、经营活动进行登记并据此对纳税人实施税务管理的一种法定制度，是税务机关对纳税人实施税收管理的首要环节和基础工作，是征纳双方法律关系成立的依据与证明，也是纳税人必须依法履行的义务。从税务登记申请人来看，凡在我国从事生产、经营，并经工商行政管理部门批准开业的纳税人，包括企业，企业在外地设立的分支机构和从事生产、经营的场所，个体工商户，从事生产、经营的事业单位以及上述规定以外的纳税人，除国家机关、个人和无固定生产经营场所的流动性农村小商贩外，应当按照《税收征管法》《税收征管法实施细则》以及《税务登记管理办法》的规定办理税务登记。此外，根据税收法律、行政法规规定的负有扣缴税款义务和扣缴义务人（国家机关除外），应当按照《税收征管法》《税收征管法实施细则》以及《税务登记管理办法》的规定办理扣缴税款登记。

从税务登记主管机关来看，县以上（含本级）税务局（分局）是税务登记的主管机关，负责税务登记的设立登记、变更登记、注销登记以及非正常户处理、报验登记等有关事项。县以上（含本级）税务局（分局）按照国务院规定的税收征收管理范围，实施属地管理，办理税务登记。有条件的城市，可以按照"各区分散受理、全市集中处理"的原则办理税务登记。

专栏 8 – 3

"多证合一"登记制度改革

为提升政府行政服务效率，降低市场主体创设的制度性交易成本，激发市场活力和社会创新力，国务院简政放权、放管结合、优化服务的"放管服"改革不断深化，登记制度改革从"三证合一"推进为"五证合一"，又进一步推进为"多证合一，一照一码"。即在全面实施企业、农民专业合作社工商营业执照、组织机构代码证、税务登记证、社会保险登记证、统计登记证"五证合一，一照一码"登记制度改革和个体工商户工业营业执照、税务登记证"两证整合"的基础上，将涉及企业、个体工商户和农民专业合作社（以下统称"企业"）登记、备案等有关事项和各类证照进一步整合到营业执照上，实现"多证合一，一照一码"。使"一照一码"营业执照成为企业唯一的"身份证"，使统一社会信用代码成为企业唯一的身份代码，实现企业"一照一码"走天下。

根据 2015 年国家税务总局《关于落实"三证合一"登记制度改革的通知》，自 2015 年 10 月 1 日起，新设立企业、农民专用合作社领取由工商行政管理部门核发加载法人和其他组织社会统一社会信用代码的营业执照后，无需再次进行税务登记，不再领取税务登记证。企业办理涉税事宜时，在完成补充信息采集后，凭加载统一代码的营业执照可代替税务登记证使用。工商登记"一个窗口"统一受理申请后，申请材料和登记信息在部门间共享，各部门数据互换、档案互认。除以上情形外，其他税务登记按照原有法律制度执行。改革前核发的原税务登记证件在过渡期继续有效。

根据国家税务总局 2016 年关于明确社会组织等纳税人使用统一社会信用代码及办理税务登记有关问题的通知，对于 2016 年 1 月 1 日以后在机构编制、民政部门登记设立并取得统一社会信用代码的纳税人，以 18 位统一社会信用代码为其纳税人识别号，按照现行规定办理税务登记，发放税务登记证件。

资料来源：（1）财政部会计资格评价中心.经济法基础［M］.北京：经济科学出版社，2020：294 - 295；（2）李淑萍，王萌.中国税制［M］.北京：高等教育出版社，2018：265 - 266.

根据国家税务总局印发的《税务登记管理办法》（2020 年版），我国税务登记制度大致包括设立登记，变更登记，停业、复业登记、注销登记、外出经营报验登记、证照管理、非正常户处理和法律责任。

1. 设立登记

1）开业税务登记的对象根据有关规定分为以下两类：

（1）领取营业执照从事生产、经营的纳税人。

①企业，即从事生产经营的单位或组织，包括国有、集体，私营企业，中外合资合作企业，外商独资企业，以及各种联营、联合、股份制企业等。

②企业在外地设立的分支机构和从事生产、经营的场所。

③个体工商户。

④从事生产、经营的事业单位。

（2）其他纳税人。前款规定的纳税人，除国家机关个人和无固定生产经营场所的流动性农村小商贩外，也应该按规定办理税务登记。

2）开业税务登记的时间和地点。

（1）企业在外地设立的分支机构和从事生产、经营的场所，个体工商户和从事生产、经营的事业单位（以下统称"从事生产、经营的纳税人"），向生产、经营所在地税务机关申报办理税务登记：

①从事生产、经营的纳税人领取工商营业执照的，应当自领取工商营业执照之日起30日内申报办理税务登记，税务机关发放税务登记证及副本。

②从事生产、经营的纳税人未办理工商营业执照但经有关部门批准设立的，应当自有关部门批准设立之日起30日内申报办理税务登记，税务机关发

放税务登记证及副本。

③从事生产、经营的纳税人未办理工商营业执照也未经有关部门批准设立的，应当自纳税义务发生之日起30日内申报办理税务登记，税务机关发放临时税务登记证及副本。

④有独立的生产经营权、在财务上独立核算并定期向发包人或者出租人上交承包费或租金的承包承租人，应当自承包承租合同签订之日起30日内，向其承包承租业务发生地税务机关申报办理税务登记，税务机关发放临时税务登记证及副本。

⑤境外企业在中国境内承包建筑、安装、装配、勘探工程和提供劳务的，应当自项目合同或协议签订之日起30日内，向项目所在地税务机关申报办理税务登记，税务机关发放临时税务登记证及副本。

（2）上述规定以外的其他纳税人，除国家机关、个人和无固定生产经营场所的流动性农村小商贩外，均应当自纳税义务发生之日起30日内，向纳税义务发生地税务机关申报办理税务登记，税务机关发放税务登记证及副本。

税务机关对纳税人税务登记地点发生争议的，由其共同的上级税务机关指定管辖。

3）税务登记表的内容。

纳税人在申报办理税务登记时，应如实填写税务登记表。

（1）单位名称、法定代表人或业主姓名及其居民身份证、护照或者其他合法证件的号码。

（2）住所、经营地点。

（3）登记注册类型。

（4）核算方式。

（5）生产经营方式。

（6）生产经营范围。

（7）注册资金（资本）、投资总额。

（8）生产经营期限。

（9）财务负责人及联系电话。

（10）国家税务总局确定的其他有关事项。

企业在外地的分支机构或者从事生产、经营的场所，还应当登记总机构名称地址、法人代表、主要业务范围、财务负责人。

4）纳税人办理税务登记时应提供的资料。

（1）工商营业执照或其他核准执业登记表复印件。

（2）有关合同、章程、协议书。

（3）法定代表人（负责人）或业主居民身份证、护照或者其他证明身份的合法证件。

（4）组织机构统一代码证书。

（5）其他需要提供的有关证件、资料，由省、自治区、直辖市税务机关确定。

2. 变更登记

变更税务登记，是纳税人税务登记内容发生重要变化时向税务机关申报办理的税务登记。

（1）变更税务登记的时间要求。

纳税人税务登记内容发生变化的，应当自向工商行政管理机关或者其他机关办理变更登记之日起 30 日内，持有关证件向原税务登记机关申报办理变更税务登记①。

（2）变更税务登记的程序、方法。

①申请。纳税人申请办理变更税务登记时，应向主管税务机关领取《税务登记变更表》，如实填写变更登记事项、变更登记前后的具体内容。

②提供相关证件、资料。

③税务登记变更表的内容。主要包括纳税人名称、变更项目、变更前内容、变更内容和上缴的证件情况。

④受理。税务机关对纳税人填报的表格及提交的附列资料、证件要进行认真审阅，在符合要求及资料证件提交齐全的情况下，予以受理。

⑤审核。主管税务机关对纳税人报送的已填登完毕的变更表及相关资料进行分类审核。

⑥发证。税务机关应当于受理当日办理变更税务登记。纳税人税务登记表和税务登记证中的内容都发生变更的，税务机关按变更后的内容重新发放税务登记证件；纳税人税务登记表的内容发生变更而税务登记证中的内容未发生变更的，税务机关不重新发放税务登记证件。

3. 停业、复业登记

（1）实行定期定额征收方式的个体工商户需要停业的，应当在停业前向税务机关申报办理停业登记，期限不得超过一年。

（2）纳税人在申报办理停业登记时，应如实填写《停业复业报告书》，说明停业理由、停业期限、停业前的纳税情况和发票的领、用、存情况，并结清

---

① 有关证件包括：工商登记变更表及工商营业执照、纳税人变更登记内容的有关证明文件、税务机关发放的原税务登记证件（登记证正、副本和登记表等）、其他有关资料。

应纳税款、滞纳金、罚款。税务机关应收存其《税务登记证》正（副）本、《发票领购簿》、未使用完的发票和其他税务证件。

（3）纳税人在停业期间发生纳税义务的，应当按照税收法律、行政法规的规定申报缴纳税款。

（4）纳税人应当于恢复生产经营之前，向税务机关申报办理复业登记，如实填写《停业复业报告书》，领回并启用《税务登记证》《发票领购簿》及其停业前领购的发票。

（5）纳税人停业期满不能及时恢复生产经营的，应当在停业期满前到税务机关办理延长停业登记，并如实填写《停业复业报告书》。

4. 注销税务登记

注销税务登记，则是指纳税人税务登记内容发生了根本性变化，需终止履行纳税义务时向税务机关申报办理的税务登记手续。

（1）纳税人发生解散、破产、撤销以及其他情形，依法终止纳税义务的，应当在向工商行政管理机关或者其他机关办理注销登记前，持有关证件和资料向原税务登记机关申报办理注销税务登记；按规定不需要在工商行政管理机关或者其他机关办理注册登记的，应当自有关机关批准或者宣告终止之日起 15 日内，持有关证件和资料向原税务登记机关申报办理注销税务登记。纳税人被工商行政管理机关吊销营业执照或者被其他机关予以撤销登记的，应当自营业执照被吊销或者被撤销登记之日起 15 日内，向原税务登记机关申报办理注销税务登记。

（2）纳税人因住所、经营地点变动，涉及改变税务登记机关的，应当在向工商行政管理机关或者其他机关申请办理变更、注销登记前，或者住所、经营地点变动前，持有关证件和资料，向原税务登记机关申报办理注销税务登记，并自注销税务登记之日起 30 日内向迁达地税务机关申报办理税务登记。

（3）境外企业在中国境内承包建筑、安装、装配、勘探工程和提供劳务的，应当在项目完工、离开中国前 15 日内，持有关证件和资料，向原税务登记机关申报办理注销税务登记。

（4）纳税人办理注销税务登记前，应当向税务机关提交相关证明文件和资料，结清应纳税款、多退（免）税款、滞纳金和罚款，缴销发票、税务登记证件和其他税务证件，经税务机关核准后，办理注销税务登记手续。

5. 外出经营报验登记

（1）纳税人到外县（市）临时从事生产经营活动的，应当在外出生产经营以前，持税务登记证向主管税务机关申请开具《外出经营活动税收管理证明》（以下简称《外管证》）。

（2）税务机关按照一地一证的原则，核发《外管证》，《外管证》的有效期限一般为 30 日，最长不得超过 180 天。

（3）纳税人应当在《外管证》注明地进行生产经营前向当地税务机关报验登记，并提交下列证件、资料：

①税务登记证件副本。

②《外管证》。

纳税人在《外管证》注明地销售货物的，除提交以上证件、资料外，应如实填写《外出经营货物报验单》，申报查验货物。

（4）纳税人外出经营活动结束，应当向经营地税务机关填报《外出经营活动情况申报表》，并结清税款、缴销发票。

（5）纳税人应当在《外管证》有效期届满后 10 日内，持《外管证》回原税务登记地税务机关办理《外管证》缴销手续。

6. 证照管理

（1）税务机关应当加强税务登记证件的管理，采取实地调查、上门验证等方法，或者结合税务部门和工商部门之间，以及国家税务局（分局）、地方税务局（分局）之间的信息交换比对进行税务登记证件的管理。

（2）税务登记证式样改变，需统一换发税务登记证的，由国家税务总局确定。

（3）纳税人、扣缴义务人遗失税务登记证件的，应当自遗失税务登记证件之日起 15 日内，书面报告主管税务机关，如实填写《税务登记证件遗失报告表》，并将纳税人的名称、税务登记证件名称、税务登记证件号码、税务登记证件有效期、发证机关名称在税务机关认可的报刊上作遗失声明，凭报刊上刊登的遗失声明向主管税务机关申请补办税务登记证件。

7. 非正常户处理

（1）已办理税务登记的纳税人未按照规定的期限申报纳税，在税务机关责令其期限改正后，逾期不改正的，税务机关应当派员实地核查，查无下落并且无法强制其履行纳税义务的，由检查人员制作非正常户认定书，存入纳税人档案税务机关暂停其税务登记证件、发票领购簿和发票的使用。

（2）纳税人被列入非正常户超过 3 个月的，税务机关可以宣布其税务登记证件失效，其应纳税款的追征仍按《税收征管法》及《税收征管法实施细则》的规定执行。

8. 法律责任

（1）纳税人未按照规定期限申报办理税务登记、变更或者注销登记的，税务机关应当自发现之日起 3 日内责令其限期改正，并依照《税收征管法》第六十条第一款的规定处罚。纳税人不办理税务登记的，税务机关应当自发现之日起 3 日内责令其限期改正；逾期不改正的，依照《税收征管法》第六十条第一款和第二款的规定处罚。

（2）纳税人未按照规定使用税务登记证件，或者转借、涂改、损毁、买卖、伪造税务登记证件的，依照《税收征管法》第六十条第三款的规定处罚。

（3）纳税人通过提供虚假的证明资料等手段，骗取税务登记证的，处 2 000 元以下的罚款；情节严重的，处 2 000 元以上 10 000 元以下的罚款。纳税人涉嫌其他违法行为的，按有关法律、行政法规的规定处理。

（4）扣缴义务人未按照规定办理扣缴税款登记的，税务机关应当自发现之日起 3 日内责令其限期改正，并可处以 2 000 元以下的罚款。

（5）纳税人、扣缴义务人违反本办法规定，拒不接受税务机关处理的，税务机关可以收缴其发票或者停止向其发售发票。

（6）税务人员徇私舞弊或者玩忽职守，违反本办法规定为纳税人办理税务登记相关手续，或者滥用职权，故意刁难纳税人、扣缴义务人的，调离工作岗位，并依法给予行政处分。

专栏 8 - 4

税务登记的作用和管理

1. 税务登记的作用

除按照规定不需要发给税务登记证件的以外，纳税人办理下列事项时，必须持以下税务登记证件：

（1）开立银行账户。

（2）申请减税、免税、退税。

（3）申请办理延期申报、延期缴纳税款。

（4）领购发票。

（5）申请开具外出经营活动税收管理证明。

（6）办理停业、歇业。

（7）其他有关税务事项。

2. 税务登记证管理

（1）税务机关对税务登记证件实行定期验证和换证制度。纳税人应当在规定的期限内持相关证件到主管税务机关办理验证或者换证手续。

（2）纳税人应当将税务登记证件正本在其生产、营业场所或者办公场所公开悬挂，接受税务机关检查。

(3) 纳税人遗失税务登记证件的，应当在 15 日内书面报告主管税务机关，并登报声明作废。同时，凭报刊上刊登的遗失声明向主管税务机关申请补办税务登记证件。

资料来源：李淑萍，王萌. 中国税制［M］. 北京：高等教育出版社，2018：268 -269.

8.2.1.2 账簿、凭证管理制度

所谓账簿，是指纳税人连续地登记各种经济业务的账册或簿籍，包括总账明细账、日记账以及其他辅助性账簿。所谓凭证，是纳税人用来记录经济业务，明确经济责任，并据以登记账簿的书面证明。

账簿和凭证是纳税人进行生产经营活动和核算财务收支的重要资料，也是税务机关对纳税人进行征税、管理、核查的重要依据。纳税人所使用的凭证、登记的账簿、编制的报表及其所反映的内容是否真实可靠，直接关系到计征税款依据的真实性，从而影响应纳税款及时足额入库。因此，账簿、凭证管理是税收管理的基础性工作。

1. 账簿的设置

纳税人、扣缴义务人应按照有关法律、行政法规和国务院财政、税务主管部门的规定设置账簿，根据合法、有效凭证记账，进行核算。

(1) 从事生产、经营的纳税人应当自领取营业执照或者发生纳税义务之日起 15 日内，按照国家有关规定设置账簿。

(2) 生产、经营规模小又确无建账能力的纳税人，可以聘请经批准从事会计代理记账业务的专业机构或者财会人员代为建账和办理账务。聘请上述机构或者人员有实际困难的，经县以上税务机关批准，可以按照税务机关的规定，建立收支凭证粘贴簿、进货销货登记簿或者使用税控装置。

(3) 扣缴义务人应当自税收法律、行政法规规定的扣缴义务发生之日起 10 日内，按照所代扣、代收的税种，分别设置代扣代缴、代收代缴税款账簿。其中，纳税人、扣缴义务人会计制度健全，能够通过计算机正确、完整计算其收入和所得或者代扣代缴、代收代缴税款情况的，其计算机输出的完整的书面会计记录，可视同会计账簿。

2. 账簿、凭证等涉税资料的保存

从事生产、经营的纳税人、扣缴义务人必须按照国务院财政、税务主管部门规定的保管期限保管账簿、记账凭证、完税凭证及其他有关资料。账簿、记账凭证、报表、完税凭证、发票、出口凭证以及其他有关涉税资料应当保存10 年；但是法律、行政法规另有规定的除外。账簿、记账凭证、完税凭证及

其他有关资料不得伪造、变造或者擅自损毁。

8.2.1.3 发票管理制度

发票是指在购销商品、提供或者接受服务以及从事其他经营活动中，开具、收取的收付款凭证。

1. 发票的类型

全国范围内全面推行"营改增"试点后，发票的类型主要是增值税专用发票和增值税普通发票，还有特定范围内可继续使用的其他发票。

（1）增值税专用发票，是增值税一般纳税人销售货物或者提供应税劳务开具的发票，是购买方支付增值税税额并可按照增值税有关规定据以抵扣增值税进项税额的凭证。包括增值税专用发票和机动车销售统一发票。

（2）增值税普通发票，是一种在国家税务总局监管下，授权许可印制的一种发票，主要开具群体为小规模纳税人和不能开具增值税专用发票的纳税人。普通发票由行业发票和专用发票组成，包括增值税普通发票和增值税电子普通发票。

（3）其他发票，包括农产品收购发票、农产品销售发票、门票、过路（过桥）费发票、定额发票、客运发票和二手车销售统一发票等。

专栏 8 - 5

增值税电子普通发票的推广与应用

2015 年 11 月 26 日，国家税务总局发布了《关于推行通过增值税电子发票系统开具的增值税电子普通发票有关问题的公告》，对增值税电子普通发票的开具和使用提出了具体规定：

（1）规定了增值税电子发票系统开具的增值税电子普通发票票样。

（2）增值税电子普通发票的开票方和受票方需要纸质发票的，可以自行打印增值税电子普通发票的版式文件，其法律效力、基本用途、基本使用规定等与税务机关监制的增值税普通发票相同。

（3）增值税电子普通发票的发票代码为 12 位，编规则：第 1 位为 0，第 2~5 位代表省、自治区、直辖市和计划单列市，第 6~7 位代表年度，第 8~10 位代表批次，第 11~12 位代表票种（11 代表增值税电子普通发票）。发票号码为 8 位，按年度分批编制。

资料来源：李淑萍，王萌. 中国税制 [M]. 北京：高等教育出版社，2018：271 - 272.

2. 发票的开具和使用

（1）发票的开具。

销售商品、提供服务以及从事其他经营活动的单位和个人，对外发生经营业务收取款项，收款方应当向付款方开具发票；特殊情况下，由付款方向收款方开具发票。特殊情况是指：收购单位和扣缴义务人支付个人款项时，国家税务总局认为其他需要由付款方向收款方开具发票的。

所有单位和从事生产、经营活动的个人在购买商品、接受服务以及从事其他经营活动支付款项，应当向收款方取得发票。取得发票时，不得要求变更品名和金额。开具发票应当按照规定的时限、顺序、栏目，全部联次一次性如实开具，并加盖发票专用章。不符合规定的发票，不得作为财务报销凭证，任何单位和个人有权拒收。任何单位和个人不得有下列虚开发票行为：

①为他人、为自己开具与实际经营业务情况不符的发票。

②让他人为自己开具与实际经营业务情况不符的发票。

③介绍他人开具与实际经营业务情况不符的发票。

④发票的使用和保管。

任何单位和个人应当按照发票管理规定使用发票，不得有下列行为：

①转借、转让、介绍他人转让发票、发票监制章和发票防伪专用品。

②知道或者应当知道是私自印制、伪造、变造、非法取得或者废止的发票而受让、开具、存放、携带、邮寄、运输。

③拆本使用发票。

④扩大发票使用范围。

⑤以其他凭证代替发票使用。

开具发票的单位和个人应当建立发票使用登记制度，设置发票登记簿，并定期向主管税务机关报告发票使用情况。开具发票的单位和个人应当在办理变更或者注销税务登记的同时，办理发票和发票领购簿的变更、缴销手续。开具发票的单位和个人应当按照税务机关的规定存放和保管发票，不得擅自损毁。已经开具的发票存根联和发票登记簿，应当保存5年。保存期满，报经税务机关查验后销毁。

（2）发票的使用。

一般纳税人销售货物或者提供应税劳务，应向购买方开具专用发票。汇总开具专用发票的，同时使用防伪税控系统开具《销售货物或者提供应税劳务清单》，并加盖财务专用章或者发票专用章。

商业企业一般纳税人零售的烟、酒、食品、服装、鞋帽（不包括劳保专用部分）、化妆品等消费品不得开具专用发票。

增值税小规模纳税人需要开具专用发票的，可向主管税务机关申请代开。

销售免税货物不得开具专用发票，法律、法规及国家税务总局另有规定的除外。

3. 发票的检查

税务机关在发票管理中有权进行下列检查：

（1）检查印制、领购、开具、取得、保管和缴销发票的情况。

（2）调出发票查验。

（3）查阅、复制与发票有关的凭证、资料。

（4）向当事各方询问与发票有关的问题和情况。

（5）在查处发票案件时，对与案件有关的情况和资料，可以记录、录音、录像、照相和复制。

印制、使用发票的单位和个人，必须接受税务机关依法检查，如实反映情况，提供有关资料，不得拒绝、隐瞒。税务人员进行检查时，应当出示税务检查证。

税务机关需要将已开具的发票调出查验时，应当向被查验的单位和个人开具发票换票证。发票换票证与所调出查验的发票有同等的效力。被调出查验发票的单位和个人不得拒绝接受。税务机关需要将空白发票调出查验时，应当开具收据；经查无问题的，应当及时返还。

8.2.1.4 纳税申报制度

纳税申报是纳税人按照税法规定的期限和内容，向税务机关提交有关纳税事项书面报告的法律行为，是纳税人履行纳税义务，界定纳税人法律责任的主要依据，是税务机关税收管理信息的主要来源和税务管理的重要制度。

1. 纳税申报的内容

纳税人、扣缴义务人的纳税申报或者代扣代缴、代收代缴税款报告表的主要内容包括：税种、税目；应纳税项目或者应代扣代缴、代收代缴税款项目；计税依据；扣除项目及标准；适用税率或者单位税额；应退税项目及税额、应减免税项目及税额；应纳税额或者应代扣代缴、代收代缴税额；税款所属期限、延期缴纳税款、欠税、滞纳金等。

2. 纳税申报的方式

纳税申报方式是指纳税人和扣缴义务人在纳税申报期限内，依照规定到指定税务机关进行申报纳税的形式。纳税申报的方式主要有以下几种：

（1）自行申报。自行申报也称直接申报，是指纳税人、扣缴义务人在规定的申报期限内，自行直接到主管税务机关指定的办税服务场所办理纳税申报手续。这是一种传统的申报方式。

（2）邮寄申报。邮寄申报是指经税务机关批准，纳税人、扣缴义务人使用统一的纳税申报专用信封，通过邮政部门办理交寄手续，并以邮政部门收据作为申报凭据的纳税申报方式。

（3）数据电文申报。数据电文申报是指经税务机关批准，纳税人、扣缴义务人以税务机关确定的电话语音、电子数据交换和网络传输等电子方式进行纳税申报。

（4）其他方式。实行定期定额缴纳税款的纳税人，可以实行简易申报、简并征期等方式申报纳税。

3. 纳税申报的要求

（1）纳税人在纳税期内没有应纳税款的，也应当按照规定办理纳税申报。

（2）纳税人享受减税、免税待遇的，在减税、免税期间应当按照规定办理纳税申报。

（3）纳税人、扣缴义务人按照规定的期限办理纳税申报或者报送代扣代缴、代收代缴税款报告表确有困难，需要延期的，应当在规定的期限内向税务机关提出书面延期申请，经税务机关核准，在核准的期限内办理。

纳税人、扣缴义务人因不可抗力，不能按期办理纳税申报或者报送代扣代缴、代收代缴税款报告表的，可以延期办理；但是，应当在不可抗力情形消除后立即向税务机关报告。税务机关应当查明事实，予以核准。

经核准延期办理纳税申报、报送事项的，应当在纳税期内按照上期实际缴纳的税额，或者税务机关核定的税额、预缴税款，并在核准的延期内办理税款结算。

【例8-1】某企业按照规定享受3年内免纳企业所得税的优惠待遇。当税务局要求该企业进行纳税申报时，会计小王认为，既然本企业享受免税待遇，就不用办理企业所得税纳税申报了。请问小王的看法是否正确。

【解析】

小王的看法不正确。根据税收征收管理相关法律制度的规定，纳税人享受减税、免税待遇的，在减税、免税期间仍应当按照规定办理纳税申报。

8.2.2 税款征收制度

税款征收是税务机关依照税收法律、法规的规定，将纳税人依法应当缴纳的税款组织入库的一系列活动总称，是税收征管工作的中心环节，是全部税收征管工作的目的和归宿。

8.2.2.1 税款征收的原则和方式

1. 税款征收的原则

（1）税务机关是征税的唯一行政主体。除税务机关、税务人员以及经税务机关依照法律、行政法规委托的单位和个人外，任何单位和个人不得进行税款征收活动。同时，采取税收保全措施、强制执行措施的权利，不得由法定的税务机关以外的单位和个人行使。

（2）税务机关只能依照法律、行政法规的规定征收税款，未经法定机关和法定程序调整，征纳双方均不得随意变动。税务机关代表国家向纳税人征收税款，不能任意征收，只能依法征收。

（3）税务机关是执行税法的专职机构，应当按照税收法律、行政法规预先规定的征收标准进行征税，遵守法定权限和法定程序。

（4）税务机关征收税款或扣押、查封商品、货物或其他财产时，必须向纳税人开具完税凭证或开付扣押、查封的收据或清单。

（5）税款、滞纳金、罚款统一由税务机关上缴国库。国家税务局和地方税务局应当按照国家规定的税收征管范围和税款入库预算级次，将征收的税款缴入国库。这也是税款征收的一个基本原则。

（6）税款优先。《税收征管法》第四十五条的规定，第一次在税收法律上确定了税款优先的地位，确定了税款征收在纳税人支付各种款项和偿还债务时的顺序。税款优先的原则不仅增强了税法的刚性，而且增强了税法在执行中的可操作性。

①税收优先于无担保债权，这里所说的税收优先于无担保债权是有条件的，也就是说并不是优先于所有的无担保债权，对于法律上另有规定的无担保债权，不能行使税收优先权。

②纳税人发生欠税在前的，税收优先于抵押权、质权和留置权的执行，这里有两个前提条件：第一，纳税人有欠税；第二，欠税发生在前，即纳税人的欠税发生在以其财产设定抵押、质押或被留置之前。纳税人在有欠税的情况下设置抵押权、质权、留置权时，纳税人应当向抵押权人、质权人说明其欠税情况。

③税收优先于罚款、没收非法所得。第一，纳税人欠缴税款，同时又被税务机关决定处以罚款，没收非法所得的，税收优先于罚款、没收非法所得；第二，纳税人欠缴税款，同时又被税务机关以外的其他行政部门处以罚款，没收非法所得的，税款优先于罚款、没收非法所得。

2. 税款征收的方式

税款征收方式，是指税务机关根据各税种的不同特点和纳税人的具体情况而确定的计算、征收税款的形式和方法，包括确定征收方式和缴纳方式。

我国现行《税收征管法》及《税收征管法实施细则》未对税款征收方式做具体规定，只是明确税务机关要根据保证国家税款及时足额入库、方便纳税人、降低税收成本的原则，确定税款征收方式。

（1）查账征收。查账征收是指针对财务会计制度健全的纳税人，税务机关依据其报送的纳税申报表、财务会计报表和其他有关纳税资料依照适用税率，计算其应缴纳税款的税款征收方式。这种征收方式较为规范，符合税收法定的基本原则，适用于财务会计制度健全、能够如实核算和提供生产经营情况，并能正确计算应纳税款和如实履行纳税义务的纳税人。

（2）查定征收。查定征收是指针对账务不全，但能控制其材料、产量或进销货物的纳税单位或个人，税务机关依据正常条件下的生产能力对其生产的应税产品查定产量、销售额并据以确定其应缴纳税款的税款征收方式。这种征收方式适用于生产经营规模较小、产品零星、税源分散、会计账册不健全，但能控制原材料或进销货的小型厂矿和作坊。

（3）查验征收。查验征收是指税务机关对纳税人的应税商品、产品，通过查验数量，按市场一般销售单价计算其销售收入，并据以计算其应缴纳税款的税款征收方式。这种征收方式适用于纳税人财务制度不健全、生产经营方式不固定、产品零星分散、税源流动性大的生产经营单位。

（4）定期定额征收。定期定额征收是指税务机关对小型个体工商户在一定经营地点、一定经营时期、一定经营范围内的应纳税经营额（包括经营数量）或所得额进行核定，并以此为计税依据，确定其应缴纳税额的一种税款征收方式。这种征收方式适用于经主管税务机关认定和县以上税务机关（含县级）批准的生产经营规模小，达不到《个体工商户建账管理暂行办法》规定设置账簿标准，难以查账征收，不能准确计算计税依据的个体工商户（包括个人独资企业，以下简称"定期定额户"）。

【例8-2】税务机关针对纳税人的不同情况可以采取不同的税款征收方式。对于账册不健全，但能控制原材料、产量或进销货物的单位，适用的税款征收方式是（　　）。

A. 查账征收　　　　　　　　　B. 查定征收

C. 查验征收　　　　　　　　　D. 定期定额征收

【解析】

答案为B。根据税收征收管理相关法律制度的规定，对账务不全，但能控制其材料、产量或进销货物的纳税单位或个人，税务机关可依据正常条件下的生产能力对其生产的应税产品查定产量、销售额并据以征收税款。

8.2.2.2　应纳税额的核定和税收调整制度

1. 税收核定制度

（1）核定应纳税额的情形。

纳税人有下列情形之一的，税务机关有权核定其应纳税额：

①依照法律、行政法规的规定可以不设置账簿的。

②依照法律、行政法规的规定应当设置但未设置账簿的。

③擅自销毁账簿或者拒不提供纳税资料的。

④虽设置账簿，但账目混乱或者成本资料、收入凭证、费用凭证残缺不全，难以查账的。

⑤发生纳税义务，未按照规定的期限办理纳税申报，经税务机关责令限期申报，逾期仍不申报的。

⑥纳税人申报的计税依据明显偏低，又无正当理由的。

（2）核定应纳税额的方法。

为了减少核定应纳税额的随意性，使核定的税额更接近纳税人实际情况和法定负担水平，税务机关有权采用下列任何一种方法核定应纳税额：

①参照当地同类行业或者类似行业中经营规模和收入水平相近的纳税人的税负水平核定。

②按照营业收入或者成本加合理的费用和利润的方法核定。

③按照耗用的原材料、燃料、动力等推算或者测算核定。

④按照其他合理方法核定。

当其中一种方法不足以正确核定应纳税额时，可以同时采用两种以上的方法核定。纳税人对税务机关采取上述方法核定的应纳税额有异议的，应当提供相关证据，经税务机关认定后，调整应纳税额。

【例8-3】 下列情形中，税务机关有权核定纳税人应纳税额的有（　　　　）

A. 有抗税、骗税前科的

B. 拒不提供纳税资料的

C. 按规定应设置账簿而未设置的

D. 虽设置账簿，但账目混乱，难以查账的

【解析】

答案为BCD。根据税收征收管理相关法律制度的规定，税务机关主要根据纳税人的财务管理状况确定是否对纳税人核定应纳税额。选项A不属于税务

机关核定应纳税额。

2. 税收调整制度

这里所说的税收调整制度，主要指的是关联企业的税收调整制度。所称关联企业，是指有下列关系之一的公司、企业和其他经济组织：

（1）在资金、经营、购销等方面，存在直接或者间接地拥有或者控制关系。

（2）直接或者间接地同为第三者所拥有或者控制。

（3）在利益上具有相关联的其他关系。

纳税人与其关联企业之间的业务往来有下列情形之一的，税务机关可以调整其应纳税额：

（1）购销业务未按照独立企业之间的业务往来作价。

（2）融通资金所支付或者收取的利息超过或者低于没有关联关系的企业之间所能同意的数额，或者利率超过或者低于同类业务的正常利率。

（3）提供劳务，未按照独立企业之间的业务往来收取或者支付劳务费用。

（4）转让财产、提供财产使用权等业务往来，未按照独立企业之间的业务往来作价或者收取、支付费用。

（5）未按照独立企业之间业务往来作价的其他情形。

纳税人有上述所列情形之一的，税务机关可以按照下列方法调整计税收入额或者所得额：

①按照独立企业之间进行的相同或者类似业务活动的价格。

②按照再销售给无关联关系的第三者的价格所应取得的收入和利润水平。

③按照成本加合理的费用和利润。

④按照其他合理的方法。

调整期限：纳税人与其关联企业未按照独立企业之间的业务往来支付价款、费用的，税务机关自该业务往来发生的纳税年度起3年内进行调整；有特殊情况的，可以自该业务往来发生的纳税年度起10年内进行调整。

上述所称"特殊情况"是指纳税人有下列情形之一：

①纳税人在以前年度与其关联企业间的业务往来累计达到或超过10万元人民币的。

②经税务机关案头审计分析，纳税人在以前年度与其关联企业的业务往来，预计需调整其应纳税收入或所得额达50万元人民币的。

③纳税人在以前年度与设在避税地的关联企业有业务往来的。

④纳税人在以前年度未按规定进行关联企业间业务往来的年度申报，或申报内容不实，或不提供有关价格、费用标准的。

8.2.2.3 代扣代缴、代收代缴税款制度

（1）对法律、行政法规没有规定负有代扣、代收税款义务的单位和个人，税务机关不得要求其履行代扣、代收税款义务。

（2）税法规定的扣缴义务人必须依法履行代扣、代收税款义务。如果不履行义务，就要承担法律责任，除按《税收征管法》及《税收征管法实施细则》的规定给予处罚外，应当责成扣缴义务人限期将应扣未扣、应收未收的税款补扣或补收。

（3）扣缴义务人依法履行代扣、代收税款义务时，纳税人不得拒绝，纳税人拒绝的，扣缴义务人应当在1日之内报告主管税务机关处理，不及时向主管税务机关报告的，扣缴义务人应承担应扣未扣、应收未收税款的责任。

（4）扣缴义务人代扣、代收税款，只限于法律、行政法规规定的范围，并依照法律、行政法规规定的征收标准执行。对法律、法规没有规定代扣、代收的，扣缴义务人不能超越范围代扣、代收税款，扣缴义务人也不得提高或降低标准代扣、代收税款。

（5）税务机关按照规定付给扣缴义务人代扣、代收手续费。代扣、代收税款手续费只能由县（市）以上税务机关统一办理退库手续，不得在征收税款过程中坐支。

8.2.2.4 税款延期缴纳制度

纳税人和扣缴义务人必须在税法规定的期限内缴纳、解缴税款。但纳税人因有特殊困难，不能按期缴纳税款的，经省、自治区、直辖市国家税务局、地方国税局批准，可以延期缴纳税款，但最长不得超过3个月。

特殊困难的主要内容包括：

（1）因不可抗力，导致纳税人发生较大损失，正常生产经营活动受到较大影响的。

（2）当期货币资金在扣除应付职工工资、社会保险费后，不足以缴纳税款的。所谓"当期货币资金"，是指纳税人申请延期缴纳税款之日的资金余额，其中不含国家法律和行政法规明确规定企业不可动用的资金。

纳税人在申请延期缴纳税款时应当注意以下几个问题：

（1）在规定期限内提出书面申请。纳税人需要延期缴纳税款的，应当在缴纳税款期限届满前提出申请，并报送下列材料：申请延期缴纳税款报告、当期货币资金余额情况及所有银行存款账户的对账单、资产负债表、应付职工工资和社会保险费等税务机关要求提供的支出预算。

税务机关应当自收到申请延期缴纳税款报告之日起20日内作出批准或者不予批准的决定；不予批准的，从缴纳税款期限届满之次日起加收滞纳金。

（2）税款的延期缴纳，必须经省、自治区、直辖市国家税务局、地方税务局批准，方为有效。

（3）延期期限最长不得超过3个月，同一笔税款不得滚动审批。

（4）批准延期内免予加收滞纳金。

8.2.2.5 滞纳金征收制度

纳税人未按照规定期限缴纳税款的，扣缴义务人未按照规定期限解缴税款的，税务机关除责令限期缴纳外，滞纳税款之日起，按日加收万分之五的滞纳金。

加收滞纳金的具体操作应按下列程序进行：

（1）先由税务机关发出催缴税款通知书，责令限期缴纳或解缴税款，告知纳税人如不按期履行纳税义务，将依法按日加收滞纳税款万分之五的滞纳金。

（2）从滞纳之日起加收滞纳金，加收滞纳金的起止时间为法律、行政法规规定或者税务机关依照法律、行政法规的规定确定的税款缴纳期限届满次日起至纳税人、扣缴义务人实际缴纳或者解缴税款之日止。

（3）拒绝缴纳滞纳金的，可以按不履行纳税义务实行强制执行措施，强行划拨或者强制征收。

8.2.2.6 欠税清缴制度

欠税是指纳税人未按照规定期限缴纳税款，扣缴义务人未按照规定期限解缴税款的行为。《税收征管法》在欠税清缴方面主要采取了以下措施：

1. 严格控制欠缴税款的审批权限

缓缴税款的审批权限集中在省、自治区、直辖市国家税务局、地方税务局。这样规定，一方面能帮助纳税人渡过暂时的难关，另一方面也体现了严格控制欠税的精神，保证国家税收免遭损失。

2. 限期缴税时限

从事生产、经营的纳税人、扣缴义务人未按照规定的期限缴纳或者解缴税款的，纳税担保人未按照规定的期限缴纳所担保的税款的，由税务机关发出限期缴纳税款通知书，责令缴纳或者解缴税款的最长期限不得超过15日。

3. 建立欠税清缴制度

欠缴税款的纳税人及其法定代表需要出境的，应当在出境前向税务机关结清应纳税款或者提供担保。未结清税款，又不提供担保的，税务机关可以通知出境管理机关阻止其出境。

执行离境清税制度应注意下列问题：

（1）离境清税制度适用于依照我国税法规定，负有纳税义务且欠缴税款的所有自然人、法人的法定代表人和其他经济组织的负责人，包括外国人、无国籍人和中国公民。

（2）纳税人以其所拥有的未作抵押的财产作纳税担保的，应当就作为纳税担保的财产的监管和处分等事项在中国境内委托代理人，并将作为纳税担保的财产清单和委托代理证书（副本）交税务机关。

（3）需要阻止出境的。税务机关应当书面通知出入境管理机关执行。阻止出境是出入境管理机关依法对违反我国法律或者有未了结民事案件，以及其他法律规定不能离境等原因的外国人、中国公民告之不准离境、听候处理的一项法律制度，是国家实施主权管理的重要方面。

（4）建立改制纳税人欠税的清缴制度。《税收征管法》第四十八条规定："纳税人有合并、分立情形的，应当向税务机关报告，并依法缴清税款。纳税人合并时未缴清税款的，应当由合并后的纳税人继续履行未履行的纳税义务；纳税人分立时未缴清税款的，分立后的纳税人对未履行的纳税义务应当承担连带责任"。

（5）大额欠税处分财产报告制度。欠缴税款数额在 5 万元以上的纳税人在处分其不动产或者大额资产之前，应当向税务机关报告。这一规定有利于税务机关及时掌握欠税企业处置不动产和大额资产的动向。税务机关可以根据其是否侵害了国家税收，是否有转移资产、逃避纳税义务的情形，决定是否行使税收优先权，是否采取税收保全措施或者强制执行措施。

（6）税务机关可以对欠缴税款的纳税人行使代位权、撤销权，即对纳税人的到期债权等财产权利，税务机关可以依法向第三者追索以抵缴税款。

如果欠税的纳税人，怠于行使其到期的债权，急于收回其到期的资产、款项等，税务机关可以向人民法院请求以自己的名义代为行使债权。

4. 建立欠税公告制度

税务机关应当对纳税人欠缴税款的情况，在办税场所或者广播、电视、报纸、期刊、网络等新闻媒体上定期予以公告。定期公告是指税务机关定期向社会公告纳税人的欠税情况。同时税务机关还可以根据实际情况和实际需要，制定纳税人的纳税信用等级评价制度。

8.2.2.7 税款的退还和追征制度

1. 税款的退还

纳税人超过应纳税额缴纳的税款，税务机关发现后应当立即退还；纳税人自结算缴纳税款之日起 3 年内发现的，可以向税务机关要求退还多缴的税款并加算银行同期存款利息，税务机关及时查实后应当立即退还；涉及从国库中退库的，依照法律、行政法规中有关国库管理的规定退还。

此外，税务机关在办理税款退还时应注意以下几个问题：

（1）税款退还的前提是纳税人已经缴纳了超过应纳税额的税款。

（2）税款退还的范围包括：

①技术差错和结算性质的退税。

②为加强对收入的管理，规定纳税人先按应纳税额如数缴纳入库，经核实后再从中退还应退的部分。

（3）退还的方式。

①税务机关发现后立即退还。

②纳税人发现后申请退还。

（4）退还的时限。

①纳税人发现的，可以自结算缴纳税款之日起 3 年内要求退还。

②税务机关发现纳税人多缴税款，无论多长时间，都应当退还给纳税人。

③对纳税人超过应纳税额缴纳的税款，无论是税务机关发现的，还是纳税人发现后提出退还申请的，税务机关经核实后都应当立即办理退还手续，不应当拖延。

2. 税款的追征

因税务机关责任，致使纳税人、扣缴义务人未缴或者少缴税款的，税务机关在 3 年内可要求纳税人、扣缴义务人补缴税款，但是不得加收滞纳金。因纳税人、扣缴义务人计算等失误，未缴或者少缴税款的，税务机关在 3 年内可以追征税款、滞纳金；有特殊情况的追征期可以延长到 5 年。

所称特殊情况，是指纳税人或者扣缴义务人因计算错误等失误，未缴或者少缴、未扣或者少扣、未收或者少收税款，累计数额在 10 万元以上的。对偷税、抗税、骗税的，税务机关追征其未缴或者少缴的税款、滞纳金或者所骗取的税款不受前款规定期限的限制。

根据上述规定，税务机关在追征税款时应注意以下几个方面：

（1）对于纳税人、扣缴义务人和其他当事人偷税、抗税和骗取税款的，应无限期追征。

（2）纳税人、扣缴义务人未缴或者少缴税款的，其补缴和追征税款的期限，应自纳税人、扣缴义务人应缴未缴或少缴税款之日起计算。

（3）应注意明确划分征纳双方的责任。

8.2.2.8 税款征收措施

为了保证税款征收工作的顺利进行，《税收征管法》及《税收征管法实施细则》赋予了税务机关在税款征收中针对不同情况采取相应征收措施的职权。

1. 责令缴纳

（1）纳税人未按照规定期限缴纳税款的，扣缴义务人未按照规定期限解缴税款的，税务机关可责令限期缴纳，并从滞纳税款之日起，按日加收滞纳税款万分之五的滞纳金①。逾期仍未缴纳的，税务机关可以采取税收强制执行措施。

（2）对未按照规定办理税务登记的从事生产经营的纳税人，以及临时从事经营的纳税人，税务机关核定其应纳税额，责令其缴纳应纳税款。

纳税人不缴纳的，税务机关可以扣押其价值相当于应纳税款的商品、货物。扣押后缴纳应纳税款的，税务机关必须立即解除扣押，并归还所扣押的商品、货物；扣押后仍不缴纳应纳税款的，经县以上税务局（分局）局长批准，依法拍卖或者变卖所扣押的商品、货物，以拍卖或者变卖所得抵缴税款。

（3）税务机关有根据认为从事生产、经营的纳税人有逃避纳税义务行为，可在规定的纳税期之前责令其限期缴纳应纳税款。逾期仍未缴纳的，税务机关有权采取其他税款征收措施。

（4）纳税担保人未按照规定的期限缴纳所担保的税款，税务机关可责令其限期缴纳应纳税款。逾期仍未缴纳的，税务机关有权采取其他税款征收措施。

【例8-4】甲公司按照规定，最晚应于2019年1月15日缴纳应纳税款30万元，该公司却迟迟未缴。主管税务机关责令其于当年2月28日前缴纳，并加收滞纳金。但直到3月15日，该公司才缴纳税款。甲公司应缴纳的滞纳金金额为（　　）元。

A. 8 850　　　　B. 8 700　　　　C. 9 000　　　　D. 6 600

【解析】

答案为A。该企业应缴纳税款期限是1月15日，即从1月16日滞纳税

---

① 加收滞纳金的起止时间，为法律、行政法规规定或者税务机关依照法律、行政法规的规定确定的税款缴纳期限届满次日起至纳税人、扣缴义务人实际缴纳或者解缴税款之日止。

款, 从 1 月 16 日至 3 月 15 日, 共计 16 + 28 + 15 = 59 (天)。根据税收征收管理相关法律制度的规定, 纳税人未按照规定期限缴纳税款的, 扣缴义务人未按照规定期限解缴税款的, 税务机关可从滞纳税款之日起, 按日加收滞纳税款万分之五的滞纳金。

2. 责令提供纳税担保

纳税担保, 是指经税务机关同意或确认, 纳税人或其他自然人、法人、经济组织以保证、抵押、质押的方式, 为纳税人应当缴纳的税款及滞纳金提供担保的行为。包括经税务机关认可的有纳税担保能力的保证人为纳税人提供的纳税保证, 以及纳税人或者第三人以其未设置或者未全部设置担保物权的财产提供的担保。

(1) 适用纳税担保的情形。

①税务机关有根据认为从事生产、经营的纳税人有逃避纳税义务行为, 在规定的纳税期之前经责令其限期缴纳应纳税款, 在限期内发现纳税人有明显的转移、隐匿其应纳税的商品、货物, 以及其他财产或者应纳税收入的迹象, 责成纳税人提供纳税担保的。

②欠缴税款、滞纳金的纳税人或者其法定代表人需要出境的。

③纳税人同税务机关在纳税上发生争议而未缴清税款, 需要申请行政复议的。

④税收法律、行政法规规定可以提供纳税担保的其他情形。

(2) 纳税担保的范围。

纳税担保范围包括税款、滞纳金和实现税款、滞纳金的费用。费用包括抵押、质押登记费用、质押保管费用, 以及保管、拍卖、变卖担保财产等相关费用支出。

用于纳税担保的财产、权利的价值不得低于应当缴纳的税款、滞纳金, 并考虑相关的费用。纳税担保的财产价值不足以抵缴税款、滞纳金的, 税务机关应当向提供担保的纳税人或纳税担保人继续追缴。用于纳税担保的财产、权利的价格估算, 除法律、行政法规另有规定外, 参照同类商品的市场价、出厂价或者评估价估算。

3. 采取税收保全措施

(1) 适用税收保全的情形及措施。

税务机关责令具有税法规定情形的纳税人提供纳税担保而纳税人拒绝提供纳税担保或无力提供纳税担保的, 经县以上税务局 (分局) 局长批准, 税务机关可以采取下列税收保全措施:

①书面通知纳税人开户银行或者其他金融机构冻结纳税人的金额相当于应

纳税款的存款。

②扣押、查封纳税人的价值相当于应纳税款的商品、货物或者其他财产。其他财产包括纳税人的房地产、现金、有价证券等不动产和动产。

（2）不适用税收保全的财产。

个人及其所扶养家属维持生活必需的住房和用品，不在税收保全措施的范围之内。需要注意的是，个人及其所扶养家属维持生活必需的住房和用品不包括机动车辆、金银饰品、古玩字画、豪华住宅或者一处以外的住房。个人所扶养家属，是指与纳税人共同居住生活的配偶、直系亲属以及无生活来源并由纳税人扶养的其他亲属。此外，税务机关对单价 5 000 元以下的其他生活用品，不采取税收保全措施。

【例 8 – 5】根据税收征收管理法律制度的规定，下列各项中，属于税收保全措施的是（　　）。

A. 责成纳税人提供担保

B. 书面通知纳税人开户银行从其存款中扣缴税款

C. 拍卖纳税人价值相当于应纳税款的货物，以拍卖所得抵缴税款

D. 查封纳税人价值相当于应纳税款的货物

【解析】

答案为 D。纳税担保、税收保全及税收强制执行措施是有区别的，应注意鉴别。

4. 采取强制执行措施

1）适用强制执行的情形及措施。

从事生产、经营的纳税人、扣缴义务人未按照规定的期限缴纳或者解缴税款，纳税担保人未按照规定的期限缴纳所担保的税款，由税务机关责令限期缴纳，逾期仍未缴纳的，经县以上税务局（分局）局长批准，税务机关可以采取下列强制执行措施：

（1）强制扣款，即书面通知其开户银行或者其他金融机构从其存款中扣缴税款。

（2）拍卖变卖，即扣押、查封、依法拍卖或者变卖其价值相当于应纳税款的商品、货物或者其他财产，以拍卖或者变卖所得抵缴税款。

税务机关采取强制执行措施时，对上述纳税人、扣缴义务人、纳税担保人未缴纳的滞纳金同时强制执行。个人及其所扶养家属维持生活必需的住房和用品，不在强制执行措施的范围之内。税务机关对单价 5 000 元以下的其他生活用品，不采取强制执行措施。

2）抵税财物的拍卖与变卖。

抵税财物，是指被税务机关依法实施税收强制执行而扣押、查封或者按照规定应强制执行的已设置纳税担保物权的商品、货物、其他财产或者财产权利。拍卖，是指税务机关将抵税财物依法委托拍卖机构，以公开竞价的形式，将特定财物转让给最高应价者的买卖方式。变卖，是指税务机关将抵税财物委托商业企业代为销售、责令纳税人限期处理或由税务机关变价处理的买卖方式。国家税务总局发布的《抵税财物拍卖、变卖试行办法》对抵税财物的拍卖与变卖行为进行规范，以保障国家税收收入并保护纳税人的合法权益。

（1）适用拍卖、变卖的情形包括：

①采取税收保全措施后，限期期满仍未缴纳税款的。

②设置纳税担保后，限期期满仍未缴纳所担保的税款的。

③逾期不按规定履行税务处理决定的。

④逾期不按规定履行复议决定的。

⑤逾期不按规定履行税务行政处罚决定的。

⑥其他经责令限期缴纳，逾期仍未缴纳税款的。

对上述第三项至第六项情形进行强制执行时，在拍卖、变卖之前（或同时）进行扣押、查封，办理扣押、查封手续。

（2）拍卖、变卖执行原则与顺序。税务机关按照拍卖优先的原则确定抵税财物拍卖、变卖的顺序包括：

①委托依法成立的拍卖机构拍卖。

②无法委托拍卖或者不适于拍卖的，可以委托当地商业企业代为销售，或者责令被执行人限期处理。

③无法委托商业企业销售，被执行人也无法处理的，由税务机关变价处理。

④国家禁止自由买卖的商品、货物、其他财产，应当交由有关单位按照国家规定的价格收购。

5. 阻止出境

欠缴税款的纳税人或者其法定代表人在出境前未按规定结清应纳税款、滞纳金或者提供纳税担保的，税务机关可以通知出境管理机关阻止其出境。

8.2.3 税务检查制度

税务检查也叫纳税检查，是指税务机关以国家的法律、法规政策和税收征收管理制度为依据，对纳税人、扣缴义务人履行纳税义务、扣缴义务情况所进行的检查和处理工作的总称。

8.2.3.1 税务检查的基本方法和职权范围

1. 税务检查的基本方法

税务检查的基本方法一般有以下几种：

（1）审阅法和查询法。

审阅法，是通过查阅凭证和账目进行大量观察，审查记载是否完备、真实、合理、合法，借以发现可疑之处，为进一步查证落实提供线索。查询法，是通过当面或发函询问，以取得某些必要的资料，或证实某些需要进一步查清的问题。

（2）普查法和抽查法。

普查法，是对被查纳税人在一个时期内的所有会计凭证、账簿和报表进行全面系统地检查。抽查法，则是为弄清某一问题，有目的、有重点地从被查纳税人的凭证、账簿或报表中抽出有关部分进行检查，对照企业账簿记录，有针对性地进行检查。

（3）顺查法和逆查法。

顺查法，是按会计制度的程序，从检查会计凭证开始，以凭证核对账簿，再以账簿核对报表来进行检查的一种方法。逆查法，是从检查会计报表开始，以报表核对账簿，再以账簿核对凭证，来查清问题的一种检查方法。

（4）对比法和核对法。

对比法又称比较分析法，是将企业报表或账面资料的本期实际完成数同企业的各项计划指标、历史资料或同类型企业的相关资料进行静态或动态对比的一种检查方法。核对法，是通过会计凭证、账簿、报表以及实物相互核对来检查账证、账账、账实是否相符的一种方法。不论采取上述哪一种检查方法都要注意把纳税人的凭证、账簿、报表及其他活动记录所反映的内容联系起来加以对照检查。包括纳税单位内部的账与账、账与表、账与证之间的联系；以及账与物、账内记录与纳税单位内部有关活动记录之间的联系。

2. 税务检查的职权范围

税务机关的税务检查职权包括以下六个方面：

（1）查账权。

税务机关有权对纳税人或扣缴义务人的账簿、记账凭证、报表和有关资料进行检查。

税务机关行使税收征管法赋予的查账权时，应当在纳税人、扣缴义务人的业务场所内进行。必要时，经县以上税务局（分局）局长批准，可以将纳税人、扣缴义务人的以前会计年度的账簿、记账凭证、报表以及其他有关资料调回税务机关检查，但税务机关必须向纳税人、扣缴义务人开付清单，并在 3 个月内完整退还；有特殊情况的，经设区的市、自治州以上税务局局长批准，税务机关可以将纳税人扣缴义务人当年的账簿、记账凭证、报表和其他有关资料调回检查，但是税务机关必须在 30 日内退还。

税务机关依法行使检查职权遇有下列情形之一的，经县以上税务局（分局）局长批准，可以对纳税人、扣缴义务人的账簿、发票、凭证报表以及其他有关资料予以封存：

①检查遇到阻挠、妨碍时。

②对税务违法案件检查需临时中断时。

采取前款措施，因情况紧急不能履行报批手续的，可以先行封存，并在 24 小时内补办手续。税务机关采取封存措施的持续时间不得超过 7 日。

（2）场地检查权。

场地检查权是指税务机关有权到纳税人的生产、经营场所和货物存放地检查纳税人应税的商品、货物或者其财产、检查扣缴义务人与代扣代缴、代收代缴税款有关的经营情况。

税务人员通过场地检查可以核对账簿、凭证等资料所反映的情况是否真实、准确，有无账外经营，经济活动是否合法等。场地检查是查账检查的延续和补充。

场地检查的主要内容：

①检查商品、货物或其他财产。这主要是看生产的产品、经营的货物以及其他财产是否与账簿、凭证等资料中所列的账目相符，有无账外经营等。

②检查账簿、凭证等资料档案的设置、保存情况，特别是原始凭证的保存情况。

③搜查被纳税人及其他当事人隐瞒、隐藏的账簿、凭证等资料，查处重大偷税行为。

在生产经营场所和货物存放地与纳税人的生活住宅合用情况下，税务机关对非生产经营场所和货物存放地的生活住宅，不可以进行检查。

（3）责成提供资料权。

责成提供资料权，是指税务机关在税务检查中有权要求纳税人、扣缴义务人提供与纳税或者代扣代缴、代收代缴税款有关的文件、证明材料和有关资料。例如，税务机关在税务检查中通常会要求纳税人或扣缴义务人提供有关资料，如安置残疾人员的数量证明、有关部门批准的从事生产经营的批准文件、新产品证明、合同、章程、协议书、银行账号证明等。

对于责成提供资料权，税务机关在税务检查中一般是结合其他检查权，如查账权、场地检查权行使的。在行使责成提供资料权时应注意，要求纳税人或扣缴义务人提供的文件、证明材料等一定要与纳税或扣税有关。

（4）询问权。

询问权是税务机关或税务人员在税务检查中为了调查了解与纳税或扣缴税款有关的问题和情况，向纳税人、扣缴义务人或其他当事人，以及有关部门和单位进行询问的权力。

税务机关在税务检查中，可以行使下列询问权：

①向纳税人、扣缴义务人询问与纳税或扣缴税款有关的问题，纳税人、扣缴义务人有义务向税务机关和税务人员如实反映情况，不得拒绝或隐瞒。

②向有关部门和单位调查了解纳税人、扣缴义务人或其他当事人与纳税或扣缴税款有关的情况。有关部门和单位应支持和协助，提供有关资料及证明材料。

（5）在交通要道和邮政企业的查证权。

税务检查人员有权到车站、码头、机场、邮政企业及其分支机构检查纳税人托运、邮寄应税商品、货物或者其他财产的有关单据、凭证和有关资料。从检查内容看，只能是检查纳税人托运、邮寄应纳税商品、货物或者其他财产的有关单据、凭证和有关资料。即检查内容只限于有关单据、凭证及有关资料。从检查的形式上看，过去税务机关可以采取税务检查站这种组织形式检查。这是到车站、码头、机场、邮政企业及其分支机构检查的组织保证。但《税收征管法》对税务检查站问题未作规定。

（6）查核存款账户权。

查核存款账户权是国家根据税收征管的需要，赋予税务机关对纳税人、扣缴义务人在银行或其他金融机构的存款账户进行检查的权力。查询的内容，包括纳税人存款账户余额和资金往来情况。

税务机关行使该职权时，要经县以上税务局（分局）局长批准，未经县级以上税务局（分局）局长批准，税务检查人员不得检查存款账户。检查中还要持有全国统一格式的检查存款账户许可证明。这是检查存款账户的法定许可证明。税务机关在调查税收违法案件时，经设区的市、自治州以上税务局（分局）局长批准，可以查询案件涉嫌人员的储蓄存款。除此之外，查核存款账户，税务机关通常指定专人负责，其他税务人员不得介入，并遵守有关保密的规定。

8.2.3.2 征纳双方在税务检查中的权利和义务

1. 纳税人和扣缴义务人的权利

（1）如果稽查人员到企业检查不出示税务检查证或人数少于两人以上的，纳税人可以拒绝检查。

（2）税务稽查人员与被查对象有利害关系或有其他关系可能影响公正执法的，被查企业有权要求他们回避。

（3）税务稽查人员调取账簿及有关资料时应当填写《调取账簿资料通知书》《调取账簿资料清单》，并要在 3 个月内完整退还。

（4）税务稽查人员取证过程中，不得对当事人和证人引供、诱供和迫供。

（5）属于金融、部队、尖端科学等保密单位的，必须要求税务稽查人员提供《税务检查专用证明》。

（6）税务稽查人员查封纳税人的商品、货物或其他财产时，未能提供有效的《查封（扣押）证》《查封商品、货物、财产清单》《扣押商品、货物、财产专用收据》的，纳税人可以拒绝查封。

2. 纳税人和扣缴义务人的义务

纳税人、扣缴义务人必须接受税务机关依法进行的税务检查，如实反映情况，提供有关资料，不得拒绝、隐瞒。具体来看：

（1）接受税务机关依法进行的检查。这是与税务机关的检查权力相对应的。这项义务主要是一种不作为义务。只要纳税人、扣缴义务人不作出法律规范所禁止的行为，如税务机关到其生产经营场所和货物存放地检查时，不得进行阻挠干扰。

（2）如实反映情况。这项义务与税务机关在检查中的询问权相对应。在税务检查中税务检查人员经常要向纳税人、扣缴义务人询问有关纳税或代扣代缴、代收代缴税款有关问题和情况。纳税人、扣缴义务人对有关问题必须如实反映，即对其生产经营活动及其记录按实际发生的情形反映。

（3）提供有关资料。当税务机关在税务检查中要求提供有关资料时，纳税人、扣缴义务人按要求尽其所能地提交有关资料给税务机关。这项义务与税务机关的责成提供资料权有关。税务机关有权责成纳税人、扣缴义务人提供资料，与此相对应，纳税人、扣缴义务人就有义务提供资料。这项义务的规定，使税务机关的责成提供资料权有了保证。税务机关要求纳税人、扣缴义务人反映情况、提供资料的，纳税人扣缴义务人不得拒绝、隐瞒。

3. 税务机关和税务人员的权利

（1）税务机关有权依法进行税务检查。

（2）税务机关对从事生产、经营的纳税人以前纳税期的纳税情况依法进行税务检查时，发现纳税人有逃避纳税义务行为，并有明显的转移、隐匿其应纳税的商品、货物以及其他财产或者应纳税的收入的迹象的，可以按法定批准权限采取税收保全措施或者强制执行措施。

（3）税务机关依法进行税务检查时，有权向有关单位和个人调查纳税人、扣缴义务人和其他当事人与纳税或者代扣代缴、代收代缴税款有关的情况，有关单位和个人有义务向税务机关如实提供有关资料及证明材料。

（4）税务机关调查税务违法案件时，对与案件有关的情况和资料，可以记录、录音、录像、照相和复制。

4. 税务机关和税务人员的义务

税务机关派出的人员进行税务检查时，应当出示税务检查证和税务检查通知书，并有责任为被检查人保守秘密。

【例8-6】根据税收征收管理相关法律制度的规定，税务机关在实施税务检查时，可以行使的职权有（　　）。

A. 检查纳税人会计资料

B. 检查纳税人货物存放地的应纳税商品

C. 检查纳税人托运、邮寄应纳税商品的单据、凭证

D. 经法定程序批准，查询纳税人在银行的储蓄存款账户

【解析】

答案为ABCD。税务机关为保证税收征收管理工作的顺利进行，保障国家的税收收入，有权对纳税人会计资料以及其他对纳税有辅助说明和相互印证作用的情况进行税务检查。

8.3　税收征管信息化

8.3.1　税收征管信息化概述

8.3.1.1　税收征管信息化的内涵

税收征管信息化是以计算机技术、通信技术、管理科学等现代信息技术在税务活动中的普及应用为主要内容，以税务信息专门技术研发和专门人才培养

为支撑，税务活动由传统纸质、手工方式向现代电子、网络方式转变，是实现税务信息资源深度开发利用的过程①。随着互联网技术的发展及大数据的运用，未来将进一步拓展信息技术在税收管理各领域的应用，进一步整合完善和深化各系统间的功能需要，利用信息技术改造税收征管工作。

8.3.1.2 我国税收征管信息化的发展历程

中国税收征管的信息化建设从 20 世纪 80 年代初期起步到现在，经历了从无到有、从小到大、从简单应用到复杂应用一系列艰苦的探索。1982 年，湖北省税务局购进了一台 Z80 计算机，用于对部分税收会统报表的初步处理，这成为我国税收信息化建设步入萌芽阶段的重要标志。而 1994 年启动的金税工程，在经历了三期建设后，从最初的增值税专用发票防伪税控、交叉稽核两个相互独立运行的系统，到"一个平台、两级处理、三个覆盖、四个系统"的整合②，有力地推动了税制改革落地、征管方式转变和管理体制变革。

1. 税收征管信息化的萌芽和起步

从 1982~1993 年的 11 年间，开始了我国税务信息化从萌芽到起步的阶段。1982 年底湖北省税务局购进的 Z80 计算机是我国税务系统购进的第一台计算机，它的购进与应用成为我国税务信息化建设步入萌芽阶段的重要标志。1985 年在襄樊召开的全国税务系统统计会计工作会议上，对计算机开发应用工作正式做了统一的部署，将税收统计会计的业务处理作为应用工作的突破口。1986 年前后，各省、自治区、直辖市税务局将这项报表计算机汇总工作，向各地、市税务局推广应用。1989 年以后，各省、自治区、直辖市税务部门按照国家税务总局"征管改革、会计改革、计算机应用三结合"的部署，开展了计算机应用于会计征管改革的试点工作，并在试点的基础上着手在一定范围内推广应用。1990 年，全国税务系统第一次信息化工作会议在广东举行，成立了国家税务局计算机人才队伍，加强计算机信息化建设。

2. 税收征管信息化试点与改进

税收征管信息系统建设是从 20 世纪 90 年代在基层税务部门开始开发和试点的，当时每个地方开发的征管信息系统都不一样。如江西省国税局从 1991 年开始，就开发了"基层税收管理系统"，该系统将税务登记、纳税鉴定、纳

① 王乔等. 共和国税收征管 70 年［M］. 北京：人民出版社，2021：373-400.
② "一个平台"指包含网络硬件和基础软件的统一的技术基础平台；"两级处理"指依托统一的技术基础平台，逐步实现数据信息在总局和省局的集中处理；"三个覆盖"指应用内容逐步覆盖所有税种、覆盖所有工作环节、覆盖全国税务机关并与相关部门如工商、海关联网；"四个系统"指通过业务重组、优化和规范，逐步形成一个以征管业务系统为主，包括行政管理、外部信息和决策支持在内的四大应用系统软件。

税申报、税票填开、税票管理、收会统账表处理等纳入计算机局域网管理。1994 年，在考察了我国增值税特点以及如何用高科技手段解决利用增值税专用发票偷税骗税的基础上，航天信息服务股份有限公司和电子部根据国务院领导的指示，为国家税务总局分别着手开发增值税专用发票防伪税控和交叉稽核这两个相互独立运行的系统，金税工程一期建设正式启动①。1998 年，国家税务总局在总结试运行经验的基础上提出金税工程二期建设方案。2001 年 5 月，国家税务总局在向时任国家副总理的李岚清汇报金税工程二期建设情况时正式提出金税工程三期建设的设想，同年 8 月，草拟了金税工程三期建设框架。2001 年 11 月时任国家总理的朱镕基在视察金税工程二期建设时，对金税工程三期建设设想给予了充分肯定，并于 2003 年 1 月正式形成了《金税工程三期项目建议书》上报国家计委，正式提出了金税工程三期立项申请，国务院于 2005 年 9 月批准了金税工程三期立项。目前，金税工程三期正按计划深入实施。"金税三期"的目标是："一个平台、两级处理、三个覆盖、四个系统"的建设，建立和完善全国税收管理信息系统。在对金税二期四个子系统进行功能整合、技术升级和业余与数据优化的基础上，进一步强化征管功能，扩大业务覆盖面，形成有效的、相互制约和监控的考核机制。

专栏 8-6

金税工程四期建设简介

金税四期系统由一个网络、四个子系统构成。一个网络是指国家税务总局与省、地、县国家税务局四级计算机网络；四个子系统是指增值税防伪税控开票子系统、防伪税控认证子系统、增值税稽核子系统和发票协查子系统。

相比金税三期，金税四期最大的特点不仅是税务方面，还纳入"非税"业务，实现对企业的更全面的监视。同时建设了各参加机构之间的信息共享和审计通道，实现了企业相关人员的手机号码、企业纳税状态、企业登记信息审计三大功能。金税四期将会构建更加强大的现代化税收征管系统，实现全国范围内税务管理征收业务的通办，实现"税费"全数据全业务全流程"云化"打通，进而为智慧监管、智能办税提供条件和基础。再加上 2019 年 6 月份工信部、中国人民银行、国家税务总局、国家市场监

---

① 1994 年 2 月 1 日，时任国务院副总理的朱镕基同志指示要尽快实施以加强增值税管理为主要目标的"金税工程"。为了组织实施这项工程，成立了跨部门的国家税控系统建设协调领导小组，下设"金税工程"办公室，具体负责组织、协调系统建设工作。1994 年 3 月底、"金税工程"试点工作正式启动。

督管理总局四部门共同启动"企业信息联网核查系统"的运行，而新的税收征收管理系统很可能将充分运用大数据、人工智能等新一代信息技术，从而实现智慧税务和智慧监管。

资料来源：笔者根据相关资料整理而来。

8.3.2 "互联网＋"税收征管

8.3.2.1 "互联网＋"税收征管概述

2015 年国家税务总局印发的《"互联网＋"税务行动计划》指出"互联网＋税务"是把互联网的创新成果与税收工作深度融合，通过搭建互联网办税平台，拓展信息化应用领域，推动效率提升和管理变革，最终为纳税人提供高效、便捷、良好的服务。"互联网＋税务"是实现税收现代化的必由之路，而税收征管现代化是实现税收现代化的核心，应以征管现代化来推进税收现代化的实现。我国税收征管体系建设起步较晚，更多依赖"人盯户，票管税"的管理模式，征管成本高且税收风险难以把控，距离实现国家税收现代化还有较大差距。随着互联网的发展，利用互联网技术与税收征管的有机融合，可以从内生技术上促进纳税服务的优化和征管效率的提升，从而推进税收征管现代化发展。

8.3.2.2 "互联网＋"对税收征管产生的影响

互联网背景下的经济活动是通过无形的网络开展，必然会对建立在税务登记、查账征收基础上的传统税收征管工作带来巨大挑战，具体体现在以下几点[①]：

1. 收入真实性难以核实

税务机关核实企业真实收入时经常通过银行基本账户及发票等进行确认。但在电子商务企业交易过程中，部分生产厂家不再提供发票。同时支付手段的电子化、匿名化和瞬时性，使得企业的账外收入成为可能，税务机关无法准确掌握企业真实交易过程，无法对企业申报进行监控。

2. 代扣代缴制度作用弱化

传统商务活动，其产品供销链条通常是从生产企业到中间批发企业，到零

---

① 李万甫．"互联网＋税收治理创新"问题研究［M］．北京：中国税务出版社，2018：35－37．

售企业再到购买最终产品的消费者，在这个过程中税务机关可以依靠部分中间环节企业的代扣代缴来完成征管。而在"互联网＋"相关行业，生产企业往往和消费者通过互联网直接完成交易，传统从事批发的大小企业及零售企业大大萎缩，中间环节的缺失，使得作为税务征管重要支柱之一的代扣代缴制度失去了依存作用。

3. 征管类型存在不确定性

由于网络交易蓬勃发展，各种网上交易内容和形式层出不穷，根据现有的课税对象分类，很难对某些网上交易所得确定为销售所得、劳务所得或是特许权使用费所得。课税对象的不明确导致了课税标准、适用税率及税收优惠政策适用的不确定，税收征管工作难以有效展开。

4. 加密技术造成隐患

网络时代数据加密技术的广泛应用确保了信息的机密性和完整性，但对税收征管却带来了巨大挑战。税务部门很难在没有第三方支持和配合的情况下直接获取企业互联网交易行为的相关记录，造成了涉税信息的严重缺失。

5. 电子货币推广影响传统征税方法

电子货币伴随着互联网的发展日益深入到经济活动中。在方便互联网交易的同时，由于其虚拟性、分散性和多样性导致税务机关很难对其进行有效监督。对于传统模式经营的企业，通过查阅银行账目税务机关就能确定企业资金流动情况，并以此确定企业申报情况的真实性。而电子货币不需要经过太多环节，可直接通过网络进行大额的远距离实时转账结算，容易成为互联网企业非法转移资产并进行偷逃税的一种方式。

专栏 8 - 7

"互联网＋"背景下平台经济对税收征管产生的影响

1. 网络约车平台税收征管面临的挑战

网络约车平台运行模式的多样化使得课税对象和应纳税额难以确定，而且司机隐瞒个人劳务收入也给税收征管工作带来挑战。另外，当下我国还存在一种"作弊软件"，司机可以通过它来篡改乘客的交易金额、出发地和目的地，给进一步真实核定司机和网络约车平台收入造成困难。

（1）以神州专车为代表的约车平台。

以神州专车为代表的约车平台，司机与劳务派遣公司签订了正式的劳务合同，司机是神州专车旗下劳务派遣公司的正式员工。司机的收入来源是神州专车公司按月支付的劳务报酬，其个人所得税应由公司在支付款项时代扣代缴。另外，出租车的所有权归神州专车公司所有，虽然由神州专车司机提供运载服务，但是真正的承运人却是神州专车公司。

（2）以优步为代表的约车平台。

以优步为代表的约车平台，出租车仅仅挂靠在网络约车平台，司机与平台之间并无雇佣和被雇佣的关系。因此，司机的收入属于个人劳动所得，承运活动由司机独立负责。鉴于司机和平台一般会签订加盟合同，即司机支付给网络约车平台一定的管理费，而网络约车平台通过对乘客和司机之间进行信息整合发挥信息中介功能，收取的费用也仅是信息中介费。

2. 网络直播平台税收征管面临的挑战

（1）各直播平台主播应纳税额和个人所得税的计算方式不同。

网络主播是指在互联网节目中负责参与一系列策划、编辑、录制、制作、主持以及观众互动等工作的职业。虽然网络主播的主要收入来源是受众打赏，但鉴于网络主播和直播平台之间的关系多样且直播平台众多，因而计算个人所得税的方式也不尽相同。以斗鱼为例，其以每次直播受众打赏的收入为基础，按照偶然所得纳税，而有的直播平台则按照劳动报酬所得纳税。也有些主播与经纪公司或者直播平台存在雇佣关系，其收入按工资薪金所得纳税。因此，加强对网络主播税收征管的关键在于合理确定个人收入类型及其所得税的应纳税额。

（2）纳税主体和扣缴义务人难以确定。

鉴于网络主播与直播平台以及经纪公司之间关系复杂，网络主播是否与直播平台抑或与经纪公司签约等不同运行模式以及由此产生的法律关系，会使纳税主体和扣缴义务人不同，从而给实际操作中的税收征管工作带来困难。

资料来源：储德银，左芯．"互联网＋"背景下加强税收征管面临的挑战及应对 [J]．税务研究，2018（7）：120－124．

8.3.3 "大数据＋"税收征管

8.3.3.1 "大数据＋"税收征管概述

大数据是数字经济数字化及信息化的产物，对税收征管而言，大数据不是简单的数据应用，更多地意味着一种对传统税收治理理念和税收综合治理方式的变革与改进。与传统的税收数据管理相比，大数据更强调数据间的关联性，淡化因果性，通过对海量涉税数据的对比分析，能提高税收征管决策的科学性。2019 年 12 月，我国成立了税收大数据和风险管理局，"大数据＋"税收征管上升为国家战略性规划。"大数据＋"税收征管不仅有利于税收征管部门对内管理，还有利于优化对外服务。对内表现为可实现税收征管部门综合治税管税，一方面，税收征管可从事后识别向事中、事前监控发展，通过分析纳税人的"行为痕迹"，对纳税人的纳税遵从倾向进行预测，从而精准监管；另一方面，无论是纳税评估还是税务审计、税务稽查，都可由单一事项转向综合事项，从而实现纵向和横向的综合治税管税。对外表现为利用大数据技术可助推开展个性化和多样化的纳税服务。一方面，通过大数据分析有针对性地为每类纳税人推送税收知识和税收政策，帮助纳税人更深入地了解自身的税收权利和义务；另一方面，可帮助纳税人尤其是企业纳税人寻找商机。例如，浙江省依托税收大数据平台，通过发票信息、登记信息等大数据查询分析，根据"产品名称"等关键词，帮助企业寻找潜在的经销商，使浙江省复工复销得到明显回升[①]。

专栏 8－8

什么是大数据？

"大数据"是指一个体量特别大，数据类别特别多的数据集。具体有 4 层含义或特征：

第一，数据体量（volumes）大。移动互联网的核心网络节点是人，不再是网页，人人都成为数据制造者，短信、微博、照片、录像都是其数据产品；数据来自无数自动化传感器、自动记录设施、生产监测、环境监测、交通监测、安防监测、自动流程记录、刷卡机、收款机、各种办事流程登记等；大量自动或人工生产的数据通过互联网聚集到特定地点，包括电信运营商、互联网运营商、政府、银行、商场、企业、交通枢纽等机构形成了大数据之海。

第二，数据类型（variety）繁多。一方面，数据包含了来自网页、互联网日志文件、搜索索引、社交媒体论坛、电子邮件、文档、主动和被动系统的传感器数据等原始、半结构化和非结构化数据；另一方面，数据格式变得越来越多，涵盖了文本、音频、图片、视频、模拟信号等。

第三，数据速度（velocity）快。快速是大数据处理技术和传统的数据挖掘技术最大的区别。主要表现在：一是数据生产快；二是数据处理快，有静态数据转变为正使用数据，动态数据转变为正使用数据两种范式。此外，在数据处理速度方面，有一个著名的"1 秒定律"即要在秒级时间范围内给出分析结果，超出这个时间，数据就失去了价值。

---

① 王敏，彭敏娇. 数字经济发展对税收征纳主体行为的影响及政策建议［J］. 经济纵横，2020（8）：93－99.

第四，运用价值（value）高。大数据能做一个预言家。谷歌和推特都曾用大数据，提前 7 天到一个月，在 2009 年准确预测当年的流感趋势。大数据的特征，如图 8 - 2 所示。

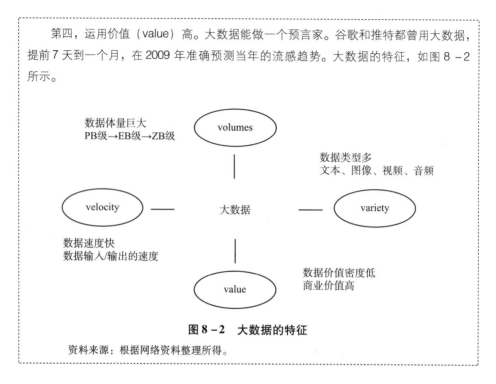

数据体量巨大
PB级→EB级→ZB级

数据类型多
文本、图像、视频、音频

velocity —— 大数据 —— variety

数据速度快
数据输入/输出的速度

数据价值密度低
商业价值高

图 8 - 2 大数据的特征

资料来源：根据网络资料整理所得。

8.3.3.2 "大数据＋"税收征管面临的挑战

数字化时代下，数据作为全新的生产要素参与到社会活动中，大数据开启了一次重大的时代转型，也为我国税收征管模式的转型带来了机遇与挑战[①]。

1. 传统税收征管方式难以适应大数据管理要求

在大数据时代，电子商务、互联网金融等新业态的崛起对行业管理形成了挑战，电子交易对实体化税源管理形成了挑战，跨域经营和交易虚拟化对传统的税收属地管理方式形成了挑战。面对社会利益分化、价值多元社会活动、新业态层出不穷、复杂多变的新情况，传统的依靠人力、被动出击、大而化之、无差别管理的税收管理模式已不能适应形势的要求。例如，"分人盯户难以应对在简政放权背景下纳税人数量的急剧增长"；以票管税已反复被实践证明在纳税人经营方式越来越多元化和复杂化的情况下作用大幅削弱，混合管理、一局统辖、一人统管，不仅难以管好，而且存在寻租空间，单人应对无法在纳税人的团队筹划面前取得突破；属地管理，对现代企业，尤其是跨地区企业集团、股份公司、跨国税源等，很难取得整体的涉税信息，难以实施有效的管理等。

[①] 江武峰. 大数据背景下税收管理改革的实践与思考 [J]. 税务研究，2018（1）：113 - 116.

2. 大数据管理思维模式尚未完全形成

狭义的税收大数据指税收征管数据，广义的税收大数据还包括外部交换数据、互联网数据。大数据带来更深层次的变革是思维和管理方式的变革。但对于大数据的内涵和特征，部分税务人员还缺乏科学准确的认识。有人把税收大数据看作一个全新的概念，将其与持续多年的税收信息化人为割裂开来；有人则信奉工具论，片面地将税收大数据理解成仅是运用大数据技术为税收工作服务；有人则机械地将税收大数据视为大数据与税收工作的简单相加，忽略了税收信息技术和互联网平台与税收业务的深度融合以及对税收制度的创制重构。

3. 信息管税相关法律法规体系还不健全

税收法定原则是我国税收领域的一项重要原则。但目前，税收信息化方面特别是信息管税相关的立法仍是空白，运用大数据解决税收管理难题没有专门的法律渊源。例如，由于各部门数据共享缺乏系统的法律保障，仅在省、市层面有相关规定，且缺少全国层面对涉税数据标准口径格式的统一规范，导致税务机关第三方信息数据采集质量不高，难以满足深化税收风险管理的需要，数据使用价值难以提升，也影响了协税护税、综合治税的效果。

4. 涉税信息数据的碎片化特征较为明显

在信息系统方面，税务机关目前在用的信息系统数量庞杂，分散于各个层级、各个序列。科学统一的顶层设计不够，存在基础平台关联度不高和碎片化等问题，待进一步整合。在信息数据方面，虽然多个系统收集了海量的数据信息，但由于信息分散、标准不一，整合难度大，在一定程度上制约了信息数据的整体利用效果。在数据应用方面，由于税务人员数据处理能力参差不齐，部分税务人员在应用信息数据时感到茫然，需要用的数据找不到，已掌握的数据不会用，信息数据应用能力和应用效果亟待提升。

5. 税收信息系统集成应用还不够

在应用主体方面，纳税服务、风险管理、行政管理均有相应的信息系统，不同系统之间数据接口和共享通道不健全，各自为政导致的"信息孤岛"、"信息壁垒"等问题依然较为突出，导致在数据应用方面，基层税务人员对信息数据的整体把握不到位，深入研究挖掘应用不到位，"守着金矿捡煤渣"的现象较为普遍。在应用结果方面，相关信息数据的利用主要局限于税务机关内部，应用结果的社会化程度不高，特别是纳税人不良记录尚未充分地融入社会征信体系等问题还有待改善。

6. 税收数据分析的方法手段仍较为单一

目前，受限于数据规模和质量，数据接口标准不统一，相关专业人才缺乏等因素，对数据的分析仍停留在简单的查询和比对层面，深入性和系统性不足。例如，部分行业指标值未能与时俱进，人工识别时间长、效率低，数据处理手段单一，有些风险事项推送质量不高，数据比对难度大，相关涉税疑点人工实地查找核实困难，有些风险管理指标和行业模型对各数据之间的逻辑关系以及反映的涉税风险点难以准确呈现等。

专栏 8 – 9

美国的"大数据 +"税收征管

美国国内收入局（internal revenue service，IRS）是负责美国国内税收事务的政府机关，隶属于财政部。IRS 的税收信息化建设水平可以说是全球领先，在高水准的信息化技术和数据分析技术的基础上，又在 Jeffery Butler 的带领下开发了 CDW 数据仓库，是税收机关使用大数据技术的范例之一。

IRS 的业务流程包括纳税申报、纳税人账户管理、纳税服务、税收执行四个部分。

IRS 掌握的与纳税人有关的数据非常全面、到位。在数据种类方面，IRS 所掌握的涉税数据种类繁多，包括申报表格、日程表、工作表、影像、信件、文件、交易记录、电话记录、通知公告等；从数据来源上看，数据来源也很丰富，包括纳税人、雇主、代理人、中间人、银行、非营利组织、联邦政府、州政府、有信息交换条约的伙伴国等。

资料来源：中国税务学会. 大数据技术与税收应用——基于税收征管与纳税服务的视角 [M]. 北京：中国税务出版社，2018：72 –73.

8.3.4 "区块链 +"税收征管

8.3.4.1 "区块链 +"税收征管概述

区块链技术是提升税收治理能力的新型技术手段，也是助推实现税收治理现代化的良好契机和重要抓手。一般而言，税收征管活动中的信息不对称来源于纳税人涉税信息的不完整、不及时及不真实。而区块链的本质就是一本可全流程追溯且不可篡改的账本，运用到税收征管上，不仅可完善发票监管流程，而且还能降低税收征管部门的征管成本、简化征管流程以及保障涉税信息安全。2018 年 8 月，深圳税务局开出第一张区块链发票，2019 年逐步推广，截至 2020 年 3 月已有北京、广州、云南等地相继推出区块链电子发票，区块链对税收征管部门展开征管活动的优势越来越明显。"区块链＋"税收征管通过使消费者、商户、企业、税收征管部门等上链操作，实现了从纳税人、税务管理及宏观调控等多角度构建申报征收、证明办理、风险评估税务信用、税务登记、发票管理的闭合数字发票生态链，能有效解决税收征纳主体间的信息不对称问题，促进税收征纳主体间的相互信任，提高税收征管效率①。

专栏 8 - 10

什么是"区块链"？

区块链技术是利用块链式数据结构来验证与存储数据、利用分布式节点共识算法来生成和更新数据、利用密码学的方式保证数据传输和访问的安全、利用由自动化脚本代码组成的智能合约来编程和操作数据的一种全新的分布式账本数据库。区块链的概念如图 8 - 3 所示。

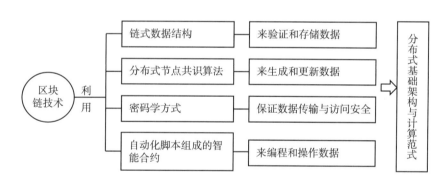

图 8 - 3　区块链的概念

此外，区块链有三种类型，分别是公有链（public blockchain）、联盟链（consortium blockchain）以及私有链（private blockchain）。其中，公有链是真正意义上的完全去中心化的区块链，它通过密码学保证交易不可改，同时也利用密码学验证以及经济上的激励，在互为陌生的网络环境中建立共识，从而形成去中心化的信用机制，联盟链适合于机构间的交易结算或清算等 B2B 场景，而私有链的应用场景一般是企业内部的应用，如数据库管理、审计等。在政府部门也会有一些应用，比如政府的预算和执行，或者政府的行业统计数据。区块链的类型，如表 8 - 1 所示。

① 王敏，彭敏娇. 数字经济发展对税收征纳主体行为的影响及政策建议［J］. 经济纵横，2020（8）：93 - 99.

表 8 – 1	区块链的类型		
	公有链	联盟链	私有链
中心化程度	去中心化	多中心化	中心化
参与者	任何人	预先设定、具有特殊特征的成员	中心控制者制定的可以参与的成员
信任机制	工作量证明	共识机制	自行背书
记账者	所有参与者	参与者协商决定	自定
使用场景	网络节点之间没有信任的场景	连接多个公司或中心化组织	节点之间高度信任场景
典型案例	比特币、以太坊	清算、支付	R3 联盟等金融领域联盟、审计发行

资料来源：笔者根据中国工信部 2016 年发表的《中国区块链技术和应用发展白皮书》整理所得。

8.3.4.2　区块链与税收征管的契合性

区块链本质是一个去中心化的分布式账本数据库系统，具有去中心化、数据可追溯且不可改、高安全性和合约执行自动化等特点，是在非对称加密和授权技术、分布式账本、智能合约以及共识机制等技术上的集成创新，其与税收征管的契合性主要有三点[①]：

1. 区块链的去中心化与税收征管现代化的多方合作理念高度契合

税收征管现代化提倡多方合作参与税收治理的理念与区块链去中心化的基础架构具有很高的适配性。税收治理不只是税务机关的内部工作，还需要各级政府监管部门及第三方服务机构的共同参与，将各方碎片化的涉税信息通过采集、分析、计算和存储整合在一起，形成互动沟通、信息共享、社会共治的税收征管环境。而区块链技术去中心化的分布式架构恰好可以创建这种环境。区块链通过共识机制、智能合约以及非对称加密技术，在参与区块链的企业、税务机关及税收协作部门间共建一个信息数据全程可追溯且不可篡改、高安全、符合一致性要求的诚信数据库，通过技术方式低成本地建立信任，构建大型合作网络，有效解决税收征管面临的"数据孤岛""信息沟壑"等问题。并且，区块链的非对称加密和授权技术还能在一定程度上缓解大数据时代的信息安全问题，确保数据存储及多方涉税信息共享的安全性。而海量交易数据的存储难

---

① 王娟. 区块链技术驱动税收征管创新的路径与对策 [J]. 税务与经济，2020（6）：99 – 104.

题也由于区块链使用默克尔树（Merkel tree）的哈希链而非完整交易的方式，大大减少了数据的传输量及计算的复杂度，令数据共享存储变得容易和迅捷。

2. 区块链的不可篡改性与交易数据的真实性和纳税申报的可靠性高度契合

区块链的最大优势就是解决信息不对称，当企业加入税务区块链后，其经营活动的业务流、资金流和物流信息都会被集成在区块链的分布式账本数据库中，税务机关可以轻松地掌握纳税人的经营业务往来数据，实现对税源的全面实时监控。基于实时交易的数据信息经过共识算法验证后按时间序列存储于区块链中具有可追溯性和不可改性，信息变更后同步调整，确保了区块链上记录信息的真实性。此外，区块链智能合约技术与人工智能技术的集成系统，还可实现涉税信息的自动搜集、税款的自动计征及纳税申报表的自动生成。无须企业再自我纳税申报，也就从源头上解决了企业的虚假申报行为，保证了纳税申报的可靠性。

3. 区块链的高效性和智能合约与降低征纳成本、提升征管效率高度契合

区块链智能合约技术将税收征管政策与规则写入智能合约，实现了税收法律与政策的代码化，避免了税收政策执行时的人为操控及征纳双方对税收政策理解的歧义。一旦纳税人涉税交易满足智能合约预设的条件和规则，合约将被自动执行从而实现发票的自动开具、纳税义务发生时间的自动确定、应纳税额的自动计算及税款的实时自动扣缴。由此，企业通过隐匿收入或篡改数据、重复报销等方式偷逃税款的行径将被有效遏制，同时也避免了发票虚开虚抵以及虚开发票后通过快速注销企业方式逃匿税款等违法行为。智能化的税收征管方式有效降低了征纳双方成本，提升了征管效率，促进了纳税人主动性纳税遵从。

专栏 8 – 11

"区块链 +"税收征管的几个运用场景

1. 发票管理

区块链技术可以将线上支付与电子发票的开票管理进行功能整合。在每一笔交易完成电子支付后，区块链智能合约即可根据交易记录自动生成电子发票，实现"交易即票"。发票信息与真实交易挂钩，资金流与发票流一致，信息不可篡改，可以突破现有的发票申领、单张限额、超量审核等烦琐的核定环节，结合实名制，有效避免发票虚开虚抵行为。同时，借助云记账技术，还可根据发票信息将记账工作推向云端，建立云账本，确保线上线下记账一致，从根源上促进纳税遵从，规避现实交易中购买方不主动索取发票，销货方少开、漏开发票等隐匿收入行为。

2. 出口退税识别

企业骗取出口退税主要是通过票证流转与货物实际流转不一致实现的。通过将出口退税规则写入区块链智能合约，由智能合约的规范性程序自动甄别票据单证与货物流转信息记录不匹配的情形，从而使票据单证信息与物流信息不一致导致的骗取出口退税的现象无处遁形。在区块链技术下货物出口的流转信息都接入了物联网，与交易流和资金流一并记入区块链网络并加盖时间戳，交易信息公开透明，商品的流通信息和海关核验信息一经确认，即自动触发退税流程，实现即时办理，以提升退税的效率。

3. 税收优惠管理

税收优惠政策是国家和地方利用税收调节经济的手段，通过制定税收优惠政策，对特定产业企业、群体和产品的发展给予扶持。种类繁多的税收优惠政策在促进产业结构调整和社会经济协调发展的同时，也为税收征管带来了诸多困难。而区块链的智能合约技术同样能为此提供解决方案。国家和地方政府可以在智能合约框架内为各类税收优惠政策设定不同的智能合约，一旦某项条件达成便会自动触发某类优惠合约，自动计算扣减补贴金额。这既减少了税务机关对税收优惠政策把控审批时的自由裁量，也避免了企业滥用税收优惠政策偷逃税款的行为。

资料来源：王娟. 区块链技术驱动税收征管创新的路径与对策［J］. 税务与经济，2020（6）：99－104.

中国税制改革前沿

实践案例
与习题

党的十八届三中全会通过的《中共中央关于全面深化改革若干重大问题的决定》提出：财政是国家治理的基础和重要支柱，科学的财税体制是优化资源配置、维护市场统一、促进社会公平、实现国家长治久安的制度保障。必须完善立法、明确事权、改革税制、稳定税负、透明预算、提高效率，建立现代财政制度，发挥中央和地方两个积极性。在"财政是国家治理的基础和重要支柱"的思想指导下，中国税制改革的目标从迈向统一市场逐步过渡到推动国家治理，税收制度也从嵌入经济，过渡到嵌入经济、社会、生态等方方面面。我国的税制应通过全面深化改革向着既定方向稳步前行，更好发挥税收在国家治理中的基础性、支柱性、保障性作用，为推进国家治理体系和治理能力现代化、促进经济社会持续健康发展发挥更大作用。

思政案例

继续推进税制改革，促进我国"十四五"经济发展

2020 年 12 月 16 日至 18 日，中央经济工作会议在北京举行，处于"十三五"规划收官之年和"十四五"规划开局之年的历史焦点，此次会议的重要性不言而喻。会议对财政政策促进经济结构调整有了全新的要求，一是要增强国家重大战略任务财力保障，在促进科技创新、加快经济结构调整、调节收入分配上主动作为，二是要抓实化解地方政府隐性债务风险工作，党政机关要坚持过紧日子。除此之外，税制改革将是新时期财税领域改革的重点，2021 年两会结束后，我国公布了一系列税收政策，并表示将继续推进税制改革，从而促进我国经济"更可持续"发展。

【案例解析】"十四五"时期是我国开启全面建设社会主义现代化的新征程、向第二个百年奋斗目标前进的第一个五年，做好"十四五"时期及以后的经济工作，必须立足新发展阶段，贯彻新发展理念，构建新发展格局，以推动高质量发展为主题，以深化供给侧结构性改革为主线，以改革创新为根本动力。"十四五"规划提出加快建立现代财政制度和完善现代税收制度等目标，为此，"十四五"时期财税工作需要发挥更重要、更有效的作用，加快改革步伐，从而为我国新时期经济高质量发展保驾护航。

【思考讨论】根据中央经济工作会议精神，思考讨论"十四五"时期我国税制改革的发展方向与主要关注点。

9.1　税制改革理论

公平课税论、最优课税论和西方财政交换论是目前各国税制改革的三大理论依据，对我国的税制改革具有较强的理论指导与借鉴意义。

9.1.1　公平课税论

9.1.1.1　公平课税论的理论溯源

公平是税收理论研究永恒的课题。公平课税论来源于瑞典著名经济学家亨利·西蒙斯（1938）的研究成果，他认为政府在设计和改革税制时，必须使税收制度既能按照公平原则筹措资金，又能限制政治程序对市场经济的干预，实现这种双重目标的课税方法关键在于对税基的选择。公平课税论主张"相同税收负担能力的纳税人承担相同的税收负担，税收负担能力更高的纳税人承担更重的税收负担"。实际上，税收公平与税收效率是税法上的两大基本原则，霍尔等（2003）表示"公平问题的重要性已经超过了两项过去常用的税制评价标准：成本（效率）和简化。"近年来，常在各大税种改革中提及的税收中性原则其实也是一种公平课税观的体现，其理论根基在于在资源配置中应更好发挥政府作用，包括构建没有歧视的税收环境、消除额外的税收负担，以及不给企业带来不必要的成本等。

9.1.1.2　公平课税论的主要内容

公平课税论的基本思想主要包含以下四个方面：一是主要强调课税横向公平而非纵向公平目标，纵向公平课税问题则主要留给政治程序去解决；二是以税基的综合性和税收待遇的统一性作为指导原则；三是将政府支出与税收收入分开管理；四是强调要按照公民纳税能力进行征税。其中，纳税能力的大小一般采用适当会计期内的消费加上应计净财富的变化，使之直接对应于可计量的现金流量。

公平课税论下的理想税制，主要是根据综合所得概念对宽所得税基课征累进的个人直接税。综合所得主要包括工资和薪金、经营所得、资本所得、租金、特许权使用费、附加福利、耐用消费品的估算租金、转让所得、养老金所得以及赠与和遗产所得等。这种宽所得税基能在不同的所得类型之间、不同的部门之间和不同的活动之间实现税收中性。同时，宽税基也有助于降低名义税率，从而使税收的超额负担最小化。公平课税论指出了宽税基、低名义税率更有利于实现公平和效率目标，该理论也在后来许多工业化国家的税制改革过程中被沿用。

9.1.1.3　公平课税论对我国税制改革的启示

如罗尔斯（1988）所言，用来提高正义所要求的财政收入的税收体系，是指税收负担要被公平地承担，并旨在建立正义的安排。在我国每十年一轮的大规模税制改革中，公平税负原则都一以贯之。我国在改革开放初期实施了"效率优先、兼顾公平"的政策方针，然而在强大的经济增长压力下，"兼顾公平"未能很好地落到实处。社会发展滞后、收入分配不公、资源环境恶化等问题早在"九五"和"十五"期间，已经为决策层所认识，但由于经济增长和社会就业的压力，却一直未能成为优先的政策议题，而这反过来又强化了对传统发展战略的依赖。践行以人民为中心，走向包容性增长，实现社会主义共同富裕目标，这是"十四五"及以后时期税制结构调整将要面临的一大难点，也是公平课税论给我国税制改革上的非常重要的一堂课。

然而，目前我国仍是发展中国家，经济高质量发展任务重，这又需要我国税制改革在关注公平目标的同时，进一步激发经济体的创新和活力。因此，下一阶段，我国税制改革既要考虑从需求侧扩大内需，实现公平均衡发展与共同富裕，又要注重从供给侧激励创新，推进高质量发展，这对税制改革与税收政策的选择提出了更高的要求。另外，随着我国数字经济和人工智能的快速发展，其所带来的机会和收益不可能平等分享，将在传统不平等的基础上增加新的不平等因素，并且在全球化与数字化并行发展的当今，资本和高技能劳动力具有更大的流动性，强调公平，实现共同富裕的目标将更具挑战性。因此，"十四五"时期的税制改革与税收政策需要在实现包容性增长、提高经济效率和维护财政安全之间作出平衡。

9.1.2　最优课税论

9.1.2.1　最优课税论的理论溯源

最优课税论的起源可以追溯到古典经济学家穆勒（1817）首次提出的牺牲学说，穆勒认为税收公正要求每个纳税人都要承担同等的牺牲。在埃奇沃斯和庇古之后，现代福利经济学将牺牲原则解释为效用的损失并提出边际税收征纳数额应与公共物品提供给纳税人的边际效用相等，从而使税收总牺牲最小化的理论。弗兰克·拉姆斯（1927）、詹姆斯·米尔利斯（1971）、彼得·戴尔蒙德和米尔利斯（1971）等提出的最适课税论也认为税制结构造成的总牺牲应当最小，但他们所界定的牺牲原则比较宽泛，把牺牲看作社会福利的减少而不仅仅是个人效用的损失。1996 年的诺贝尔经济学奖首次颁给了两位进行税收理论研究的经济学家：詹姆斯·米尔利斯和威廉·维克里。两位学者的贡献主要在于建立了"不对称信息下的刺激理论"，同时从不对称信息条件下的税种优化入手，研究如何将经济主体的刺激因素置于税收政策和其他财政政策的决定过程中，从而对"最优课税理论"的形成作出了巨大贡献。当代最优课税理论就是基于以上研究成果所提出的效率化资源配置和公平化居民收入分配的理论学说。

9.1.2.2　最优课税论的主要内容

最优课税论是福利经济学中的次优概念和信息经济学中的信息不对称分析应用于税制结构优化分析取得的成果。其理论核心在于如何使一国的税收制度在实现一定的税收收入的约束条件下，尽可能地使税收造成的超额负担最小、效率最大，同时促进收入的公平。最优课税论认为无论是商品税还是所得税都有其存在的合理性和必然性，政府当下的政策目标决定了一个国家税制模式的选择。那么，在所得税和商品税并存的复合税制情况下，主体税种应该选择商品税还是所得税呢？一般而言，所得税适合于实现分配公平目标，商品税适合于实现经济效率目标。如果政府决定以经济效率为主要目标，就应选择商品税作为主体税种；如果政府决定以分配公平为主要目标，就应选择所得税为主体税种。所以，一国的税收制度最终实行何种税制模式，取决于其在公平与效率目标间的权衡。依据最优课税论，公平目标和效率目标应该被纳入到同一个福利函数框架中统一考虑，从而设计出一套兼顾公平和效率的税制结构，为国家税制改革范畴提供相关的经济学分析范式。

9.1.2.3 最优课税论对中国税制改革的启示

首先，最优课税论强调了公平与效率的统一，但实践中却较难做到，该理论本身也存在着适应性缺陷，其有关社会福利函数的设定具有较强的主观性。因此，在我国税制改革过程中，必须结合不同阶段国家经济、政治、管理、文化等各方面的实际条件与需求，考虑公平与效率目标的不同侧重点，寻求税制结构的现实合理性。其次，税制设计和税制改革中必须充分考虑到税收超额负担造成的效率损失。在实践中，由于政府对纳税人的信息了解有限，不可避免地会存在扭曲性的税收，从而产生超额负担损失。这时应考虑税种组合或降低税种累进程度等方式，结合经济发展阶段和政府履行职能的需要，制定合理的税率，并且尽可能地提高征管水平，降低信息不对称的程度。最后，最优课税论认为征收商品税容易达到效率最优的目标，但其对于收入的公平分配功能较弱；征收所得税有利于实现收入的公平分配，但其更不易实现效率目标。因此，在我国税制改革中，要充分考虑商品税与所得税的不同特点，运用其实现不同的政策目标。我国目前对商品税过于依赖的税制结构已不适应经济社会发展的需要，应逐步提高所得税比重，降低商品税比重，以促进共同富裕目标的实现。

9.1.3 财政交换论

9.1.3.1 财政交换论的理论溯源

财政交换论的基本思想起源于16世纪欧洲，英国哲学家、经济学家约翰·洛克提出国家或政治社会是基于人们的同意而建立的，在契约基础上的国家概念，其根本目的是"保障人类的利益"。维克赛尔认为政府应该是一个能有效提供公共物品的组织，同时也是协调和仲裁的机构，以保证各方的合作能够实现。公民对于违背自己利益的公共支出项目拥有否决权，课税不应成为人们的负担，而应该通过民主的政治决策使人们获益。林达尔在1918年关于公共品提供模型的基本思想来自维克赛尔，他将财政交换论的思想数理化后通过模型探讨了税收和公共产品提供的关系问题。约翰森（1963）则是在林达尔均衡中加入了无差异曲线并对林达尔均衡做出了进一步解释，维克里（1961）、克拉克（1971）、格罗夫斯（1973）、莱迪雅得（1977）等人提出通过税制设计以显示消费者偏好的思想，即偏好显示机制，从而修正林达尔模型无法提供有效的或激励相容机制的缺陷。布坎南（1919）、塔洛克（1922）认为个人是社会秩序的基本组成单位，政府只是个人相互作用的制度复合体，个人通过复合体做出集体决策，去实现他们相互期望的集体目标。

9.1.3.2 财政交换论的主要内容

作为西方税制改革主流理论的财政交换论是以霍伯斯的社会契约论为基础，经自愿交换学说、公共产品学说和公共选择学说等理论逐步发展而来。社会契约论为西方财政交换论提供了系统的思想基础，认为民众与国家实际上是一种契约关系，依靠对权利的交换而获得政府给予的安全、秩序等公共服务和物品的权利；自愿交换学说是从全体一致同意的角度研究公共产品和服务提供中体现的交换关系，将私人市场上的物品交易学说引入公共产品和服务的供应环节中来，其中维克赛尔和林达尔的税收公平理论则从财政理论角度提出了交换思想和税收价格思想；公共选择学说的宗旨则是把政治和市场两方面的人类行为统一，把市场中的交换关系引入政治市场中来。财政交换论改变了大多数研究中以国家为财政研究主体的思想，反之尤其强调以纳税人为研究的主体，明确税收征收实际上是纳税人与国家机器交换相应的权利换取难以获得的公共物品的本质过程，该理论主张纳税人应该提高自己的权利意识，提出要促进作为宪法和税收实体法连接纽带的税收基本法的持续改革。

9.1.3.3 财政交换论对我国税制改革的启示

财政交换论强调单个纳税人在财政实践活动中的主体地位这一分析方法，突破了我国传统财政理论中强调以国家为研究主体的理论视角。财政交换论从交换的角度看待财政本质，尤其关注纳税人的意愿和需求，同时也顺应当下强调"以人为本"的时代要求，对目前我国的财政理论和实践活动有着较强的现实意义。在我国税制改革实践中，要积极增强纳税人权利意识，尊重纳税人的权利，在税收立法中重视纳税人权利实现的过程，在税收征纳过程中树立为纳税人服务的思想。同时，根据财政交换论，我国的税收法律体系需进一步完善，特别需持续完善税收基本法，从而以法律手段实现纳税人权利和义务对等。

专栏 9 - 1

1994 年工商税制改革与新一轮税制改革

1994 年工商税制改革与新一轮税制改革①是我国近三十年来改革力度较大、影响较为深远的两次税制改革，1994 年的工商税制改革是新中国成立以来规模最大、范围最广、内容最深刻、力度最强的结构性改革，这次改革奠定了中国的现行税制。而新一轮税制改革学者公认的时间节点是 2003 年，继 2002 年党的十六大提出的"重要战略机遇期"后实施的改革，此次改革启动不像 1994 年那样暴风骤雨式实行，而是分步实施、分步推行。这两次税制改革的指导思想贯彻了上文所述的税制改革相关理论。1994 年工商税制改革与新一轮税制改革情况，如表 9 - 1 所示。

表 9 - 1　　　　　1994 年工商税制改革与新一轮税制改革情况

	1994 年工商税制改革	新一轮税制改革
时间	1994 ~ 2002 年	2003 年至今
政策背景	1992 年，中国共产党第十六次全国代表大会确定了社会主义市场经济体制的改革目标。1993 年，十四届三中通过了《关于建立社会主义市场经济体制若干问题的决定》。这两次会议，勾画了中国社会主义市场经济体制的基本图景	2002 年，党的十六大提出"重要战略机遇期"，其中全面建设小康社会战略目标的实现离不开税制优化的前提。并且，新一轮税制改革是完善社会主义市场经济体制的重要工程，是绕不开、躲不掉、甚至"牵一发而动全身"的改革事项
指导思想	统一税法，公平税负，简化税制，合理分权	简税制、宽税基、低税率、严征管

---

① 学界并没有关于税制改革阶段的明确划分，本书指的新一轮税制改革引用中国社会科学院财政与贸易经济研究所编写的教材《中国启动新一轮税制改革：理论转变、政策分析和相关安排》一书中的界定，将 2003 年至今的税制改革统一纳入新一轮税制改革中。

续表

	1994 年工商税制改革	新一轮税制改革
主要内容	（1）全面改革流转税。以实行规范化的增值税为核心，相应设置消费税、营业税，建立新的流转税课税体系，对外资企业停止征收原工商统一税，统一实行新的流转税制。 （2）对内资企业实行统一的企业所得税，取消原来按企业经济性质分别设置的国营企业所得税，国营企业调节税，集体企业所得税和私营企业所得税。同时，国有企业不再执行企业承包上缴所得税的包干制。 （3）统一个人所得税，取消原个人收入调节税和城乡个体工商户所得税。对个人收入和个体工商户的生产经营所得统一实行修改后的个人所得税法。 （4）调整、撤并和开征其他一些税种。如调整资源税、城市维护建设税和城镇土地使用税；取消集市交易税、牲畜交易税、烧油特别税、奖金和工资调节税；开征土地增值税、证券交易税；盐税并入资源税，特别消费税并入消费税	（1）税费改革：将一些经常性的税性非税收入转为税收、将所有财政收入纳入预算管理、取消各项税收附加、农村税费改革。 （2）优化税制结构：①合并重复设置的税种，首先是合并一些重复设置的税种。如现行税制中针对内外资企业和中外籍人士设置的不统一的税种，如企业所得税、房产税和车船使用税等，统一税法。②调整交叉设置（或不合理设置）税种的征收范围，如改进印花税和契税等税种征收范围的交叉。③停征若干税种，取消目前税制中不符合市场经济要求的特定目的税，如筵席税和屠宰税等。④开征一些新税种。如开征社会保障税、环境保护税等新税种，以及增加财产税类的税种等。 （3）改进和完善若干税种：①营改增；②调整消费税征收范围，考虑在零售环节征收；③降低关税税率，调整税率结构；④统一内外资企业所得税法；⑤减少个人所得税累进层次，实行分类与综合相结合的征收办法。 （4）完善地方税体系：优化地方税结构，使财产税成为地方税的主体税种

资料来源：笔者根据相关政策资料整理所得。

9.2　中国税制改革前沿问题讨论

税制改革是一项复杂的、不断调整变化的系统工程。自 2003 年中共十六届三中全会后，我国启动了"新一轮税制改革"，此后，进行了"营改增"、减税降费、个人所得税调整、房产税试点、环境保护税开征等重要改革，中国税制改革正以"推动国家治理"为目标，沿着"结构性减税"方向不断展开。近年来，围绕着地方税改革、数字税务、绿色税收、税种调整、税收征管改革、国际税收治理等方面的讨论不断深入。这些方面的改革可能会对中国税制产生重大的甚至是根本性的影响，也是值得大家思考的税制改革前沿问题。讨论这些改革前沿问题的理论及动态，有助于理解、把握中国税制改革的未来走向。

这一节将以专题的形式讨论目前我国税制改革前沿与主要关注点。共有 6
个专题，一是地方税改革专题；二是数字经济税收专题；三是绿色税制专题；
四是税种改革专题；五是税收征管改革专题；六是国际税收治理专题。

9.2.1　地方税制改革专题

地方税体系是我国财政体制框架的重要支撑，明确好中央与地方的分权关
系，有利于各级政府充分发挥相应职能，加快地方经济发展进入良性循环。

9.2.1.1　地方税制改革演进历程

地方税体系是相对于中央税收体系而言的，主要涵盖税收收入、税制和税
收征管三个体系内容，地方税收入则是地方政府部门基于分税和共享税纳入一
般公共预算财政收入的税收收入。1921～1949 年这个时期，中国共产党的地
方税制由于依托于革命根据地和人民群众，很好地适应了不同地区生产力发展
水平。一方面，通过土地税、遗产税的设立以及合并苛捐杂税，党中央在维持
正常财政运作的基础上，巩固了群众基础，表明了共产主义的阶级立场，为取
得今后的革命胜利奠定了坚实的基础；另一方面，地方税制的探索与革命根据
地税收工作的开展为新中国的税制建设奠定了制度基础。

在"三大改造"完成之前，党中央与国家政府的税收工作主要集中在规
整旧中国以及革命根据地的税收体制上。1950 年 1 月 30 日，中央人民政府发
布的《全国税政实施要则》暂定了货物税、工商业税、关税等 14 种税收，但
尚未对中央与地方税种进行明确划分。1953 年 11 月政务院发布了《关于编造
1954 年预算草案的指示》，提出将印花税、利息所得税、屠宰税、牲畜交易
税、城市房地产税、文化娱乐税、车船使用牌照税和契税划分为地方预算固定
收入。1958 年后，随着"三大改造"的完成，国家建立起了计划经济体制，
并逐渐通过税收立法实现了各个税种的统一征收。由于地方的财政收支指标基
本确定，除了由部分税种作为地方固定税收以外，政府还会通过财政拨款的形
式进行收入调节，多交少补。1968 年后，中央对地方采取了财政统收统支的
办法，实质上就是将地方税收入以中央税的形式汇总再按需重新下发给地方政
府，这一政策沿用至 20 世纪 80 年代。

1985 年起，实行新的财政管理体制，对广东、福建以外的省份实行"划
分税种、核定收支、分级包干"的管理办法，而这事实上已经构成了分税制
的雏形。改革开放以来，我国地方税制呈现加速发展之势。1982～1988 年，
国家先后颁布了牲畜交易税、城市维护建设税、房产税、车船使用税、耕地占

用税、筵席税以及城镇土地使用税暂行条例，对纳税人、税率等税制要素进行了界定，为我国复合税制新体系的建立奠定了良好的制度基础。历史证明了分税制的税改道路是符合我国国情和社会发展规律的。1994年分税制改革的推进将原有的税种划分成了中央税、地方税和中央地方共享税，促成了地方税体系的初步形成，央地分税格局逐步建立。然而，该阶段的分税制改革仅仅依据税收收入进行分税改革，而没有考虑到地方政府支出责任要与事权相匹配的主要矛盾。换句话说，该阶段分税制改革主要改变了地方财力，而地方财力与财权、事权、支出责任之间关系仍然不平衡，经济发展效率和分配公平问题突出。

2007年，党的第十七次全国代表大会报告中提到要健全中央和地方财力与事权相匹配的体制，进一步完善地方事权和财权相统一的制度安排，并且提出"提高一般性转移支付，加大公共领域投入，完善省以下财政体制，增强基层政府提供公共服务能力"。2013年，十八届三中全会集体通过了《中共中央关于全面深化改革若干重大问题的决定》，其中针对地方事权和支出职责首次给出了明确的划分，即"适度加强中央事权和支出责任，国防、外交、国家安全、关系全国统一市场规则和管理等作为中央事权；部分社会保障、跨区域重大项目建设维护等作为中央和地方共同事权，逐步理顺事权关系；区域性公共服务作为地方事权"。2017年，党的十九大报告将"建立权责清晰、财力协调、区域均衡的中央和地方财政关系"放在了财税体制改革的首要位置，同时在税制改革部分明确提出了"健全地方税体系"的要求。进一步对调整税制结构，培育地方税源，加强地方税权，理顺税费关系，逐步建立稳定、可持续的地方税体系提出了更高的要求。整体来看，我国地方税体系根据经济发展需要在不断地完善，历程梳理如表9-2所示。

表9-2 我国地方税改革历程梳理

年份	1921~1949年	1949~1956年	1958~1967年	1968~1981年	1982~1993年
主要改革措施	地方税制的探索和革命根据地税收工作的开展为新中国税制建设奠定了制度基础	改革主要集中在规整旧中国以及革命根据地的税收体制上	除部分税种作为地方固定税收以外，还会通过财政拨款的形式进行收入调节，多交少补	财政统收统支	我国复合税制新体系的建立阶段

年份	1994年	2007年	2013年	2017年
主要改革措施	施行分税制改革，将我国现行税种划分为中央税、地方税、中央地方共享税三种类型	提到要健全中央和地方财力与事权相匹配的体制，进一步完善地方事权和财权相统一的制度安排	针对地方事权和支出责任首次给出了明确的划分	明确提出"健全地方税体系"的要求

9.2.1.2　地方税改革存在的问题

1994年疾风骤雨式的"分税制改革"不可避免地造成了一些历史遗留问题，一方面，直接导致了地方政府"GDP锦标赛"发展模式的形成，另一方面，在客观上诱导了诸如"土地财政""地产税收""地方债务"等一系列问题。经过20多年来的"小修小补"，部分问题得到解决，但仍有一些关键问题一直悬而未决。

1. 地方税体系不完善

地方税体系不完善是目前我国地方税改革过程中最突出的问题，而其中，地方主体税种缺失是各方讨论的热点问题。一般认为，收入占地方总税收比重超过30%的算作地方主体税种，为支撑当地经济发展、公共服务供给和调度地方资源配置起到决定性作用。在我国，税收收入占比最大的税种主要为增值税、消费税和企业所得税，其中增值税和企业所得税为共享税，消费税为中央税。一方面，随着2012年"营改增"试点逐步展开到2017年政策全面落地，标志着作为地方主要财力收入的营业税彻底退出历史舞台，虽然在账面上中央依旧以税收返还的方式保证地方账面平衡，但是地方主体税种已然缺失，地方财力进一步削弱，事权与支出责任的不适应程度进一步加剧。另一方面，主要采用增值税和企业所得税对全国应纳事项进行征税，不能满足地方特殊性的要求，不可避免会导致地方税收征管效率低下，基层税收积极性不高，税收收入不足等困境。此外，地方税种结构不完善问题也较为突出，我国地方税种多为数量多、规模小的税种，难以为地方政府筹集稳定且足额的税收收入。

2. 地方财政自给率偏低

地方财政自给率考察的是地方财政自给能力及收支平衡的能力，可用相应指标进行衡量，如王雍军（2000）引入地方财政自给系数（即地方财政收入和地方财政支出之比）评价地方财政自给能力[①]。地方财政自给率偏低问题主要体现在以下三点：一是央地事权划分不平衡。政府事权主要是指中央及地方政府对于公共服务购买和提供应当承担的任务和责任，财权主要是指各级政府负责筹集和支配收入的权利，其中包括收费权、税权和政府发债权。事权支出责任和财权税权的错配会显著降低地方公共服务供给的能力。纵观我国分税改革进程，财政收入划分的改革走在了规定地方事权的前面，在没有明确事权支出责任的划分就进行财权划分便容易出现"中央点菜，地方埋单"的局面，也可能导致地方政府进行"跑部钱进"式的竞争。二是"土地财政"问题突

---

① 王雍君. 地方政府财政自给能力的比较分析［J］. 中央财经大学学报，2000（5）：21–25.

出。国有土地使用权出让收入归属于我国地方政府性基金收入，是地方财政收入的重要来源之一。在地方税收入有限的情况下，地方政府凭借公权力将土地进行出让，以获取高额国有土地使用权出让收益，而且这一收益甚至已经超出地方税收收入，甚至超出了地方公共财政收入，导致地方政府财力被房地产市场"绑架"，"土地财政"难以为继。三是地方性债务形势严峻。由于地方政府支出责任过多，而收入来源渠道又非常有限，且收入数额难以满足支出需求，地方政府不得不通过各种形式举借债务，形成了大量地方政府性债务余额。截至 2022 年末，我国地方政府显性债务（地方政府债券）余额存量约为 35 万亿元，占当年全国 GDP 总额约 29%[①]，虽然低于《马斯特里赫特条约》负债率 60% 的政府债务风险控制标准参考值，但部分省市突破警戒线。除此之外，我国地方政府隐性债务规模及风险巨大，2017 年，国际货币基金组织测算我国地方政府隐性债务规模约为 19.1 万亿元，甚至超过当年地方政府预算内债务余额[②]。

3. 地方税法律体系不规范

我国地方税法律体系不规范主要体现在两个方面：一是税收立法权高度集中于中央，地方政府缺乏税收立法权，无法对地方税收做出合意的调整，不利于地方政府职能的行使。从而导致地方政府在涉及财税收支问题上，更青睐比较灵活的财政收支，希望绕开制度刚性更强的税收，这也是前文提及的"GDP锦标赛""土地财政""地产财政"等现象产生的重要原因之一。二是作为征税依据的税种制度法律层级较低，税法的权威性和严肃性没有很好体现。目前我国税收法律体系层级已经建立起来，由于地方没有税收立法权，除了地方在中央授权内制定的地方行政法规、规章和规范性文件以外，现行地方税税种的法律依据层级包括法律（由全国人民代表大会及其常务委员会制定）、行政法规和有关规范性文件（由国务院制定）、规章及有关规范性文件（由国务院财税主管部门制定）。这样的法律层级有其合法和合理性，但因层级低，还加之存在税收法规、部门规章和规范性文件之间的冲突情况，不能更好地体现税收法定性、公平性的原则。

9.2.1.3 地方税改革建议

1. 探索建立地方主体税种，完善地方税体系

地方主体税种的确定至关重要，不仅能从横向上体现地域性税收征管的便

---

① 数据来源：根据财政部及中经网统计数据库相关数据计算所得。
② 刘穷志，周明焕. 地方政府隐性债务风险防范及化解研究 [J]. 财政监督，2021 (11)：29 - 35.

利性，完善地方税体系，还能从纵向上平衡央地之间不对称的分权关系。合理的地方主体税往往具有以下特征：第一，要保证税源稳定，税基范围大，如房地产税这样的财产税往往十分固定，而个人所得税则满足了税基范围大的特征，因此可以考虑将房地产税和个人所得税作为地方性的支撑税种；第二，要突出地方性特征，我国版图面积大决定了税收体系不能一概而论，这就要求地方税改革需满足各地政府的不同需求，需下放一定的税权；第三，要保证税制简单，易于征管，从而在实践中从根本上提高税收征管效率。除此之外，还需优化现行地方税种，适时开征新的税种，构建主体税种、辅助税种相协调的地方税体系。

2. 协调央地财权事权，促进地方财政可持续发展

首先，要依据政府间激励相容原则，在维持地方特色事权范围的基础上，切实协调好中央和地方的激励原则措施，充分考虑地方间的外部性和信息复杂程度，明确事权、财权和财力的划分；其次，在完善地方税体系的基础上，提高征管效率，建立横向财力均衡机制，改革纵向的"均等化"转移支付机制，从而保障地方税收收入；最后，正确运用举债权，合理控制地方债务规模，建立规范合理的地方政府性债务举借和偿还机制，接受同级人大、审计部门和社会各层面的监督，防范和化解债务风险。

3. 加快税收法治建设，健全地方税法治构架

根据税收法定原则，坚定不移地推进税收法制化，健全地方税法治构架。一是中央与地方的税权划分要以法律的形式确定，从而增强地方税体系的法律权威性和严肃性，避免对税种归属、收入归属进行随意调整[①]；二是各级政府的税权同样需以法律形式来确认，并遵循"一级政府，一级税权"原则，从而确保各级地方政府都有比较稳定的税收收入；三是提升单行税种的法律层级，将一些税种的暂行条例通过立法提升层级，同时规范地方性税收法规。

9.2.2 数字经济税收专题

数字经济是当前经济效率提升和经济结构优化的重要推动力，也是培育新增长点、形成新动能的主要领域，已成为我国重大战略部署。2019年中央政府工作报告明确提出"壮大数字经济"，2020年中央政府工作报告再次强调"打造数字经济新优势"，《中共中央关于制定国民经济和社会发展第十四个五年规划和二〇三五年远景目标的建议》提出要"发展数字经济，推进数字产业化和产业数字化"。数字经济的发展一方面有助于提升国家治理的现代化

---

① 黄玉林，周志波. 国家治理视域下地方税制改革研究［M］. 北京：人民出版社，2019：24.

水平，我国政府和公共服务机构也正积极探索建立"数字政务""互联网+政务服务""政务大数据平台"等；另一方面，数字化变革使得市场变得更加具有不确定性和复杂性，数字经济的隐蔽性、模糊性、流动性特征增加了纳税主体界定、税制要素认定、信息获取与资源安全管理的难度，数据要素的使用也将改变现行的税收制度，对税制改革提出了新命题和新要求。

9.2.2.1 数字经济税收与数字税

1. 数字经济税收

根据 2016 年 G20 峰会上《二十国集团数字经济发展与合作倡议》中给出的定义："数字经济"是指以使用数字化的知识和信息作为关键生产要素、以现代信息网络作为重要载体、以信息通信技术的有效使用作为效率提升和经济结构优化的重要推动力的一系列经济活动。数字经济税收则包含了两个方面的内容，一是强调此类经济活动对于税收征管产生的双重影响：一方面数字经济有利于扩大税基和提升征管效率。数字经济下企业可以利用网络信息技术提升生产经营效率，从而降低交易成本、扩大交易规模，理论上扩大了总体税基，同时，税务机关也可利用数字技术，如税收大数据、电子发票、区块链技术等提升税收征管效率；另一方面，数字经济对现阶段税收征管制度提出了挑战，如因企业收入来源地和利润实现地出现分离，导致税收征管难度加大。二是专门针对数字经济活动产生的征税行为或税种，如数字税。

2. 数字税

数字税又称数字经济税（digital economy tax）或数字服务税（digital service tax），主要针对搜索引擎、在线视频、即时通信服务等数字经济收入征税[①]。2018 年，欧盟委员会发布《关于对提供某些数字服务所产生的收入征收数字服务税的共同制度指令的提案》，明确了互联网平台向欧盟成员缴纳税款的条件和标准，但欧盟各国成员因利益取向不同，有些成员国如爱尔兰、芬兰等就明确反对欧盟的提案。在此情况下，一些国家便考虑单独征收数字服务税，比如法国。法国于 2019 年 5 月通过数字税法律草案，成为第一个对数字服务税征收立法的国家。从表层来看，各国在"数字服务税"上的争端，是对国家税收规则及其产生的国际税收利益分配的争议。从更深一层来看，"数字服务税"争端背后是大型跨国互联网平台企业所代表的国际垄断资本与他国民族资本之间的利益争夺[②]。

---

① 白彦峰，岳童. 数字税征管的国际经验、现实挑战与策略选择 [J]. 改革，2021（2）：69 - 80.
② 周文，韩文龙. 平台经济发展再审视：垄断与数字税新挑战 [J]. 中国社会科学，2021（3）：103 - 118.

专栏 9－2

欧盟应对数字经济战的临时性方案

2018 年 11 月 29 日，欧盟根据同年 11 月 6 日欧盟经济财政事务理事会（ECO-FIN）讨论的结果公布了《数字服务税指令》文本草案。按照该指令，如果国际上未能达成一致的解决方案，欧盟将于 2021 年 1 月 1 日开征数字服务税，并希望欧洲理事会就该指令尽快达成协议。但由于成员国之间存在分歧，至今尚未达成共识。欧盟数字服务税迟迟不能出台，使一些原希望尽快开征的成员开始考虑单独开征。于是，以法国为首的一批欧盟成员国相继通过国内立法，将数字服务税付诸实践。另外，受新冠疫情影响，各国急需增加财政收入以平衡公共支出，更多的国家开始考虑开征数字服务税的可行性，加速了数字服务税的实践进程。据不完全统计，截至 2020 年 10 月底，已有法国、奥地利、突尼斯、意大利、土耳其、英国 6 个国家实际开征数字服务税，肯尼亚和西班牙也已经通过立法确定分别于 2021 年 1 月 1 日和 2021 年 1 月 16 日开征（见表 9－3）。

表 9－3 部分欧盟国家数字服务税征收发展沿革

国家	主要措施	国家	主要措施
法国	2019 年 7 月 15 日，法国第 0171 号公报发布《开征数字服务税暨修改公司所得税降税路径法》，规定：追溯从 2019 年 1 月 1 日起，OECD 层面就数字经济税收达成一致方案以前，对年全球营业额超过 7.5 亿欧元、法国国内营业额超过 2 500 万欧元的居民和非居民企业，就其来源于法国的在线广告收入、销售用于广告目的的个人数据以及提供点对点在线平台服务的收入，征收 3% 的数字服务税	土耳其	2019 年 11 月 21 日，土耳其议会通过了第 7193 号法律，规定开征数字服务税，即对全球营业额达到 7.5 亿欧元、在土耳其的营业额达到 2 000 万土耳其里拉的服务供应商在土耳其提供在线广告服务、数字音频视频等规定的数字服务取得的收入征收，税率为 7.5%，于 2020 年 3 月 1 日开征
奥地利	2019 年 10 月 22 日在联邦法律公报上颁布开征数字服务税法案生效，规定自 2020 年 1 月 1 日起，对全球年营业额达到 7.5 亿欧元和在奥地利的数字广告年营业额达到 2 500 万欧元的企业就其数字广告收入征收 5% 的数字服务税	西班牙	2020 年 10 月 15 日颁布了 2020 年第 4 号法律《数字服务税法》，该法将于颁布后 3 个月即 2021 年 1 月 16 日起生效。规定对上一年全球数字服务年营业额达到 7.5 亿欧元（约 8.57 亿美元）且来自西班牙的数字服务收入达到 300 万欧元以上的大型数字服务企业征收数字服务税，应税数字服务包括在线广告服务、在线中介服务以及销售用户数据等，税率为 3%，按季申报纳税

续表

国家	主要措施	国家	主要措施
突尼斯	2019 年 12 月 27 日，突尼斯官方公报颁布《2020 年财政法》。其中规定，自 2020 年 1 月 1 日起，对非居民企业通过互联网提供数字应用程序和数字服务征收 3% 的数字服务税	英国	2020 年 7 月 22 日经皇家批准后的《2020 年财政法》中第二部分为"数字服务税"条文，规定自 2020 年 4 月 1 日起，对全球年数字服务收入超过 5 亿英镑而且在英国的数字服务收入超过 2 500 英镑的大型企业，就其在英国取得的数字服务收入征收 2% 的数字服务税
肯尼亚	2020 年 6 月 30 日，肯尼亚《2020 年财政法》获总统批准并生效，其中规定数字服务税税率为 1.5%。2020 年 8 月 7 日，肯尼亚税务局网站公布《2020 年所得税（数字服务税）条例》草案向公众征求意见	意大利	2019 年 12 月 30 日意大利于第 304 号公报颁布《2020 年财政法》，其中规定自 2020 年 1 月 1 日起，对全球年营业收入超过 7.5 亿欧元且在意大利的数字服务收入超过 550 万欧元的大型科技企业，就其向意大利居民提供规定的数字服务取得的收入按 3% 税率征收数字服务税

资料来源：（1）龚辉文. 数字服务税的实践进展及其引发的争议与反思［J］. 税务研究，2021（1）：39–46；（2）樊轶侠，王卿. 经济数字化背景下国际税收规则发展——对 OECD"统一方法"的解读与研究［J］. 税务研究，2020（6）：79–85。

9.2.2.2 数字经济下税制存在的问题

1. 税收治理结构不平衡

这主要体现在以下两点：一是数字经济流动性与税收管理属地性之间的矛盾，数字经济的发展改变了传统经济模式，突破了空间限制使得生产要素流动更加迅速，而目前以属地管理为原则的税务机关无法适应数字经济流动性强、生产要素高效整合的特点；二是数字经济的协同性与动态性和税收管理的分散性与静态性之间的矛盾，当前的税收管理与服务更加强调专业与细化，这不但导致经济活动信息分散在各个管理环节，而且使得许多重要信息隐匿在体量庞大的信息洪流中，在数字经济发展驱动下，分散的信息需再次重组整合才能发挥效能并支持税收治理决策。

2. 税收治理制度不完善

首先，数字经济背景下国内相关税收政策缺失。一是由于当前数字经济催生的新型业态中，呈现出合同签订模式多、服务形式杂糅混合、产业价值链条更加复杂等特征，新型业态下增值税税率如何确定以及发票管理政策存在空白；二是因数字经济下人员流动更灵活，取得报酬形式更多样，导致我国个人所得税在界定纳税人获取收入的来源与性质方面面临巨大挑战，在税收管理上存在盲点与风险。其次，数字经济中全球价值链管理对国际税收规则造成挑战。一是数字经济时代，在来源地征税原则指导下，市场需求并未在确定征税权的原则中得以体现；二是当前的独立交易原则下，依据全价值链内不同活动的设定附加值来分配各国所属利润，容易导致发展中国家的利益受损。最后，以发票作为税收治理的数据载体已经不能适应数字经济的发展要求。一是发票管理系统存在分散化现象，影响了税收治理的效率；二是以纸质发票作为数据载体正慢慢退出历史舞台，税收治理逐步高度依赖数据，而目前针对涉税信息管理和发票数据安全等问题的法律条款存在空白。

3. 税收治理方式单一

一是基础信息管理方法落后影响数据质量，当前税收治理的基础信息来源主要依赖于税务登记、纳税申报以及税款征收等环节，而这些环节的数据目前仍处于相对分散与无序的状态；二是日常管理和风险管理中缺少应对数字经济的针对性手段，税收日常管理手段包括数据采集、户籍管理、审查核实、税源调查、外部协作等，其管理方法的局部性和数字经济下产生的新模式、新业态产生矛盾，且风险管理的方法中也缺少针对数字经济新型业态的模型。

9.2.2.3　数字经济下的税制改革应对措施

1. 完善数字经济税收管理体系

当前，我国现行税收法律法规及国际税收协定落后于数字经济发展所需的征管实际，难以有效保障国家的税收权益。鉴于此，相关部门一方面要及时研究分析，尽快制定并完善适应我国数字经济发展实际的税收法律法规框架体系，同时，还要结合当前的个人所得税改革，不断强化对自然人涉税经济活动的税收征管；另一方面要考虑建立涉税经济活动数据库，可以尝试渐进式推开，以点的成效辐射面的推广，通过可复制、可推广的方式实现各级数据的互联、互通、互动，形成征管合力。

2. 基于国际合作层面修订国际税收协定

一是数字经济背景下，国际税收协定的修订应充分考虑数字经济的实际，注重"实质性存在"这一经济发展理念；二是要以合理分配国际税收管辖权为出发点，以保障国际税收合法权益为前提，妥善调整我国税收法律体系或税收协定中对非居民企业的涉税界定，充实对国际税收中各项新型所得的归类限定，丰富数字经济背景下常设机构的内涵与外延；三是要借助"一带一路"

倡议提供的契机，深入推进同"一带一路"共建国家的税收协定谈签，充分利用税收协定中的双向互惠、非歧视待遇和相互磋商程序等条款内容保障国际税收环境；四是加强国际税收协调，妥善处理国际税收中地区税收执法的差异化，积极为我国"走出去"企业提供涉税指导。

3. 建立以数字税务局为主体的数字经济征管体制

一是构建管理对象广泛的数字税务局，将税收征管有效延伸到数字经济各个领域、各种形态、各种结构中去；二是数字税务局应构建全新虚拟化的内部组织架构和相应的征管体系，征管过程要高度智能化；三是数字税务局要最大程度地共享社会经济数据，建立参与主体广泛的综合治税平台，税收征管活动高度社会化；四是数字税务局应具有高度的网络安全管理能力和数字质量管理能力，同时能不断适应数字经济发展过程中层出不穷的各种技术革新和理念革新，具有良好的自我学习及发展能力；五是数字税务局的初期建设可以考虑先与相对较大的电商平台数据库进行对接，之后在此基础上，不断完善、优化、创新、提升，逐步达到符合数字经济背景下税收征管的要求。

4. 探索实现基于区块链技术的税务管控媒介

一是基于区块链可追溯、不可篡改的特性，构建可推广复制的电子发票区块链系统，借助电子发票在区块链上的分布式存储，在供应商、消费者、电子商务平台、税务机关之间实现安全、高效、透明和防篡改的电子发票税务管控体系；二是通过区块链智能合约技术将税收征管与政府行政服务有机整合，建立税务机关与各政府部门间的可信数据共享机制，强化全社会对税源监控的综合治税效应；三是建立基于区块链技术的"个人纳税证明"管理平台，供纳税人在线上向第三方诸如银行、签证中心等提供可信的数字化证明，进一步提高数字经济背景下纳税人的遵从度；四是探索建立基于区块链技术的税务稽查管控体系，建立可追溯、不可篡改的稽查证据库。

9.2.3 绿色税制专题

2020年9月22日，习近平总书记在联合国大会上提出"2030年前碳达峰、2060年前碳中和"[①] 的目标，体现了大国担当治理全球污染的积极性，坚定地表明中国实施绿色低碳发展战略的信心。为顺应绿色发展的时代背景，深化税制改革，需要充分发挥税收在绿色发展中的作用。

---

① 习近平. 推动平台经济规范健康持续发展 把碳达峰碳中和纳入生态文明建设整体布局 [N]. 人民日报，2021-3-16（01）.

9.2.3.1　绿色税制及其改革趋势

1. 绿色税收与绿色税制

（1）绿色税收。

1932 年经济学家庇古在《福利经济学》中首先提出通过向污染者征税的方法控制污染排放水平，这是绿色税收思想的起源。1975 年欧洲经济共同体理事会第一次提出绿色税收这一概念，即通过征税的方式来加强对环境保护与资源节约的干预[①]。目前理论界对绿色税收的定义各不相同，大体分为狭义绿色税收、中义绿色税收和广义绿色税收这三大类。狭义绿色税收仅指环境污染税，主要对排污行为或者污染产品征收；中义绿色税收不仅包括环境污染税，还包括有利于环境保护的其他税种及鼓励资源节约的税种，且在税收制度上通过一定的税收优惠激励保护环境与节约资源的行为；广义绿色税收则将所有保护资源及改善环境的税费都纳入其中，既包括对污染行为的控制和惩罚，也包括对改善环境的优惠激励。不论如何定义，绿色税收的实质是运用税收政策将资源与环境的负外部性成本"内部化"的一种经济调控手段。

（2）绿色税制。

绿色税制是指为使税制整体符合环保功能而对传统以经济为中心的税制进行全面绿化调整的一系列措施和制度。从税收的管理章程和工作规范的角度来看，绿色税制是国家根据现实情况制定的，利用税收手段而达到环境保护目的的各项绿色税收相关法令条文和征收管理办法的总称。从税收的经济作用角度来看，绿色税制是由主体绿色税种和各绿色相关税种之间协调配合所组成的绿色税收体系。

2. 绿色税制改革

1970 年以来，西方发达国家掀起了绿色税制改革的浪潮，构建了包含资源税、汽油税、垃圾税、噪声税、水污染税、碳排放税等税种的绿色税收体系，并且取得了显著成效。在 20 世纪 90 年代，欧盟许多成员国，如丹麦、德国、意大利、荷兰、奥地利、瑞典和英国等陆续推行"绿色税制改革"。改革目的主要是改善生态环境，提高民众环保意识，形成可持续发展循环。不过，绿色税制发展到今天，仍然存在着一些现实问题，特别是绿色发展与经济发展之间的平衡、共促问题，因此，绿色税制改革依旧是每个国家进一步税制完善的重中之重。

---

① 秦思明. 我国绿色税制建设实践与路径探析［J］. 现代商业，2020（27）：185 – 187.

专栏 9-3

国外绿色税制改革的实践经验

绿色税制最早在国外发达国家开始实践，并不断进行改革和创新，形成了相对完善的绿色税收体系，对我国绿色税制的构建有一定的借鉴意义。

1. 美国的绿色税制

从整体来看，美国的绿色税制覆盖面广，既涉及个人，又涉及企业。主要有以下特点：第一，绿色税种种类多，对燃料、能源以及环境污染行为普遍征税；第二，税率调控效果明显，美国不同绿色税种的税率受调整系数的影响而不同，从而达到减少对化学品使用的目的；第三，绿色税制构建与社会发展紧密相连，如美国根据交通燃料导致污染的现状将交通燃料列入了征税类目；第四，绿色税收优惠政策十分全面，美国采用多种形式来鼓励企业和消费者保护环境，为节约资源和环境保护设置了许多优惠政策。

2. 日本的绿色税制

1997 年，日本在限制发达国家温室气体排放量的《京都议定书》中着重提出以行政管制和经济调控共同使用的方式进行污染防治的建议，同年，提出《循环型经济构想》，旨在区域和整个社会层面打造废物回收和再利用体系，构建循环型社会体系。经过多年探索，日本逐渐形成全体国民多主体共同参与的低碳绿色发展模式。进入 21 世纪之后，日本相继修订了环境保护税方案，从税率、优惠政策等方面减轻企业的税收负担，激励企业主动减排。同时针对资源浪费现象，也有专门的《节约能源法》，增加了资源税类的税收，还对环保设备采取了全面的优惠措施。

3. 丹麦的绿色税制

丹麦 1992 年开征二氧化碳税，1993 年实施环境税收改革，1996 年开征二氧化硫税，逐步形成了以资源税（能源税、车用燃油税）和环境税（垃圾税、自来水税、二氧化硫税、二氧化碳税和其他税种）为主导的绿色税收体系并不断进行完善。2019 年12 月，丹麦议会通过了首个气候法案，制定了丹麦到 2030 年实现温室气体减排 70%的目标。

4. 荷兰的绿色税制

荷兰 1960 年开始建立绿色税制，是世界上最早建立绿色税收体系的国家，同时也是全球第一批实施垃圾分类的国家。早在 1969 年，荷兰就率先对地表水污染征税，并在 1995 年由财政部专门成立了荷兰绿色委员会，负责制订实施荷兰的绿色税收制度，逐步形成了由污染税系（超额粪便税、机动车特别税、垃圾税、噪音税）、资源税系（管制能源税、水资源税、燃料税）以及与此配套的一系列税收优惠政策构成的完善的绿色税制体系，且具有相关条款完备、种类丰富、实行专款专用等特点。

5. 瑞典的绿色税制

瑞典的绿色税收是由资源税（对燃料征收的一般能源税、对能源征收的增值税和对电力能源的征税）和环境税（二氧化碳税、二氧化硫和二氧化氮税）为主导并包含其他一系列小税种所构成的相对完善的绿色税制体系。2000 年，瑞典进行了增税与减税并重的绿色税收转型改革，将能源消耗和污染排放作为征税重点，并计划在 10 年内增加 300 亿克朗的能源税和环境税，与之相对应降低就业和劳动所得税。

资料来源：笔者根据（1）王婷. 构建绿色税收制度的研究 [D]. 河南财经政法大学，2020；（2）任高飞，陈瑶瑶. 国际比较视角下我国绿色税制的完善与构建 [J]. 当代经济，2021（2）：96 - 98 相关内容整理所得。

3. 我国的绿色税制改革

我国税制绿化的主要手段有：通过对已有相关税种如资源税、车船税、城镇土地使用税等税种的完善，设定优惠政策鼓励节约资源、保护环境，并根据社会经济发展进程，逐步设立和完善绿色税种，推进我国绿色税制的改革进程，如表 9 - 4 所示。总体来看，我国的绿色税制建设起步较晚，虽然已初步形成绿色税收体系，但与税制的整体绿化要求来看，仍存在较大差距。

表 9 - 4　　　　　　　　　我国绿色税制的改革进程

年份	主要内容
1984	实施资源税条例，并于 1994 年将盐税并入资源税
1987	实施耕地占用税暂行条例，并在 2016 年对该条例进行了调整
1988	为节约城镇土地使用，实施《中华人民共和国城镇土地使用税暂行条例》，并分别于 2006 年、2011 年、2013 年对条例做了相应的调整、修订
1994	为有效规制矿山开采，实施矿产资源补偿费征收管理规定，并于 1997 年对其进行修订
2003	为加强环保，实施《排污费征收使用管理条例》
2008	修订了《环境保护专用设备企业所得税优惠目录》《节能节水专用设备企业所得税优惠目录》
2011	颁布《中华人民共和国车船税法》，并于 2012 年 1 月 1 日起施行
2016	对铅蓄电池为代表的污染型产品开征消费税，以减少电池行业重金属污染，促进新能源电池行业发展。全面推进资源税改革，对矿产资源税实行从价计征改革，并率先在河北省开展水资源税试点
2017	实施扩大水资源税改革试点实施办法
2018	实施《中华人民共和国环境保护税法》，以规制污染，保护环境。实施《关于节能新能源车船享受车船税优惠政策的通知》，鼓励节能和新能源车船使用
2019	颁布《中华人民共和国资源税法》，并于 2020 年 9 月 1 日起施行，目的在于有效节约资源、保护环境
2020	《中华人民共和国城市维护建设税法》正式通过全国人大立法，将于 2021 年 9 月 1 日起施行

资料来源：秦思明. 我国绿色税制建设实践与路径探析 [J]. 现代商业，2020（27）：185 - 187.

我国绿色税制的特点是把绿色标准融入新税制，让多个税种同时发挥节能减排、节约资源、保护环境的功能，通过税制结构优化和调整将资源节约、环境友好社会的理念展现出来，妥善处理好生产效率和生态效率的关系，通过税制结构的升级促进经济、社会、环境协调发展①。就我国当前的绿色税制而言，具体包括以下三方面：一是专门为环境保护而设立的绿色税种，即环境保护税；二是现行税制中其他具有环保性质的绿色相关税种，主要分为资源占用型绿色税收（资源税、城镇土地使用税、耕地占用税）和行为引导型绿色税收（消费税、车船税、车辆购置税）；三是与环境保护相关的绿色税收优惠政策。

9.2.3.2　我国环境保护税改革

2018 年 1 月 1 日起开始实施的《中华人民共和国环境保护税法》，作为我国实施的第 18 个税种和环保领域的第一个单行税法，开启了我国新时代绿色税收体系发展的新序幕。

1. 我国环境保护税改革进程

我国环境保护税理论与实践发展进程缓慢，环境保护税的立法之路更是历经多年探索，如表 9 - 5 所示。

表 9 - 5　　　　　　　　　　我国环境保护税的发展历程

年份	主要内容
1978	首次提出了"排放污染非收费制度"设想
1979	颁布实施的《中华人民共和国环境保护法（试行）》正式确立了排污费制度，该法第十八条明确规定"超过国家规定的标准排放污染物，要按照排放污染物的数量和浓度，根据规定收取排污费"
1982	国务院制定《征收排污费暂行规定》，于 1982 年 7 月 1 日起施行
2003	国务院颁布实施了新的《排污费征收使用管理条例》，对排污费征收制度做了重大调整，在全国范围内实施排污总量收费，覆盖废水、废气、废渣、噪声、放射性五大领域和 113 个收费项目
2007	国务院颁布的《节能减排综合性工作方案》中提到"研究开征环境税"具体政策措施
2008	由财政部税政司、国税总局地方税务司和国家环保总局政策法规司三部门联合进行的环境税研究工作正式启动

① 绿色税制：助推绿色发展 [J]. 中国税务，2019（10）：56 - 57.

续表

年份	主要内容
2010	党的十七届五中全会通过的《中共中央关于制定国民经济和社会发展第十二个五年规划的建议》正式提出开征环境保护税的目标任务
2013	党的十八届三中全会通过的《中共中央关于全面深化改革若干重大问题的决定》提出要"推动环境保护费改税"
2014	《政府工作报告》再次涉及加快推动环保税立法工作等内容。同年11月，财政部同环境保护部、国税总局将形成的《中华人民共和国环境保护税法（草稿）》报送国务院
2015	国务院就财政部、环境保护部、国税总局三部门联合起草的《中华人民共和国环境保护税法（草稿）》及说明进行全文公布，向社会各界征求意见
2016	第十二届全国人大常委会第二十二次会议对《中华人民共和国环境保护税法（草案）》进行了初次审议。12月25日，第十二届全国人大常委会第二十五次会议最终表决通过了《中华人民共和国环境保护税法》，于2018年1月1日起施行
2018	《中华人民共和国环境保护税法》在全国范围内正式实行，这是我国首部以促进生态文明建设为目的的生态税法，对大气污染物、水污染物、固体废物、噪声四类污染物开征环保税，主要以污染物排放量为计征依据，并附《环境保护税目税额表》《应税污染物和当量值表》，设置了免税和减税的税收政策优惠

资料来源：傅志华，施文泼．环境保护税实施两周年评估和制度完善建议［J］．财政科学，2020（11）：31－44.

2. 我国环境保护税仍存在的问题

（1）征税范围较窄。

新开征的环保税的征税范围仅包含大气污染物、水污染物、固体废物和噪声四类污染物，征税范围不够全面导致调节效果较弱。只对四类污染物开征环保税考虑了企业实际税负的因素，但有悖于节能环保的初衷。事实上，我国以二氧化碳为主的含碳化合物排放量巨大，但二氧化碳等含碳化合物并未在我国环保税的征税范围之中。此外，挥发性有机物、光污染等污染物也未纳入征收范围。同时，我国现行的环保税也未充分考虑对森林、滩涂、海洋、湿地等自然资源的保护[①]。

（2）税率设置较低。

现行的环保税遵循了"税负平移"的原则，基本由原来的排污费费率直接转换为环保税税率，导致税率设置明显偏低。虽然低税率有助于均衡企业的税收负担，但并不能形成使排污者改变其经济行为决策的影响力，另外，基于

---

① 姚林香，杨蕾．生态文明建设视域下我国环保税的演进与优化［J］．财政科学，2020，49（1）：47－55.

治理污染和节能减排的考虑，以较低税率征收的环保税也无法弥补对环境和生态造成的实际污染损失。

（3）优惠政策简单，优惠方式单一。

我国现行的环保税税收优惠仅对四类情形设置免征规定，包括非规模化养殖的农业生产、流动污染源排放、不超出排放标准的情况下污水或生活垃圾集中处理场所排放应税污染物、在符合标准的前提下对固体废物的综合利用；仅对两类情形设置减征规定，包括应税大气污染物或水污染物排放浓度低于标准30%减按75%征税，排放浓度低于标准50%减按50%征税。此外，税收优惠方式单一，仅为税收减免优惠，并未设置税收抵免、加速折旧等其他优惠方式，对企业新技术研发、积极减排的引导效应有限。

（4）部门间跨度太大，难以实现有效监管。

环保税的征收涉及到环保部门和税务部门之间的信息互通。考虑到部门之间的合作分工需要考虑利益的重新划分，需要协调部门之间良好的合作。排污费时期的费用本身是由环保部门获取的，而费改税后环保部门利益受到冲击，与其他部门的合作势必会因此受到影响。

（5）税收征收过程信息缺乏真实性和准确性。

当前核定排污费最主要的方法是按照自动在线监测设备的监测数据进行核定，对于安装了污染物自动监测设备的企业可自行监测；而未安装污染物自动监测设备的企业，由环保局指定的监测机构监测；不具备监测条件的企业，可按相应排污系数、物料衡算方法计算；无法按前3项方法计算的企业按当地规定的抽样测算方法计算。但由于征收过程无法完全掌握不同企业的污染物数量，且获取的数据有可能存在真实性和准确性问题导致环保税征收受阻。

3. 我国环境保护税优化建议

（1）完善环保税制度设计。

首先，扩大征税范围，结合我国实际国情，可考虑对臭氧物质、含碳化合物、氮氧化合物、有毒废弃物等污染物开征环保税，考虑建筑噪声、交通噪声以及挥发性有机物、光污染等其他污染物种类；其次，提高征税税率，在设计税率时，要将污染所在地的边际效应、边际损失以及排污浓度等纳入考虑范围，根据地域的实际情况不同，赋予各地在一定范围内选择或调整标准税率的权力，确定等级式的累进税率。

（2）优化奖惩机制。

首先，增加税收优惠政策并采用多种优惠形式对积极遵循节能减排、循环利用资源、研发新的环保技术的企业给予激励；其次，加强鼓励环保技术研发和扶持环保产业这两方面的政策力度，针对节能设备研发，给予技术和资金上的支持；最后，为鼓励企业积极配合环境保护税的实施，企业在购买环保设施时可以考虑给予一定的财政补助。

（3）加强部门间的沟通交流。

首先，需税务部门与环保部门各司其职，积极完成相应的工作；其次，借助金税工程系统，搭建高效的信息共享平台，提升协作机制；最后，加大信息公开力度，确保企业信息畅通，保证税收征管工作顺利开展。

9.2.3.3　我国碳税开征的可行性探讨

1. 碳税开征的背景

气候变暖最主要的影响因素是生产和生活中产生的碳排放量，因此各国政府开始探索减少碳排放量的途径，碳税制度作为一种新型的环境保护税进入人们的视野[1]。目前，以碳税为主的价格型减排工具和以碳排放权交易为主的数量型减排工具在很多国家或地区都有实际应用。随着多国气候承诺的加强，越来越多的国家和地区开始在现有碳定价体系范围之外补充其他碳定价手段，现有碳定价机制的覆盖面也在不断扩大。根据世界银行发布的 2021 年《碳定价机制发展现状及未来趋势》报告，目前全球正在实施中的碳定价机制有 64 项，主要包括碳市场和碳税，计划实施的有 3 项。其中，实施中的碳定价机制比2020 年增加 6 项，所覆盖的碳排放量占全球的 21.5%，高于 2020 年的15.1%[2]。但即便如此，国际货币基金组织（2019 年度、2020 年度）的评估结果显示，目前全球在实现 2030 年 2℃温控目标上的减排行动力度远远不够，征收碳税是应对气候变化的强效办法，呼吁全球污染大国采取更加有力的行动，在公平、增进友好的前提下实施碳税[3]。

2. 碳税的概念与要素

（1）概念。

碳税是一种新型的环境保护税，其满足以保护环境为目的的绿色税制特征，目标是减少碳排放量，缓解全球变暖，其是绿色税制体系的重要组成部分。碳税的首要作用就是减少碳排放量，因为碳税的征收会使得能源产品的价格上升，根据需求定律，能源产品的需求量会降低，进而达到减少碳排放量的目的；其次，市场机制会激励清洁能源的开发使用，实现能

---

①　任超，王洪宇. 从税收中性原则探究碳税再循环机制的构建［J］. 财会月刊，2021（4）：155 - 160.

②　王晓菁. 2021 年碳定价机制发展现状及未来趋势［N］. 中国财经报，2021 - 6 - 8（002）.

③　葛杨. 碳税制度的国际实践及启示［J］. 金融纵横，2021（4）：48 - 55.

源的可持续发展，这是碳税的双重减排效果。不过碳税也会带来一些负面影响，即作为一种新型的税项，碳税会增加企业和居民的税负，进而影响其福利[1]。

（2）碳税要素。

碳税要素包括：征税主体：国家（美国包括具有独立立法权和征税权的州）；纳税主体：碳排放者；纳税客体：二氧化碳等温室气体；碳税税率：一国同率或一国梯次税率；碳税税基：直接按温室气体排放量或按化石燃料消耗量折算为二氧化碳排放量；碳税用途：减排财政支出、抵扣税负；征税环节：含碳产品最终使用环节或生产环节；碳税税制：全国单独税种或隐含在现有税制之中或在特定地区等。

3. 我国碳税开征的可行性探讨

我国目前实行的是单一碳排放权交易的减排制度，没有将碳税作为一个独立税种开征。从 2011 年国家发改委批准在北京等 7 个地区开展碳排放权交易试点开始，全国碳排放权交易市场建设已经积累了 10 年来的发展经验。2014～2020 年，8 大试点城市共计完成 2.18 亿吨二氧化碳（CO_2）交易，实现 51.61 亿元交易总额[2]，初步形成了市场参与主体和碳金融创新业务不断丰富、试点地区区域特色和市场能力建设不断提升的可喜局面。2021 年 1 月生态环境部发布《碳排放权交易管理办法（试行）》，标志着全国统一的碳市场正式启动，碳交易市场规模有望从"十亿"走向"千亿"，交易范围从试点地区走向全国，随着排放量界定标准从分散到统一，机制从无到有，管控范围从 CO_2 到温室气体，可有效加速"30·60"减排目标[3]的实现。这些为我国未来开征碳税积累了非常重要的实践资料。

当然，开征碳税有利有弊，碳税具有减碳效应毋庸置疑，但对经济发展和企业效益具有正反两方面的效应。国外碳税实践表明，虽然碳税会引起 GDP 的损失，但负面影响低于一般预期。随着时间的推移，企业会逐步适应碳税，并且碳税可以推动碳减排技术应用，催生一批新兴产业，提升就业率，促进高质量低碳发展。但目前，我国仍在实现碳达峰的路上，开征碳税的时间还不够成熟，需慎重考虑。

---

① 任超，王洪宇. 从税收中性原则探究碳税再循环机制的构建 [J]. 财会月刊，2021（4）：155 - 160.

② "十四五"减碳支持政策在途 千亿级碳市场可期 [EB/OL]. (2021 - 1 - 14) [2022 - 12 - 21]. https://finance. eastmoney. com/a/202101141775141570. html.

③ 2020 年 9 月国家主席习近平在第七十五届联合国大会上指出："中国将提高国家自主贡献力度，采取更加有力的政策和措施，二氧化碳排放力争于 2030 年前达到峰值，努力争取 2060 年前实现碳中和"。

专栏 9-4

多国碳税实施效果显著

目前，国外已有部分国家开始实施碳税，在环境保护、能源结构优化、弥补财政收入等方面成效显著。表9-6整理了芬兰、瑞典、挪威、丹麦、日本五国在碳税方面的实践经验。

表9-6　　　　　　　　　国外碳税实践经验

国家	实施时间	税制设计	实施效果
芬兰	1990年	芬兰以含碳量为计税依据，目前碳税几乎涵盖芬兰国内所有的能源行业。芬兰的碳税对生物质燃料油全额豁免，对农业和碳汇工程享有税收返还、能源密集型企业享有税收返还优惠	（1）拟通过不断增加对煤炭的能源税率，到2030年实现煤炭的"零消耗"；（2）新能源在能源消耗中的占比不断提高，预计在2030年新能源占比可从目前的40%提高到47%；（3）显著促进了可再生能源技术的投资
瑞典	1991年	瑞典碳税税制是"混合型"，按能源含碳量征收碳税的同时，分别按57.39欧元/吨、0.5欧元/升、0.38欧元/升的税率，对煤炭、汽油和轻燃料油征收能源税。以燃料中的碳含量为计税依据，碳税征税范围覆盖了基本所有的化石能源。另外，为鼓励低碳技术和新能源的开发利用，瑞典规定对可再生能源实行免税政策	（1）在城市集中供热系统中，以低碳的生物能源代替了传统的高碳燃料，迈出了建设低碳城市的重要一步；（2）瑞典通过将碳税与环境政策有机结合起来，在节能减排方面取得了很好的成绩；（3）能源结构得到了明显改善，实行碳税政策以来，化石燃料在工业耗能中的份额降至30%，能源成本在总成本中的比重也不断下降
挪威	1991年	挪威碳税的征税对象包括石油产品和煤炭产品，并且为保护本国竞争力，设计了不同的税收减免和税收优惠方案。另外，碳税收入主要用于返还企业，一部分奖励那些提高能源利用效率的企业，另一部分用于奖励那些对就业有贡献的企业和弥补个税	（1）降低了二氧化碳排放量；（2）征收的碳税收入，用于降低所得税、弥补财政收入的一般财政预算和降低劳动要素的税负，以缓和碳税对低收入群体带来的冲击
丹麦	1992年	碳税的征税对象为私人家庭和工业企业生产使用的所有化石燃料，但是对汽油、天然气和电力免税，同时还设定了相关配套措施包括二氧化碳免税项目、返税项目和补贴计划	（1）提高能源效率，降低企业能源消耗；（2）促进收入分配公平，将征收的有关环境项目的碳税收入用来降低居民的税负；（3）促进工业良好发展，对工业企业的节能项目进行补贴，而征收自工业的碳税又完全循环回工业中

续表

国家	实施时间	税制设计	实施效果
日本	2007 年	碳税政策遵循"广范围、低税率、宽减免"原则，以化石能源的碳含量为计税依据，纳税范围覆盖私人家庭和工业企业，税率方面采取的是低起点、差异化、渐进式的调整机制	(1) 为环境治理提供资金支持，日本将碳税收入直接列为环保储备基金，对新能源开发、低碳技术革新和建设低碳城市项目提供帮助；(2) 增加日本政府税收收入，有效缓解总需求停滞，促进消费增长；(3) 降低温室气体排放量，2019 年日本温室气体排放量同比减少 2.7%，较 2005 年减少 12.2%

资料来源：(1) 董静，黄卫平. 我国碳税制度的建立：国际经验与政策建议［J］. 国际税收，2017 (11)：71－76；(2) 张立艳. 国际碳税实践及对我国碳税开征的思考［J］. 行政事业资产与财务，2019 (3)：34－35；(3) 周海赟. 碳税征收的国际经验、效果分析及其对中国的启示［J］. 理论导刊，2018 (10)：96－102；(4) 邓微达，王智炬. 日本碳税发展趋势与启示［J］. 国际税收，2021 (5)：57－61.

9.2.4　税种改革专题

1994 年分税制改革以后，中国的税制结构已经逐步趋于合理和简化，开征的税种从 1994 年税制改革时的 23 种减少到 2021 年初的 18 种。但是，税种近似、交叉与缺位等问题仍然存在，现有部分税种也需根据现实情况不断完善，因此税种改革仍然是我国当前税制改革的重中之重，需要不断地优化调整。

9.2.4.1　合并调整相关税种

1. 合并重复设置的税种，调整性质相近的税种

可以考虑将房产税、城镇土地使用税和其他与房地产保有环节相关的收费进行合并，开征统一规范的房地产税。鉴于车辆购置税与对小汽车、摩托车征收的消费税近似，可以考虑将其并入消费税。鉴于城镇土地使用税、耕地占用税、契税与房地产和土地资源相关，可以考虑将其并入房地产税、资源税。鉴于印花税与货物和劳务交易、产权合同和经营性账簿、证照相关，可以考虑将其并入增值税、房地产税和相关行政、事业收费，有些税目也可以考虑取消（如经营性账簿、证照等）。此外，可以考虑结合财政预算管理制度、政府收入体系等方面的改革，取消某些具有收费性质的税种（如船舶吨税），将一些具有税收性质的政府非税收入（如教育费附加等）并入相关税收。

2. 调整特定目的税种

征收某些特定目的税的必要性和征税效果可以重新估量，如将主要为地方建设筹资的城市维护建设税并入地方政府征收的企业所得税和房地产税，将作为调节土地增值收益措施的土地增值税并入企业所得税和个人所得税。

9.2.4.2 现有部分税种的完善

1. 增值税的改革完善

首先，增值税规模要持续降低，以符合我国降低间接税比重的改革趋势，强化税制的收入调节功能；其次，应当按照低税负、宽税基的设计理念，进一步降低增值税税率、征收率，实行免征额制度，最大限度取消增值税免税等政策，以扩大税基，分步实现增值税税率简并目标；再次，在增值税留抵退税方面，需完善增值税征收、分享与退税政策；最后，需进一步完善增值税税收优惠相关政策，如及时清理过时的和其他不适当的优惠规定，将目前的增值税起征点改为免征额等。

2. 消费税的改革完善

首先，可以考虑将消费税由中央税改为地方税，以健全地方主体税种建设；其次，后移消费税的征税环节，从而给企业减负，扩大税基；再次，可考虑扩大消费税的征税范围，我国消费税目前有 15 个税目，根据经济发展情况看，消费税的征税范围过于狭窄，可以适时将一些高消费行为、高污染、高耗能产品列入到消费税的征税范围中去；最后，改革消费税计税方式为价外税。我国消费税的计税方式是价内税，税金是包含在价格里面，具有很强的隐蔽性、间接性，不利于发挥消费税引导消费者行为的作用。

3. 个人所得税的改革完善

首先，需加强纳税宣传及税源控制，增强公民的纳税意识；其次，建立综合与分类相结合的纳税制度，可考虑对个人的经常性收入（包括工资薪金所得、劳务报酬所得、个体工商户生产经营所得、对企事业单位的承包承租经营所得、财产租赁所得、稿酬所得）实现综合征收，对资本利得和其他临时性、偶然性收入（财产转让所得、利息股息红利所得、特许权使用费所得、偶然所得、其他所得）维持目前分项征收的方式；再次，实行差别化费用扣除制度，如将个人所得税费用扣除分为两类：一类是基本生活和加计扣除，包括基本生活、教育、医疗三项扣除；另一类是偶发类大项扣除，如购房费用、房贷利息以及大病医疗费用等；最后，健全税收申报机制，使《个人所得税法》发挥更大的作用。

4. 企业所得税的改革完善

首先，降低企业所得税税负，提高企业的竞争力；其次，将加计扣除改为税收抵免并设计合适的抵免比例，使企业实际享受到的税收优惠免受税率的影响，取消行业限制，根据企业是否进行了实质性研发活动作为其能否享受税收优惠的判断标准；再次，积极应对数字经济的挑战、参与国际税收规则的制定，增强税收确定性，保障税收公平；最后，绿色化企业所得税，可以考虑加大对绿色产业的税收优惠力度，建立绿色财税引导机制，推进企业实现绿色化生产，持续深化绿色税制改革。

5. 资源税的改革完善

首先，落实清费立税，减轻企业总体税负，在矿产资源补偿费费率降为零、停征价格调节基金的基础上，全面清理收费基金，解决企业税费重叠问题，有效减轻企业负担；其次，拓宽适用范围，合理确定征收税率，根据我国资源状况，应该扩大资源税征税范围到包括所有不可再生资源和部分存量已经或即将达到资源承载极限的资源，同时逐步提高资源税率；再次，完善计税依据，扩大从价计征范围，考虑将资源税的计税依据由按销售量和自用数量征税改为按实际开采或生产的数量征税，以促进资源进行合理有效开发利用；最后，合理安排支出，提高财政资金效益，对资源税收入可采用专款专用的方法，建立专门的资源保护基金。

9.2.4.3 对开征新税种的讨论

1. 关于社会保险税的开征论述

社会保险税，也称社会保障税、工薪税，是以纳税人的工资和薪金所得作为征税对象的一种税收制度，收入用于社会保障事业。我国于2018年政府机构改革时已经决定社会保险费改由税务机关统一征收，以利于精简机构、人员，节省经费，提高工作效率，降低征纳成本。但将社会保险税费改为社会保险税，仍然存在着诸多的问题，有待进一步探讨。主要的现实困境有两点：一是社保税的"刚性"与社保缴款"自愿性"相对立，制度设计需调整。作为社会保险的重要组成部分，我国城乡居民社会保险遵循自愿参保原则，采取政府引导与居民自愿相结合的方式进行，一旦实施社会保障税，纳税人、征税对象、税率、纳税义务发生时间、纳税期限等由制度明确规定，强制性和固定性的特征使得纳税人没有任何选择权，这也就意味着社会保险的制度设计要重新调整；二是基础养老保险全国统筹尚未实现，制度"碎片化"待规整。就社会养老保险而言，我国目前并未实现基础养老保险的全国统筹，省级统筹也未真正落实，制度"碎片化"现象明显，难以统一管理。

但结合我国的老龄化国情和当前的经济发展现状，我国可以考虑开征社会保险税，并配合社会保险制度和相关制度的改革。改革开放以来，我国经济取得长足发展，社会结构面临重大调整，随着预算法及社会保险法等系列法律法规的通过实施，我国在立法层面、经济基础和群众心理基础等方面已具备了开征社会保险税的条件。因此，我国已具备征收社会保险税的政治基础、法律基础、经济基础及民众心理基础等。同时我国开征社会保险税应结合中国国情以合理性原则为开端，坚持公平优先、兼顾效率，分步实施、循序渐进，解决目前我国现行社会保险制度存在的种种问题，为社会保险税的开征做好整体系统建设。

2. 关于房地产税的开征论述

房地产税是政府向地产物业征收的一种财产税，通常向房产的业主或租户等使用者征收。负责征收房地产税的政府机构会对房地产价值进行估值，并以房产价值的一个百分比作为应缴的税额。党的十八届三中全会提出要加快房地产税立法并适时推进改革。加快房地产税立法与落实税收法定原则相呼应，也更有利于体现房地产税的公平性，凝聚共识，减少阻力。"十四五"规划和2035年远景目标纲要明确指出："推进房地产税立法，健全地方税体系，逐步扩大地方税政管理权"。因此，对我国是否开征房地产税的讨论将是接下来税种改革的重点。

目前，我国开征房地产税面临的现实困境主要有以下几点：一是税率设计不够合理，重庆和上海自2011年起成为房产税改革试点城市，就上海市来说，目前仅对城市居民购买的新房、二套房且人均60平方米以上的住房以及非城市居民购买的新房征收房产税，税率为0.6%，而重庆市对独栋别墅这类特殊住房以及三无人员购买的二套房征收房产税，税率暂定为0.5%~1.2%，均不高；二是房产评估机制不成熟，房产评估是一项长期且复杂的基础性工作，不仅需要采集大量的基本信息，而且这些基本信息需定期加以更新与维护；三是房产信息系统建设不足，如登记内容未对房产的信息作充分披露，各地的房产登记制度存在较大不同，缺乏统一的规范管理等。

但总体来看，推行房地产税已势在必行，极有可能在"十四五"时期落地实施。房地产税是一项顺应时代和社会发展的制度，要立足我国当前社会发展现状，服务社会发展大局。当然，改革过程不可操之过急，目前房地产税仍存在一些问题与细节亟待研究讨论，房地产税改革也将是一个复杂而又漫长的过程，需要扎实基础、做好充足准备，待条件成熟后，寻求合适的时机，稳妥出台房地产税。

3. 关于遗产税的开征论述

遗产税是以被继承人死亡为前提，将被继承人去世后所遗留的财产包括动产、不动产和其他财产等列为课税对象的一种财产性税收[①]。早期开征的遗产税是为了组织财政收入以解决战争经费的匮乏，而现代征收的目的是调节过大的收入差距。随着国家"先富带动后富"政策的推动，我国居民收入差距逐渐拉大，遗产税开始受到众多的关注。目前我国开征遗产税仍存在不少阻碍，主要是传统家庭传承观念的阻碍、相关配套制度不完善导致个人财产缺乏有效监控、技术水平不达标且遗产税征管成本大等。

但同时我国开征遗产税也有一定的可行性，一是经济的发展、财富的积累使得我国开征遗产税拥有较为可靠稳定的税源；二是不断完善的法律制度创造了良好的法律环境。《宪法》规定公民要依法纳税，为遗产税的开征提供了最基本的法律保障，《民法典》等又确定了征税对象和纳税人，《户口登记条例》《个人存款账户实名制规定》等为遗产税的开征奠定法律基础，2013年国务院批转的在适当时期开征遗产税的《关于深化收入分配制度改革的若干意见》表明我国对遗产税的关注；三是丰富的国际经验提供了一定的借鉴，国际上征收遗产税是主流，比如英国、日本等发达国家，韩国、巴西等发展中国家均开征了遗产税，可为我国开征遗产税提供一定的经验借鉴；四是征管水平的提高和居民纳税意识的增强也为遗产税的开征提供了坚实的群众基础。

总之，我国可适时开征遗产税。自改革开放以来，随着经济的快速发展，市场竞争、政府政策等导致了我国生产资源要素配置严重不公、社会贫富差距悬殊等，阻碍经济的可持续发展，而党的十九大报告也指出当前进入中国特色社会主义新时代我国社会主要矛盾的转变。遗产税的开征，是政府努力维护社会公平、维持社会稳定、构建社会主义和谐社会的见证，是加强国家反腐倡廉建设、取得压倒性胜利的辅助，是响应国家坚持以人民为中心的发展思想、满足人民对美好生活的需要、走共同富裕的发展道路的最强号召，是坚定地弘扬中华民族传统美德、营造良好社会氛围的客观需要，是促进新时代我国经济发展转型升级、完善税收体系、不断提高我国经济创新力和竞争力的最佳举措。

---

① 宋安悦. 关于我国开征遗产税的研究［J］. 市场周刊，2020，33（10）：89－91.

专栏 9 –5

我国"十三五"时期税种改革路线

"十三五"时期，我国对诸多税种进行了改革，并配合中央关于财税改革的思路，取得的成果如表 9 –7 所示。

表 9 –7　　　　　　"十三五"时期部分税种改革取得的成果

税种	改革内容
增值税	完成"营改增"改革； 逐步减并税率； 适当降低增值税税率
消费税	扩大征税范围； 调整税率； 适当调整征收环节和收入分享方式
资源税	从价计征改革推及至其他主要矿产品； 适当扩大资源税征税范围； 开征水资源税
环境保护税	对大气污染和水污染实行费改税，出台环境保护税； 全面开征环境保护税； 研究适时征收碳税
个人所得税	建立费用扣除标准的动态调整机制，优化和调整税率和级次，引入专项扣除； 适时实行综合与分类相结合的个人所得税制
企业所得税	适当降低企业所得税负担
房产税	使房产税进入立法程序； 择机在全国范围内推开房产税改革
社会保障税	将社会保险费统一由税务部门征收； 实施社会保险费改税，开征社会保险税
遗产税	研究征收方案； 探讨如何择机开征

资料来源：贾康，梁季，程瑜. 大国减负：中国税制改革的攻坚克难 [M]. 杭州：浙江大学出版社，2019：202.

9.2.5　税收征管改革专题

税收征管是税收工作永恒的主题，改革创新是提高税收征管水平的不竭动力①。随着经济全球化、数字经济迅猛发展，大数据、区块链、人工智能、云计算等新技术蓬勃发展，电子商务、平台经济、共享经济等新业态层出不穷，税收征管环境正发生着翻天覆地的变化，税收征管工作面临新的机遇和挑战。政府职能加快转变、市场经济快速发展、民主进程不断加快、信息技术迅猛发展等都对税收征管工作提出了更高的要求。在此背景下，改革创新税收征管模式是当前经济社会形势发展的客观要求，也是税收治理能力现代化的必经之路。

9.2.5.1 税收征管改革简要历程

20世纪80年代中期以来，全国税务系统围绕实行科学严密的税收征管方式进行了艰辛有益的探索。20世纪90年代中后期，为适应实行社会主义市场经济体制的需要，提出逐步建立纳税人自行申报纳税制度和服务体系、管理监控体系、稽查体系、组织体系，基本形成征收、管理、稽查既相互分离又相互制约的征管格局。进入21世纪后，探索实施科技加管理，金税工程建设实现了重要突破，现代信息技术逐步得到广泛应用，征管工作科技含量明显提升，同时强调发挥人的主观能动性，实行管理与科技双轮驱动，促进提高税收征管水平。党的十八大以来，在以习近平同志为核心的党中央坚强领导下，我国税收征管体制持续优化，纳税服务和税务执法的规范性、便捷性、精准性不断提升，但与推进国家治理体系和治理能力现代化的要求相比、与纳税人缴费人的期待相比仍有一定差距②。

进入"十四五"时期后，我国愈发重视税收征管的改革与创新。2021年3月24日，中共中央办公厅、国务院办公厅公布了《关于进一步深化税收征管改革的意见》，围绕把握新发展阶段、贯彻新发展理念、构建新发展格局，从数据赋能更有效、税务执法更精确、税费服务更精细、税务监管更精准、税收共治更精诚、组织保障更有力六个方面提出我国税收征管的改革目标，对深化税收征管改革作出了全面部署。这既是党中央、国务院关于新发展阶段税收征管改革的重要制度安排，又是党中央、国务院顺应纳税人缴费人期盼部署实施的重大民心工程，必将成为发挥税收在国家治理中基础性、支柱性、保障性作用，更好推动高质量发展、服务国家治理现代化的基本遵循。

---

① 《税收征管改革与探索实践》编写组．税收征管改革与探索实践［M］．北京：中国税务出版社，2012.
② 《国家税务总局关于深入学习贯彻落实〈关于进一步深化税收征管改革的意见〉的通知》（税总发〔2021〕21号）。

专栏 9 – 6

税收征管改革之智慧税收

　　"智慧税收"主要是利用新一代信息技术变革税务机关与纳税人交互的方式（利用 B/S 结构），提高实时信息处理能力及感应与响应速度，以解决征纳双方信息不对称问题为重点，增强税收管理的弹性和连续性，并充分利用信息通信技术，智慧地感知、智能地分析、互联传输，集成和应对税收征管过程中纳税服务、纳税申报、税务稽查、税源管控、执法监察、信息的交互利用等相关活动与需求，促进税收事业的全面和谐发展，从而达到"智慧状态"。

　　主要手段是通过外部网络将感应器嵌入和装备到纳税人电脑、税控装置、生产设备等各种物体中，并且被普遍连接，形成所谓"物联网"，然后将"物联网"与现有的内部网络与互联网整合起来，实现税收与物理系统的有效闭环整合。在此基础上，税务机关可以以更加精细和动态的方式管理、服务、监控、协助纳税对象实现更高的遵从。

　　智慧税收的 3I 特征：感知化（instrumented）、互联化（interconnected）和智能化（intelligent）。感知化：将纳税终端税控装置、管理软件以及生产设备利用传感器或通过 CA 认证方式全面感知、监控、收取数据等活动。互联化：利用有线网络、无线网络传输信息。国税、地税、海关、银行、工商、公安实现全面互联、信息资源的交互，生成联合管理模式，推进纳税服务的虚拟化和便利化形成。智能化：利用超级计算机和云计算对信息数据进行储存、整合、分析、比对、筛选、预测，形成智能的税收决策。

　　资料来源：尚可文．税收征管模式改革与创新［M］．重庆：重庆大学出版社，2021：45.

9.2.5.2　税收征管改革的主要内容

　　推动税收征管改革是一个系统工程，需要从征收、管理、稽查三个方面全方位推动改革创新（见图 9 – 1），"三位一体"推进形成现代化、智慧型的税收征管体系。

　　1. 征收改革

　　征收改革的主要目标在于通过优化税务机构配置、提升服务水平、控制税收征管成本实现应收尽收、降本增效、提高纳税人满意度和税法遵从度。

　　（1）优化税务机构配置。

　　应按照专业化管理要求，进一步优化税务机构配置，减少管理层级，调整管理职能，提高管理效能，降低管理成本。主要改革措施有：一是扁平化征管机构，以"精简、集中、规范、高效"为原则，积极构建扁平化、职能分工明确的征管组织体系；二是创新机构职能，构建税源分级分类管理的征管资源配置体系，建立税收风险监控分析、纳税评估、税务稽查等分类应对处理机制；三是形成管理团队，积极推行紧密结合、高效运转的团队管理模式。

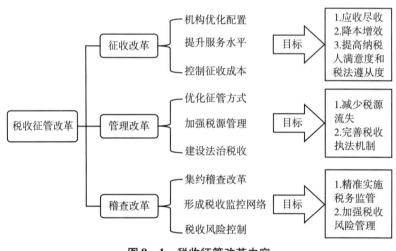

图 9 – 1　税收征管改革内容

（2）提升服务水平。

纳税服务是新发展阶段税收征管改革的内在要求，其质量、状况直接关系到税收征管的质效，同时也是提高纳税人满意度和遵从度的关键。首先，要增强纳税服务功能，实现由被动服务转向主动服务，可从完善服务管理制度、提高服务的科技含量、积极探索个性化服务等方面实现纳税服务形式的新突破；其次，充分发挥社会机构在纳税服务中的作用，积极探索与政府机构联合提供税收援助服务，逐步构建和完善税务机关执法服务、税务中介机构有偿代理服务、社会化组织援助服务相结合的多元化、社会化纳税服务体系；最后，培养一批素质过硬、专业对口的征管人才是盘活税收征管资源的关键。

（3）控制税收征管成本。

我国税收收入随着经济的发展得到了大幅度的增长，但与此同时，税收管理成本不合理现象突出，税收流失严重。因此，税收收入的保证应由单纯强调扩大税收收入转为降低税收流失率和控制税收征管成本，从而提高税收管理质量和效率。征管成本包括纳税人的纳税成本和税务机关的征收成本，由于纳税成本无法直接控制并且难以准确核算，现阶段降低征管成本的着力点应该重点放在降低征税成本上，必须把降低征税成本作为一项系统性、综合性工程，进一步转变观念、提高效率、科技兴税，才能取得实效。

2. 管理改革

税收管理改革的主要目标在于通过优化征管方式、加强税源管理、建设法治税收等实现减少税源流失、完善税收法制。

（1）优化征管方式。

2020 年 12 月 30 日，中共中央全面深化改革委员会第十七次会议审议通过《关于进一步优化税务执法方式的意见》，对进一步深化税收征管改革进行了高规格、体系化的设计。其中明确提出了优化税收征管方式的指导思想和总体要求，致力于在"数字政府"建设目标框架下，构建以数字化、智能化为核心的"智慧税务"体系，充分依托新型技术工具"以数治税"，形成"精确执法、精细服务、精准监管、精诚共治"的高效化、综合性税务治理模式。

（2）加强税源管理。

加强税源管理对于财政可持续运行有着非同寻常的意义，不仅是减少税源流失的重要手段，更是减税降费背景下稳定财政收入的关键，还是税收征管改革的应有之义。加强税源管理的重点在于两点：一是推进税源专业化管理，对管理对象进行科学分类，对管理职责进行合理分工，对管理资源进行优化配置，提高税收征管的集约化水平；二是加强重点税源管理，重点税源管理处于整个税源管理的基础和主体地位，是税收专业化管理的核心内容，其纳税额在税收收入中占有举足轻重的地位，是直接影响税收收入的主要因素。

（3）建设法治税收。

依法治税，强化税收执法规范性是目前税收征管改革的重点内容之一。《关于进一步优化税务执法方式的意见》也提出要全面提升税收执法领域的法治化水平，健全税费法律法规，规范税务执法行为。强化税收法治首先需健全税费法律法规，结合我国国情，可以考虑采取以宪法、税收基本法、税收单行法为组合的税法模式，并加强重点税收领域税收立法工作；其次要提升税收执法水平，持续规范行政决策机制，全面提升税收单位干部的业务素质和法律素养，加快建立完善的税务行政处罚裁量权准则；最后，应加强普法宣传，增强纳税人以及税务人的法治意识。

3. 稽查改革

稽查管理改革的主要目标在于通过推行集约稽查改革、形成税收监控网络、增强税收风险控制能力等实现精准税务监管与风险管理。

（1）推行集约稽查。

集约稽查是税收稽查改革的重要组成部分。首先，改革稽查管理方式，建立"人员统一调配，案源统一管理，检查统一实施，案件统一审理，经费统一使用"的集约化稽查工作新模式，强化稽查执法刚性；其次，需科学划分各层级的检查职责，有效配置稽查资源，提升执法层级；最后，建立健全与相关执法部门的信息共享和联合办案机制，增强执法合力[①]。

（2）形成税收监控网络。

以信息化建设为支撑，形成严密的税收监控网络，从而逐步破解征纳双方信息不对称的难题，提升征管现代化水平是稽查改革的一项重要内容。首先，需加强数据在税收监控中的应用；其次，需广泛利用社会公众网络资源，促进信息化资源的共享与应用，形成一个强大的统计、监控、分析、决策体系；最后，需促进信息资源的集成管理，可考虑建立全国性的或跨区域的税收信息处理中心，加强对各种来源的信息处理，帮助解决目前税收征管工作中入库级次混淆、执法力度不一等问题。

（3）增强税收风险控制能力。

风险管理是目前税收管理的基本理念，需将该理念贯穿税收征管的全过程，形成风险分析识别、等级排序、应对处理和绩效评价的闭环系统。首先，需建立税收风险管理体系，努力形成以控制纳税遵从风险为主线，以信息化平台为依托，着力构建上下互动、专业分工明晰的税收遵从风险管理体系；其次，需加强和完善风险评估，建立和完善税收风险评估体系；最后，需防范税务信息安全风险，强化数据安全管理。

专栏 9-7

我国"数据管税"实践专栏

我国经济从信息化走向数字化经济的过程中，也必然是税收征管由"信息管税"逐渐走向"数据管税"的过程。目前阶段，"数据管税"在我国已经具备了一定的实践基础，如在互联网商品交易、互联网销售服务与数字化产品领域已经形成一个完全"数字化"的体系，在该领域，传统的税收征管模式步履维艰，很难在现有的税收征管模式下实现对互联网交易的税收征管，但是随着"互联网+政府服务""互联网+税务服务"工程的实施，将逐渐实现企业经济行为和居民财产、收入数据的集中统一，从而逐步实现涉税数据的统一集中管理。以互联网税收征管平台为核心，以大数据、云计算、区块链、人工智能为技术支撑的"数据管税"的税收征管模式必将成为时代的选择。

目前，"数据管税"在我国部分发达地区已经出现了实践的"星星之火"，如无锡税务局积极构建"互联网+大数据管税"的征管体系，持续增强互联网涉税数据的利用能力；深圳市税务局依托互联网管税平台构建大数据分析机制，实现了从"经验决策"向"数据驱动决策"转变；佛山税务局建立了数据多元采集、多方共享的来源渠道，突破

---

① 尚可文. 税收征管模式改革与创新［M］. 重庆：重庆大学出版社，2021：133.

数据质效瓶颈、重构税收征管链条、实现了数据应用零散利用向迭代运用转变。北京市税务局利用人工智能，开发导税机器人构建了"云"上办税大厅，大大提高了办税服务水平；杭州市税务部门打造"数字治税"工程，已推出"数税钱潮"服务模式，将税收数据输入城市大脑，通过集中的数据对比、数字化的扁平式办税模式，并联合支付宝开通了通用（机打）电子发票开具功能，实现在手机上"3秒开票"；云南正积极推进区块链电子发票，2020年11月，云南滇中新区税务局区块链电子发票正式开始推广，为纳税人带来更高效、便捷的开票体验。

　　资料来源：笔者根据相关新闻与文献整理所得。

9.2.6　国际税收治理专题

在开放型经济中，国与国之间税制的相互影响日益加深，针对跨国业务的国际税收政策和管理已构成国内税制的重要内容。从"加快形成更高水平对外开放新格局"到"推动形成全面开放新格局"，党的十八大以来，我国对外开放的大门越开越大。以此为契机，国家税务总局积极构建与我国对外开放新格局相适应的国际税收治理体系，对内升级完善中国国际税收制度和征管体制，对外深度参与全球税收合作，不断在全球税收治理的舞台上提供卓有成效的"中国方案"，发出铿锵有力的"中国声音"。在此背景下，我国新发展阶段的税制改革还需重点关注国际税收政策的合理性和管理的有效性，加强国际税收治理，为构建具有国际竞争力的税制打下基础。

9.2.6.1　中国的国际税收治理发展情况

新发展阶段的税收现代化建设一定是从统筹国内国际两个大局出发来构建税收现代化，国家税务总局也始终站在这个高度将促进国际税收治理现代化、推进国际税收合作与发展的要求贯穿在税收现代化实践中。

1. 国际税收治理发展历程

改革开放40多年来，我国签订了大量税收协定及税收情报交换协议，真正发挥了税收在优化税收营商环境、促进贸易自由化与投资便利化方面的重要作用。40多年来中国国际税收治理走过了从创造条件、多予优惠、加强管理的涉外税收阶段，到服务"引进来"与"走出去"并重战略的国际税收发展阶段，再到助推构建开放型经济新体制的大国税收发展阶段。当前，我国正加快构建前瞻性、系统性的国际税收战略，不断优化服务纳税人的营商环境，提升税收现代化的技术支撑水平，这将有助于推动"一带一路"建设持续健康发展，也必将推动国际税收治理更上一层楼。

1980 年中国第一家中外合资企业成立，当年出台了《中外合资经营企业所得税法》和《个人所得税法》。1981 年公布了《外国企业所得税法》，初步构建了涉外税制框架体系。1983 年对外签订了第一个全面避免双重征税协定，即中日税收协定。1991 年，中国颁布《中华人民共和国外商投资企业和外国企业所得税法》，为外商投资企业提供大幅税率优惠，对支付给外国投资者的股息免税。2001 年，中国正式加入世界贸易组织（WTO），服务吸引外资与对外投资并重成为国际税收工作重点。2008 年实施了新的统一的企业所得税法，全方位与国际先进税收制度接轨。2013 年，随着 G20 国际税收规则的新一轮调整，中国国际税收工作迈入新时代。2014 年，税务总局在税收现代化建设"六大目标"体系下，明确提出要打造国际税收升级版，提出职能定位完整、法律体系完备、管理体制健全、管理手段先进、组织保障有力、国际地位提升六大标准。2020 年，国家税务总局在我国税收治理现代化进程下正式提出构建"合作共赢的国际税收体系"，这也是新发展阶段我国国际税收治理的基本定位。我国国际税收治理发展历程如图 9 - 2 所示。

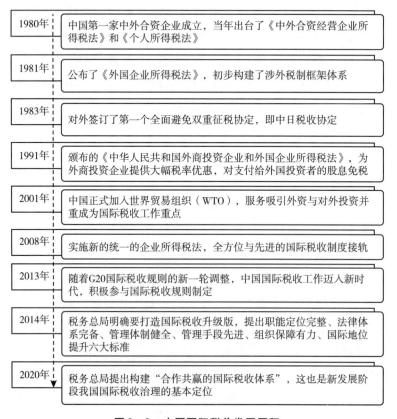

图 9 - 2　中国国际税收发展历程

2. 中国国际税收治理发展趋势

目前，我国税务部门在构建合作共赢的国际税收体系方面已取得了许多进展，从统筹国内国外两个大局高度为国家治理现代化注入了强劲动力，展现了税务担当。立足当下审视中华民族伟大复兴关键时期和世界动荡变革时期的相互交织，展望未来统筹中华民族伟大复兴之战略全局和世界百年未有之大变局的长期趋势①，我们要在错综复杂的国内外环境中，思考中国国际税收治理未来的发展方向。

（1）以改革发展培育新发展阶段国际税收治理新优势。

中国特色国际税收治理需在考虑国情、世情的基础上，通过持续改革、不断发展推进国际税收治理现代化，为促进国际税收治理体系改革发展贡献力量。发挥税收治理的外溢效应和国际税收合作的正向效应，在参与国际税收交往中展现捍卫国家利益的税收作为，在参与国际税收治理中提高税收规则话语权，为人类命运共同体下的国际税收秩序形成贡献中国税收力量；用中国税收发展道路拓展发展中国家走向税收现代化的途径，支持发展中国家提高税收治理水平；学习各国先进技术和治理经验，以互惠互利的国际税收治理合作补齐我国税收现代化治理的短板弱项，培育新发展阶段的税收治理新优势。

（2）以提升国际税收治理效能应对风险挑战。

从国际环境看，世界仍处在国际金融危机后的深度调整期，经济增长持续放缓、全球动荡源显著增多、国际力量对比深刻变化等因素增加了全球的不稳定性不确定性，保护主义、单边主义引发的恶性竞争给世界经济带来极大破坏；从国内环境看，我国仍处在转变发展方式、优化经济结构、转换增长动力的攻关期，结构性、体制性、周期性问题的相互交织将带来更多考验与挑战。这些内外叠加的风险因素将持续存在且日趋复杂，从而决定了我国的国际税收治理必须提升效能，才能应对国内外环境变化带来的风险挑战，化被动为主动，促进国际税收治理的现代化与高质量发展。

（3）以现代化税务能力构建提升国际税收治理"软实力"。

现代化税务能力构建是提升我国国际税收治理"软实力"的关键力量，也是我国国家治理能力构建的重要维度。目前，我国已经构建起了现代化和科学化的税收立法体系和税收征管体系，初步具备参与国际税收治理的能力，但仍存在不少问题。税务能力的构建是一个长期和持续的过程，必须建立长效税务能力培养机制，提高与时俱进的税务创新能力，培养专业化国际税务团队，

---

① 邓力平，陈丽. 中国特色税收治理现代化之国际侧面研究［J］. 国际税收，2020（12）：3-10.

构建现代化国际税收治理平台等，才能真正提升国际税收治理能力，更好地参与全球税收治理。

3. 目前国际税收治理面临的现实挑战

（1）政治层面：单边主义与反贸易自由化阻碍国际税收合作。

自 2008 年全球金融危机以来，特别是自美国总统特朗普上台以来，以美国为首的发达国家在对外经济政策上，呈现一种单边主义、逆全球化和反贸易自由化的倾向，其政策实践对当前全球经济税收秩序造成了严重的扰动。在税收领域，新一轮减税竞争也助长了单边主义，2016 年以来英国、法国、澳大利亚和日本纷纷宣布减税计划，特朗普税改作为美国历史上力度最大的减税改革更是加速了新一轮世界性减税浪潮，并对全球税收治理秩序重构产生了负面影响。

（2）制度层面：税收制度协调和征管面临难题。

经济运行和税收征管都依赖于外在制度所建立起来的演化秩序，但制度是有边界的，一个国家或政府制定的法律法规，其效力基本限定在一国领土范围之内。政治与制度都是有空间界限的，然而经济却往往可以突破空间和地域的限制。在市场经济占主导地位的今天，绝大多数经济要素都可以在世界范围内自由流动，经济要素的跨国流通带来了国际税收问题，需要各国政府就税收制度、政策和征管进行合作与协调。但现实中，各国的税收制度、政策和征管方式根植于其特定的政治、经济、文化、社会和历史背景之中，这必然造成各国制度政策的多元化和征管手段的差异性。我国要在全球范围内协调基于不同政治文化背景的税收制度与税收政策，开展国际税收合作，构建合作共赢的国际税收体系，难度确实非常大。

（3）技术层面：经济数字化给国际税收治理能力带来的挑战。

一方面，虚拟化、流动性的经济数字化发展使得对其征税在技术上首先就面临界定业务性质、确认收入和利润等问题，并且新技术带来的新业态，让行业的界限和业务的性质已经变得很模糊，这让传统的税收政策和征管面临很大的难题，特别是现有的征管制度和征管手段在技术层面很难支撑对经济数字化的征税要求。另一方面，经济数字化加剧税收"逆全球化"蔓延，2019 年至今 OECD 紧锣密鼓地推出"双支柱"方案，希望在 2021 年年中达成全球征税共识，但同时又有多国的单边征税措施出台，法国、奥地利、意大利、土耳其、英国等先后开征数字服务税，新西兰、匈牙利、捷克等国也在计划征税中。"多边征税待出、单边征税先行"的现实图景已淋漓尽致地展现出，在数字经济征税问题上达成全球共识与行动并非易事①。

专栏 9 - 8

BEPS 行动计划简介

1. BEPS 行动计划的由来

BEPS 行动计划是由二十国集团（G20）领导人背书并委托经济合作与发展组织（OECD）推动的一项"一揽子"税收改革项目。

2. BEPS 行动计划的目标和根本原则

BEPS 行动计划的目标是通过协调各国税制，修订税收协定和转让定价国际规则，提高税收透明度和确定性，以应对跨国企业税基侵蚀和利润转移给各国政府财政收入和国际税收公平秩序带来的挑战。

BEPS 行动计划强调的根本原则是：利润在经济活动发生地和价值创造地征税。

3. BEPS 行动计划的主要内容

BEPS 行动计划共包括 5 大类 15 项行动计划，具体如下：（1）应对数字经济带来的挑战，行动计划为数字经济；（2）协调各国企业所得税税制，行动计划为混合错配、受控外国公司制度、利息扣除和有害税收实践；（3）重塑现行税收协定和转让定价国际规则，行动计划包括：税收协定滥用、常设机构、无形资产、风险和资本、其他高风险交易；（4）提高税收透明度和确定性，行动计划包括：数据统计分析、强制披露规则、转让定价同期资料与争端解决；（5）开发多边工具促进行动计划实施，行动计划为多边工具。

4. 加入 BEPS 框架协议的国家和地区

截至 2019 年 7 月，全球有 132 个国家和地区加入了 BEPS 框架协议。

资料来源：徐晓华 . G20/OECD 税基侵蚀和利润转移行动计划基础和实务 ［M］. 北京：中国市场出版社，2019：005 - 009.

9.2.6.2 提升国际税收治理能力的策略

1. 遵循"构建人类命运共同体"理念，加强国际税收合作共赢

2017 年 1 月，习近平主席在联合国日内瓦总部正式发表了以《共同构建人类命运共同体》为题的重要演讲，明确提出"构建人类命运共同体，实现共赢共享"。② 2017 年 2 月 10 日，联合国社会发展委员会第 55 届会议协商

① 罗秦 . 国际税收治理从双边到多边的演进：新格局、新挑战及新趋势 ［J］. 国际税收，2021（1）：20 - 26.

② 习近平 . 共同构建人类命运共同体——在联合国日内瓦总部的演讲（2017 年 1 月 18 日，日内瓦）［N］. 人民日报，2017 - 1 - 20（02）.

一致通过"非洲发展新伙伴关系的社会层面"决议,"构建人类命运共同体"理念首次被写入联合国决议,成为推动世界文明进步的独特的中国智慧。在国际税收合作关系上,中国要有大格局、宽视野、高境界,展现大国胸怀和负责任的态度,以"构建人类命运共同体"、实现全球经济"共赢共享"的发展理念,在保障本国、本地区的经济利益和税收权益的基础上,着眼于构建全球经济发展战略,构建良性、包容、可持续发展的国际税收治理体系。

2. 以"一带一路"建设为支撑,助力形成国际税收治理新格局

"一带一路"建设确立以来逐渐从规划走向实践,从愿景转化为现实,进展和成果超出预期。以"一带一路"税收合作治理为契机,中国可以继续引领广大发展中国家积极参与全球税收治理体系重构,积极参与国际税收治理的新规则制定、新机制运行、新工具创新、新秩序重构,有效推动全球税收治理体系朝着更加公正、合理、有效的方向变革,这是中国营造有利国际税收环境的需要,也是"大国税收"的必然担当。

3. 深入参与国际税改,为全球税收治理贡献"中国声音"

一是深化拓展与联合国、国际货币基金组织、OECD 等国际组织的税收合作,参与后 BEPS 相关议程,参与 OECD 税收协定范本、联合国税收协定范本、转让定价指南等修订工作,把中国主张融入国际税收体系,并积极利用 OECD 税收征管论坛、亚洲税收管理与研究组织等国际平台,介绍中国税收改革,宣传中国经验;二是推动国际税改成果在国内落地实施,完成《BEPS 多边公约》等国际协议在我国的生效程序;三是做好税收情报交换工作,稳妥开展金融账户涉税信息自动交换(CRS)工作,稳步开展信息利用,研究以金融账户涉税信息为基础开展税收风险分析及应对[①]。

4. 启动数字经济财税改革,提升国际税收征管技术创新能力

一方面,作为电子商务市场的消费和供应大国,我国在全球数字经济中占有主导地位,应该立足于维护国家税收主权,积极参与并主导数字经济的国际税收规则制定。另一方面,我国应紧跟数字经济国际税收规则变革方向,重新审视现有业务模式,梳理优化税务架构,结合我国国情启动数字经济财税改革。包括:制定与国际数字经济税收相对统一的规则,并与实体经济税收体制相协调,有效利用税收裁定、双边或多边预约定价安排等争议解决机制,避免跨国税基侵蚀和激进的避税行为,提高跨国公司税收确定性。

---

① 宋兴义. 中国深度参与国际税收全球治理策略研究 [J]. 国际税收,2020(1):24 – 28.

与此同时，要进一步加快我国税务信息化建设，以技术创新提升我国的国际税收征管能力与国际税收政策的执行能力，将合理保护实体经济传统税源与科学涵养数字经济新兴税源结合，辅以完善的国际税收制度、国际税收征管队伍，稳固税基。

专栏 9 – 9

"一带一路"税收合作取得积极成效

"一带一路"合作倡议是形成我国国际税收治理新格局的重要支撑，目前已取得了许多重要成果：

（1）贸易往来保持增长。2020 年与沿线国家货物贸易额 1.35 万亿美元，同比增长 0.7%（人民币计为 1.0%），占我国总体外贸的比重达到 29.1%。中欧班列的贸易大通道作用更加凸显，全年开行超过 1.2 万列，同比上升 50%，通达境外 21 个国家的92 个城市，比 2019 年底增加了 37 个。国际陆海贸易新通道建设加快，合作规划编制等相关工作扎实推进。

（2）投资合作不断深化。2020 年对沿线国家非金融类直接投资 177.9 亿美元，增长 18.3%，占全国对外投资的比重上升到 16.2%；在沿线国家承包工程完成营业额911.2 亿美元，占全国对外承包工程的 58.4%。一大批境外项目和园区建设在克服疫情中稳步推进，中老铁路、雅万铁路等重大项目取得积极进展，中白工业园新入园企业 13 家。同时，沿线国家企业也看好中国发展机遇，在华新设企业 4294 家，直接投资 82.7 亿美元。

（3）自贸区建设取得新突破。《区域全面经济伙伴关系协定》（RCEP）成功签署，成为全球规模最大的自贸区，是东亚区域一体化 20 年来最重要的成果。与柬埔寨签署自贸协定，签署中欧地理标志协定，正式实施中国—巴基斯坦自贸协定第二阶段议定书关税减让安排。2021 年 1 月，正式签署了与新西兰的自贸协定升级议定书。

（4）机制平台更加健全。截至 2021 年 1 月，中国与 171 个国家和国际组织，签署了 205 份共建"一带一路"合作文件。2020 年，我国商务部与缅甸、墨西哥、智利、白俄罗斯新建了贸易畅通工作组，还推动与更多国家建立投资工作组、服务贸易工作组和电子商务合作机制。同时还成功举办了一系列包括进博会、服贸会、广交会、中国—东盟博览会等重要展会，有力促进了与相关国家和地区的经贸往来。

资料来源：中华人民共和国商务部．商务部召开 2020 年商务工作及运行情况新闻发布会［EB/OL］．［2021 – 1 – 29］．http：//www. mofcom. gov. cn/xwfbh/20210129. shtml.

9.3　新发展阶段中国税制改革方向

党的十九届五中全会提出我国发展进入新阶段："全面建成小康社会、实现第一个百年奋斗目标之后，我们要乘势而上开启全面建设社会主义现代化国家新征程、向第二个百年奋斗目标进军，这标志着我国进入了一个新发展阶段。"① 税制改革也需"把握新发展阶段，贯彻新发展理念，构建新发展格局"。"进入新发展阶段的税制建设该往什么方向走，这是一个带有根本性的问题"，"新发展阶段的税制建设走向，关乎中国特色社会主义制度建设全局"②。这不仅仅是由税收作为再分配调节机制中的主要手段，还是由税收制度隶属中国特色社会主义制度中的基本经济制度系列这一地位决定的，更是由财税体制在国家治理体系构建中发挥着越来越重要的作用决定的。而财税体制改革的核心是税制改革，因此税制改革也在新发展阶段被摆上国家治理层面，纳入国家治理能力现代化建设的宏伟版图中。

9.3.1　构建税制优势，完善税制结构

中央财经大学马海涛教授曾提出：我国税制改革要实现从税收优惠向税制优势转变③。党的十九届五中全会通过的《中共中央关于制定国民经济和社会发展第十四个五年规划和二〇三五年远景目标的建议》也对税制体系及税制改革提出了新要求，即"完善现代税收制度，健全地方税、直接税体系，优化税制结构，适当提高直接税比重，深化税收征管制度改革。"对此，应按照国家治理体系和治理能力现代化的要求，站在经济社会发展全局角度系统思考、综合施策，构建与"贯彻新发展理念、构建新发展格局、实现高质量发展"相适应的现代税收制度。其中，税制结构的优化是其中至关重要的一环，只有通过优化税制结构，更好发挥税制功能，才能实现从税收优惠向税制优势的转变。

在新发展阶段，税制结构优化将受到前所未有的重视。首先，经济社会发展战略面临重大转型要求税制结构不断优化，"十四五"时期，我国将实现由

---

① 习近平. 深入学习坚决贯彻党的十九届五中全会精神　确保全面建设社会主义现代化国家开好局［N］. 人民日报，2021-1-12（01）.

② 高培勇. 新发展阶段的税制建设该往什么方向走［J］. 税务研究，2021（5）：11-12.

③ 刘国旺. "十四五"时期财税改革的挑战与对策——访中央财经大学副校长马海涛教授［N］. 中国财经报，2021-5-25（007）.

外需和投资拉动的外向型发展模式向以扩大内需为战略基点的国内国际双循环新发展格局转型①，转型过程中税制结构的优化将扮演重要角色，要保持持续经济增长，应继续推进市场友好型税制建设，使之有利于高水平社会主义市场经济体制的形成。其次，经济社会发展重心从以经济建设为中心到以人民为中心进行调整，这一过程要求改变现有财税制度安排中不公平的成分，最重要的是由城乡分割的二元经济社会发展模式向以工补农、城乡一体化方向转型，践行以人民为中心，走向包容性增长。最后，税制建设由适应市场经济体制到面向现代国家治理，而现代税制建设则是实现这一目标的重要组成部分。

此外，在开放型经济中，提升税制的国际竞争力亦是新发展阶段我国税制改革的重要方向。当今世界正处于百年未有之大变局，我国与世界的关系也正发生历史性的变化，作为新型开放大国，作为"一带一路"合作倡议与"构建人类命运共同体"价值观的提出者，如何通过提升税制国际竞争力、构建税制优势，以高水平开放推动形成改革发展新布局，以改革迎挑战，以创新抓机遇，是新发展阶段值得重点关注的命题。

9.3.2 健全地方税体系，促进地方财政可持续发展

地方税体系改革是建立现代财政制度的重要组成部分，也是我国深化财税体制改革的目标之一。我国在推动财税体制改革发挥"国家治理的基础和重要支柱"战略定位的过程中，完善地方税体系是其关键步骤之一，更是推进国家治理体系和治理能力现代化的重要基石。党的十九大报告将"建立权责清晰、财力协调、区域均衡的中央和地方财政关系"放在了财税体制改革的首要位置，同时在税制改革部分明确提出了"健全地方税体系"的要求。这同时也是我国税制改革的硬骨头，必须在新发展阶段"啃下来"。在社会主义市场经济体制下，完善地方税体系的目的应该是提高资源配置效率，促进经济增长，实现中央和地方的双赢②。

地方税体系是我国分税制的组成部分，而分税制的健全完善直接影响到地方财政的平衡与可持续性。分税制下中央与地方税收人均占比总体上偏向中央且这一趋势不断加强，对应中央与地方事权分配上地方承担的公共事务过多，地方税收中对共享税的依赖性过大，是地方财政收支缺口不断扩大，地方财政

① 马珺，杜爽."十四五"时期的税制结构转型 [J]. 税务研究，2021 (2)：12－19.
② 贾康，等. 大国减负：中国税制改革的攻坚克难 [M]. 浙江：浙江大学出版社，2019：208.

稳定性下降的主要原因。1994 年分税制以来，我国地方税体系不断得到完善。尤其是近年来，我国加快了地方税体系改革的步伐：比如资源税改革试点于2010 年 6 月在新疆开始实施；房产税于 2011 年首先在上海、重庆两地试行；"营改增"于 2012 年 1 月 1 日在上海试点，并将逐步推广；2015 年 3 月 1 日开始对不动产进行登记。这些改革是我国地方税体系改革的必经之路。同时也不难发现这些改革是零星的、不系统的。这容易导致我国地方税体系改革缺少统一规划，不仅不利于稳定地方政府财政收入，更不利于国家税收政策的整体协调性。因此，新发展阶段，必须系统地健全地方税体系，因地制宜考虑地方主体税种的构建，多方位充实地方税收入，为保障地方财政可持续发展保驾护航。

9.3.3　提升税收治理能力，实现税收治理现代化

"十四五"时期，我国财政整体面临较大的减收增支压力，财政运行将处于"紧平衡"状态。一方面，国际国内经济发展不确定因素增多，经济稳定发展基础仍需不断巩固，这直接导致我国财政收入在未来较长一段时间可能面临增长动力不足的问题；另一方面，为激发企业发展活力，特别是助推小微企业轻装前行，目前我国减税降费政策仍在持续推进，在新发展阶段也将继续发挥降低企业成本、推动企业转型升级等作用，而这也将加大我国新发展阶段的财政收入压力。与此同时，新发展阶段我国将开启全面建设社会主义现代化国家的新征程，而这需要增加财政支出以提高公共服务保障水平，为推动高质量发展提供财力保障。此外，增加对困难企业和家庭的补助，继续实施阶段性减税降费等措施都会加剧财政收支矛盾。

在此背景下，税收治理能力提升成为缓解财政收支矛盾、促进国家治理能力现代化的重要手段。然而，提升税收治理能力是一项全面、综合性的任务，除了涉及主要税种和税制自身结构、管理方面的改革，还涉及与其他方面改革的联动，包括预算管理制度、政府债务制度、央地关系改革、税收手段与支出手段的协调等诸多方面。在这个过程中，创新税收征管方式、加强税收法律制度建设、优化税收营商环境、提高税收服务水平等将成为提高税收遵从、降本增效，最终提升税收治理能力，实现税收治理现代化的重要手段。具体实践中，数据信息的采集与应用、完备和准确的信息系统、资源共享共用将成为其中的决胜之机，而这些条件将伴随我国数字经济快速发展而逐步得到改善，也正契合我国数字经济发展的要义。

专栏 9 – 10

"十三五"税制改革回顾与"十四五"税制改革展望

"十三五"时期，我国财税制度改革在党的十八届三中全会提出的"建立现代财政制度"指导下，从预算制度、税收制度和中央地方财政关系三个领域全面深入展开，取得了一系列的成就。在回顾"十三五"时期税制改革和税收政策成就的基础上，以党的十九届五中全会公报和《中共中央关于制定国民经济和社会发展第十四个五年规划和二〇三五年远景目标的建议》中对税制改革和税收治理的基本要求为指南，对我国"十四五"时期税制改革和税收治理的基本方向和重点内容进行展望（见表9-8）。

表 9-8　　　　"十三五"税制改革回顾与"十四五"税制改革展望

"十三五"税制改革回顾		"十四五"税制改革展望	
改革方向	加快建立现代财政制度、深化税收制度改革，健全地方税体系	改革方向	完善现代税收制度，健全地方税、直接税体系，优化税制结构，适当提高直接税比重，深化税收征管制度改革
取得成果	（1）税收收入占 GDP 比重逐渐下降，而直接税占税收总收入的比重则有所上升，我国税收制度的收入调节功能得到进一步发挥； （2）减税降费和税制改革，推动了经济结构调整和优化，激发了市场主体活力，有利于发挥市场在配置资源中的决定性作用； （3）增值税、消费税、个人所得税、资源税等税种在税收改革上均取得重大突破。尤其是全面"营改增"的实施和完成，彻底打通了增值税链条，消除了重复征税问题； （4）税收立法工作大步推进。"十三五"时期，我国通过了船舶吨税、烟叶税、环境保护税、耕地占用税、车辆购置税、资源税、城建税、契税 8 个税种的全国人大立法，以及土地增值税法的征求意见稿，税收法定程度大大增强	具体措施	（1）提高直接税比重，优化税制结构。《"十四五"规划建议》指出"优化税制结构，适当提高直接税比重"； （2）深化绿色税制改革，建设美丽中国。作为"五位一体"总体布局中重要一环，生态文明建设至关重要，因此"十四五"时期我国仍需进一步健全绿色税收制度，以实现经济高质量发展； （3）社保费改税，促进社会保障事业发展。"十四五"时期我国社保制度要求在推进养老保险全国统筹和统一征收的同时，积极研究和推进实施社会保险"费改税"，以增加基本养老保险全国统筹制度的公平性和可持续性； （4）政府分级治理与健全地方税体系。"十四五"时期，我国需要进一步全面深化政府间财政分权改革，以政府间分级治理来适应有效市场的形成，以公共服务提供上的政府分工协调为市场发挥决定性作用创造条件； （5）数字经济发展与税收治理变革。党的十九届五中全会公报中指出"要坚定不移建设制造强国、质量强国、网络强国、数字中国""加快数字化发展"。数字经济的发展不仅带来国内税收治理的变革，在新型对外开放格局下也同时对国际税收治理产生新的挑战

资料来源：笔者根据党的十九届五中全会公报和《中共中央关于制定国民经济和社会发展第十四个五年规划和二〇三五年远景目标的建议》，以及刘晔、黄实发表于《财政监督》2021 年第 2 期上的《"十四五"时期我国税制改革与税收治理展望》的相关内容整理所得。

实践案例与习题

第1单元：税收与税制基本理论

📋 实 践 案 例

当今世界保护主义、单边主义抬头，全球经济低迷，全球产业链供应链因非经济因素而面临冲击，国际经济、科技、文化、安全、政治等格局都在发生深刻调整。而在这之中，数字经济却展现出顽强的韧性。疫情期间，远程医疗、在线教育、共享平台、协同办公、跨境电商等服务广泛应用，对促进各国经济稳定、推动国际抗疫合作发挥了重要作用。事实上，发展数字经济已经成为各国推动经济复苏的重要举措，成为世界经济增长的新抓手。随着数字产业的发展，如何建立适应新时代的新制度，如何平衡数字经济发展和科技巨头逐渐走向垄断带来的潜在风险，也成为各国政策制定者面临的共同课题。

【要求】请思考分析：

（1）数字经济给税收制度带来了哪些新挑战？

（2）如何推进数字经济下的税收治理变革？

【解析】

（1）具体来说，数字经济对税收制度的冲击与挑战主要有以下几个方面：数字经济改变价值创造模式，引发税收争议；经营主体较为分散，增加了纳税主体界定和监管难度；新业态新模式层出不穷，导致课税对象复杂；交易多以远程化形式出现，难以确定纳税地点；涉税信息获取难度较大等。

（2）健全数字税收法律体系；构建数字经济下的税基估值体系；规范数字经济活动的纳税主体；利用数字技术创新税收征管方式；积极参与国际税收治理合作等；言之成理即可。

习 题

【名词解释】

1. 税收
2. 税收制度
3. 税制结构
4. 征税对象
5. 计税依据
6. 累进税率
7. 扣缴义务人
8. 价内税和价外税
9. 直接税和间接税

【单项选择题】

1. 税收作为满足公共需要的分配手段，其最基本的职能是（　　　）。

A. 筹集财政收入　　　　　　　B. 调节社会供需平衡

C. 促进充分就业　　　　　　　D. 保持国际收支平衡

2. 税法明确规定了各税种的纳税人、征税对象和税率，确定了各税种在国民收入分配中的相对比例，这体现了税收财政职能具有（　　　）。

A. 适用范围的广泛性　　　　　B. 取得财政收入的及时性

C. 征收税额上的稳定性　　　　D. 内在性和客观性

3. 税收作为取得财政收入的一种工具，其凭借的权力是（　　　）。

A. 财产权力　　　　　　　　　B. 政治权力

C. 生产资料所有权　　　　　　D. 财产权力与政治权力

4. 国家以法律形式预先规定征税范围和征收比例，便于征纳双方共同遵守，这体现了税收的（　　　）。

A. 无偿性　　　　　　　　　　B. 强制性

C. 特殊性　　　　　　　　　　D. 固定性

5. 用于区别不同税种的主要标志是（　　　）。

A. 纳税人　　　　　　　　　　B. 征税对象

C. 税率　　　　　　　　　　　D. 纳税期限

6. 按税收负担能否转嫁，可以将税收分为（　　　）。

A. 从价税和从量税　　　　　　B. 价内税和价外税

C. 直接税和间接税　　　　　　D. 一般税和目的税

7. 对于价格稳定、质量规格标准统一的产品，应尽量采用（　　　）。

A. 实际税率　　　　　　　　　B. 比例税率

C. 定额税率　　　　　　　　　D. 累进税率

8. 税法上规定的纳税人是指（　　　）。

A. 最终负担税收的单位和个人　　B. 直接负有纳税义务的单位和个人

C. 代扣代缴税款的单位和个人　　D. 受托代征税款的单位和个人

9. 国家只规定最低税率和最高税率，各地可以因地制宜在此幅度内自由确定一个比例税率。这种税率是（　　　）。

  A. 单一比例税率   B. 差别比例税率

  C. 幅度比例税率   D. 累进税率

  10. 在征税过程中，一方面要尽量缩小纳税人的超额负担，另一方面要尽量降低征收费用，这体现了税收的（　　　）。

  A. 效率原则   B. 公平原则

  C. 稳定原则   D. 财政原则

【多项选择题】

1. 我们通常所说的税收三性是指（　　　）。

  A. 无偿性   B. 特定性

  C. 强制性   D. 固定性

2. 对税收含义的理解包括以下（　　　）。

  A. 税收是国家凭借政治权力取得收入的一种重要手段

  B. 税收是具有三性特征的收入形式

  C. 税收是具有财政和经济职能的收入形式

  D. 我国税收的性质是"取之于民，用之于民"

3. 设计税目可以采取的方法包括（　　　）。

  A. 列举法   B. 概括法

  C. 证明法   D. 抽象法

4. 差别比例税率按使用范围可分为（　　　）。

  A. 产品差别比例税率   B. 行业差别比例税率

  C. 产业差别比例税率   D. 地区差别比例税率

5. 税收三大要素是指（　　　）。

  A. 征税对象   B. 纳税人

  C. 税率   D. 纳税环节

6. 下列说法正确的有（　　　）。

  A. 按税收收入的归属权，税收可分为中央税、地方税、中央地方共享税

  B. 在我国，地方税主要指收入划归地方、立法权限也在地方的税种

  C. 增值税属于中央地方共享税

  D. 世界上一些国家地方政府也有权立法征收多种税

7. 在确定纳税期限时应考虑（　　　）。

  A. 根据国民经济各部门生产经营的不同特点和不同的征税对象决定

  B. 根据纳税人缴纳税款数额的多少来决定

  C. 根据纳税行为发生的情况，以从事生产经营活动的次数来决定

D. 为保证国家财政收入，防止偷逃税，在纳税行为发生前预先缴纳税款

8. 具体来说，税收可以通过两个方面来达到经济稳定（   ）。

A. 效率原则   B. 公平原则

C. 内在稳定器作用   D. 相机抉择作用

9. 瓦格纳在财政原则中提出了（   ）。

A. 充分原则   B. 税源选择原则

C. 普遍原则   D. 弹性原则

10. 亚当·斯密的税收原则包括（   ）。

A. 最少征收费用   B. 平等

C. 确实   D. 便利

【简答题】

1. 税收的形式特征主要有哪些？

2. 简述税收的本质。

3. 征税对象、计税依据和税目的关系是怎样的？

4. 累进税率有哪几种常见的形式，它们分别有何优缺点？

5. 影响税制结构的基本因素有哪些？

参考答案

【名词解释】

1. 税收

税收是国家为满足社会公共需要（包括公共产品和公共服务）并实现其特定职能，凭借政治权力，依法向涉税主体无偿取得财政收入、参与国民收入再分配的一种工具。

2. 税收制度

税收制度简称税制，是国家以法律形式确定的各种课税制度的总和，主要包括国家的税收法律体系和税收管理体制等。它既是国家向纳税人征税的法律依据和税收工作的规程，又是纳税人履行纳税义务的法定准则。

3. 税制结构

税制结构是指一个国家对税收体系中各类税种的总体安排，是一国政府根据本国的社会经济条件和税收政策目标的要求，合理地进行税种的设置、税源的选择、税率的安排，从而可以形成主次分明、相互配合、协调一致的税收体系。

4. 征税对象

征税对象又称"课税对象""征税客体"，指税法规定对什么征税，是征

纳税双方权利义务共同指向的客体或标的物。征税对象是一种税区别于另一种税的主要标志，它体现着不同税种的界限，决定着不同税种名称的由来。

5. 计税依据

计税依据又称税基，是据以计算征税对象应纳税款的直接数量依据，它是征税对象在量上的具体化。计税依据按照计量单位的性质划分，有两种基本形式：一是价值形式，即以征税对象的价值量为计税依据，如应纳税所得额、销售收入等，以价值形式作为税基又称为从价计征。二是实物形式，即以征税对象的实物量作为计税依据，如数量、重量、容积等，以实物形式作为税基又称为从量计征。

6. 累进税率

累进税率是指按征税对象数额的大小，划分若干等级，不同等级适用不同的税率级次，随着数额的增加，征收比例也随之提高的税率。累进税率根据累进方式的不同在实际运用中又可分为全额累进税率、超额累进税率和超率累进税率三种。

7. 扣缴义务人

扣缴义务人分为代扣代缴义务人和代收代缴义务人。代扣代缴义务人是指虽不承担纳税义务，但依照有关规定，在向纳税人支付收入、结算货款、收取费用时有义务代扣代缴其应纳税款的单位和个人。代收代缴义务人是指虽不承担纳税义务，但依照有关规定，在向纳税人收取商品或劳务收入时有义务代收代缴其应纳税款的单位和个人。

8. 价内税和价外税

价内税是指税款包含在商品或劳务价格中的税种，如我国现行的消费税。价内税的转嫁具有隐蔽性。价外税是指税款不包含在商品或劳务价格中的税种，如我国现行增值税。价外税的计税价格为不含税价格，价外税的转嫁较为明显。

9. 直接税和间接税

直接税是指税收负担无法转嫁，由纳税人直接负担的一类税收，如所得税和财产税；间接税则是指税收负担可以由纳税人转嫁给他人，纳税人只需履行缴纳义务，而无需真正承担税负的一类税收，如货劳税。

【单项选择题】
1. A 2. C 3. B 4. D 5. B 6. C 7. C 8. B 9. C 10. A
【多项选择题】
1. ACD 2. ABCD 3. AB 4. ABD 5. ABC 6. ACD 7. ABCD 8. CD

9. AD　10. ABCD

【简答题】

1. 税收的形式特征主要有无偿性、强制性、固定性。税收的强制性，是指政府凭借政治权力，以法律形式来确定政府作为征税人和社会成员作为纳税人之间的权利和义务关系。税收的无偿性，是指就政府与具体纳税人而言，权利和义务关系是不对等的。政府向纳税人征税，不是以具体提供公共品和公共服务为依据，而纳税人向政府纳税，也不是以具体分享公共品和公共服务利益为前提。税收的固定性，也常被称为"规范性"或"确定性"，是指政府通过法律形式，按事先确定的范围和标准征税。

2. 税收是国家为满足社会公共需要（包括公共产品和公共服务）并实现其特定职能，凭借政治权力，依法向涉税主体无偿取得财政收入、参与国民收入再分配的一种工具。从国家征税的过程来看，税收就是把一部分社会产品和国民收入强制地、无偿地从纳税人所有转变为国家所有的分配过程。这样，不同阶级、阶层和不同阶级部门占有和支配社会产品的比例和份额都会发生变化。所以说从本质上看，税收是凭借国家政治权力实现的特殊分配关系。

3. 征税对象又称"课税对象""征税客体"，指税法规定对什么征税，是征纳税双方权利义务共同指向的客体或标的物。征税对象是一种税区别于另一种税的主要标志，它体现着不同税种的界限，决定着不同税种名称的由来。税目是指税法中对征税对象分类规定的具体的征税项目，反映具体的征税范围，是对课税对象质的界定，体现征税的广度。计税依据又称税基，是据以计算征税对象应纳税款的直接数量依据，它是征税对象在量上的具体化。

4. 全额累进税率是指把征税对象按数额的大小划分成若干等级，每一等级的适用税率依次提高，当征税对象的数量超过某一等级时，则对征税对象全额都按高一等级税率计税的税率制度。其优点是计算相对简单，缺点是在两个级距的临界点附近税负悬殊。

超额累进税率是指当征税对象的数量超过某一等级时，仅就其超过部分按高一等级税率计税的税率制度。与全额累进税率相比，超额累进税率的累进过程比较平缓，可以更加有效地调节纳税人的收入，正确处理税收负担的纵向公平问题，因此一般在所得课税中使用。但是在累进级次较多的情况下，分级计算然后相加的方法比较烦琐。

超率累进税率是指以征税对象数额的相对率划分若干级距，并分别规定相应的差别税率，相对率每超过一个级距的，对超过的部分按高一级的税率计算征收的一种累进税率。

5. 一国税制结构的选择往往受到经济发展水平、税收政策目标以及税收征管水平的影响。经济发展水平决定了一个国家国民经济的生产结构和分配结构，不仅直接制约着一国税收收入的绝对规模和相对规模，而且制约着一国税制中主体税种的选择、配置和协调以及税目、税率的确定，并最终对一国税制结构的选择起决定性的作用。政府在进行税制结构设计时，往往必须在公平与效率这两个既对立又统一的政策目标之间进行权衡与取舍。不同国家对税收政策目标的侧重有所不同，这种侧重会影响到税制结构的选择。税收的征收管理水平也是制约一个国家税制结构选择的重要因素。不同的税种对税收征管水平的要求也不同，相较而言，货物和劳务税对税收征管水平的要求比所得税低许多。

第 2 单元：中国现行税制体系及其演变历程

📋 实践案例

2021 年是中国共产党成立 100 周年，自 1921 年建党以来的 100 年里，税收作为政府取得财政收入的重要手段，发挥着不可或缺的作用。伴随着党的诞生、成长和发展，我国税收事业经历了从无到有、税收制度逐步建立和完善、税收收入规模不断增加、税制结构逐渐优化、税负更加公平合理、税收调控作用持续加强的过程，为我国社会主义现代化建设提供了有力支撑。

2021 年 3 月，《国民经济和社会发展第十四个五年规划和二〇三五年远景目标纲要》明确提出"完善现代税收制度"的任务要求，并强调了"优化税制结构，健全直接税体系，适当提高直接税比重"。

【要求】

（1）当前我国税制体系存在的主要问题是什么？有何不良影响？

（2）谈谈"十四五"时期我国应从哪些方面着手完善现代税收体系？

【解析】

（1）从税收划分上看，央地税收收入占比失衡，2019 年央地税收之比约为 51：49，但同期一般公共预算支出之比约为 15：85，地方缺乏主体税种，税收来源不够充足稳定，不利于调动地方积极性和维护国家长治久安；从税收结构上看，间接税和直接税比重失衡，2020 年两者之比大致为 65：35，来自商品和服务的间接税占比居高不下，有助于调节收入分配、培养现代公民纳税意识的直接税占比仍然偏低；从税收征管上看，各地区征管事项和环节尚未实现全国统一、标准化，现行征管模式与数字经济带来的商品要素大流动不相适应，税源动态监管与服务有待进一步加强，在优化营商环境、维护市场统一方面还有较大的提升空间。

（2）第一，培育地方税体系，有效壮大地方税源。合理确定地方主体税种，加快后移消费税征收环节并稳步下划地方，结合消费税立法统筹研究推进改革，同时，科学配置地方税权，适当扩大省级税收管理权限。第二，完善直接税体系，逐步提高直接税比重。加快推进所得税和财产税改革，持续做大直接税规模，优化间接税和直接税比例。结合国际税制改革趋势，调整企业所得税税率，增强我国企业竞争力；坚持综合与分类相结合，完善个人所得税制，改进专项附加扣除项目，支持高端人才政策体系建设；落实税收法定原则，积极稳妥开展立法，在中央授权基础上推进房地产税改革。第三，深化税收征管制度改革，提高规范化法治化水平。建立健全权责清晰、规范统一、适应时代发展需要的征管制度，围绕数字经济完善税收征管模式，加快打造新一代智能化电子税务系统，持续推进涉税信息共享平台建设，提升治税能力和水平。

习题

【单项选择题】

1. 下列有关我国 1994 年税制改革内容的说法，错误的是（   ）。

A. 从 1994 年起统一内资企业所得税

B. 开征土地增值税

C. 简化税种

D. 将个人所得税分为个人所得税和个人收入调节税

2. 1979 年以来，我国对工商税制进行了一次全面改革，这次改革的核心是实行（   ）。

A. 工商统一税　　　　　　　B. 工商所得税

C. 利税合一　　　　　　　　D. 利改税

3. 利改税第一步改革的主要内容是对国营企业普遍征收（   ）。

A. 所得税　　　　　　　　　B. 流转税

C. 财产税　　　　　　　　　D. 行为税

4. 下列说法错误的是（   ）。

A. 我国利改税的第二步改革是由"税利并存"逐渐过渡到"以税代利"

B. 利改税失误的客观原因是税制改革超前于其同步配套改革

C. 利改税有利于国有企业成为相对独立的经济实体

D. 利改税过程中，我国工商税制进行了一次全面改革，形成了现行税制体系

5. 1994 年税制改革在流转税方面，努力建立一个以规范化（   ）为核心的与消费税、营业税互相协调的流转税制。

A. 增值税　　　B. 产品税　　　C. 关税　　　D. 盐税

【多项选择题】

1. 自 1979 年税制改革后到 1994 年税制改革前，对企业运用的所得税税种包括（   ）。

A. 国营企业所得税　　　　　B. 私营企业所得税

C. 个人所得税　　　　　　　D. 企业所得税

2. 总的来讲，我国税收制度的发展（　　）。

A. 越来越趋向于统一、规范

B. 逐渐与国际惯例接轨

C. 通过几次重大改革，虽然扩大了税收涉及的范围，但实际上税制更加简化、高效

D. 也经历了如 1973 年实行"五税合一"的工商税这样的不合理改革

3. 1994 年我国税制改革的指导思想有（　　）。

A. 统一税法、公平税负

B. 简化税制，建立符合社会主义市场经济的税制体系

C. 合理分权、理顺分配关系

D. 保障财政收入

4. 对我国 1979 年开始的利改税，评价正确的有（　　）。

A. 方向正确，成绩显著但存在失误

B. 突破了长期以来对国有企业不能征收所得税的理论禁区

C. 税制改革超前，同步配套的改革没有跟上

D. 对利改税的理论准备不足

5. 1994 年税制改革，增值税征收范围延伸到（　　）。

A. 生产　　　　 B. 批发　　　　 C. 零售　　　　 D. 服务

【简答题】

1. 我国目前的税制结构是何种模式，今后应向什么方向发展？

2. 我国下一步的税制改革中应当如何兼顾公平和效率？

3. 西方国家税制结构变迁历程对我国税制结构优化有何启示？

4. 当前我国的地方税体系存在哪些问题，"十四五"时期应当如何健全地方税体系？

5. 新一轮减税降费应重点从哪些方面谋划，以增强居民和企业的获得感？

参 考 答 案

【单项选择题】

1. D　2. D　3. A　4. D　5. A

【多项选择题】

1. AB　2. ABCD　3. ABCD　4. ABCD　5. BC

【简答题】

略（言之成理即可）。

第3单元：货物和劳务税制

📑 实践案例

1. 某生产企业为增值税一般纳税人，其生产的货物适用13%增值税税率。2019年8月该企业的有关生产经营业务如下：

（1）销售甲产品给某大商场，开具了增值税专用发票，取得不含税销售额为80万元；同时取得销售甲产品的送货运输费收入为5.65万元（含增值税价格，与销售货物不能分别核算）。

（2）销售乙产品，开具了增值税普通发票，取得含税销售额为22.6万元。

（3）将自产的一批应税新产品用于本企业集体福利项目，成本价为20万元，该新产品无同类产品市场销售价格，国家税务总局确定该产品的成本利润率为10%。

（4）销售2016年10月购进作为固定资产使用过的进口摩托车5辆，开具增值税专用发票，上面注明每辆摩托车不含税销售额为1万元。

（5）购进货物取得增值税专用发票，上面注明的货款金额为60万元、税额为7.8万元；另外支付购货的运输费用为6万元，取得运输公司开具的增值税专用发票，上面注明的税额为0.54万元。

（6）从农产品经营者（小规模纳税人）购进农产品一批（不适用进项税额核定扣除办法）作为生产货物的原材料，取得的增值税专用发票上注明的不含税金额为30万元，税额为0.9万元，同时支付给运输单位的运费为5万元（不含增值税），取得运输部门开具的增值税专用发票，上面注明的税额为0.45万元。本月下旬将购进的农产品的20%用于本企业职工福利。

（7）当月租入商用楼房一层，取得对方开具的增值税专用发票上注明的税额为5.22万元。该楼房的1/3用于工会的集体福利项目，其余为企业管理部门使用。

以上相关票据均符合税法的规定。

【要求】

（1）计算销售甲产品的销项税额；

（2）计算销售乙产品的销项税额；

（3）计算自产自用新产品的销项税额；

（4）计算销售使用过的摩托车应纳税额；

（5）计算当月允许抵扣进项税额的合计数；

（6）计算该企业 8 月合计应缴纳的增值税税额。

【解析】

（1）销售甲产品的销项税额 = 80 × 13% + 5.65 ÷（1 + 13%）× 13% = 11.05（万元）；

（2）销售乙产品的销项税额 = 22.6 ÷（1 + 13%）× 13% = 2.60（万元）；

（3）自产自用新产品的销项税额 = 20 ×（1 + 10%）× 13% = 2.86（万元）；

（4）销售使用过的摩托车销项税额 = 1 × 13% × 5 = 0.65（万元）；

（5）合计允许抵扣的进项税额 = 7.8 + 0.54 +（30 × 10% + 0.45）×（1 − 20%）+ 5.22 = 16.32（万元）；

（6）该企业 8 月应缴纳的增值税税额 = 11.05 + 2.60 + 2.86 + 0.65 − 16.32 = 0.84（万元）。

2. 某汽车制造企业为增值税一般纳税人，生产销售小汽车（消费税税率为 5%），每辆不含税销售价格统一为 10 万元，2021 年 1 月发生如下业务：

（1）与某特约经销商签订了 40 辆小汽车的销售协议，协议规定该小汽车制造企业按含税销售额的 5% 给予经销商商业折扣，当月收到经销商返回的 30 辆小汽车的相关销售凭证及含税销货款（已扣除商业折扣金额），考虑到与其长期业务关系，该小汽车制造企业按全部 40 辆小汽车的销售价款开具了增值税专用发票，折扣额未在发票上体现；

（2）赠送给某协作单位小汽车 3 辆，并开具了增值税专用发票；

（3）用本企业 1 辆小汽车与空调生产厂家（增值税一般纳税人）交换了 30 台空调，用于改善生产和办公条件，空调生产厂家换入小汽车后用于本厂生产经营，考虑双方是等价交换货物，故均未开具增值税专用发票，也不再进行货币结算；

（4）将本企业售后服务部使用 8 年的 2 辆小汽车（每辆购入时原入账价值为 15 万元）以每辆定价 6.24 万元（含增值税）销售给某企业，未放弃相关的减税优惠；

（5）提供汽车修理劳务取得价税合计金额 5.65 万元；

（6）支付购货运输费，取得一般纳税人开具的增值税专用发票，注明运费 3 万元；

（7）进口一批汽车轮胎，关税完税价格为 70 万元人民币，关税税率为 10%，取得海关开具的增值税专用缴款书，本月为生产小汽车领用了其中的 50%。

【要求】

（1）计算该企业业务（1）的增值税计税销售额；

（2）计算该企业业务（4）应缴纳的增值税；

（3）计算该企业进口环节应缴纳的关税；

（4）计算该企业进口环节应缴纳的增值税；

（5）计算该企业当月应向税务机关缴纳的增值税；

（6）计算该企业当月应向税务机关缴纳的消费税。

【解析】

（1）增值税计税销售额 $= 40 \times 10 = 400$（万元）；

已开具了 40 辆小汽车的增值税专用发票，就应按发票所列销售额计算销项税额和消费税税额，而且商业折扣的折扣额未在发票金额栏中体现，不得从当期销售额中扣减。

（2）销售售后服务部已使用过 8 年的小汽车按照 3% 征收率减按 2% 征收增值税。应缴纳的增值税 $= 2 \times 6.24 \div (1 + 3\%) \times 2\% = 0.24$（万元）；

（3）进口环节应纳关税 $= 70 \times 10\% = 7$（万元）；

（4）进口环节应纳增值税 $= (70 + 7) \times 13\% = 10.01$（万元）；

（5）当月销项税额 $= (40 \times 10 + 3 \times 10 + 1 \times 10) \times 13\% + 5.65 \div (1 + 13\%) \times 13\% = 57.2 + 0.65 = 57.85$（万元）；

当月可以抵扣的进项税额 $= 10.01 + 3 \times 9\% = 10.28$（万元）；

当月应向税务机关缴纳的增值税 $= 57.85 - 10.28 + 0.24 = 47.81$（万元）；

作为汽车制造企业以物易物换出的小汽车，应核算销售额并计算销项税额和消费税，因为没有取得增值税专用发票而不能抵扣增值税进项税额。如果汽车制造企业与空调生产厂家互开了增值税专用发票，二者均可以抵扣进项税额。

（6）企业当月应向税务机关缴纳的消费税 $= (40 \times 10 + 3 \times 10 + 1 \times 10) \times 5\% = 22$（万元）。

 习 题

【名词解释】

1. 销项税额	2. 混合销售	3. 小规模纳税人
4. 增值税征收率	5. 消费型增值税	6. 简易计税方法
7. 从量定额	8. 组成计税价格	9. 代收代缴
10. 关税完税价格	11. 最惠国税率	12. 特惠税率

【单项选择题】

1. 下列关于增值税一般纳税人和小规模纳税人划分的说法中，表述错误的是（　　）。

A. 非企业性单位、不经常发生应税行为的企业，可以选择按小规模纳税人纳税

B. 年应税销售额超过小规模纳税人标准的个体工商户，应办理一般纳税人资格登记

C. 年应税销售额超过小规模纳税人标准的其他个人，不得办理一般纳税人资格登记

D. 年应税销售额未超过小规模纳税人标准的企业，不能办理一般纳税人资格登记

2. 出租车公司向使用本公司自有出租车的出租车司机收取的管理费用，属于增值税征税范围中的（　　）。（增值税征税范围）

A. 交通运输服务　　　　　　B. 居民日常服务

C. 物流辅助服务　　　　　　D. 商务辅助服务

3. 某超市为增值税一般纳税人，2021 年 4 月销售蔬菜取得零售收入 24 000 元，销售粮食、食用植物油取得零售收入 13 200 元，销售其他商品取得零售收入 98 000 元。2021 年 4 月该超市销项税额为（　　）元。（增值税销项税额计算，主要是零售价的价税分离）

A. 18 518.97　　　　　　　B. 12 364.24

C. 16 157.27　　　　　　　D. 18 918.33

4. 根据增值税优惠政策，下列表述不正确的是（　　）。（免征增值税的范围）

A. 对承担粮食收储任务的国有粮食购销企业销售的粮食免征增值税

B. 销售宠物饲料免征增值税

C. 对进口铂金免征进口环节增值税

D. 国内铂金生产企业自产自销的铂金实行增值税即征即退政策

5. 以下销售额占全部销售额的比重超 50% 的纳税人，不适用增值税加计 15% 抵减政策的是（　　）。（增值税进项税额加计抵扣的适用范围）

A. 高新技术制造业　　　　　B. 文化艺术业教育业

C. 教育业　　　　　　　　　D. 娱乐业

6. 下列行为中应该缴纳消费税的是（　　）。

A. 零售涂料　　　　　　　　B. 进口高档化妆品

C. 批发白酒　　　　　　　　D. 生产金银饰品

7. 纳税人进口应税消费品，实行从价定率办法征收的，海关确定的组成计税价格的公式为（   ）。

A. （关税完税价格 + 关税）÷（1 + 消费税税率）

B. （关税完税价格 + 关税）÷（1 - 消费税税率）

C. （关税完税价格 - 关税）÷（1 + 消费税税率）

D. （关税完税价格 - 关税）÷（1 - 消费税税率）

8. 2021 年 7 月，甲厂将一批原材料委托乙厂加工成应税消费品，该批原材料成本 10 万元，乙厂代垫辅料收费 1 万元（含税），另收取加工费 3 万元（含税），假定该应税消费品消费税税率为 5%，甲厂、乙厂均为增值税一般纳税人，则该项委托加工业务消费税组成计税价格为（   ）万元。

A. 12.7   B. 14.74   C. 14.25   D. 15

9. 对于原产于与我国签订有特殊关税优惠条款的贸易协定的国家或地区的进口货物，应当选用的关税税率是（   ）。

A. 最惠国税率   B. 特惠税率

C. 协定税率   D. 暂定税率

10. 进口货物的纳税义务人应当自运输工具申报进境之日起（   ）内向货物的进境地海关申报缴纳关税。

A. 10 日   B. 14 日   C. 15 日   D. 30 日

【多项选择题】

1. 根据增值税现行政策，以下关于年应税销售额的说法中，表述正确的有（   ）。

A. 年应税销售额是指纳税人从 1 月 1 日到 12 月 31 日的年度销售额

B. 纳税人偶然发生的销售无形资产、转让不动产的销售额，不计入年应税销售额

C. 销售服务有扣除项目的纳税人，其年应税销售额按未扣除之前的销售额计算

D. 纳税申报销售额，包括免税销售额和税务机关代开发票销售额

E. 稽查查补销售额和纳税评估调整销售额计入税款所属期销售额，不计入查补税款申报当月（或当季）的销售额

2. 增值税一般纳税人的下列行为中，不属于增值税视同销售行为的有（   ）。

A. 某广告公司无偿为客户提供广告设计服务

B. 某市运输公司对公司内部人员提供的通勤班车服务

C. 李某无偿为朋友提供法律咨询服务

D. 纳税人出租不动产，租赁合同中约定免租期

E. 某市运输公司为抢险救灾提供的无偿运输服务

3. 下列各项业务适用 5% 征收率的有（　　）。（销售不动产、提供建筑服务、出租不动产的计算方式）

A. 房地产开发企业中的一般纳税人销售自行开发的房地产老项目，选择适用简易计税方法的

B. 小规模纳税人销售不动产

C. 一般纳税人出租其 2016 年 4 月 30 日前取得的不动产，选择适用简易计税方法的

D. 小规模纳税人提供建筑服务

E. 一般纳税人销售旧货

4. 张先生在北京有三套住房，其中一套购于 2014 年 2 月的高档公寓于 2021 年 4 月出售，另一套位于学区的住房对外出租，还有一套自住，不考虑小规模纳税人免征增值税的优惠政策。下列税务处理正确的有（　　）。（个人销售不动产计税方法）

A. 出售的公寓购买超过 2 年，免征增值税

B. 出售的公寓购买超过 2 年，但属于非普通住宅按全额缴纳增值税

C. 出售的公寓购买超过 2 年，但属于非普通住宅按差额缴纳增值税

D. 出租的住房按含税租金 $\div$ (1 + 1.5%) $\times$ 1.5% 缴纳增值税

E. 出租的住房按含税租金 $\div$ (1 + 5%) $\times$ 1.5% 缴纳增值税

5. 自 2019 年 6 月 1 日起，部分先进制造业纳税人退还增量留抵税额需满足的条件有（　　）。

A. 自 2019 年 4 月 1 日起未享受即征即退、先征后返（退）政策

B. 申请退税前 36 个月未发生骗取留抵退税、出口退税、虚开增值税专用发票情形

C. 申请退税前 36 个月未因偷税被税务机关处罚两次及以上

D. 第 6 个月增量留抵税额不低于 100 万元

E. 纳税信用等级为 A 级或 B 级

6. 下列说法正确的有（　　）。

A. 啤酒生产企业生产销售啤酒时收取的包装物押金应并入销售额计税

B. 白酒生产企业向商业销售单位收取的"品牌使用费"应并入白酒销售额计税

C. 卷烟批发商之间销售卷烟不缴纳消费税

D. 纳税人成套销售高档化妆品和普通护肤品的，可以免征消费税

461

7. 下列委托加工行为中，受托方（非个人）应代收代缴消费税的有（　　）。

A. 建筑公司委托加工一批涂料

B. 某企业提供外购汽车底盘及配件委托加工成小货车

C. 某企业委托加工一批高档化妆品

D. 某企业提供烟叶委托加工成烟丝

8. 下列消费品在移送自用时应缴纳消费税的有（　　）。

A. 自产自用广告　　　　　　B. 自产自用于生产其他应税消费品

C. 自产自用于职工福利　　　D. 自产自用馈赠

9. 下列进口货物中，免征进口关税的有（　　）。

A. 外国政府无偿赠送的物资

B. 不具有商业价值的货样

C. 海关放行后损坏的进口货物

D. 关税税额为人民币 100 元的一票货物

10. 以下关于关税税率的表述正确的有（　　）。

A. 进口适用税率的选择是根据货物的不同起运地而确定的

B. 适用最惠国税率、协定税率、特惠税率的国家或地区的名单，由国务院关税税则委员会决定

C. 我国进口商品绝大部分采用从价定率的征税方法

D. 原产地不明的进口货物不予征税

【计算题】

1. A 食品厂为增值税一般纳税人，2021 年 2 月从农民手中购进小麦用于加工糕点并于当月全部领用，收购发票上注明买价 5 万元，支付运费，取得增值税专用发票，注明金额为 0.6 万元。本月销售糕点，取得不含税销售额 20 万元，假定当月取得的相关票据均符合税法规定并在当月抵扣进项税，计算该月 A 食品厂增值税应纳税额。

2. 某农机生产企业为增值税一般纳税人。2020 年 12 月，该企业向各地农机销售公司销售农机整机，开具的增值税专用发票上注明不含税金额 500 万元；向各地农机修配站销售农机零配件，取得含税收入 90 万元；购进钢材等材料取得的增值税专用发票上注明增值税税额 50 万元，购进材料和销售货物过程中取得的货物运输业一般纳税人开具的增值税专用发票上注明运费金额 3 万元，取得的发票均已在当月申报抵扣，则该企业当月应纳增值税为多少万元？

3. 某进出口公司从美国进口一批化工原料共 500 吨，货物以境外口岸离

岸价格成交，单价折合人民币为 20 000 元每吨（不包括另向卖方支付的佣金每吨 1 000 元人民币），已知该货物运抵中国关境内输入地起卸前的包装、运输、保险和其他劳务费用为每吨 2 000 元人民币，关税税率为 10%，计算该批化工原料应纳关税。

4. 某白酒生产企业为增值税一般纳税人，2021 年 1 月向某烟酒专卖店销售粮食白酒 20 吨，开具普通发票，取得含税收入 200 万元，另收取品牌使用费 50 万元、包装物租金 20 万元，本月甲企业向烟酒专卖店销售白酒应缴纳消费税数额为多少？

5. 2020 年 12 月，A 生产企业（增值税一般纳税人）进口货物，海关审定的关税完税价格为 500 万元人民币，关税税率为 10%，海关代征了进口环节的增值税，取得海关进口增值税专用缴款书。从国内市场购进原材料支付的价款为 800 万元，取得增值税专用发票上注明的增值税税额为 104 万元。外销货物的出口离岸价为 1 000 万元人民币；内销货物的不含税销售额为 1 100 万元。该企业出口货物适用"免抵退"税的税收政策，上期留抵税额 50 万元。请计算当期应缴纳或应退的增值税税额及免抵税额（假定上述货物均适用 13% 的增值税税率，出口退税率为 9%）。

参考答案

【名词解释】

1. 销项税额

纳税人在发生增值税应税行为时，按照销售额和适用税率计算并向购买方收取的增值税税额，其计算公式为：销项税额 = 销售额 × 适用税率

2. 混合销售

一项销售行为既涉及货物，又涉及服务。

3. 小规模纳税人

年销售额在规定标准以下，并且会计核算不健全，不能按规定报送有关税务资料的增值税纳税人。

4. 增值税征收率

对特定的货物或特定的纳税人发生应税销售行为在某一生产流通环节应纳税额与销售额的比率。

5. 消费型增值税

增值税的一种类型，允许将购置物质资料的价值和用于生产、经营的固定资产价值中所含的税款。

6. 简易计税方法

增值税计税方法中的一种，纳税人的应税行为符合国家规定可以采用简易计税方法缴纳增值税，但不得抵扣进项税，应纳税额的计算公式为：应纳税额＝销售额（不含增值税）×征收率。

7. 从量定额

从量定额是消费税的一种计税依据。它是指在消费税的计算当中，对于从量计征的应税消费品，以每单位应税消费品的重量、容积或数量为计税依据，从量计税时，应纳税额＝应税消费品销售数量×适用税额标准。

8. 组成计税价格

组成计税价格是指按照计税价格应当包含的因素计算合成的计税价格，按照计税依据与商品来源不同，消费税的组成计税价格也不同。例如，对于委托加工且采用从价计征的应税消费品组成计税价格为：（材料成本＋加工费）÷（1－消费税比例税率）。

9. 代收代缴

代收代缴指由国家税法规定的代收代缴义务人，依法代收代缴纳税人应纳税款的一种征收方法。

10. 关税完税价格

进口货物的完税价格包括货物的货价、货物运抵我国境内输入地点起卸前的运输及其相关费用、保险费。进口货物完税价格的确定方法大致可以划分为两类：一类是以进口货物的成交价格为基础进行调整，从而确定进口货物完税价格的估价方法；另一类则是在进口货物的成交价格不符合规定条件或者成交价格不能确定的情况下，海关用以审查确定进口货物完税价格的估价方法。

11. 最惠国税率

最惠国税率是适用原产于与我国共同适用最惠国待遇条款的世界贸易组织成员的进口货物，或原产于与我国签订有相互给予最惠国待遇条款的双边贸易协定的国家或地区进口的货物，以及原产于我国境内的进口货物的征税税率。

12. 特惠税率

特惠税率是适用原产于与我国签订有特殊关税优惠条款的贸易协定的国家或地区的进口货物的税率。除赤道几内亚外，对于我国建交并完成换文手续的其他最不发达国家继续实施特惠税率。自2020年1月1日起，赤道几内亚停止享受零关税特惠待遇。

【单项选择题】

1. D 2. A 3. B 4. B 5. A 6. B 7. B 8. C 9. B 10. B

【多项选择题】

1. BCD 2. BCD 3. ABC 4. CD 5. ABCDE 6. BC 7. ACD 8. ACD

9. AB 10. BC

【计算题】

1. 当月可抵扣的增值税进项税额 $= 5 \times (9\% + 1\%) + 0.6 \times 9\% = 0.55$ （万元）；应纳的增值税 $= 20 \times 13\% - 0.55 = 2.05$ （万元）。

2. 2020 年 12 月，农机整机适用 9% 的税率；农机零配件适用 13% 的税率。

当期销项税额 $= 500 \times 9\% + 90 \div (1 + 13\%) \div 13\% = 55.35$ （万元）；

当期可抵扣的进项税额 $= 50 + 3 \times 9\% = 50.27$ （万元）；

当期应纳增值税 $= 55.35 - 50.27 = 5.08$ （万元）。

3. 应纳关税 $= (20\,000 + 2\,000 + 1\,000) \times 200 \times 10\% = 460\,000$ （元）。

4. 本月甲企业向烟酒专卖店销售白酒应缴纳消费税 $= (200 + 50 + 20) \div (1 + 13\%) \times 20\% + 20 \times 2\,000 \times 0.5 \div 10\,000 = 47.79 + 2 = 49.79$ （万元）。

品牌使用费和包装物租金应作增值税价税分离后并入销售额计算消费税。白酒采用复合计税的方法计算缴纳消费税。

5. （1）计算当期可抵扣的进项税额：进口环节海关代征增值税 $= 500 \times (1 + 10\%) \times 13\% = 71.5$ （万元），国内采购环节的进项税额为 104 万元，出口货物当期不得免征和抵扣税额 $= 1\,000 \times (13\% - 9\%) = 40$ （万元），上期留抵税额 50 万元。

当期允许抵扣的进项税额合计 $= 71.5 + 104 - 40 + 50 = 185.5$ （万元）。

（2）计算当期销项税额：内销货物销项税额 $= 1\,100 \times 13\% = 143$ （万元）。

（3）当期应纳税额 $= 143 - 185.5 = -42.5$ （万元）。

（4）计算出口货物免抵退税的限额：当期免抵退税额 $= 1\,000 \times 9\% = 90$ （万元），由于期末留抵税额 42.5 万元 < 当期免抵退税额 90 万元，当期应退税额 $= 42.5$ （万元），当期免抵税额 $= 90 - 42.5 = 47.5$ （万元）。

第4单元：所得税制

📝 实践案例

某个位于市区的冰箱生产企业为增值税一般纳税人，2020年发生主营业务收入4 800万元，其他业务收入300万元，投资收益200万元，营业外收入800万元，主营业务成本2 800万元，其他业务成本300万元，营业外支出250万元，税金及附加400万元，销售费用950万元，管理费用500万元，财务费用180万元。

当年发生的其中部分具体业务如下：

（1）用一批自产的冰箱对外投资，产品成本为320万元，同类型冰箱的不含税售价为500万元，该企业未作任何账务处理。

（2）6月份购进一台生产设备并于当月投入使用，购进时取得增值税专用发票，注明不含税价150万元，该企业另外负担保险费和安装调试费2万元（不含税价）。该企业预计设备残值率为0，且已将计提的折旧费15万元计入2020年成本费用。按照税法规定，该企业采用直线折旧法对该设备计提折旧且折旧年限为10年（不考虑制造业固定资产加速折旧）。

（3）实际发放职工工资1 000万元（其中残疾人员工资50万元），发生职工福利费支出150万元，拨缴工会经费25万元并取得专用收据，发生职工教育经费支出20万元。

（4）发生广告费支出900万元、业务招待费支出80万元，支付给母公司管理费60万元。

（5）向母公司借款2 000万元按年利率9%（金融机构同期同类贷款利率为6%）支付利息180万元，该企业不能证明此笔交易符合独立交易原则。母公司适用15%的企业所得税税率且在该冰箱生产企业的权益性投资金额为800万元。

（6）从境内A公司分回股息20万元，A公司为小型微利企业，适用20%的企业所得税税率；从境外B分公司分回股息30万元，已在所在国缴纳企业所得税，税率为40%（不考虑B国征收的预提所得税）。

【要求】

（1）计算固定资产折旧应调增的应纳税所得额。

（2）计算工资及工资三项费用应调增的应纳税所得额。

（3）计算广告费和业务招待费应调增的应纳税所得额。

（4）计算向母公司借款应调增的应纳税所得额。

（5）境内外分回的股息如何处理？

（6）计算该企业 2020 年应缴纳的企业所得税税额。

【解析】

（1）固定资产折旧额 = (150 + 2)/10 × 6/12 = 7.6（万元）；

固定资产折旧应调增的应纳税所得额 = 15 - 7.6 = 7.4（万元）。

（2）残疾人员工资 50 万元按 100% 加计扣除，应调减应纳税所得额 50 万元。

可以扣除的福利费限额 = 1 000 × 14% = 140（万元）；

应调增应纳税所得额 = 150 - 140 = 10（万元）；

可以扣除的工会经费限额 = 1 000 × 2% = 20（万元）；

应调增应纳税所得额 = 25 - 20 = 5（万元）；

可以扣除的教育经费限额 = 1 000 × 2.5% = 25（万元）；

教育经费支出可全额扣除。

合计调增为 10 + 5 - 50 = -35（万元），也就是调减 35 万元。

（3）广告费和业务招待费扣除的基数 = 4 800 + 500 + 500 = 5 800（万元）；

可以扣除的广告费限额 = 5 800 × 15% = 870（万元）；

应调增应纳税所得额 = 900 - 870 = 30（万元）；

可以扣除的业务招待费限额 1：5800 × 5‰ = 29（万元）；

可以扣除的业务招待费限额 2：80 × 60% = 48（万元）；

允许扣除限额 29 万元。

应调增应纳税所得额 = 80 - 29 = 51（万元）；

合计调增应纳税所得额 81 万元。

（4）向母公司借款应调增的应纳税所得额：

扣除利息限额 = 800 × 2 × 6% = 96（万元）；

调增应纳税所得额 = 180 - 96 = 84（万元）。

（5）从境内企业分回的股息属于免税收入，从境外 B 公司分回的股息要计算抵免限额，看是否需要回国补交税款。

在境外已纳企业所得税 = 30 + (1 - 40%) × 40% = 20（万元）；

境外已缴税款的抵免限额 = 30 + (1 - 40%) × 25% = 12.5（万元）。

（6）该企业 2020 年度应缴纳的企业所得税税额：

支付给母公司的管理费不能税前扣除，应调增应纳税所得额 60 万元；

从 A 公司分回的股息免税，应调减应纳税所得额 20 万元；

从 B 公司分回的股息，可抵免境外的已纳税款 12.5 万元。

会计利润 = 4 800 + 300 + 200 + 800 − 2 800 − 300 − 250 − 400 − 950 − 500 − 180 + 500 − 320 = 900（万元）；

应纳税所得额 = 900 + 7.4 − 50 + 10 + 5 + 30 + 51 + 60 + 84 − 20 = 1 077.4（万元）；

应纳税额 = 1 077.4 × 25% − 12.5 = 256.85（万元）。

 习 题

【名词解释】

1. 居民企业　　 2. 非居民企业　　 3. 实际管理机构　　 4. 应纳税所得额

5. 不征税收入　 6. 免税收入　　 7. 源泉扣缴　　　　 8. 特别纳税调整

9. 综合所得　　 10. 专项扣除　　 11. 累计预扣法

【单项选择题】

1. 国家需要重点扶持的高新技术企业，减按（　　　）的税率征收企业所得税。

A. 10%　　　　 B. 12%　　　　 C. 15%　　　　 D. 20%

2. 根据税法规定，企业所得税的征收办法是（　　　）。

A. 按月征收　　　　　　　　 B. 按年计征，分月或分季预缴

C. 按季征收　　　　　　　　 D. 按季计征，分月预缴

3. 计算应纳税所得额时，在以下项目中，不超过规定比例的准予扣除、超过部分，准予在以后纳税年度结转扣除的项目是（　　　）。

A. 职工福利费　　　　　　　 B. 工会经费

C. 职工教育经费　　　　　　 D. 社会保险费

4. 在计算企业所得税应缴纳所得额时，下列项目准予扣除的是（　　　）。

A. 经济合同的违约金支出　　 B. 各项税收滞纳金支出

C. 罚金支出　　　　　　　　 D. 非广告性质的赞助支出

5. 依据《企业所得税法》的规定，下列各项中按负担、支付所得的企业所在地确定所得来源地的是（　　　）。

A. 销售货物所得　　　　　　 B. 特许权使用费所得

C. 动产转让所得　　　　　　 D. 提供劳务所得

6. 某公司 2017 年度发生的亏损，按税法规定可以用以后年度的所得弥补，不足弥补可延续弥补、但延续弥补的期限最长不得超过（　　　）。

A. 2019 年　　 B. 2020 年　　 C. 2021 年　　 D. 2022 年

7. 根据《个人所得税法》的相关规定，按"稿酬所得"税目缴纳个人所得税的是（　　）。

    A. 审稿收入   B. 翻译收入

    C. 题字收入   D. 出版作品收入

8. 某个体工商户发生的下列支出中，允许在个人所得税税前扣除的是（　　）。

    A. 家庭生活用电支出

    B. 给某小学的捐款

    C. 已缴纳的城市维护建设税及教育费附加

    D. 代员工负担的个人所得税税款

9. 中国居民小张有兄弟姐妹，其父母均年过 60 周岁，同时小张还需赡养爷爷奶奶。2020 年小张申报缴纳个人所得税时，最多可以扣除赡养老人支出为（　　）元。

    A. 6 000   B. 12 000   C. 18 000   D. 24 000

10. 某公司高管老王，2020 年 1 月受邀每周六去学校演讲一次，每次演讲报酬 3 000 元，按月支付，当月共演讲 4 次，老王 1 月被预扣预缴个人所得税（　　）元。

    A. 210   B. 360   C. 1 760   D. 1 920

11. 居民个人李某退休后，每月领取退休工资 3 000 元和年金 2 000 元，已知缴纳年金时未承担过税负。李某退休后每月应缴纳个人所得税（　　）元。

    A. 60   B. 150   C. 290   D. 0

【多项选择题】

1. 根据《企业所得税法》的规定，下列属于企业所得税纳税人的有（　　）。

    A. 股份有限公司   B. 一人有限责任公司

    C. 个人独资企业   D. 合伙企业

2. 依据企业所得税相关规定，下列对所得来源地的确定，正确的有（　　）。

    A. 销售货物所得，按照机构所在地确定

    B. 提供劳务所得，按照劳务发生地确定

    C. 股息、红利等权益性投资所得，按照分配所得的企业所在地确定

    D. 动产转让所得，按照转让动产的企业或者机构、场所所在地确定

3. 依据企业所得税相关规定，企业将资产移送用于下列情形，应视同销

售确定收入的有（　　　）。

 A. 用于对外捐赠

 B. 用于市场推广或销售

 C. 从总机构转移到其境内分支机构

 D. 用于职工奖励或福利

4. 在计算应纳税所得额时，不得计算折旧扣除的有（　　　）。

 A. 未使用的房屋、建筑物

 B. 接受捐赠的固定资产

 C. 以经营租赁方式租入的固定资产

 D. 单独估价作为固定资产入账的土地

5. 下列所得中，应按"偶然所得"征收个人所得税的有（　　　）。

 A. 企业对累计消费达到一定额度的顾客，给予额外抽奖机会，个人的获奖所得

 B. 个人处置打包债权取得的所得

 C. 个人取得的不竞争款项

 D. 企业在业务宣传、广告等活动中，随机向本单位以外的个人赠送礼品，个人礼品所得

6. 一个纳税年度内，纳税人在预扣预缴税款环节未足额享受专项附加扣除，下列处理中正确的有（　　　）。

 A. 可以在当年向支付工资、薪金的扣缴义务人申请在剩余月份发放工资、薪金时补充扣除

 B. 可以在次年3月1日至6月30日内向汇缴地主管税务机关办理汇算清缴时申报扣除

 C. 可以结转以后年度在以后年度中发放工资、薪金时补充扣除

 D. 未足额享受专项附加扣除，不再扣除

7. 下列各项中，免征个人所得税的有（　　　）

 A. 军人的转业费

 B. 按照国家统一规定发给职工的退休工资

 C. 国家发行金融债券的利息收入

 D. 外籍个人以现金形式取得的住房补贴和伙食补贴

【计算题】

1. 某居民企业本年主营业务收入5 000万元，营业外收入80万元，与收入配比的成本4 100万元，全年发生管理费用、销售费用和财务费用共计700万元，营业外支出60万元（其中符合规定的公益性捐赠支出50万元），上年

度经核定结转的亏损额 30 万元。请计算本年度该企业应缴纳的企业所得税税额。

2. 某小型企业不能正确核算收入总额，本年度发生的成本费用为 180 万元，税务机关核定的应税所得率为 10%。计算本年该企业应缴纳的企业所得税税额。

3. 张某为居民个人，2021 年每月固定从一处取得劳务报酬 10 000 元，适用 20% 预扣率后预缴个人所得税 1 600 元，全年共 19 200 元。张某无其他收入，享受每月住房租金支出 800 元的专项附加扣除，无其他扣除或减免。要求：进行年终汇算清缴。

4. 某外籍人士 2021 年 6 月与一家培训中心签订了半年的劳务合同，合同规定从 6 月起每周六为该培训中心教授外语课程 1 次，每次报酬为 1 200 元。6 月份为培训中心授课 4 次。计算培训中心 6 月支付该外籍人士授课费应代扣代缴的个人所得税。

参考答案

【名词解释】

1. 居民企业

居民企业是指依法在中国境内成立，或者依照外国（地区）法律成立但实际管理机构在中国境内的企业。

2. 非居民企业

非居民企业是指依照外国（地区）法律成立且实际管理机构不在中国境内，但在中国境内设立机构、场所的，或者在中国境内未设立机构、场所，但有来源于中国境内所得的企业。

3. 实际管理机构

实际管理机构是指对企业的生产经营、人员、账务、财产等实施实质性全面管理和控制的机构，需要同时符合以下三个方面的条件：（1）对企业有实质性管理和控制的机构；（2）对企业实行全面的管理和控制的机构；（3）管理和控制的内容是企业的生产经营、人员、财务、财产等。

4. 应纳税所得额

应纳税所得额是企业所得税的计税依据。按照《企业所得税法》的规定，应纳税所得额为企业每一个纳税年度的收入总额，减除不征税收入、免税收入、各项扣除以及允许弥补的以前年度亏损后的余额。

5. 不征税收入

不征税收入是指永久不纳入征税范围的收入，具体范围包括：（1）财政拨款；（2）依法收取并纳入财政管理的行政事业性收费、政府性基金；（3）国务院规定的其他不征税收入。

6. 免税收入

免税收入是指企业应纳税所得额中免予征收企业所得税的收入，具体范围包括：（1）国债及地方政府债券利息收入；（2）符合条件的居民企业之间的股息、红利等权益性收益；（3）符合条件的非居民企业从居民企业取得的股息、红利等权益性投资收益；（4）符合条件的非营利组织的收入。

7. 源泉扣缴

源泉扣缴是指按照有关法律法规或者合同约定，对非居民企业直接负有支付相关款项义务的单位和个人，依照《企业所得税法》的相关规定对其应缴纳的企业所得税进行扣缴管理的一种征收方法。

8. 特别纳税调整

特别纳税调整，是指税务机关出于反避税目的而对纳税人特定纳税事项所做的税务调整，包括针对纳税人转让定价、资本弱化等所进行的税务调整。

9. 综合所得

《个人所得税法》将工资、薪金所得、劳务报酬所得、稿酬所得、特许权使用费所得4项统称为综合所得。

10. 专项扣除

专项扣除包括居民个人按照国家规定的范围和标准缴纳的基本养老保险、基本医疗保险、失业保险等社会保险费和住房公积金等。

11. 累计预扣法

累计预扣法，是指扣缴义务人在一个纳税年度内预扣预缴税款时，以纳税人在本单位截至当前月份工资、薪金所得累计收入减除累计免税收入、累计减除费用、累计专项扣除、累计专项附加扣除和累计依法确定的其他扣除后的余额为累计预扣预缴应纳税所得额。

【单项选择题】

1. C 2. B 3. C 4. A 5. B 6. D 7. D 8. C 9. B 10. D 11. A

【多项选择题】

1. CD 2. BCD 3. ABD 4. CD 5. ACD 6. AB 7. ABC

【计算题】

1. 企业本年度利润总额为5 000 + 80 − 4 100 − 700 − 60 = 220（万元）。公益性捐赠支出税前扣除限额为220 × 12% = 26.4（万元），故纳税调增应纳税所得额为50 − 26.4 = 23.6（万元）。由于上年度经核定结转的亏损额30万元，所以，本年度应纳税所得额 = 220 + 23.6 - 30 = 213.6（万元）。因此，企业所得税为 213.6 × 25% = 53.4（万元）。

2. 收入金额不能确定，采用应税所得率法进行核定征收时，应纳税所得额为成本（费用）支出额 ÷（1 - 应税所得率）× 应税所得率 = 180 ÷ 90% × 10% = 20（万元），应纳税额 = 20 × 25% = 5（万元）。

3. 张某 2021 年应纳税所得额为 10 000 × 12 ×（1 - 20%）- 60 000 - 800 × 12 = 26 400（元），应纳税额为 26 400 × 3% = 792（元），可申请退税额为 19 200 - 792 = 18 408（元）。

4. 培训中心 6 月支付该外籍人士授课费应代扣代缴的个人所得税为 1 200 × 4 ×（1 - 20%）× 10% - 210 = 174（元）。

第 5 单元：资 源 税 制

1. 甲公司因新建厂房需占用耕地，于是向乙县政府申请 A 地块的土地使用权，乙县政府以自己的名义逐级上报省政府，申请办理 A 地块农用地转建设用地手续。在此期间，甲公司未经批准占用了 A 地块修建厂房，并向税务机关申报缴纳了耕地占用税。厂房修建完成后几年，省政府批复了乙县政府 A 地块农用地转建设用地的申请，乙县政府向税务机关申报缴纳了 A 地块涉及的耕地占用税，并将其出让给甲公司。

【要求】

此时甲公司认为乙县政府是 A 地块的耕地占用税纳税人，遂向税务机关提出退税申请，税务机关是否应退税给甲公司，并简述理由。

【解析】

甲企业就是 A 地块的耕地占用税的纳税义务人且不满足退税条件。

根据《中华人民共和国耕地占用税法》规定，在我国境内占用耕地建设建筑物、构筑物或者从事非农业建设的单位和个人，为耕地占用税的纳税人。《中华人民共和国耕地占用税法实施办法》规定，未经批准占用耕地的，纳税人为实际用地人。虽然甲公司属于耕地占用税的纳税人，应该就其占用 A 地的行为缴纳耕地占用税。

《中华人民共和国耕地占用税法》明确规定，纳税人在批准临时占用耕地期满之日起一年内依法复垦，恢复种植条件的，全额退还已经缴纳的耕地占用税。《中华人民共和国耕地占用税法实施办法》规定，因挖损、采矿塌陷、压占、污染等损毁耕地行为发生之日起三年内依法复垦或修复，恢复种植条件的，可以全额退还已经缴纳的耕地占用税。很显然，甲公司不满足退税的条件。

2. 某房地产开发企业注册地在甲市，2020 年 5 月对其在乙市开发的一房地产项目进行土地增值税清算，该项目相关资料如下：

（1）2019 年 3 月以 24 000 万元竞得国有土地一宗，并已按规定缴纳契税。

（2）2019 年 4 月起，对受让土地进行项目开发建设，发生房地产开发成本 15 000 万元，开发费用 6 400 万元。

（3）银行贷款凭证显示归属于该项目利息支出 3 000 万元。

（4）2020 年 4 月整体转让该项目，取得不含税收入 75 000 万元。

（其他相关资料：当地适用的契税税率为 5%，当地省政府规定的房地产开发费用的扣除比例为 5%，计算土地增值税允许扣除的有关税金及附加共计 360 万元。）

【要求】

（1）说明该项目进行土地增值税清算的原因。

（2）回答该项目办理土地增值税纳税申报的地点。

（3）计算土地增值税时该项目允许扣除的取得土地使用权支付的金额。

（4）计算土地增值税时该项目允许扣除的开发费用。

（5）计算土地增值税时该项目允许扣除项目金额的合计数。

（6）计算该项目应缴纳的土地增值税税额。

【解析】

（1）理由：因该企业整体转让未竣工决算房地产开发项目，所以纳税人应进行土地增值税的清算；

（2）该企业应向房地产所在地（乙市）主管税务机关办理纳税申报；

（3）允许扣除的土地使用权支付的金额 = 24 000 + 24 000 × 5% = 25 200（万元）；

（4）允许扣除的开发费用 = 3 000 + (25 200 + 15 000) × 5% = 5 010（万元）；

（5）其他扣除项目 = (25 200 + 15 000) × 20% = 8 040（万元）；

（6）增值额 = 75 000 – 53 610 = 21 390（万元）；

增值率 = 21 390 ÷ 53 610 × 100% = 39.90%；

应缴纳的土地增值税税额 = 21 390 × 30% = 6 417（万元）。

 习 题

【单项选择题】

1. 纳税人开采应税矿产品销售的，其资源税的征税数量为（　　）。

A. 开采数量　　　　　　　　B. 实际产量

C. 计划产量　　　　　　　　D. 销售数量

2. 某铜矿开采企业 2021 年 2 月开采并销售铜矿原矿，开具增值税专用发票，注明不含增值税价款 800 万元；销售铜矿选矿取得含增值税销售额 1 130 万元。当地省人民政府规定，铜矿原矿资源税税率为 4%，铜矿选矿资源税税率为 8%。该企业 2021 年 2 月应缴纳的资源税税额为（　　）万元。

A. 32　　　　　　B. 112　　　　　　C. 122.4　　　　　　D. 840

3. 下列用地中，应缴纳城镇土地使用税的是（　　　）。

A. 公园内茶馆用地　　　　　　　B. 养殖业专业用地

C. 部队训练用地　　　　　　　　D. 盐矿的盐井用地

4. 下列关于城镇土地使用税征收方法的表述中，符合税法规定的是（　　　）。

A. 按月计算缴纳　　　　　　　　B. 按半年计算、分期缴纳

C. 按年计算、分期缴纳　　　　　D. 按季计算缴纳

5. 下列用地中，关于耕地占用税纳税时间表述错误的是（　　　）。

A. 耕地占用税的纳税义务发生时间为纳税人收到自然资源主管部门办理占用耕地手续的书面通知的当日。纳税人应当自纳税义务发生之日起 30 日内申报缴纳耕地占用税

B. 因挖损、采矿塌陷、压占、污染等损毁耕地的纳税义务发生时间为自然资源、农业农村等相关部门认定损毁耕地的当日

C. 纳税人改变原占地用途，需要补缴耕地占用税的，其纳税义务发生时间为改变用途当日

D. 纳税人因建设项目施工或者地质勘查临时占用耕地，不需要缴纳耕地占用税

6. 在人均耕地低于 0.5 亩的地区，省、自治区、直辖市可以根据当地经济发展情况，适当提高耕地占用税的适用税额，但提高的部分不得超过税法规定适用税额的一定比例。这一比例是（　　　）。

A. 20%　　　　　B. 30%　　　　　C. 50%　　　　　D. 100%

7. 下列行为中，属于土地增值税征税范围的是（　　　）。

A. 企业间的房屋置换

B. 某企业通过福利机构将一套房产无偿赠与养老院

C. 某人将自有的一套闲置住房出租

D. 某人将自有房产无偿赠与子女

8. 转让新建房计算土地增值税时，可以作为与转让房地产有关的税金扣除的是（　　　）。

A. 契税　　　　　　　　　　　　B. 城镇土地使用税

C. 城市维护建设税　　　　　　　D. 增值税

【多项选择题】

1. 下列各项中，应征资源税的有（　　　）。

A. 能源矿产　　　　　　　　　　B. 金属矿产

C. 水气矿产　　　　　　　　　　D. 森林资源

2. 下列各项关于资源税减免税规定的表述中，正确的有（   ）。

A. 对出口的应税产品免征资源税

B. 对进口的应税产品不征收资源税

C. 开采原油过程中用于加热的原油免征资源税

D. 开采应税产品过程中因自然灾害有重大损失的可由省级政府减征或免征资源税

3. 下列土地中，不免征城镇土地使用税的有（   ）。

A. 营利性医疗机构自用的土地

B. 公园内附设照相馆使用的土地

C. 生产企业无偿使用海关部门的免税土地

D. 公安部门无偿使用铁路企业的应税土地

4. 按照规定，以下属于减征耕地占用税的项目有（   ）。

A. 铁路线路、公路线路

B. 停机坪、港口、航道

C. 飞机场跑道

D. 农村居民在规定用地标准以内占用耕地新建自用住宅

5. 以下项目中，转让新建房地产和转让存量房，在计算其土地增值税增值额时均能扣除的项目有（   ）。

A. 取得土地使用权所支付的金额

B. 房地产开发成本

C. 与转让房地产有关的税金

D. 旧房及建筑物的评估价格

6. 下列情形中，纳税人不应当进行土地增值税清算的有（   ）。

A. 直接转让土地使用权的

B. 取得销售（预售）许可证满 1 年仍未销售完毕的

C. 转让未竣工决算房地产开发项目 50% 股权的

D. 房地产开发项目尚未竣工但已销售面积为 50% 的

【计算题】

1. 某油田开采企业 2020 年 12 月销售天然气 90 万立方米，取得不含增值税收入 1 350 000 元，另向购买方收取手续费 1 650 元，延期付款利息 2 546.5 元。假设天然气的资源税税率为 6%，问该企业 2020 年 12 月销售天然气应缴纳多少资源税？

2. 某企业购买一幢单独建造的地下建筑物用于存放货物，于 2020 年 8 月 2 日签署合同并办理权属转移、变更登记手续，在 8 月 15 日取得了地下建筑物产权证书及土地使用证书，注明土地面积400平方米，当地城镇土地使用税单位年税额为每平方米12元，则该企业2020年应纳的城镇土地使用税是多少？

3. 某农户有一处花圃，占地1 000平方米，2020年10月将其中的900平方米改造为果园，其余100平方米建造自用住宅（在规定用地标准以内）。已知该地适用的耕地占用税定额税率为每平方米25元。计算该农户应缴纳的耕地占用税。

4. 2020年8月某房地产开发公司转让新建普通标准住宅一幢，取得转让不含增值税收入6 000万元，转让环节缴纳税费合计220万元（不含印花税和增值税）。已知该公司为取得土地使用权而支付的地价款和有关费用为1 600万元，房地产开发成本为900万元，利息支出210万元（能够按房地产项目计算分摊并提供金融机构证明，但其中有30万元属于超过贷款期限的利息）。另知，该公司所在地政府规定的其他房地产开发费用的计算扣除比例为5%。问，该公司应缴纳多少土地增值税？

参考答案

【单项选择题】

1. D　2. B　3. A　4. C　5. D　6. C　7. A　8. C

【多项选择题】

1. ABC　2. BCD　3. ABC　4. ABCD　5. AC　6. BCD

【计算题】

1. 手续费和延期付款利息应该作为价外费用计算纳税，并且是含税收入，要换算成不含税收入。天然气适用9%的增值税税率。应纳税额 = [1 350 000 + (1 650 + 2 546.5) ÷ (1 + 9%)] × 6% = 81 231（元）。

2. 应纳城镇土地使用税 = 400 × 12 × 4/12 × 50% = 800（元）。

3. 该农户应缴纳的耕地占用税 = 100 × 25 × 50% = 1 250（元）。

4. （1）第一步，收入总额 = 6 000（万元）；

（2）第二步，扣除项目金额 = 1 600 + 900 + (210 - 30) + (1 600 + 900) × 5% + 220 + (1 600 + 900) × 20% = 3 525（万元）；

（3）第三步，增值额 = 收入总额 - 扣除项目金额 = 6 000 - 3 525 = 2 475（万元）；

（4）第四步，增值率 = 2 475 ÷ 3 525 × 100% = 70.21%，适用税率40%，速算扣除系数为5%。

（5）第五步，应纳税额 = 增值额 × 税率 - 扣除项目金额 × 速算扣除系数 = 2 475 × 40% - 3 525 × 5% = 813.75（万元）。

第6单元：财产税制

实践案例

甲某是个人独资企业业主，2020年1月将价值60万元的自有房产作股投入独资企业作为经营场所；3月以200万元的价格购入一处房产；6月将价值200万元的自有仓库与另一企业价值160万元的仓库互换，甲某收取差价40万元。

【要求】

计算甲某以上交易应缴纳契税多少万元？（契税税率为4%，上述金额均不含增值税）

【解析】

以自有房产作股投入本人独资经营企业，不缴纳契税。

房产互换，甲某收取差价，甲某不用缴纳契税，由对方以支付的差价作为计税依据缴纳契税。

综上所述，甲某以上交易应缴纳契税 = 200 × 4% = 8（万元）。

习题

【单项选择题】

1. 下列各项中，符合房产税纳税义务人规定的是（　　）。

A. 房屋产权出典的由出典人纳税

B. 房屋产权未确定的暂不缴纳房产税

C. 房屋产权属于国家所有的，不需要缴纳房产税

D. 产权所有人不在房屋所在地的，由房产代管人或使用人纳税

2. 下列房屋及建筑物中，属于房产税征税范围的是（　　）。

A. 农村的小超市

B. 建在室外的露天游泳池

C. 个人在市区拥有的商铺

D. 房地产开发企业尚未使用或出租而待售的商品房

3. 某企业拥有一栋原值2 000万元的办公楼，2020年1月1日将办公楼的1/3出租，每月取得不含增值税租金20万元，其余部分自用。已知该企业所

在地省人民政府规定计算房产余值的减除比例为 30%，该企业 2020 年应纳房产税（   ）万元。

  A. 16.8   B. 40   C. 45.6   D. 86.4

  4. 某公司拥有一处原值 3 000 万元的高档会所，2020 年 4 月对其进行改建，更换楼内电梯，将原值 50 万元的电梯更换为 100 万元的新电梯，拆除 100 万元的照明设施，再支出 150 万元安装智能照明，支出 200 万元在后院新建一露天泳池，会所于 2020 年 8 月底改建完毕并对外营业。当地省政府规定计算房产余值的扣除比例为 30%，2020 年该公司就此会所应缴纳房产税（   ）万元。

  A. 25.2   B. 25.48   C. 28.98   D. 26.04

  5. 根据车船税法的有关规定，下列各项中，应计算缴纳车船税的是（   ）。

  A. 捕捞、养殖渔船   B. 武装警察部队专用车

  C. 无偿出借的商用客车   D. 新能源汽车

  6. 某企业在 2020 年年初拥有整备质量为 10 吨的载货汽车 6 辆，小轿车 4 辆，2020 年 4 月购入整备质量为 8 吨的载货汽车 3 辆，当月办理完登记手续；11 月，1 辆小轿车被盗，公安机关出具了证明，假设当地人民政府规定载货汽车车船税每吨年税额 60 元，小轿车车船税每辆年税额 360 元，该企业 2020 年实际应缴纳车船税（   ）元。

  A. 6 000   B. 6 060

  C. 6 120   D. 6 480

  7. 发生下列行为的单位和个人，应缴纳契税的是（   ）。

  A. 张先生购买古朴小屋用于拆料

  B. 某企业将房屋赠与养老院

  C. 李先生将自有房产投资于本人独资经营企业

  D. 韩先生将房屋用于抵偿债务

  8. 周某向谢某借款 80 万元，后因谢某急需资金，周某以一套价值 90 万元的房产抵偿所欠谢某债务，谢某取得该房产产权的同时支付周某差价款 10 万元。已知契税的税率为 3%。根据契税法律制度的规定，关于此次房屋交易缴纳契税的下列表述中，正确的是（   ）。（上述金额均不含增值税）

  A. 周某应缴纳契税 3 万元

  B. 周某应缴纳契税 2.4 万元

  C. 谢某应缴纳契税 2.7 万元

  D. 谢某应缴纳契税 0.3 万元

【多项选择题】

1. 根据车船税的相关规定，下列说法中正确的有（   ）。

A. 对使用新能源的车船免征车船税

B. 依法不需要在车船管理部门登记的车船不属于车船税的征税范围

C. 拖船按照机动船舶税额的 50% 计算车船税

D. 境内单位和个人将船舶出租到境外的，不征收车船税

2. 下列各项中，符合车船税相关减免税规定的有（   ）。

A. 省级人民政府可以根据当地实际情况，对公共交通车船实行定期减税或免税

B. 养殖渔船免税

C. 非机动驳船免税

D. 学校自用的客车免税

3. 某企业 2020 年年初拥有排气量 2.8 升的乘用车 1 辆（核定载客人数 9 人以下），当年 4 月，该车被盗，已按照规定办理退税。通过公安机关的侦查，9 月份被盗车辆失而复得，并取得公安机关的相关证明。已知 2.8 升乘用车车船税年税额为 1 800 元/辆。则下列关于该企业车船税的税务处理中，说法正确的有（   ）。

A. 对于失而复得的乘用车，纳税人应当从 9 月起计算缴纳车船税

B. 对于失而复得的乘用车，纳税人应当从 10 月起计算缴纳车船税

C. 该企业当年实际应缴纳车船税 900 元

D. 该企业当年实际应缴纳车船税 1 050 元

4. 张某将一套自有住房与王某进行交换，张某房屋价值 100 万元，王某房屋价值 80 万元，经二人协商后，王某实际向张某支付房屋交换价格差额款 20 万元，根据契税法律制度的规定，下列关于此项业务的契税处理中，说法正确的有（   ）。（上述金额均不含增值税）

A. 上述业务中契税的纳税人为张某、王某

B. 上述业务中契税的纳税人为王某

C. 上述业务中契税的计税依据为 20 万元

D. 上述业务中契税的计税依据为 180 万元

5. 依据契税相关规定，下列行为属于契税征税范围的有（   ）。

A. 房屋出租

B. 房屋互换

C. 国有土地使用权出让

D. 获奖方式取得房屋产权

6. 下列各项中，属于契税纳税人的有（　　　）。

A. 以翻建新房为目的取得房屋权属的张某

B. 出让土地使用权的国土资源管理局

C. 以土地作价入股的投资方

D. 通过抵债方式取得房产产权

7. 根据车船税的相关规定，下列说法中正确的有（　　　）。

A. 对使用新能源的车船免征车船税

B. 依法不需要在车船管理部门登记的车船不属于车船税的征税范围

C. 拖船按照机动船舶税额的50%计算车船税

D. 境内单位和个人将船舶出租到境外的，不征收车船税

8. 下列各项中，符合车船税相关减免税规定的有（　　　）。

A. 省级人民政府可以根据当地实际情况，对公共交通车船实行定期减税或免税

B. 养殖渔船免税

C. 非机动驳船免税

D. 学校自用的客车免税

9. 某企业2020年年初拥有排气量2.8升的乘用车1辆（核定载客人数9人以下），当年4月，该车被盗，已按照规定办理退税。通过公安机关的侦查，9月份被盗车辆失而复得，并取得公安机关的相关证明。已知2.8升乘用车车船税年税额为1 800元/辆。则下列关于该企业车船税的税务处理中，说法正确的有（　　　）。

A. 对于失而复得的乘用车，纳税人应当从9月起计算缴纳车船税

B. 对于失而复得的乘用车，纳税人应当从10月起计算缴纳车船税

C. 该企业当年实际应缴纳车船税900元

D. 该企业当年实际应缴纳车船税1 050元

【计算题】

1. 某运输企业2017年初拥有小轿车5辆，2017年3月外购货车12辆（整备质量为10吨/辆）并于当月办理登记手续。假设货车年税额为整备质量每吨50元，小轿车年税额为每辆500元，该运输企业2017年应缴纳车船税多少元？

2. 甲某是个人独资企业业主，2020年1月将价值60万元的自有房产作股投入独资企业作为经营场所；3月以200万元的价格购入一处房产；6月将价值200万元的自有仓库与另一企业价值160万元的仓库互换，甲某收取差价40万元。甲某以上交易应缴纳契税多少万元？（契税税率为4%，上述金额均不

含增值税）

参考答案

【单项选择题】

1. D 2. C 3. B 4. B 5. C 6. B 7. A 8. C

【多项选择题】

1. AC 2. AB 3. AD 4. BC 5. BCD 6. AD 7. AC 8. AB 9. AD

【计算题】

1. 该运输企业 2017 年应缴纳车船税 $= 5 \times 500 + 12 \times 10 \times 50 \div 12 \times 10 = 7\,500$（元）。

2. 以自有房产作股投入本人独资经营企业，不缴纳契税；房产互换，甲某收取差价，甲某不用缴纳契税，由对方以支付的差价作为计税依据缴纳契税。甲某以上交易应缴纳契税 $= 200 \times 4\% = 8$（万元）。

第7单元：行为与目的税制

📖 **实 践 案 例**

1. 某高新技术企业 2020 年 12 月开业，注册资本 500 万元，当年发生经营活动如下：

（1）领受工商营业执照、房屋产权证、土地使用证、银行开户许可证各一份；

（2）建账时共设 7 个营业账簿，其中记载资金的账簿一本，记载实收资本 500 万元；

（3）签订以货易货合同 1 份，用自己价值 100 万元的货物换进乙企业价值 150 万元的货物，并支付差价款 50 万元；

（4）与银行签订借款合同 1 份，记载借款金额 50 万元，当年支付利息 1 万元；

（5）与广告公司签订广告牌制作合同 1 份，分别记载加工费 3 万元，广告公司提供的原材料 7 万元；

（6）签订房屋租赁合同 1 份，记载每月租金为 5 万元，但未约定租赁期限。

【要求】

（1）计算领受权利、许可证照应缴纳的印花税；

（2）计算设置营业账簿应缴纳的印花税；

（3）计算签订以货易货合同应缴纳的印花税；

（4）计算签订借款合同应缴纳的印花税；

（5）计算签订广告牌制作合同应缴纳的印花税；

（6）计算签订房屋租赁合同应缴纳的印花税。

【解析】

（1）领受权利、许可证照应缴纳的印花税 $= 5 \times 3 = 15$（元）；

（2）自 2018 年 5 月 1 日起，对按 0.5‰税率贴花的资金账簿减半征收印花税，对按件贴花五元的其他账簿免征印花税。设置营业账簿应缴纳的印花税 $= 5\,000\,000 \times 0.5‰ \times 50\% = 1\,250$（元）；

（3）商品购销活动中，采用以货易货方式进行商品交易签订的合同，是反映既购又销双重经济行为的合同，应按合同所载购、销合计金额计税贴花。签订以货易货合同应缴纳的印花税 ＝（100 ＋ 150）× 10 000 × 0.3‰ ＝ 750（元）；

（4）签订借款合同应缴纳的印花税 ＝ 500 000 × 0.05‰ ＝ 25（元）；

（5）对于由受托方提供原材料的加工、定做合同，凡在合同中分别记载加工费金额和原材料金额的，应分别按"加工承揽合同""购销合同"计税，两项税额相加数，即为合同应贴印花。签订广告牌制作合同应缴纳的印花税 ＝ 30 000 × 0.5‰ ＋ 70 000 × 0.3‰ ＝ 36（元）；

（6）有些合同在签订时无法确定计税金额，如财产租赁合同，只是规定了月（天）租金标准而无租赁期限。对这类合同，可在签订时先按定额 5 元贴花，以后结算时再按实际金额计税，补贴印花。签订房屋租赁合同应缴纳的印花税为 5 元。

2. 甲公司系从事卷烟批发、烟叶收购与销售的烟草商业企业，是增值税一般纳税人，2020 年 10 月从烟农收购烤烟叶一批，开具了收购发票，收购发票分别注明收购价款 10 000 万元和价外补贴 1 000 万元。甲公司按照《国家税务总局关于发布〈烟叶税纳税申报表〉的公告》（国家税务总局公告 2018 年第 39 号）进行了纳税申报。2021 年 5 月，受强台风影响，甲公司 A 仓库发生水灾，所储存烤烟叶全部报废，其中：2016 年 2 月购进的烤烟叶 100 万元，2017 年 9 月购进的烤烟叶 260 万元，2017 年 7 月购进的烤烟叶 340 万元。

【要求】

（1）计算甲公司收购烤烟叶应缴烟叶税，并给出依据；

（2）计算甲公司收购该批烤烟叶进项税额，并给出依据；

（3）甲公司 A 仓库受水灾影响所产生的烟叶报废损失，是否需要转出进项税额，若需要转出，请计算应转出进项税额，若不需要转出，请说明理由。

【解析】

（1）根据《中华人民共和国烟叶税法》的规定，在中华人民共和国境内，依照《中华人民共和国烟草专卖法》的规定收购烟叶的单位为烟叶税的纳税人。纳税人应当依照本法规定缴纳烟叶税。本法所称烟叶，指烤烟叶、晾晒烟叶。烟叶税的计税依据为纳税人收购烟叶实际支付的价款总额，税率为 20%。烟叶税的应纳税额按照纳税人收购烟叶实际支付的价款总额乘以税率计算。根据《财政部 国家税务总局关于明确烟叶税计税依据的通知》（财税〔2018〕75 号）的规定，纳税人收购烟叶实际支付的价款总额包括纳税人支付给烟叶生产销售单位和个人的烟叶收购价款和价外补贴。其中，价外补贴统一按烟叶收购价款的 10% 计算。

根据上述规定，甲公司作为烟叶税的纳税人，收购烤烟叶应缴烟叶税 ＝

（烟叶收购价款 + 价外补贴）× 20% = （10 000 + 10 000 × 10%）× 20% = 2 200（万元）。

（2）根据《增值税暂行条例实施细则》第十七条的规定，买价包括纳税人购进农产品在农产品收购发票或者销售发票上注明的价款和按规定缴纳的烟叶税。《财政部 国家税务总局关于收购烟叶支付的价外补贴进项税额抵扣问题的通知》（财税〔2011〕21 号）规定，烟叶收购单位收购烟叶时按照国家有关规定以现金形式直接补贴烟农的生产投入补贴（以下简称"价外补贴"），属于农产品买价，为《增值税暂行条例实施细则》第十七条中"价款"的一部分。烟叶收购单位，应将价外补贴与烟叶收购价格在同一张农产品收购发票或者销售发票上分别注明，否则价外补贴不得计算增值税进项税额进行抵扣。

根据上述规定，甲公司收购该批烤烟叶，按照收购发票计算的进项税额 = 买价 × 扣除率 = （10 000 + 1 000 + 2 200）× 10% = 1 320（万元）。

（3）不需要。根据《财政部 国家税务总局关于全面推开营业税改征增值税试点的通知》（财税〔2016〕36 号）附件 1《营业税改征增值税试点实施办法》第四章第二十八条的规定，非正常损失，指因管理不善造成货物被盗、丢失、霉烂变质，以及因违反法律法规造成货物或者不动产被依法没收、销毁、拆除的情形。甲公司 A 仓库受水灾影响所产生的烟叶报废损失，不是管理不善所造成的损失，不需转出进项税额。

3. C 市甲企业为增值税一般纳税人，2020 年 10 月向烟农收购一批烟叶，全部领用加工烟丝，农产品收购发票上注明烟叶收购价款 50 000 元，并按规定支付了价外补贴。甲企业当月收购来的全部烟叶委托 A 县乙加工厂（增值税一般纳税人）加工烟丝，取得增值税专用发票上注明加工费 10 000 元，当月月末收回全部烟丝。已知乙加工厂无同类烟丝销售价格，烟丝消费税税率为 30%。

【要求】

（1）计算甲企业应缴纳的烟叶税；

（2）计算甲企业准予抵扣的进项税额；

（3）计算甲企业针对此加工业务可抵扣的进项税额；

（4）计算乙加工厂应代收代缴的消费税；

（5）计算乙加工厂应代收代缴的城建税，并指出代收代缴城建税的义务人和地点。

【解析】

（1）实际支付的价款总额 = 烟叶收购价款 + 价外补贴 = 烟叶收购价款 × （1 + 10%）= 50 000 × （1 + 10%）= 55 000（元），烟叶税应纳税额 = 实际支付

的价款总额 × 税率 = 55 000 × 20% = 11 000（元）。

（2）准予抵扣的进项税额 = （55 000 + 11 000）× 12% = 7 920（元）。

（3）甲企业针对此加工业务可抵扣进项税额 = 10 000 × 13% = 1 300（元）。

（4）烟叶入账成本 = （55 000 + 11 000）× （1 - 12%） = 58 080（元），乙加工厂应代收代缴消费税 = （58 080 + 10 000）× （1 - 30%）× 30% = 29 177.14（元）。

（5）由受托方代收代缴消费税的单位和个人，其代收代缴的城建税按受托方所在地适用税率执行（5%），所以代收代缴城建税 = 29 177.14 × 5% = 1 458.86（元）；

代收代缴消费税的单位和个人，同时也是城建税的代收代缴义务人，即乙加工厂，代收代缴城建税的地点在代收代缴地，即 A 县。

4.（1）A 企业 2020 年 11 月大气污染物二氧化硫排放量为 100 千克，月均小时浓度值为 120 毫克/立方米（mg/m^3），根据 GB13223 - 2011 的执行标准，二氧化硫的标准浓度值为 $200mg/m^3$。

【要求】

计算该企业 3 月二氧化硫应如何缴纳环境保护税并阐述该企业的纳税地点。（二氧化硫污染当量值为 0.95 千克，该企业所在省份税额标准为大气污染物每污染当量 1.2 元）

（2）某化工厂只有一个污水排放口且直接向河流排放污水。2021 年 6 月该工厂自动监测仪器读数显示，当月排放硫化物、氟化物各 100 千克，甲醛、总铜各 90 千克，总锌 200 千克，总锰 120 千克。已知，硫化物、甲醛污染当量值为 0.125，氟化物污染当量值为 0.5，总铜污染当量值为 0.1，总锌、总锰污染当量值为 0.2；当地水污染物每污染当量税额为 3 元。

【要求】

计算该工厂当月应纳的环境保护税。

【解析】

（1）二氧化硫污染当量数 = 100 千克/0.95 千克 = 105.26。

由于本月二氧化硫月均小时浓度值低于执行标准的 40% ［（$200mg/m^3$ - $120mg/m^3$）/$200mg/m^3$］，可以享受"低于国家和地方规定的污染物排放标准百分之三十的，减按百分之七十五征收环境保护税"的优惠，因此，该企业 3 月二氧化硫应纳税额为：105.26 × 1.2 × 75% = 94.74（元）。

纳税人应当向应税污染物排放地的税务机关申报缴纳环境保护税。应税污染物排放地，是指应税大气污染物、水污染物排放口所在地；应税固体废物产生地；应税噪声产生地。

（2）第一步：计算污染当量数：污染当量数＝该污染物的排放量÷该污染物的污染当量值

①硫化物污染当量数＝100÷0.125＝800；

②氟化物污染当量数＝100÷0.5＝200；

③甲醛污染当量数＝90÷0.125＝720；

④总铜污染当量数＝90÷0.1＝900；

⑤总锌污染当量数＝200÷0.2＝1 000；

⑥总锰污染当量数＝120÷0.2＝600。

第二步：总锌污染当量数（1 000）＞总铜污染当量数（900）＞硫化物污染当量数（800）＞甲醛污染当量数（720）＞总锰污染当量数（600）＞氟化物污染当量数（200）。

每一排放口的应税水污染物，按照《应税污染物和当量值表》，区分第一类水污染物和其他类水污染物，按照污染当量数从大到小排序，对第一类水污染物按照前五项征收环境保护税，对其他类水污染物按照前三项征收环境保护税。

第三步：应纳税额＝（1 000＋900＋800）×3＝8 100（元）。

 习 题

【单项选择题】

1. 下列合同中，应当征收印花税的是（　　）。

A. 会计咨询合同　　　　　　　B. 法律咨询合同

C. 技术咨询合同　　　　　　　D. 审计咨询合同

2. 北京市甲公司受托分别为乙、丙企业各加工一批产品。与乙企业签订合同，注明原材料金额200万元由乙企业提供，甲公司向乙企业收取加工费50万元；与丙企业签订合同，注明原材料金额40万元由甲公司提供，合同又注明加工费10万元。甲公司就这两项加工业务应缴纳印花税（　　）元。

A. 120　　　　　B. 300　　　　　C. 420　　　　　D. 400

3. 根据车辆购置税的有关规定，下列各项中，属于车辆购置税纳税义务人的是（　　）。

A. 购买应税车辆用于股东分配的股份制企业

B. 进口应税车辆用于奖励优秀员工的国有企业

C. 自产应税车辆用于销售的私营企业

D. 获奖取得应税车辆自用的个体工商户

4. 2020 年 7 月，李某从某汽车销售公司（增值税一般纳税人）购买轿车一辆供自己使用，支付价款 150 000 元（含增值税，下同），另支付车辆装饰费 3 500 元，但实际并未对该车进行装饰，支付的各项价款均由汽车销售公司开具发票。则李某 2020 年 7 月应纳车辆购置税（　　）元。

A. 15 350　　　　B. 15 000　　　　C. 13 584.07　　　D. 13 232.76

5. 根据《船舶吨税法》的规定，下列船舶直接免征船舶吨税的是（　　）。

A. 应纳税额在人民币 100 元以下的船舶

B. 吨税执照期满后 48 小时内不上下客货的船舶

C. 捕捞、养殖渔船

D. 执照期限内被武装警察部队暂时征用

6. 根据船舶吨税的有关规定，下列各项中，说法不正确的是（　　）。

A. 船舶吨税是对自境外港口进入境内港口的船舶征收的一种税

B. 无法提供净吨位证明文件的游艇按照发动机功率每千瓦折合净吨位 0.67 吨

C. 船舶吨税纳税义务发生时间为应税船舶进入港口的当日

D. 应税船舶负责人应当自海关填发吨税缴款凭证之日起 15 日内缴清税款

7. 甲县某烟草公司去相邻的乙县收购烟叶，2018 年 8 月 9 日支付烟叶收购价款 80 万元，另对烟农支付了价外补贴，下列纳税事项的表述中，正确的是（　　）。

A. 烟草公司应在 9 月 10 日前申报缴纳烟叶税

B. 烟草公司收购烟叶的纳税义务发生时间是 8 月 10 日

C. 烟草公司 8 月收购烟叶应缴纳烟叶税 17.6 万元

D. 烟草公司应向甲县主管税务机关申报缴纳烟叶税

8. 根据现行烟叶税法规定，下列说法正确的是（　　）。

A. 烟叶税实行定额税率

B. 烟叶税的纳税人是销售烟叶的单位

C. 没收违法收购的烟叶，由销售烟叶的单位按销售额纳税

D. 烟叶税的纳税地点为烟叶收购地

9. 下列有关项目属于城市维护建设税计税依据的是（　　）。

A. 国有企业偷漏增值税被处的罚款

B. 化妆品公司偷逃的消费税

C. 个体工商户拖欠的个人所得税

D. 中外合资企业在华机构缴纳的企业所得税

10. 位于市区的某企业属于增值税期末留抵退税的纳税人。2021 年 4 月留抵退还增值税 18 万元，当月向税务机关缴纳消费税和向海关缴纳进口环节税金合计 462 万元，其中进口关税 102 万元、进口环节缴纳的增值税和消费税 260 万元。该企业 4 月应缴纳的城市维护建设税为（　　）万元。

A. 5.74　　　　B. 7　　　　C. 14　　　　D. 18.27

11. 下列各项中，不缴纳环境保护税的是（　　）。

A. 大气污染物　　　　　　　　　B. 噪声

C. 水污染物　　　　　　　　　　D. 畜禽养殖废弃物经无害化处理后

12. 甲化工厂是环境保护税纳税人，该厂仅有 1 个污水排放口且直接向河流排放污水，已安装使用符合国家规定和监测规范的污染物自动监测设备。检测数据显示，该排放口 2021 年 2 月共排放污水 2 万吨（折合 2 万立方米），应税污染物为总铅，浓度为 0.6 毫克/升（mg/L）。已知该厂所在省的水污染物税率为 3.6 元/污染当量，总铅的污染当量值为 0.025。该化工厂 2 月应缴纳环境保护税（　　）元。

A. 2 880　　　　B. 1 728　　　　C. 480　　　　D. 240

【多项选择题】

1. 关于印花税的纳税义务人，下列表述正确的有（　　）。

A. 建立账簿的以立账簿人为纳税人

B. 订立财产转移书据的以立据人为纳税人

C. 书立经济合同的以合同各方当事人为纳税人

D. 在国外书立凭证在国内使用的以使用人为纳税人

2. 对不同的借款形式，下列关于印花税计税方法的表述中，正确的有（　　）。

A. 凡一项信贷业务既签订借款合同，又一次或分次填开借据的，应以借款合同和借据所载金额分别计税贴花

B. 流动资金周转性借款合同，只以其规定的最高限额为计税依据，在签订时贴花一次，在限额内随借随还不签订新合同的，不再另贴印花

C. 对借款方以财产作抵押，从贷款方取得一定数量抵押贷款的合同，应按借款金额以及抵押金额分别贴花

D. 借款合同由借款方与银团各方共同书立、各执一份合同正本的，借款方与银团各方应分别在所执的合同正本上，按各自的借款金额计税贴花

3. 根据车辆购置税法律制度的规定，下列车辆属于车辆购置税征税范围的有（　　）。

A. 挖掘机　　　　　　　　　　B. 汽车挂车

C. 地铁   D. 有轨电车

4. 下列关于车辆购置税纳税地点的说法中，正确的有（   ）。

A. 单位纳税人购置不需要办理车辆登记注册手续的应税车辆，向其机构所在地的主管税务机关申报纳税

B. 个人纳税人购置不需要办理车辆登记注册手续的应税车辆，向其户籍所在地或者经常居住地的主管税务机关申报纳税

C. 纳税人购置需要办理车辆登记注册手续的应税车辆，应当向车辆登记注册地的主管税务机关申报纳税

D. 纳税人购置需要办理车辆登记注册手续的应税车辆，应当向车辆购买地的主管税务机关申报纳税

5. 下列各项中，属于我国船舶吨税征税范围的有（   ）。

A. 自日本神户港进入大连港的船舶

B. 自新加坡港进入珠海港的船舶

C. 自印度孟买港进入三亚港的船舶

D. 自青岛港进入天津港的船舶

E. 自大连港进入荷兰鹿特丹港的船舶

6. 根据规定，应税船舶负责人申领《吨税执照》时，应向海关提供的文件有（   ）。

A. 船舶吨位证明

B. 船舶国籍证书

C. 海事签发的船舶国籍证书收存证明

D. 船舶负责人身份证明

E. 外国港口离境证明

7. 烟叶税的征税范围包括（   ）。

A. 采摘烟叶   B. 晾晒烟叶

C. 烤烟叶   D. 烟丝

8. 2019 年 7 月，甲市某烟草公司向乙县某烟叶种植户收购了一批烟叶，收购价款 100 万元、价外补贴 10 万元。下列关于该笔烟叶交易涉及烟叶税征收管理的表述中，符合税法规定的有（   ）。

A. 纳税人为烟草公司

B. 应向甲市主管税务机关申报纳税

C. 应纳税额为 22 万元

D. 应在次月 15 日内申报纳税

9. 关于城建税及教育费附加的减免规定，下列表述正确的有（   ）。

A. 对海关进口的产品征收的增值税、消费税和营业税，征收教育费附加

B. 对"三税"实行先征后返、先征后退、即征即退办法的，除另有规定外，对随同"三税"附征的城市维护建设税，一律不予退（返）还

C. 对出口产品退还增值税、消费税的，可以同时退还已征的教育费附加

D. 城建税原则上可以单独减免

E. 对由于减免增值税和消费税而发生退税的，可以同时退还已征收的建税及教育费附加

10. 某市增值税一般纳税人 2021 年 2 月不含税咨询收入 10 万元，则该纳税人相关税收及附加正确的有（   ）。

A. 应纳增值税 0.6 万元

B. 应纳城建税 0.07 万元

C. 应纳城建税 0.04 万元

D. 应纳教育费附加和地方教育附加 0.03 万元

E. 该纳税人免纳教育费附加和地方教育附加

11. 下列关于应税污染物计税依据的说法，正确的有（   ）。

A. 应税大气污染物按照污染物排放量折合的污染当量数确定

B. 应税水污染物的污染当量数，以该污染物的排放量乘以该污染物的污染当量值计算

C. 应税固体废物按照固体废物的排放量确定

D. 固体废物的排放量为当期应税固体废物的产生量减去当期应税固体废物的贮存量、处置量、综合利用量的余额

12. 下列关于环境保护税征收管理的表述中，正确的有（   ）。

A. 纳税义务发生时间为纳税人排放应税污染物的当日

B. 环境保护税按月计算，按年申报缴纳

C. 纳税人应当向应税污染物排放地的税务机关申报缴纳环境保护税

D. 纳税人按次申报缴纳的，应当自纳税义务发生之日起 30 日内，向税务机关办理纳税申报并缴纳

【计算题】

1. 某企业 2020 年度有关资料如下：

（1）与机械厂签订设备安装合同一份，合同注明设备价款 600 万元，按设备价款的 5% 支付安装费用。

（2）与某银行签订贴息贷款合同一份，注明借款 8 000 万元；与某金融机构签订借款合同，注明借款 5 000 万元，年利率 5%。

（3）当年 6 月，实收资本比上年增加 3 000 万元，当年新设其他营业账簿 10 本。

（4）自境外运进一台设备，由境外运输公司运入境内，双方签订的货物运输合同注明运费 100 万元。

（5）与某技术开发企业签订合同，委托其开发某项技术，技术开发完成后双方共有，约定该企业提供专项资金 1 000 万元用于购买研发设备和专业耗材，支付开发企业的研发报酬为 300 万元。

【要求】

（1）计算该企业业务（1）应缴纳的印花税。

（2）计算该企业业务（2）应缴纳的印花税。

（3）计算该企业业务（3）应缴纳的印花税。

（4）计算该企业业务（4）应缴纳的印花税。

（5）计算该企业业务（5）应缴纳的印花税。

2. 某汽车生产企业 2021 年 1 月研发出一款新型汽车用于总经理出差办公使用，该汽车的生产成本为 25 万元，成本利润率为 8%，消费税税率为 9%；已知该型号汽车尚未进行发售，无同类应税车辆的销售价格。则该企业当月就上述业务应纳多少车辆购置税？

3. 2019 年 5 月，A 国某运输公司一艘游艇驶入我国天津港，该游艇无法提供净吨位证明文件，游艇发动机功率为 3 000 千瓦，游艇负责人已向我国该海关领取了《吨税执照》，在港口停留期限为 30 天，A 国已与我国签订有相互给予船舶税费最惠国待遇条款。该游艇负责人应向我国海关缴纳多少船舶吨税？

参考答案

【单项选择题】

1. C 2. C 3. D 4. C 5. C 6. B 7. C 8. D 9. B 10. A 11. D 12. B

【多项选择题】

1. ABCD 2. BD 3. BD 4. ABC 5. ABC 6. ABC 7. BC 8. ACD 9. BE 10. ACE 11. ACD 12. AC

【计算题】

1. （1）该企业业务（1）应缴纳的印花税 = 600 × 5% × 0.3‰ × 10 000 = 90（元）。

（2）贴息贷款合同，免征印花税。

该企业业务（2）应纳印花税 = 5 000 × 0.05‰ × 10 000 = 2 500（元）。

（3）自 2018 年 5 月 1 日起，对按 0.5‰税率贴花的资金账簿减半征收印花税，对按件贴花五元的其他账簿免征印花税。该企业业务（3）应缴纳的印花税 = 3 000 × 0.5‰ × 10 000 × 50% = 7 500（元）。

（4）由外国运输企业运输进出口货物的，外国运输企业所持的一份运费结算凭证免纳印花税；托运方所持的一份运费结算凭证应缴纳印花税。

该企业业务（4）应纳印花税 = 100 × 0.5‰ × 10 000 = 500（元）。

（5）对技术开发合同，只就合同所载的报酬金额计税，研究开发经费不作为计税依据。

该企业业务（5）应纳印花税 = 300 × 0.3‰ × 10 000 = 900（元）。

2. 没有同类应税车辆销售价格的，按照组成计税价格确定（属于应征消费税的应税车辆，其组成计税价格中应加计消费税税额）。计税公式：

$$组成计税价格 = 成本 × (1 + 成本利润率) ÷ (1 - 消费税税率)$$
$$= 25 × (1 + 8\%) ÷ (1 - 9\%)$$
$$= 29.67（万元）；$$
$$应纳车辆购置税 = 29.67 × 10\% = 2.97（万元）$$

3. 根据规定，无法提供净吨位证明文件的游艇，按照发动机功率每千瓦折合净吨位 0.05 吨。该游艇应享受优惠税率，每净吨位为 1.5 元。应缴纳船舶吨税 = 3 000 × 0.05 × 1.5 = 225（元）。

第 8 单元：税收征收管理

📋**实践案例**

某市一从事生产经营的纳税人，依法办理了税务登记，但在规定的申报期内未申报纳税。税务机关派税收管理员前往了解情况时，发现该企业正在转移一批财产物资。税收管理员当即查封、扣押了该批财产物资，并责令限期 30日内申报缴纳税款。纳税人不服，拒绝履行。

【要求】

（1）税务机关在执法过程中存在哪些不妥的行为？

（2）纳税人应该如何维护自己的合法权益？

【解析】

（1）税务机关在执法过程中采取了税收保全措施，但是其采取的税收保全措施不符合相关规定，侵害了纳税人利益。根据税收征管法的规定，适用税收保全措施应具备以下条件：①只适用于从事生产，经营的纳税人；②必须有根据认为纳税人有明显的转移，隐匿其应纳税财产等行为或迹象；③必须在规定的纳税期之前和责令限期缴纳之内；④必须在纳税人不肯或不能提供担保；⑤必须经县以上税务局（分局）局长批准。

案例中，税务机关在没有实质根据前，既没有责令纳税人缴纳税款，又没有让纳税人提供纳税担保，也没有经县以上税务局（分局）局长批准就直接查封扣押纳税人财产物资，采用税收保全措施，不符合规定。

（2）纳税人可以通过申请行政复议或提起行政诉讼的方式维护自己的合法权益。根据税收征管法的规定，如果当事人对税务机关的处罚决定、强制执行措施或者税收保全措施不服，可以依法申请行政复议，也可以依法向人民法院提起诉讼。税务行政复议的受案范围仅限于税务机关作出的税务具体行政行为。①对各级税务机关作出的具体行政行为不服的，向其上一级税务机关申请行政复议；②纳税人也可以向人民法院提出诉讼请求，要求人民法院行使审判权，依法予以保护。

习 题

【名词解释】

1. 税收征收管理　　　2. 税收征管机构　　　3.《税收征管法》

4. 税务管理　　　　　5. 税务登记　　　　　6. 税款征收

7. 纳税申报　　　　　8. 税收保全措施　　　9. 税务检查

10. 纳税担保　　　　 11. 纳税抵押　　　　 12. 金税工程

【单项选择题】

1. 根据税收征收管理相关法律制度的规定，除另有规定外，从事生产、经营的纳税人的账簿、记账凭证、报表、完税凭证、发票、出口凭证以及其他有关涉税资料应当保存一定期限，该期限为（　　）。

A. 30 年　　　　B. 10 年　　　　C. 15 年　　　　D. 20 年

2. 根据税收征收管理相关法律制度的规定，关于发票开具和保管的下列表述中，正确的是（　　）。

A. 销售货物开具发票时，可按付款方要求变更品名和金额

B. 经单位财务负责人批准后，可拆本使用发票

C. 已经开具的发票存根联保存期满后，开具发票的单位可直接销毁

D. 收购单位向个人支付收购款项时，由付款方向收款方开具发票

3. 根据税收征收管理相关法律制度的规定，下列税款征收方式中，适用于纳税人财务制度不健全，生产经营不固定，零星分散、流动性大的税源的征收方式是（　　）。

A. 查定征收　　　　　　　　B. 定期定额征收

C. 查账征收　　　　　　　　D. 查验征收

4. 下列各项中，不属于税务担保范围的是（　　）。

A. 罚款

B. 滞纳金

C. 实现税款、滞纳金的费用

D. 税款

5. 根据税收征收管理相关法律制度的规定，下列各项中，不适用税收保全的财产是（　　）。

A. 纳税人的古董　　　　　　B. 纳税人的别墅

C. 纳税人的豪华小汽车　　　D. 纳税人的家庭唯一普通住房

【多项选择题】

1. 下列执照和证件中，属于"五证合一，一照一码"登记制度改革范围

的有（   ）。

    A. 安全生产许可证   B. 组织机构代码证

    C. 税务登记证   D. 工商营业执照

    2. 根据税收征收管理相关法律制度的规定，下列纳税申报方式中，符合法律规定的有（   ）。

    A. 甲企业在规定的申报期限内，自行到主管税务机关指定的办税服务大厅申报

    B. 经税务机关批准，丙企业以网络传输方式申报

    C. 经税务机关批准，乙企业使用统一的纳税申报专用信封，通过邮局交寄

    D. 实行定期定额缴纳税款的个体工商户，采用简易申报方式申报

    3. 根据税收征收管理相关法律制度的规定，下列情形中，税务机关有权核定纳税人应纳税额的有（   ）。

    A. 纳税人依照法律、行政法规的规定应当设置但未设置账簿的

    B. 纳税人申报的计税依据明显偏低，又无正当理由的

    C. 纳税人拒不提供纳税资料的

    D. 纳税人擅自销毁账簿的

【简答题】

    1. 税收征管的基本原则是什么？

    2. 财政部相关职责中与税收相关的职责主要有哪些？

    3. 国家税务总局的主要职责是什么？

    4. 税务登记分为哪几种？

    5. 纳税人办理纳税申报，需要准备的资料有哪些？

    6. 税收保全措施的主要内容及前提条件？

    7. 纳税担保人的限制条件有哪些？

    8. 金税工程三期的建设目标和建设思路是什么？

    9. 简述你对我国未来关于"互联网＋"税收征管、"区块链＋"税收征管及"大数据＋"税收征管的想法。

参考答案

【名词解释】

1. 税收征收管理

税收征收管理简称税收征管，是指国家及其税务机关依据税法、税收征管法等法律法规指导纳税人正确履行纳税义务，并对征税和纳税过程进行组织、

管理、监督、检查等一系列工作的总称。税收征管与税收分配活动一起产生和发展，存在于税收分配活动全过程。

2. 税收征管机构

税收征管机构指的是负责税收征收管理的机构，我国税收分别由财政、税务、海关等系统负责，税务机构设置包括国家税务总局、财政部、地方税务局等。

3. 《税收征管法》

《税收征管法》指调整税收征收与管理过程中所发生的社会关系的法律规范的总称。《税收征管法》属于税收程序法，它是以规定税收实体法中所确定的权利义务的履行程序为主要内容的法律规范，是税法的有机组成部分。《税收征管法》不仅是纳税人全面履行纳税义务必须遵守的法律准则，还是税务机关履行征税职责的法律依据。

4. 税务管理

税务管理是指税务机关为了贯彻执行国家税收法律制度，加强税收工作，协调征税关系而对纳税人和扣缴义务人实施的基础性管理制度和管理行为。税务管理是税收征管的重要内容，是税款征收的前提和基础，主要包括税务登记管理，账簿、凭证管理，发票管理和纳税申报管理四个部分的内容。

5. 税务登记

税务登记是税务机关对纳税人的生产、经营活动进行登记并据此对纳税人实施税务管理的一种法定制度，是税务机关对纳税人实施税收管理的首要环节和基础工作，是征纳双方法律关系成立的依据与证明，也是纳税人必须依法履行的义务。

6. 税款征收

税款征收是税务机关依照税收法律、法规的规定，将纳税人依法应当缴纳的税款组织入库的一系列活动总称，是税收征管工作的中心环节，是全部税收征管工作的目的和归宿。

7. 纳税申报

纳税申报是指纳税人按照税法规定的期限和内容向税务机关提交有关纳税事项书面报告的法律行为，是纳税人履行纳税义务、承担法律责任的主要依据，是税务机关税收管理信息的主要来源和税务管理的一项重要制度。

8. 税收保全措施

税收保全措施是指税务机关责令具有税法规定情形的纳税人提供纳税担保而纳税人拒绝提供纳税担保或无力提供纳税担保的，经县以上税务局（分局）

局长批准，税务机关可以采取下列税收保全措施：书面通知纳税人开户银行或者其他金融机构冻结纳税人的金额相当于应纳税款的存款；扣押、查封纳税人的价值相当于应纳税款的商品、货物或者其他财产。

9. 税务检查

税务检查也叫纳税检查，是指税务机关以国家的法律、法规政策和税收征收管理制度为依据，对纳税人、扣缴义务人履行纳税义务、扣缴义务情况所进行的检查和处理工作的总称。

10. 纳税担保

纳税担保是指经税务机关同意或确认，纳税人或其他自然人、法人、经济组织以保证、抵押、质押的方式，为纳税人应当缴纳的税款及滞纳金提供担保的行为。

11. 纳税抵押

纳税抵押是指纳税人或纳税担保人不转移可抵押财产的占有，将该财产作为税款及滞纳金的担保。纳税人逾期未缴清税款及滞纳金的，税务机关有权依法处置该财产以抵缴税款及滞纳金。

12. 金税工程

金税工程，是吸收国际先进经验，运用高科技手段结合我国增值税管理实际设计的高科技管理系统。该系统由一个网络、四个子系统构成。一个网络是指国家税务总局与省、地、县国家税务局四级计算机网络；四个子系统是指增值税防伪税控开票子系统、防伪税控认证子系统、增值税稽核子系统和发票协查子系统。金税工程实际上就是利用覆盖全国税务机关的计算机网络对增值税专用发票和企业增值税纳税状况进行严密监控的一个体系。

【单项选择题】
1. B 2. D 3. D 4. A 5. D

【多项选择题】
1. BCD 2. ABCD 3. ABCD

【简答题】

1. 税收征管的原则

（1）依法征管的原则。

税收的征收管理工作其本身就是贯彻执行国家税收法律、法规的过程，所以税收征管的一切工作都必须立足于国家的法律规定。税务机关必须依照税法规定的标准和程序进行征税，不得在征管过程中随意改变或靠主观判断行事，违者依法承担法律责任。

（2）有利于经济发展的原则。

税收作为财政收入的一种形式，不只是经济的一个方面，税收的征收管理应站在整个经济的高度全面考虑，要从有利于整个经济的发展出发，不能脱离经济而就税收论税收。因此，从税收政策的制定到税收政策的执行，都应考虑可能对经济产生的影响。

（3）加强外部征管与健全内部管理相结合的原则。

税收的征收管理涉及征纳双方，需要征纳双方密切配合。征管部门的严格管理无疑是非常重要的，但由于征管对象是为数众多的纳税人、扣缴义务人，如果这些征管对象的纳税意识淡薄，内部管理混乱，不积极主动配合征管部门做好征管工作，而是千方百计地偷逃税款，那么会给征管工作带来很大困难。因此，税务部门在征管工作中，除了加强自身的管理以外，还需要做好基础性的工作。尤其是对纳税人、扣缴义务人加强有关税收法律、法规及国家税收政策的宣传，培养他们的纳税意识，改进服务，督促企业健全内部管理制度，为税收征管活动的顺利开展打下良好的基础。

（4）质量和效率相统一的原则。

在税收征管工作中，还必须遵循征管质量与征管效率相统一的原则。征管质量追求的是贯彻税法、应收尽收；征管效率讲求的是以最小的税收成本取得最大的税收收入。两者是一对矛盾，税收征管工作就是要在两者之间找到一个平衡点，两者不可偏废，同时又不能片面地追求某一方面。税收征管工作要在保证税收征管质量的基础上尽量提高税收征管效率。

（5）尊重纳税人权利的原则。

国家为了满足社会管理的需要，通过税法的形式将税收征收权力配置给了国家税务机关，同时为了加强对税收行政权力的约束，防止行政权力的无限制膨胀，也赋予了纳税人一定的权利，如知情权、复议权等。但为了保证税收征收目的的实现，税务机关的征税权力与纳税人所享有的权利并不对等，征税权力享有较为优越的条件，如对税款的强制执行权、税款保全权、优先权等，但这并不能否定纳税人权利的重要性。因此，在税收执法中，要充分尊重纳税人的权利，文明执法，优质服务，保护纳税人权益。

2. 财政部相关职责中与税收相关的职责

财政部是中国国务院的组成部门，其主要职责中与税收直接相关的内容包括：拟订财税发展战略、规划政策和改革方案，并组织实施；分析预测宏观经济形势，参与制定宏观经济政策，提出运用财税政策实施宏观调控和综合平衡社会财力的建议；拟定中央与地方、国家与企业的分配政策；完善鼓励公益事业发展的财税政策；负责组织起草税收法律、行政法规草案及其实施细则和税收政策调整方案，参加涉外税收谈判，签订涉外税收协议、协定草案，提出关税和进口税收政策，组织制定免税行业政策和有关管理制度；拟订关税谈判方案，参加有关关税谈判，提出征收特别关税的建议，承担国务院关税税则委员会的具体工作。

3. 国家税务总局的主要职责

国家税务总局是中国国务院主管税收工作的部级直属机构，其主要职责是：

（1）起草税收法律、法规草案及其实施细则，提出税收政策建议，与财政部共同上报和下发，制订贯彻落实的措施。负责解释税收法律、法规执行过程中的征收管理和一般性税政问题，事后向财政部备案。

（2）组织实施税收、社会保险费和其他规定的非税收入的征收管理。

（3）参与研究宏观经济政策、中央与地方的税权划分，提出完善分税制的建议；研究税负总水平，提出运用税收手段进行宏观调控的建议。

（4）组织实施税收征收管理体制改革；起草税收征收管理法律、法规草案，制定实施细则；制定和监督执行税收业务、征收管理的规章制度，监督、检查税收法律、法规和政策的贯彻执行。

（5）规划和组织实施纳税服务体系建设，制定纳税服务管理制度，规范纳税服务行为，制定和监督执行纳税人权益保障制度，保护纳税人的合法权益，履行提供便捷、优质、高效纳税服务的义务，组织实施税法宣传，拟订注册税务师管理政策并监督实施。

（6）组织实施纳税人分类管理和专业化服务、大企业的纳税服务和税源管理。

（7）编报税收收入中长期规划和年度计划，开展税源调查，加强税收收入的分析和预测，组织办理税收减免等具体事项。

（8）制定税收管理信息化制度，拟订税收管理信息化建设中长期规划，组织实施金税工程建设。

（9）开展税收领域的国际交流和合作，参加国家（地区）间税收关系谈判，草签和执行有关的协议、协定。

（10）办理进出口货物的增值税、消费税征收和退税业务。

承办中共中央、国务院交办的其他事项。

4. 税务登记的种类

我国税务登记制度大致包括开业税务登记，变更注销税务登记，停业、复业登记、外出经营报验登记和非正常户处理。

5. 纳税人办理纳税申报，需要准备的资料

纳税申报是纳税人按照税法规定的期限和内容，向税务机关提交有关纳税事项书面报告的法律行为，是纳税人履行纳税义务，界定纳税人法律责任的主要依据，是税务机关税收管理信息的主要来源和税务管理的重要制度。

纳税人办理纳税申报时，应当如实填写纳税申报表，并根据不同的情况相应报送下列有关证件、资料：一是财务会计报表及其说明材料；二是与纳税有关的合同、协议书及凭证；税控装置的电子报税资料；三是外出经营活动税收管理证明和异地完税凭证；境内或者境外公证机构出具的有关证明文件；四是纳税人、扣缴义务人的纳税申报或者代扣代缴、代收代缴税款报告表的主要内容包括：税种、税目，应纳税项目或者应代扣代缴、代收代缴税款项目，计税依据，扣除项目及标准，适用税率或者单位税额，应退税项目及税额、应减免税项目及税额，应纳税额或者应代扣代缴、代收代缴税额，税款所属期限、延期缴纳税款、欠税、滞纳金等；五是扣缴义务人办理代扣代缴、代收代缴税款报告时，应当如实填写代扣代缴、代收代缴税款报告表，并报送代扣代缴、代收代缴税款的合法凭证以及税务机关规定的其他有关证件、资料；六是税务机关规定应当报送的其他有关证件、资料。

6. 税收保全措施的主要内容及前提条件

税收保全措施是指税务机关对可能由于纳税人的行为或者某种客观原因，致使以后税款的征收不能保证或难以保证的案件，采取限制纳税人处理或转移商品、货物或其他财产的措施。

主要内容：第一，书面通知纳税人开户银行或其他金融机构暂停支付纳税人相当于应纳税款的存款；第二，扣押、查封纳税人的价值相当于应纳税款的商品、货物或其他财产。

采取税收保全措施的前提条件有以下几个方面内容：一是在规定的纳税期限之前，税务机关有根据认为从事生产、经营的纳税人有逃避纳税义务行为。所谓"有根据认为"是指税务机关根据举报或其他线索做出的符合逻辑的判断，根据可以不必等于证据。二是对从事生产、经营且有逃避纳税义务行为嫌疑的纳税人，责令限期缴纳应纳税款，或者责令其提供纳税担保。三是在限期内发现纳税人有明显的转移、藏匿其应纳税的商品、货物以及其他财务或者应纳税的收入的迹象。四是纳税人既不按规定及时解缴应纳税款，又不能提供纳税担保。五是采取税收保全措施前，须报县以上税务局（分局）局长批准。六是税务机关对从事生产、经营的纳税人以前纳税期间的纳税情况依法进行税务检查时，发现纳税有逃避纳税义务行为，并有明显转移、藏匿其应纳税商品、货物以及其他财产或者应纳税收入的迹象的，经县级以上税务局（分局）

局长批准，税务机关可以采取税收保全措施。

7. 纳税担保人的限制条件

《纳税担保试行办法》（国家税务总局令第 11 号）第九条对纳税担保人的条件作了明确规定：国家机关、学校、幼儿园、医院等事业单位、社会团体不得作为纳税保证人。企业法人的职能部门不得为纳税保证人。企业法人的分支机构有法人书面授权的，可以在授权范围内提供纳税担保。

有下列情形之一的，不得作为纳税保证人：

（1）有偷税、抗税、骗税、逃避追缴欠税行为被税务机关、司法机关追究法律责任且未满 2 年的；

（2）因有税收违法行为正在被税务机关立案处理或涉嫌刑事犯罪被司法机关立案侦查的；

（3）纳税信誉等级被评为 C 级以下的；

（4）在主管税务机关所在地的市（地、州）没有住所的自然人或税务登记不在本市（地、州）的企业；

（5）无民事行为能力或限制民事行为能力的自然人；

（6）与纳税人存在担保关联关系的；

（7）有欠税行为的。

8. 金税工程三期的建设目标和建设思路是什么？

金税工程三期建设目标：根据一体化原则，建立基于统一规范的应用系统平台，依托计算机网络，总局和省局高度集中处理信息，覆盖所有税种、所有工作环节、国税地税局与有关部门联网，包括征管业务、行政管理、外部信息、决策支持等四大子系统的功能齐全、协调高效、信息共享、监控严密、安全稳定、保障有力的税收管理信息系统。就是要建立"一个平台、两级处理、三个覆盖、四个系统"。

一个平台指包含网络硬件和基础软件的统一的技术基础平台；两级处理指依托统一的技术基础平台，逐步实现数据信息在总局和省局集中处理；三个覆盖指应用内容逐步覆盖所有税种，覆盖所有工作环节，覆盖国地税局并与相关部门联网；四个系统指通过业务重组、优化和规范，逐步形成一个以征管业务系统为主，包括行政管理、外部信息和决策支持在内的四大应用系统软件。

金税工程三期总体设计思路：

（1）基于国家电子政务的要求。

一是符合社会主义市场经济条件下国家政府职能的要求，即经济调节、市场监管、社会管理、公共服务。二是遵循国家电子政务建设的总体框架，列为国家电子政务重点建设的业务系统之一。因此，金税工程三期是站在国家电子政务建设的高度，力求遵循国家电子政务建设的总体框架进行设计，对外与其他工程紧密协作，提高政府依法行政能力；对内满足规范流程、强化执法的需求，提高税收征管能力；对公众寓执法于服务进一步提高服务水平。

（2）服务于税收管理的职能和目标。

国家税务总局是国务院主管税收工作的直属机构。我国税收工作的主要职能是：组织财政收入、调节收入分配和实施宏观调控，促进国民经济的健康发展。税收管理的主要目标是：提高税收征收率，缩小税法和执法差距，减少税款流失，力求做到应收尽收；提高税收执法效率，优化税收征管流程，税收执法做到公开、透明和高效；提高纳税服务水平，为纳税人提供优质、便捷、全方位的纳税服务；降低税收成本，包括税务机关的办税成本和纳税人依法纳税成本；提高决策水平，为国家宏观调控提供科学依据。

（3）遵循一体化的建设原则。

把金税工程作为一个整体统筹规划，全面贯彻"统筹规划、统一标准，突出重点、分步实施，整合资源、讲究实效，加强管理、保证安全"的原则，建立统一的应用架构、统一的数据架构、统一的网络平台、统一的硬件设施平台、统一的安全体系、统一的运行维护体系等基础架构平台。

（4）以业务流程为主线。

金税工程总体技术设计以税务业务流为主线，而不是以部门或地区作为规划电子税务发展的基础。在建设中必须以业务需求为导向，充分利用信息技术对税务业务进行流程改造和重组，进一步提高税收管理质量水平，满足为国家宏观决策服务、强化税收管理、为纳税人服务的需求。

（5）以整合资源为起点。

金税工程建设必须立足税务系统信息化应用的现状，充分利用和保护现有资源，在统筹规划、统一标准的基础上逐步整合应用系统和数据，逐步建立统一的平台，实现金税工程建设目标，进一步解决税收信息化应用中存在的系统林立、重复建设、功能交叉、标准不统一等问题。

（6）以数据集中为核心。

金税工程三期总体建设方案提出了"以省局为主、总局为辅的两级数据处理机制"，即在全国设立总局、省局两级数据处理中心，数十上百万的税务工作人员以终端方式连接相应的数据处理中心进行日常业务工作。省局数据处理中心将负责承载绝大多数的日常征管业务，总局数据中心将负责承载出口退税、增值税专用发票交叉稽核等关键型业务。

9. 你认为税收征管信息化过程中的机遇和挑战有哪些？

机遇：（1）征管效率大幅提高。税收征管的信息化管理，利用现代电子技术、网络技术等高科技手段，可以使征管机构以尽可能少的人力、物力投入达到监管绝大多数纳税人的目的，而将剩余精力更多地投入到重点稽查中去，一方面保证管理成本不至于太高，另一方面通过对违反税收征管的行为进行严厉打击，维护税法的尊严，降低偷税漏税所造成的损失。同时，信息化管理也有助于其推行"减员增效"的方针政策，精简机构，缩小开支，提高行政效率，使征税成本最小化。

（2）推动税收征管的科学化和高效化。税收征管信息化有助于推动税务代理制度发展，税务代理制度是征税机构充分利用社会资源，降低征纳税成本，有效防止偷税、漏税现象的重要手段。它发挥了社会成员之间相互监督的制约作用，通过让渡部分收益来有效降低征税机关大量的人力物力支出，还可以达到增强全社会成员守法纳税意识的目的，是税务征管中效率极高的配套措施。

（3）助力与国际接轨。大量外资将在更加广泛的领域进入中国，国内企业也将更多地走出国门，由此必然会带来大量复杂的国际税收问题，需要有高素质的税务人员来管理和解决相关问题，尤其在具有较高管理水平、高新技术和知识含量大、跨国交易业务复杂的跨国公司领域，更要有一大批符合"国际性标准的复合型人才"。

挑战：（1）和相关部门（财政、工商、民政等部门）缺乏必要的信息共享和业务联动，与电子政务发展要求不相适应。

（2）信息技术在税收管理各领域的应用有待进一步拓展、完善和深化。如在普通发票管理、纳税评估和营业税异地经营等管理环节中，还没有利用信息技术手段建立完善、深入的管理体系。

（3）改进服务的目标还远没有实现。对纳税人的服务方式还停留在税法宣传、公告等单向发布，和纳税人无法进行双向交流，不利于提高纳税服务水平。

第9单元：中国税制改革前沿

 实 践 案 例

2020年5月14日，中共中央政治局常委会会议提出"深化供给侧结构性改革，充分发挥我国超大规模市场优势和内需潜力，构建国内国际双循环相互促进的新发展格局"，之后新发展格局在多次重要会议中被提及，"国内国际双循环"入选《咬文嚼字》2020年度十大流行词，入选"2020年度中国媒体十大新词语"。构建"国内国际双循环"意味着我国必须加快打通国内生产、分配、流通、消费的各个环节，发挥国内市场的规模优势，以满足内部需求为发展重心，通过发挥内需潜力促进国内国际市场的联通。在"双循环"经济发展格局下，税制改革成为拉动国内需求、提升企业竞争力、促进国内国际联通的重要手段，为我国2035年基本实现社会主义现代化的远景目标提供助力。

【要求】

请思考分析：税制改革将如何促进"双循环"经济发展格局的构建？

【解析】

"双循环"经济发展格局强调以国内大循环为主体、国内国际双循环相互促进两方面，那么税制改革也将从这两方面促进"双循环"经济发展格局的构建。从促进国内大循环来看，税制改革将主要基于地方税改革以平衡地区发展、促进数字经济发展以拉动国内需求、优化税收营商环境以提升企业竞争力、发展绿色税制以促进可持续发展等方面促进国内大循环；从促进国内国际双循环来看，税制改革将通过打造税制优势、强化税收征管创新、提升国际税收治理能力、展现"大国税收"担当等方面，通过税收联动生产、分配、流通、消费环节，联通国内市场与国际市场。

✏️ **习 题**

【名词解释】

1. 公平课税论　　　2. 最优课税论　　　3. 财政交换论　　　4. 新发展阶段

5. 数字经济　　　　6. 绿色税制　　　　7. 环境保护税　　　8. 地方主体税种

9. 碳税　　　　　　10. 房产税　　　　　11. 社会保险税　　12. 遗产税

13. 税法遵从　　　　14. 国际税收治理

【思考题】

1. 最优税收理论对我国税制改革有什么样的理论指导意义？

2. 新发展阶段我国税制改革的要点是什么？

3. 数字化革命对税收征管改革有哪些方面的影响？

4. 如何理解数字革命会导致"所有权革命"，税收制度基础将被改变？

5. 如何理解构建绿色税制对我国高质量发展的促进作用？

6. 目前我国地方税主体税种缺失的主要原因是什么？

7. 新发展阶段我国税收征管创新应从哪些方面着手？

8. 新发展阶段我国应如何提升国际税收治理能力与水平？

参考答案

【名词解释】

1. 公平课税论

公平课税论主张"相同税收负担能力的纳税人承担相同的税收负担，税收负担能力更高的纳税人承担更重的税收负担"。主要包含以下四个方面：一是主要强调课税横向公平而非纵向公平目标，纵向公平课税问题则主要留给政治程序去解决；二是以税基的综合性和税收待遇的统一性作为指导原则；三是将政府支出与税收收入分开管理；四是强调要按照公民纳税能力进行征税。

2. 最优课税论

最优课税论的理论核心在于如何使一国的税收制度在实现一定的税收收入的约束条件下，尽可能地使税收造成的超额负担最小、效率最大，同时促进收入的公平。依据最优课税论，公平目标和效率目标应该被放到同一个福利函数中统一考虑，从而设计出一套兼顾公平和效率的税制结构，为国家税制改革范畴提供相关的经济学分析范式。

3. 财政交换论

财政交换论是以霍伯斯的社会契约论为基础，经自愿交换学说、公共产品学说和公共选择学说等理论逐步发展而来。财政交换论强调以纳税人为研究的主体，明确税收征收实际上是纳税人与国家机器交换相应的权利换取难以获得的公共物品的本质过程，该理论主张纳税人应该提高自己的权利意识，提出要促进作为宪法和税收实体法连接纽带的税收基本法的持续改革。

4. 新发展阶段

党的十九届五中全会提出我国发展进入新阶段："全面建成小康社会、实现第一个百年奋斗目标之后，我们要乘势而上开启全面建设社会主义现代化国家新征程、向第二个百年奋斗目标进军，这标志着我国进入了一个新发展阶段。"新发展阶段，是我国社会主义发展进程中的一个重要阶段，是全面建设社会主义现代化国家向第二个百年奋斗目标进军的阶段。

5. 数字经济

根据 2016 年 G20 峰会上《二十国集团数字经济发展与合作倡议》中给出的定义："数字经济"是指以使用数字化的知识和信息作为关键生产要素、以现代信息网络作为重要载体、以信息通信技术的有效使用作为效率提升和经济结构优化的重要推动力的一系列经济活动。

6. 绿色税制

绿色税制是指为使税制整体符合环保功能而对传统以经济为中心的税制进行全面绿化调整的一系列措施和制度。从税收的管理章程和工作规范的角度来看，绿色税制是国家根据现实情况制定的利用税收手段而达到环境保护目的的各项绿色税收相关法令条文和征收管理办法的总称。从税收的经济作用角度来看，绿色税制是由主体绿色税种和各绿色相关税种之间协调配合所组成的绿色税收体系。

7. 环境保护税

环境保护税，也称为生态税、绿色税，是对在中华人民共和国领域和中华人民共和国管辖的其他海域，直接向环境排放应税污染物的企业事业单位和其他生产经营者征收的一种税。环境保护税的特点有：征税项目为四类重点污染物、纳税人主要是企事业单位和其他经营者、直接排放应税污染物是必然条件、税额为全国统一定额税和浮动定额税结合、税收收入全部归地方。

8. 地方主体税种

地方主体税种是地方税中占据主导地位的税种。从税收功能的角度而言，地方主体税种具备税的基本功能，即财政功能、经济功能和调节功能。作为地方主体税种，其具备以下特征：第一，征税对象在当地分布十分广泛，收入规模比较大；第二，税基流动性弱；第三，对经济具有适度的弹性；第四，符合受益原则。

9. 碳税

碳税是一种新型的环境保护税，是指针对二氧化碳排放所征收的税。其满足以保护环境为目的的绿色税制特征，目标是减少碳排放量，缓解全球变暖，是绿色税制体系的重要组成部分。

10. 房产税

房产税是以房屋为征税对象，以房屋的计税余值或租金收入为计税依据，向房屋产权所有人征收的一种财产税。

11. 社会保险税

社会保险税，也称社会保障税、工薪税，是以纳税人的工资和薪金所得作为征税对象的一种税收制度。

12. 遗产税

遗产税是以被继承人死亡为前提，将被继承人去世后所遗留的财产包括动产、不动产和其他财产等列为课税对象的一种财产性税收。遗产税可以分为总遗产税、分遗产税、混合遗产税三种不同的税制模式。

13. 税法遵从

国家税务总局印发的《2002 年—2006 年中国税收征收管理战略规划纲要》（国税函〔2003〕267 号）中对于税法遵从是这样定义的：纳税人依照税法的规定履行纳税义务，它包含三个基本要求：一是及时申报，二是准确申报，三是按时缴款。税法遵从包含广义和狭义两种范畴，是学术界普遍认同的观点。广义税法遵从是指：税务机关和纳税人按照税收法律法规的规定履行义务的行为。狭义税法遵从是指：纳税人依据法律的规定进行纳税，排除税务机关。

14. 国际税收治理

国际税收治理是指不同国家税务管理部门之间的跨国税收合作，它突破了一国税收边界，具有国际性或世界性。国际税收治理是全球经济治理体系的重要组成部分，是主权国家基于打击跨国经济行为主体逃避税与避免国家间恶性税收竞争而进行的税收合作。

【思考题】

1. 最优税收理论对我国税制改革有什么样的理论指导意义？

首先，最优课税论强调了公平与效率的统一，但实践中却很难做到，该理论本身也存在适应性的缺陷，其有关社会福利函数的设定具有较强的主观性。因此，在我国税制改革过程中，必须结合不同阶段国家经济、政治、管理、文化等各方面的实际条件与需求，考虑公平与效率目标的不同侧重点，寻求税制结构的现实合理性。其次，税制设计和税制改革中必须充分考虑到税收超额负担造成的效率损失。在实践中，由于政府对纳税人的信息了解有限，不可避免地会存在扭曲性的税收，从而产生超额负担损失。这种时候应考虑税种组合或降低税种累进程度等方式，结合经济发展阶段和政府履行职能的需要，制定合理的税率，并且尽可能地提高征管水平，降低信息不对称的程度。最后，最优课税论认为征收商品税容易达到效率最优的目标，但其对于收入的公平分配功能较弱；征收所得税有利于实现收入的公平分配，但其更不易实现效率原则。因此，在我国税制改革中，要充分考虑商品税与所得税的不同特点，运用其实现不同的政策目标。我国目前对商品税过于依赖的税制结构已不适应经济社会发展的需要，需逐步提高所得税比重，降低商品税比重，以促进共同富裕目标的实现。

2. 新发展阶段我国税制改革的要点是什么？

"进入新发展阶段的税制建设该往什么方向走，这是一个带有根本性的问题"，"新发展阶段的税制建设走向，关乎中国特色社会主义制度建设全局"。这不仅仅是由税收作为再分配调节机制中的主要手段，且税收制度隶属中国特色社会主义制度中的基本经济制度系列这一地位决定的，更是由财税体制在国家治理体系构建中发挥着越来越重要的作用决定的。新发展阶段我国税制改革的要点主要有：首先，构建税制优势，完善税制结构。税制结构的优化是其中至关重要的一环，只有通过优化税制结构，更好发挥税制功能，才能实现从税收优惠向税制优势的转变。其次，健全地方税体系，促进地方财政可持续发展。新发展阶段，必须系统地健全地方税体系，因地制宜考虑地方主体税种的构建，多方位充实地方税收入，为保障地方财政可持续发展与平衡发展保驾护航。最后，提升税收治理能力，实现税收治理现代化。提升税收治理能力是一项全面、综合性的任务，除了涉及主要税种和税制自身结构、管理方面的改革，还涉及与其他方面改革的联动，包括预算管理制度、政府债务制度、央地关系改革、税收手段与支出手段的协调等诸多方面。在这个过程中，创新税收征管方式、加强税收法律制度建设、优化税收营商环境、提高税收服务水平等将成为提高税收遵从、降本增效，最终提升税收治理能力，实现税收治理现代化的重要手段。

3. 数字化革命对税收征管改革有哪些方面的影响？

数字化革命要求税收征管必须围绕以"信息"为核心来实现纳税服务和税务管理，要建立集约化的数据收集、处理平台和纳税服务平台，使纳税人的相关数据能够纳入涉税信息范畴加以利用，纳税人可以较为便捷地享受到个性化的纳税服务，从而实现高效的现代化税收征管目标。数字经济会导致传统的经济模式发生重大变化，数字经济使得全民经商成为现实，企业的销售等部门可能逐渐向互联网、数字经济转化，这对税收征管提出了严峻的挑战。首先，经济数字化产生的外部性对现有税收制度秩序产生极大冲击。税收制度难以对短期内积聚在少数企业和个人手中的大量财富进行调节，使税收和税源严重背离，这将使现有的经济运行和税收管理秩序遭到破坏，不利于公平竞争的市场经济发展。其次，经济数字化增加了税制要素确定的困难，加大了税收征管的难度。此外，数字化技术的发展使得小型或者家庭纳税人不需注册即可进行交易，造成了税收征管上的空白。最后，经济数字化的极化效应增加了国际税收协调合作的难度。

4. 如何理解数字革命会导致"所有权革命"，税收制度基础将被改变？

数字经济带来的深刻影响，其实质是给人带来的深刻影响。数字经济使生产、流通、分配、消费等社会再生产的各个环节都发生了结构性的变化。这也就意味，人的地位也在发生着变化，过去常说的"生产关系"已经注入了新的内涵。从传统政治经济学的角度分析，数字化改变了生产关系中人的地位，人与生产资料结合的方式发生了变化，所有制的内涵也发生了改变。过去我们强调以占有权为核心的所有权，现在则更加重视以使用权为核心的产权，包括资产负债表的编制、法律规则的制订等，如《民法典》中的物权，从一个权利转变为一束权利，以所有权为中心变成以产权为基石，会给财税体制带来很多深刻的影响。数字革命会导致"所有权革命"，共享成为经济再组织化的一个基本特征，绝对所有权将加速成为历史。这首先会改变税收制度的基础，从而影响整个财政体系原有的架构。

5. 如何理解构建绿色税制对我国高质量发展的促进作用？

"十三五"时期，作为生态文明建设与经济高质量发展重要保障的绿色税制作出了巨大的贡献，五年来，我国通过开征环境保护税、深化资源税、消费税、车船税、烟叶税和耕地占用税改革，完善增值税和企业所得税，构建了从资源开采到排放的多环节、多税种、多部立法支撑的绿色税制体系，用有效的税收机制践行绿色发展理念，用严格的法律制度保护生态环境、推进生态文明建设，进行了诸多积极有益的探索。展望"十四五"，我国不平衡不充分发展的问题仍然突出，生态环保任重道远。"十四五"时期，在以构建国内大循环为主体、国内国际双循环相互促进的新发展格局引领下，绿色税制仍应以绿色发展理念为指导，坚持稳中求进工作总基调，以推动高质量发展为主题，以深化供给侧结构性改革为主线，满足人民日益增长的美好生活需要。保护生态环境就是保护生产力，改善生态环境就是发展生产力。进一步完善绿色税制，对外积极应对气候变化等全球性生态挑战，为全球生态环境的改善提供中国方案，贡献中国智慧；对内努力打造青山常在、绿水长流、空气常新的美丽中国。

6. 目前我国地方税主体税种缺失的主要原因是什么？

首先，税权划分倾向于中央政府。完整的税权包括税收收入权、立法权和征收管理权。在我国分税制财政体制的框架内，初步划分了中央与地方的税权，但税权划分倾向于中央政府，偏重保障中央的财政收入。具体表现为：税收收入权主要集中在中央、税收立法权高度集中在中央、地方政府缺少实质性的征管权。其次，税种设置不合理。从我国现行的地方税体系来看，大部分税种税基狭窄，收入规模小，不能满足地方财政履行职能的需要，而真正对地方政府增加财政收入和发挥调节功能影响很大的财产税类中的遗产和赠予税、对维护经济和社会稳定发挥重要作用的社会保障税以及促进建设环境友好型社会的环境保护税等依然没有开征。最后，税制演变中主要税种的税基减少。税制改革重在改革中央税和共享税，对地方税的改革滞后，此后进行了一系列税制调整和改革，但多是从增加中央财政收入和加强宏观调控的角度出发，往往是中央税受益，仍然没有解决地方税收入较少，规模偏小，财权与事权不相符合的问题，甚至出现地方税主要税种的税基不断减少。

7. 新发展阶段我国税收征管创新应从哪些方面着手？

税收征管改革是一个系统工程，新发展阶段我国需要从征收、管理、稽查三个方面全方位推动改革创新，三位一体推进形成现代化、智慧型的税收征管体系。征收改革的主要目标在于通过优化税务机构配置、提升服务水平、控制税收征管成本实现应收尽收、降本增效、提高纳税人满意度和税法遵从度。税收管理改革的主要目标在于通过优化征管方式、加强税源管理、建设法治税收等实现减少税源流失、完善税收法制。稽查管理改革的主要目标在于通过推行集约稽查改革、形成税收监控网络、增强税收风险控制能力等实现精准税务监管与风险管理。

8. 新发展阶段我国应如何提升国际税收治理能力与水平？

首先，遵循"构建人类命运共同体"理念，加强国际税收合作共赢。在国际税收合作关系上，中国要有大格局、宽视野、高境界，展现大国胸怀和负责任的态度，以"构建人类命运共同体"、实现全球经济"共赢共享"的发展理念，在保障本国、本地区的经济利益和税收权益的基础上，着眼于构建全球经济发展战略，构建良性、包容、可持续发展的国际税收治理体系。其次，以"一带一路"建设为支撑，助力形成国际税收治理新格局。以"一带一路"税收合作治理为契机，中国可以继续引领广大发展中国家积极参与全球税收治理体系重构，积极参与国际税收治理的新规则制定、新机制运行、新工具创新、新秩序重构，有效推动全球税收治理体系朝着更加公正、合理、有效的方向变革，这是中国营造有利国际税收环境的需要，也是"大国税收"的必然担当。再次，深入参与国际税改，为全球税收治理贡献"中国声音"。深化拓展与联合国、国际货币基金组织、OECD 等国际组织的税收合作，把中国主张融入国际税收体系，介绍中国税收改革，宣传中国经验，推动国际税改成果在国内落地实施，做好税收情报交换工作。最后，启动数字经济财税改革，提升国际税收征管技术创新能力。我国应该立足于维护国家税收主权，积极参与并主导数字经济的国际税收规则制定，应紧跟数字经济国际税收规则变革方向，重新审视现有业务模式，梳理优化税务架构，结合我国国情启动数字经济财税改革。

主要参考文献

［1］蔡昌，李梦娟．增值税在中国：改革历程与展望［J］．中国财政，2016（18）．

［2］财政部注册会计师考试委员会办公室．税法［M］．北京：中国财政经济出版社，2021．

［3］邓力平．国际税收治理与"'一带一路'税收征管合作机制"［J］．国际税收，2019（4）．

［4］邓子基．消费税的理论与实践［J］．税务研究，1997（4）．

［5］高培勇．西方税收理论与政策［M］．北京：中国财政经济出版社，1993：84．

［6］高培勇．由适应市场经济体制到匹配国家治理体系——关于新一轮财税体制改革基本取向的讨论［J］．财贸经济，2014，35（3）．

［7］高培勇．新发展阶段的税制建设该往什么方向走［J］．税务研究，2021（5）．

［8］国家税务总局税收科学研究所课题组，龚辉文，李平，赖勤学，等．构建绿色税收体系促进绿色经济发展［J］．国际税收，2018（1）．

［9］郭庆旺，鲁昕，赵志耕．公共经济学大辞典［M］．北京：经济科学出版社，1999．

［10］郭庆旺．论市场经济条件下的税制改革［J］．财贸经济，1993（10）．

［11］郭庆旺．中国分税制：问题与改革［M］．北京：中国人民大学出版社，2014．

［12］黄桦．税收学［M］．北京：中国人民大学出版社，2011．

［13］霍布斯·利维坦［M］．黎思复，黎廷弼，译．北京：商务印书馆，1985．

［14］罗伯特·E. 霍尔，阿尔文·拉布什卡．单一税［M］．史耀斌，等译．北京：中国财政经济出版社，2003．

［15］贾康，等．大国减负：中国税制改革的攻坚克难［M］．杭州：浙江大学出版社，2019．

［16］贾康，刘薇．构建现代治理基础——中国财税体制改革40年［M］．广东：广东经济出版社，2017．

[17] 贾康，张晓云. 中国消费税的三大功能：效果评价与政策调整 [J]. 当代财经，2014 (4).

[18] 李建军，冯黎明，尧艳. 论完善现代税收制度 [J]. 税务研究，2021 (6).

[19] 梁季. 我国增值税税率简并：与市场资源配置机制的对接、改革设想与路径分析 [J]. 财政研究，2014 (9).

[20] 刘溶沧，马珺. 税收中性：一个理论经济学的分析 [J]. 经济学动态，1998 (12).

[21] 刘克崮，贾康. 中国财税改革三十年：亲历与回顾 [M]. 北京：经济科学出版社，2008.

[22] 刘佐. 2014 年中国税制概览 [M]. 北京：经济科学出版社，2014.

[23] 刘佐. 艰苦的历程 辉煌的成就——改革开放 30 年来中国税制改革的简要回顾 [J]. 中国流通经济，2008 (9).

[24] 罗尔斯. 正义论 [M]. 何怀宏，何包钢，廖申白，译. 北京：中国社会科学出版社，1988.

[25] 罗秦. 国际税收治理从双边到多边的演进：新格局、新挑战及新趋势 [J]. 国际税收，2021 (1).

[26] 马海涛. 中国税制 [M]. 北京：中国人民大学出版社，2021.

[27] 马海涛. 改革开放后税制改革和财政监督的重大转折 [J]. 财政监督，2008 (3).

[28] 马珺，杜爽. "十四五" 时期的税制结构转型 [J]. 税务研究，2021 (2).

[29] 马克思恩格斯全集：第 23 卷 [M]. 北京：人民出版社，1972.

[30] 马克思恩格斯全集：第 3 卷 [M]. 北京：人民出版社，1972.

[31] 马克思恩格斯全集：第 4 卷 [M]. 北京：人民出版社，1985.

[32] 马克思恩格斯全集：第 8 卷 [M]. 北京：人民出版社，1995.

[33] 萨伊. 政治经济学概论：财富的生产、分配和消费 [M]. 陈福生，陈振骅，译. 北京：商务印书馆，1982.

[34] 尚可文. 税收征管模式改革与创新 [M]. 重庆大学出版社，2021.

[35] 史耀斌. 东方风来满眼春——中国税制改革 30 年回眸 [J]. 财务与会计，2008 (24).

[36] 宋凤轩. 财政与税收 [M]. 北京：人民邮电出版社，2011.

[37] 孙健夫. 财政学 [M]. 北京：人民邮电出版社，2011.

[38] 王乔，席卫群. 比较税制 [M]. 上海：复旦大学出版社，2009.

[39] 吴毓壮 . 2013 - 2017 年我国税制改革回顾 [J]. 中国财政, 2017 (21).

[40] 小川乡太郎 . 租税总论 [M]. 陆孟武, 译 . 北京: 商务印书馆, 1934.

[41] 谢雪琳 . 回应民意: 个税 3 500 元起征 [N]. 第一财经日报, 2011 - 7 - 1 (A01).

[42] 许建国, 薛钢 . 税收学 [M]. 北京: 经济科学出版社, 2004.

[43] 徐晓华 . G20/OECD 税基侵蚀和利润转移行动计划基础和实务 [M]. 北京: 中国市场出版社, 2019.

[44] 杨斌 . 税收学原理 [M]. 北京: 高等教育出版社, 2008.

[45] 尹文敬 . 财政学 [M]. 北京: 商务印书馆, 1935.

[46] 吴利群 . 中国税制 [M]. 北京: 高等教育出版社, 2016.

[47] 岳树民 . 中国税制优化的理论分析 [M]. 北京: 中国人民大学出版社, 2003.

[48] 岳希明, 张斌, 徐静 . 中国税制的收入分配效应测度 [J]. 中国社会科学, 2014 (6).

[49] 张斌 . 把握社会主要矛盾转化深化税收制度改革 [J]. 税务研究, 2018 (2).

[50] 张斌 . 税制变迁研究 [M]. 北京: 中国社会科学出版社, 2014.

[51] 朱志钢 . 我国税制结构: 影响因素分析与优化路径选择 [M]. 北京: 中国税务出版社, 2014.